本书受国家自然科学基金青年科学基金项目资助
项目号：81301678

U0652049

言语听觉科学专业系列教材

YANYUKEXUEJICHU

言语科学基础

万勤 ◎ 编著

华东师范大学出版社

·上海·

图书在版编目（CIP）数据

言语科学基础/万勤编著.—上海:华东师范大
学出版社,2013.11
ISBN 978-7-5675-1437-9

Ⅰ.①言… Ⅱ.①万… Ⅲ.①语言学 Ⅳ.①H0

中国版本图书馆 CIP 数据核字(2013)第 284781 号

言语科学基础

编　著　万　勤
项目编辑　范耀华
审读编辑　章　悬　王小双
责任校对　时东明
装帧设计　俞　越

出版发行　华东师范大学出版社
社　　址　上海市中山北路 3663 号　邮编 200062
网　　址　www.ecnupress.com.cn
电　　话　021-60821666　行政传真 021-62572105
客服电话　021-62865537　门市(邮购)电话 021-62869887
地　　址　上海市中山北路 3663 号华东师范大学校内先锋路口
网　　店　http://hdsdcbs.tmall.com/

印 刷 者　常熟市文化印刷有限公司
开　　本　890×1240　16 开
印　　张　20
字　　数　600 千字
版　　次　2016 年 9 月第 1 版
印　　次　2021 年 12 月第 2 次
书　　号　ISBN 978-7-5675-1437-9/G·7005
定　　价　45.00 元

出 版 人　王　焰

(如发现本版图书有印订质量问题,请寄回本社客服中心调换或电话 021-62865537 联系)

目　　录

第一编　概　　论

第二编　言 语 声 学

第三编 言语解剖与生理

第四编　言语产生学

第五编　言语科学相关数学基础

第一编

概　论

第一章 言语和语言

本书主要介绍与言语相关的内容,而不是语言或思维方面的内容。现代语言学理论的奠基者、瑞士语言学家索绪尔第一个明确提出了言语和语言的概念,他在"言语活动理论"中明确:研究言语和语言首先需要把言语和语言区分开。姜泗长和顾瑞主编的《言语语言疾病学》从临床医学的角度对言语和语言作了非常精辟的论述,而李胜利主编的《言语治疗学》则从康复医学的角度指出:区分言语和语言,主要是为了使言语治疗人员能够正确地理解各种言语、语言障碍,从而进行有效的康复治疗。

理解言语和语言是进行言语科学研究和临床实践的基础。本书将综合言语病理学、言语声学和语音学等方面的知识对言语进行较为全面的介绍。正确认识言语和语言,对言语障碍的预防、治疗和康复极为重要。

我们需要在具体的语境中研究言语。不提及语言而只对言语进行研究,犹如只认可酿酒的某种葡萄而不承认酿酒的其他东西。语言只是交流的一种方式。雌性猿采取一种性顺从和比较富有魅力的姿势就可传达她愿意与雄性猿性交的信息。狗将颈背部的毛竖起并对入侵者狂吠表达了一种不愿再受到侵扰的信息。我们可以看到同种和异种动物之间都存在许多交流各种信息的例子。我们可通过多种途径给别人发信号,例如摆动旗帜、摩尔斯电码、皱眉头、报纸专栏、手叉腰、宣誓、画画、伸舌、弹乐器、亲吻、脸红、跳舞、向空中抛盘子等,但说话是最常用的方法。

言语是发出已约定作为语言代码的声音以进行交流的过程。由于声音作为交流载体有其优越性,说和听就必然成为人类交流的主要形式。言语是经口头表达出来的语言,而语言则必须以语音、文字、手势等为载体才能表达出来,从而被他人所接收和感知。语言是一种思维中的智能活动,言语是以语音为符号将语言具体化的过程。虽然人类的语言主要是以语音为代码的言语,但手势、动作、表情、姿势、文字、数码、电码等也都是人类用来表达意思、交流思想的符号,例如聋人用的手语、计算机语言等。

言语可在各种场合使用,在家里、在学校,工作时、玩耍时,我们对婴儿说话、对宠物说话、对自己说话。下面将要介绍究竟什么是言语,它和语言有着怎样的联系。

第一节 言 语

一、言语的定义

人类主要是用言语进行交流的,言语是以语音为代码的语言。口说的语言和书面的语言,都是以语音为代码的。大多数情况下,人们在想、说、阅读、书写时,脑中都会出现相应的语音特性,或称为语音表象。通常"言语"一词是指产生语音的行为,也指"说出的频率、强度、时间(包括快慢、长短、间歇、节奏)等不断变化的连续音,这种连续音是可被听见的,可用响度(loudness)、音调(pitch)、时程(duration)来定性的"。正如"声音"(sound)一词既是指物质振荡产生声波的物理现象,又指声波刺激听觉系统产生的心理现象;"言语"一词,既有"说话行为"的物理学含义,又有可被听见的语音以及语音形式的听觉刺激这一心理学含义。

言语包括从语音表象到发出语音、听到语音、感知和理解语音的全过程。在言语产生和理解过程中,连接说话人大脑和听话人大脑的、依次发生的一系列神经学、生理学和物理学事件,称为言语链(speech chain),如图 1 - 1 - 1 所示。言语链中任一环节的功能障碍,都属于言语障碍(speech disorder)。

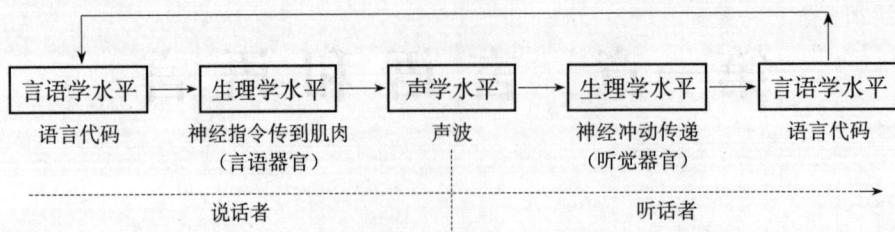

图 1-1-1 言语听觉链

处理言语的过程是相当复杂的,为了便于理解,可将言语的产生(说话者)和感知(听话者)过程较简单地分为三个水平。

1. 言语学水平

言语学水平阶段是在大脑内完成的。不论是汉语、英语,还是其他语种,都是以规定的符号为基础,用语言学概念将所要说的内容组合起来,例如由一个个的音排列成单词形成小单位,依语法结构排列成词组、句子和文章等形成大单位。

2. 生理学水平

生理学水平阶段是在呼吸、发声和构音三大系统内完成的。决定了要说的内容后,就要通过呼吸系统、发声系统和构音系统的协调运动,说出单词、词组、句子和文章。例如说"苹果"这个词,要通过大脑和神经支配下的言语肌肉(呼吸肌群、发声肌群和构音肌群)的协调运动来实现;在说出这个词后,其声音通过对方的外耳、中耳、内耳、听神经传到听觉中枢,同时也传到说话者的听觉中枢,说话者由此可以调节和控制自己说话的音调和音量。

3. 声学水平

由说话者通过言语肌肉的协调运动产生的单词或语句,是以声音的形式传递的。这种形式包括四方面的因素:音强、音高、音色和音长。这是声学水平阶段的内容。

在言语处理过程中,每一水平都很复杂,而且要表达的意图、内容的组合、发音器官(呼吸器官、发声器官和构音器官)的协调运动等都会随着年龄的变化而变化,所以言语功能与大脑的发育有关。如果存在先天性因素所致的大脑发育不全,便会不同程度地影响言语学水平的处理过程。若存在后天性因素,如脑梗死或脑外伤等损伤了大脑的语言中枢,也会影响言语学水平和生理学水平的处理,进而影响声学水平的处理。如在言语发育完成之前发生听力障碍,对言语障碍的影响还会由生理学水平扩展到言语学水平和声学水平。其实,言语牵涉解剖、生理和心理三方面的问题。大脑受到损害是解剖方面的问题,这些损害会引起言语生理功能问题,并产生心理方面的问题。

二、 言语交流

如果你曾去过国外,听到周围人说的是你听不懂的语言,你往往会有两种印象。第一印象是口语(spoken language)就好像一股持续变化的复杂声音流被人长长地喷出,而中间没有间隔,你不知道一个单词何时结束,也不知下个单词何时开始。第二个印象是这种说话方式很奇怪,很难听明白,他们说话速度比你快得多,甚至小孩都能轻易做到这一点。这些对外语的印象实际上是对言语的准确描述。我们把自己的言语认为是理所当然的,它看似简单,其实声音却在迅速地变化,这需要说话者复杂的发音运动。它虽不是简单的事情,但孩子到3—4岁时都会掌握得非常熟练。有些孩子可能要晚一些才能学会阅读,但所有正常孩子都能学会说话。孩子是天生的语言学习家,通过听别人说话就能学会语言。言语是听得见的,常用音调、响度和时程来描述。言语是我们使用语言的方式之一,还有读、写和听等也是使用语言的方式。

新生儿有力地用从肺内排出的气流冲击喉部的声带,使之振动,并振动其周围的空气,使空气压力不断地变化,产生声波,即嗓音(voice)。婴儿逐渐长大,学会改变嗓音,并用不同的嗓音来表示饥饿、疼痛、不适等。就新生儿而言,他的哭声开始并不带有进行交流的意义,但他的母亲却认为其传递了一些信息,并作出一些具有交流性质的反应,如爱抚等。当婴儿会改变嗓音来表达饥饿、疼痛、不适时,嗓音已类似动物之间传递信息的"雏形交流"行为。婴儿在通过触觉、视觉、听觉、味觉、嗅觉等认识世界的同时,也认识到听到的声音和其他感觉到的信息之间的关系。用嗓音模仿自然界的声音(包括人类自己反射性地、无意识地发出的声音),加上手势等,可更好地"交流"。视觉要在不受遮挡的明亮处才能看见,触觉要在直接接触时才能感到,听觉不受这些限制,作为交流的手段有很大的优势。人类的语言是在以声音为代码的基础上发展形成的,正常的学习语言过程,是从"听言语"和"说言语"开始的。

人类天生具有听言语和说言语的器官与能力,能将听到的言语和相关的事物联系起来,学会以声音为代码标记事物,进行交流。在交流方面的障碍中,最突出和最易引起注意的,是言语交流方面的障碍。

言语只是用语言交流的方式之一,且是"说"和"听"双向的;说的行为和说出的语音是"言语",交谈时别人说的也是"言语"。虽然"言语"是可被听见的,是可用响度、音调、时程定性的"物理现象",但在讨论言语的产生机制和言语障碍的病理机制时,"言语"一词还包含发出语音之前和听到语音之后的、不是物理学意义上的语音特性,是与音系(phonology)相关的成分。

言语是以语音为代码的系统。组成言语的声音系统包括音段(segment)、音位(phoneme)、音节(syllable)、词(word)和词组(phrase,或称短语)等言语声(speech sound)。

选用言语声,将这些言语声排列、整合成所要说出的言语等语音编码系统及与其相关的规律,称为"音系"。音系是有关"言语声"的结构、分布以及排列的规律。音系学是研究言语声和声音模式的学科。在音系中,从音素到短语的大大小小的单位,是言语产生者(说话者)和交流对手(听话者)之间交流的界面。要进行交流,就必须用语言将思考的内容通过符号"具体化",要将这些思维中的"语音符号"转变为可以被对方感知的声音信号,有一个用"言语行为"将"想传递的信息"加以实现的过程,即要经过一个从音系处理到神经运动(发音)的过程。例如,准备说"让我们唱起欢乐的歌",首先要选择用哪一套语音系统(例如是用汉语还是英语,用普通话还是方言),其次要选择如何编排音素(包括音调)、音段、音节、词和短语等。音系处理是"具有言语的声音系统"进行言语过程的开端。

音系处理,决定了要产生怎样的声音,然后根据要产生的声音,发出神经运动指令,调动有关的发音肌肉—器官进行运动来发出相应的语音。任何人要把想说的话语说出来,就必须有这个选择排列音素的过程,以及将"语音特性"转变成"发音行为"的过程。也就是说,言语产生包括选用、排列、整合言语声的"音系层面",以及从音系过渡到发音的神经肌肉活动的"语音层面"。听取他人所说的话语,则包括从听见声音到聆听言语,将物理学意义上的语音过渡到由神经感觉活动感知言语的"语音层面",以及理解言语所传递的信息的"音系层面"。"言语"包含从开始准备用语音交流之时起,到听到语音并对其加以初步感知的全过程,既包括发音行为和说出的语音,又包括听到的声音和聆听的语音,还包括在言语产生之前的神经肌肉活动和听到语音之后的音系处理过程。

三、言语的产生

言语的产生是通过三个系统的协调运动来实现的,它们是呼吸系统、发声系统和构音系统,如图1-1-2所示。贮存在肺、气管与支气管内的气体有规律地随呼气运动排出,形成气流;当气流到达声门处时,被转变成一系列的脉冲信号(声门波);然后通过声道的共鸣作用,形成具有适当形态的声波;最终由口和鼻发出言语信号(声波)。在言语的产生过程中,听觉反馈使说话者能够更好地调节言语输出。

言语产生的决定性条件是声带振动。声带作为振动源,可以用其位置、形状、大小和黏弹性来描述。声带的振动受到喉部发声肌群的运动、声带结构及其附属结构的影响。从声学角度来看,声带有两个主要功能:其一,把直流气流转换成交流气流;其二,把气流的动能转变成声学能量。声道指位于喉与嘴唇之间的通道,是一个共鸣腔。声道的形状主要通过自身的构音器官来进行调节,但也受到声带振动方式的影响,如图1-1-3所示。

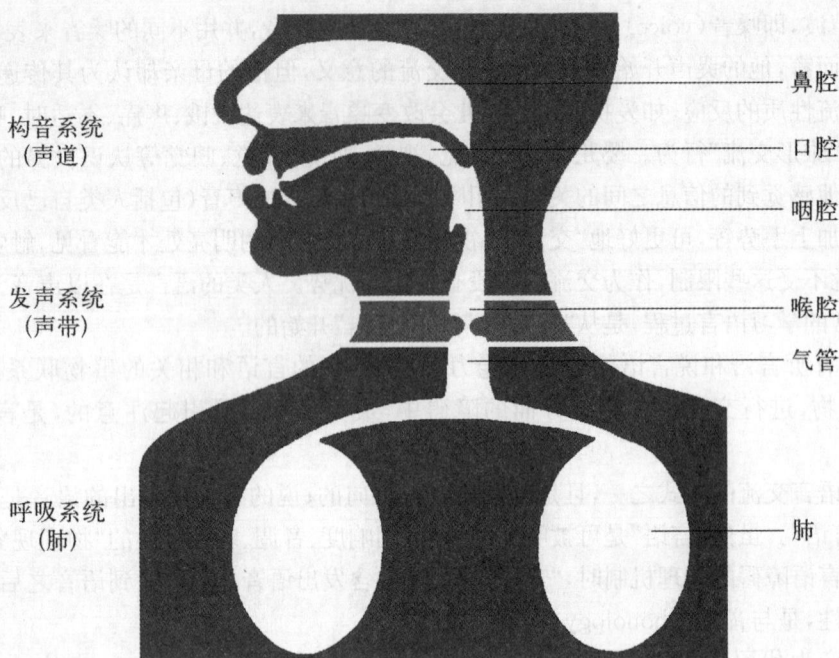

图 1-1-2　言语产生的三个系统

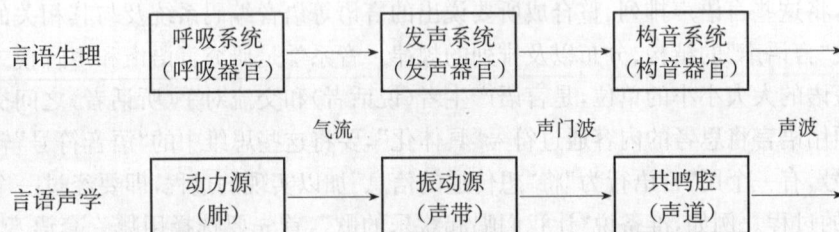

图 1-1-3　言语生理和言语声学之间的关系

"发声"(phonation)一词通常指产生言语声的行为,但在言语科学、言语病理学、嗓音疾病学等专业领域,"发声"一词则专指"在气流帮助下,利用喉产生可听声的声源"或"声带振动产生声音的行为",有时作为"形成嗓音"(voicing)一词的同义词通用。喊、叫、吼、笑、哭、呻吟、歌唱、说话等发出嗓音的生理过程即为发声。呼出的气流产生的声音经共鸣器和构音器官加工后,成为具有一定意义的、可传递信息的"语音"。

"构音"(articulation)一词是指声道运动以产生言语声的过程,是按"音系处理"发出的指令,通过神经运动系统形成语音的行为,是将发声行为所产生的嗓音加工成有语义语音的言语行为。构音对声道运动的要求是,构音器官互相协调地、准确地、按时地以一定的运动方向、力度和速度进行运动;构音行为是声道不同结构以一系列重叠的动作改变声道不同部位的形状、管径和对流出气流的阻挡程度,同时形成不同的共鸣腔的过程。构音又含有"形成音素"的意思,是应用声门以上声道的构音器官构成语音的过程。

长期以来,嗓音疾病学主要研究"嗓音"方面的问题,即研究言语声音系统的发声问题和嗓音障碍(又称发声障碍);言语病理学、临床语音学多着重于研究"构音"方面的问题,即研究言语声音系统的构音问题和构音障碍。对言语产生和言语障碍的机制的研究,涉及"音系"、"神经运动和神经感觉"、"发声和听取语音"三个层面。因此,言语障碍包括音系障碍、语音障碍、构音障碍,还涉及言语流畅性障碍、腭裂、嗓音障碍、听觉障碍等。

言语的声音系统可分为三个层面:(1)语音;(2)产生言语和感知言语的表象;(3)形式构成。

1. 语音

语音层面包括由神经肌肉运动产生语音和由听觉系统感知语音,是声音系统中产生声音和听取声音的层面。

每一种言语声都能用抽象复杂的语音特征表现出来,即语音能力。对语音能力可以从不同的角度来进行分析和考察。首先,从生理学和心理学的角度分析,语音是语言符号的标记,是语言中唯一具有物质性的部分。语音的构成(不包括机器合成),是指人类通过相关发音器官的运动来影响喉腔、咽腔、口腔和鼻腔内空气的流动,从而产生声波并形成语音的过程。所谓发音器官,如肺、声带、舌等,在解剖和生理学中,它们原本分属于呼吸器官和消化器官,但是因为语言在人类现代文明社会生活中的作用越来越大,所以我们从功能的角度把这些器官归为一类。随着语言的重要作用被思维科学、通讯科学、社会学、人类学等现代学科重新认识,发音器官这一系统的机制和功能也得到了科学性的研究。

言语的语音可分解成一些最小的单位,即音位。元音、辅音、音节、词、短语等语音单位,是说话者和听话者之间交流的界面。语音作为交流的界面,有运动(言语)和感知(听、视)两重属性。

语音能力还可以从输入和输出的角度加以考察,这就是语言的收发能力。语言输入是由表层向深层过渡(语言代码—信息理解),其第一个程序就是语音解码(phonetic decode);而语言输出则是由深层向表层过渡(信息表达—语言代码),其最后一个程序则是语音编码(phonetic code)。可见,语音能力恰好分属于听觉功能和言语功能的最表层。输入和输出,看起来只是一组逆向的过程,但是从语言获得和语言发展的角度来看,语音输入的能力跟语音输出的能力一般是不平衡的。在时间上,语音输入能力的获得大大早于输出能力的获得,并且输入的容量也远远大于输出的容量。

言语产生过程中语音信息的转化是非常重要的。这种转化的实现,是通过神经冲动向组成声道的肌肉传达发音的指令来完成的,声道的形状决定了输出的言语声学信号。

语言代码(语音特征)——神经指令传到肌肉(神经冲动传递)——肌肉收缩(肌肉运动表现)——声带激励和声道形状改变(构音过程表现)——产生言语声波信号(声学表现),这一过程也就是语音信息到声学信息的转化过程,如图 1-1-4 所示。

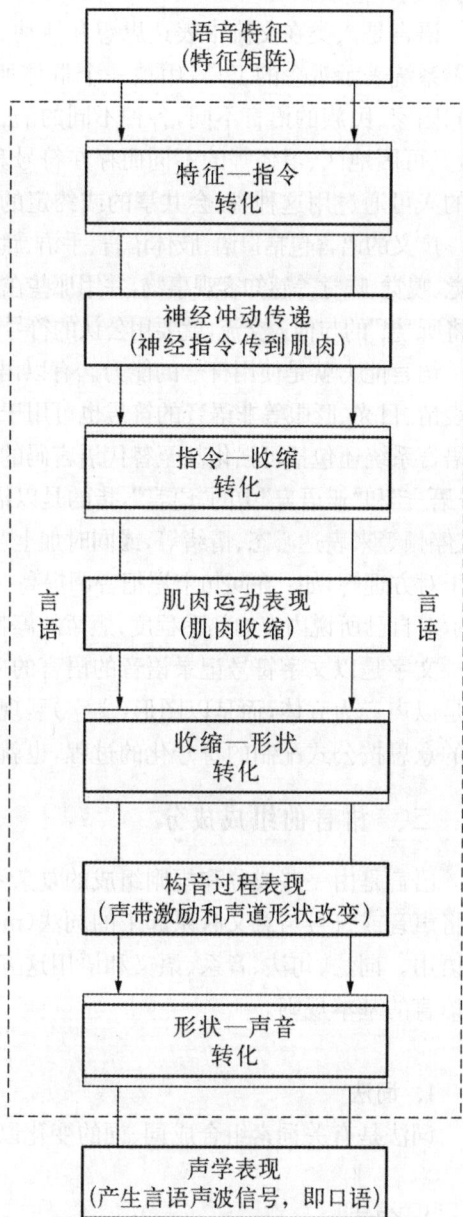

图 1-1-4 语音信息转化模式

2. 产生言语和感知言语的表象

产生言语和感知言语的表象这一层面决定选用哪些音位,进行何种编排,分析听到的是哪些音素,以及它们是如何排列的。这个层面是声音的抽象表象,也是产生声音行动的策划阶段。

3. 形式构成

形式构成这一层面决定了选用哪一种语音系统。语音形式构成层面包括一些较为概括性的表象,例如(所用的)语音系统中有哪些音节,在音节中音素可能出现在哪些位置等(如汉语普通话中,没有"ja"、"je"、"jo"、"xa"、"xe"、"xo"等音节,音素/ng/只可以出现在韵母的后部,而不能成为声母)。

第二节 语 言

一、语言的定义

语言是人类在交流中表达思想和活动、按一定的规则将规定的符号组合起来、以社会共享的或约定的编码系统表示观念的工具,用被一个群体所公认和通用的符号来思考、记忆、回想、表达意思、传递思想。不同国家、民族的语言不同,各种不同的语言有各自的符号和组合符号的规则。在使用同一种语言的民族中,又可因地区、习俗等的不同而存在符号和规则与母语相似但略有不同的方言(dialect)。使用同一种语言的人可通过用这种"社会共享的或约定的编码系统"编码和解码来进行交流。

广义的语言包括口语、肢体语言、手语、旗语、计算机语言等,而言语是口说的语言。人们可以用听觉、视觉、触觉、嗅觉、味觉等感知客观事物,并用那些在脑中再现的形象(图形的、声响的、运动的、力度的表象)来"想"。但要将所"想"的与他人交流,就要用公认的符号系统,即用语言作为媒体,让他人了解自己所想的内容。

语言能力就是使用符号的能力。有以语音为基础的和不以语音为基础的多种语言系统。动作、姿势、面部表情、目光、眨眼等非语音的符号也可用于交流,其中聋哑人通用的手语即一种成套的非语音语言。正常人的语言系统还包括可强化甚至替代语言码的成分。这些成分包括副语言、非语言及亚语言(这里的"副语言"、"非语言"和"亚语言"中的"语言",指的是以语音为代码的语言)。副语言在正规的语言之外通过改变语气、速度、停顿等来表达心态、情绪等,或同时加上"非语音码",如动作、姿势、面部表情,以帮助强化要传递的信息,利于对方理解,如:在问句末尾把音调提高,或重读某一词以示强调;加快说话速度,反映说话者情绪激动,或表示对自己所说内容的熟悉程度;短暂的停顿具有强调的作用,或是要将刚说出的词加以改正。

文字是以文字符号记录语音的语言的书面形式。文字虽然是记录语音码的符号,但和言语不同;文字不是以声音为载体,而是以图形(文字)展现和通过视觉接收的。在说出言语、写出文字之前,有一个将语言的意思按公式配制的符号化的过程,也就是编出代表思想、活动的符号或编码。

二、语言的组成成分

语言是由一些成分和规则组成的复杂系统。组成语言的三个主要成分是形式、内容和应用。形式包括将声音或符号与意义联系起来的词法(morphology)、句法(syntax)和音系。内容为意义,即语义。应用为语用。词法、句法、音系、语义和语用这五个成分是将符号按所要表达的想法组合起来的基本规则系统,为语言的基本规则。

1. 词法

词法是有关词素组合成词、词的变化以及词在音系和句法间的桥接的规则。

2. 句法

句法是有关语句中词的次序、语句的结构形式的规则。

3. 音系

音系是有关使用哪些音素、如何将这些音素组合,以及如何安排音素所处的位置等方面的规则。例如,有些音素不应在某一位置出现(如汉语普通话声母 q 后只能接 i、u,或以 i、u 开头的韵母)。每种语言都有各自的声音特征,都是由能够区别意义的最小声音单位即音位组成的。

音位是能区分词义的最小语音单位,是音系结构的一个基本单位,也是某一语言的音系体系中音段集合(segmental setting)里的一个抽象音段。汉语普通话的音位包括韵母、声母和声调。音素是语音中最小的单位,例如"mǎ"是由"m"、"a"和第三声这三个音素组成的。在汉语普通话中,除少数音节为单个元音(个别音节为单个辅音)外,绝大多数音节都由两个或多个音素所组成。

4. 语义

语义是有关将各种相类似的事物、动作、关系和差异等进行分类，区分有意义和无意义的声音、有意义的词所含的意义以及含有意义的词相互间的关系等，并与语言形式相关联的规则。

5. 语用

语用是关系到如何运用语言以达到交流目的的规则。词是语言里最小的、可以自由运用的单位。词素是语言中最小的、有意义的单位，词根、前缀、后缀、词尾都是词素。有的词只包含一个词素，如"人"、"鱼"等，有的词包含两个或更多的词素，如"老虎"、"图书馆"。

语言和言语不同：语言是言语的产物。语言是无形无声的，是一种在心中的、创造性的交流系统。语言是抽象的、符号化的（语言能力），这和将这种能力运用出来的行为不同（语言运用）。言语是语言的工具，它将语言转化为声音（口头语），是语音具体化了的语言。

人具有天生的言语能力，但语言不是天生的，而是通过积累个体所经历的知觉而产生的，是凭借先天的言语本能对知觉经历进行积累、学习、思考而发展起来的创造性的交流系统。人主要是通过将听到的语音和其他表象相结合的思维—积累过程学会语言的。虽然人类有许多不同的以声音为代码的语言，如汉语、英语、法语、日语等，但各种语言都是由语音、词汇、语法结构等按一定的规则组成的。不同国家、民族的正常人在听他们本民族语言（母语）的过程中，学会了本民族的语言，了解了语义（词义），并学会了用本民族的语言表达自己的感觉、思想、情感。

言语是用说出以约定的声音为代码的语言进行的交流活动。由于声音作为交流载体有其优越性，说和听就必然成为人类交流的主要形式。言语是口说的语言。语言不同于言语，它必须以语音、文字、手势等为载体才能表达出来，从而被他人所接收和感知。语言是一种思维中的智能活动，言语是用语音为符号将语言具体化的过程。虽然人类的语言主要是以语音为代码的言语，但手势、动作、表情、姿势、文字、数码、电码等也都是人类用来表达意思、交流思想的符号。

除言语（口头语）外还有其他语言，手势语言（如聋哑人用的手语）也是对语言能力的运用。中国聋人使用的中国手势语和美国聋人使用的北美手势语就是其中的两个例子。在手势语中，语序经常是根据事件发生的顺序或被强调的程度来决定的。例如，手势语常将"今天早晨我看见美丽的太阳"表示为"太阳、今天早晨、我看见、漂亮"；又如，若在"我喜欢电影"中强调的是"电影"，使用手势语的人总是按"电影、我喜欢"的顺序做出手势。由于手势语的使用者借助手、面部和胳膊做出手势来表达意思，所以它与汉语的语法规则是完全不同的。手势的形状、运动、变化及其相对于身体其他部分的位置都是有意义的。需要强调的是：人在这个富有创造性的交流系统中拥有的知识和能力被称为语言能力，与此相对，使用它则被称为语言运用。由于手势语有时表达得快且不完整，常出错误，所以被称为"初级语言"或"无奈语言"。在本书中，除特别加以说明的情况外，"语言"一词均指以声音为代码的语言。

说话时我们经常用不完整句而不用整句。我们常用句子的中间部分思考问题，第一句话还没完成就开始想第二句话了。然而，当老师说"用完整的句子回答问题"时学生也知道如何去做——他们知道这种语言，即使语言知识并没有充分地用言语表达出来。那么语言知识是怎样和思维联系起来的呢？

第三节　语言和言语发展

正常孩子出生时就有走路和说话的潜力，尽管那时他们还无法走路和说话，但基因已赋予他们与之相应的神经生理基础，只是需要发育和成熟的时间。六个月的婴儿坐起来会发一些毫无意义的咿呀语；快一周岁时，他们会走路和给事物命名；两周岁时，他们能用一些不完整的电报式句子将两个词拼凑起来；到四周岁时，他们已能掌握成人语言的基本规律。儿童学习语言的速度是成人无法比拟的。多数研究人员都认可"语言学习关键期"的概念，语言学习的最佳时间是青春期前。然而，对那些已过语言学习关键期的学习者所受的限制，仍有许多争论。Lenneberg等人认为自然获得语言的能力在关键期之后就停止了，也有人认为自然获得语言的能力从来不会完全消失。

儿童以怎样的自发性和速度学习语言？心理学家、语言学家和言语科学家做了艰苦的工作，仅取得有限的成绩。他们问的问题是：儿童是怎样获得语言的？对这一问题的回答，主要有两大理论：一个认为语言的发展遵循学习理论原理；另一个认为，语言发展有天生的语言学习倾向。目前最热门的观点是：只有特定语言的细节或单独词语需要学习，所有语言共同具有的创造性和结构框架是与生俱来的，不用学习。

一、语言学习理论

传统意义上的学习是在刺激和反应之间建立一种新的联系或联结。经典实验是俄国 Pavlov 于二十世纪二十年代完成的，其结果是在铃声和狗分泌唾液之间建立了联系。这个联系是新获得的，因而被认为是需要学习的，因为实验之前狗听到铃声并不分泌唾液。学习行为或条件反射（conditional reflex, CR）是由非条件刺激物（unconditional stimulus, UCS，在此实验中指肉末）与条件刺激物（conditional stimulus, CS，在此实验中指铃声）配对出现而产生的。由于肉末自身能增加唾液的分泌（狗对食物产生的自动生理反应），肉末和铃声不断同时出现，就在两者之间建立了神经联结，所以最终仅铃声就会促进唾液的分泌，见图 1-1-5。

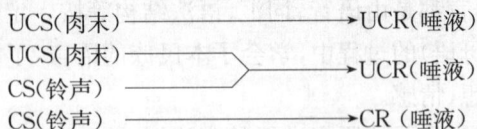

UCS（肉末）————————→UCR（唾液）
UCS（肉末）————————→UCR（唾液）
CS（铃声）————————→UCR（唾液）
CS（铃声）————————→CR（唾液）

图 1-1-5　条件反射的形成

在传统条件作用下，非条件反射是自发的（如排汗、心律变化、唾液分泌），它的动因是很明确的（如对事物的恐惧、食物的出现）。还有另外一种学习模式，即将非条件刺激置于自我控制之下（让实验主体推动杠杆或让主体发声），它的动因是不明显的。在这种情况下，学习是通过强化和鼓励而获得的，而不是通过配对刺激。这种方法叫作操作性条件反射（operant conditioning）。如果用食物或其他积极因素对操作反应进行奖励，那么此行为就会被强化。但如果对操作反应施加电击、批评或一些消极刺激，则此行为就会消退。操作性条件反射模式是由 Skinner 发现的，有关语言学习的理论在其著作《口头语言》中有详细描述。Skinner 认为，当儿童用语言控制其周围环境时，若为其提供选择性强化，则可获得语言。

另一个学习理论家 O. H. Mowrer 建议，强化和奖励不可能总是产生可观察到的反应，有些反应可能在孩子的内心产生而未表现出来。比如在可观察的实例中，当孩子发"妈妈"的音时，作为奖励，妈妈拿着食物出现在他面前，两者之间的联系就建立起来了，作为学习反应的"妈妈"发音也就获得了。在内心反应的实例中，孩子发现即使没大声发出"妈妈"的音，"妈妈"这个词也会产生积极的感情或得到强化。Mowrer 把这称作"缄默理论"（Autistic Theory），孩子们可能不停地默读听到的新单词，不断强化，形成学习或条件行为。这个理论可用来解释为什么孩子们有时会突然使用以前从来没有说过的词。

当然，学习理论与孩子们的语义获得、词汇意义学习的事实是一致的。它们甚至可以解释某种语言的句法和语序的初始阶段。正确言语声的形成也依靠被理解时的强化程度。如果孩子发现说/tuti/没有用，发/kuki/（cookie）能得到他想要得到的食物，他就会大量地强化练习说"cookie"，并在以后使用。

二、语言遗传理论

学习理论并不能完全解释语言发展的许多问题。语言的使用者创造性地使用语言系统，他们既能听懂也能创造以前从来没有听过的句子，也就是没有学过的句子。当听过大量的话以后，孩子们自己总结规律，并能用已储存的规则去理解新的句子，创造新的句子。如英语环境下的孩子们已通过传统学习方法学会了诸如"run"等不规则动词的屈折变化形式，然而一旦他们知道了规则动词过去式的规则，就会常常使用"runned"，而不用"ran"，由于他们有寻找规则的能力，导致他们对语言进行系统化，忘记了已经听过或学过的特例。许多心理语言学家认为，对语言规则的概括能力是天生的；也有些人认为，对语法结构的掌握是天生的。

第二章　言语科学的发展

很多科学家对言语科学的发展起了推动作用。为展示言语科学的发展历程,本章将介绍在这个领域的各个方面作出贡献的许多先驱,并通过对他们的介绍,阐释这个学科研究方法的多样性。先驱不一定是最重要的人,但一定是第一个使用某一方法的人。另外,本章也会介绍言语科学在中国的发展状况。

言语科学研究的是言语产生的生理机理、言语的声学特性和言语的感知过程。它是语音学家、语言学家、心理学家、工程师和言语病理学家共同关注的交叉学科。

语音学家主要是从生理学和声学这两个方面来描述正常音素(自然言语声)的产生过程。**语言学家**更倾向于描述语言的声音体系(音韵学)、支配那些体系的规则,以及这些规则同语法和语义学规则的关系。传统上,语音学家和语言学家的关注点有一定的重叠。

心理学家主要关注的是心理声学、言语的感知线索、言语可懂度的测量,以及人类大脑加工言语信号的方法。

工程师主要关注的是言语声音的分析、沟通交流过程中言语的传送、可视言语显示系统、言语合成器,以及言语和说话者识别系统。

言语病理学家主要关注的是言语的产生和障碍,包括中枢神经系统中言语的起源、言语的控制机制、言语的肌肉活动,以及在空气压力作用下言语运动的改变。

实际上,这些科学家有着共同的兴趣,并常在一个实验室中共同工作。

第一节　Helmholtz：言语声学

在电子时代到来前,人们对言语声学的研究主要依赖于人耳,现在则将电子频谱分析仪和计算机作为研究工具。Hermann von Helmholtz(1821—1894)出生在柏林附近,那里是英国人、德国人和法国人祖先的居住地。他的主要兴趣在于嗓音声学和声道共鸣的研究。在专业研究之前,他兴趣广泛并在大学从事教学研究工作,他主要在数学、物理学和医学领域进行研究,并在生理学、光学、声学、力学和电子学方面作出了许多贡献。Helmholtz 出版了许多论文和著作。他的父亲是一位哲学和语言学教师,他母亲的父系祖先是 William Penn 的后裔,母系祖先是法国人。多病的童年使他没有学好语法、词汇、历史,甚至区分左右也有困难,但他博览群书,从小就表现出对物理和生物学的好奇心。Helmholtz 从柏林大学医学院毕业后到军队当外科医生,后来成为这个学科的教授。Helmholtz 总是将教学和研究融为一体,并认为在讲堂上通过做实验来讲述原理是很重要的。他对纯音和复合音的听觉生理与感知均有研究。

Helmholtz 是研究共鸣的先驱。他发现向装有不同量水的瓶子吹气,能产生不同的声音。如:他能使一个瓶子发出类似/u/的音,使两个瓶子同时发声并听起来像/o/音。

通过使用一个两端开口的中空玻璃球进行实验,Helmholtz 发明了复合音频率分析技术。如图 1-2-1 所示,这种中空玻璃球后来被称为"Helmholtz 共鸣器"。最初他用蜡密封住球体奶嘴形状的细小一端,另外一端塞入他自己的耳道。每个球都有自己的固有频率,而不同的球有不同的固有频率。用较多的蜡密封端口,可以听到复合音。中空玻璃球仅对与自己固有频率相同或相近的声音产生共鸣。这样就能确定言语的基频、谐波和声道共鸣频率。

成年男性、女性或儿童在说话或唱歌时的元音音质都不相同。Helmholtz 把不同频率的音叉放在自

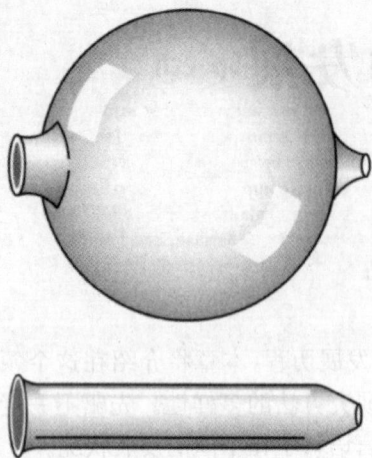

图 1-2-1 Helmholtz 共鸣器

己或其他人的口腔前,让每人用自己特定的口腔形状发一个元音。他发现不同的口腔形状会产生不同的共鸣频率。用这种方法,他确定了每个元音的绝对共鸣频率;然而后来的发现是,共鸣频率取决于整个声道的大小,不同的说话者发出的元音有不同的共鸣频率。1863 年,他出版了言语声学和谐波理论方面的巨著《音乐生理感知学》。

Helmholtz 被认为是一个沉稳、保守的学者。他喜欢登山,并声称当他远足时灵感会不断涌出。他的一个学生 Heinrich Hertz 后来发现了电磁波,并以自己的名字命名每秒循环次数的单位(Hz)。

学术活动之余,Helmholtz 认为把科学传播给公众很重要,这种想法在当时的德国是不寻常的。尽管 Helmholtz 的志趣很广,但是今天我们仍称他为言语科学的先驱,对此,他无疑会感到吃惊。另外,他还发明了检眼镜和提出了能量守恒的数据。不仅如此,Helmholtz 还帮助我们理解最重要的言语声学和物理学原则:声带产生的空气脉冲是噪音产生的声源,声源谐波在咽腔和口腔产生共鸣,不同的共鸣产生不同的元音。

第二节　Sweet:语音学

当 Henry Sweet(1845—1912)在英格兰出生时,Helmholtz 已经 24 岁并发表了自己的第一篇关于神经细胞和纤维关系的论文。Sweet 从完全不同于 Helmholtz 的角度来研究言语,即语言学和语音学。他是一个英语老师,是 George Bernard Shaw 的戏剧《卖花女》中语言学教授 Henry Higgins 的原型,这部戏剧后来被 Lerner 和 Loewe 改编成音乐喜剧《窈窕淑女》。

Sweet 毕业于牛津大学贝利奥尔学院,由于考试成绩不好,他在自己的国家从未被授予过语言学教授头衔,但他在德国却得到了很高的评价和荣誉。受德国语言学学院派的影响,Sweet 在印度做了许多语音学方面的工作,并开发了被称作"可视言语"(visible speech)的语音手抄本系统,这个系统后来被 Alexander Melville Bell 用于聋人教育。1877 年,Sweet 在可视言语改编本中写道:"我用 Broad Romic 作为一种代数符号,每个字母代表一组相似的音。"他在这里简洁地表述了同一音位的每个音位变体可以被看作一组语音中的一个音素,这种关于音素规则的想法是新颖的。尽管音素这个词不是他创造的,但他可能是第一个提到音素规则的人。Sweet 的手抄本系统就是国际音标的前身。

1877 年,随着语音手抄本的出版,他把英格兰当作欧洲语音学的诞生地。尽管他在英格兰取得了卓越的语音学成就,但他未得到 1876 年伦敦大学比较语言学学会主席的提名,1885 年牛津大学的英语语言和文学 Merton 教授奖的候选人中也没有他。1901 年他又一次遭受打击:牛津大学拒绝聘任他为比较语言学教授。欧洲语言学者对 Sweet 在英格兰如此得不到重视感到很吃惊——他仅被提名作为牛津语音学讲师,尽管这个位置是专门为他设置的。

不像 Helmholtz 那样沉稳、保守,Sweet 是辛辣而具有讽刺性的。尽管未被提名,他仍努力写作,1874 年出版了《英语语音学历史》,1888 年修订重版。1890 年他出版了《语音学基础》,其中包含言语声音的构音描述。他是伦敦语言学学会的早期成员。社会最终承认了他在描述语音学(descriptive phonetics)上的杰出贡献,在 Sweet 去世几十年后,该领域权威在一次演讲中对他进行了高度的评价。

第三节　Bell:聋人教育

Alexander Graham Bell(1847—1922)出生在爱丁堡,比出生在英格兰的 Sweet 小两岁。他后来作为

电话的发明者享誉世界。他把发明作为业余爱好,而把聋人教育
(Teaching the Deaf)作为自己的职业。他的父亲 Alexander
Melville Bell 是一个语言教师和演说家,他在爱丁堡大学演讲,撰
写关于演讲的书和手册。Bell 最大的成就是开发了可视言语系
统,见图1-2-2,它起初是一个描述每个言语声音的构音符号系
统。舌被画成马掌形,最活跃的部位被标记出来。唇活动和发音
用另外的符号代表。言语声音可以经过图像表达出来。

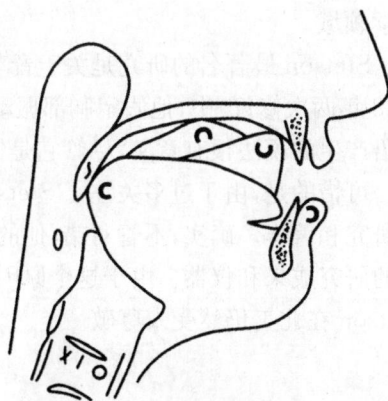

ʃkaʊ ʊɪ ʊɪɜ
I caught the thief

图 1-2-2　可视言语系统
注:Bell 的可视言语系统描绘了声道
各部分对不同声音的发声示意图。
(摘自 1895 年《英语可视言语》,Bell 写
这本书是为了普及他父亲的手抄本)

当 Bell 还是个孩子时,他对自然和音乐的兴趣就超过了正规
学习。15 岁时,他去伦敦和 70 岁的祖父一起生活。他祖父是一个
演讲家,也治疗口吃和言语障碍。在祖父的指导下,Bell 开始认真
学习,在经济上独立。他背诵莎士比亚戏剧段落,并把自己打扮得
像绅士一样。

一年后回到爱丁堡,Bell 开始了漫长的教书生涯。他同时也在
学习,开始是在艾尔金的韦斯顿学院,然后在爱丁堡大学。在不知道
Helmholtz 实验的情况下,Bell 通过将手指放在喉和两颊上,模拟出
声道的不同位置,发现了声道共鸣。他也重复进行共鸣频率确定实
验,通过放在嘴前的音叉发现不同元音的共鸣频率是不同。

Bell 父母的另外两个儿子因病夭折。Bell 23 岁时随父母移居到北美,直到退休。在英国,Bell 因使用
他父亲的可视言语方法开展聋人教育而获得声誉。在美国,他继续用可视言语系统教聋人学习,为聋校培
训教师。在波士顿,他与科学团体取得联系,开始为他的很多发明思想做准备。1876 年,他喊出了著名的
话:"Watson 先生,请过来,我想见你。"Watson 是他的助手,通过第一部电话接收器听到并明白了他的意
思,这部电话安装在 Bell 实验室和通向客厅的卧室之间。

1877 年,Bell 和 Mabel Hubbard 结婚。Mabel Hubbard 是个聋人,也是新成立的 Bell 电话公司的一
个合伙人 Gardiner Hubbard 的女儿。他们回到英格兰宣传电话和聋人可视言语系统。他们的两个女儿
和亲属没有同去,这些人冬天住在华盛顿,夏天住在挪瓦斯克舍的大房子里。虽然 Bell 有很多有利可图的
发明,但他仍把为聋人工作看得极为重要。他建立了 Volta 局(聋人信息中心),开发了测试听力的听力
计,继续改进可视言语系统。在他的一生中,有许多不眠之夜,因为他认为深夜是他脑子最活跃的时间,工
作更有效。

第四节　Stetson:言语生理学

Raymond Herbert Stetson(1872—1950)是教育学家的典范,他的声誉主要来自改进教育方法论方面
的成就,而不是他的研究发现。Stetson 是个知识广博的教育者,知识面涵盖许多学科(心理学、动物学、化
学、人类学)。他 1893 年获得奥柏林学院的硕士学位,1901 年获得哈佛大学博士学位,1909 年回到奥柏林
担任心理系主任,并一直住在那里直到 1950 年去世。

Stetson 的贡献主要是发展和改进言语产生中呼吸系统和构音器官运动的客观测量方法。19 世纪 20
年代早期,他游历法国。在那里,他和被称为现代实验语音学之父的 Rousselot 一起工作和研究。回到美
国之前,Stetson 用波动曲线记录仪改进了 Rousselot 的工作。波动曲线记录仪是 Rousselot 发明的一种
用于记录气流、气压和构音肌群活动的仪器。其后几年,Stetson 采用示波器进行言语生理的测量,而他的
实验室则被命名为奥柏林学院示波器实验室。

受到 Rousselot 的影响,Stetson 进一步改进了腭位图,使得这个技术能够准确测量舌和上颚部的言
语构音点。他也做了很多重要实验,研究辅音送气和不送气在生理学上的区别,从而研究元音和辅音
的声学和生理特点及它们之间的区别。他的著作刊登在那个时代很多重要的刊物上,涉及韵律学和音

韵学领域。

Stetson 最著名的研究是关于音节产生和结构的理论。在他的《运动语音学》(1928 年首版,1951 年、1988 年两次修订)中,他假定胸部振动是音节产生的基础。后来的研究普遍否定了他的发现,由于他关于言语产生的说法很有意义,尽管它是错误的,Stetson 仍凭它位于著名科学家之列。

可惜的是,由于过多关注了 Stetson 理论的失败,我们忽视了他的许多有关言语和语言产生的有意义的研究和著作。确实,不管对错,他的很多研究和发现都是重要的。因为借助这些成果,可以改进其他重要的研究成果和仪器。由于这个原因,作为一个言语科学家和提出言语产生现代科学基础的重要研究者,Stetson 在北美仍然受人尊敬。

第五节　Dudley：言语合成

电子工程师 Homer W. Dudley(1896—1987)是言语合成的先驱,他制造出一种机器,能发出类似言语的声音。Dudley 于 1937 年和 1938 年在 Bell 实验室成功研制了电子言语合成装置。

Dudley 是在宾夕法尼亚州开始他的事业的。当他还是个学生时,他全家从弗吉尼亚州移居宾夕法尼亚州。在移居宾夕法尼亚州之前,他父亲是一个教小学生的传教士,这些小学生对古典名著、专业课程和神学研究都很感兴趣。Dudley 很早就从高中毕业,成为一名教师,但他发现在教室中维持纪律是件很难的事,于是他放弃了教师这个职业,开始在宾夕法尼亚州立大学工作。当时这所学校已开设了电子工程课程,Dudley 作为技术人员加入了 Bell 实验室(西方电子工程实验室),之后移居纽约。他在那里一直工作了 40 多年,大部分时间从事电话传输分配的研究工作。

图 1-2-3　1939 年世界博览会上
展出的言语合成器

他和 Robert Riesz 等人合作,进一步开发了言语合成器(vocoder)。言语合成器把言语过滤成 10 个频段,这样可以用比原来更窄的带宽传输信息。在传输过程中,发辅音时伴有非周期性的噪音,发元音时伴有周期性的嗡嗡声。尽管声音失真,但合成后的言语仍较接近最初的声音。他们在哈佛三百周年纪念会上展出了这种言语合成器,并使它成为当时著名的发声机器。在 1939 年和 1940 年世界博览会上,Bell 实验室展出了这种言语合成器,如图 1-2-3 所示。操作者通过推动踏板来控制周期和非周期性的声源,用 10 个按键来控制声道共鸣系统,并采用几个特殊按键来模仿诸如/p/或/t/这样的塞音。与以前的合成器不同,言语合成器在构音上更接近言语声学的模型。类似无线电传输,Dudley 构想通过调频(FM)或者调幅(AM)完成对言语的传送(声源通过声道调制产生言语,即声源滤波系统)。

Dudley 对言语科学的贡献是,他清楚地描绘了言语的传输特性,并精确地把这一观点应用于言语分析和合成,这个观点成为现代言语信号处理的基础。

第六节　Cooper、Liberman 和 Delattre：言语感知学

直到言语科学家有足够的言语声学的知识来控制那些声学参数,才可能在言语感知领域开展系统性的工作。在 20 世纪 40 年代,Ralph Potter 和他的同事们在 Bell 实验室研制出了声谱仪(sound spectrograph)。这种可视仪器便于科学家分析言语的频率成分(也就是频率随时间的变化情况)。声谱仪后来发展成了我们现在使用的语谱图(spectrogram),它的出现使得言语声学的信息量迅猛增长,随之带来了言语感知的研究:对于识别语音,言语声学模式的哪个参数是重要的,哪个是次要的?工程师、心理学家和语言学家联合起来攻关,他们先后在 Haskins 实验室和曼哈顿研究言语感知的问题。Potter 从声谱仪原理出发进行更深入的研究,把可视声学模式转换成声音。

Franklin Cooper(1908—1999)在 Haskins 实验室看到这种录音重放装置,预感到它将成为言语感知研究的有力工具。Cooper 出生在伊利诺伊州,并在那里接受教育,1936 年获得麻省理工学院博士学位。在通用电子研究实验室(General Electric Research Laboratories)工作几年后,Cooper 于 1939 年担任 Haskins 实验室副主任,接着担任主任和主席。同时他研制了一台供盲人阅读的机器。Cooper 制造了一个名为录音重放装置的言语合成器,见图1-2-4。这个装置能把机器和手绘声谱图转换成可懂的言语声。通过手绘声谱图,Cooper 和他的同事们能够测试出哪些声学特征对于言语感知是重要的。

Alvin Liberman(1918—2000)是一位心理学家,在密苏里州立大学获得文科学士和硕士学位,在耶鲁大学获得博士学位,是康涅狄格大学和耶鲁大学的心理学与语言学教授。1944 年,他加入 Haskins 实验室,并最终取代 Cooper 担任主席。他

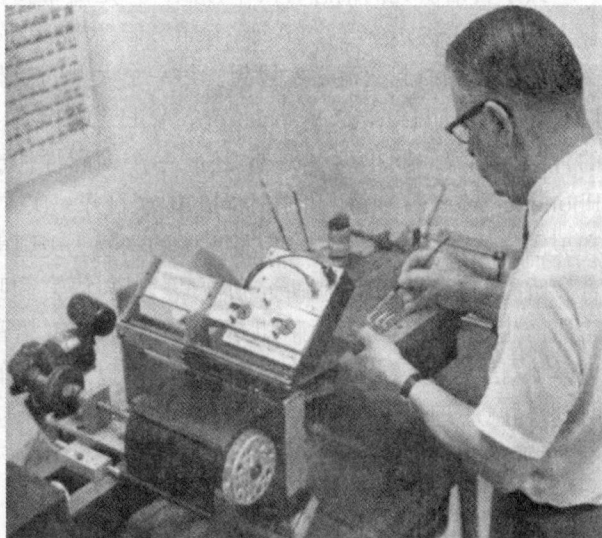

图 1-2-4　录音重放装置
注:Cooper 正在录音重放装置上手绘声谱图,并通过光电转换系统将这种在薄膜上画出的声谱图合成言语。

和 Cooper 一起用录音重放装置系统地改变言语声学参数来确定言语感知的线索。

1950 年,在 Cooper 和 Liberman 的邀请下,生于法国的 Pierre Delattre(1903—1969)加入 Haskins 实验小组,从事言语感知研究工作。Delattre 是一个法国语言学家,专门教外国人学习法语语音学。16 年中,他一直指导每年夏天在佛蒙特州的米德尔伯里学院开展的法国语音学项目,同时也是宾夕法尼亚州立大学的一名正式教师。他擅长在录音重放装置上手绘声谱模式,并评估该模式所产生的声音。在没有声谱图参考的情况下,他协助开发了合成言语的手绘声谱图规则。

Cooper、Liberman 和 Delattre 一直合作至 Delattre 去世,在早期言语感知领域做了许多工作。在计算机控制的合成器出现前,录音重放装置一直处于非常领先的地位,研究者能借助它浏览整体声学模式,重复聆听声音是怎样发出的,而且能够很容易地修改它。对言语感知来说,系统地改变某一声学特征是很重要的,研究者可以让听者区分和评估这一声学参数的变化所导致的合成言语的变化。通过这个办法,Haskins 实验小组详细介绍了言语感知对语言经验的作用,那些特殊的声学特征对言语辨别起着关键的作用。在言语感知的系统研究中,Haskins 实验室的研究在这一时期遥遥领先于其他实验室。

如今的 Haskins 实验室中,工程师、语音学家、语言学家、言语病理学家和心理学家正在共同致力于言语科学和实验语音学的研究。

第七节　未来发展

一、言语科学的发展方向

在声谱仪分析(按照频率来分析言语信号)和系统的言语合成基础上,我们可以知道言语声学的本质,从而实现与机器会话和言语合成。虽然我国言语生理方面的实验研究成果不多,但是通过很多来自美国和其他国家大学与实验室的言语科学家的努力,这个领域取得了突飞猛进的发展。此后,言语生理学和言

语声学出现了许多分支：言语测量、临床语音学、言语医学、嗓音医学、神经言语学、言语信号处理等。言语感知研究也有很多分支：婴儿和动物感知、大脑半球的感知作用、感知中语言经验和上下文的作用、记忆和注意的作用，以及言语感知的加工处理阶段等。

二、 言语科学研究的信息共享

共享言语研究的信息有两个方法。一是出席和参加专门机构组织的会议。最大型的会议是在秋天和春天举办的美国声学学会（Acoustical Society of America，ASA），这些会议将宣读许多最新发表的研究论文并能让大家一起交流学术思想。另一个大型的专业舞台是美国言语语言和听力协会（American Speech-Language and Hearing Association，ASHA）每年举办一次的大会，有许多来自不同国家和世界专业机构的言语科学家一同出席。另外，还有一个国际性协会——国际语音科学大会（International Congress of Phonetic Sciences），每四年在不同的国家召开一次。第二个交换思想和研究的方法是阅读美国声学学会和美国言语语言和听力协会定期出版的刊物。美国声学学会出版的是《美国声学协会杂志》。美国言语语言和听力协会出版的基础研究刊物是《言语、语言和听力研究杂志》和其他临床研究刊物。还有很多关于言语产生、言语声学、言语感知方面的刊物，例如《语音学杂志》、《语言和言语》、《大脑和语言感知及心理物理学》、《语音学》、《临床语言学和语音学》，以及重要的嗓音方面的权威刊物《嗓音杂志》。理论研究文章有时刊登在《心理评论》上；一些创新性研究刊登在《科学》上，它是由美国科学进步协会发行的刊物。在中国，重要的刊物有《听力学及言语疾病杂志》、《中国听力语言康复科学杂志》等。

三、 言语科学的学科发展

1. 言语科学在境外

在美国形成了庞大的言语听觉科学专业，或称作言语病理学和听力学。据美国言语语言和听力协会2004年度的统计，美国现有言语病理学家八万多名，听觉学家三万多名，这些临床工作者都拥有临床执照和硕士学位。

各国高校相继开设了言语听觉科学专业。在美国，前一百名的高等院校均设立了言语听觉科学系，一般设在医学院、教育学院或特殊教育学院中。

在亚洲，日本京都大学是最先拥有言语听觉科学系的大学。1992年，香港大学设置了言语听觉科学专业，多年来为香港地区培养了一大批言语和听力科学工作者，成为亚洲引人注目的听力学和言语病理学家培养基地。韩国自1996年以来，已有五六所大学设立了言语病理学专业。

2. 言语科学在中国

最早把言语病理学知识介绍到中国的是黄昭鸣博士。黄昭鸣博士毕业于美国华盛顿大学言语病理与听力学专业，师从国际言语病理学权威 Fred Minifie 教授。黄昭鸣博士在言语测量技术及临床应用领域的研究成果丰硕，富有建树，在国际上享有广泛声誉。1994至1995年，黄昭鸣博士受国务院专家局、卫生部、电子工业部邀请回国讲学并筹建言语病理学学科。2004年，在黄昭鸣、杜晓新等教授的倡议和努力下，教育部批准华东师范大学开设言语听觉科学本科专业，它是我国高等教育院校中的首创，填补了国内在该领域的空白。

2006年，华东师范大学出版社出版了《言语障碍的评估与矫治》一书，从呼吸、发声、共鸣到构音、语音，系统介绍了言语障碍基础理论、评估方法及治疗手段，是我国最早的相关著作。2007年，黄昭鸣等人编著的《言语功能评估标准》出版，为言语治疗的临床应用奠定了基础。

2008年，我国大陆地区最早且唯一的言语听觉科学硕士与博士点获教育部批准，并于同年开始招收该专业研究生。2009年1月，言语听觉科学教育部重点实验室获批，并由华东师范大学负责筹建，黄昭鸣教授任实验室主任，第二军医大学周水森教授出任学术委员会主席。该实验室以言语产生物理模型的构建及言语合成器的研制、言语障碍病理模型的构建及其相互关系等研究方向为特色，其成立标志着国家对言语科学研究的逐渐重视。言语科学研究"国家队"的组建，使我国言语科学研究迎来了跨越式发展的良机。同年 3 月,华东师范大学还成立了我国第一个言语听觉康复科学系。

经过几年的发展,华东师范大学言语听觉康复科学系承担多项国家级、省部级重点科研项目,发表论文百余篇,出版著作十余部,并于 2012 年凭借"言语听觉障碍儿童康复技术及其示范应用"项目获上海市科技进步二等奖,获奖项目结合现代康复医学的新理念与新技术,在言语听觉障碍儿童康复研究领域取得了系统性和创新性的研究成果,切实提高了康复水平。在教学方面,不断发展完善言语科学主干课程,"言语障碍的评估与矫治"入选"上海市精品课程","嗓音障碍测量与矫治"入选"上海高校示范性全英语教学课程","言语科学基础"被列入"上海市教委重点课程","言语听觉康复创新人才培养模式的研究与实践"被列入"上海高校本科重点教学改革项目";出版专业系列教材十余部,其中大部分已为各高校的相关专业所采纳。在推广应用方面,作为国内言语康复理论和实践的先行者,2009 年受教育部基础教育二司委托,为全国一千五百余所特殊教育学校校长开设了"医教结合,综合康复"理念高级研修班,培养了一百名言语听觉综合康复研究生课程班学员,并在全国范围内挑选了十八所"医教结合"实验基地,整个项目简称"千百十"工程,该项目在 2012 年受到教育部基础教育二司的高度评价,认为其注重"医教结合"创新能力建设和人才队伍建设,促进了特殊教育质量的提高。此外,还开办了四家康复机构,在直接为言语障碍人群服务的同时,也为专业言语治疗师的培养作出了巨大贡献。

在华东师范大学的引领下,国内言语科学蓬勃发展,上海中医药大学、北京联合大学等高校也随后成立了言语科学或言语康复的相关院系。

第二编

言语声学

第一章 声 学 基 础

声音源自振动引起的压力变化,而振动则是由某种运动所引起的,例如:把茶杯放在桌子上,书掉到地板上,音叉的振动,或者人的声带打开和闭合。由振动引起的压力的改变通过介质传递,到达听者的耳朵,从而被感知为声音。声音的产生和感知主要依靠空气,因此,本章的重点是讨论声音在空气中的传播,了解声音的特性以及声音产生和接收系统的基本原理。

第一节 气 压 与 声 波

空气是由无数的化学分子(氧气、氮气和二氧化碳等)所组成的。这些分子不是静止的,它们具有固有的能量,保持着高速无序运动的状态。我们把分子的这种随机运动称为布朗运动。分子的运动使得它们在各自的运动路线上发生相互碰撞,有时还可能碰到墙壁、家具和人等,碰撞导致了气压的产生。

压强被定义为垂直作用于物体表面单位面积上的力的大小。例如,当你坐在椅子上的时候,你的身体就对椅子的水平表面有一定量的向下作用力,从而产生一定的压强。如果你坐在沙发上,你产生的压强就会小一些,这是因为压力作用在一个较大的区域。压强的变化,包括气体压强(air pressure,简称气压),能使物体发生位移。例如,气压的变化使一棵树上的树枝和树叶发生晃动。气压的变化能够使悬挂的物体彼此碰撞,发出声音。同样地,气压的变化也可以推动耳膜向内或向外运动。

一、气压的测量

气体压强可以从各个方向上进行测量,因为气压是无数空气分子作用在物体表面单位面积上的合力。力的单位是达因(dyn),面积的单位是平方厘米(cm^2)。达因是较小的力的度量单位,所以它可以作为作用于耳膜上的力的度量单位。对于较大的力产生的压强,我们相应地采用较大的度量单位。例如,英制体系中,习惯用磅/平方英寸(psi)作单位,即每平方英寸上有多少磅的作用力。汽车轮胎内的压强大约为30磅/平方英寸。对于耳膜而言,这个单位中的压力和作用面积都太大了。

言语病理学和听力学普遍采用的压强单位是达因/平方厘米(dyn/cm^2)。达因/平方厘米也被称为微巴(μbar)。一达因/平方厘米等于一微巴。然而,在国际单位体系即标准化的公制体系中,压强的度量单位采用 MKS 系统或 CGS 系统。MKS 和 CGS 是距离、质量和时间单位的缩写,其中,M 表示米,K 表示千克,S 表示秒,而 C 表示厘米,G 表示克,S 表示秒。这两个系统是有联系的,CGS 系统比 MKS 系统的单位要小一些。在 MKS 系统中,力的单位是牛顿,压强的单位是牛顿/平方米(N/m^2),也称作帕斯卡(Pa)。一牛顿/平方米等于一帕斯卡。这是个很大的单位,因此,在言语病理学和听力学中,通常采用比较小的微帕(μPa)作为压强的度量单位。一微帕等于一百万分之一帕。

尽管现在大多数科学家都选择将帕作为压强的单位,但是大部分的旧书仍采用微帕作为压强的单位,两者可以进行换算。例如,在英制体系中,大气压强是 14.7 磅/平方英寸,而在 GGS 体系中,其相当于 100 万达因/平方厘米(即 100 万微巴)。

压强也可以用液柱的高度来表示,例如管中的水柱。在这种情况下,压强的单位是水柱的高度(厘米水柱)。如果你用嘴向一个部分装水的管子吹气,你吹出气体的压强可以用一段水柱的高度来表示,如图

2-1-1所示。如果水柱抬高5厘米,说明你吹出的气体使水柱发生了5厘米的位移,因此该气体的压强就是5厘米水柱(cmH$_2$O)。

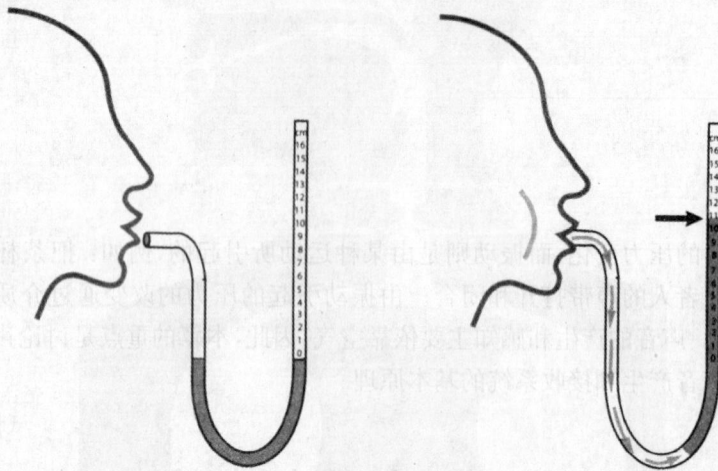

图 2-1-1　用厘米水柱度量气体压强

有时候,人们会使用汞来进行这种测量,这时压强的单位是毫米汞柱(mmHg)。例如,天气预报员经常通过汞柱上升(表示气压升高)或汞柱下降(表示气压降低)来预测天气的变化趋势。在言语产生的不同阶段,我们将用不同的方法进行压强的测量。表2-1-1显示的是各种压强的常用单位及其英文缩写。

表 2-1-1　压强的常用单位及其英文缩写

压强常用单位	英文缩写
达因/平方厘米	dyn/cm^2
磅/平方英寸	psi
微巴	μbar
帕斯卡	Pa
微帕	μPa
厘米水柱	cmH$_2$O
毫米汞柱	mmHg

压强可产生于不同的场所,并且可以根据环境的变化而增加或减小。因此,我们很容易得到特定场所和类型的压强。压强通常用英文字母 p 来表示,并在其右下方注明压强产生的类型。例如,大气压强写作 p$_{atmos}$。在海平面,大气压强大约是 760 毫米汞柱,或 14.7 磅/平方英寸,或 100 万达因/平方厘米。大气压强随着高度的增加而减小。

不同位置的压强可以比标准大气压强高或低。举例来说,汽车轮胎内的压强大约为 30 磅/平方英寸,要比标准大气压强高得多。高于大气压强的压强称为正压(p$_{pos}$)。如果你刺破轮胎,空气就会漏出来,而轮胎内的气压就会降到大气压强以下,约为 7 磅/平方英寸。低于大气压强的压强称为负压(p$_{neg}$)。注意负压与真空的区别:真空指的是没有空气,因而也就不存在气压。我们身体各个器官内的压强也不同,例如我们的肺(p$_{alveolar}$)、气管(p$_{trach}$)和嘴(p$_{oral}$),这些器官内的压强在我们产生和接收言语的过程中起着重要作用。

二、空气的运动

空气是一种气体,它可以按预期的方式运动。空气分子有趋向于平衡的性质,也就是说,它们几乎以相同的速度进行运动。为了达到这种平衡,空气总是从一个压强较高的区域转移到一个压强较低的区域。

单位时间内通过特定区域或管道横截面的空气容量的大小被定义为流程（flow），而某个方向上的单位流程则被称为流速。流程通常以升/秒（l/s）、升/分（l/min）、毫升/秒（ml/s）或者毫升/分（ml/min）作为度量单位。

气压的差异将导致空气由高气压区域向低气压区域流动，这种气压的差异被称为驱动压强（driving pressure），它也存在于人类言语产生的各个过程。因此，驱动压强对言语的产生起着关键的作用。空气的另一种特性是它能以平静或动荡等不同的形式流动：空气平静地流动时，空气分子以相似的方式和相同的速度移动，这称为层流（laminar flow）；相反，空气在流动过程中遇到障碍物时，就会出现湍流（turbulent flow），流动变得不规则，并形成小漩涡或逆流，这些漩涡和逆流会造成空气压强的变化。我们可以通过观察河水的流动来理解层流和湍流。当水中没有障碍物时，水分子以相同的速度流动，这种流动形式就是层流。当有岩石阻碍时，水从岩石的周围和岩石上流过，层流就变成湍流，并出现微小的压强变化。由于驱动压强的作用，空气的层流和湍流是言语产生的两个重要因素。

三、空气的压强、体积和密度

空气的另一个特性是，一定温度下，空气的压强与体积成反比，空气的压强与密度成正比。体积指的是一定的三维空间大小，密度指的是单位体积的质量。当温度不变时，空气的体积变大，压强就会随之减小；空气的体积减小，压强就会随之增大。这个关系以发现它的科学家的名字命名，被称为波义耳定律（Boyle's law）。图2-1-2就是这个关系的示意图：

图中有三个带有活塞的容器，每个容器中装有等量的空气，但是活塞顶入的深度不同。活塞顶入得越深，容器内气体所占的体积就越小。由于容器中空气的质量没有发生改变，空气的体积越小，空气密度越大。空气密度的增加将导致空气分子与容器内壁以及空气分子之间的碰撞变得更加频繁和激烈，压强也就随之增加了。

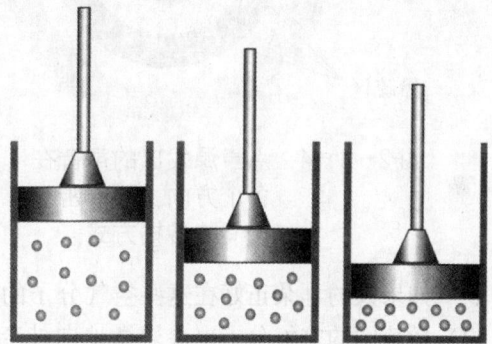

图2-1-2 气体的压强和体积

四、声音在气压中的变化

我们已经知道空气分子的无规则运动可以产生一个相对稳定的压强，这种在我们周围任何地点和时间都存在的相对恒定的压强被称为环境压强（ambient pressure，P_{am}）。你工作房间的环境压强可能与另外一个房间的相同或者不同。当声音产生时，恒定的环境压强就以系统的方式产生扰动，这种扰动可能是增加压强，也可能是减少压强，此时空气分子的无序运动状态也随之变成有序运动状态。如图2-1-3所

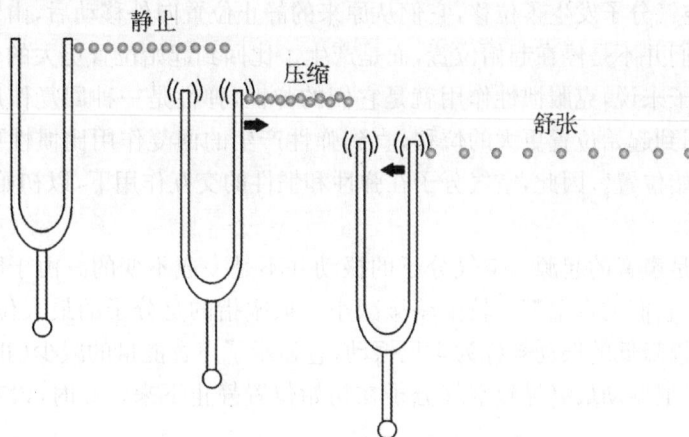

静止

压缩

舒张

图2-1-3 压缩和舒张

示,音叉的振动为我们了解环境压强以何种方式被改变,以及声音如何形成,提供了一个很好的例子。

当你振动一支音叉的时候,它的叉臂产生受迫振动,非常迅速地来回振荡。音叉的振动会引起周围空气分子的一系列反应:当叉臂向外振动的时候,它压迫周围的空气分子并使这些空气分子离开原来的初始位置,从而使周围的空气分子发生相同的振动,这样依次引起了连续振动。当空气分子以这样的方式发生位移时,这个范围内的空气密度增加,密度的增加导致压强的增大,从而产生一个正压的区域,称为稠密区(即压缩)。然而,产生位移的空气分子并不会停留在新的位置,它们还会回到原来的初始位置。这些空气分子到达初始位置后将继续移动,从而在相反的方向上远离原来的

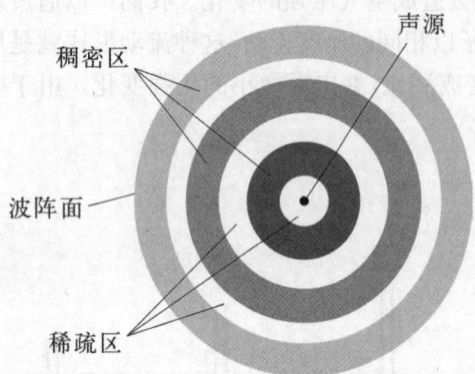

图 2-1-4 点声源发出的声音在各个方向上的疏密相间的传播方式

初始位置。这个结果导致这个范围内分子之间的距离增加,空气的密度减小,从而产生一个负压的区域,称为稀疏区(即舒张)。

这种空气分子群之间的距离增加和减小的过程最终导致了相应区域内空气压强的减小和增加。空气中压强的变化是以球体的球心为中心、以波的形式向无限远处的球面传播的,如图 2-1-4 所示。

重要的是,声源引起空气压强的变化并不仅仅发生在一个方向上,而是作用于四面八方的。图 2-1-4 反映了空气压强在声音传播过程中的增减变化。当我们从一个正在讲话的人旁边经过时,很容易体会到这种变化。不管你走到什么方向,虽然说话者的声音随着你的走远而逐渐变小,但是在一定距离内你仍然能够听清楚。

如果人的耳朵正好在这些空气分子的传播路径上,稠密区的空气分子就会轻微地向内挤压鼓膜(耳膜),稀疏区的空气分子也会轻微地向外牵拉鼓膜。因此,鼓膜就随着空气的疏密变化而产生受迫振动。鼓膜的振动使得中耳的听小骨产生振动,听小骨的振动使得内耳的液体产生位移,从而刺激内耳的毛细胞(神经细胞),使神经细胞产生神经冲动,并通过听觉传导通路将此神经冲动传达到中枢神经系统的相应区域,继而被大脑感知为声音。因此,声音的基本特性就是交互地增加和减小空气压强。

五、弹性和惯性

弹性指的是一个物体在被拉伸、发生位移或形变以后能够恢复到原始大小、位置和形态的性质。所有的物体都有一定的弹性。同样,空气也具有弹性。惯性是一个物理学概念,用来描述物体在没有外力的作用下,保持原来静止或固有运动状态的性质。

音叉振动致使空气分子产生振动,振动持续一段时间之后会停止。一旦空气分子被扰乱而产生振动,在它们恢复静止之前,有两种作用交互影响,使得它们来回摆动。这两种作用分别为弹性作用和惯性作用。在音叉振动之后,空气分子发生了位移,它们从原来的静止位置向外移动后,由于弹性作用,又开始向起始位置运动。但是它们并不是停在起始位置,而是产生了比回到起始位置更大的位移,这种现象就要归因于惯性。对于空气分子来说,克服惯性作用就是它们的弹性,弹性是一种回复作用。也就是说,由于惯性,空气分子产生了比回到起始位置更大的位移,直到弹性产生的回复作用比惯性更大,就开始再次把这些分子拉回到原来的初始位置。因此,空气分子在弹性和惯性的交互作用下,以初始位置为中心进行来回摆动,如图 2-1-5 所示。

最初的音叉振动就是声音的起源。空气分子的振动并不是一成不变的。由于摩擦阻力,空气分子每次通过起始位置的时候,它们的振幅都会较前略微减小。振幅指的是分子的最大位移。振幅由振动物体的能量大小所决定。振幅降低的振动被称为阻尼振动,它显示了声音能量的减少(我们将在后面详细讨论振幅和能量的概念)。阻尼振动最终导致空气分子在初始位置静止下来。此时,没有了环境压强的改变,也就不存在声音了。

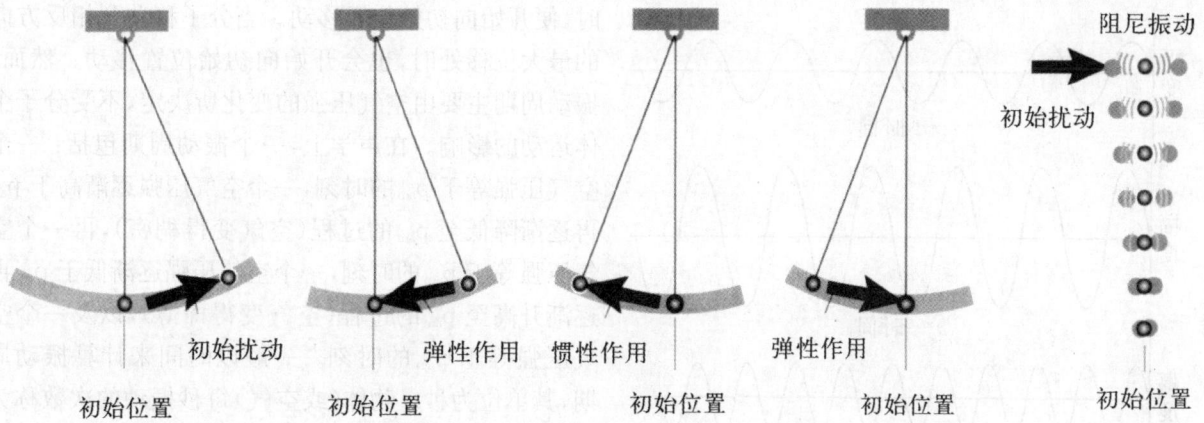

图 2-1-5　弹性、惯性和阻尼振动

六、声波

在弹性介质中,任何一个分子离开平衡位置时,由于存在使它回到平衡位置的弹性作用,这个分子将在其平衡位置附近进行振动。与此同时,这个分子又将对其周围的分子产生作用,振动便传递给这些分子。周围分子的振动又使较远的分子跟着振动,这样振动就会越传越远。

声波就是扰动在介质中的传输,它是能量传递的一种形式。在空气中,一旦空气分子产生振动,每个分子(或分子群)不会自己运动至接收者的耳膜,而只是在起始位置附近移动很小的一段距离。传到接收者耳膜的其实是空气的扰动,也就是空气分子的振动所引起的空气压强疏密相间的变化。这种疏密相间的变化将传播很长一段距离,最终对接收者的耳膜产生影响。一般来讲,声波就是由空气中一些分子的微小运动形成的扰动,这种扰动会在空气中传播很长一段距离。

对于声波而言,单个空气分子的运动方向是和声波的传播方向平行的;而对于水波而言,单个水分子的运动方向是与水波的传播方向垂直的。我们对下述现象很熟悉:向池塘里扔一块石头,水波一圈一圈地向外扩展。这些水圈就是水波,是由于水分子上下运动并向各个方向传播形成的。我们敲击音叉,使其振动而产生声波,空气分子的前后运动导致音叉周围的空气产生扰动并向各个方向传播出去,因此,空气压强的变化就以音叉为中心向各个方向传播,声源周围空气稠密和稀疏的部分互相间隔,呈球形向外传播。最外层的球面被称为波阵面(wave front)。受波阵面和传播距离的影响,声源引起的空气压强的变化传播得越远,它们受到的阻力就越大。波阵面的面积与传播距离的平方成正比。由于波的能量是恒定的,波的传播距离越大,振幅就越小。例如,在一个很大的会堂里,离演讲者最近的人听到的声音最大,离演讲者距离越远,听到的声音就越小。

七、声波的属性

声波具有两大属性:一是振动源,可以用频率、周期和振幅来描述;二是传播介质,可以用波速和波长来描述。声波的这些参数都可以用波形图来表示,即一种以时间为横轴、振幅为纵轴的曲线图。波形图主要用来表示运动随时间变化的情况。例如,波形图可以表示由音叉振动所产生的分子运动,也可以表示相应空气压强的增减状况。如图 2-1-6 和图 2-1-7 所示。

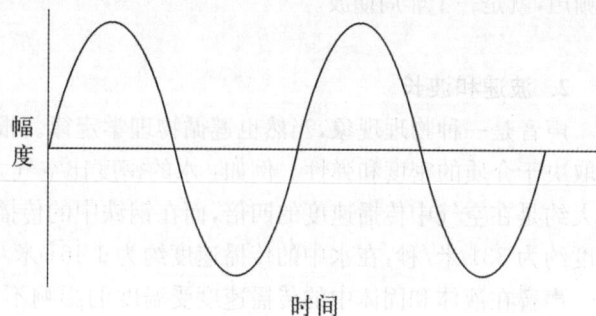

图 2-1-6　波形图

注:音叉、分子的运动以及空气压强的变化都可以用波形图来表示。

1. 频率和周期

空气分子的一个往复运动构成了一个完整的振动周期。当分子移动到相对初始位置的最大位移处

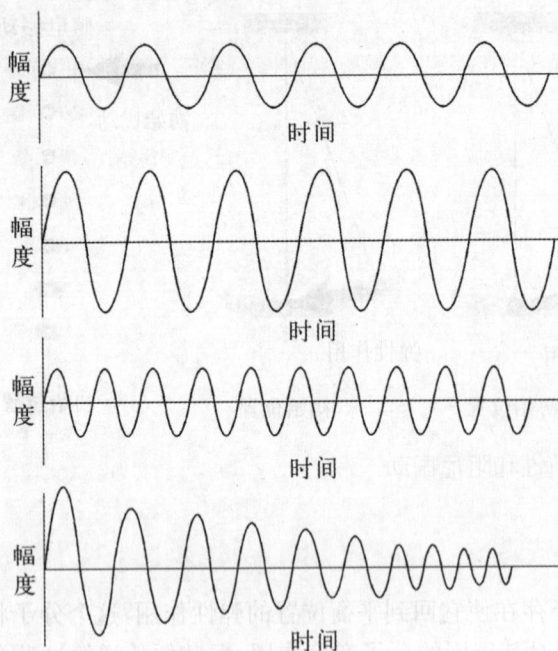

图 2-1-7　不同频率、振幅和阻尼的
纯音波形图

时,便开始向初始位置移动。当分子移动到相反方向的最大位移处时,也会开始向初始位置移动。然而,振动周期主要由空气压强的变化所决定,不受分子个体运动的影响。在声学上,一个振动周期包括:一个空气压强等于 p_{am} 的时刻,一个空气压强逐渐高于 p_{am} 再逐渐降低至 p_{am} 的过程(空气变得稠密),再一个空气压强等于 p_{am} 的时刻,一个空气压强逐渐低于 p_{am} 再逐渐升高至 p_{am} 的过程(空气变得稀薄),以及一个空气压强等于 p_{am} 的时刻。一般以时间来计算振动周期,其单位为秒。物体(或空气)每秒振动的次数称为频率,单位为赫兹。因此,音叉以 100 次/秒的速率振动,频率就是 100 赫兹,周围空气分子的振动频率也是 100 赫兹,相应地,音叉所产生的声波的频率也是 100 赫兹,声波引起的耳膜振动的频率也是 100 赫兹。

我们所说的频率指的是声源和空气分子振动的频率。频率的倒数就是每次振动所需要的时间,即波的周期。例如,频率为 100 赫兹的波每秒振动 100 次。如果每个周期占用的时间相同,那么每个周期需要的时间就是 1/100 秒(0.01 秒)。频率是 250 赫兹的波,周期是 1/250 秒(0.004 秒)。同样,周期是 0.002 秒(1/500 秒)的波,其频率就是 500 赫兹。通过这些例子,我们可以看到频率和周期之间是成反比关系的。这个关系可以用公式 $f=1/T$ 表示,f 代表频率,T 代表周期。如果知道波的频率,就能通过倒数计算得出波的周期。如果知道波的周期,就能通过倒数计算得出波的频率,如图 2-1-8 所示。

每个周期占用的时间相同且每个周期内压强变化的程度(例如振幅)都相等的波称为周期波。这种波应该是悦耳的声音。例如,吉他或小提琴产生的周期波是乐音,也就是悦耳的声音。然而,并不是所有的声波都是等周期的。有的声波可能第一个周期是 0.002 秒,下一个周期是 0.003 秒,然后再下一个周期是 0.001 秒。周期不相同的波称为非周期波。这种波可能是噪音。例如,磨牙发出的嘶嘶声,就是一个非周期波。

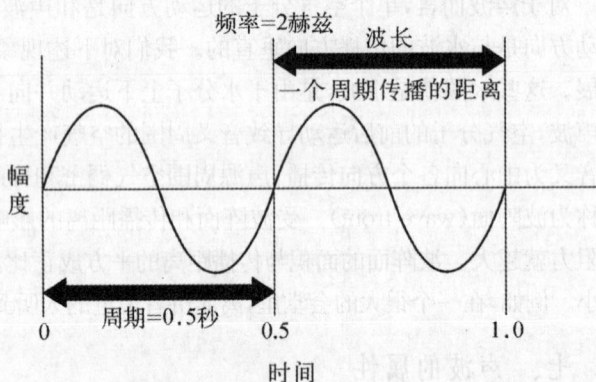

图 2-1-8　频率、周期和波长

2. 波速和波长

声音是一种物理现象,当然也遵循物理学定律。根据物体在介质中运动的速度定律,波传播速度的大小取决于介质的密度和弹性。例如:水的密度比空气大,钢铁的密度比水大。因此,声音在水中传播的速度大约是在空气中传播速度的四倍,而在钢铁中的传播速度则更快。在 0 摄氏度时,声音在空气中的传播速度约为 331 米/秒,在水中的传播速度约为 1 461 米/秒,而在钢铁中的传播速度则约为 5 000 米/秒。

声音在液体和固体中的传播速度受温度的影响不大。然而在气体例如空气中,温度在声音的传播速度变化中则扮演着重要角色。空气的温度越高,声音的传播速度也就越快。事实上,声音的传播速度随温度变化的程度大约为 0.6 米/秒/摄氏度。例如,0 摄氏度时声音在空气中的传播速度为 331 米/秒,在 20 摄氏度时,速度则变为 343 米/秒。

因此,声音在两个方面与时间有关系:周期和波速。首先,周期和声音振动的频率有关,但声音的振动频率依赖于声源的物理属性。一般来说,越大越重的物体,其振动频率越小,反之亦然。其次,波速(即声音传播速度)不受声音振动频率的影响,而是受制于介质的属性。

声源以固定的频率振动产生声波。声波在介质中不仅以一定的波速传播，而且要占用空间。声波占用的空间用波长来表示。波长指的是在一个完整的压强变化周期内声波传播的距离，其单位为米。如图2-1-8所示，声波的波长用波形上任何一点到下一个周期的相同一点之间的距离表示。波速（v）、频率（f）和波长（λ）密切相关：即 $\lambda = v/f$，$T = 1/f$。频率f越高（每秒振动的周期数越多），周期T就越小，波长λ就越短。频率f越低（每秒振动的周期数越少），周期T就越大，波长λ就越长。

3. 声音的吸收和反射

到目前为止，我们已经讲述了声音在空气中的传播，如果不碰到什么障碍物，声音就会持续传播下去。事实上，当声波在传播过程中碰到墙壁、天花板、地板或其他障碍物时，声波可能会穿过这些障碍物。声波传播一定距离，然后碰到障碍物，这样的波称为入射波。入射波可以被传播、吸收或者反射。

例如，在一个由厚厚的混凝土墙壁构筑的房间里，入射波中只有少量的声音能量能够穿过墙壁。而在一个墙壁很薄的房间里，大部分的入射波都能够穿过墙壁。如果所有的声波能量都没有穿过墙壁，那么其中一部分可能被墙壁吸收，另一部分则被反射。

吸收基本上就是波的衰减，即由于摩擦的作用，空气压强的变化逐渐减小。不同的物质吸收声波能量的能力是不同的：硬度大、密度大或表面光滑的物体基本上不能吸收声波能量；软的、多孔的或表面粗糙的物体能够吸收大量的声波能量。不同的物质有不同的声学用途。例如，吸声瓦是一种特殊的物质，经常被用来铺设天花板，吸收声音以阻止声音传播出去。言语听觉实验室的墙壁和天花板就经常采用这种办法进行声学处理，以吸收声音和减少外界环境的噪音。

反射是指部分声音没有被传播出去或被吸收，而是从障碍物的表面反弹回来，并在与入射波相反的方向上进行传播。与吸收相似，反射能量的多少取决于障碍物的表面。硬的、光滑的表面比软的、粗糙的表面能够反射更多的声波。这种现象与镜面反射的原理非常相似。镜子是一种特别硬且表面光滑的物体，镜子不传播或吸收光波，只是把光波反射到环境中，使人能够看到物体的影像。

在图2-1-9中，最初从声源处产生的波称为入射波，而改变传播方向的那些声波称为反射波。如果障碍物足够大且其质地符合要求，声音就会完全遵循反射定律，即入射角等于反射角。图中入射波用实线表示，反射波用虚线表示。

球面波在平面上的反射情况比较异常。在图2-1-10中，声源S位于平面的前方，从声源发出的入

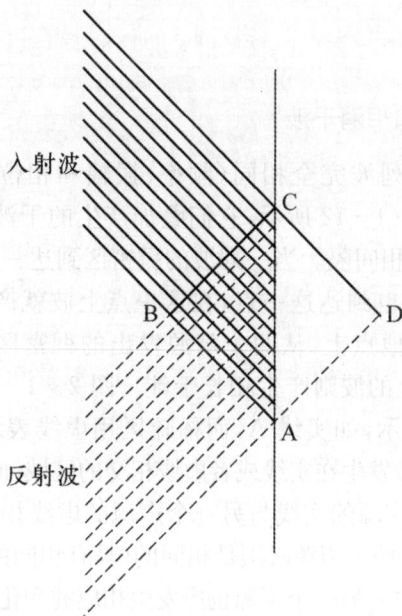

图 2-1-9　入射波在墙面上的反射
注：入射角等于反射角。

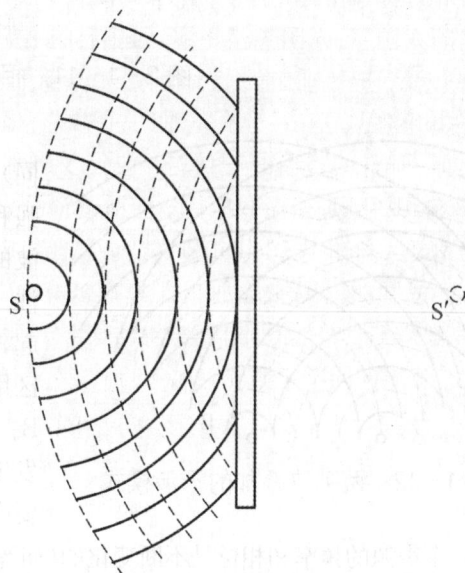

图 2-1-10　球面波在平面上的反射
注：反射波好像来自平面后方的声源。

射球面波撞击到平面后被反射回来。这类反射的有趣之处在于,其反射波也是球形的,而且好像是从平面后方的另一个声源 S′ 发出的。这称为声源镜像,镜像声源和真实声源与墙壁的距离相等。

一个坐在教室或者音乐厅里的人,接收到来自天花板、墙壁和地板的多重反射声波。这种多重反射在达到人耳的时间间隔和相位关系上存在着细微的差别,这种现象被称为混响。与入射波相比,混响延续的时间较长。

4. 相长干涉和相消干涉

一般来说,物质不能在相同的时间占据相同的空间。然而,声波却可以在压强高的区域和压强低的区域进行叠加。假如一个音叉产生一个 100 赫兹的声波,这个入射波在空气中传播并且被墙壁反射回来。同时,音叉仍在持续振动,并产生了又一个 100 赫兹的声波。这样,入射波和反射波在时间和空间上互相叠加,这种波的叠加现象称为干涉。由气压变化而形成的这两列波能以不同的方式发生干涉。如果这两列波的疏密程度在时间和空间上都完全相同地叠加在一起,那么合成波的振幅就会加倍。发生这种现象的原因在于,两列波的高压区域叠加导致产生的压强更高,而两列波的低压区域叠加后产生的压强则更低,结果使压强的大小与正常的 p_{am} 有明显的差异,波的振幅显著增加。导致振幅增加的干涉称为相长干涉或加强干涉。如果一列波的稠密区和另一列波的稀疏区恰好叠加,那么,合成波的振幅就会减小。这种干涉称为相消干涉或者抵消干涉。如图 2-1-11 所示。

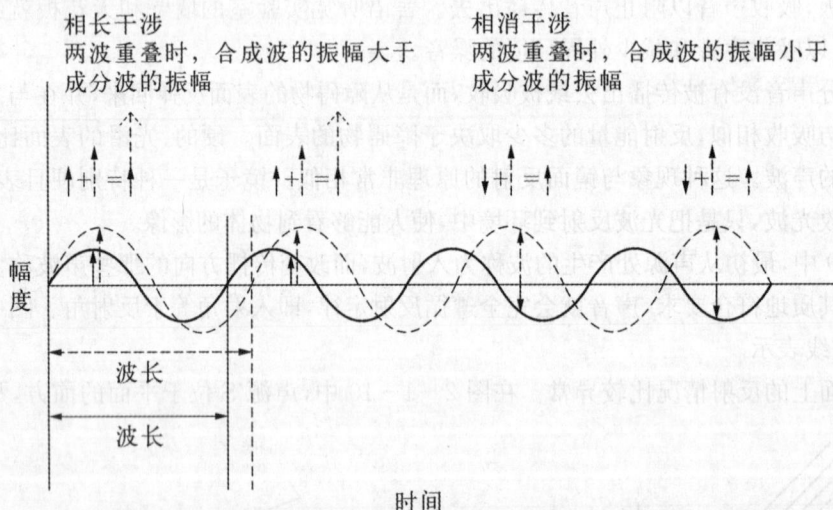

图 2-1-11 相长干涉和相消干涉

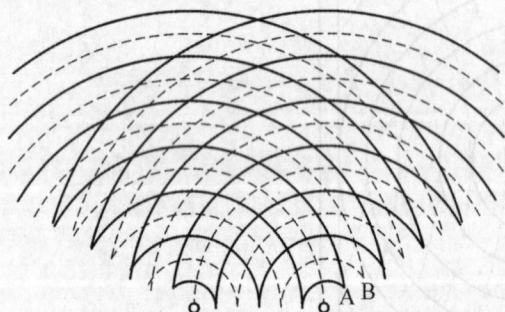

图 2-1-12 两列波叠加的干涉模式

如果两列波完全相同(频率、振幅和相位关系都相同),如图 2-1-12 所示,它们叠加产生的干涉可能是加强和减弱互相间隔。当一列波的稠密区到达一点,另一列波的稀疏区也到达这一点,在这一点上波就产生相消干涉。而在其他点上,从两个声源发出的稠密区重合在一起,这些点上的波则产生相长干涉。图 2-1-12 中稠密区用实线表示,如实线 A,而稀疏区用虚线表示,如虚线 B。相长干涉发生在实线或者虚线相交的区域,而相消干涉发生在一个声源的实线与另一个声源的虚线相交的区域。要产生干涉,两个声源必须是相同的(具有相同的频率和相位)。如果一个声源的频率和相位是不断变化的(如音乐和言语),另一个声源也应发生相应的变化。

如果我们把这些来自不同声源的波看作一个整体,那么实际上这些波在传播的时候彼此之间并没有什么影响。它们发生干涉也只限于某些点的振动加强或减弱,声音的能量没有被破坏,只是发生了转移。声音能量的分配可以有多种形式,但是输出的总能量等于输入的总能量。

音叉、驻波和节拍是干涉中的特殊例子。

（1）音叉

音叉有两个声源。如图 2-1-13 所示，当音叉的两个叉臂彼此接近时，它们在前后两个方向产生稠密区，同时分别在左右两侧产生稀疏区。当音叉的两个叉臂彼此远离的时候，它们在左右两侧产生稠密区，而在前后两个方向产生稀疏区。如果我们把振动的音叉沿着音叉柄慢慢旋转，声音听起来就会忽强忽弱。受稠密区和稀疏区叠加的影响，每次旋转都会产生四个寂静的点。

（2）驻波

驻波是由两列相同的简谐波在介质中以相反的方向相向传播而产生的。在图 2-1-14 中，实线代表撞击墙壁的入射波，虚线代表穿过墙壁的入射波。假设虚线表示的穿过墙壁的入射波能翻转过来，则成为与入射波传播方向相反的反射波，也用虚线表示。实线箭头表示入射波的粒子运动方向，虚线箭头表示反射波粒子的运动方向。空气分子的位移在四分之一波长处达到最大值。但是，这些点的位置不会发生变化，因此称为驻波。

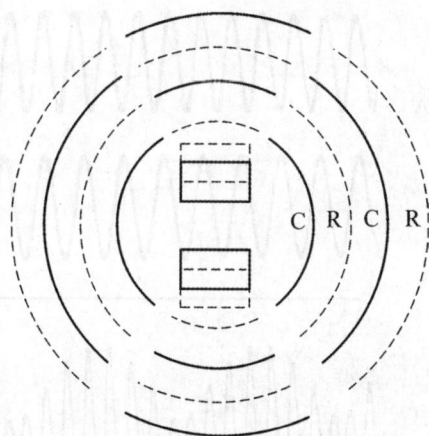

图 2-1-13 音叉的干涉模式
注：C 表示稠密区，R 表示稀薄区。

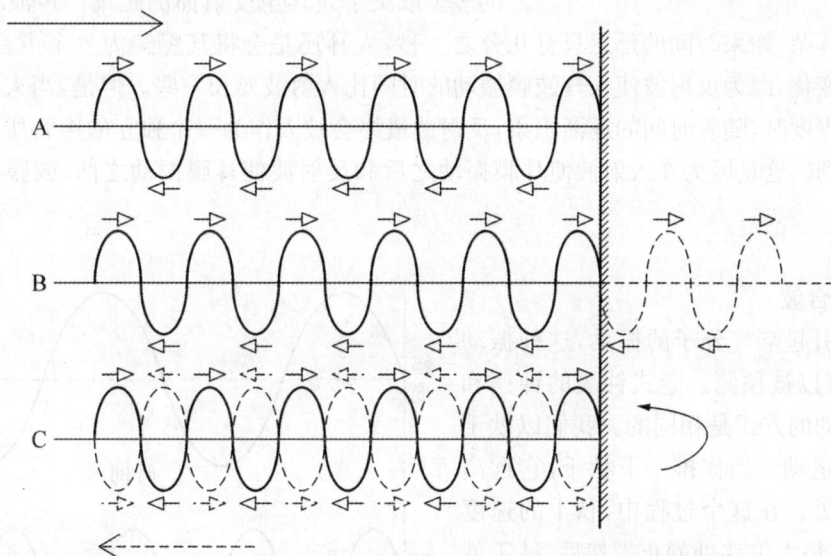

图 2-1-14 驻波中粒子运动的示意图
注：粒子位移正反向的最大值之间间隔半个波长，但是它们的位置保持不变。

横向的驻波很容易产生。在门把手上拴一根绳子，然后以相同的频率上下晃动绳子就可以产生。几秒钟后，最大位移的区域就是绳圈部分，最小位移的区域就是节点。

（3）节拍

第三种类型的干涉是节拍，即在相同介质中传播的两列声波除了频率有细微的差别外，其他方面完全相同，由于两列波的传播速度相同，而它们的波长有细微的区别，起始相位在同一点的两列波就会慢慢地出现相位差，直到差值为 180 度时，在这一点上就会出现相消干涉。再经过一段时间，相位差又会慢慢地变小，直到出现相长干涉。这种振幅周期性地增加和减少、听起来像是有规则地增强和减弱的声音称为节拍。每秒钟振幅增加和减少发生的次数称为节拍频率，用 f_b 来表示，$f_b = f_2 - f_1$。如图 2-1-15 所示，频率有细微差别的两列波，当它们发生叠加并在示波器上演示出来的时候，节拍就被可视化了。节拍很容易通过两个仅仅是频率有细微差别的音叉的振动，或者在音叉的一个叉子上包上一个小橡皮圈（套上橡皮圈的叉臂质量较大，其产生的声音，波长比另一个音叉产生的声音的波长要略微长一些）来演示。

节拍只有在频率比较低、在强度上能被感知到时才产生。此外，节拍只有在人的可听频率范围之内才能被听到。节拍不过是波运动强度的变化，是波干涉的产物，而不是波。因此"拍音"这个术语是不正

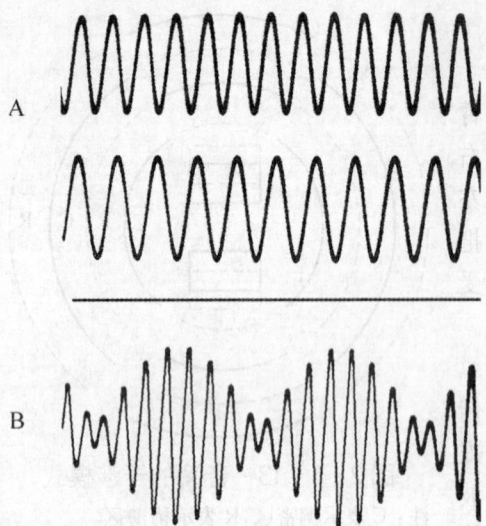

图 2 - 1 - 15　节拍

注：A图为频率略微不同的两列波，B图为示波器演示的节拍干涉。

确的。

　　频率相同的两列波，一列波的稠密区正好和另一列波的稀疏区完全重合，导致声音完全消失，这一现象在理论上是可能发生的。当高压区域和低压区域重合的时候，空气分子的运动互相抵消，导致这个重合区域的气压为环境气压。正是因为声音包含了空气压强的变化，所以环境气压不能用声音来定义。

　　不同频率的波发生叠加，它们的稠密区和稀疏区不完全重合，因此，最后的复合波的振幅不会加倍，声音也不会完全消失，而且声音的振幅会变得非常复杂。波的高压和低压对应的区域称为相位。

　　声波彼此之间发生叠加和干涉会影响人对声音的感知，混响和回声就是两个很好的例子。例如，我们听到混响是因为干涉导致声音的持续时间变长，这种现象发生在一列反射波到达耳朵的时间比入射波稍微晚一些的时候。时间延迟的多少取决于人耳至反射面的距离。声波到达反射面发生反射后来到人的耳朵，如果时间的延迟只有几分之一秒，人耳还是会将其感知为一个声音，但是声音的持续时间却产生了变化，因为反射波使人耳鼓膜振动的时间比入射波要长一些。但是，当人耳和反射面之间的距离达到一定程度时，随着时间的逐渐积累，反射波最终会被人作为一个独立的声音所感知，换言之，就是作为回声被听到。这是因为在入射波使耳膜振动之后和反射波使耳膜振动之前，鼓膜有一个不振动的阶段。

5. 纯音和复合波

　　物体的振动引起空气分子的振动，这种振动方式有规律，且可以被预测。老式钟表的钟摆和操场上的秋千运动的方式是相同的。我们以秋千为例来说明这种运动。当你推一下秋千，它远离你达到最大位移处。在这个过程中，秋千的速度逐渐减慢，最终在最大位移处静止。然后，秋千就开始反向运动并向你靠近。在这个过程中，秋千逐渐加速，直至到达初始位置。通过初始位置后，秋千的速度逐渐减小，直到静止，然后再改变方向继续运动。这种有规则的、流畅的往复运动被称为简谐运动，其特征是：通过初始位置时的速度最大，加速度最小；在两个端点时的速度最小，加速度最大。

　　简谐运动的物体使周围的空气分子以相同的模式进行振动，从而使鼓膜也以该模式进行振动。以简谐振动的模式振动的物体产生的声波，其频率是单一的，被称为纯音。这种声音听起来比较单一、清晰。

　　当不同频率的声音混合在一起，并以不同的方式产生干涉的时候，就形成了复合波，如图 2 - 1 - 16 所示。复合波比纯音更为普遍、更为复杂，即干

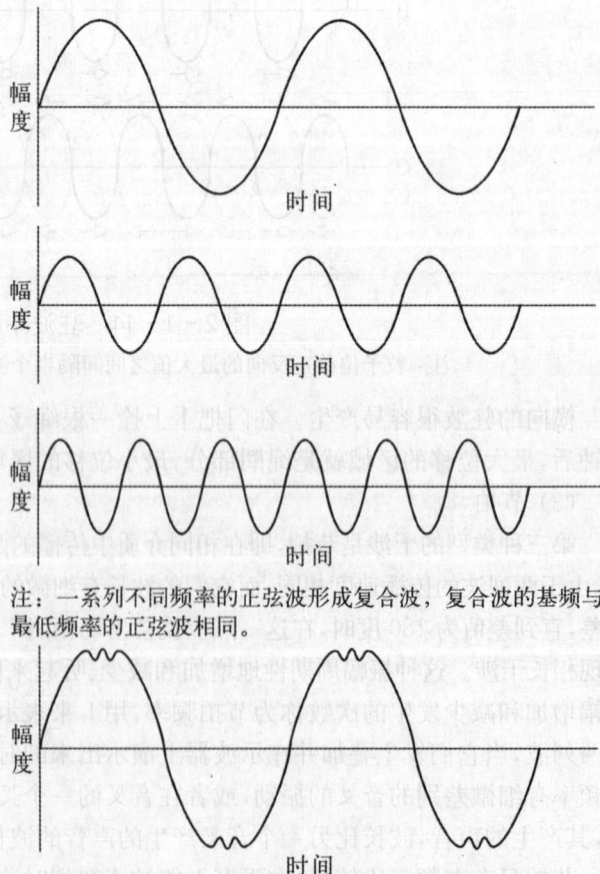

注：一系列不同频率的正弦波形成复合波，复合波的基频与最低频率的正弦波相同。

图 2 - 1 - 16　纯音的组合形成了复合波

涉导致空气分子产生更加复杂的振动。我们可以设想,以简谐振动方式振动的空气分子来回往复规律地"漫步",而复合波的分子则像是在"跳舞",进行不同的运动。无论"漫步"还是"跳舞",都是运动的模式,其区别就在于"跳舞"要比"漫步"更加富于变化。复合波的分子运动方式越复杂,其带动鼓膜振动的模式也就越复杂。

复合波被定义为具有两种或两种以上频率成分的合成波。复合波有两种类型:周期性和非周期性复合波。周期性复合波包括一系列彼此相关的频率。其中最低频率称为基频(F_0),高于基频的频率称为谐波频率,或简称为谐波。谐波是一种复杂的周期性波,谐波的频率是基频的整数倍。如果一列谐波的基频是 100 赫兹,那么谐波可能是 200 赫兹、300 赫兹、400 赫兹或 500 赫兹等。如果一列谐波的基频是 300 赫兹,那么谐波可能是 600 赫兹、900 赫兹或 1 200 赫兹等。与纯音相比,周期性复合波的声音更加悦耳、丰富和洪亮。事实上,声音的谐波越复杂,听起来就会越洪亮。很多乐器产生的声音都是周期性复合波。

对周期性复合波的分析可以通过傅里叶分析来完成。傅里叶(Jean-Baptiste Fourier,1768—1830)是一个法国的数学家,他证明了任何复杂的波都可以用适当选择的,具有不同频率、振幅和相位的正弦波的总和来描述。傅里叶分析是一个非常复杂的数学程序,今天我们可以通过计算机来完成。

非周期性复合波也包括两个或两个以上的频率成分,但是这种声波的频率彼此之间并不相关。例如,一个非周期性复合波可以包括 100 到 5 000 赫兹之间的各种频率成分,而另一个非周期性复合波则可能只包括 2 000 到 4 000 赫兹之间的频率成分。这种声波听起来就像是噪声,一点也不悦耳,比如散热器蒸汽泄漏时所发出的嘶嘶声。根据持续时间的长短,非周期性复合波可以分为两类:持续性和短暂性复合波。持续性复合波的持续时间较长,而短暂性复合波的持续时间非常短。散热器蒸汽泄漏时的嘶嘶声是持续的,而一个人拍桌子的声音是短暂的。

6. 言语声既是周期性复合波,也是非周期性复合波

现在我们具备了理解言语基本声学属性的基础。当我们发出言语声时,我们是在产生各种周期性和非周期性复合波。从声源的性质来看,人类所产生的声波都是复合波。元音是周期性复合波,听起来比较悦耳。清辅音是非周期性复合波,可以是间断的(如英语中的塞音 /p/、/t/和/k/),也可以是连续的(如英语中的摩擦音/f/、/s/和 /h/),听起来像是噪音。塞音和摩擦音都是周期波和非周期波相互叠加的产物。

八、 波形图和频谱图

声波是看不见的,而且由其引起的压强变化是非常微小的,不容易被观察或者觉察到。声音的这种细微变化和不可见的自然属性使我们理解和认识声音存在一定的困难。但是,我们可以采用图示法来描述声波,描述声音的各种特性。描述的方法有两种:一种是波形图,它主要描述了声音的时域特性;另一种是频谱图,它主要描述了声音的频域特性。

波形图是一种横轴表示时间,纵轴表示振幅的曲线图。振幅表示被描述对象数量的多少。把一支钢笔的笔尖附着在音叉的叉臂上,当音叉振动的时候,钢笔的笔尖也随之振动,从而在记录纸上描记出一条曲线。这条曲线的纵轴表示音叉振动时离开初始位置的距离,横轴表示音叉振动持续的时间。如果把钢笔的笔尖附着在单个的空气分子上,那么当空气分子围绕初始位置振动时,就会产生相似的波形。这一波形描述的不再是音叉叉臂的运动,而是空气分子围绕初始位置的振动。然而,当使用波形图对声音进行描述时,它既不代表音叉的振动,也不代表单个空气分子的振动,而是代表由于空气分子运动而产生的空气压强的变化。因此,声学上的波形图是表现空气压强随时间变化情况的曲线图。

如果我们在波形图的中间位置画一条水平线,这条水平线对应的就是正常状态下的环境压强或标准大气压强,那么在水平线上方的曲线表示压强增大,也就是空气变得稠密,该部分曲线上任意一点的高度表示的是压强增加的数量或程度;同样,在水平线下方的曲线表示压强减小,也就是空气变得稀疏,该部分曲线上任意一点的高度表示的是压强减小的数量或程度。

波形图在描述声波的不同特性方面非常有价值。例如,通过计算单位时间波峰的数量,我们可以得到

声波的频率。通过测量波形每次循环所需的时间,我们可以得到该波形的周期。而且,纵轴表示的是压强变化的程度,这有助于我们从视觉上理解声波的振幅这一属性,例如,图 2-1-7 中的第四幅图表示的就是声波的衰减。

波形图的形状是声波可视化的另一个方面。如图 2-1-17 所示,如果声波是一平滑的正弦波,那么这种声波就是纯音,声波的振动方式是简谐振动。如果声波以一种有规律的方式进行振动,但是波形不是正弦波(声波的形状很不规则),那么这种声波就是周期性复合波。如果波形各不相同,而且占用的时间也不同,那么这样的声波就是非周期性复合波。

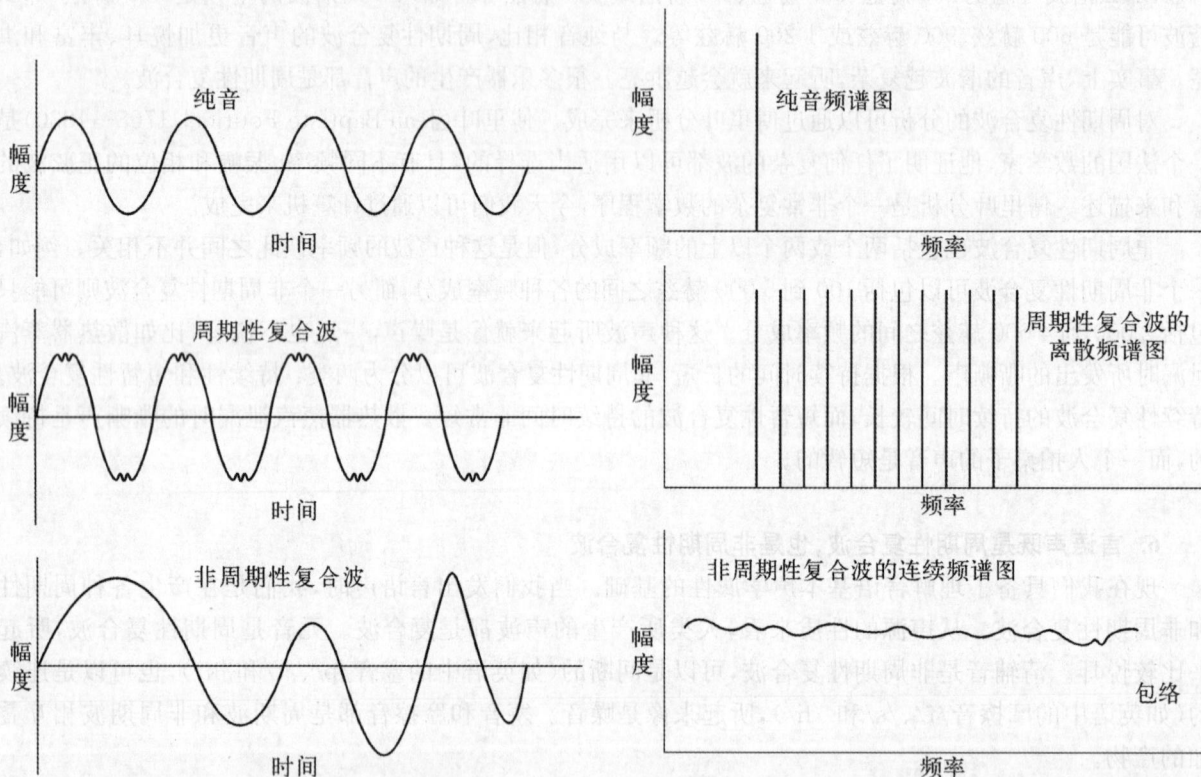

图 2-1-17　周期性和非周期性声波的波形图　　图 2-1-18　周期性和非周期性声波的频谱图

对于周期性复合波而言,通过计算单位时间最大波峰的数量,我们可以得到这个周期性复合波的基频,但是我们不能通过声波的波形图来分析谐波。为了更好地认识谐波,我们需要另一种曲线图,即频谱图,如图 2-1-18 所示。频谱图也有横轴和纵轴,但是频谱图的横轴表示频率,从左至右频率逐渐增大。频谱图的纵轴表示振幅,与波形图中描述压强变化的振幅不同的是,频谱图的振幅表示的是声音在每一个谐波频率(包括基频)上的声学能量。频谱图以竖线来表示,竖线的高度对应特定频率的振幅,这种频谱图被称为离散频谱图。

频谱图中不容易观察到的是时间信息。频谱图中的竖线代表的是声波的各个频率成分。波形图是一段连续的时间,而频谱图是一段离散的频率。波形图和频谱图的差异可以用一个多层的蛋糕来形容。波形图就像是一个没有切开的蛋糕,你可以看到蛋糕的整个外形特征,例如蛋糕的高度、形状等。但是,在没切开蛋糕之前,你不知道里面是什么样子。频谱图就是对蛋糕的一个切面分析,你可以通过切面了解蛋糕内部的信息,例如,蛋糕有多少层,每层蛋糕之间是果酱还是奶油。但是,你不能仅仅通过一个切面就得到关于蛋糕整个外形特征的信息。

你还可以把频谱图想象成某个人在某一时刻的照片,而波形图对应的则不仅仅是这个人的视觉形象,还包括这个人随着时间的推移而发生的变化,例如吃饭、散步、参加各种活动等。我们通过频谱图可以很快判断出声音是纯音(只有一根竖线)还是复合音(多根竖线)。然而,由于频谱图不能表示声波的振幅随时间的推移而发生的变化,因此,我们不能判断声音随着时间的改变是否发生衰减,或是发生其他变化。

对于非周期性复合波而言,由于其频率成分复杂,用一系列密集的竖线来表示很不方便,所以不采用这种离散频谱图来表示。我们把组成声波的所有频率所对应竖线的最高点连接起来,就形成一条平滑的曲线(即包络线),由此形成的频谱图被称为连续频谱图(简称"连续谱")。与周期性复合波的离散频谱图一样,连续谱上任意一点的高度对应着相应频率声音的声学能量。我们不能从连续谱得到声音的持续时间,因此,我们不知道声音究竟是连续的,还是短暂的。图2-1-19所示的是短暂的声波和持续的非周期性复合波所对应的波形图和频谱图。

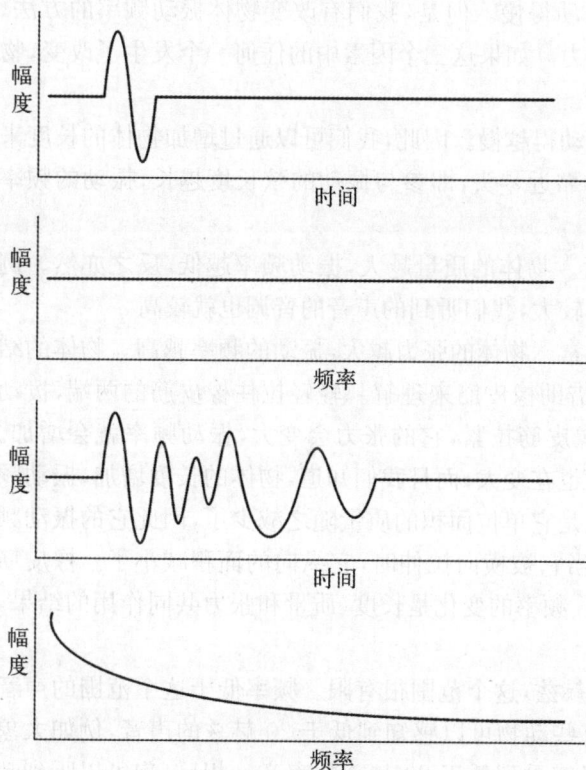

图 2-1-19　短暂的声波和持续的非周期性
复合波的波形图与频谱图
(注意:以上各图之间不存在对应关系)

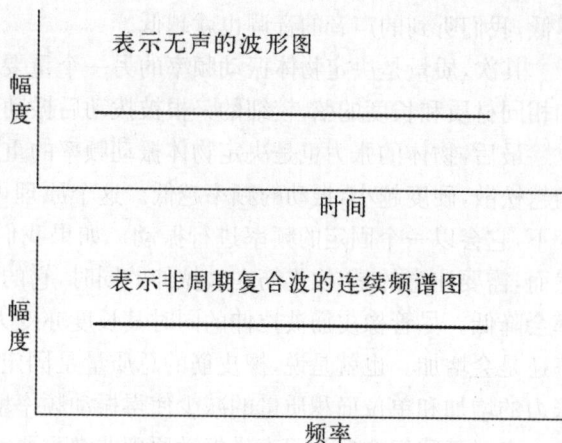

图 2-1-20　表示无声的波形图和表示
非周期复合波的连续谱

由于波形图和频谱图提供的声音信息不同,学会区分它们非常重要。图2-1-20表明,波形图中的一条水平线表示没有声音,因为空气压强没有随时间发生改变,而频谱图中的一条水平线则表示包含了一段频率范围内所有频率的非周期复合波。

第二节　声 音 的 特 性

尽管所有的声音都是由于空气压强的变化产生的,但是声音之间的差异很大。一个高音调的汽笛声和一个低音调的牛角号声听起来差异很大,课堂上的小声说话和足球场上的欢呼声听起来也迥然不同,喉炎患者的嘶哑声和职业歌手的声音更是天壤之别。那么,究竟是什么导致了声音的千差万别呢? 这一节我们将要探索和学习声音的特性,包括频率、音调、振幅和强度。

一、频率和音调

频率指的是物体振动的快慢,也包括由于物体振动产生的空气压强变化的速度。频率是对物理现象的客观测量,用赫兹作为度量单位。音调是一种心理反应,它是我们感受声音高低的指标,以音阶为单位。可以说,音调是对声音频率的主观感受。音调的单位是唛。唛是表示知觉上的主观感受的单位,即所有人

第一章　声 学 基 础　　　　33

在主观上判断一个声音音调的高低。人们以 1 000 赫兹的频率作为标准音调,定义其为 1 000 唛。在主观感受上,将两倍于标准音调的声音音调定义为 2 000 唛,将标准音调一半的声音音调定义为 500 唛。其他音调的取值可依此类推。频率和音调密切相关。物体振动的速率也决定了声音在主观感受上的高低。一般来说,物体振动得越快(频率越高),声音的音调就越高;物体振动得越慢(频率越低),声音的音调也就越低。但是,二者并不是呈线性关系,我们将会在后面作进一步解释。

物体振动的频率取决于物体的物理属性,如大小、长度、厚度、密度、材料和硬度等。一般来说,物体的体积越大,振动得越慢。一个大音叉要比一个小音叉振动得慢。但是,我们有改变物体振动频率的方法。影响物体振动频率的三个决定性因素是长度、质量和张力。如果这三个因素中的任何一个发生了改变,物体振动的频率就会发生变化。

首先,就长度而言,作为振动源的物体越长,物体振动得越慢。因此,我们可以通过增加物体的长度来减小振动频率。例如弹奏吉他时,手指按住弦的位置越靠近琴头,即参与振动的弦长度越长,振动的频率越低,我们听到的声音的音调也就越低。

其次,质量是决定物体振动频率的另一个重要因素。物体的质量越大,振动频率越低,反之亦然。例如相同材质和长度的弦,较细的一根被拨动后振动频率较大,我们听到的声音的音调也就较高。

最后,物体的张力也是决定物体振动频率的重要因素。物体的张力越大,振动的频率越高。物体的结构越松散,硬度越小,振动的频率越低。这个原理可以借助橡皮筋来理解。轻轻拉住橡皮筋的两端,拨动一下,它会以一个固定的频率进行振动。如果我们把橡皮筋拉紧,它的张力会变大,振动频率就会增加。然而,需要注意的是,橡皮筋在被拉伸的同时,它的长度也在变大,而且我们知道,物体的长度增加,振动频率会降低。尽管橡皮筋被拉伸的同时其长度亦变大,但是它单位面积的质量随之减少了,因此它的振动频率还是会增加。也就是说,橡皮筋的总质量是固定的,当它被横向拉伸时,它纵向的面积减小了。橡皮筋张力的增加和单位面积质量的减少使得振动频率增加。频率的变化是长度、质量和张力共同作用的结果,这一点对于我们今后学习声带振动原理非常重要。

人耳能够感知到的声音的频率范围是 20—20 000 赫兹,这个范围很有限。频率低于这个范围的声音称为次声波,频率高于这个范围的声音称为超声波。有些动物可以感知到低于 20 赫兹的声音,例如大象把这种声音作为交流信息的工具,而鸽子和小鸡也可以感受到低于 20 赫兹的声音。相反,狗可以听到超过 20 000 赫兹的声音,这就是狗对口哨敏感的原因。口哨发出高频的声音,有些声音超过了人的听觉范围,但是狗可以听得到。同样,蝙蝠也以能够利用超声波进行空间定位而闻名。人类对位于听觉范围中间部分的频率最为敏感,这个范围介于 1 000—4 000 赫兹之间。低于或高于这个范围的声音不容易被人的听觉系统所感知。相应地,大多数言语信息的声音频率就在这个范围之内。

二、振幅和强度

1. 振幅

振幅指的是物体振动的幅度,也包括由于物体振动产生的空气压强变化的幅度。参照分子的运动,振幅指的是分子在运动过程中,离开初始位置的最大位移。就声音而言,振幅通常指的是声音在空气中传播时引起的压强变化的幅度。振幅与压强有关,振幅是对物理现象的客观测量。

2. 强度

为了更好地理解强度,我们首先要明确能量、功和功率的概念。从物理学的角度来讲,能量是个体或物体做功的能力。功被定义为力在空间上的累积效果,即通过推或拉物体,使其产生一定的位移。能量在 CGS 制中的单位是尔格(Erg),而在 MKS 制中的单位是焦耳(J)。用 1 达因的力使物体产生 1 厘米的位移所消耗的能量是 1 尔格,而用 1 牛顿的力使物体产生 1 米的位移所消耗的能量是 1 焦耳。

功率指的是单位时间内消耗能量的数量。功率的单位是瓦特(W),简称瓦。1 瓦特等于 1 焦耳每秒或 1 千万尔格每秒。用人自身做例子可以更好地理解能量和功率的概念。如果你以正常的速度骑自行车,那么你是在以恒定的速率消耗能量,你可能在骑了几个小时之后才感到疲劳。但是,如果你参加自行车比赛,你需要以最快的速度骑车,那么你就会在很短的时间内消耗同样多的能量。在这两种情况下,虽然消耗了相同的能量,但由于消耗能量的速率不同,功率也就不同。

强度指的是一定单位功率的大小,强度的单位是瓦特/平方厘米(W/cm²)。可以把强度认为是输入能量或功率后所产生的输出,无论输出的是声音还是其他形式的能量,比如光。举例来说,我们可以利用灯泡产生不同强度的光(对于光来说,其输出单位是流明[lm])。消耗较少能量的灯泡比消耗较多能量的灯泡产生的光的强度要小。40 瓦的灯泡所发出的光的亮度比 75 瓦的灯泡要小。这个原理同样适用于声音的强度。如果音箱的功率为 10 瓦,你能听到一定响度的声音。如果音箱的功率增大到 30 瓦,那么你听到的声音将会大得多。

振幅和强度联系密切,主要由压强变化的程度决定。一般来说,对于声音而言,振幅越大,强度也就越大。然而,强度比振幅增加得快。从数学的角度而言,强度的变化是振幅变化的平方。也就是说,如果一定的振幅对应着一定的强度水平,那么当声波的振幅增大到原来的 2 倍时,强度就会增大到原来的 4 倍,如果振幅增加到 5 倍,那么强度会增加到 25 倍。因此,只要空气压强发生很小的变化,声音强度就会产生很大的变化。

振幅和强度都是对物理现象的客观测量,而响度则是指人耳对强度的主观听觉感知。振幅和强度越大,听到声音的响度就越大,反之亦然。与频率相似,这个关系也不是线性的。声音的强度增加到原来的 10 倍,响度才增加到原来的 2 倍,强度增加到原来的 100 倍,响度才增加到原来的 3 倍。与音调类似,我们把 1 000 赫兹声音的强度定为标准响度,响度单位是方(phon)。

3. 分贝

分贝(dB)是同时考虑声音的振幅和强度的测量单位,它与我们如何感知声音有关。分贝一词来自 Alexander Graham Bell 的名字,通常用 dB 来表示,其中字母"d"是 deci 的简写,意思是十分之一,后面的大写字母 B 表示贝尔(Bell)。一分贝等于十分之一贝尔。分贝是采用对数表示声音强弱的较大测量单位。

人的听觉系统对很大范围的声音强度水平都很敏感,从很小的声音到大得可以产生痛觉的声音,其声强大约相差 1 万亿倍。在线性水平上处理如此巨大的数字很不方便,因而分贝采用的是对数模式,这样就把 1 万亿的范围压缩到了较少的几个等级。产生这种效果所利用的就是线性标度和对数标度本质上的区别。线性标度的每个单位之间是等距的,彼此之间可以进行加减运算,如图 2-1-21 所示。例如,线性测量中的直尺上标有刻度,如英寸、厘米或毫米。直尺上 10 毫米的距离是 1 毫米距离的 10 倍。直尺刻度上 2 和 3 之间的距离、8 和 9 之间的距离以及 4 和 5 之间的距离完全相等。因此,连续的单位彼此之间的距离相等。温度标度也是一种线性标度,相邻刻度之间的距离表示温度增加或减少相同的量。

另一方面,对数标度上的单位增加的数量比线性标度要多得多。对数单位之间不能进行加减运算,因为它们之间并不是等距的。对数标度有一些基本组成,首先是对数的底数,如 2 或 10。底数为 2 的对数标度表明相邻的两个连续单位之间的因数为 2。如果底数为 10,那么相邻的两个连续单位之间的因数则为

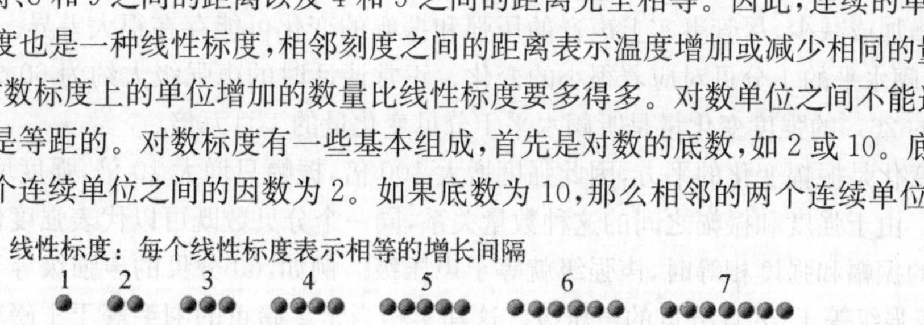

图 2-1-21 线性标度和对数标度

10。对数标度中增加的数量用指数或幂表示。底数常常和幂联系在一起。底数为 10 的一次幂,即底数的指数为 1,就是 10^1,意为一个 10。底数为 10 的二次幂等于 10^2,也就是两个底数 10 相乘。10 乘以 10 等于 100。类似地,10 的三次幂等于 10^3,即三个 10 相乘,结果是 1 000。因此,线性标度以相等的数量连续增长,对数标度以幂的形式连续增长。对于一个在线性标度上很大的数量单位,我们可以使用对数标度把它压缩为较少的几个单位。

分贝除了是对数标度之外,它还是一种比率标度。比率反映了一种数量关系,例如,男女比例为 2∶1 表明两名男性对应一名女性。分贝测量中的比率表示的是两个声音的振幅或强度之间的比率关系。为什么要作这种比较呢?因为振幅和强度是物理单位,我们可以对任何声音的振幅或强度进行精确的测量。然而,这种测量并不能给我们提供有意义的信息。假如一个声音的振幅是 0.045 达因/平方厘米,这个测试结果对于你实际感受到的声音响度来说,并没有什么价值。我们需要一种方法把这个声音和其他声音进行比较,因此,我们需要一个已知振幅和强度的声音,以便于我们判断其他声音振幅或强度的高低。也就是说,我们需要一个标准的声音作为与其他声音相比较的依据。这就是贝尔标度产生的原理。

可以把任何声音与标准参考声音进行对比。标准参考声音是一种特定的声音,其振幅为 20 微帕(0.000 2 达因/平方厘米或 0.000 2 微巴),强度为 10—12 瓦特/平方米。在听觉范围中,这种振幅和强度的声音听起来很柔和,并且在理想的听觉状态下,人的双耳对该声音的反应率为 50%。在听觉层面上,这被称为听觉阈限。在贝尔标度中,这种水平的声音为 0 分贝。请注意,0 分贝是一个比率标度,0 分贝并不是指没有声音,而是指声音与标准参考声音有相同的强度和振幅。分贝标度中还有可能出现负数,负数意味着声音的振幅和强度比标准参考声音小。

贝尔这一单位是无量纲的,除非它与一定的参考物挂钩。也就是说,如果你说一个声音是 32 分贝,即使我们知道这个数字是与 0 分贝相比得到的,这个数字也还是没有意义,因为它缺少一个参照物。换句话说,如果有人告诉你小黄身高是小张的两倍,尽管你得到了比率,但是你还是不知道这两个人的具体高度。因此,在使用贝尔标度时,我们需要明确振幅或强度。当振幅即压强已知时,贝尔标度的单位就是声压级(SPL),而当强度已知时,贝尔标度的单位就是声强级(IL)。所以,32 分贝的声压级是以压强为 20 微帕的标准参考声音为参考物的,32 分贝的声强级是以强度为 10—12 瓦特/平方米的标准参考声音为参考物的。

分贝标度中的 0 意味着两个声音的强度或振幅的比率为 1∶1。1 分贝对应的强度比率为 1.26∶1,也就是说,高强度的声音比低强度的声音高 26%,因此,1 分贝对应着 26% 的强度变化。在听觉感知上,分贝指的是具有正常听力的人能够感受到的声音强度的最小变化。贝尔标度中的每个刻度都对应着人耳在响度感知上的等量增加或减少,尽管事实上声音的压强和振幅的变化可能存在很大差异。由于分贝标度是对数标度,所以听阈水平的 1 分贝对应着很小的变化。正常谈话时的声强级大约为 60 分贝(IL)左右,此时 1 分贝所对应的 26% 的强度变化量是听阈水平 1 分贝变化量的 1 百万倍。

由于强度的变化是振幅变化的平方,因此强度增大 100 倍,振幅只增大 10 倍,强度增大 10 000 倍,振幅只增大 100 倍。由于强度和振幅之间的这种数量关系,同一个分贝数既可以代表强度值,也可以代表振幅值。当参考物的振幅和强度相等时,声强级就等于声压级。例如,60 分贝的声强级等于 60 分贝的声压级,78.5 分贝的声强级等于 78.5 分贝的声压级。这其实相当于 1 磅重的羽毛等于 1 磅重的铅块,尽管组成它们的物质不同。

我们已经得到了关于强度、振幅和分贝标度之间准确的数量关系。对于强度来说,声音功率的加倍(或减半)将会导致强度增加(或减少)3 分贝。对于振幅来说,声音压强的加倍(或减半)将会导致振幅增加(或减少)6 分贝。需要注意的是,声音功率的加倍或减半导致声强级和声压级增加或减少 3 分贝,而声音压强的加倍或减半导致声强级和声压级增加或减少 6 分贝。

4. 分贝标度的优点

由于对数标度的特点,使用分贝标度的一个重要的优点在于声音强度的巨大范围被压缩到有限的单位之内。另一个优点是,分贝标度与压强和强度的绝对值的关系非常符合人类听觉系统对声音响度的感受规律。在我们的听阈附近,刚刚能被感知到的强度刺激的变化正好是 1 分贝。随着声音强度级别的增加,尽管强度变化的绝对值不一样,但强度变化引起的响度知觉的变化保持以1分贝的程度递增。表2-1-2提供了不同分贝等级对应的一些声音的例子。

表2-1-2 熟悉声音的分贝等级

声　　音	声音等级(分贝)
听觉的起点	0
正常的呼吸声	10
树叶的沙沙声	20
非常轻的耳语声	30
安静的住宅区	40
百货公司	50
一般的交谈	60
开动的汽车内部	70
收音机中的音乐	80
城市交通	90
地铁	100
很大的雷声	110
摇滚乐队	120
近距离的机关枪	130
起飞时的喷气发动机	140
太空火箭爆炸	180

5. 听觉范围

在学习了频率、振幅和强度的知识后,我们将要进一步学习人类对于频率和强度的听觉范围。我们已经知道,人类可以感受到的声音的频率范围为20—20 000赫兹。人的听觉系统可以感受到的声音强度范围很大。然而,人类对声音强度的感知依赖于声音的频率。与低频和高频的声音相比,人的听觉系统对处于频率范围中间的声音更为敏感。人们可以感受到很小强度的中间频率声音,而低频或高频的声音则需要很大的强度才能被感受到。频率范围中间的声音,如2 000赫兹,其引起听觉所需的最小强度(即听阈)为11分贝左右。而对于125赫兹的低频声音,人的听阈则为47.5分贝。表2-1-3显示的是根据ANSI的听力计标准(1969),正常人耳对不同频率声音的听觉阈值。

表2-1-3 听觉阈值表

频率(赫兹)	强度(分贝)
125	47.5
250	26.5
500	13.5
1 000	7.5
2 000	11.0
4 000	10.5
8 000	13.0

声音频率的变化将引起听觉阈值的变化,但任何频率的声音,当其强度超过130分贝时都会引起人耳

的痛觉,这个强度水平被称为痛阈。因此,一些频率的声音可以在很大的强度范围内被感知,而有些频率的声音只能在极为有限的强度范围内被感知。例如,一个听力正常的人可以听到7.5分贝的1 000赫兹的声音,而他在1 000赫兹的痛阈是130分贝。然而,他对于125赫兹的声音的听阈可能是47.5分贝,但痛阈仍然是130分贝。听力障碍人士的听觉强度范围较小。例如,对于1 000赫兹的声音,一个听力障碍者在声音达到60分贝时才能觉察到它,而当声音达到90分贝时就会有痛感。

第三节 共 鸣

一、 自由振动和受迫振动

物体的振动可以分为自由振动和受迫振动两类。自由振动的物体可以不受干涉地由自身的物理特性来决定其振动的频率,这些物理特性包括长度、质量和张力。无论何时发生振动,物体都会按照自己的固有频率进行振动,这就是自由振动。自由振动的频率称为固有频率或共振频率。例如,当你推动秋千时,秋千会以固定的频率来回振动。假设秋千的振动频率是每秒两次,那么它的固有频率就是2赫兹。而且,只要它的物理特性没有发生变化,2赫兹就是这架秋千的固有频率。

受迫振动指的是一个振动的物体所引起的另一个物体的振动。例如,我们把振动的音叉放在桌面上,尽管桌面和音叉的固有频率不同,音叉还是会迫使桌面以音叉的固有频率发生振动。

共振是一个物体迫使另外一个与其固有频率相同的物体产生振动。你可能有过这样的经历,当一辆大声播放音乐的汽车驶过你家时,家里墙上挂的画会发出卡嗒卡嗒声。这是因为汽车内音乐的频率接近墙壁的固有频率,墙壁发生了共振,从而引起墙壁上挂着的画的振动。又如在你发动汽车引擎时,车内的部分物体会发出卡嗒卡嗒声,这也是同样的道理。引擎的振动频率可能接近车内某些物体的固有频率,从而使这些物体与引擎一起振动。还有一个例子,动画片里常见的一个镜头是,当一个歌手唱到高音时,一个酒杯突然碎了,这也是共振的结果。玻璃杯有自己的固有频率,当歌手演唱的高音频率接近玻璃杯的固有频率时,引起了玻璃杯的共振。那么共振现象是如何产生的呢?我们可以借用两个固有频率相同的音叉进行解释。当一个音叉受到打击产生振动时,这个音叉会把振动传递给另一个音叉,振动从音叉1传播到了音叉2,最终两个音叉一起振动。当音叉2开始振动时,两个音叉一起振动产生的声音要比单独一个音叉振动时所产生的声音大。以秋千为例,当你轻轻地推秋千时,第一次刚刚把秋千推离平衡位置。如果你一直轻轻地推,过一会秋千就开始摆动。你推动的次数越多,秋千运动的幅度就越大。为了使秋千产生较大的振动,推动的时机非常重要。每次推动的时机应该是当秋千向自己运动并且达到最大振幅时,这样推动就会使秋千的振幅增大。在音叉的振动中,你就相当于音叉1,而秋千则相当于音叉2。

其实,发生在两个音叉之间的是相长干涉。因为两个音叉有相同的频率,它们的振动恰好同时作用于相同的区域,从而引起空气压缩和舒张效果的叠加,导致声波振幅的增加。音叉2并不是声源,而是相当于秋千,而秋千是不能自发产生振动的。音叉2的振动是对音叉1的振动所作出的反应,或者说,秋千的振动是由于你的推动作用产生的。

在共振中,一个物体由于另外一个物体的振动而受迫振动。在上述例子中,音叉1是声源,使得音叉2发生共振,从而使声音增大,即音叉1提供了动力源,而音叉2是共鸣器。动力源和共鸣器的固有频率越接近,共鸣器产生共鸣时的振幅就越大。

二、 共鸣器

共鸣有两种:机械共鸣和声学共鸣。机械共鸣是实际的物体本身发生振动,如上述例子中的音叉2和桌面。声学共鸣发生于充满空气的容器内。这种容器作为声学共鸣器,在言语过程中起着非常重要的作用。这里,我们主要讨论声学共鸣。

装有一定量空气的容器可以产生共鸣。容器的固有频率取决于容器的容积,小容积容器的固有频率较高,而大容积容器的固有频率较低。

很多乐器都是声学共鸣器，它们通过其他形式的振动引起空气振动。吉他是一个很好的例子。吉他本身是一个中间有圆孔的容器，充满了空气。吉他表面附有琴弦，当你拨弄琴弦时，琴弦的振动产生了声音。这使得琴弦附近的空气分子产生振动，从而引起了压强的变化，并向四面八方传播。一些压强的变化传递到了吉他内，迫使其内部的空气包括吉他本身产生振动。吉他琴身中固有频率接近琴弦振动频率的部分，其间空气的振幅最大。琴弦的振动频率是振源频率，吉他内的空气随之发生共振，由于相长干涉，产生了更大的声音。如果只是你自己拿着琴弦拨弄，那么只能产生很小的声音。只有迫使吉他内的空气以琴弦的振动频率和最大的振幅振动，才能产生最大的声音。

对于言语科学而言，声学共鸣器非常重要，其原因之一就是它在言语产生过程中起着滤波器的作用。声学共鸣器可以过滤某些频率的声音而保留其他频率的声音。让我们通过一根圆柱形的管子来说明声学共鸣器的工作原理。这根充满空气的管子是一个声学共鸣器，假设它的固有频率是500赫兹。如果你在管子的这一端，另一个人在管子的另一端。你以不同的音调吹口哨，每次口哨声的强度相同。另一个人可能听到某些音调的声音很大，而另一些音调的声音很小。频率最接近500赫兹的声音，其响度最大。与500赫兹偏离越大的声音，其响度越小。有些声音可能根本就听不到。

在这个例子中，共鸣器的作用就是把频率接近管子固有频率的声音放大，削弱偏离管子固有频率的声音。频率接近500赫兹的口哨声与管子的固有频率相似，从而被放大。频率与管子固有频率偏离最大的口哨声，被削弱的程度最大。因此，共鸣器通过放大和传播接近管子固有频率的声音，削弱或阻止偏离管子固有频率的声音，发挥了滤波的功能。声学共鸣器的这种滤波特性就是我们人类能够产生各种不同声音的基本原理。下面我们讨论共鸣器的各个参数。

1. 带宽

并不是所有的声学共鸣器都像上述例子中的管子那样均匀。有些共鸣器的形状很不规则或者形状发生变化。共鸣器的形状和其他物理特性，如两端是封闭的、开放的，还是一端封闭另一端开放等，决定了共鸣器的带宽，如图2-1-22所示。带宽指的是共鸣器传输声音信号的频率范围。一根均匀的管子只能传

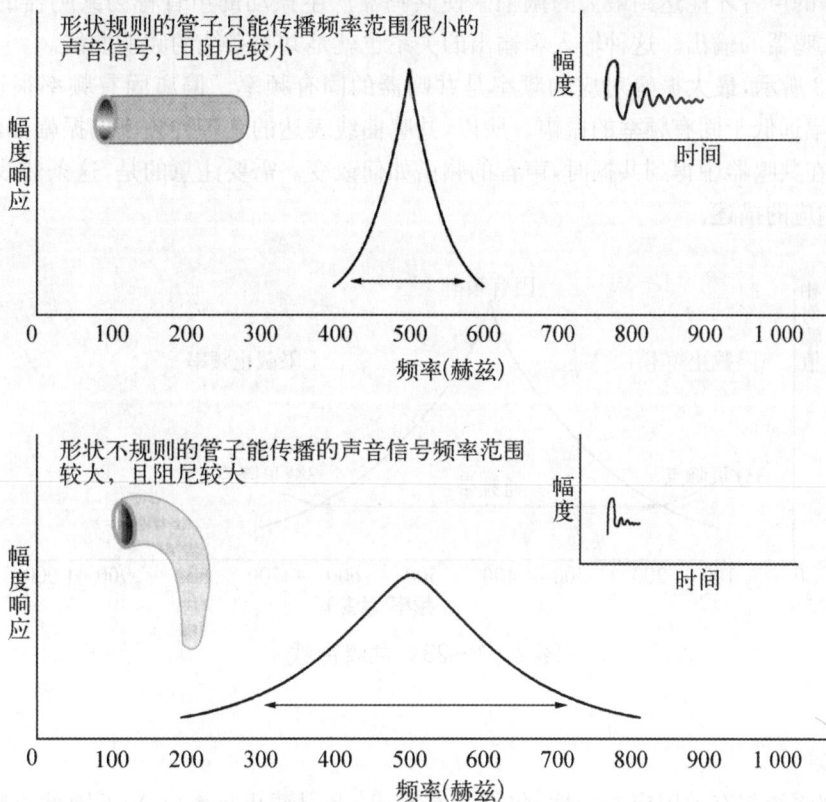

图 2-1-22　共鸣器带宽示意图

播频率范围很小的声音信号。上面例子中的管子的带宽大约为 100 赫兹,这意味着它只能传播在固有频率上下 50 赫兹的声音,即频率范围是 450—550 赫兹,而低于 450 赫兹的声音和高于 550 赫兹的声音将被阻止。这种共鸣器被认为是窄带共鸣器。

窄带共鸣器对声源的频率响应缓慢,也就是说,振源的振幅只能缓慢地增大到最大水平。同样,窄带共鸣器的衰减过程缓慢,也就是说,一旦它发生受迫振动,其衰减就需要相对较长的时间。

形状复杂和不规则的共鸣器有着更宽的带宽。固有频率为 500 赫兹的形状不规则的共鸣器,其带宽可能为 400 赫兹。因此,频率在 300—700 赫兹之间的声音都可以被传播,而低于 300 赫兹和高于 700 赫兹的声音将被削弱。这种共鸣器的调谐范围较广,被称作宽带共鸣器。宽带共鸣器对声源的频率响应很快,同样,衰减过程也很快。宽带共鸣器的阻尼很大。这种宽带调谐系统在言语听觉中的应用非常广泛,包括麦克风的振动膜、耳机和扩音器,以及我们的耳膜和发音器官。

2. 截止频率

虽然共鸣器没有固定的频率截止点,但是随着声音频率偏离固定频率的程度的增大,被传播的功率也随之减小,直到其声学能量小到可以忽略不计。频率在截止点以上的声音被放大,而频率在截止点以下的声音则被削弱。

因此,需要在整个频率范围内发现一个共鸣器不能作出反应或作出很小反应的频率点。这个频率点是传播的声音强度正好减少一半的点,被称为截止频率。请注意强度减少一半相当于声强级减少了 3 分贝。固有频率的声强级最大值减少 3 分贝处就是截止频率所对应的强度。因此,截止频率也称为 3 分贝降点。截止频率的另一种表示方法是采用百分数的形式,3 分贝的截止点对应的百分数是 70.7。

3. 共鸣曲线

共鸣器对输入频率作出响应的方式可以用共鸣曲线来描述,这种曲线也称作转移函数。如果我们对共鸣器输入振幅相同而频率不同的声音,共鸣器将对每个输入频率作出受迫振动。然而,只有输入频率接近共鸣器固有频率的声音才能达到最大的振幅。使共鸣器产生振动的声音称为共鸣器的输入,而共鸣器产生的振动称为共鸣器的输出。这种输入和输出的关系也就是共鸣系统的频响曲线。

如图 2-1-23 所示,最大振幅对应的频率是共鸣器的固有频率。偏离固有频率很远的声音将被过滤,因而它们的振幅远低于固有频率的振幅。所以,共鸣曲线表达的是各种频率的振幅如何受到共鸣器的影响,或是当声音在共鸣器中得到共振时,声音的频谱如何改变。需要注意的是,这条曲线并不是声波,而是对共鸣器频率响应的描述。

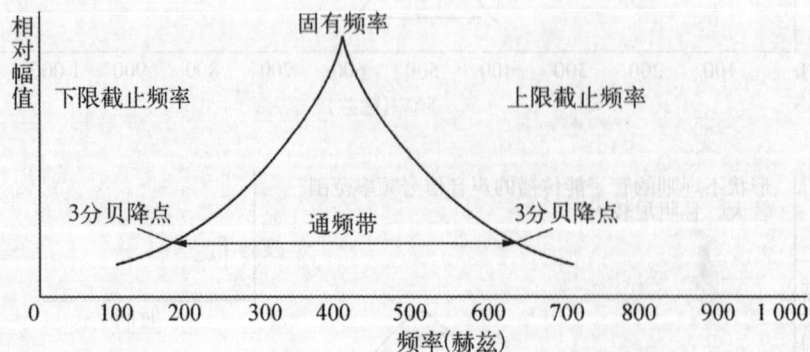

图 2-1-23 共鸣曲线

4. 共鸣器参数

共鸣器或共鸣系统都有着固定的特性,包括固有频率、上限截止频率(f_u)、下限截止频率(f_1)、带宽和衰减率(或称阻止率)。

固有频率是使共鸣器产生最大振幅的频率,又称中心频率(f_c)。中心频率取决于共鸣器的物理属性,例如长度和形状。以上述的管子为例,其中心频率就是 500 赫兹。

上限截止频率是指频率超过中心频率、声强级比中心频率的声强级减少 3 分贝的频率。下限截止频率是指频率低于中心频率、声强级比中心频率的声强级减少 3 分贝的频率。由于声强级比中心频率减少 3 分贝(相当于最大强度的一半),所以上限截止频率和下限截止频率都称为 3 分贝降点,或者称作半功率点。

带宽指的是 f_u 和 f_l 之间的频率范围,或者称作带通,也就是共鸣器能够传输的声音的频率范围。带宽可以比较宽,也可以比较窄,带宽的大小取决于共鸣器的物理属性。共鸣器对振幅削弱的比率称为衰减率,这个比率也称为拒绝率或斜率。这个参数反映了共鸣器对不同频率的输入信号衰减的快慢程度,其单位是分贝/倍频程。衰减率的范围很广,可以是很平缓的,也可以是很陡峭的。衰减率低于 18 分贝/倍频程的共鸣器被认为是相当平缓的,衰减率在 18—48 分贝/倍频程的共鸣器处于中等水平,衰减率高于 90 分贝/倍频程的共鸣器则是非常陡峭的。

5. 滤波器类型

共鸣器是一种比较特殊的滤波器。滤波器比较复杂,这里仅作简单介绍。不同类型的滤波器有着不同的功能。在言语病理与听力学中,有三种滤波器使用得比较广泛:第一种是低通滤波器,它只允许低于某个特定截止频率的声学能量通过,高于该截止频率的声学能量将以某个特定的衰减率被削弱;第二种是高通滤波器,它只允许超过某个特定截止频率的声学能量通过,低于该截止频率的声学能量将以某个特定的衰减率被削弱;第三种是带通滤波器,它只允许下限截止频率和上限截止频率之间的声学能量通过,超过这个范围的声学能量将以某个特定的衰减率被削弱。带通滤波器是低通滤波器和高通滤波器的复合体,低通滤波器传输低于上限截止频率的声学能量,而高通滤波器传输高于下限截止频率的声学能量。人的发音器官所构成的管道就是一个带通滤波器。

第二章　言语声学测量

本章将向大家介绍一些基本的声音记录以及言语分析的技术方法。从模拟技术开始，以数字信号处理技术结束。主要目的是让大家了解言语信号声学测量技术在近几年的快速发展历程。

第一节　言语声学的发展史

一、简介

为了说明现代计算机技术在言语声学分析中的巨大作用，我们先来简要回顾一下声学分析的历史过程。这个历史可以追溯到 20 世纪以前，但就言语信号方面来说，我们不妨从 20 世纪 20 年代或者 40 年代开始。图 2-2-1 总结了从那时起到现在的声学分析发展过程。

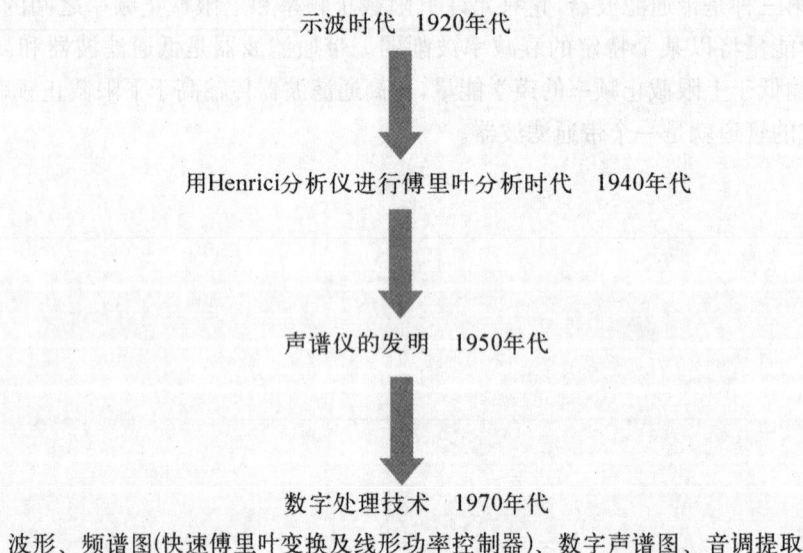

示波时代　1920年代

↓

用Henrici分析仪进行傅里叶分析时代　1940年代

↓

声谱仪的发明　1950年代

↓

数字处理技术　1970年代
波形、频谱图(快速傅里叶变换及线形功率控制器)、数字声谱图、音调提取

图 2-2-1　言语声学分析的发展历史

二、阶段性发展

1. 示波时代

言语声音示波图的出现，是言语声学分析第一个发展阶段的主要标志。示波图描述的是声音的波形，也就是声音信号的振幅随着时间变化的曲线图。这个时候通常选择元音进行分析研究，因为相对于大多数的辅音而言，元音分析起来比较容易。用示波图的形式来描绘所要分析的声音的压强随着时间的变化趋势，这向前迈出的第一步是极为重要的发展标志。

言语声音的时程比较短，我们称之为短暂性的声学信号，因此，将其以一种固定的方式再现出来，便是科学技术上的一大挑战。随着基于检流计原理而发明的一系列示波器的出现和发展，人们开始能够获得比较精确的持续元音的波形。这些波形能够显示出元音的某些规律性的特征，但却无法充分地描绘不同元音之间的一些重要的区别性特性。观察这些区别性特征需要采用频谱描绘的方法，也就是说，需要能够画出频率—能量图。

2. Henrici 分析仪

谱分析在研究言语声音方面的优势与其在光学领域内的优势十分相似。在光学分析中,光波按其波长被分解为几个不同的部分。而在言语声学分析中,声音信号则是按周期频率被分解为几个不同的部分。可以看出,分析就是一个分解的过程,也就是将复杂的声音形式分解为若干个较为简单的组成要素。

Henrici 分析仪是早期进行谱分析的工具之一,它是一种由五个转动的单元(五个转动的玻璃球体)组成的机械装置。Henrici 分析仪的分析程序如下:

(1) 获得示波图;

(2) 选择波形中典型的、具有代表性的一部分,通常位于波的中间,然后用一个放映机将其放大;

(3) 将放大部分的轨迹图形在白色表面描绘出来;

(4) 用 Henrici 分析仪将放大了的波形的轨迹描绘出来;

(5) 从与五个玻璃球相关联的刻度盘上可以读出数据,从而算出波的振幅值和相位关系值;

(6) 绘出强度(用 dB 表示)和频率的关系函数图形,最终完成谱分析(谐波)。

当操作者用分析仪描绘出声音的波形时,每个球体整合为声波的一部分,这五部分声波的轨迹就决定了声音中的五个谐音成分。这个程序就是谐波分析,也就是寻找一个复杂的言语信号中包含的不同的频率组成部分,这些组成部分的频率值都是该言语信号的基频的整数倍。这种方法假定语音信号都是周期信号,就像吉他弦的振动一样,但实际上,语音信号只是类周期信号,构成语音信号的频率不一定是基频的整数倍。因此,Henrici 分析仪描述的语音信号的能量分布图是不准确的,而且其分析过程十分复杂冗长,使用者需要手动描绘声音信号的波形,还需要读出谐波成分的频率值。尽管如此,在当代言语声学发展过程中,Henrici 分析仪仍然扮演了一个十分重要的角色,首先它预示着一种对言语声音进行谱分析的基本方法的诞生,其次,从这项技术中获得的数据还对元音能量较为集中这一概念的发展作出了重大的贡献。通过细致和努力的工作,Henrici 分析仪的使用者们还探索到了言语波形的一些基本原理。

3. 声谱仪

20 世纪 40 年代,由多种可变带通滤波器组合而成的声谱仪问世了,它代表着机械装置的发展。声谱仪的优势主要集中在对言语声音的研究上,因为它提供了一种相对较快的分析模式,使得科学家们可以收集到更广泛的数据。这使得从广泛的样本中获得平均数据变得非常普遍,而早期的分析技术只能从一小部分说话者的声音中获得相关的数据,甚至经常只是一个人的数据。声谱仪还可以更好地描述声音信号的能量,而且声谱仪可以产生一个声音信号的连续短期频谱,使科学家们可以直观地描述出其能量如何随时间的变化而变化。显示出来的连续短期频谱,我们称之为语谱图。语谱图对言语声音的研究产生了十分强大的影响,因此,理解其本质特征是十分重要的,下面将会对此进行简要的说明。

图 2-2-2 是一张声谱仪的照片,图 2-2-3 则是它的基本操作原理。将要分析的声音录制在一段磁鼓上,信号声音便能重复播放,因而可以把这个磁鼓比作循环带,然后通过一个外差法的程序信号调制变频载波。通过一个固定的滤波器对分析信号进行扫频,比用可变滤波器对原始信号进行分析更为实际,这就是用外差法的原因。最后的结果就好像声音信号通过一个滤波器被反复地播放,而这个滤波器也在不断地进行调整,其作用和一个滤波器组是一样的。声谱仪中通常使用两种带宽的滤波器,宽带滤波

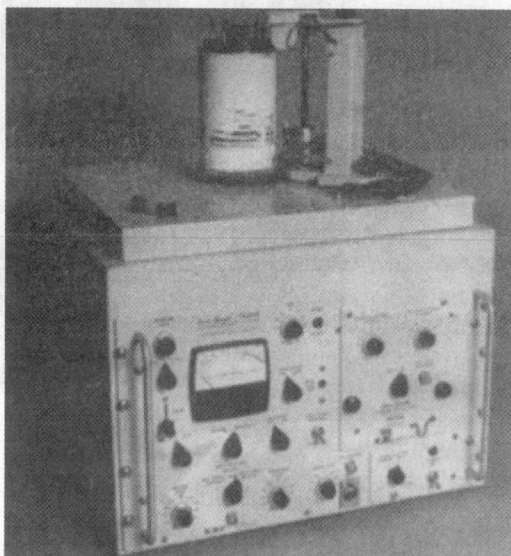

图 2-2-2 1980 年生产的声谱仪

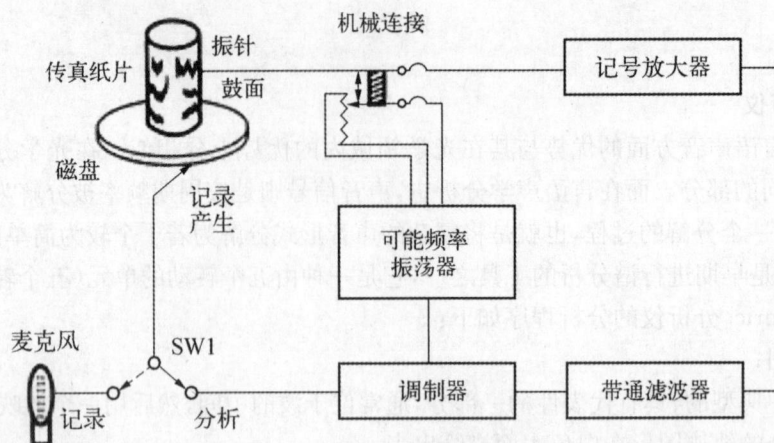

图 2-2-3　常规声谱仪的基本操作原理

器分析的带宽是 300 赫兹,窄带滤波器分析的带宽是 45 赫兹,有的声谱仪中使用的是带宽为 600 赫兹和 90 赫兹的滤波器。

　　将分析滤波器的输出端接到一个记号放大器上,这个放大器可以使输出端的电流增加。在分析数据的任何频带中,从记号放大器出来的电流与相对的声音信号的能量都是成比例的。声谱仪中的鼓面被一层特殊质地的纸片包裹着,与这层纸片紧密相连的是一根振针,电流就流过这根振针。当鼓面和与之相连的纸片转动时,振针也逐渐以分析频率在鼓面上谐振,与振针相连的是一个可变频率的振荡器,这之间的机械连接使得上述两个运动是同步的。这样,振针的垂直位置就和一个特定的分析频率相关联,振针轨迹底部的频率最低(约为 80 赫兹),频率沿振针向上逐渐增加,顶部最高(约为 8 000 赫兹)。

　　电流流过振针,就好比点燃了鼓面,使之产生了一个变黑的区域。纸片是经过处理的,因而它只在一定区域范围内燃烧,即只有电流流过的区域会被烧焦。因此,纸片上变黑的区域对应了分析中该点处的能量点。尽管和现代高科技的视频显示器相比,这种控制燃烧产生黑色区域的形式过于粗糙,但是在当时,这种想法是非常有独创性的。这种燃烧完成了两个基本操作:(1) 校正电信号,使得波形的正负两部分都可以在分析中被描绘出来;(2) 低通滤波(让信号图形平滑)。尽管这种燃烧会产生一种并不芳香的气味,并且会使工作间内有很多黑色的烟灰聚集,但无论如何,这种仪器都提供了高质量的谱图。

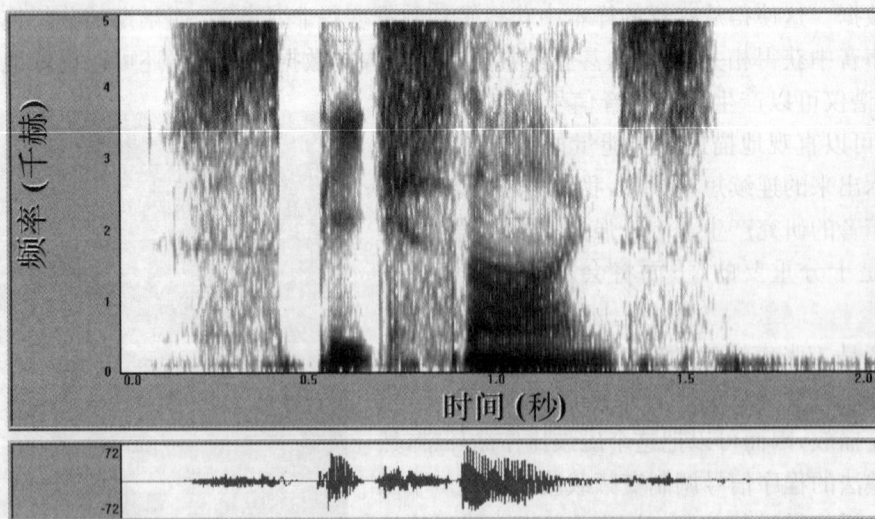

图 2-2-4　"speech science"一词的语谱图
(启音博士言语测量仪[Dr. Speech™],泰亿格电子[上海]有限公司授权使用)

　　从记录到分析,一个完整的工作程序包括以下几步:
　　(1) 试验的声音信号通过麦克风被换能,使声音信号的气压变化转化成电压变化的形式,即声信号转

化为电信号;

(2) 电信号转化为电磁信号,储存在声谱仪中有磁性的鼓面内;

(3) 储存的电磁信号再次转化为电信号,以语谱图的形式得到分析;

(4) 对信号进行滤波,决定不同频带的能量;

(5) 电信号的电流被放大,并将输出连接到一个记号振针上;

(6) 电流经由振针流过纸片,纸片局部燃烧,产生与流过振针的电流成比例的变黑区域。

常规的语谱图是时间、频率和强度的三维显示。横轴表示时间,从左向右依次增大;纵轴代表频率,由下至上依次增大;灰度代表强度。图2-2-5给出的是两种简单的声学信号:图a是一个500赫兹的正弦曲线(纯音),正弦曲线包含的是单一频率的能量,因而在频谱图上仅有一个水平方向上的连续窄带,窄带在频率轴(纵轴)上的位置就是这个正弦波的频率。图b是500赫兹、1 000赫兹、1 500赫兹和2 000赫兹正弦波的合成波形。图中的两种频谱图显示,采用这种分析方法可以知道言语信号如何随时间变化,并且可以获得其频率成分和强度变化。

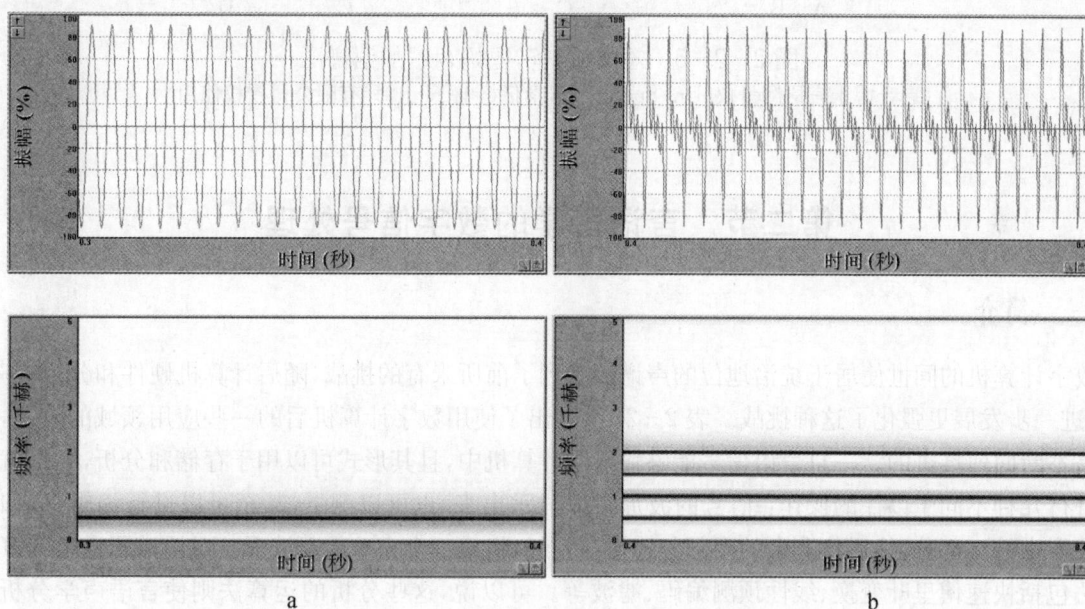

图2-2-5 频谱图和相应的波形图举例
(启音博士言语测量仪[Dr. Speech™],泰亿格电子[上海]有限公司授权使用)

言语由多种语音组成。言语声中存在迅速的声学特性变化,因此,人们需要用连续的频谱图来观察和分析言语声学信号。语谱图显示出声谱能量是如何在较小的时间间隔里变化的,我们会在后面详细讨论这种分析方法的细节,这里有必要提前了解一下语谱图是如何表达一些言语信号的声学特征的。如图2-2-6所示,语谱图可以描绘出塞音产生时气体突然爆发出的短时能量(图中标A的部分),但是也可以看到,通常在语谱图中被突出显示的,还是代表元音的长长的带状部分(图中标B的部分),当没有声音的时候,如嘴唇紧闭发爆破音的时候,语谱图显示无声(图中标C的部分),发滑音的过程中,声道形状发生变化,此时语谱图也可以描绘出相应的声学变化(图中标D的部分)。尽管语谱图也有其局限之处,但由于其包含了大量的声学信息,它还是很快成为言语分析的标准。当代很多语谱图并不是由图2-2-2所示的那种设备产生的,而是由计算机生成的,但这丝毫不影响人们继续将语谱图作为言语声音研究的基本分析形式。

4. 数字信号处理阶段

该阶段将言语声学信号数字化,包括诸如傅里叶变换、线性预测编码和滤波等一系列运算法则,使言语声学分析发生了革命性的变化。

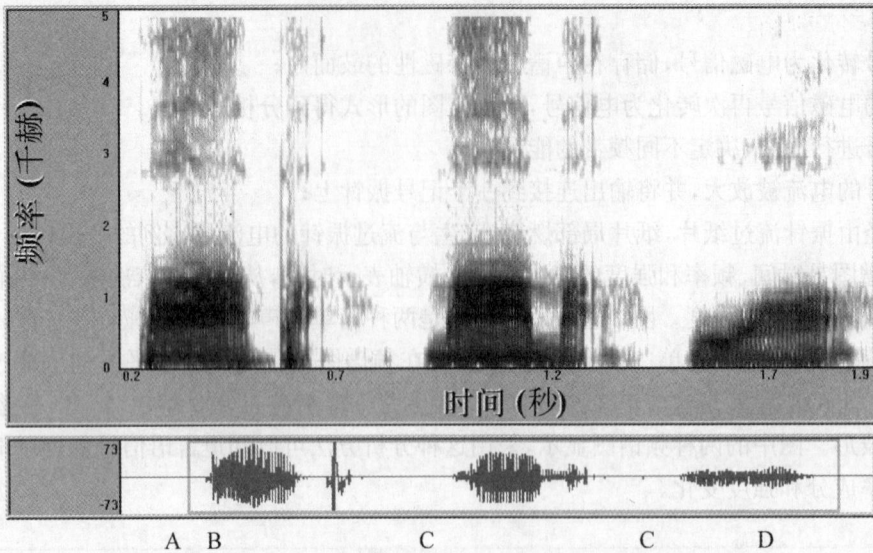

图 2-2-6　短语"爸爸,妈妈,我"的语谱图
(启音博士言语测量仪[Dr. Speech™],泰亿格电子[上海]有限公司授权使用)

第二节　言语声学的数字信号处理

一、简介

数字计算机的问世使居于统治地位的声谱仪受到了前所未有的挑战,随后计算机硬件和分析程序(软件)的进一步发展更强化了这种挑战。表 2-2-1 列出了使用数字计算机后的一些应用领域的发展,这些发展是不断向前推进的。一旦言语信号能够输入到计算机中,且其形式可以用于存储和分析,人们就可以对其进行几种不同于以往的操作:信号的波形可以显示出来,也可以测量,甚至可以进行编辑,例如可以删除波形中的一部分,然后将剩余的两部分连接在一起,组成一个完整的新波形。对语谱图进行计算处理的方法包括快速傅里叶变换、线性预测编码、滤波等。可以说,这些分析的运算法则使言语声学分析发生了革命性的变化。这些分析方法在物理学、工程学和生物学上也有十分重要的应用,而其中的快速傅里叶变换由于其多种多样的强大的应用价值,已经成为当今最重要的数字运算法则。很多工程学应用软件的目标就是获得信号谱图的组成部分。

表 2-2-1　言语分析中数字方法的应用举例

时　　域	频　　域
波形的显示和编辑 原始波形/编辑后的波形的重放 基频分析 强度分析 微光分析	基频分析 语谱图 快速傅里叶变换,线性预测谱 共振峰频率追踪 信噪比的计算 语音合成

从 20 世纪 50 年代起,言语声音分析实验室就开始使用比声谱仪更为高级的手段生成语谱图,这就是数字信号处理的方式。数字计算机不仅可以更快、更精确、更清楚地完成声谱仪能够进行的所有操作,更可以完成很多超越了声谱仪分析能力的操作,即使是个人的微型计算机都可以做到这点。尽管目前微机已经能被很容易地应用到言语分析系统中来,但很多使用者不具备足够的数字信号处理的背景知识,也就不能很好地理解这个系统的实际性能和局限性,事实上,了解这些性能和局限性是十分重要的。

二、言语信号数字处理技术

1. 言语信号数字处理的几个主要阶段

将言语信号数字化的三大基本操作是滤波、采样和量化。每一步操作都会使最终储存在计算机中的言语信号的特性发生一定的变化。因此,一个数字信号处理系统的使用者,应该很好地掌握这三种操作。很多言语处理系统允许用户指定一些可变参数,如滤波的设置和采样频率。将言语信号数字化的时候,应该仔细考虑这些参数,以确保获得最适合的、质量最佳的信号。

数字化的基本操作就是将连续的模拟信号转换为离散的数字信号。数字信号由一连串的数字组成。当我们将一个声波(模拟信号)数字化的时候,有两个操作是同时进行的:第一个操作是时间上的离散化,就是对这个模拟的连续波形的某些时间点进行采样,通常这些采样点的时间间隔是周期性的,采样频率正反映了这些周期性的时间间隔,采样频率同时还指定了整个采样过程的规律性。采样频率为 44 100 赫兹的意思是,每秒钟对模拟信号进行 44 100 次采样。第二个操作是信号幅度的离散化,也称为量化。这个操作是将模拟信号连续变化的振幅以一系列的阶梯形式表现出来,每一个阶梯或者说每一个水平值就是一个量。因此,幅度的离散过程就是一种量化。取样和量化是数字化过程中的两种本质操作。

图 2-2-7 是言语声音的数字处理过程的几个主要步骤。原始的声学信号用函数 x(t) 表示,它是一个模拟的声学信号,一个可以从录音机或者麦克风中直接获得的声音的原始波形。x(t) 表示这个声学信号的波形是一个时间函数,即振幅随着时间的变化而变化。为了能够将信号保存在数字计算机中,必须把模拟信号转换成一系列的数字形式,然后将这些代表了原始模拟信号的数字序列储存在计算机里。这个过程就是将模拟信号 x(t) 转换成数字信号 x(n) 的过程,通常我们称之为模—数转换(简称 A/D 转换),由模—数转换器完成。相反地,将计算机中存储的数字序列转换成模拟信号的过程则称为数—模转换(简称 D/A 转换),通常由数—模转换器完成。也就是说,A/D 转换是将原始的模拟信号转换成数字信号形式,而当我们想要获得存储的原始信号时,就必须获得其模拟形式,即进行 D/A 转换。

图 2-2-7　言语信号数字处理的主要过程

2. 波形图

首先,我们回顾一下用示波器对言语信号进行分析的过程:在纸上记录麦克风发出声音的电压变化,并对应说话者发音时空气压力的变化。大多数言语分析设备的基本功能就是显示这样一个声压变化的波形。从这个波形中可以获得 X 轴代表的时间和 Y 轴代表的振幅,还可以根据波形的周期来评价言语声音的基频。人们还可以选择一部分波形进行更为仔细的观察,然后进行编辑。图 2-2-8 就是使用临床软件"启音博士言语测量仪"(Dr. Speech™,泰亿格电子[上海]有限公司生产)获得的"我放风筝"这一短句的波形图。图中 X 轴代表时间(秒),Y 轴代表振幅(%)。

(1) 时间的测量

使用者根据视觉和听觉的提示,将图 2-2-8 上方窗口内的左右光标分别定在"我"字两端附近。仪器显示:两个光标中间部分的时间间隔为 338 毫秒,这个时间就是"我"的发音时间。下一个音节是"放",右光标处振幅较小的一段波形是发/f/时产生的。不断调整光标的位置,并且重新播放当前光标间的声音,就可以判断出声音在哪个时间点完成了由元音向擦音的运动变化。在图 2-2-8 下方的窗口中,使用者可以选中这个运动变化的部分,将其放大(振幅和时间都被放大),并在上面的窗口中显示出来,然后就可以测量出这个时间间隔是 0.3 秒,如图 2-2-9 所示。

如果录制声音的采样频率是 11 025 赫兹(每秒钟有 11 025 个采样点),那么每个采样点之间的时间间

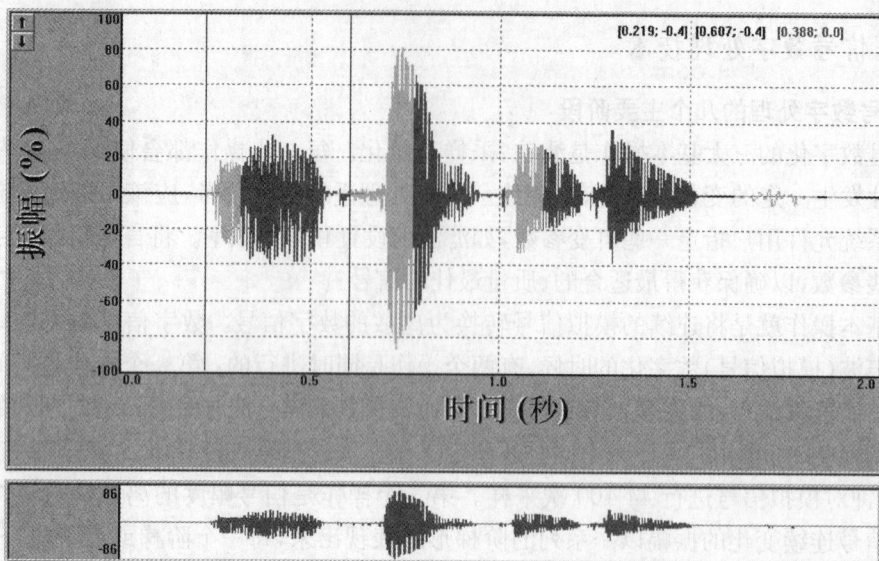

图2-2-8 "我放风筝"这一短句的波形图
（启音博士言语测量仪[Dr. Speech™]，泰亿格电子[上海]有限公司授权使用）

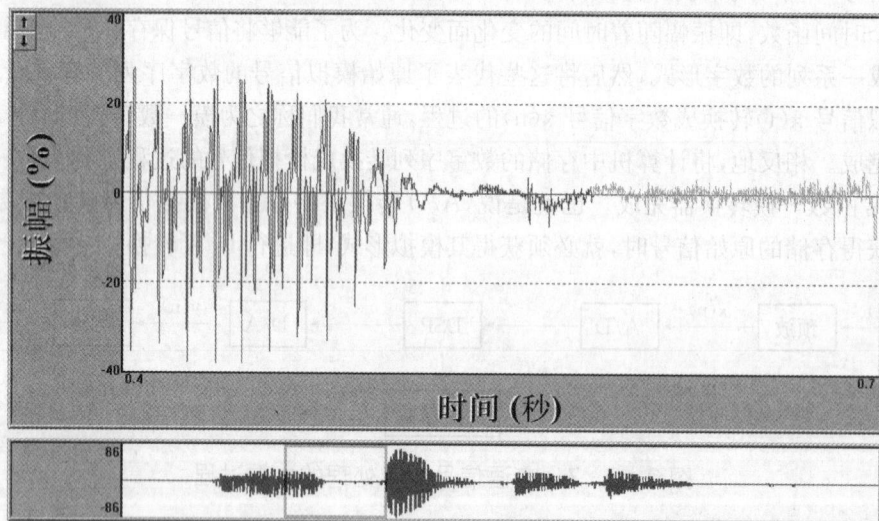

图2-2-9 语谱图上从元音/u/到擦音/f/过渡的部分
（启音博士言语测量仪[Dr. Speech™]，泰亿格电子[上海]有限公司授权使用）

隔就是0.09毫秒，即90微秒，这就是在此采样频率下一段录音材料的固有时间精度。但是，其中存在两个明显的局限性，最主要的一个局限就是，人们很难精确地判断出一段言语声音开始和结束的时间点，既然这样，能够保证左边的光标就正好指在了元音的开头吗？若是使用者认为元音的起始时间应该更晚一些，比如将波形的周期变化处或者幅度开始超过某电压（门限）时作为声音的起始点，那么是不是应该把右边的光标向内移动到元音的最后一个周期结束的地方呢？如果我们想要得到可靠的测量值，上面的这些问题都是需要慎重考虑的，尤其是在分析一些不同的语言或者是同一个言语声音处于不同上下文中时，它们就显得更为重要了。说潜在节拍是0.09毫秒其实是有歧义的，因为没人能精确地对言语声音的边界进行定位。构音不是瞬间完成的，而是需要一段时长，所以言语声音是渐渐开始和结束的。另外一个局限就是，当时间精度是0.09毫秒的时候，光标的最小运动能力（随显示出的声音总时程的变化而变化）可能要大于0.09毫秒。本例中，光标的最小运动是0.23毫秒（X轴上2秒钟内有512个光标点），我们称之为有效精度。如果我们将录音时间延长几秒钟，有效精度会变大。由于以上两个局限性，人们通常不能将时间的数值很直观、准确地测量出来。

振幅维度上的精度也是个问题。16位量化的意思就是将输入电压用一个可以呈现65 536（2^{16}）个不同的值(−100%—100%)的数字表示出来。如果输入电压是−1伏特到1伏特,那么这2伏特的电压将被分成65 536个阶梯,每阶0.03毫伏。这样的精度是适合于分析言语声波的,Dr. Speech程序使用的就是这个精度。每个人都应当清楚自己使用的仪器的精度。有些便宜的采样设备只采用了8位的精度(2^8个不同的值),导致录音和分析质量在很大程度上有所下降。量化过程中精度越高,信号和噪声相比就越强。表2-2-2显示了一些常用的幅度精度(位、阶梯、伏特)和其信噪比的关系。

表2-2-2 幅度精度与信噪比的关系

位	阶 梯	阶梯量度(电压范围2伏特)	信 噪 比
8	256 (−100%—100%)	7.8毫伏	41分贝
12	4 096 (−100%—100%)	0.5毫伏	65分贝
16	65 536 (−100%—100%)	0.03毫伏	89分贝

切记,此处所说的信噪比中的信号指的是一个能量恒定的理论上的最大值,但声音信号并不是这样的。从表2-2-2可以看到,8位的精度对应的信噪比是41分贝,这相当于一个普通的盒式录音机。但是,其他很多因素的存在使得实际的信噪比要小于这个数值,并且可以带入很多其他种类的噪声。例如,如果采样硬件的输入电压范围设置为2伏特,但计算机前置放大器上的电压跨度实际只有0.5伏特(−0.25—0.25伏特),这将导致振幅的精度只有电位的1/4,噪声的强度相对于信号也就提高了。

(2)编辑

因为可以在屏幕上用光标选择并重放声音信号的一部分,所以我们也可以对其进行编辑。例如,将短句"我放风筝"录制好后,在听觉感知实验中,可以去掉"我",只播放剩下的"放风筝"。图2-2-8所示的发音就是用光标选定的元音部分。大约30年以前,我们或许只能用刀片切割录音带,然后将剩下的部分重新叠接起来。但是现在,我们可以通过电子技术手段,将光标处的信号删除,然后将剩余的数字声音信号重新连接在一起,这就是"编辑"命令能实现的功能。这个操作比录音带的切割更加精确、快速、整齐。因为我们不仅可以反复聆听光标前、后以及两光标间的声音信号,还可以通过观察波形完成精确定位。

尽管如此,有些问题还在研究中。最基本的一个问题就是,因为信号的重叠,并接之后的声音听起来并不自然。如果去除辅音,保留相邻的元音,编辑后的元音听起来还是会有变化,这个变化就是辅音造成的,或者至少和辅音的构音位置有十分密切的关系。位于鼻音之前的元音会被鼻音化,位于清辅音之后的元音时长会变短。几乎所有的言语声音都会受到上下文的影响。还有一个问题就是,若声音的并接处恰好位于振幅最大或最小处,可能会产生一个爆破噪音(一个声学上的瞬时现象)。熟练的操作者会把并接的位置选在零刻度线上或者接近零刻度线处,或者将两个切割点在相等振幅处并接。

(3)基频的测量

① 观察法

我们可以很容易地看出波形的周期性,因为周期波随着时间的变化有不断重复的波形出现。例如,图2-2-10(放,"fang")中两光标之间的大部分波形都是周期性的。周期性是声带有规律的振动造成的,声带振动的频率反映在主观上就是音调,振动速度越快,感觉到的音调越高。分析视觉图形对我们来说是非常简单的,因此,我们很容易就可以判断波形的周期性。而让计算机完成这样的视觉分析是相当困难的,并且人也不能很好地对周期的开始处和结尾处定位。例如,在图2-2-10的右侧,到底哪里才是鼻音部分周期的结束呢?类似地,在左边光标的前面,发/fa/时,声音的振幅和质量都发生了迅速的变化,但其中哪些是周期性的,哪些不是周期性的呢?声带振动时都是逐渐改变位置的,因而无法准确地回答上述问题。正是因为注意到了声带活动造成的影响(构音),我们才意识到,言语声音并不是瞬时变化的。学术上,由于言语声音频率和质量会发生变化,我们一般称其为类周期性信号。

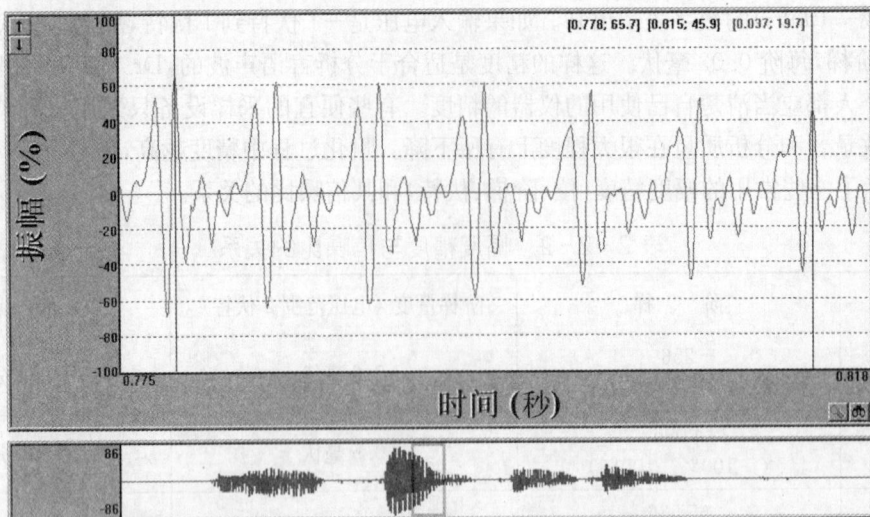

图2-2-10 "我放风筝"这一短句的波形图

（启音博士言语测量仪[Dr. Speech™]，泰亿格电子[上海]有限公司授权使用）

注：光标截取了"放"（"fang"）的鼻音部分，包含六个声门波形，时间为37毫秒，基频为161.3赫兹。

　　即使存在这些局限性，我们依然可以根据波形图判断声波的周期，从而得到言语声音的基频。图2-2-10显示了一个鼻音的六个周期。两个光标间的时间间隔是37毫秒，所以一个周期是6.2毫秒，频率和周期是成倒数关系的，因此，平均基频应该为161.3赫兹(1 000/6.2)。如果分析的数据很多，这种方法是比较单调繁琐的。下面我们会介绍其他分析基频的方法。

　　② 计算机法

　　一些单机设备可以实时地描绘出言语信号的基频和振幅曲线（言语产生的同时即可描绘图形）。较为有名的仪器是泰亿格公司生产的实时言语分析仪和嗓音疾病评估仪。这样的仪器处理速度很快，并且携带方便，操作起来也相对比较容易，但是测量并不非常精确。一个典型的误差是将实际基频加倍。但由于该误差产生时会出现一些和整个图形非常不协调的数值点，所以人们容易发现这个误差。由于这些设备都是相对独立的，我们很难将其显示屏和计算机的显示屏整合起来。图2-2-11显示了一段言语的音调和响度，使用的是实时分析程序，光标位于124.3赫兹处。图2-2-12为发"one, two, three"时的声音数据的统计分析。

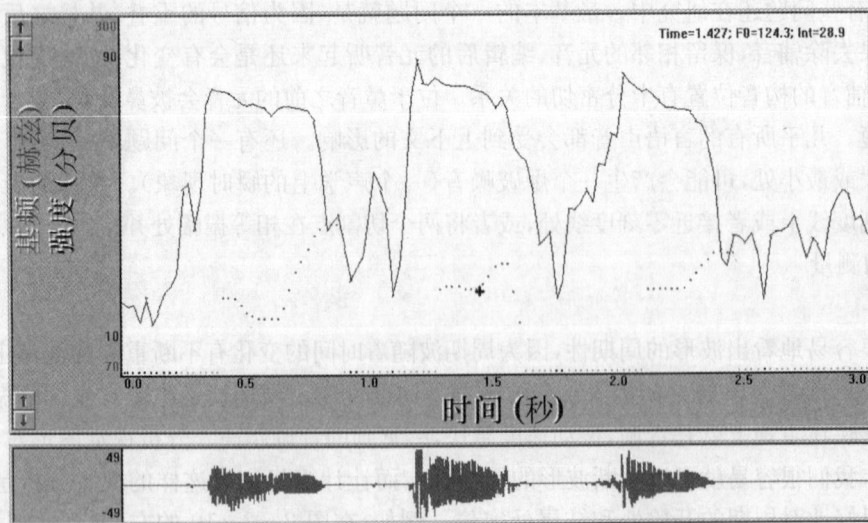

图2-2-11 屏幕上的基频与振幅曲线数字代表光标标记处的振幅、基频和时间

（启音博士言语测量仪[Dr. Speech™]，泰亿格电子[上海]有限公司授权使用）

　　图2-2-13至图2-2-15是"嗓音博士嗓音疾病评估仪"对一段声音信号的录制、播放、编辑与参数检测。除此之外，它还可对参数进行高级分析，如图2-2-16所示。

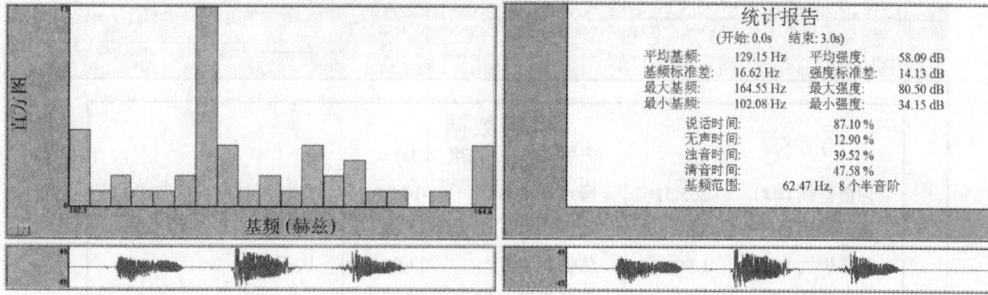

图2-2-12 "one，two，three"的统计报告和基频的直方图
（启音博士言语测量仪［Dr. Speech™］，泰亿格电子［上海］有限公司授权使用）

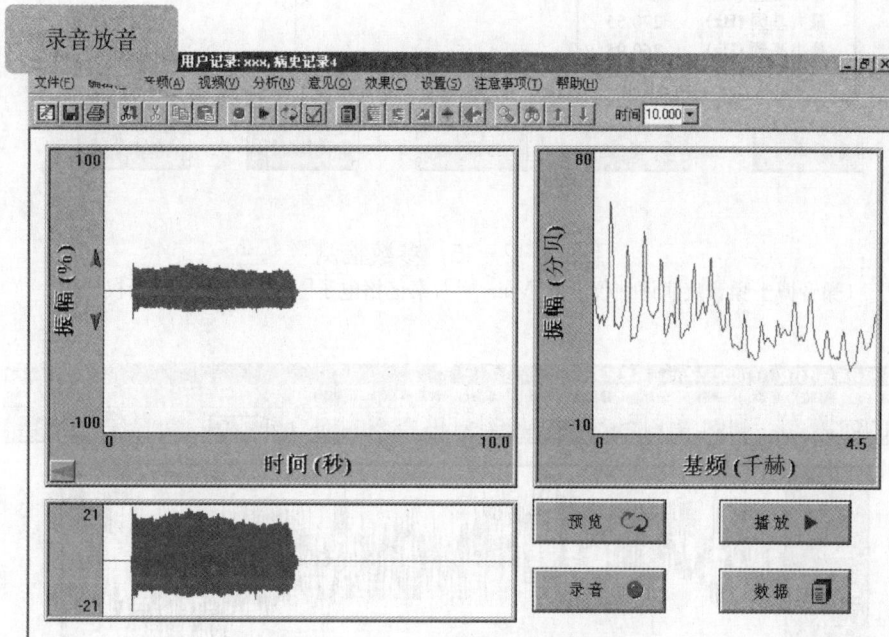

图2-2-13 录制和播放声音
（嗓音博士嗓音疾病评估仪［Dr. Voice™］，泰亿格电子［上海］有限公司授权使用）

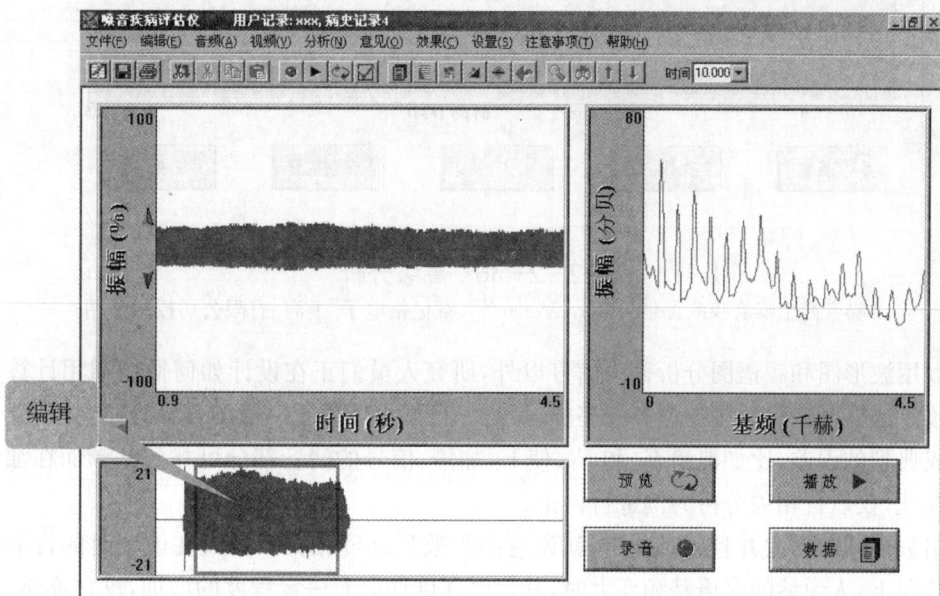

图2-2-14 在编辑框选择目标声音进行编辑
（嗓音博士嗓音疾病评估仪［Dr. Voice™］，泰亿格电子［上海］有限公司授权使用）

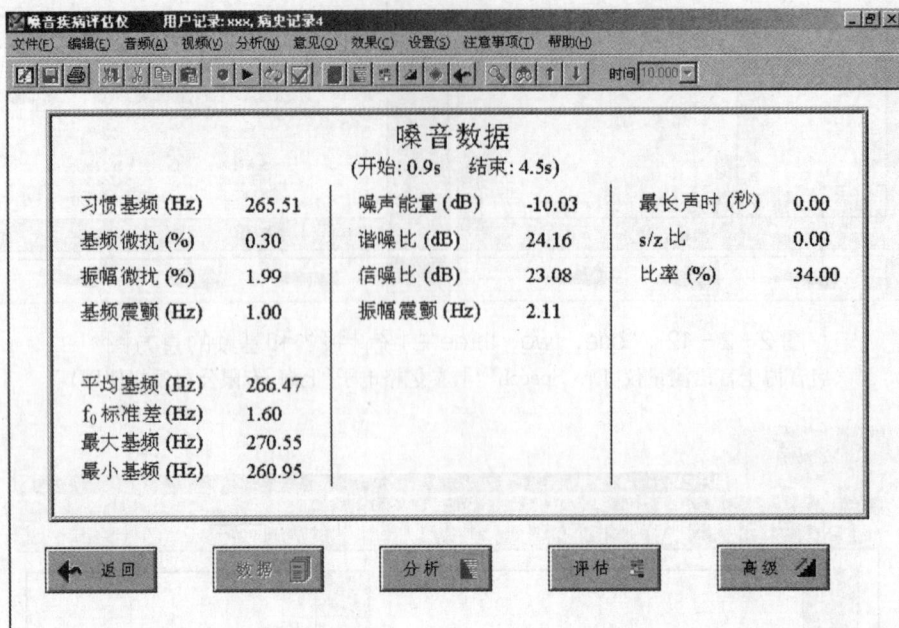

图 2-2-15　参数检测
（嗓音博士嗓音疾病评估仪[Dr. Voice™]，泰亿格电子[上海]有限公司授权使用）

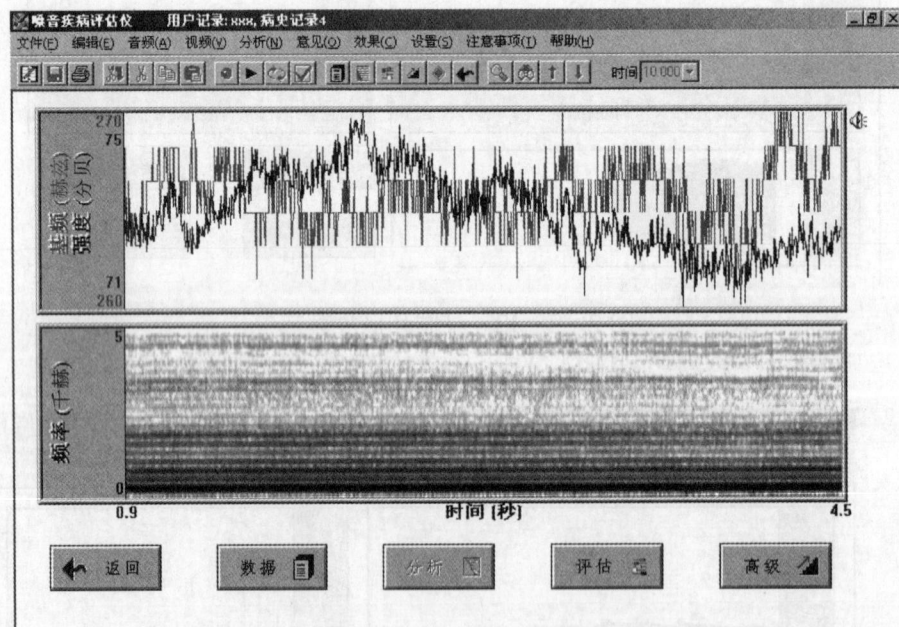

图 2-2-16　高级分析
（嗓音博士嗓音疾病评估仪[Dr. Voice™]，泰亿格电子[上海]有限公司授权使用）

　　除了可以用波形图和频谱图分析言语信号以外，研究人员们正在设计如何使用通用计算机来追踪言语的基频轨迹。这样的运算法则类型多种多样，但每一种都只能用于一般的言语分析，并不非常完善。这些程序会造成典型的误差，比如混淆 F_0 和 F_1、使 F_0 加倍、信号的清音部分可找到基频而在浊音部分找不到基频等。在此，仅以自相关分析为例进行讨论。

　　如果两组数列同时增大并且同时减小，就说这两组数列高度相关。如人在说话时的言语基频和言语强度。通常情况下，人说话的言语基频变大时，其言语强度亦会有一定程度的增加，反之亦然，这样两个数列就被认为是高度相关的。对一个言语信号进行抽样并将其数字化以后，我们可以得到一系列数字，每一个数字都代表波形图中某一时刻的声压幅度。如图 2-2-17 上部曲线所示。

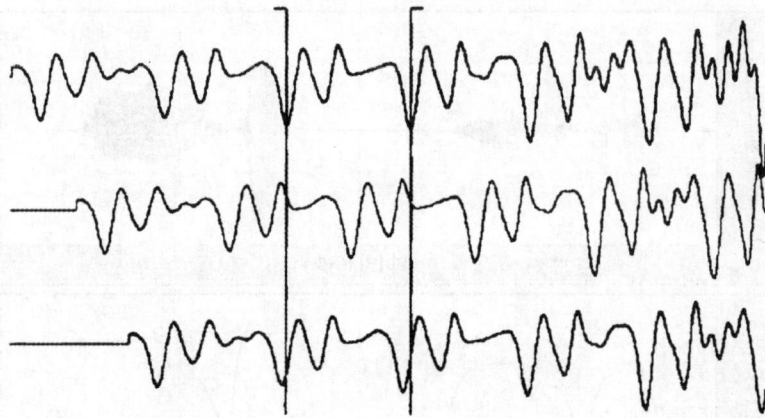

图 2-2-17　元音的波形图及其延迟的两个复制波形
注：第一个图形中光标截取的是一个完整的基本周期，下面两个图形的光标
间的波形近似一个周期。

由于波形中包含了重复的增长和减小的样式，我们说这个波形具有周期性。如果我们用计算机计算一个波形与其复制波形间的相关性（自相关），那么上述两个复制波形一定是完全相关的。但是如果我们对一个波形及其延迟了的复制波形进行相关性研究，就像图 2-2-17 中的第一个和下面两个波形，结果会怎样呢？当延迟的时间接近于一个周期的时候，相关性是最高的，就像图 2-2-17 中的第一个波形和最后一个波形。如果计算延时范围为若干周期的自相关（例如周期为 3 至 20 毫秒，即 50 到 300 赫兹的基频），会发现延时为周期及其整数倍时相关性最大。这就是自相关音调分析的基本思想。在浊音的频谱图中，由于共振峰在毫秒内不会发生很大的改变，因此，连续的相邻周期的波形是非常类似的。另一方面，在清音的频谱图中（/f/、/s/），由于一些非周期的噪声的影响，言语声音波形的变化非常迅速，因此，短期内的自相关性通常是不会产生极大值的。当然，即使是浊音，其频谱图也是类周期性的，就是说波形的音质和音调会随周期的变化发生微小的改变，但是从整体来看，周期与周期之间仍具有相似性，因此，这些相对微小的改变不会影响自相关分析结果。

但是自相关这样简单的形式在未加工的言语信号中并不十分明显。共振峰会影响相关性峰值的位置，所以常产生的一个误差是：找到的不是真正的声门周期，而是声门周期加上一个或者两个共振峰的周期。从 20 世纪 60 年代开始，专家们就致力于减少共振峰影响的研究。最简单的方法，就是用一个低通滤波器有效地去除频率比预期的 F_0 值大的那些共振峰。另外还可使用很多在我们介绍范围之外的复杂技术。这其中有一个改进之处是，先使用分析窗口的整数倍宽度计算出时间点的自相关函数，然后衡量从其他窗口获得的音调周期。另外，不同形式的信号波形都可以计算出自相关函数，比如中间削峰的信号或者反相的信号。任何一种方法都会面临两个基本的问题：共振峰会随着时间的变化使波形发生变化，从而影响自相关分析；有些情况下 $F_1 < F_0$，这时简单的滤波就不起作用了。尽管有这样一些困难，自相关分析仍然是一种可靠的确定基频的方法。

（4）强度的测量

言语信号波形同样提供了振幅的对比信息。图 2-2-18 上方的窗口显示的是"好吃，好吃"这一短语的波形图，第二个动词"吃"被重读。可以看出，重读了的"吃"的振幅大于前面一个没有重读的"吃"的振幅。

① 幅度和振幅

为了获得平滑的振幅曲线，我们必须将声音信号在时间上稍作平均。实际上，我们并没有正式地将波形进行平均，而是在评估每个音节的波形时用眼睛来完成这一工作。这样的滤波也可以通过算数的方式完成，其中一个方法就是均方根振幅（强度）法。图 2-2-18 下方窗口显示的就是原始波形的均方根振幅波形，是用一个宽 24 毫秒的滑动窗口以 12 毫秒的间隔重叠而成的。

计算均方根振幅的步骤如下：

A. 选择窗口宽度，即被平均的采样信号个数；

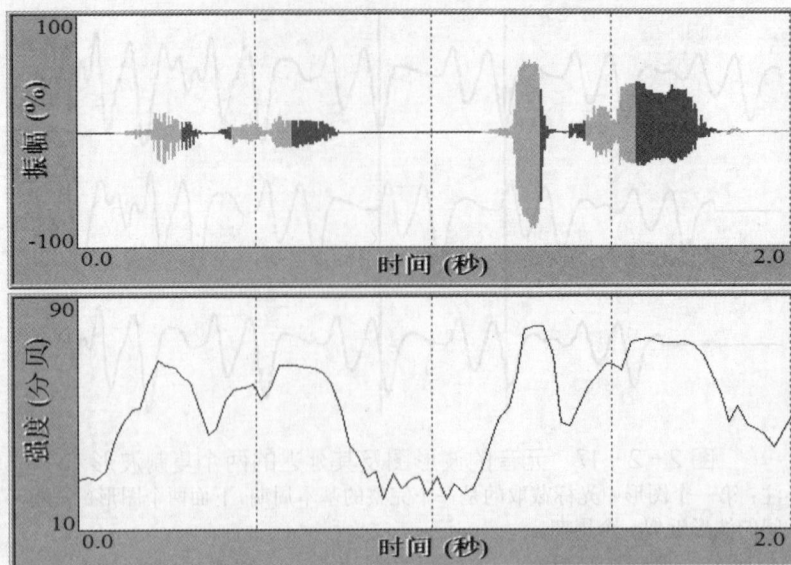

图 2-2-18 "好吃,好吃"这一短语的言语波形图
(启音博士言语测量仪[Dr. Speech™],泰亿格电子[上海]有限公司授权使用)
注：两种振幅的表达方式：上方窗口是实际振幅,下方窗口是振幅的均方根曲线(强度)。

　　B. 将第一个窗口中每个采样点的振幅做平方计算;

　　C. 计算窗口中平方值的算术平均值;

　　D. 计算平均值的平方根;

　　E. 移动到下一组采样点。

　　② 强度和压力

　　中文和英文中的重读音节在信号上主要以均方根幅度(强度)形式表现出来。重读是一种直觉,很多说英文或者说中文的人都提到,第一个"吃"和第二个"吃"的区别就在于音节的响度不同。然而,时长也是一个因素。在图 2-2-18 中,第二个重读的"吃"要比第一个非重读的"吃"持续时间长。实际上,时长比幅度更能显示出一个音节是否被重读,在这点上,图 2-2-18 中的"吃"并不典型,因为它们在时长上的区别不大。还要注意的是,不要将"吃"和"好"进行重读比较,因为它们由不同的语音组成,在时长和幅度上本身就存在着固有的区别。

　　③ 起音时间

　　从声学角度上讲,不同的声道冲击(语音)可以依靠起音时间来区别。起音时间指的是从声带振动开始到振幅达到一稳定值之间的时间间隔。由于修整声带起振的某些特性是嗓音治疗的一个目标,因此,关于起音时间的信息是非常有临床价值的。目前有两种公认的声道冲击的类别：软起音和硬起音。例如,在图 2-2-19 显示了不同冲击类型的/a/的波形图,它们各自的起音时间(声音起始时间)是不同的。

　　3. 频谱分析

　　这部分主要讨论两个问题：一是信号如何存储在数字计算机中,二是信号的波形图是如何显示出来以便我们进行时间和振幅维度上的测量。频谱分析是声学分析的重要应用。为了进行频谱分析,有必要选择波形中的一部分(或者更确切地说,是选择一串代表了波形的数字序列)。选出来的具有时间间隔的部分就称为帧,如图 2-2-20 所示。选取的波形部分的时间长短称为帧的长度,典型的帧的长度是 20—30 毫秒(足够包含 2—3 个声门波的周期),当用于某种特殊分析时,帧的长度可以变大或者变小。对任何长度的言语信号进行分析处理时,都要使用若干个连续的帧,帧在波形上"移动",以所选的固定的时间间隔对不同区域进行分析。帧的间隔决定了相邻两个帧的重叠程度。如果重叠部分过大,将会导致多余的计算;如果重叠部分过小,可能会分析不到信号迅速变化的过程。帧的能量由窗口赋予权重,窗口就是一个权重函数,可以使窗口两个边缘处的信号的振幅减少到最小。分析中使用的帧及窗口会暂时转变一部

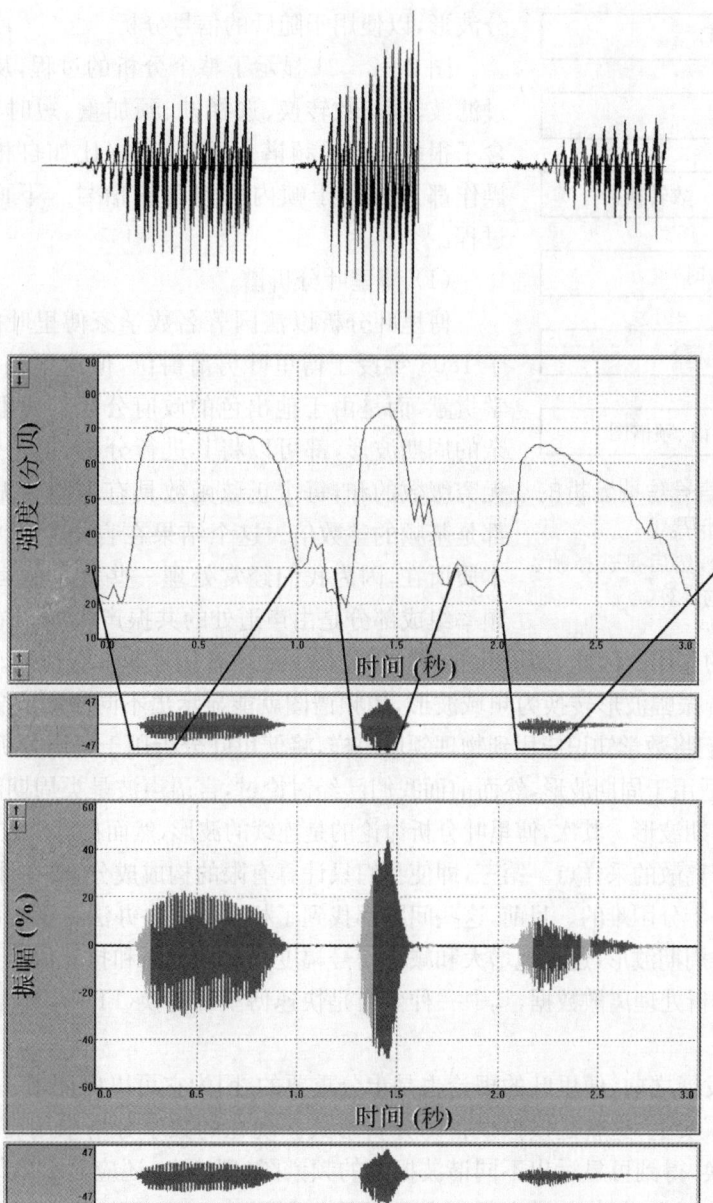

图 2 - 2 - 19　正常、硬起音、软起音方式的持续元音 /a/ 的波形图
（启音博士言语测量仪［Dr. Speech™］，泰亿格电子［上海］有限公司授权使用）

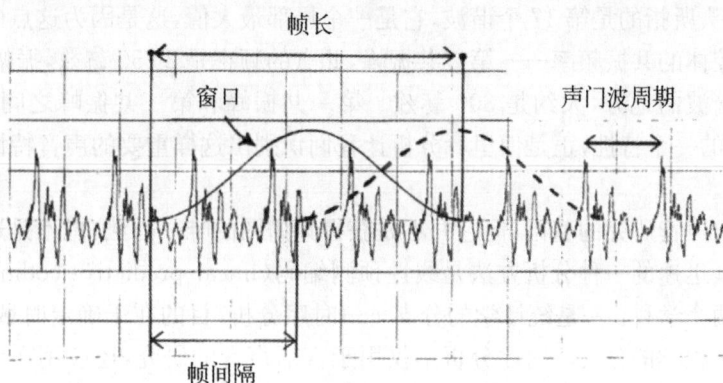

图 2 - 2 - 20　言语波形的短期分析示例

注：本图表示出帧的长度、帧的间隔以及窗口的形状，可对帧内包含的波
　　形进行分析，间隔由窗口即权重函数决定，帧的间隔决定了帧重复的位
　　置，对许多短期分析而言，通常一个帧至少要包含两个声门波周期。

分波形,以便用于随后的信号分析。

图 2-2-21 显示了整个分析的过程,从原始的信号开始,经过滤波、模—数转换、选择帧、预加重、短时转换等步骤。转换包含了很多类型的频谱分析和函数(比如自相关函数)。所有这些操作都只作用于帧内所包含的信号。下面详细讨论这些分析过程。

(1)傅里叶分析谱

傅里叶分析以法国著名数学家傅里叶的姓氏命名。拿破仑于 1808 年授予傅里叶男爵爵位,但这不是出于傅里叶出色的数学贡献,而是由于他出色的政府公职。傅里叶证明,不管多么复杂的周期波形,都可以将其进行分析,把它看作一个正弦函数的无穷级数的和,每个正弦函数具有不同的振幅和相位,并且频率都是基频的整数倍。这个结果在言语科学中是非常重要的核心本质所在,因为我们经常处理一些复杂的言语周期波,其主要的频率组成部分是由声道处的共振产生的,并且对言语的产生及感

```
┌─────────────────────────┐
│        模拟信号          │
└─────────────────────────┘
            ↓
┌─────────────────────────┐
│        滤波器            │
└─────────────────────────┘
            ↓
┌─────────────────────────┐
│  A/D 转换器或模/数转换器  │
└─────────────────────────┘
            ↓
┌─────────────────────────┐
│      选择帧(短时)       │
└─────────────────────────┘
            ↓
┌─────────────────────────┐
│      预加重(开窗)       │
└─────────────────────────┘
            ↓
┌─────────────────────────┐
│ f₀、FFT 谱、LPC 谱、频谱图 │
└─────────────────────────┘
```

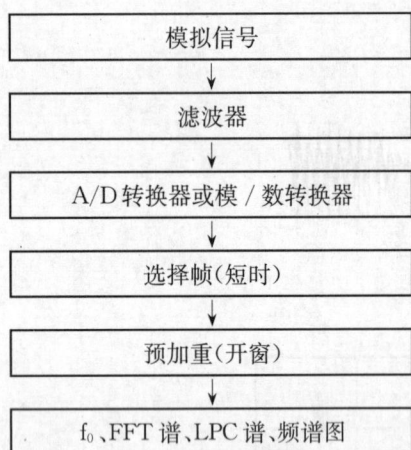

图 2-2-21 数字信号短期分析的主要步骤

注:由模—数转换开始,然后是选择帧、窗口函数的定义、转换的计算。

知都起到了十分重要的作用。因此,傅里叶分析对于分析言语声音信号非常有帮助。最重要的一点是,傅里叶分析将时域的声音振幅波形转换为频域波形,用频谱图就能显示出不同频率成分下振幅的情况。

尽管这样,就像我们将数学知识应用到物理领域一样,将傅里叶分析用于言语分析仍然有一些局限。首先,傅里叶分析的理论适用于周期波形,然而前面我们已经讨论过,言语声波是类周期波,任何已经完成的言语声音都不是真正的周期波形。其次,傅里叶分析讨论的是连续的波形,然而在言语数字分析的过程中,我们处理的是波形中若干个离散的采样点。第三,即使我们只计算有限的构成成分,要在计算上实现傅里叶分析所要求的那种分析还是十分困难的。目前,这些问题都找到了相应的解决办法。我们可以使用开窗的方法,使傅里叶分析适用于类周期波形(逐渐地增大和减小信号幅度比突然截断和打开信号要好)。还可以使用离散傅里叶变换(DFT)分析处理离散数据,其中一种变换是快速傅里叶变换(FFT),普通的电脑就可以方便地进行快速傅里叶变换。

即使在计算技术发展之前,傅里叶的理论也是十分重要的,因为它可以保证用一组滤波器找到一个复杂波形的频率成分。事实上,这就是模拟设备的分析形式。现在的数字分析采用可对波形中采样点进行分析的快速傅里叶变换,得到可显示出不同谐波振幅的频谱图(理论上,还应显示出每个部分的相对相位,但是在对言语声音的分析中,相位并没有频率和振幅那样重要)。

图 2-2-22 显示的是"we"这个单词中的元音/i/的频谱图。横轴表示频率,从左至右为 0—5 500 赫兹(滤波器的截止频率);纵轴表示振幅,从下至上为 -10—80 分贝。图中的每一个峰都代表一个谐波(基频的整数倍)。图中箭头所指的是第 17 个谐波,它是一个局部最大值,这是因为这点的频率值接近声道中构成这个元音的主要腔体的共振频率——第二共振峰,此点的频率是 2 150 赫兹,振幅是 48 分贝。第一共振峰位于接近第二个谐波的地方,大约是 300 赫兹。第一共振峰和第三共振峰之间非常大的间隔,是元音/i/区别于其他元音的一个特性,正是傅里叶分析让我们识别出这样重要的声音特性。

(2)线性预测谱

傅里叶分析是言语声音研究的基础,但它并不是获得频谱图的唯一方法,也不是适用于所有研究目的的最好方法。最近发展迅速的一种分析方法是线性预测编码(linear predictive coding,LPC)。线性预测编码的理论基础来自两个学科:一是统计学的分支——时序分析,目的在于确定时域分布数据的规律性;二是有关信号传输的工程学的分支。时序分析不仅用于言语声音的研究,还应用在出生率、脑电图、太阳黑子、股票市场等任何一串时域分布数据的研究上。

信号传输领域的一个经典难题就是任何一个传输通道的容量都是有限的。例如,卫星电话的价格十分昂贵,因此,工程师们努力想找到压缩信号的方法,方法之一就是线性预测编码。线性预测编码的基本思想是:数字言语声音的任何一个采样部分都可以根据其前面的部分进行预测,言语声音的采样部分之

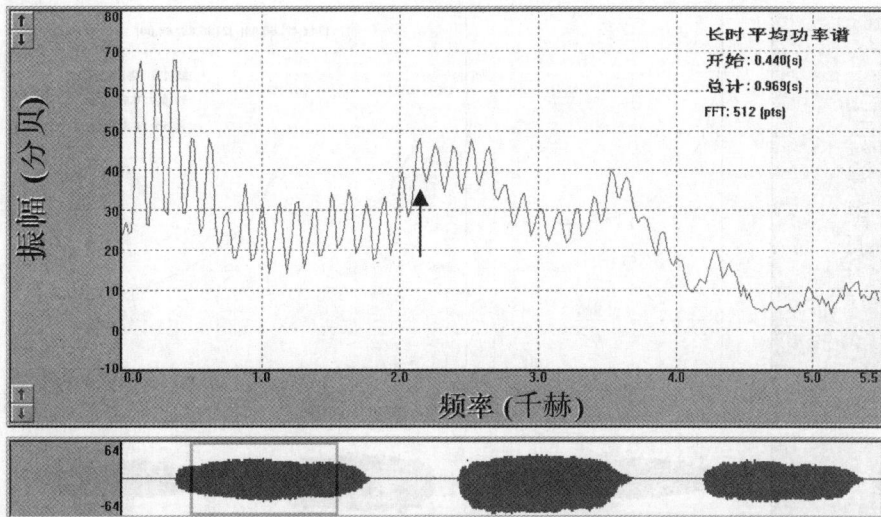

图 2-2-22　/i/的波形图和傅里叶分析频谱图
（启音博士言语测量仪[Dr. Speech™]，泰亿格电子[上海]有限公司授权使用）
注：箭头指向第 17 个谐波，第二共振峰附近。

间的变化并不大。线性预测编码假设每个采样部分与之前的部分具有线性关系。用一个方程式表示这样的假设就是：

$$x(n)=al[x(n-1)]+a2[x(n-2)]-e(n)$$

方程式表明：时间点 n 的采样部分等于它之前的时间点 n-1 的采样部分乘以某个权重值，再加上时间点 n-2 的采样部分乘以某个权重值，再减去误差 e(n)。从某些方面来说，这样的预测是精确的，因为传输的不是单独的采样部分，还包括其权重和误差。这看上去似乎并没有简化信号的传输过程，而是将其变得复杂了。事实上，简化的目的是使权重不要随着采样点的变化而迅速变化，就是说，如果我们每秒钟取样 10 000 次，那么每 100 微秒就会出现一个新的采样点。如果信号一直保持一种形式（比如一个持续稳定的元音），那么线性预测编码的权重也趋向于一个不变的值。为了传输可被人理解的言语声音，线性预测编码的权重每 10 毫秒或者 20 毫秒就要更新一次。当然，预测并不是完全精确的，因而传输的言语声音也不是完全正确的。其中一个可变的量就是预测中包含的前面采样点的数量，通常言语声音的分析要使用 10—20 个。

根据目前的知识，可以将线性预测编码看成组成信号的采样序列的模型，或者说它显示了信号随着时间变化的情况。但是，也可以用频率正确有效地解释一套线性预测系数的意义。根据这些系数，可以获得一个数字滤波器的频响曲线。在言语声音的频率解释中，方程中的加权项代表声音在声道中共鸣的频率和幅度，误差项代表冗余度。如果这是一个理想的共鸣器模型，最后剩下的就应该是输入量，即声门处产生的言语声音信号激发声道共鸣产生的能量。因此，线性预测编码模型整体上正确地表现了我们想要获得的言语信号的信息。

和傅里叶分析一样，线性预测谱的图形同样显示了从时域到频域的表现形式。不同的是，傅里叶分析频谱图还显示了基频的谐波，而线性预测谱则显示了共振峰和振幅，如图 2-2-23 所示。在实际应用中应根据目的在它们中间进行选择。

傅里叶变换的频谱图中，只能根据谐波中高振幅的点的频率值来获得共振峰的信息，但当言语声音具有高的基频时，这种方法就会出现很大的问题。Monsen 和 Engebretson 于 1983 年对线性预测分析和声谱测量进行了比较，实验中选取的均为具备良好声谱图知识的专业人员。若样本的基频在 100 赫兹和 200 赫兹之间，实验者可以测出第一共振峰和第二共振峰的中心频率，误差在 -60 赫兹到 60 赫兹之内。声谱图对第三共振峰的测量不及对第一、第二共振峰的测量准确。当基频超过 350 赫兹时，两种分析方法的准确度都下降了。选择分析方法的时候，同样要考虑到样本的情况，傅里叶分析假设信号中存在谐波成分，

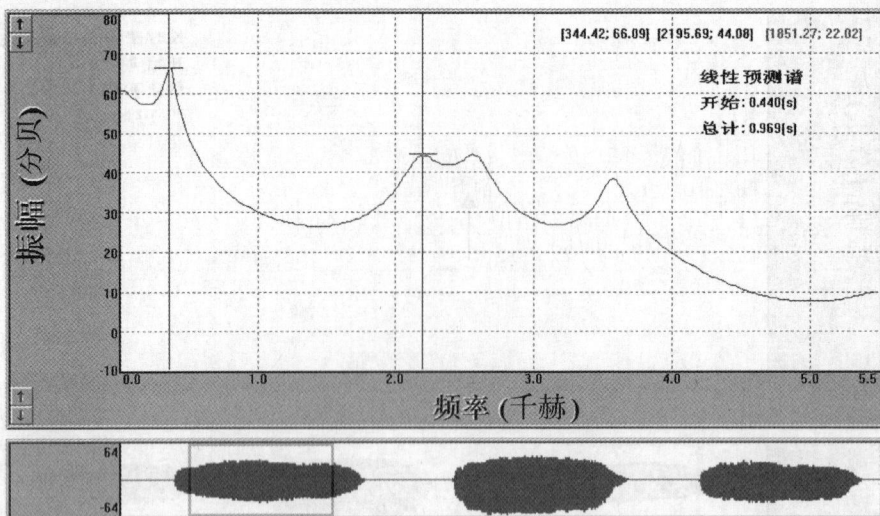

图 2 - 2 - 23 /i/的波形图和线性预测谱

（启音博士言语测量仪[Dr. Speech™]，泰亿格电子[上海]有限公司授权使用）

注：光标位于第一共振峰（344.42赫兹）和第二共振峰（2 195.69赫兹）。

线性预测分析则不然。但是，目前大多数的线性分析模型都是针对共鸣而不是反对共鸣的，可是声道却有反对共鸣的时候，比如发鼻音或者边音的时候，因此，在分析这些语音的时候，应当尽量不要选择线性预测的方法，或者至少不要选择全点的模型。

以同样适合两种分析模型的语音为例，如图 2 - 2 - 24 所示，将两种方法显现在一张谱图上。将同一元音的线性预测谱有层次地覆盖在图 2 - 2 - 22 的傅里叶频谱图上，坐标相同。线性预测谱看不到具体的谐波成分，只看得到显示频率成分的包络。可以注意到，线性预测谱与傅里叶谱图中的峰值吻合得很好。本例中，两种分析方法可以获得极其相似的谱图，部分是因为，分析的语音信号是浊音（周期性的），并且是非鼻音的。但是仍然可以发现，如果单单观察傅里叶谱图，很难获得第二共振峰的准确值，从线性预测谱中则可以看到被准确地标出的 2 195 赫兹。一个有经验的专家可以判断，第二共振峰位于傅里叶谱图中第 17 谐波和第 18 谐波的中间，但是却不能够将其准确定位。傅里叶谱图中，F_0 是相邻两个谐波之间的差值，而线性预测谱却无法直接显示基频的信息，当然，由于声门源是主要的误差项，我们还是可以从线性预测谱中间接地获得基频。（我们不经常使用的一种方法是，将线性预测分析的系数个数充分增大，从而在

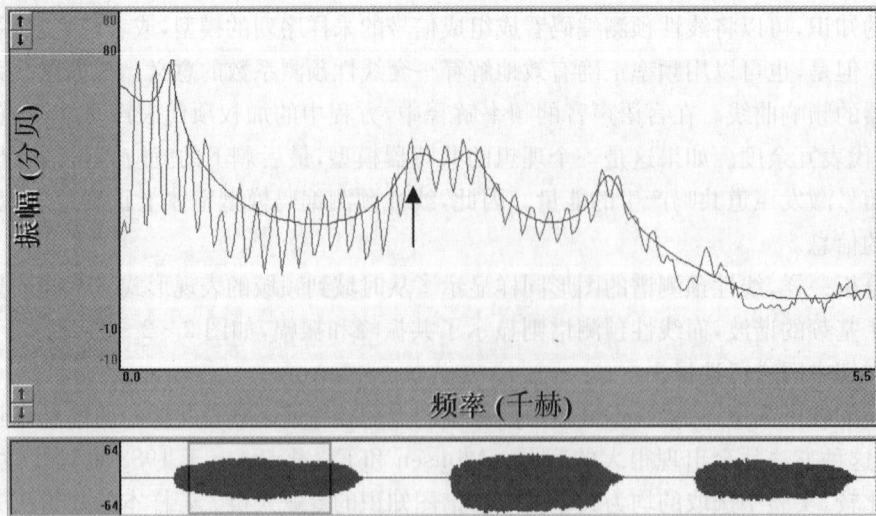

图 2 - 2 - 24 线性预测谱覆盖在傅里叶谱图上

（启音博士言语测量仪[Dr. Speech™]，泰亿格电子[上海]有限公司授权使用）

注：箭头指向第二共振峰。

谱图中看到谐波的信息。这也是一个很好的例子,可以用来说明由于系数个数的变化,线性预测谱图会发生敏感的变化的原理。)

4. 语谱图

目前市场上的声谱仪可以完成傅里叶变化等分析过程,并且实时地显示出语谱图。实时的含义很简单,就是和信号同时。实时分析指在信号到达的同时进行分析,没有任何的延迟。我们将以在启音博士言语测量仪上进行的语言训练为例,对此进行说明,见图 2-2-25。

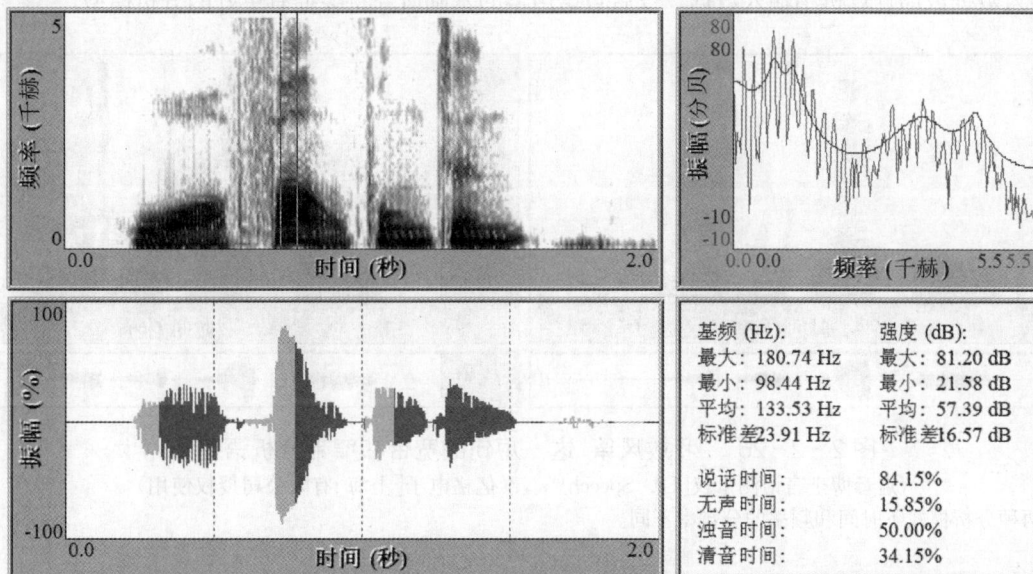

图 2-2-25　实时分析
(启音博士言语测量仪[Dr. Speech™],泰亿格电子[上海]有限公司授权使用)
注:左上角的窗口显示了中年男性发"我放风筝"这一短句的语谱图;右上角显示了"放"中的元音/a/的傅里叶频谱图,如语谱图中光标范围所示;下方的窗口显示了完整的波形图和基频、振幅的统计报告。

对于使用者来说,或许语谱图最主要的优点是分析的过程总是可以显示在监视器上,使用者可以选择是否打印显示结果。显示屏节省了大量的金钱和时间,在选择分析和显示信息上具有很高的灵活性。使用者可以从菜单中选择分析类型、频率范围、时间范围、有效带宽及其他一些参数,也可以选择打印出频谱图上一段频率区域内的波形图或者振幅的轮廓图,而且在图中可以有更多种可选的组合方式,还可以选择将语谱图用于研究工作,而不是仅仅用于测量。简而言之,语谱图最主要的优点不在于分析本身,而在于研究者对设备性能运用的多样性。

现在我们来解释一下图 2-2-25 中的几点问题:

两个光标之间的元音部分有多长?

读出两个光标的读数,计算差值。

这部分元音中包含了几个周期?

数出语谱图中两个光标之间垂直条纹的数量即可。

哪一个共振峰在元音产生之前发生转移?

查看语谱图中擦音前元音的第二共振峰轨迹。

分析的有效带宽是多少?

宽带 240 赫兹,中带 120 赫兹,窄带 60 赫兹。

采样使用了何种窗口?

汉明窗,缓慢地起始和截止。

采样频率是多少？

本图的有效采样频率是 11 025 赫兹。

很多情况下,分析都会将宽带和窄带结合起来使用,如图 2-2-26 所示。语谱图的特殊价值是显示出言语声音随着时间发生的动态变化,因此,时间分辨率通常是十分重要的。但是,人们可以很容易地从声谱仪上选择其他使用形式。现在的数字声谱仪简直无懈可击,它拥有多功能、高速、信息集中等优势。一些声谱仪同时提供了傅里叶变换和线性预测两种分析手段,还具备修改线性预测分析参数和合成的功能,并且可以从计算机中导入数据或向计算机中输入数据。今后言语声学的基础研究将会拥有更好的分析模型。

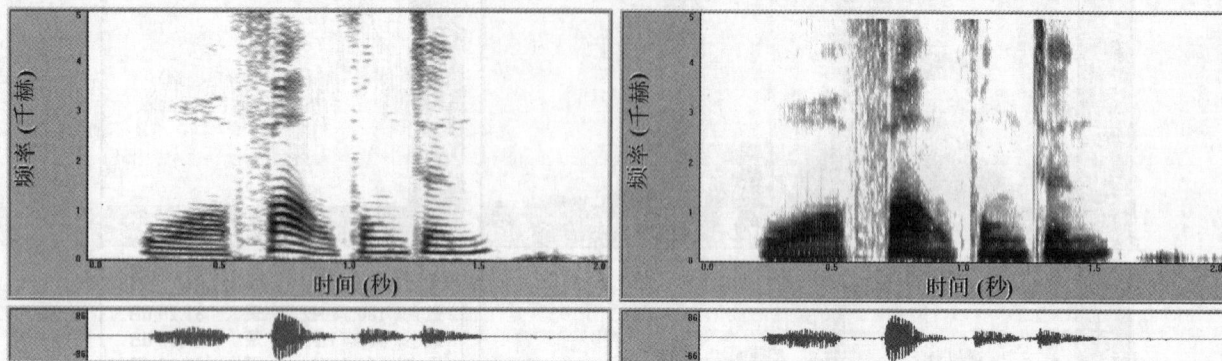

图 2-2-26 "我放风筝"这一短句的宽带和窄带分析语谱图
(启音博士言语测量仪[Dr. Speech™],泰亿格电子[上海]有限公司授权使用)
注:注意两种分析模式下时间和频率的分辨率不同。

5. 滤波器

滤波器是一个增强一部分频率信号或允许一部分频率信号通过,同时削弱一部分频率信号或阻止其他频率信号通过的系统。

（1）滤波分析技术

滤波法是一种言语分析方法。滤波器是一个具有频率选择性的信号传递系统。换句话说,可将一个滤波器比作一个声音的窗口,它的作用是只允许某些频率的声音能量通过,其他频率的声音能量则会被过滤掉。图 2-2-27 显示的是一系列的滤波器组在言语分析上的应用。滤波器组将信号有效地分成几个频带,每个滤波器只允许与其频率相同的频带信号的能量通过。每个滤波器的输出部分都连接有显示设备,用来显示不同频率范围内的信号能量。依此类推,我们不妨用这样一个例子来更加形象地说明滤波器的工作原理:假设我们用一些网格尺寸不同的筛子将一堆颗粒大小不同的沙砾分开,最大的颗粒只能通过网格最大的筛子,稍小一些的颗粒可通过网格尺寸稍小一些的筛子,依此进行,直到整堆的沙砾都按照其颗粒大小通过相应尺寸的筛子。滤波器对于不同频率区域内的声音能量具有选择性。与棱镜可以根据波长的不同来划分光波非常类似,滤波器可以将声音划分为不同频率的组合。

滤波器决定了每个精确频率区域内的能量总数,这也

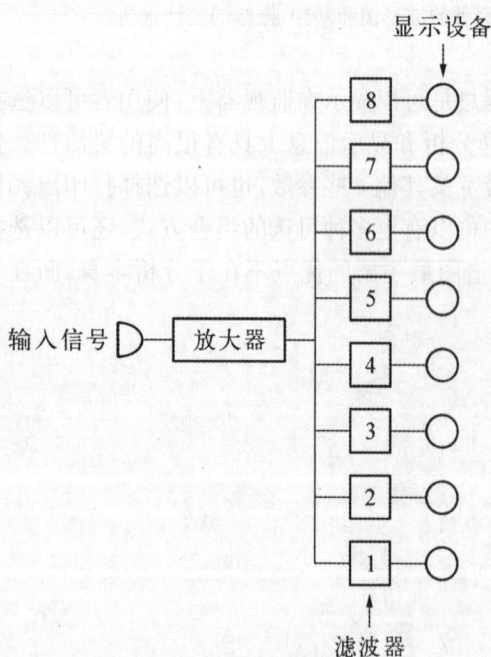

图 2-2-27 滤波器组用于声学
分析的原理图
注:图中滤波器由 1 至 8 频率逐渐增高,每个滤波器输出部分的显示设备显示了当前频带此滤波器的能量情况。

就完成了对声音的频谱分析。频谱分析的细节由所用滤波器的数目及其带宽决定。带宽就是一个滤波器允许声音能量通过的频率范围。比如，一个中心频率为100赫兹、带宽为10赫兹的滤波器，只允许频率为95—105赫兹的声音能量通过（105—95＝10）。通常，如果使用的滤波器的带宽大一些，我们就可以用少于25个滤波器达到分析我们关注的所有频率声音（一般指0—5 000赫兹）的目的。例如，如果使用带宽均为500赫兹的滤波器组来分析5 000赫兹范围的声音，使用10个滤波器就够了。图2-2-28显示的就是这样一个滤波器的排列如何分析一个中年男性发出的不同元音。我们从图中可以看到不同元音之间的区别：不同频率范围的高强度元音是复杂的言语声的基本组成部分。与Henrici分析仪不同，滤波器组并不假定这些信号的分量都是基频的整数倍，因此，它在言语声音研究中的应用更为广泛，其中也包括对噪声的分析。

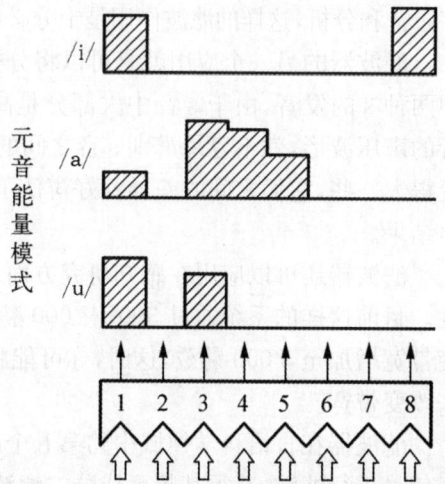

图2-2-28　三个元音/i/、/a/、/u/输入一个简单的滤波器组后的假设输出

注：每个元音都有不同的能量带。

如图2-2-29所示，可变滤波器是滤波器实际应用上的一大进步。可变滤波器可以被调整为具有图2-2-28中任意一个滤波器的功能。当信号的频率范围改变时，可变滤波器可重复反馈待分析信号。实际上，用一个固定的滤波器调节一个可变载波频率的分析信号是比较容易的（外差法）。这种情况下，滤波器没有经过调整，却能够完成对分析信号的频率扫描。

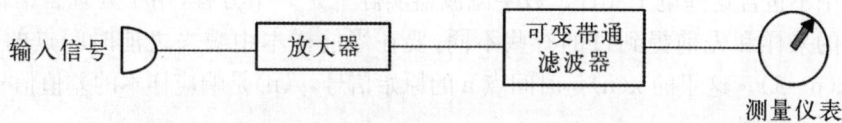

图2-2-29　可变带通滤波器进行声学分析的原理图

注：滤波器对输入信号进行频率扫描，分析其在不同频率的能量。

（2）滤波器在言语科学领域中的应用

滤波器提供了一种具有频率选择性的能量传输。频谱不同的滤波器有不同的频响曲线。一个滤波器的频响曲线可以有一个或多个通带和截止带，如图2-2-30所示。滤波器可以是高通，也可以是低通（看通带位于截止带的前面还是后面），图2-2-30所示的是一个带通滤波器，截止带位于通带的两侧。滤波器频响开始变化的点的频率称为截止频率，但是由于滤波器频响是在一定宽度的频率范围内逐渐变化的，截止频率只是一个名义上的概念。如果频响突然变化，就会出现削峰现象。滤波器的通带和阻带并不是完全平滑的，而是有些波纹的，就像图2-2-30显示的那样。如果将图2-2-30上下颠倒，将得到带阻滤波器的频响曲线，也就是阻带在中间，而通带在两边。如果带阻滤波器的截止带很窄，就称其为陷波滤波器。

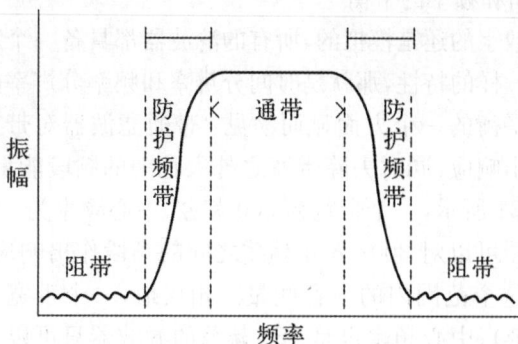

图2-2-30　带通滤波器的频响曲线

滤波器于言语科学研究领域中最普遍的两大应用是预加重技术和抵抗伪信号。用于此研究的预加重滤波器实质上是一个高通滤波器。通常的频响效果是，在约几百赫兹的角频率上每个倍频程增加6分贝。这样的滤波原理增加了在言语声音中本身具有较小平均能量的高频音段。实际上，言语声音通过口腔发出的时候，每个倍频程已经被削弱了6分贝，因此，预加重技术只是恢复了声带振动产生的原始的声音信号。

抵抗伪信号（预采样）滤波器是一个低通滤波器，它急剧削弱达到采样频率1.5倍的频率点的能量。对于数字录音和分析,这样的滤波作用是十分必要的,但是它并不适合模拟信号的处理,比如传统的磁带录音。

滤波器的另一个应用就是可以将分析的焦点集中在研究者感兴趣的频段上。比如:如果想研究韩语中两种 s 的发音,由于 s 音中大部分是高频成分,相对于元音振幅较小,若仅仅画出振幅范围大的包括元音的声压波形,就不容易辨别 s 音之间的差别。而如果先用高通滤波,像 s 这样的高频音的振幅就会相对变得大一些,它们之间的差异就好辨认了。如果先对感兴趣的频段滤波,谱分析这样的其他分析也更容易出结果。

滤波器还可以应用在感知研究方面。假设你在一家电话公司工作,要评估信号传输系统改革的可能性。目前这样的系统通过 300—3 000 赫兹的带宽传输,因而带通滤波器是有效的。假如某些改进方案欲使带宽增加至 5 000 赫兹,这时,你可能将进行一系列声音感知的研究,来确定是否值得花费时间和金钱来改变带宽。

滤波器在言语科学领域中的第五个应用是声谱仪和声谱分析。声谱仪用模拟或者数字的手段,对声音信号进行滤波,获得其频率成分。滤波器的带宽不同,很大程度上决定了频谱图的显示结果也会不同。

以上是一些滤波器在言语声音研究领域中的应用实例。言语科学研究的中心部分就是对组成声音的频率成分进行研究,只要涉及某个频段的声音,必然会用到滤波器。滤波器同时也是研究言语产生过程的重要工具。

(3) 模拟滤波器和数字滤波器

滤波器有两种形式:模拟和数字。模拟滤波器就是一个电子电路,对某个频率段发生响应。或者简单地说,模拟滤波器就是一个共鸣器。这样的电路由电阻、电容和电感组成。调整这些元件的值,就可以改变模拟滤波器的频响曲线、有效带宽、角频率和带波纹。

数字滤波器中不包含这些电子元件。数字滤波器实际上是一个方程,用于处理言语信号的一系列采样部分。这里说的采样和先前提到过的有些不同,要在当前样本中减去之前时间点的样本的加权值:y(n)=x(n)−ax(n−1)。这里的 x(n) 是时间点 n 的原始信号,y(n) 是响应样本的差值信号,a 是一个常系数,通常在 0.9—1.0 之间。

换句话说,在数字信号处理中,是一个采样点一个采样点地向后退,每个采样都减去其前一采样相当大的一部分。这样的结果主要表示的是信号变化的情况。为什么这样的操作如同一个高通滤波器呢?主要的原因是,不同信号采样点之间的差别主要来自高频部分的变化,假设采样频率很高,差分过程可以将这样的高频变化很好地保存下来,同时每一步都会削弱低频的变化。事实上,当 a=0.9 时,差分的响应曲线会使每个倍频程产生接近 6 分贝的预加重。

当然,还有其他类型的数字滤波器。实际上,任何一种对频率进行操作的函数,都可以被看成一个滤波器。在言语科学领域中具有特殊用途的滤波器是基于线性预测分析的滤波器。线性预测分析的参数可以表示言语声音的共振峰和带宽,因而可以通过改变这些参数完成对言语声音的滤波。

(4) 时间和频率的平衡

不管是数字的还是模拟的,所有的滤波器都具备一个和其他共鸣器一样的特性,那就是时间分辨率和频率分辨率的平衡。这种平衡的一个方面显而易见:带通滤波器对带宽内的频段作出响应,同时去除带宽之外大范围的频段能量。如图 2-2-31 所示,一个带宽为 300 赫兹、中心频率为 450 赫兹的滤波器可以对 300—600 赫兹之间的频段作出响应,但不能区分这个范围内的声音能量。相反地,一个带宽为 60 赫兹(窄带),中心频率也是 450 赫兹的滤波器只可以对 420—480 赫兹的频段作出有效的响应,从而为我们提供更

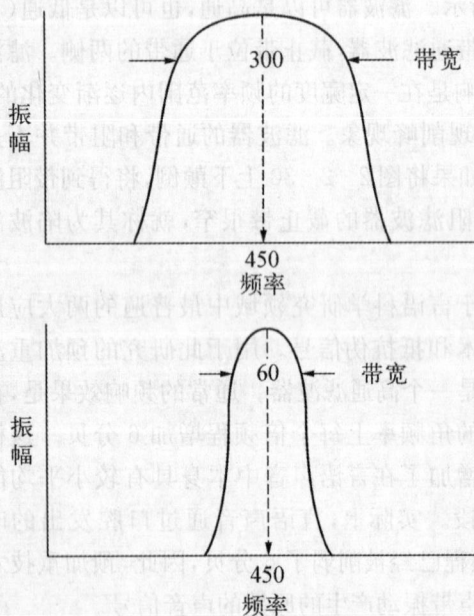

图 2-2-31 宽带和窄带滤波器
的响应曲线

加精确的频率信息。

　　另外一个不明显的折中在于，这两种滤波器的时间响应正好相反。宽带滤波器在有效频段内的响应非常迅速，而窄带滤波器则要慢很多。这就是为什么通过窄带滤波产生的语谱图可以提供很好的频率纹路信息，去除了时间上的主要信息，而宽带滤波器却去除了频率上的信息，更清晰地提供了时间上的主要信息。图2-2-32以元音/a/的一部分为例说明了以上两者的区别。宽带滤波(图 a)的优点在于更加精确地显示时间分辨率，图中的垂直条纹代表了声门脉冲；窄带滤波(图 b)则由于其频率分辨的优点，显示出噪音言语共振峰的信息。频率与时间分辨的这种平衡正是一个说明物理学中"测不准原则"的很好例子，应用到言语科学研究中，就意味着无法在一段言语声音中同时满足精确的时间分辨和频率分辨。宽带滤波和窄带滤波技术正好弥补了这点不足，可以应用这两种方法来确定某个言语采样部分的声学特性。图2-2-33显示了同时使用这两种方法对"我放风筝"这一短句进行滤波的语谱图。请注意，在宽带滤波分析的结果图(图 a)中，在时间分辨上很好地显示出与声门脉冲有关的垂直条纹以及与辅音/f/有关的爆破噪声。然而，言语声音的共振峰只有在窄带滤波分析的结果图(图 b)中才可以清楚地看到。

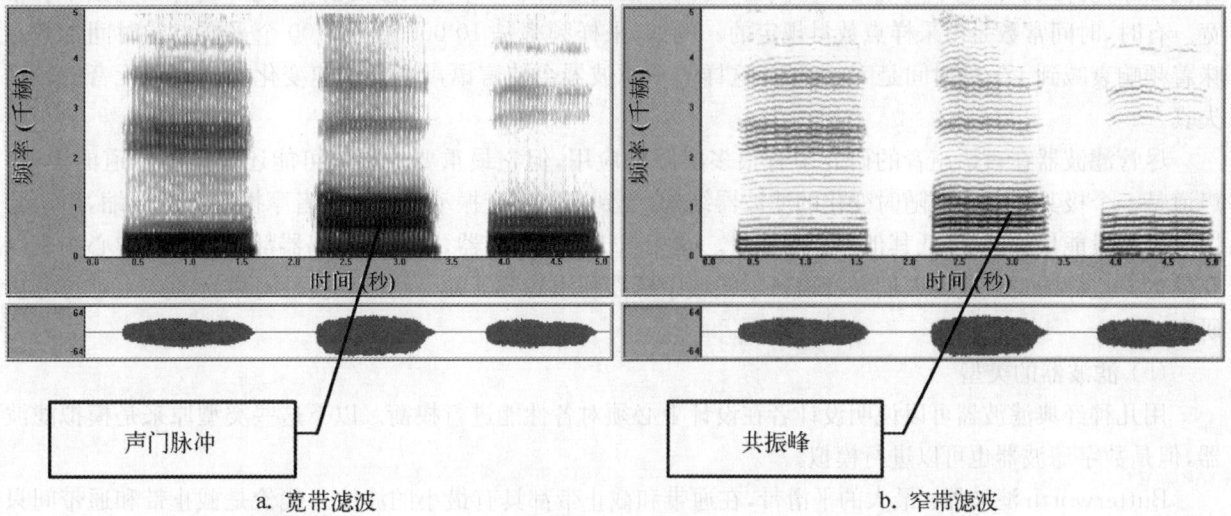

a. 宽带滤波　　　　　　　　　　　　　　b. 窄带滤波

图2-2-32　持续元音(/a/、/i/、/u/)的分析技术语谱图
(启音博士言语测量仪[Dr. Speech™]，泰亿格电子[上海]有限公司授权使用)

注：两种技术中时间和频率分辨不同：注意宽带滤波中的垂直条纹代表了声带振动产生的声门脉冲，窄带滤波中的水平带表示共振峰。

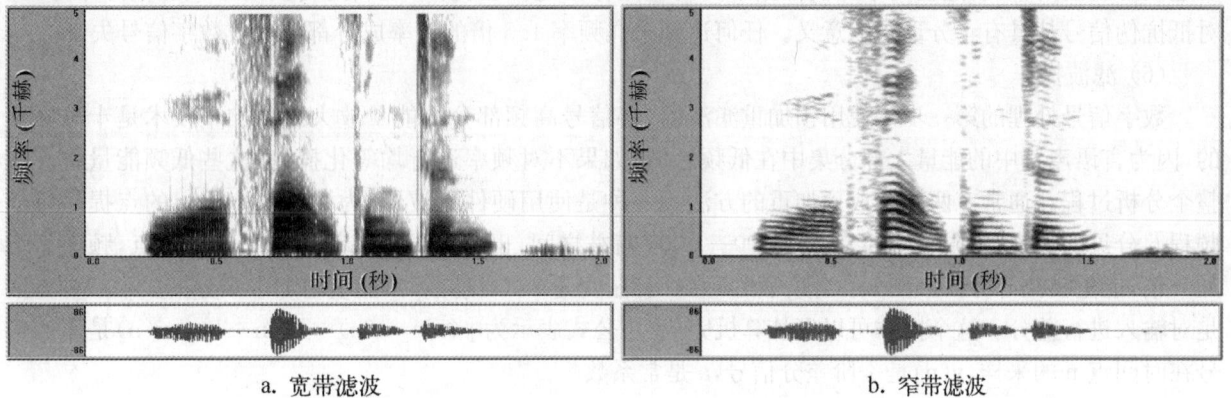

a. 宽带滤波　　　　　　　　　　　　　　b. 窄带滤波

图2-2-33　"我放风筝"这一短句的分析技术语谱图
(启音博士言语测量仪[Dr. Speech™]，泰亿格电子[上海]有限公司授权使用)

　　在模拟滤波器中，带宽是指使调谐电路发生共振的频率范围。数字滤波器不能逐一发生共振，那么它是怎么获得带宽的呢？数字滤波器不能只对一个采样点(一个数字)进行滤波，只能在一连串的采样点中

找到变化(比如频率的变化)。数字滤波器中的带宽其实就是指采样的数目(通常叫采样点),滤波器将采样点作为分析单元。两个差别很小的频率点要花很长时间才能显示出来,比如两个只相差10赫兹的点需要花一个完整的周期(0.1秒)才能区别出来,但是区别出有100赫兹差别的两个频率点的速度就是之前的10倍。如果滤波器处理的是一个大采样周期的信号(很多采样点),就会察觉频率间的微小差别,但是它的响应也要在此采样周期之后才变化,即响应在时间上变得缓慢。也就是说,通过硬件滤波技术,我们在数字滤波器上可以获得同样的时间分辨和频率分辨之间的平衡。如果想要获得微小频率差别的响应,就必须作用于大采样周期信号。或者说,如果处理小采样周期信号,就只能获得大的频率差别的响应。不管是共鸣器还是方程式,都不可以在频率与时间上同时具有高度的选择性,因为这两者是呈反比关系的。可以总结为一句话:时间分辨率高了,频率分辨率就低,反之亦然。

只要对信号进行滤波,就会丢失一些随时间变化而变化的信息。事实上,这个结果是可以量化的:时间常数是指一个滤波器(包括模拟和数字)可以维持频响衰减到峰值的37%时的时间,更确切地说,比例应是$1/e$,e是自然对数的底数(ln),此时测量到的是频率响应的最大值,其中大部分是共振频率。一些计算机程序允许人们构造不同规格的滤波器,时间常数就是其中一个可以改变的量,此外还有截止频率和带宽。有时,时间常数是由采样点数量规定的。例如,采样频率是10 000赫兹,100个采样点的时间常数意味着频响衰减到$1/e$的时间是10毫秒。这样一个滤波器会使言语声音的快速变化如塞音和元音的转换失真。

尽管滤波器在言语声音的研究中有很多实际的应用,但它最重要的价值可能还是作为声道的模型。声道是一个极其复杂并且随时变化的滤波器结构,受到来自声带振动的激发或者摩擦产生的压缩,声道会增加某频段能量,同时降低其他部分的能量。这相当于一套共鸣器,每一个共鸣器都有自己的中心频率以及带宽。这样的观点使得人们在言语科学领域中可以利用滤波器的一些已知特性对声音的产生进行分析研究。

(5) 滤波器的类型

用几种经典滤波器可以说明设计者在设计上必须对各性能进行权衡。以下这些类型原来是模拟滤波器,但是数字滤波器也可以进行模拟。

Butterworth 滤波器:最大的平滑带,在通带和截止带都具有最小的波纹。代价是截止带和通带间只能缓慢逐渐地转换。

Chebyshev 滤波器:比 Butterworth 滤波器的转换更锐利,但带有波纹。

Elliptic 滤波器:通带和截止带都有波纹,但是转换最锐利。

通过上述对不同类型滤波器的描述,可以看到除了时间分辨和频率分辨上的平衡,还存在着波纹和短的过渡带之间的平衡,这就要求人们依据不同的应用作出选择。比如,锐利的转换对于预加重并不好,而对抵抗伪信号却具有十分重要的意义。任何达到采样频率1.5倍的频率成分都会造成数字信号失真。

(6) 滤波操作

数字信号处理的第一步是使用预加重滤波器,将信号高频部分的能量放大。预加重技术是十分必要的,因为言语声音中的能量大部分集中在低频区域,如果不对频率进行均等化操作,这些低频能量将支配整个分析过程。通常有两种完成预加重的方法。一种是使用硬件滤波器,为极限频率之上的点提供每倍频程6分贝的加强,极限频率通常选在100—1 000赫兹之间,也就是对极限频率之上的采样点,频率每增加一倍,能量提高6分贝。例如:当频率由1 000赫兹变为2 000赫兹时,能量增加了6分贝。第二种方法是对输入进行差分。这个操作可以由计算机完成,用公式表示为$y(n) = x(n) - ax(n-1)$。$x(n)$是原始信号在时间点 n 的采样,$y(n)$是一阶差分信号,a 是常系数。

预加重可以通过对模拟声音信号 $x(t)$ 的操作完成,也可以通过对数字声音信号 $x(n)$ 的操作完成。这两种操作可获得相近的结果。在言语声音的分析研究中,有一点是需要注意的:已经完成了差分运算的系统不能再与硬件预加重滤波器相连,否则信号将被再次预加重。

预加重后的信号将被输入到一个预采样的滤波器上。预采样滤波器是一个低通滤波器,削弱了所关心频率以上的能量。例如,假设我们只分析10 000赫兹以下的言语声音信号,那么10 000赫兹就是频率

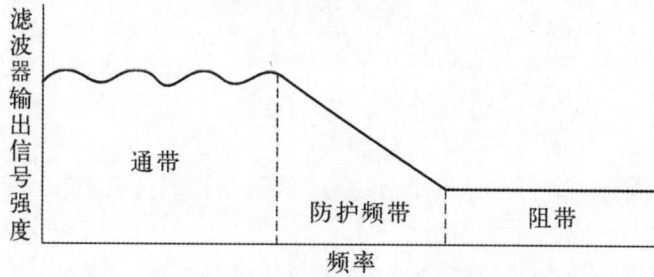

图 2-2-34　一个低通滤波器的频响曲线

注：通带是指相应频率能量允许通过的频带范围，截止带是指相应频率能量被最大限度地消除的频带范围，防护频带是位于通带和截止带中间的区域，通常也称之为滤波器的边缘。

的上限，低通滤波器应将大于 10 000 赫兹的声音滤掉。这种滤波程序基于 Nyquist 采样定理，该采样定理规定，要使采样能重现信号，采样频率至少应为信号最高频率的两倍。滤波器的不同特性决定了其操作不同，其中两个重要的特性是通带波纹和截止带衰减。如图 2-2-34 所示，通带是指允许以很小损耗通过的频率范围。很多滤波器中都可以用肉眼看到一些波纹，也就是通带中频率传输过程的变化。如果波纹过大，会导致信号分析失真。根据经验上，波纹最好不要超过 0.5 分贝。截止带衰减测量的是滤波器最小能量传输范围内剩余的能量值，这个频带是指能量几乎被滤掉的频段。滤波器一般不能成功地消除所有不想要的频段的声音信号，但是可以从截止带减少能量的能力来比较滤波器的性能。一般的言语声音研究，需要截止带的衰减至少是 -68 分贝，就是指滤波后截止带内的能量至少要比通带内峰值能量低 68 分贝，反过来，0—10 000 赫兹通带内的能量峰值要比截止带内任何一点的能量大 68 分贝。

第三编
言语解剖与生理

第一章 基本概念

解剖学是一门研究器官结构的学科,它涉及细胞、组织与器官的结构特征的定义、描绘及分类,以下将对解剖学的几个分支进行讨论。

第一节 解剖与生理的定义

大体解剖学是一门切割或解剖人体并分析其组成部分的学科,其观察内容只限于裸眼所能看到的范围。与大体解剖学相关的是表面解剖学,有时又被称为活体解剖学,它通过触摸骨头、关节和其他结构,并标明它们各自的相对位置,来研究人体体表标志。许多肌肉和骨头的外形都可以看得见,关节的运动也能观察得到。在检查外周言语机制时,这一解剖学的分支常被用于研究头面部、口腔和咽部。显微解剖学通过使用显微镜来研究人体的结构,它可以分为细胞学和组织学,它们分别研究细胞和组织。化学和显微镜学的发展带动了细胞化学和组织化学等新学科的产生,这些学科研究细胞和组织的化学成分及化学效应。神经解剖学研究神经系统的结构,需要用到大体解剖学的技巧和显微技术。发育解剖学研究从受精卵开始发育成一个新个体的过程。比较解剖学是解剖学的一个分支,它是一门将人与动物的结构相比较的学科,这一领域的成果有助于进一步认识人体是如何运转的。放射解剖学是运用了各种放射技术的解剖学,这些技术包括 X 射线、计算机断层扫描(CT)、正电子发射计算机断层扫描(PET)和核磁共振(NMR)。

生理学是研究活体功能包括相关结构内与结构间化学和物理关系的学科。生理学也很关注于对决定各项功能的环境的研究。因此,化学和物理在描述生理行为方面起着重要的作用。生理学不能完全独立于解剖学,也不能完全附属于它。结构常常影响功能,同时功能需求也影响着形态学特征,比如大小、形状等,认识到这一点是非常重要的。

第二节 解剖学术语

解剖学用准确的特定术语描述某一结构内或体内的定位、位置和方向。

在人体处于解剖学姿势时,可以在若干个平面上对其进行观察。解剖学姿势是指:人体直立,脚趾朝前,两眼平视前方,两臂下垂于躯干两侧,掌心朝前,如图 3-1-1 所示。

人体、某个器官或者身体的某一部分都可以分成三个平面:矢状面、冠状面和横断面。矢状面将人体分为左、右两部分。冠状面将人体分成前、后两部分,这个平面与矢状面相垂直,也被称为额平面。横断面将人体分为上、下两个部分,这一平面也被称为水平面或横截面。

以下是一些描述体内方向或相互关系的常用术语:

前面或者腹侧面——身体或者某结构的前面;后面或者背面——身体或者某结构的后面;上面——头顶或者某结构的上部;头部——在头的附近;下面——脚底或者某结构的下部;尾部——在人体尾部区域附近;中间——在中线或正中平面上;旁侧——远离中线;近端——在肢体附着点或躯干附近;远端——在肢体附着点或躯干远侧;内部——在某器官、腔室或者身体某部分的中心附近;外部——远离中心或者在

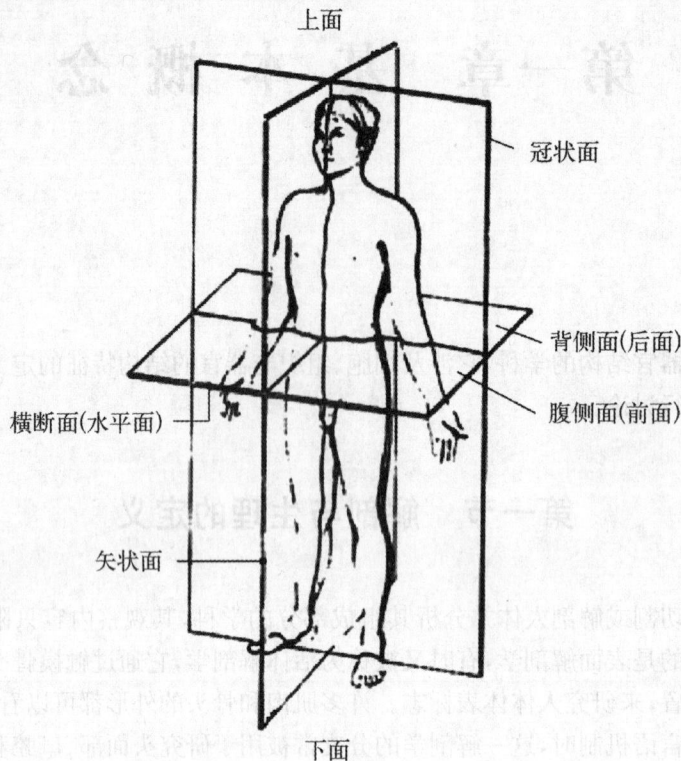

图 3-1-1 人体解剖位置和平面

某器官、腔室的外部;深部——身体的内部或者深层部位;表面——在表面上;同侧——在相同的一侧;对侧——在相对的一侧。

第三节 体 腔

人体有两个巨大的腔室或者说是内部空间,其间包含了大部分的器官和系统。背腔位于身体的背面,它可以分为颅腔和脊髓腔(包括骨性脊柱)。这些腔内分别包含大脑和脊髓。腹侧腔位于身体的腹面,包含内脏(胸腔、腹腔和盆腔内的器官)。腹侧腔被横膈膜分为上方的胸腔和下方的腹腔与盆腔。胸腔内有心脏及与之相连的血管和组织,腹腔包含消化器官、肾脏和输尿管,盆腔内有膀胱、乙状结肠、直肠和生殖器官。

第二章 细胞与组织

人体结构和功能的基本单位是细胞(cell)。相似的细胞聚集在一起发挥一个具体的功能,就构成了组织(tissue)。有固定形态并且包含两个或者两个以上功能相似组织的结构,就是器官(organ)。一组相互联系的器官在一起发挥作用就构成了系统(system)。

人体有四大基本组织:上皮组织、结缔组织、肌肉组织和神经组织。每个组织都由大量细胞和细胞间质(intercellular substance)构成。尽管这些组织有其特定的作用,但是细胞间质都有着基本的共性。细胞间质是指存在于细胞之间不具有细胞形态的物质,是维持细胞生命活动的重要环境。

第一节 细 胞

细胞是人体结构和功能的基本单位,作用相似的细胞就构成了组织,功能相似的组织就形成了器官,系统就是在一起发挥具体生理功能的器官组。成千上万的细胞按照功能要求聚集在一起,从而保证了体内各生理活动的有序进行。

细胞的形状大小依其所处的环境、生理功能不同而有很大的差别。典型的细胞结构如图3-2-1所示,是由细胞膜、细胞质和细胞核三个部分所组成的,它有生长和修复能力,而且能为代谢、呼吸和废物排泄等生理需要提供能量。

细胞膜是包围在整个细胞最外层的薄膜,又称质膜。细胞以细胞膜为界,使细胞成为具有一定形状的结构单位。细胞通过细胞膜与其周围环境进行着复杂的联系。细胞膜就像一个屏障似的,控制着水、电解质和营养物质进出细胞。

细胞质是填充于细胞膜和细胞核之间的半透明胶状物质,由基质和其中的细胞器构成。膜状细胞器有内质网、高尔基体、线粒体、溶酶体。非膜状细胞器有核糖体、中心体等。细胞器参与了许多过程,比如蛋白的合成和消化、废物的排泄、呼吸以及抵抗外来物体(如细菌、病毒、毒素等)的入侵。

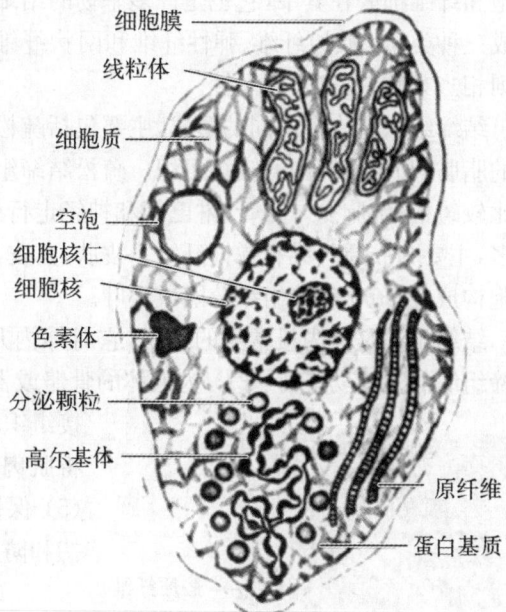

图3-2-1 显微镜下的细胞结构

细胞核是细胞内最重要的结构,通常位于细胞中央,为球形。一般细胞仅有一个核,但也有两个或多个核的。核膜是一个双层膜,也是细胞核和细胞质的分界膜。细胞核被包裹在核膜内,它包含DNA遗传物质和信使RNA。细胞核就像一个行政长官,主宰着细胞其余部分的活动。它控制着细胞的生长与分裂,并发出合成结构蛋白和酶类的命令,这些结构蛋白和酶类对于所有的生理活动而言都是非常重要的。细胞核的这些功能都是通过细胞质内的细胞器来实现的。

一个细胞的结构只有在电子显微镜和特殊化学处理的帮助下才能进行研究。需要重点指出的是,有数十亿的细胞参与了人体的构成,而细胞的大小和形状取决于其自身的功能。

第二节 组 织

一、上皮组织

上皮组织是一种特殊的组织,由许多密集的上皮细胞和少量的细胞间质所组成。上皮组织有两种,即被覆上皮和腺上皮。

被覆上皮可能只有一种细胞排列成一层(单层鳞状)或者分布在不同的层面(多层鳞状),上皮不断地脱落,并由新近出现在表面的上皮所取代。上皮表面暴露于摩擦性或腐蚀性物质下,所以需要保护。被覆上皮具有保护、吸收和分泌的功能。在保护功能方面,被覆上皮就好像一张纸或者细胞膜,覆盖或包裹着机体的内、外表面或腔室。

以分泌作用为主要功能的上皮被称作腺上皮。以腺上皮作为主要成分的器官称为腺体。腺上皮能从其所覆盖的表面吸收分泌物(如在胃肠道内),也能自己进行分泌,它们位于表层以下,并通过管道与表面联系。

上皮细胞可以是扁平的、立方的或者柱状的,它们可以是单层也可以是多层分布的。分布于呼吸道、尿道和生殖系统的一些上皮细胞包含有毛发状突起,它们被称为纤毛,有助于分泌物顺其表面排除。呼吸系统有一种特殊形式的上皮,被称为假复层纤毛柱状上皮。

二、结缔组织

结缔组织是由细胞和大量细胞间质所组成的。细胞间质包括基质和纤维两部分。基质是一种介质,细胞和纤维都嵌在其中,它也是许多坚韧的结缔组织的基础。根据生理功能和机械组成的不同,纤维主要分成三种类型:胶原纤维、弹性纤维和网状纤维。胶原纤维很牢固,而且相对来说无延展性,然而弹力纤维则相当柔软,且富于延展性。

结缔组织有许多不同的形式,主要包括疏松的纤维网、致密的索状结构(如在体内包绕结构或填充空腔的脂肪)和血管周围的支持组织。疏松结缔组织充塞于器官与器官之间、组织与组织之间,其基质多,纤维比较疏松,细胞少。血管、淋巴管和神经走行处均有疏松结缔组织。致密结缔组织的纤维较疏松结缔组织多,主要为胶原纤维和弹性纤维。皮肤、真皮、肌腱等主要为致密结缔组织;脂肪组织由大量聚集的脂肪细胞构成,由疏松结缔组织分隔成小叶。

结缔组织是体内最常见的组织,它对体内几乎所有的结构都起着维持形态和提供物质支持的作用。结缔组织的主要功能有:(1) 为人体的骨骼或器官(通过网状结构)提供骨和/或软骨的骨架;(2) 作为连接组织,将骨与骨、软骨与软骨、骨与软骨连接起来;(3) 通过肌腱将肌肉附着于骨和/或软骨之上;(4) 形成器官周围的包囊;(5) 保护神经和血管;(6) 在结构间或结构内形成保护套,起到支持和防止疾病播散的作用;(7) 通过脂肪组织防止体温下降。

1. 软骨

软骨是特殊的结缔组织,对人体起着结构支持作用。根据生理物质基础的不同,其基质中胶原和/或弹性纤维的类型和比例不同,由此可将软骨分为三种主要类型:纤维软骨、弹性软骨和透明软骨。镶嵌于基质中的细胞被称为软骨细胞。

纤维软骨坚韧且缺乏弹性,它是大量的胶原纤维镶嵌于较少的基质(也称作软骨质)中形成的,软骨细胞相对较少,见图3-2-2。在脊柱的椎间盘内有纤维软骨的存在,它可以承受重力和肌肉牵张力,从而维持颈、胸部和躯干的姿势和运动。

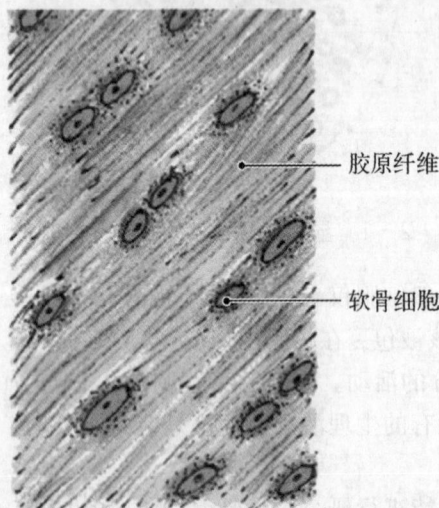

胶原纤维

软骨细胞

图3-2-2 显微镜下的纤维软骨

弹性软骨是大量的弹性纤维镶嵌于软骨质中形成的,见图3-2-3。它具有很大的柔韧性,因此,弹性软骨常见于那些需要瞬间改变形状或对柔韧性要求较高的结构,比如耳廓、外耳道、喉部的会厌和咽鼓管。

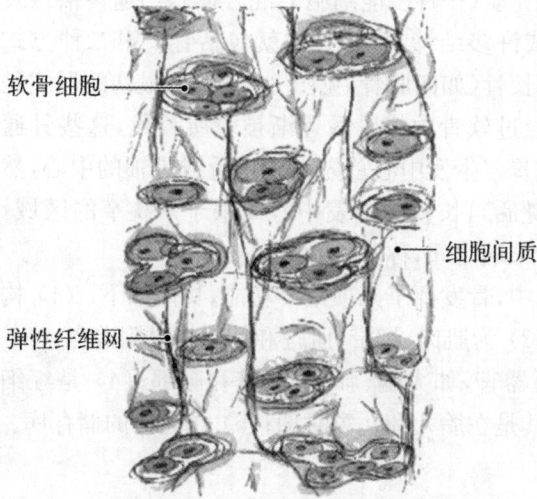

图3-2-3　显微镜下的弹性软骨

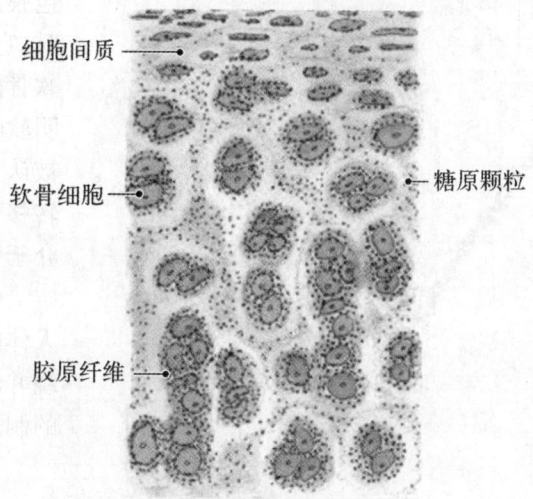

图3-2-4　显微镜下的透明软骨

透明软骨是体内最常见的软骨,胶原纤维在软骨质中形成了一个网,这使得透明软骨既坚韧又富于弹性,见图3-2-4。除会厌以外的所有喉部的软骨都是透明软骨。这种软骨还存在于气管和支气管、肋骨和肋软骨,以及骨关节的表面。

软骨被一层致密的结缔组织所包裹,它就是软骨膜。它包裹着血管,这些血管能滋养软骨和一些当软骨需要生长和修复时能转化成软骨细胞的细胞(即成软骨细胞)。软骨质缺乏直接的血供,营养成分由基质扩散到细胞,从而达到滋养目的。

2. 骨

骨是结缔组织的另一种特殊形式,见图3-2-5。它是骨骼系统的主要组成部分,由有机物和无机物构成。有机物包括活的细胞和约1/3的基质,无机物则包括剩下2/3的基质和无机盐(85%磷酸钙和10%碳酸钙)。

骨的外部,即它的外壳,是由骨密质构成的,它致密且坚硬。骨的各层排列成同心圆状,成骨细胞或骨细胞位于板层间的陷窝内。纵行管(哈佛氏管)穿过骨密质,引入血管和神经。精密的管道系统将附近的陷窝连接起来。与骨密质相邻的是骨松质,它外表形如网格,而且包含许多碎片状突起(即骨小梁),这使得它形如蜂窝。骨松质的形态在生长过程中不断地改变。

骨膜是一层纤维结缔组织,它覆盖在骨的外面。骨组织通过骨膜和动脉系统的滋养动脉得到丰富的血供。

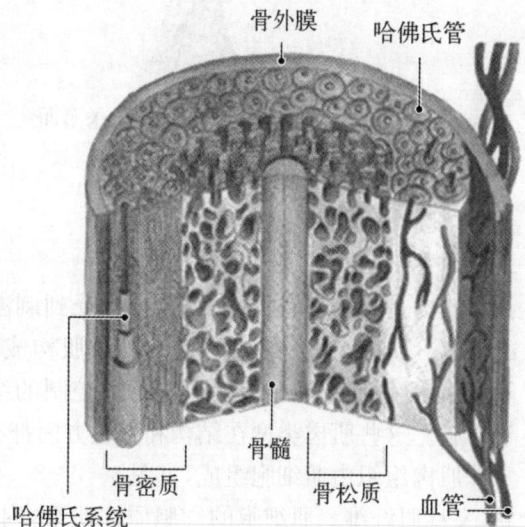

图3-2-5　骨结构

骨髓充填于骨髓腔和骨松质的间隙内,分为红骨髓和黄骨髓。红骨髓分布于全身骨的骨松质内,具有造血功能,而黄骨髓无造血功能。胎儿和婴儿的骨髓都是红骨髓,大约从六岁开始,骨髓腔内的红骨髓逐渐被脂肪组织代替,变成黄骨髓。

骨基质主要由成骨细胞分泌而成,被破骨细胞所破坏。在骨的生长与重建过程中,这些细胞以一种相互协调的方式工作着。成骨细胞使骨骼沉淀,而破骨细胞将骨移出原位,从而达到塑形的目的。这一过程受到基因控制,但它也在很大程度上受到营养、肌力、重力以及运动等因素的影响。

虽然从组织学角度看,所有的骨都是相似的,但其生长发育却存在两种方式。第一种方式是膜内成

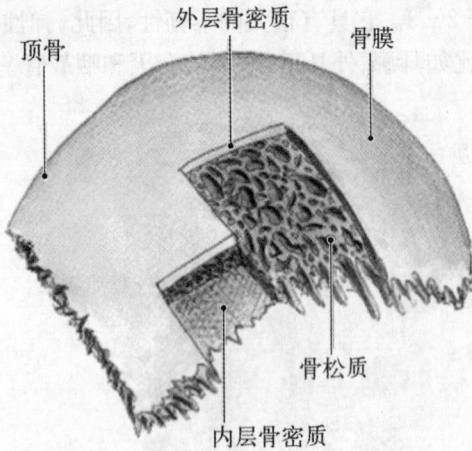

图 3-2-6 扁骨

顶骨　外层骨密质　骨膜　骨松质　内层骨密质

骨。扁骨(如头颅和面部的骨骼,见图 3-2-6)被称为膜状骨,它直接由膜内成骨。这一过程发生在一个纤维包膜内。纤维包膜内含有间充质(一种多能细胞的混合体),当遗传信号发出时,它可以生成许多结缔组织,其中就包括骨。第二种方式是软骨内成骨。长骨(如四肢骨,见图 3-2-7),最初的形式是透明软骨,软骨经过软骨内成骨后逐渐被骨所替代,这些骨通常被认为是替代骨。生发中心首先出现在骨或骨轴的中心,然后转移至末端(骨骺),长骨的生发中心局限于一狭窄的区域,它介于骨轴与骨末端之间,称为骨骺板。

骨骼系统中,骨发挥了几项重要功能,具体如下:(1)构成人体的框架;(2)为肌肉、韧带、肌腱和筋膜提供附着点;(3)环绕并保护重要器官,如大脑、肺脏、心脏和腹部;(4)是红细胞的制造点,尤其是在胎儿和儿童时期;(5)作为钙的储存库。

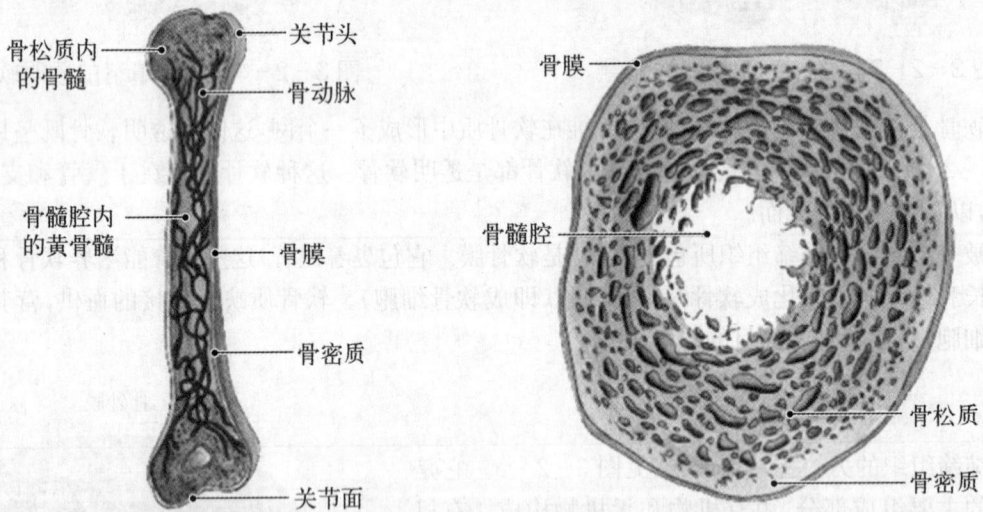

骨松质内的骨髓　关节头　骨动脉　骨髓腔内的黄骨髓　骨膜　骨密质　关节面

骨膜　骨髓腔　骨松质　骨密质

图 3-2-7　长骨

三、肌肉组织

肌肉是唯一具有收缩性的组织,受到刺激时,它能缩短自身的长度。肌肉组织有三种类型:横纹肌构成了人体的骨骼肌或随意肌,平滑肌存在于不受自主意识控制的结构中,心肌仅存在于心脏。这些肌肉类型在结构和生理方面都有不同之处。

肌肉组织由肌细胞组成,见图 3-2-8。肌细胞细长,似纤维状,又称肌纤维。肌细胞的细胞质称肌浆,内含较多的可收缩的肌原纤维。因为言语器官的肌肉主要是骨骼肌,所以以下只针对骨骼肌进行阐述。大体上,骨骼肌可以看成由实质部分和腱膜(纤维)部分构成。实质部分由肌纤维和与之相连的结缔组织组成,腱膜或纤维部分通过肌腱将肌肉附着于骨或软骨之上,这是肌肉纤维结缔组织的延伸。

图 3-2-9 是一幅骨骼肌简图,它显示了肌肉组成成分间的关系。肌肉的基本单位是肌纤维,肌纤维是大的多核细胞,其长度从 1—40 毫米不等,宽度介于 1—10 微米之间。每根纤维外都套有一个细胞膜,这层膜被称为肌纤维膜,其中有半流状的基质,

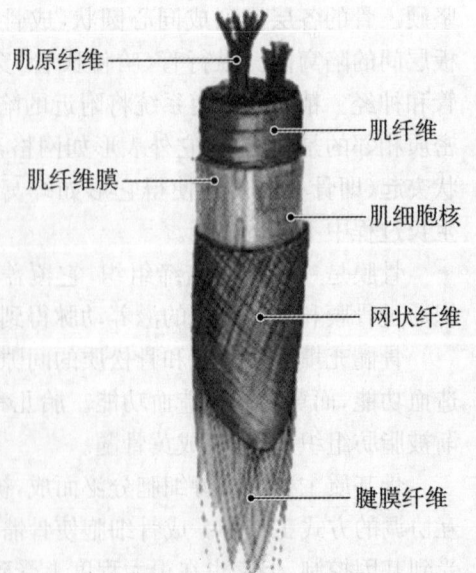

肌原纤维　肌纤维　肌纤维膜　肌细胞核　网状纤维　腱膜纤维

图 3-2-8　肌肉

即肌浆,肌原纤维嵌在其中。每根肌纤维都是由肌原纤维构成的,后者则由肌丝构成。肌丝由肌动蛋白和肌球蛋白组成,这些收缩蛋白分布于一个高度有序的空间结构中,其位置通过电力和化学力的作用而维持不变。当肌肉受到刺激时,会发生物理和化学变化,使得肌动蛋白拉动部分肌球蛋白丝,从而导致肌肉的收缩。

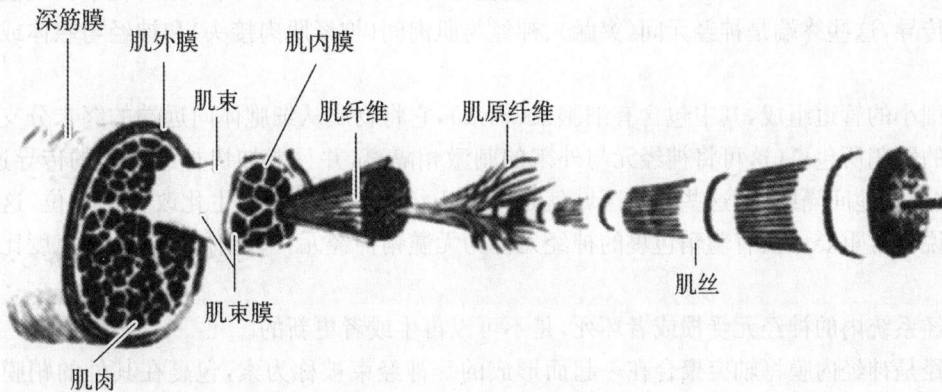

图3-2-9　肌肉组成

每根肌纤维的外周都包裹有一层薄薄的结缔组织,即肌内膜,其间包含有血管和神经。肌纤维聚集成束就形成了肌束,肌束外周的结缔组织称为肌束膜。肌束是最小的肌肉收缩单位,裸眼就能看清。由更多更粗的肌束膜所形成的隔膜将肌束聚集在一起,并且将肌肉分隔开来。若给予适当的神经刺激,由于肌肉的分隔部分使得肌束彼此独立,肌束可以独立于肌肉的其他部分而进行收缩。肌束隔膜使得肌束连续不断,而肌外膜则固定了肌肉的形状。

肌肉组织接受了大量的血供,这一点是非常重要的,使它可以持续不断地接收氧气和营养成分,散去在肌肉运动过程中所产生的热量,而且也获得了一个排出代谢产物的途径。

四、神经组织

神经系统的基本单位是神经细胞,也称神经元,它是具有独特兴奋性的物质,能对刺激产生反应,并且具有传导性,也就是传导神经冲动的能力。

图3-2-10显示了一个神经元的典型形态,但有很重要的一点是需要指出的:神经元在大小、形态和数目上有很大的不同。无论其功能如何,所有的神经元都是由树突、一个细胞体和一个轴突组成的。

细胞体是神经细胞明显增大的部分,它包含了细胞核和细胞质,并由一层细胞膜包裹着。细胞体是代谢活动的中心(包括神经元通过聚集结构蛋白和酶类来完成一些活动)。细胞质包含有常见类型的细胞器,也含有许多细小颗粒状或被称为尼氏物质的块状物。人们认为这些物质反映了颗粒内质网中活跃的合成运动和神经元的健康状态。当一个神经元受损时,尼氏物质的染色就会变淡甚至消失。中枢神经系统中,细胞体的集合体被称为神经核;中枢神经系统以外,类似的集合体就被称为神经节。

神经元的树突是从细胞体发出的大量短分支,并且呈树枝状延伸。它们到达一个环境(一般是在细胞体的附近),从附近的神

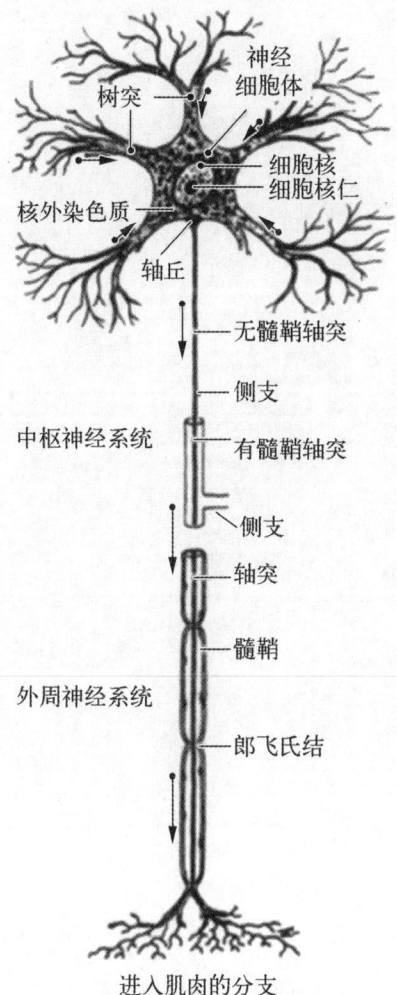

图3-2-10　神经元

经元处收集刺激（信号），然后将其传回细胞体。事实上，树突是细胞体的延伸，来自树突分支的突起被称为棘状突起，它们可以增加树突的表面积和与邻近神经元接触的位点。

神经元的轴突源自细胞体的一个被称为轴丘的锥形区域，负责将神经冲动传出。轴突的长度从几毫米至一米不等。轴突末端有大量的不规则分支，被称为终端或终树突。来源于轴突的分支进入末梢区域，就形成了侧支。终树突的远端被称为终末部分，它包含有新陈代谢结构，其产生的化学物质能促进或抑制神经冲动的传导，这些终端是神经元间（突触）、神经与肌肉间（神经肌肉接头）和神经与腺体或血管间相联系的区域。

轴突由细小的管道组成，其中包含有细胞浆（轴浆），它将物质从细胞体向远端的终末分支传送。轴突被一层脂质的髓鞘所包裹（这可将神经元与外来的刺激相隔离，并且能加快神经冲动的传导速度）。沿着轴突，髓鞘被规则地间隔中断，这些间隔区域就是郎飞氏结。它们是发生生化改变的部位，这对于神经冲动的传导来说非常重要。没有髓鞘包裹的神经元称为无髓鞘神经元。它们传导冲动的速度比有髓鞘神经元慢。

中枢神经系统内的神经元受损或者坏死，是不可以再生或者更新的。

一根神经是神经内膜将轴突聚合在一起而形成的。神经束被称为索，包裹在其外的鞘膜被称为神经束膜，外面的神经外膜将神经束包裹聚集在一起，其间包含了血管和一些筋膜。

神经系统中有些细胞是不能传导冲动的，这些细胞就是神经胶质细胞，它们要比神经元大 5—10 倍，而且占据了大脑和脊髓一半以上的空间。神经胶质细胞有许多种类型，它们各自发挥着不同的作用，如：支持、构成并维持髓鞘，影响血管的通透性，过滤神经元与血管系统和脑脊液间的营养物质和气体，也可能参与信号的存储。

第三章　骨骼与肌肉

第一节　骨骼、骨和关节

一、骨骼

人类的骨骼系统由206块骨头组成，它们可以分成两个功能组：中轴骨由80块骨头组成，包括颅骨、脊柱和胸骨；剩下的126块骨头构成了四肢骨骼，包括肩胛带、骨盆带和上下肢。见图3-3-1。

中轴骨系统与言语机制的结构和机械构成有着直接的联系，因而本章将对其进行详细阐述。

骨骼系统发挥着几个重要的作用：（1）使身体挺拔，并构成人体框架，如果没有它，人就没有固定的形态了；（2）包绕并保护重要器官；（3）为悬浮的器官提供支持或者提供一个固定点，这对于器官功能的发挥是必要的；（4）为肌肉、韧带和肌腱提供附着点；（5）部分骨骼系统在人体的机械运动过程中发挥着杠杆的作用；（6）骨骼是钙的储存库，在儿童期和成年早期，骨髓是血细胞的重要来源。

中轴骨

四肢骨骼

二、骨

仔细观察一块骨头，就可以发现许多有关肌肉骨骼活动的动力学原理。可以从骨的平滑区、隆凸、凹陷和开口处了解到许多信息。

骨头的平滑区就是指没有纤维或肌肉附着点的区域。肌肉的主体部分或器官依附在骨上，但并不直接附着于此处。小平面是被粗糙部分或突起所包围的平滑区域，由此构成了两个或更多骨之间相互联系的一个点。

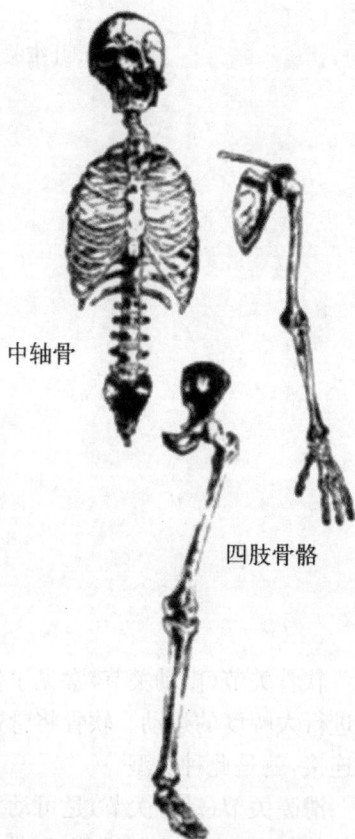

图3-3-1　中轴骨和四肢骨骼

骨的隆凸可能是由于韧带、肌腱或肌肉的附着而产生的。纤维组织越强大或者附着范围越大，对骨的影响就越大。附着范围大，就形成了嵴，更多的纤维附着点会形成钝性突起或更锋利的嵴。当几个肌腱附着于同一个位置时，就会形成一个更加明显的隆起。如果这个隆起比较小，就被称作结节，如果大一点，就是粗隆。

凹陷部就是骨的局限性浅区。它们是由在表面承受压力或者靠近保护性结构的一些结构所组成的，这些凹陷区可被称为沟、槽或是窝。

骨的开口处被称为小孔，这些孔可以允许神经或者血管穿过。如果神经或者血管需在骨内走行很长一段距离，那么在骨内就会形成一个管道。

三、关节

在关节处，多块骨被连接在一起。关节可分为纤维关节、软骨关节和滑膜关节等三种类型，如图3-3-2所示。

纤维关节（不动关节）是不能运动的关节，被纤维组织连接在一起的骨受到严格的束缚或者被限制运动，不存在关节腔。颅骨间连接就是此种类型。

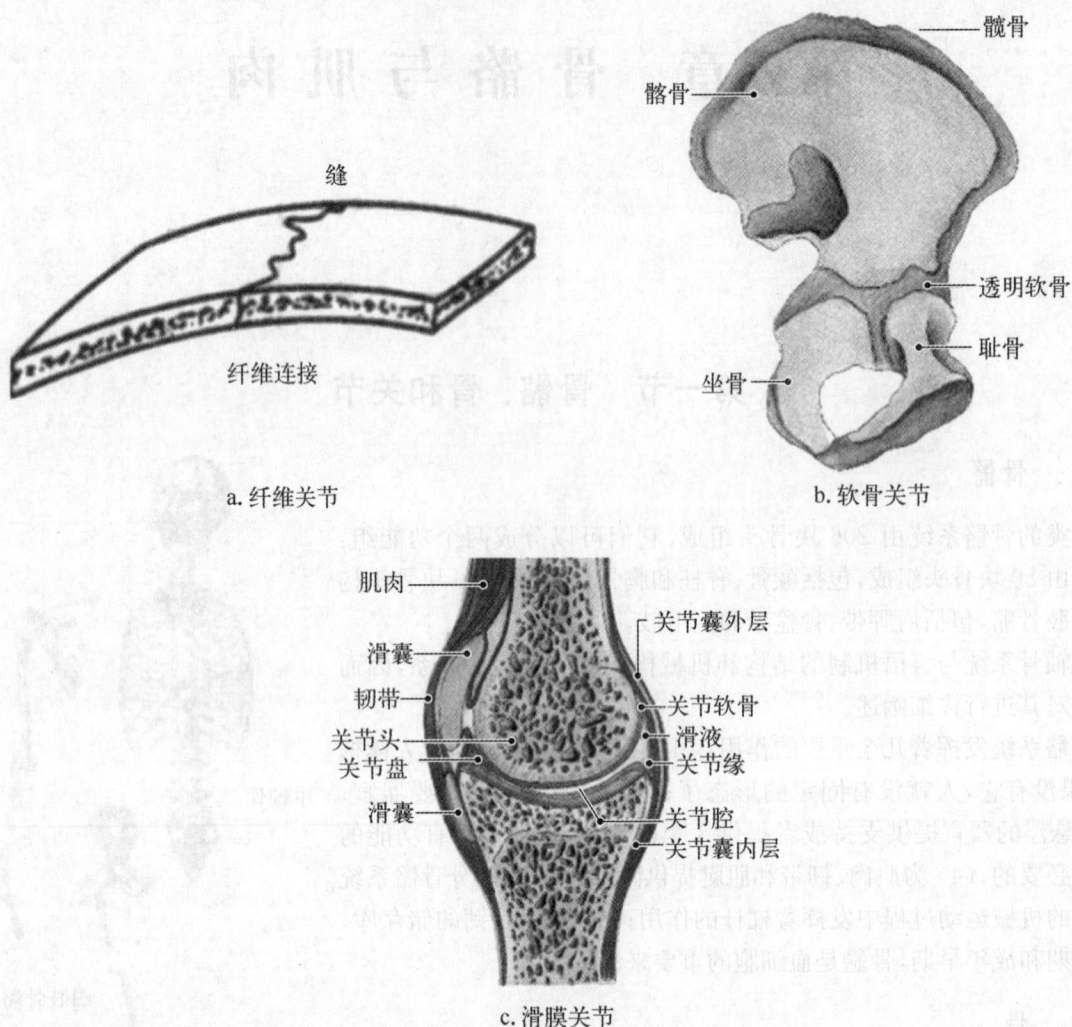

缝

纤维连接

a. 纤维关节

髋骨

髂骨

透明软骨

耻骨

坐骨

b. 软骨关节

肌肉

滑囊

韧带

关节头

关节盘

滑囊

关节囊外层

关节软骨

滑液

关节缘

关节腔

关节囊内层

c. 滑膜关节

图 3-3-2　不同类型的关节

软骨关节(微动关节)常见于骨骼系统,这些关节允许非常微小的运动,其特点是易弯曲、有弹性,但不能进行大幅度的运动。软骨将骨连接起来,但是没有关节腔。位于肋软骨与肋骨之间的连接,以及盆骨内的连接,就是此种类型。

滑膜关节(动性关节)是可动关节。尽管结构上存在着很大的不同,但所有的可动关节都有着一些基本的特征:(1) 骨由纤维囊(韧带)连接并由关节腔将其分隔开来;(2) 关节软骨位于骨的末端;(3) 存在一个关节腔,其表面附有滑膜,后者分泌滑液,能减轻关节软骨的摩擦,提供营养成分,并有助于滑动。

滑膜关节可做多种形式的运动,运动形式取决于关节面的形状以及关节囊的纤维组织和韧带的限制力。滑膜关节可能的运动形式包括移动式、滑动式、旋转式和铰链式,某些滑膜关节还能进行上述几种运动形式的复合运动。根据关节活动度的不同,滑膜关节可以有以下几种不同的形状。

球窝关节活动度最大,它的结构是一球形的关节头突入一个槽,即周围的关节腔,见图 3-3-3。关节头不仅可向各个方向转动,而且也可以绕着自己的中轴进行转动,因而不受固定韧带的阻碍。肩关节就属于球窝关节,它不仅可以进行手臂的上抬或者下降运动,也可进行侧伸和旋转运动。髋关节是球窝关节的另一个代表,其活动度稍受限制,因为有超过 2/3 的关节头被关节腔包绕,这可以防止髋部的脱臼。

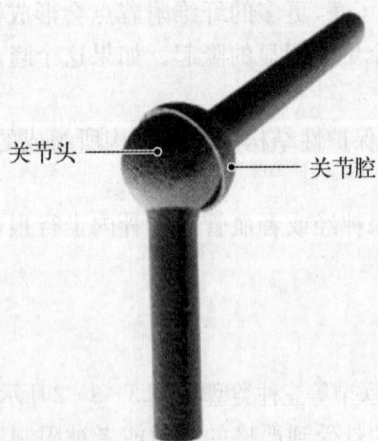

关节头

关节腔

图 3-3-3　球窝关节

　　　　　第三编　言语解剖与生理

鞍状关节由两个关节体组成,它们沿一个轴凹陷,再沿另一个轴凸起,见图3-3-4。拇腕掌关节就是一个例子:与大多角骨的鞍形关节面接触的是第一掌骨的基底面,拇指可以绕一个轴弯曲或伸展,也可以绕着另一轴转动,这一关节有助于手部进行复杂的运动,如握拳。

旋转关节包括车轴关节和钉状关节,它们由一个凹形和一个圆柱形关节体组成,此关节轴就是圆柱体的纵轴,见图3-3-5。上段的桡骨尺骨关节是钉状关节,下段的桡骨尺骨关节是车轴关节。

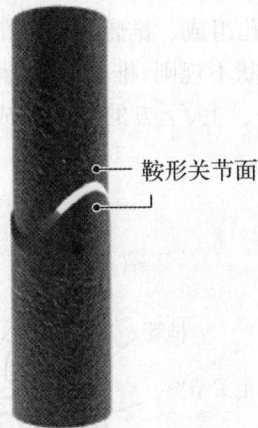

图3-3-4　鞍状关节　　　　　　　　　图3-3-5　旋转关节

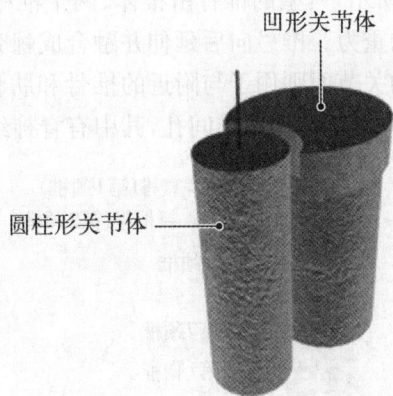

屈戌关节只允许向一个方向运动,关节由一个圆柱形的关节头和一个中空的圆柱形关节腔组成,此关节腔充分地包裹了关节头,见图3-3-6。上臂肘关节即属于此种关节。

椭圆关节可允许绕着两个相互垂直的轴运动,因此,关节头的形状如同一只鸡蛋,而关节腔则呈现与之相对应的凹陷状,见图3-3-7。腕关节就是非常典型的椭圆关节,一个平面允许屈和伸的运动,另一个平面允许展和收的运动。

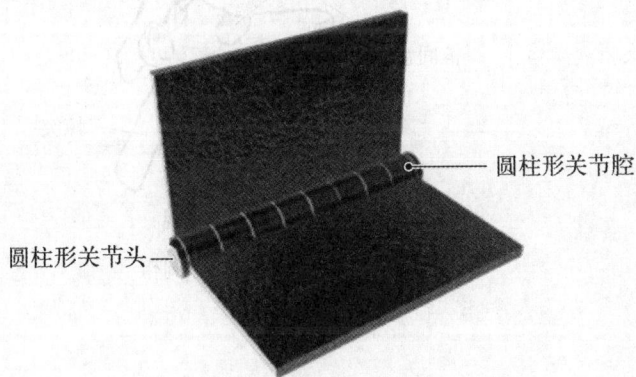

图3-3-6　屈戌关节　　　　　　　　　图3-3-7　椭圆关节

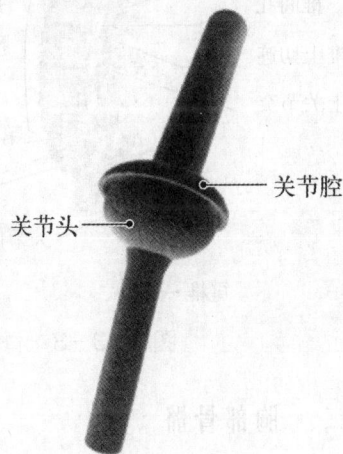

平面关节有两个水平的关节面,如颈段脊柱的椎间关节。此关节的形状允许进行向前和向后的弯曲运动。

第二节　脊柱和胸部骨骼

一、脊柱

脊柱由33块脊椎骨构成,它们呈纵向分布并由颈部延伸至骨盆。脊柱发挥了几个作用:(1)通过躯干抗重力肌的辅助来维持平衡以及直立的姿势；(2) 构成并维持身体的纵轴；(3) 支撑头颅，这可帮助其维持直立姿势，另外也形成了一个关节，有助于头的运动；(4) 保护脊髓；(5) 支持胸带和骨盆带。

由于位置和所承受的压力不同，脊椎骨的大小和形态各异。脊柱由 7 个颈椎、12 个胸椎、5 个腰椎、5 个骶椎和 4 个尾椎构成，见图 3-3-8。尾椎融合成一块尾骨，它形似铁锹并且是骨盆的重要组成部分。尾椎是已退化的、低等动物尾巴的残迹。除了骶椎和尾椎外，每个脊椎骨都由纤维软骨所构成的椎间盘将彼此分隔开。脊椎骨之间是通过韧带连接的。

如图 3-3-9 所示，典型的椎骨由椎体、两个椎弓和一个椎孔组成。椎骨最厚的部分是椎体，位于前方，它承受了脊柱的重力。椎弓向后延伸并融合成棘突。椎弓形状不规则，椎弓上的骨性突起是肌肉和韧带附着点，椎弓上的关节面则用于与附近的椎骨和肋骨形成关节。上、下方的椎孔连成椎管，保护脊髓和脊髓膜。相邻椎骨间的侧孔构成椎间孔，其中有脊神经通过。

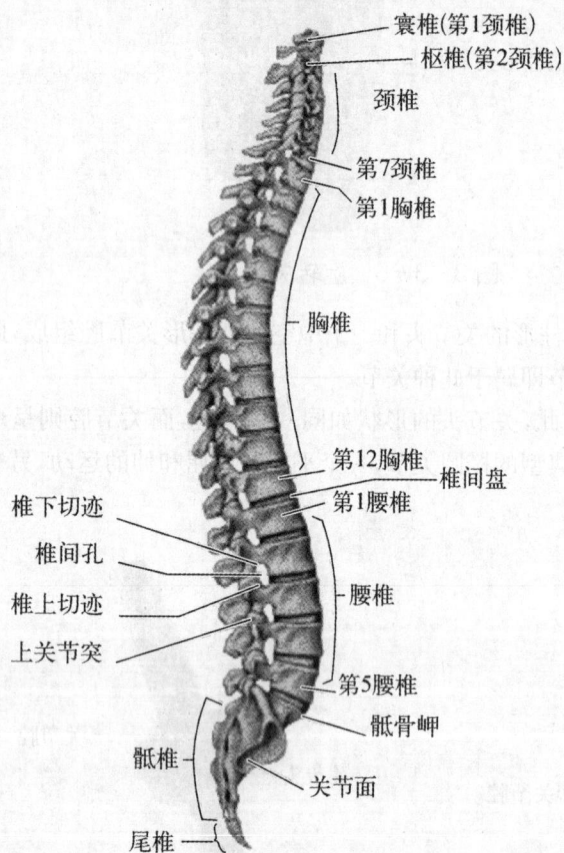

图 3-3-8　脊柱

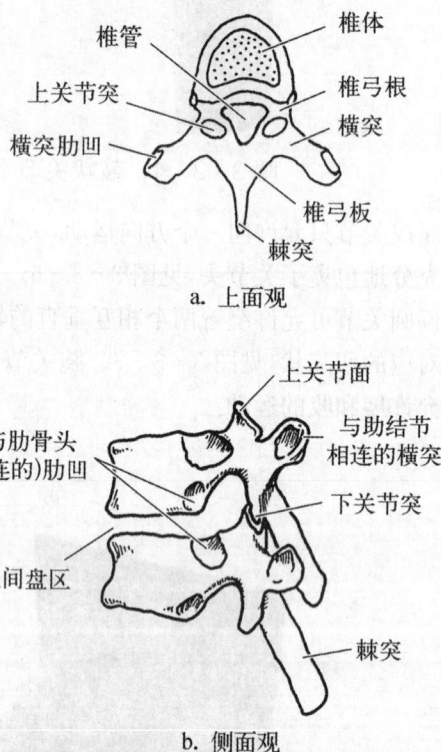

a. 上面观

b. 侧面观

图 3-3-9　胸椎

二、胸部骨骼

胸腔由胸部骨骼围绕而成，它的作用如下：(1) 保护主要的呼吸和循环器官；(2) 在呼吸过程中，提供了改变胸腔大小和形态的基础。胸部骨骼由胸骨、12 对肋骨和肋软骨以及 12 节胸椎构成。图 3-3-10 显示了这些结构间的基本关系。

胸骨位于前胸中央，它由三个部分构成：胸骨柄、胸骨体和剑突。肋包括肋骨和肋软骨两个部分。上 7 对肋骨通过肋软骨直接与胸骨相连。肋骨是弓形骨，它由后面的胸椎呈弧形延伸至前胸壁。上 7 对肋骨被认为是真肋，因为它们通过肋软骨直接与胸骨连接。下 5 对肋骨被称为假肋，因为它们不与胸骨直接连接：第 8—10 对肋骨的肋软骨彼此相连，融合成一块肋弓，与上 7 对肋软骨相连；第 11、12 对肋骨是浮肋，因为它们不与胸骨相连，其前端浮游于腹壁肌层中。

如图 3-3-11 所示，典型的肋骨分为肋头、肋颈和肋体部三部分。肋头部分有小的平面(关节面)，这些平面与上、下椎体的肋凹形成关节。肋骨在后侧方开始弯曲并远离肋头，这里被称为肋颈，与脊椎横突肋凹形成关节。在肋结节的后方,肋颈部向侧方弯曲形成体部。肋角是肋骨方向突然改变的点。肋骨向下、侧方延伸,然后向前围绕胸壁。肋骨的体部都与肋软骨相连,然后再与胸骨相连。肋骨通过滑膜关节与脊椎相连。第1、11、12对肋骨的形态是不典型的。第1对肋骨短、固定,而且有一道沟,其间有供应上肢的血管走行。第11、12对肋骨不与胸骨相连。

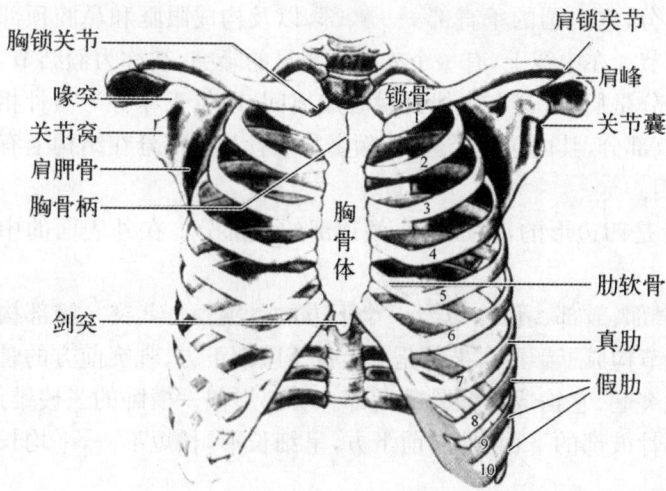

图 3-3-10 胸腔前面观

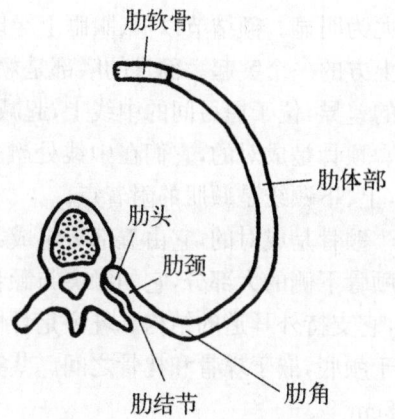

图 3-3-11 肋骨

第三节 头 颅

头颅由23块骨组成,其中6块(3对骨)是位于两侧中耳内的听小骨。除下颌骨和舌骨外,其他骨借缝、软骨结合或骨结合构成一个牢固的整体。头颅的上部分形如碗状,包绕着大脑,它由外表弯曲并且光滑的扁骨组成,见图3-3-12。颅骨可以分为脑颅骨和面颅骨(颜面骨和鼻腔骨)。

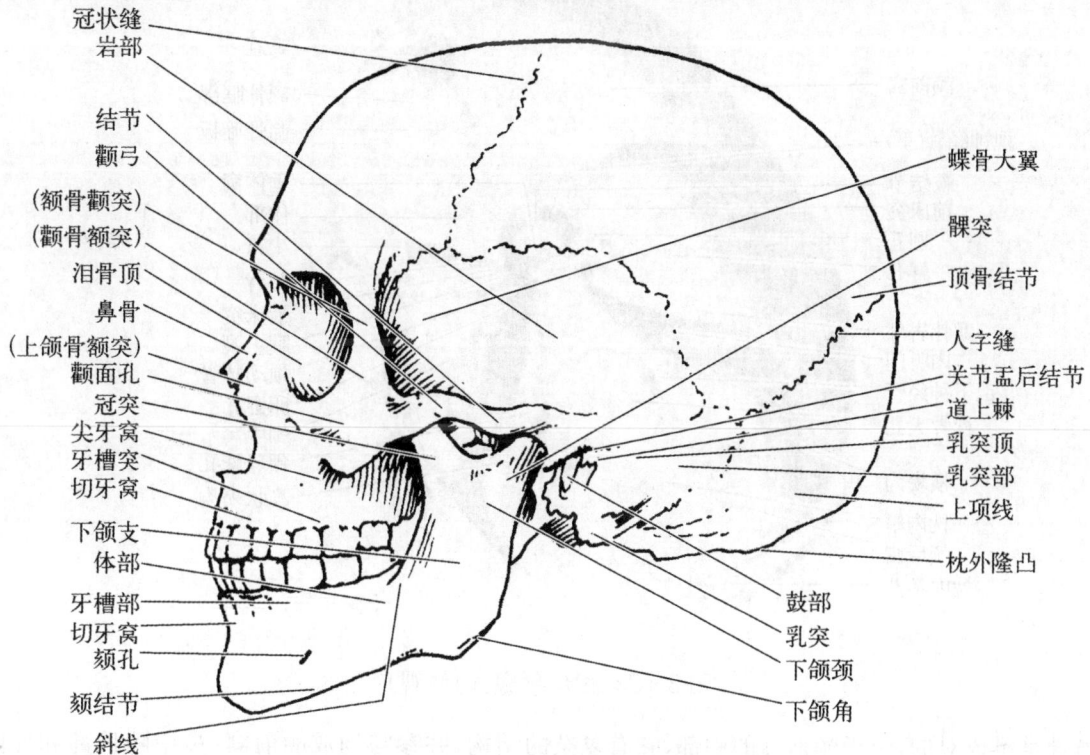

图 3-3-12 颅骨(侧面观)

脑颅骨共 8 块,包括单个的额骨、枕骨、蝶骨、筛骨,以及成对的顶骨和颞骨组成。面颅骨共 15 块,包括单个的下颌骨、犁骨和舌骨,以及成对上颌骨、腭骨、颧骨、鼻骨、泪骨、下鼻甲骨。

一、脑颅骨

额骨是不成对的,它构成了颅腔的前面部分,它由圆的垂直部——鳞部,以及构成眼眶和鼻腔顶部的水平部组成。额骨与头颅其他 12 块骨形成关节。在中线上,有一个光滑且明显的隆突,被称为额结节,儿童尤为明显。额结节以下、眼眶上缘以上的部分是眉弓,其在中线处融合成眉间,即位于鼻骨与额骨相会点上方的一个突起。额骨的鳞部是额骨的垂直部分,其内包含了额窦,额窦与额骨其余部分在结构上有很大的差异,位于眉弓间的中线上,起减压的作用。

顶骨是成对的,它们在中线处融合。顶骨是四边形的,构成了头颅顶部的大部分。在外表面的中央区,上、下颞线是颞肌的附着点。

颞骨是成对的,它由五部分组成:鳞部、岩部、鼓部、乳突,以及一个下方的骨突——茎突。鳞部构成了颅骨下侧的大部分,它的颧突与颧骨形成关节构成了颧弓。鼓部是一个位于鳞部下方、乳突前方的骨平面,它支持外耳道的结构。乳突是骨性圆锥状突起,它构成了颞骨的后部。岩部形似一横卧的三棱锥体,位于颅底,嵌于蝶骨和枕骨之间。茎突起于颞骨鼓部的下面,伸向前下方,呈细长形,长短不一,平均长约2.5cm。

颅底构成了脑颅的底板,它由部分筛骨、蝶骨、颞骨岩部以及枕骨组成,见图 3-3-13、图 3-3-14。蝶骨是一不成对骨,有两个大翼,通过与额、顶和颞骨形成关节构成了颅盖骨的部分侧壁。枕骨也是不成对的,呈不等边四边形,其构成了颅盖骨的下、后部分,并与 6 块骨形成关节,它们分别是 2 块顶骨、2 块颞骨、蝶骨和第一颈椎。颅底骨之间通过软骨关节相连接,而构成此种关节的透明软骨会在成年以前转化成骨。颅底的内部发挥着几个作用:3 个颅窝保证大脑各部分的安全;它包含许多开放口或小孔,其间有血管通过,从大脑发出的颅神经也经其走行到外周。颅底的外部和下方有颈部、咽部和软腭的肌肉附着点,见图 3-3-14。

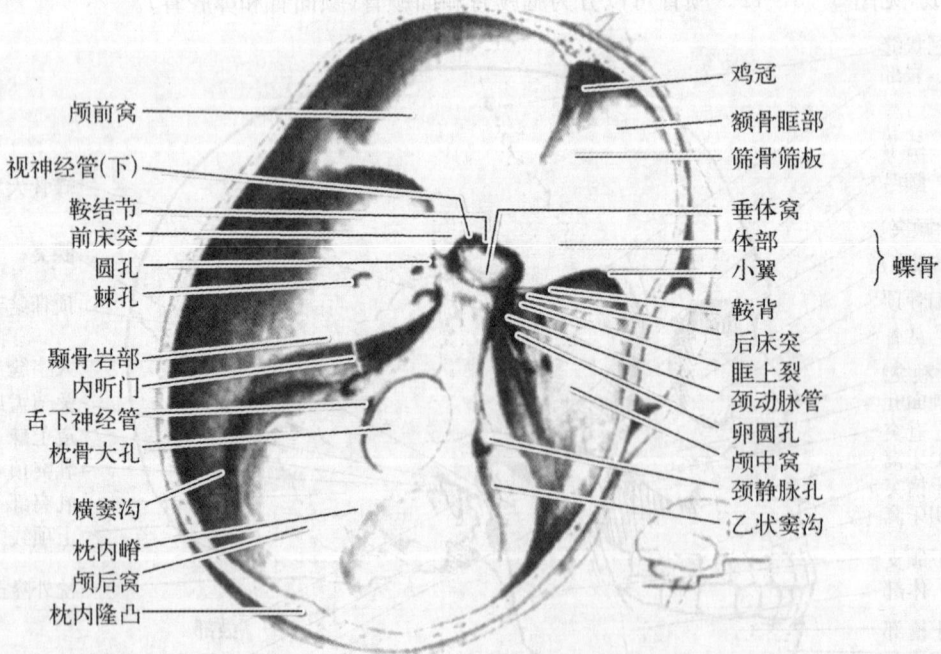

图 3-3-13　颅底(内面观)

筛骨是不成对的,位于颅前窝的中部,它有复杂的结构,并参与构成颅前窝、鼻中隔顶部和外侧壁,以及眶骨内侧壁,见图 3-3-15。筛骨由正中的垂直板、水平位的筛板、由筛板向下悬垂于垂直板两侧

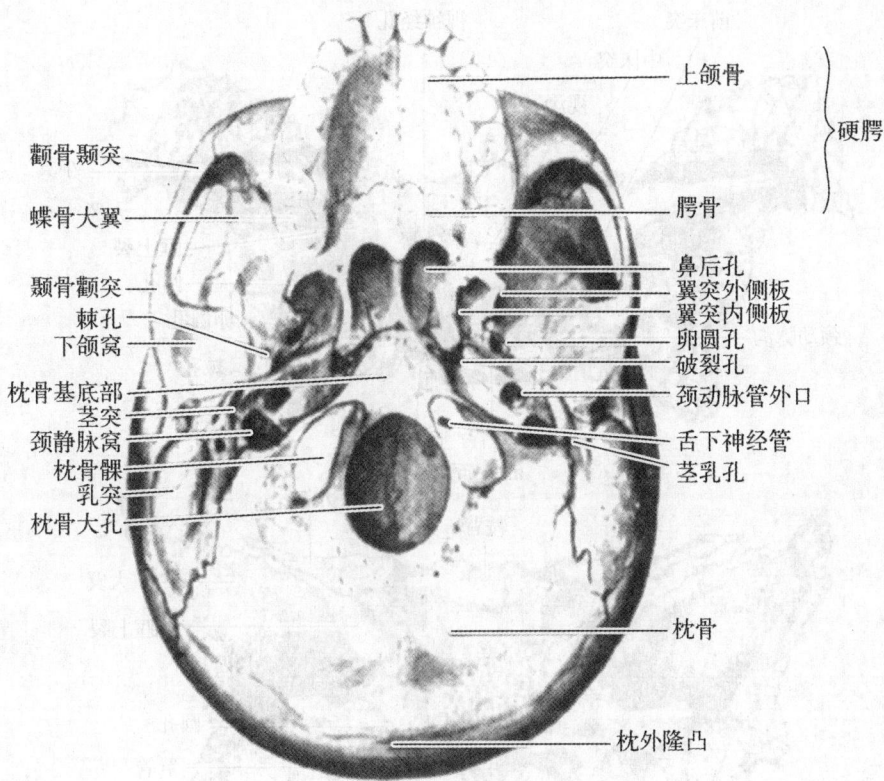

図 3 - 3 - 14 颅底(底面观)

的筛骨迷路(筛骨迷路内的含气薄壁小房总称为筛窦),以及位于鼻腔内的卷曲状骨(上、中鼻甲)组成。鸡冠是一小的垂直骨板,它的两侧是筛板,后者有许多开口,嗅神经由其间通过并进入鼻腔黏膜。垂直板呈矩形,向下放射进入鼻腔,在此与犁骨形成关节并构成鼻中隔的骨性部分,将鼻腔分成左、右两部分。上、中鼻甲是卷曲状骨,它们源自筛骨迷路并延伸入鼻腔。

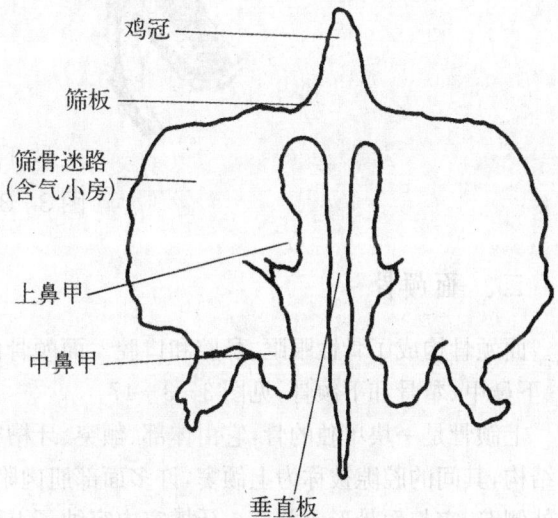

图 3 - 3 - 15 筛骨(前面观)

蝶骨是人体最复杂的骨之一,见图 3 - 3 - 16,其外形如同一只飞鸟,位于颅底中央。蝶骨由包含有1—2个窦的体部和组成了颅腔与眼眶部分壁的侧突(大翼和小翼)构成。从它的下面看,蝶骨有两个突起,被称为翼突内、外侧板。这些结构非常重要,因为在言语过程中有几块非常重要的肌肉(包括翼内肌、翼外肌、咽上缩肌和腭帆张肌)都与它们相关联。在它的上面,有一个被称为蝶鞍的凹陷,其中包含有垂体腺。

颞骨岩部呈锥形,位于颅中窝内,见图 3 - 3 - 13。它包裹着中耳和内耳,并为听神经和面神经提供了传导通路。

枕骨构成了颅后窝的大部分,包裹着脑桥、小脑和延脑,见图 3 - 3 - 13。它也构成了颅底部许多重要结构,其中最重要的就是枕骨大孔,它位于颅底中央。枕骨大孔的两侧有两个卵圆形的髁状突,它们与第1颈椎形成了寰枕关节,这使得头部能自由地活动,见图 3 - 3 - 14。枕骨大孔非常重要,这是因为其间有脊髓通过,还有通向大脑的血管、副神经的分支以及寰枕关节的韧带。枕骨的下后面有许多肌肉的附着点。颈深肌附着于项线,而纤维咽缝附着于咽结节。

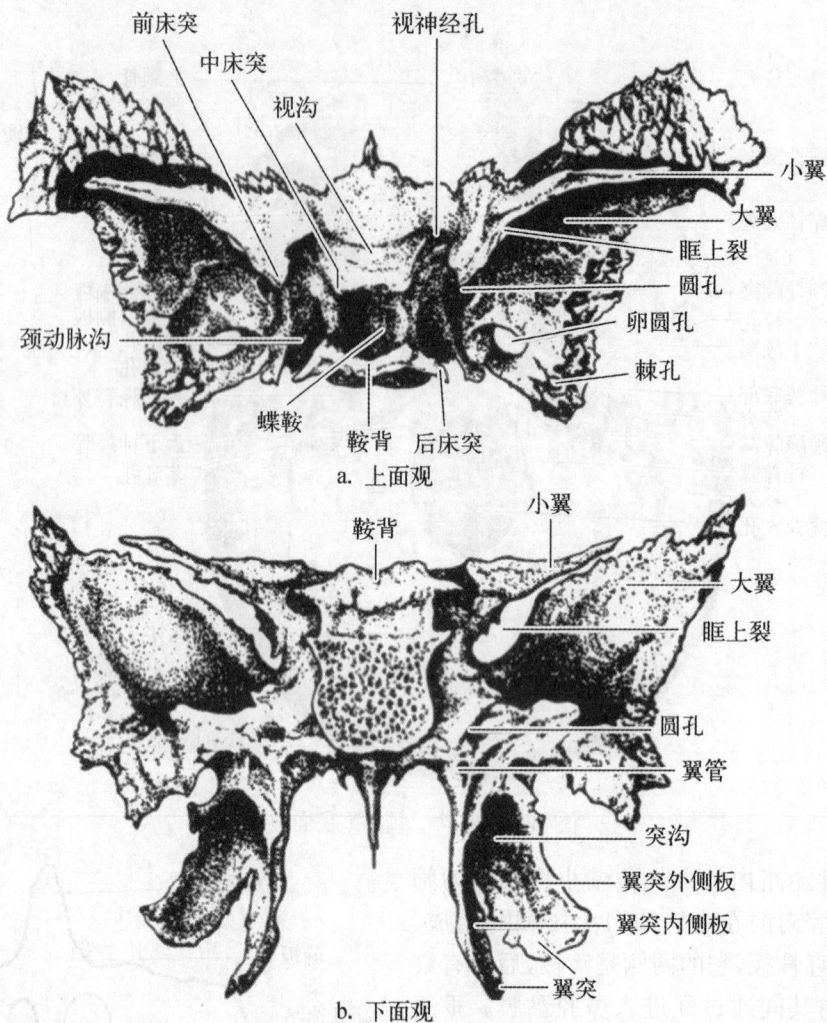

a. 上面观

前床突　中床突　视沟　视神经孔

小翼
大翼
眶上裂
圆孔
卵圆孔
棘孔

颈动脉沟

蝶鞍　鞍背　后床突

b. 下面观

鞍背　小翼

大翼
眶上裂
圆孔
翼管
突沟
翼突外侧板
翼突内侧板
翼突

图 3-3-16　蝶骨

二、面颅骨

　　面颅骨构成了骨性眼眶、鼻腔和口腔。面颅骨由许多不规则骨构成,包括上颌骨、颧骨、腭骨、泪骨、鼻骨、下鼻甲、犁骨和下颌骨,见图 3-3-17。

　　上颌骨是一块单独的骨,它由体部、额突、牙槽突、腭突和颧突等五个部分组成。体部是一个大的长方形结构,其间的腔隙被称为上颌窦,许多面部肌肉附着于上颌骨的体部。额突构成了鼻腔以及鼻附近区域的外侧壁,它与额骨形成关节。牙槽突内容纳了上牙,腭突则构成了硬腭的前 2/3。

　　腭骨是成对的 L 形骨。腭骨的水平部构成了硬腭的后 1/3,而垂直部构成了部分的鼻腔侧壁。颧骨是成对的,构成了面颊的隆起部。它的突起与颞骨、额骨和上颌骨相联系。颧骨与颞骨颧突形成关节构成颧弓。泪骨是成对的、小而薄的骨,构成了部分眼眶内壁。它包含有一个沟槽,其间容纳了源自泪腺的泪管。鼻骨是一对小的扁骨,构成了鼻梁。下鼻甲是一对卷曲状骨,它附着于两侧鼻腔外侧壁的下方。犁骨是单个犁状薄扁骨,位于鼻腔中央,它与筛骨垂直板、上颌骨鼻嵴以及鼻中隔的软骨形成关节。

　　下颌骨是一块 U 形骨,左右两半在中线处(下颌联合)相连,见图 3-3-12。下颌骨分为体部和两个下颌支。体部是下颌骨的水平部分,呈向前的铁蹄形,它的外表面是面部肌肉的附着处。在其内表面,嵴、结节、粗糙部和凹陷部是舌肌和咀嚼肌的附着处。体部内面正中线下部有突起,称颏棘,体部上缘构成牙槽弓,其间容纳了下牙。下颌支是从体部伸向后上方的方形骨板,其后缘与下颌骨下缘相移行处称作下颌角。下颌支向上伸出两突起,前方的称为冠突,后方的称为髁突,其末端膨大称为下颌头,与颞骨构成颞下颌关节。下颌头的下方缩窄处称下颌颈。

额结节 顶 额骨

眉弓
眶上缘和眶上孔　　　　　颞上线
鼻颌缝　　　　　　　　　眉间
额骨颧突　　　　　　　　额鼻缝
上颌骨额突　　　　　　　鼻骨
中鼻甲　　　　　　　　　鼻骨间缝
颧骨额突　　　　　　　　眼窝
颧面孔　　　　　　　　　眶下缘
颧颌缝　　　　　　　　　筛骨垂直板
颧骨　　　　　　　　　　眶下孔
上颌骨　　　　　　　　　前鼻孔
下鼻甲　　　　　　　　　犁骨
上颌骨牙槽突　　　　　　前鼻嵴
下颌骨支后缘　　　　　　尖牙窝
　　　　　　　　　　　　上颌骨间缝
　　　　　　　　　　　　切牙窝
下颌骨牙槽突
下颌骨角
颏孔　　　　　　　　　　切牙窝
下颌骨底
颏结节　　　　　　　　　下颌骨
　　　　　　　　　　　　颏隆突

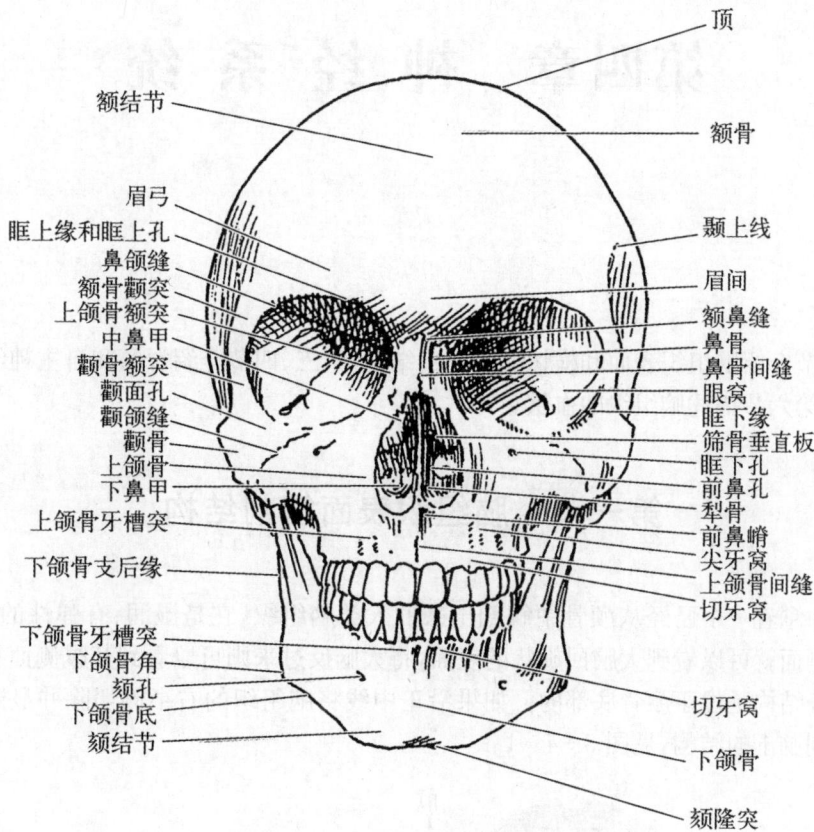

图 3－3－17　颅骨(前面观)

第四节　肌 肉 与 骨

　　肌肉组织是唯一具有收缩性的组织,它可以缩短自身的长度,从而将所接触的物体拖向某处。肌肉收缩有两种方式:等张收缩和等长收缩。等张收缩是指肌肉产生足够的张力以抵抗预先给定的阻力,并在抵抗阻力的过程中移动身体某个部位或者重物。在这一过程中,肌肉需要缩短它自身的长度。等长收缩存在于肌肉的张力不足以抵抗预先给定的阻力的情况下,肌肉长度保持不变。运动除了与肌肉特性有关,还取决于许多因素:(1)骨或软骨的关节面形状;(2)关节囊和关节韧带的限制;(3)跨关节肌腱所产生的压力;(4)其他肌肉的牵拉也可能影响同一骨骼系统。

　　大部分肌肉的两端都与不同的骨相连,越过一个或多个关节。通常将接近身体正中线或近侧端的附着点称为起点,将另一端附着点称为止点。肌腹是介于起点和止点之间的肌肉的突出部分,它在收缩的过程中会缩短长度。肌肉收缩时,通常是起点固定,牵拉止点所附着的骨向起点方向运动,关节是活动的支点。

　　通过肌纤维束的分布情况可推断其运动范围。通常,肌纤维呈平行走向或趋于集中的肌肉,其活动范围较大。羽状肌的肌纤维呈扇形从一个中心肌腱分开,其产生的力量大,但活动范围有限。

　　基本上,肌肉有几种工作方式,可作为原动肌、拮抗肌、协同肌或者固定肌起作用。原动肌也称主动肌,是发起一个动作的肌肉。拮抗肌是与原动肌运动方向相反的肌肉。协同肌在原动肌发起一个特定动作时,起协助并促进原动肌运动的作用。协同肌的辅助作用可以通过限制不必要的运动或加强原动肌所发起的运动来实现。固定肌是稳定或支持骨或身体某部位的肌肉,为其他肌肉收缩提供稳定的基础。

　　肌力与几个因素有关:(1)肌肉的大小(单一就表示力量小);(2)肌束的数量;(3)肌束牵拉的方向;(4)肌束嵌入肌腱的类型;(5)同时收缩的肌纤维数量;(6)肌肉与关节的靠近程度。

　　在肌肉—骨骼力学中,杠杆作用是另一个重要的因素。靠近关节的肌肉能产生更大的动作幅度,但其产生的肌力不如远离关节的肌肉。

第四章 神 经 系 统

本章第一、二节介绍脑组织表面和横切面的解剖结构,第三、四节介绍脊髓和自主神经系统,第五节总结颅神经的功能,第六节描述脑组织的血供。

第一节 脑组织表面解剖结构

想象你的手中拿着一个已经从颅骨中解剖出来的人类脑组织,它是湿润、有弹性的,重约1.4千克。观察脑组织的背侧面就可以看到大脑回旋状的表面,将大脑反过来则可以看到其腹侧面复杂的结构,而在正常情况下这部分结构是位于颅骨底部的。如果沿正中线将脑组织的右半侧切除并显露出内侧面,那么就能很清楚地看到脑干的结构,见图3-4-1。

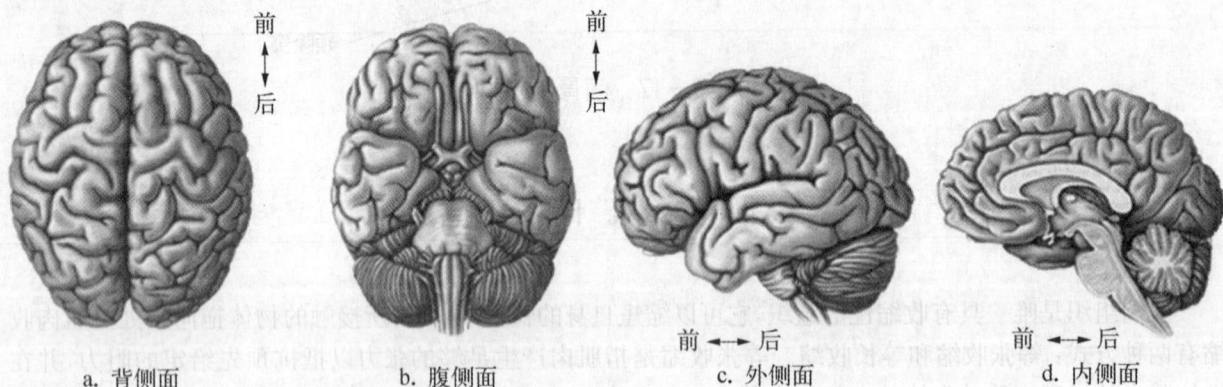

a. 背侧面　　　　　　　　b. 腹侧面　　　　　　　　c. 外侧面　　　　　　　　d. 内侧面

图3-4-1 脑组织(不同侧面)

一、 脑组织的外侧面

1. 大体外观特征

如图3-4-2所示,大体观察可以看到脑组织的三个主要部分:大脑、脑干以及隆起的小脑。侧面观时,可以看到大脑处体积很小的嗅球。

2. 部分脑回、脑沟和脑裂

大脑值得让人们注意的是它回旋状的表面。突起的部分被称为脑回,而凹陷的部分被称为脑沟,非常深的脑沟则称为脑裂。不同人的脑回和脑沟的样子有很大差别,但是有许多结构特点是所有人类脑组织所共有的:中央后回位于中央沟的后方,而中央前回则位于中央沟的前方。中央后回的神经元与躯体感觉有关,中央前回的神经元则控制自主运动,位于颞上回的神经元与听觉有关,见图3-4-3。

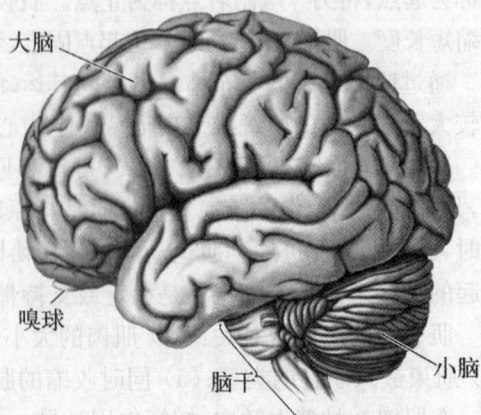

图3-4-2 脑组织的大体外观特征

3. 脑叶

大脑可细分为若干叶，并依据其所在颅骨部位对其进行命名。中央沟将额叶与顶叶分隔开来。颞叶位于外侧裂的下方。枕叶位于大脑的正后方，与顶叶和颞叶相毗邻。大脑皮层中有一被掩盖了的部分就是岛叶，将外侧裂周围的脑组织掀开就可以看到它。岛叶与颞叶和额叶相毗邻，并将后二者分隔开来，见图3-4-4。

4. 皮质的主要感觉、运动和连接区域

如图3-4-5所示，大脑皮质就像是一床被拼凑起来的被褥。Brodmann第一个指出，不同区域的皮质在微观

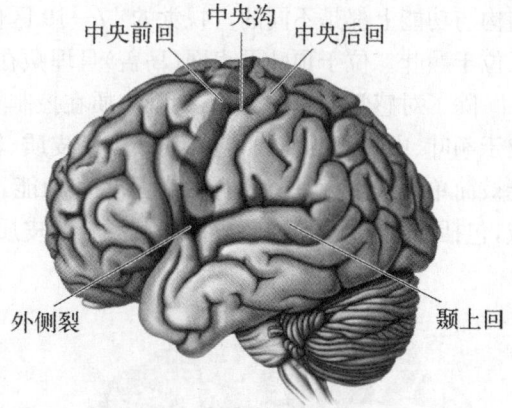

图3-4-3 大脑的沟回

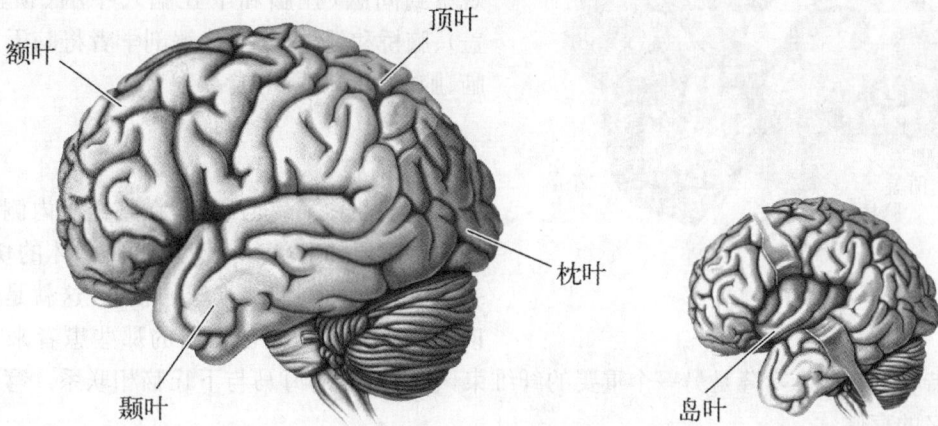

图3-4-4 脑叶

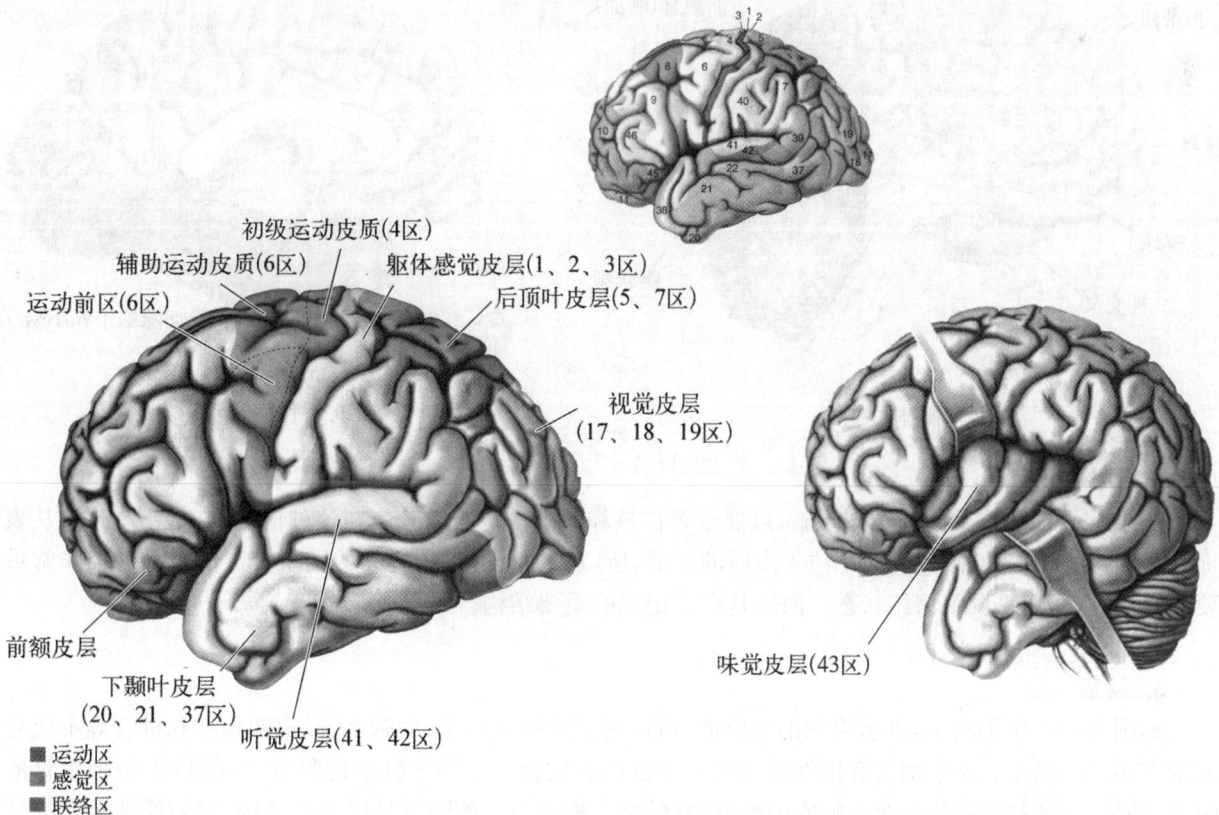

图3-4-5 大脑皮质

结构与功能上都是不同的。视觉的 17—19 区位于枕叶,躯体感觉的 1—2 区位于顶叶,而听觉的 41 和 42 区位于颞叶。位于顶叶下表面(岛盖)且埋藏在岛叶内的是味觉 43 区,其控制的是味觉。

除了对感觉信息的分析,大脑皮质在控制自主运动方面也发挥了重要的作用。主要的运动控制区域位于额叶、中央沟的前面,包括初级运动皮质、辅助运动区和运动前区。在人类的脑组织中,大片的皮质不能被简单地认定为具有感觉或者是运动功能,这些构成了皮质的连接区域。此外,还有一些很重要的区域,包括前额皮质、后顶叶皮质以及颞下叶皮质。

二、脑组织的内侧面

1. 脑干

如图 3-4-6 所示,沿中线切开脑组织暴露出大脑的内侧面,即可看到脑干的正中矢状面,从而可以观察到间脑(丘脑和下丘脑)、中脑(顶盖和大脑脚盖)、脑桥和延髓。(部分解剖学者将脑干定义为由中脑、脑桥和延髓所组成。)

2. 前脑

如图 3-4-7(a)所示,在脑组织内侧面上可以看到非常重要的前脑。注意观察胼胝体的切面,其中有一大束联系两侧大脑半球的轴突,这就是胼胝体。可以通过研究胼胝体被切断的那些患者来了解两侧大脑半球各自特有的功能。穹窿是另一个重要的纤维束,它将两侧的海马与下丘脑相联系。穹窿的部分轴突能调节记忆的存储。

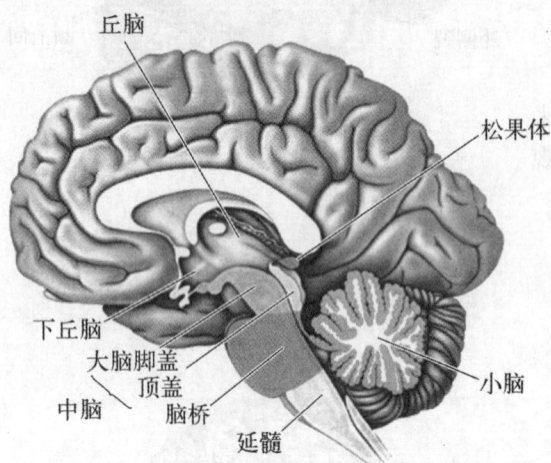

图 3-4-6 脑干

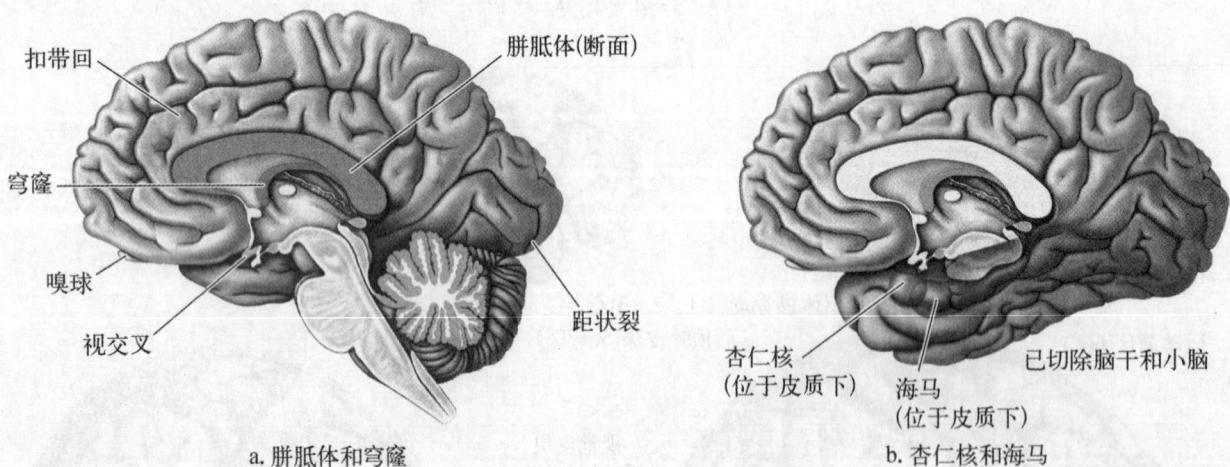

a. 胼胝体和穹窿

b. 杏仁核和海马

图 3-4-7 前脑

图 3-4-7(b)将脑组织稍作倾斜,以展示杏仁核和海马的位置。其实在这种情况下,是不能直接从表面观察到这些结构的,因为它们都位于皮质的深部,所以该图是这些结构的透视图。杏仁核是一个非常重要的结构,主要用来调整情绪状态。海马是有关记忆的重要结构。

3. 脑室

如图 3-4-8(a)所示,在脑组织的内侧面,可以观察到第三脑室、中脑水管、第四脑室和椎管等不成对的脑室系统的侧壁。这些都是有用的标志物:丘脑和下丘脑位于第三脑室的附近,中脑位于中脑水管的附近,脑桥、小脑和延髓位于第四脑室的附近,脊髓位于椎管内。侧脑室是成对的结构,它们像鹿角似的从第三脑室伸出。在图 3-4-8(b)中可以看到位于皮质下方的右侧脑室的透视图。

第三编 言语解剖与生理

第三脑室
中脑水管
第四脑室
脊髓

a. 脑室

侧脑室
（在皮层下方）

已切除脑干和小脑

b. 侧脑室

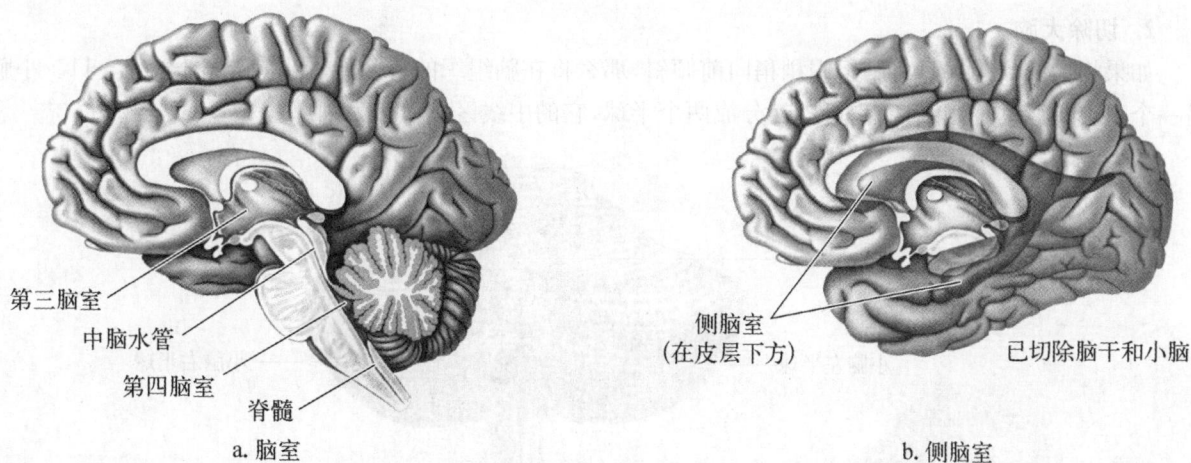

图 3-4-8　脑室系统

三、脑组织的腹侧面

如图 3-4-9 所示，脑组织底面有许多显著的解剖特征，可以看到从脑干发出的神经——颅神经，也可以看到位于下丘脑前方的 X 形视交叉。视交叉是源自眼睛的轴突进行交叉的地方，位于视交叉前方，发自眼睛后方的轴突束就是视神经，而位于视交叉后方、消失于丘脑的轴突束被称为视束。成对的乳头体是脑组织腹侧面的一个显著特征。下丘脑的神经核是记忆存储系统的一部分，而且是穹隆部轴突的主要作用对象。此外，这里还可以看到嗅球、中脑、脑桥和延髓。

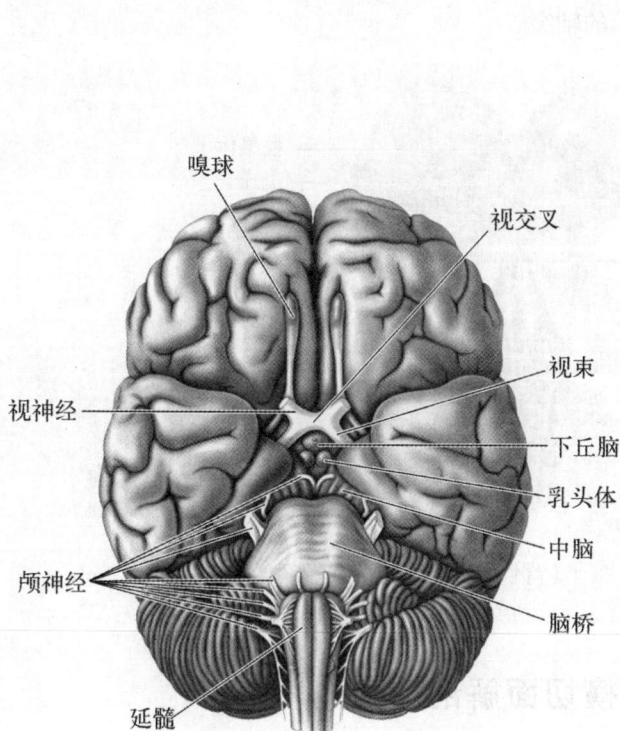

嗅球
视交叉
视神经
视束
下丘脑
乳头体
颅神经
中脑
脑桥
延髓

图 3-4-9　脑组织（腹侧面）

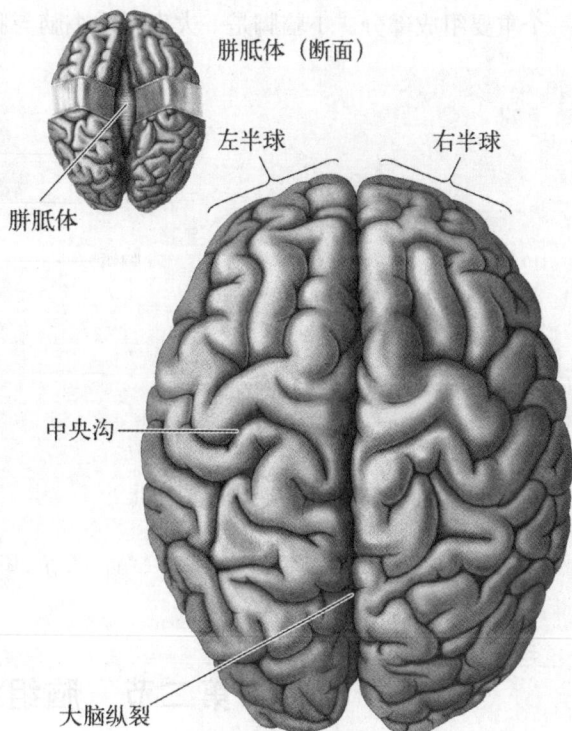

胼胝体（断面）
胼胝体
左半球
右半球
中央沟
大脑纵裂

图 3-4-10　脑组织（背侧面）

四、脑组织的背侧面

1. 大脑

如图 3-4-10 所示，脑组织的背面主要是大脑，可见成对的大脑半球。它们通过胼胝体相互联系，将大脑半球拨开就可以看到此结构。

2. 切除大脑

如果将大脑切除并且将脑组织稍稍向前倾斜,那么将在脑组织的背面看到小脑,见图3-4-11。小脑是一个重要的运动控制结构,它可以被分成两个半球,它的中线区域被称为蚓部。

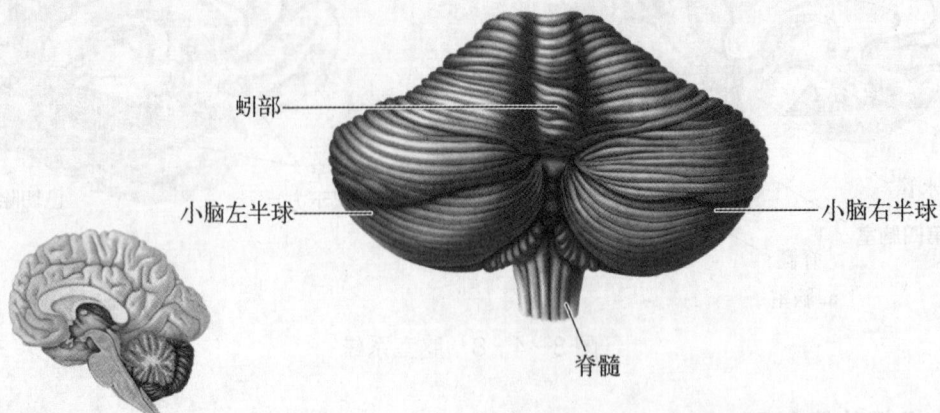

图3-4-11　小脑(背侧面)

3. 切除大脑和小脑

如图3-4-12所示,当切除大脑和小脑后,脑干的顶面就被暴露出来了。脑干的主要构成部分标记在图的左侧,而一些特殊的结构标记在图的右侧。松果体位于丘脑的顶部,它会分泌褪黑素,与睡眠和性行为的控制有关。上丘接受来自眼睛的信号的直接输入,且与眼部运动的控制有关,而下丘是听觉系统的一个重要组成部分。小脑脚是一大束联系小脑与脑干的轴突。

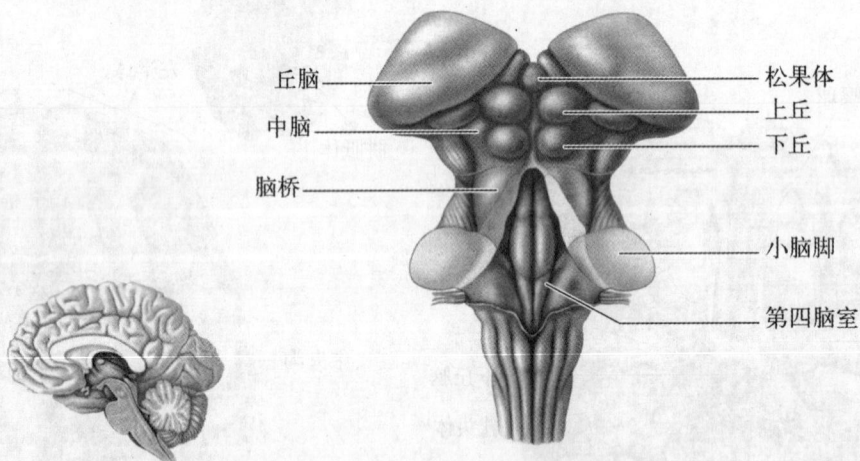

图3-4-12　脑干(背侧面)

第二节　脑组织横切面解剖结构

要了解脑组织,就需要对其进行细致的观察,而这可以通过对其横切面的研究来实现。认识脑组织内部结构的最好方法就是制作横切面,而且横切面要垂直于胚胎神经管的轴线,即中枢神经系统。随着胎儿的成熟,中枢神经系统会发生弯曲,特别是在中脑和丘脑的连接处。一般可以通过用手术刀进行物理切割的方式获得横切面,也可以通过MRI或CT扫描而获得非侵入性的活体脑组织的影像。如图3-4-13所示,不同的横切面可用于观察不同的脑组织内部结构:前脑(横切面1-3)、中脑(横切面4和5)、脑桥和小脑(横切面6)以及延髓(横切面7-9)。

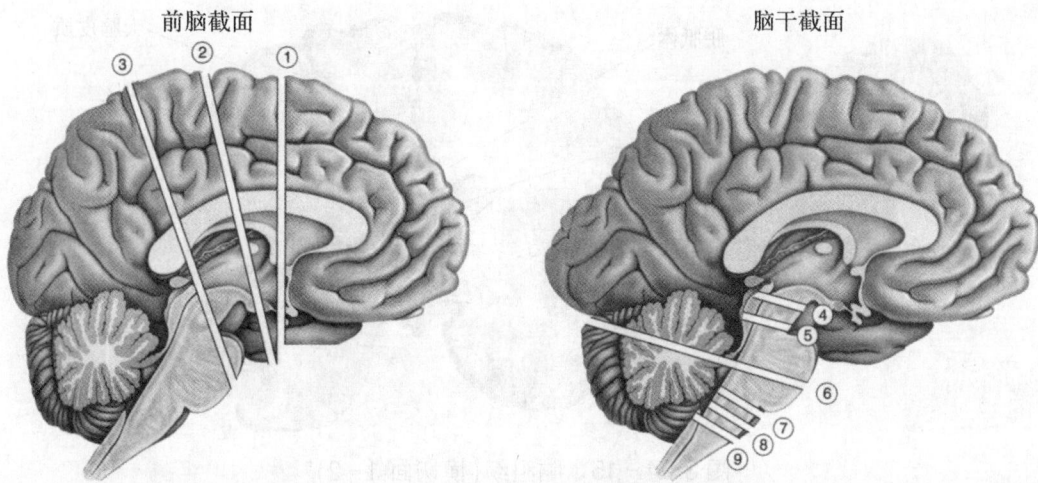

图 3 - 4 - 13　不同的脑组织横切面

一、横切面 1：在丘脑—端脑连接处的前脑

1. 大体外观特征

如图 3 - 4 - 14 所示，端脑环绕着侧脑室，而丘脑则环绕着第三脑室。在这一横切面上，可以看到侧脑室从裂隙状的第三脑室发出。下丘脑构成了第三脑室的底部，它是一个重要的控制中心，控制了许多基本的身体功能。岛叶位于将额叶与颞叶分隔开来的大脑外侧裂底部。端脑深部不均匀的区域被称为基底前脑，它位于岛叶的内侧和丘脑的外侧。

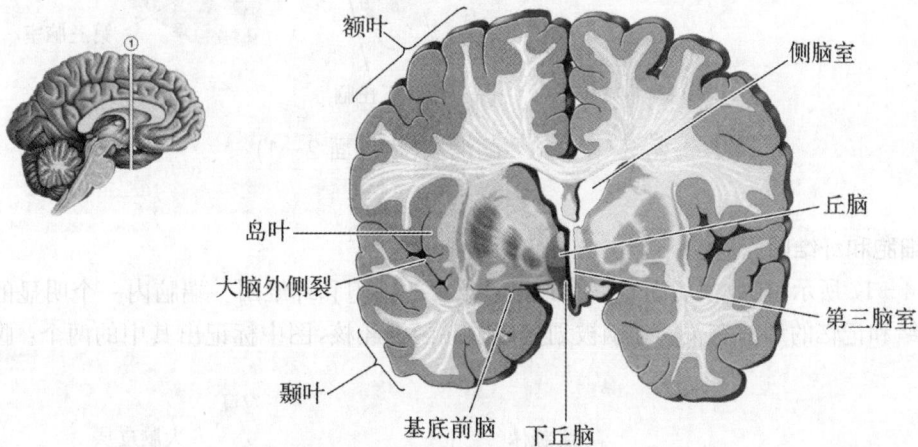

图 3 - 4 - 14　脑组织(横切面 1 - 1)

2. 部分细胞和纤维团

如图 3 - 4 - 15 所示，内囊是将皮层白质与丘脑相联系的大轴突集合，而胼胝体是联系大脑两半球皮质的大轴突带。之前曾在脑组织内侧面图中出现过的穹隆，在此横切面中环绕着侧脑室的蒂部。联合间隔区的神经元有轴突伸到穹隆，且参与了记忆的存储。在端脑基部有三个重要的神经元集合：尾状核、壳核和苍白球。这三个结构总称基底神经节，它们是大脑运动控制系统的重要组成部分。

二、横切面 2：在丘脑中部的前脑

1. 大体外观特征

如图 3 - 4 - 16 所示，在脑组织的中心可以看到心形的丘脑围绕着小小的第三脑室。丘脑的腹侧面是下丘脑。此横切面中端脑的结构与横切面 1 中所见相似，另外还可以发现此处的大脑外侧裂将顶叶与颞叶分隔开来。

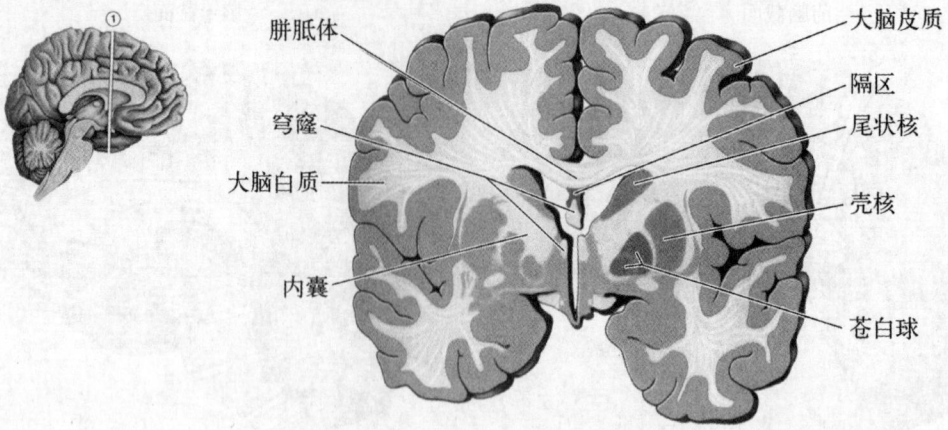

图 3-4-15　脑组织（横切面 1-2）

图中标注：胼胝体、穹窿、大脑白质、内囊、大脑皮质、隔区、尾状核、壳核、苍白球

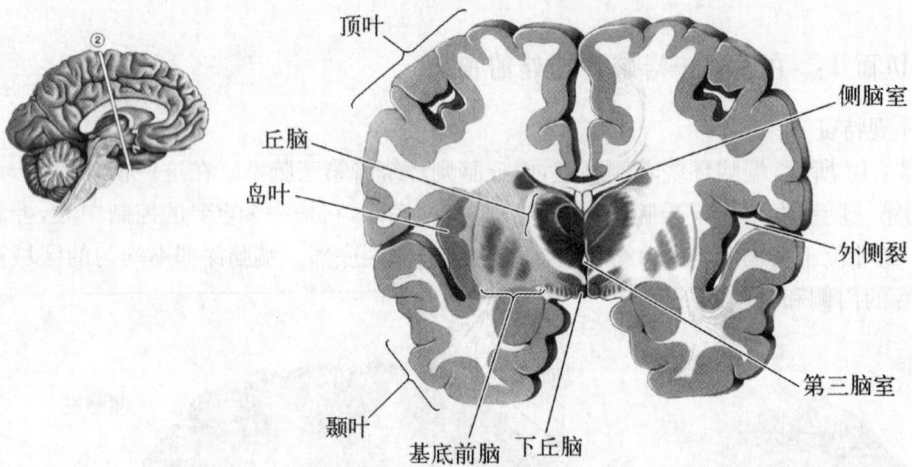

图 3-4-16　脑组织（横切面 2-1）

图中标注：顶叶、丘脑、岛叶、颞叶、基底前脑、下丘脑、侧脑室、外侧裂、第三脑室

2. 部分细胞和纤维团

如图 3-4-17 所示，在此横切面可以看到很多重要的细胞和纤维团。端脑内一个明显的结构就是杏仁体，其与情绪和记忆的调节有关。丘脑被划分成独立的神经核，图中标记出其中的两个：腹后核和腹外

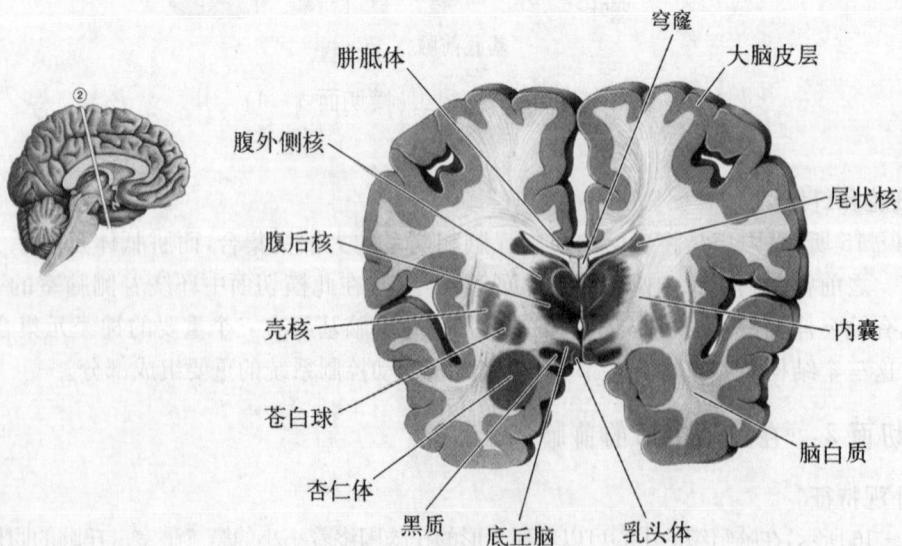

图 3-4-17　脑组织（横切面 2-2）

图中标注：胼胝体、腹外侧核、腹后核、壳核、苍白球、杏仁体、黑质、底丘脑、乳头体、穹窿、大脑皮层、尾状核、内囊、脑白质

侧核。丘脑发出许多纤维投射至大脑皮层,不同的丘脑神经核发出纤维投射至不同的皮层区域。腹后核投射到中央后回的皮层,它是躯体感觉系统的一部分。腹外侧核以及与之密切相关的腹前核是运动系统的一部分,它们投射至中央前回的运动皮层。丘脑以下的可见部分是底丘脑和下丘脑的乳头体。底丘脑是运动系统的一部分,而乳头体接收来自穹隆的信号并参与调节记忆。因为这一切面也涉及中脑,所以在脑干底部附近可以看到一点黑质。黑质也是运动系统的一部分,帕金森氏病就是由这一结构的功能退化造成的。

三、横切面 3: 在丘脑—中脑连接处的前脑

1. 大体外观特征

如图 3-4-18 所示,中枢神经系统在丘脑和中脑的连接处急转。在此横切面中可以看到泪滴状的第三脑室与中脑水管相交通。第三脑室周围的脑组织是丘脑,而中脑水管周围的脑组织是中脑。在此切面中,左、右大脑半球的侧脑室会出现两次。

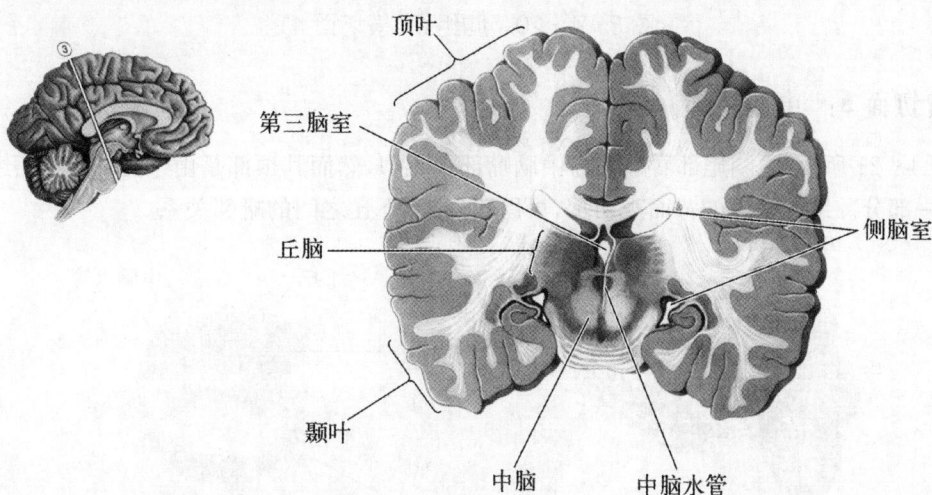

图 3-4-18　脑组织(横切面 3-1)

2. 部分细胞和纤维团

如图 3-4-19 所示,这一切面包含了两个重要的丘脑神经核:内侧膝状体核和外侧膝状体核。内侧膝状体核转送信号到听觉皮层,而外侧膝状体核转送信号到视觉皮层。在此切面还可以看到海马,它是一种相对简单的皮层形式,与颞叶的侧脑室相邻,在学习和记忆过程中发挥了重要作用。

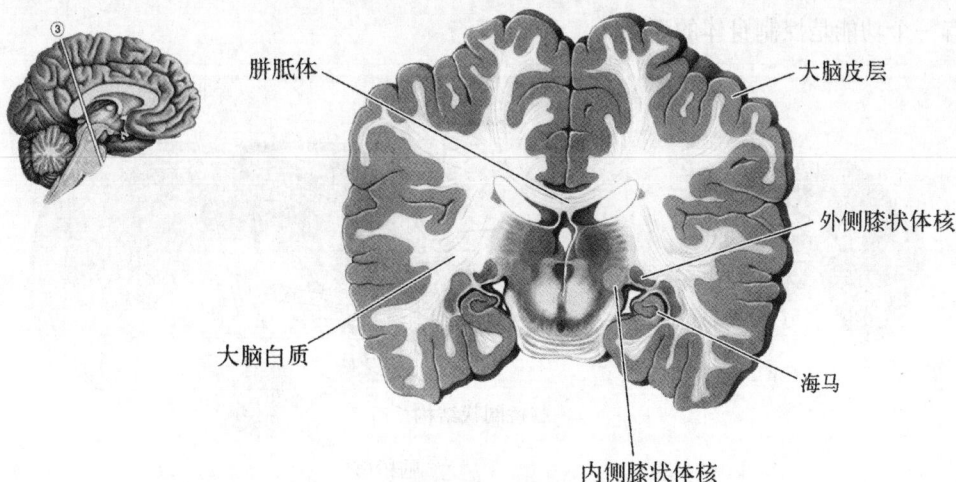

图 3-4-19　脑组织(横切面 3-2)

四、横切面4：中脑嘴部

如图3-4-20所示，这个切面与前脑切面形成夹角，所以仍然垂直于中枢神经系统。中脑的核心部分是小的中脑水管。在此切面，中脑的顶部被称为顶盖，由成对的上丘构成。上丘是视觉系统的一部分，而黑质是运动系统的一部分。红核也是一个运动控制结构，而水管周围灰质在控制躯体痛觉方面有重要作用。

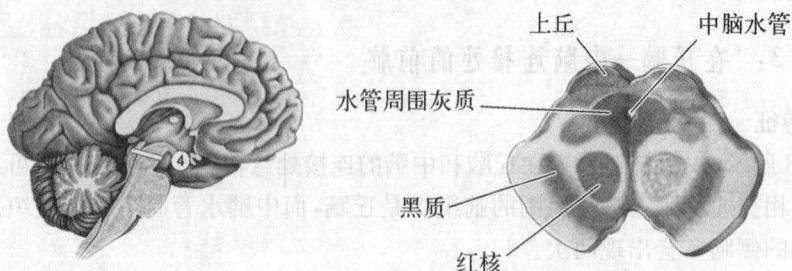

图3-4-20 脑组织(横切面4)

五、横切面5：中脑尾部

如图3-4-21所示，中脑尾部看起来与中脑嘴部很相似，然而其顶部是由下丘而非上丘构成，下丘是听觉系统的一部分。结合脑干的背面观图示，可以明确上、下丘之间的毗邻关系。

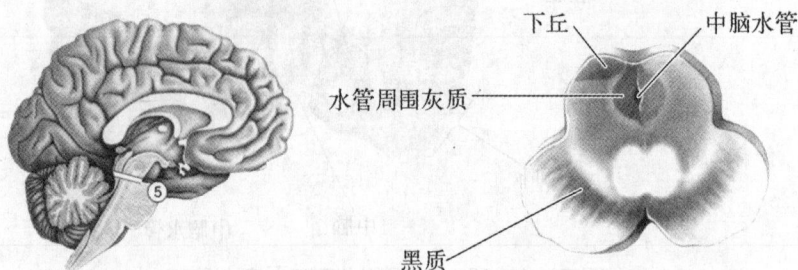

图3-4-21 脑组织(横切面5)

六、横切面6：脑桥和小脑

如图3-4-22所示，在此横切面可以看到脑桥和小脑。小脑在控制运动方面起着重要的作用。脑桥核发出纤维投射到小脑皮层，而小脑则从小脑深部核团发出纤维投射至其他区域。在脑干核心部位，网状结构从中脑向延髓延伸，直至中脑水管和第四脑室的下方。网状结构的一个功能就是调节睡眠和觉醒状态，此外还有一个功能是控制身体的姿势。

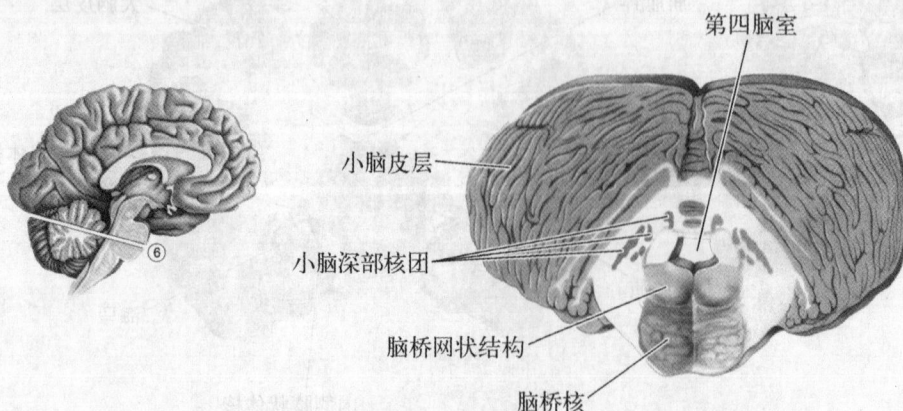

图3-4-22 脑组织(横切面6)

七、 横切面 7：延髓嘴部

沿着中枢神经系统进一步向其尾部移动，围绕在第四脑室周围的脑组织就变成了延髓。延髓是一个复杂的脑组织区域。位于延髓底部的是延髓锥体，它是起源于前脑并向脊髓延伸的巨大轴突束。延髓锥体包含有皮质脊髓束，它们参与控制自主运动。对于听觉而言，有几个很重要的神经核也出现在延髓嘴部：蜗神经前核、蜗神经后核以及上橄榄体。此外，这里还可以看到对于运动控制很重要的下橄榄体和对于痛觉、情绪以及觉醒调节很重要的缝核。

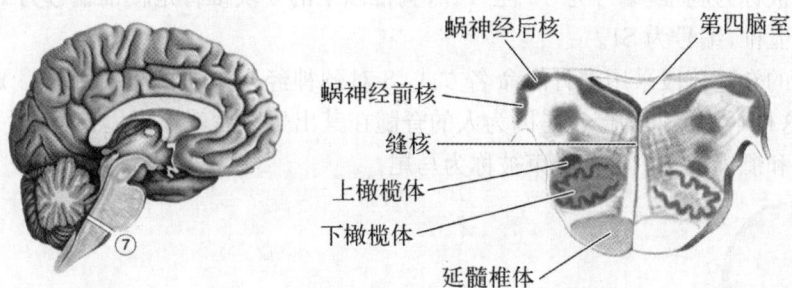

蜗神经后核　第四脑室
蜗神经前核
缝核
上橄榄体
下橄榄体
延髓椎体

图 3 - 4 - 23　脑组织(横切面 7)

八、 横切面 8：延髓中部

如图 3 - 4 - 24 所示，延髓中部包含了一些与横切面 7 中相同的结构。此外，还可以观察到内侧丘系，它将躯体感觉信号传递至丘脑。味觉核传递味觉感受，它是孤束核的一部分，而孤束核调节部分的内脏功能。前庭神经核传递平衡觉。

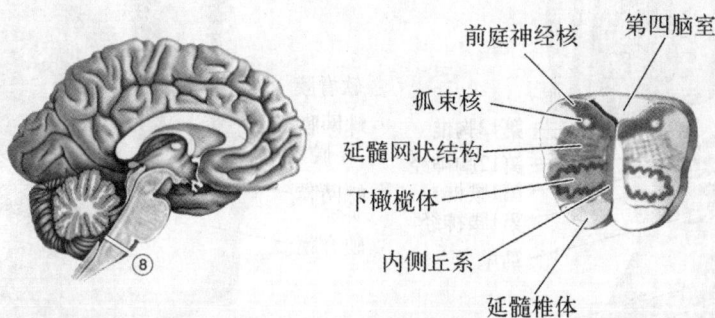

前庭神经核　第四脑室
孤束核
延髓网状结构
下橄榄体
内侧丘系
延髓椎体

图 3 - 4 - 24　脑组织(横切面 8)

九、 横切面 9：延髓—脊髓连接处

如图 3 - 4 - 25 所示，延髓和第四脑室已消失，取而代之的是脊髓的开始部位。脊柱核接收来自脊髓的躯体感觉信号。两侧脊柱背核内神经元的轴突交叉至对侧脑组织，并且通过内侧丘系上行至丘脑。

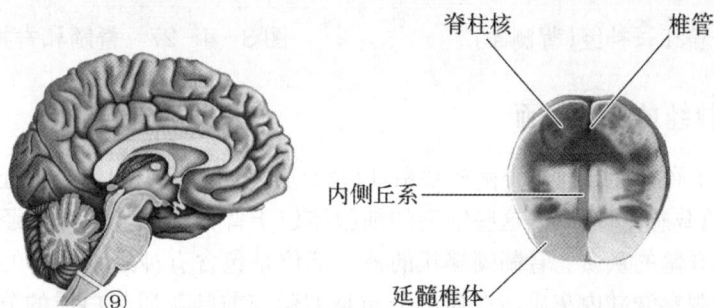

脊柱核　椎管
内侧丘系
延髓椎体

图 3 - 4 - 25　脑组织(横切面 9)

第三节 脊 髓

一、 脊髓和脊神经的背侧面

如图 3-4-26 所示,脊髓位于脊柱内。脊神经通过椎骨间的切迹与脊髓相交通,它是躯体外周神经系统(PNS)的一部分。根据椎骨所在的位置对其命名如下:颈部的椎骨被称为颈椎,编号为 C1 至 C7;与肋骨相连接的椎骨被称为胸椎,编号为 T1 至 T12;胸椎以下的 5 块椎骨是腰椎编号为 L1 至 L5;在骨盆区域内的椎骨被称为骶椎,编号为 S1。

脊神经和相关的脊髓节段采用椎骨的命名方式,8 对颈神经与 7 块颈椎骨相联。成人的脊髓终止于第三腰椎的水平,这种不均衡性的产生是因为人的脊髓在其出生以后就不再生长了,但是椎管却还会继续生长。下行至腰椎和骶椎椎管内脊神经束被称为马尾。

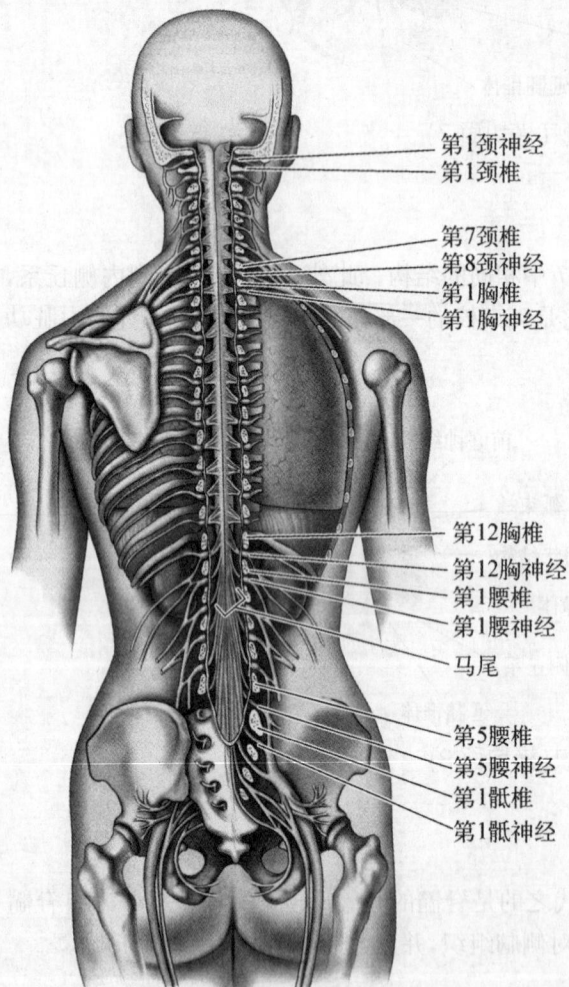

图 3-4-26 脊髓和脊神经(背侧面)

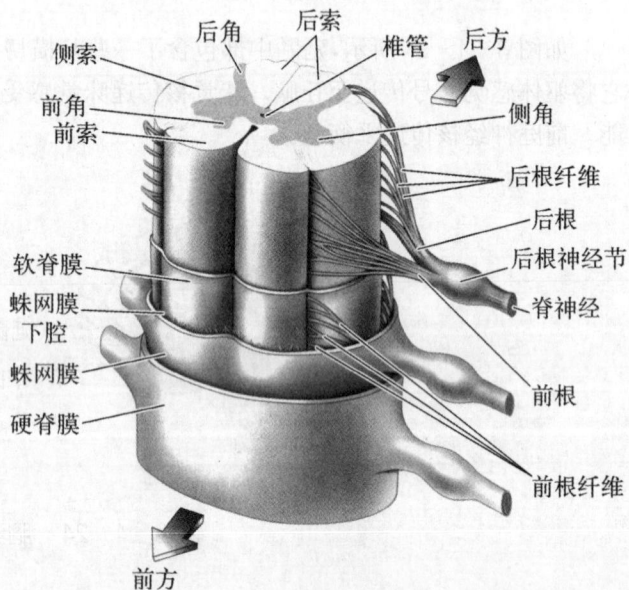

图 3-4-27 脊髓和脊神经(腹外侧面)

二、 脊髓和脊神经的腹外侧面

图 3-4-27 显示了脊神经如何与脊髓相联系,以及脊膜是如何组织的。脊神经进入椎骨切迹后就分成两根。脊神经后根负载感觉性轴突,这些轴突的细胞体位于背根神经节。脊神经前根负载了运动性轴突,这些轴突源于腹侧脊髓的灰质。脊髓蝴蝶状的核心部位是包含有神经细胞体的灰质。灰质被分为后角、侧角和前角。注意观察脊髓内灰质与白质的分布是如何与前脑灰质与白质的分布区别开来的:在前脑,灰质围绕着白质;在脊髓则相反。脊神经前、后根将白质划分为 3 个索:前索、外侧索和后索,它包含

了上、下走行于脊髓的长轴突。

三、脊髓和脊神经的横切面

从图3-4-28中可以看到重要的脊髓上、下行轴突束。图中左侧标记的是上行感觉通路。整个后索由上行至脑组织的感觉性轴突组成，其对触觉感知很重要。脊髓丘脑束传递痛、温觉。图中右侧标记的是对运动的控制很重要的下行通路，主要包括两条通路：外侧和腹内侧通路。外侧通路传递自主运动的命令，尤其涉及四肢的运动。腹内侧通路主要参与维持体位和某些反射性运动。

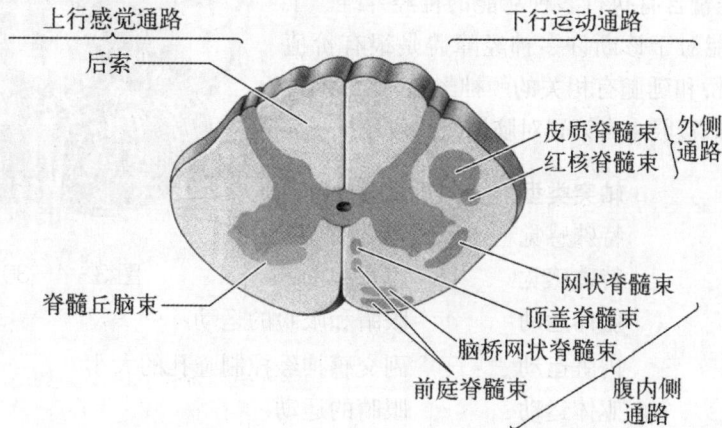

图3-4-28　脊髓和脊神经(横切面)

第四节　自主神经系统

躯体外周神经系统主要控制自主运动和皮肤感觉，此外还有内脏外周神经系统，它主要控制内部器官、腺体和脉管系统，由于这种调节是自发的，不受意识直接控制，所以此系统又被称为自主神经系统(ANS)。此系统有两个最重要的分支：交感神经系统和副交感神经系统。

图3-4-29所示的是经右眼取矢状切面时的体腔结构。可以看到脊柱被包裹在一层厚厚的结缔组织壁内，脊神经从脊柱发出。自主神经系统的交感神经包含了一根神经节链，它走行于脊柱的一侧。这些神经节与脊神经、其他神经节、大量的内脏器官相联系。自主神经系统中的副交感神经的构成则不一样。内脏的副交感神经大多来自迷走神经，而迷走神经是一发自延髓的颅神经。副交感神经的另一个重要来源是骶部的脊神经。

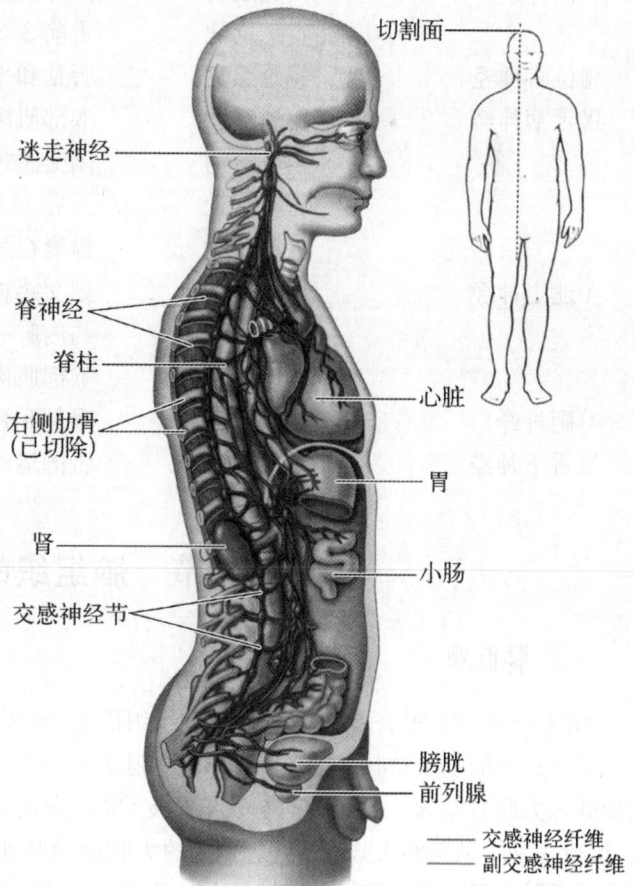

图3-4-29　自主神经系统(经右眼的矢状面)

第五节　脑　神　经

如图 3-4-30 所示，12 对脑神经发自脑组织的底部。前2 对"神经"实际上属于中枢神经系统(CNS)，起传递嗅觉和视觉的作用。其余的就像脊神经一样，内部包含了外周神经系统的轴突。一根神经通常含有执行多种功能的神经纤维。了解神经及其不同的功能对于诊断许多神经障碍是很有价值的。脑神经在中脑、脑桥和延髓有相关的颅神经核，比如蜗神经核和前庭神经核，它们接收来自第Ⅷ对脑神经的信号。

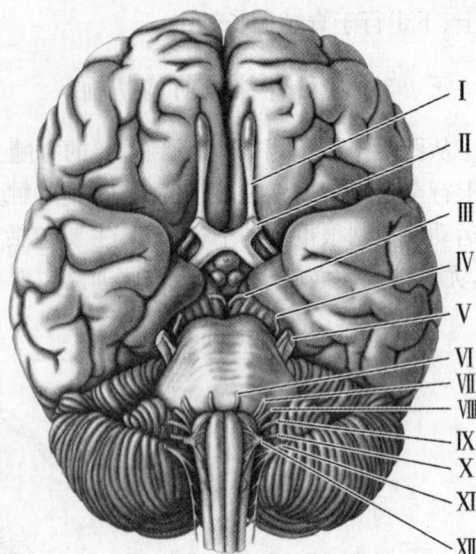

图 3-4-30　颅神经

神经编号和名称	轴突类型	重要功能
Ⅰ 嗅神经	特殊感觉	嗅觉
Ⅱ 视神经	特殊感觉	视觉
Ⅲ 动眼神经	躯体运动	眼睛和眼睑的运动
	内脏运动	副交感神经控制瞳孔的大小
Ⅳ 滑车神经	躯体运动	眼睛的运动
Ⅴ 三叉神经	躯体感觉	面部触觉
	内脏运动	咀嚼肌的运动(咀嚼)
Ⅵ 外展神经	躯体运动	眼睛的运动
Ⅶ 面神经	内脏运动	面部表情肌的运动
	特殊感觉	舌前 2/3 的味觉
Ⅷ 位听神经	特殊感觉	听觉和平衡觉
Ⅸ 舌咽神经	躯体运动	喉部肌肉的运动(口咽)
	内脏运动	副交感神经控制唾液腺
	特殊感觉	舌后 1/3 的味觉
	内脏感觉	检测在颈动脉窦中的血压改变
Ⅹ 迷走神经	内脏运动	副交感神经控制心脏、肺和腹部器官
	内脏感觉	与内脏有关的痛觉
	内脏运动	喉部肌肉的运动(口咽)
Ⅺ 副神经	内脏运动	喉部和颈部肌肉的运动
Ⅻ 舌下神经	躯体运动	舌的运动

第六节　脑组织的血液供应

一、腹面观

如图 3-4-31 所示，有两对动脉为脑组织供血：椎动脉和颈内动脉。椎动脉在脑桥基底部附近汇聚，形成了不成对的基底动脉。椎动脉和基底动脉为脑干和小脑供血。在中脑水平，基底动脉分成左、右小脑上动脉和大脑后动脉。大脑后动脉发出分支，即后交通动脉，它们与颈内动脉相联系。颈内动脉发出分支，形成大脑中动脉和大脑前动脉。两侧的大脑前动脉通过前交通动脉相联系。因此，在脑组织基底部，大脑后动脉与后交通动脉、颈内动脉、大脑前动脉与前交通动脉形成了一个相互联系的动脉环，这个环被称为 Willi 氏环。

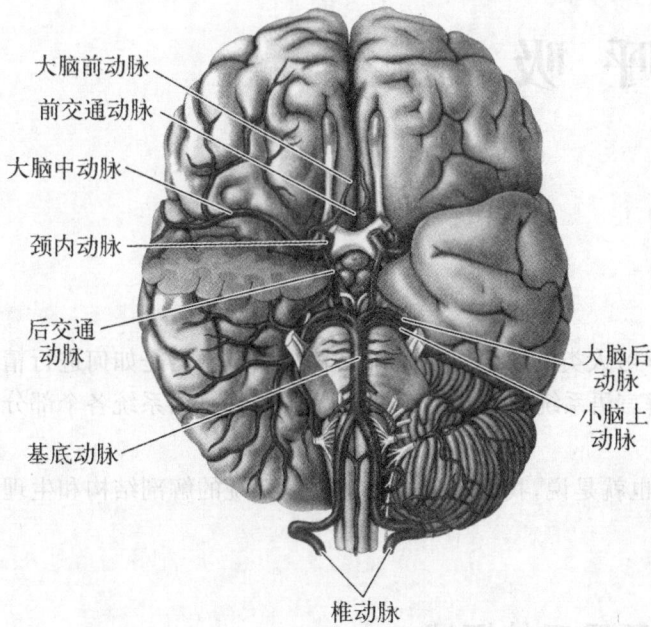

图 3 - 4 - 31　脑组织的血液供应(腹面观)

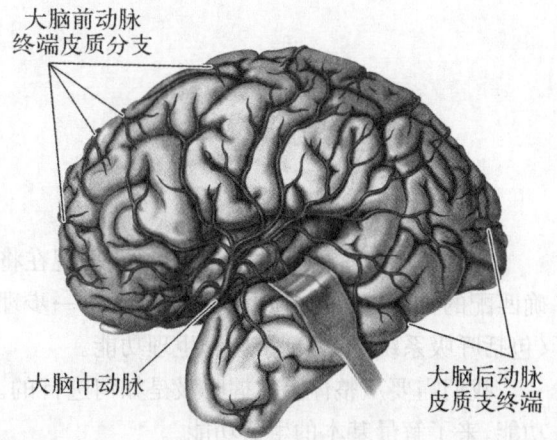

大脑前动脉
前交通动脉
大脑中动脉
颈内动脉
后交通动脉
基底动脉
大脑后动脉
小脑上动脉
椎动脉

大脑前动脉终端皮质分支
大脑中动脉
大脑后动脉皮质支终端

图 3 - 4 - 32　脑组织的血液供应(外侧面观)

二、外侧面观

如图 3 - 4 - 32 所示,大脑外侧表面的绝大部分由大脑中动脉供血。这条动脉也为前脑底部的深层结构供血。

三、内面观(脑干已切除)

如图 3 - 4 - 33 所示,大脑半球内侧面的绝大部分是由大脑前动脉供血的。大脑后动脉为枕叶和颞叶下部的内侧面供血。

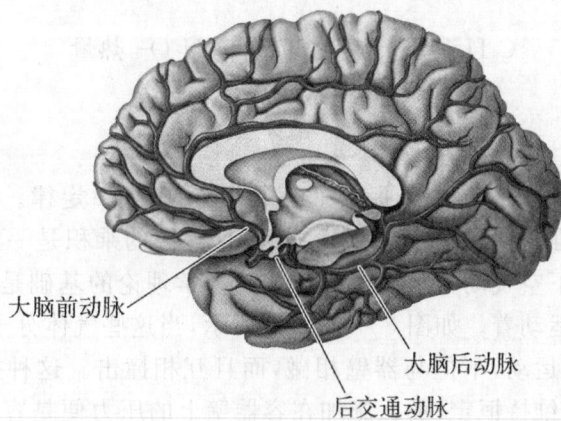

大脑前动脉
大脑后动脉
后交通动脉

图 3 - 4 - 33　脑组织的血液供应(内面观,已切除脑干)

第五章 呼吸系统

在理解了基本的声学知识之后,我们现在将学习人类的言语产生系统与言语声波输出是如何进行精确匹配的,即言语是如何形成的。为了进一步理解言语系统的声学机制,我们需要掌握言语系统各个部分(包括呼吸系统)的解剖结构和生理功能。

我们需要从整体上掌握呼吸是如何进行的。也就是说,我们将通过描述呼吸系统的解剖结构和生理功能,来了解最基本的生命功能。

第一节 呼吸系统概述

言语产生的动力源是呼吸系统。但就言语而言,这句话还不能充分地解释其所涉及的呼吸运动。言语呼吸并不仅仅指用以维持生命的生理呼吸。言语的产生强调的是声门下压的建立,这便是本章节的主旨,即阐述空气进出肺部的动力机制。

一、呼吸的概念

呼吸是指生物体与其周围环境进行气体交换的过程,气体交换是一个物理过程。这种解释得到一些生物学家的认可。另一些人则认为呼吸过程是指食物在氧化过程中产生水、二氧化碳和热量,因此,呼吸是一个化学过程,可以采用以下公式来表示:

$$C_6H_{12}O_6 + 6O_2 \rightarrow 6CO_2 + 6H_2O + 热量$$

二、呼吸的物理基础

17世纪中叶的哲学家和化学家 Boyle 提出了一个著名的 Boyle 定律。Boyle 定律是指,如果气体的温度保持恒定,那么其压强与体积之间成反比关系,且它们的乘积是一个常数。为了解释此物理定律,首先我们需要了解一下空气动力学理论。空气动力学理论的基础是:气体是由大量的分子所组成的,这些分子在不停地运动着。如图 3-5-1(a)所示,当这些气体分子被容纳在一个容器中时,它们进行着杂乱无章的快速运动,不但与器壁相碰,而且互相撞击。这种撞击将压力施加在容器壁上。如果容器的体积和温度维持恒定,那么施加在容器壁上的压力便是容器内大量气体分子合力的

图 3-5-1 压力、气体和密度三者的关系

结果。图3-5-1(b)中气体分子施加在容器上的压力大于图3-5-1(a)中气体分子施加在容器上的压力。

图3-5-2(a)显示圆柱体中处于压强(p)下的气体体积(V),同时力(F)施加在活塞上。当活塞被推进一段距离直至气体的体积减半,如图3-5-2(b)所示,每单位体积的气体分子数量是原来的两倍(气体密度增加一倍),则分子之间以及分子与器壁的碰撞程度也加重了一倍。活塞与器壁上的推动力增加一倍,压强也相应地增加一倍,但压强与体积的乘积是不变的,即(2p)V/2是一个常数。另一方面,如果活塞被向上提拉,直到气体体积增加一倍,如图3-5-2(c)所示,那么施加于容器壁上的压强一定是减少一半的。用数学公式表示,p/2(2V)也是常数。因此,Boyle定律也可以用公式 $p_1 V_1 = p_2 V_2$ 表示,此处 p 表示压强,V 表示体积,1 表示初始状态,2 表示改变后的状态。

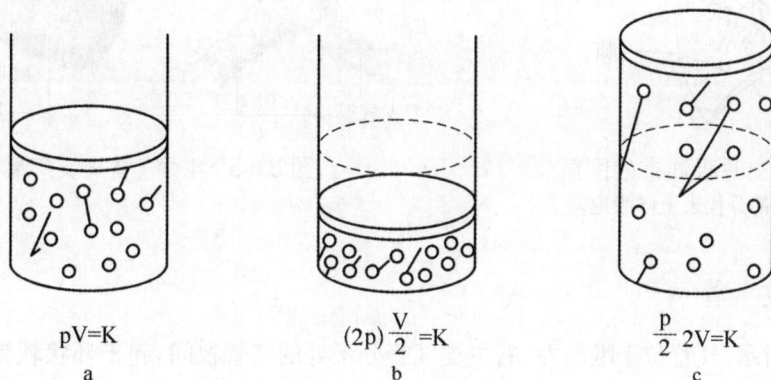

图3-5-2 Boyle定律的图解
注:方程式显示压强与体积的乘积为常数,压强与体积之间成反比。

当密封容器中的气体压强等于大气压强,即容器壁的内外压强相同,此时器壁上的压强总和等于0。密封容器的容积减少便增加了壁内的压强(相对于壁外而言)。比大气压强大的压强通常认为是正压,小于大气压强的压强被称为负压。

人类的肺组织位于密闭的胸腔内,通过气管、喉腔、咽腔以及口、鼻腔与外界大气相连通。这些结构组成了呼吸管道,它将气体传递至呼吸器官(肺)。胸腔结构决定了其容积可以增加或减少。胸腔容积的增加将导致肺内负压的形成,使气体进入肺部,直到内外气压相等为止。呼吸的这一阶段被称为吸气。吸入的气流量与肺部的内外气压差成正比,可以采用公式 $F = k(p_1 - p_2) = k(p_{atm} - p_{alv})$ 来表示,其中 F 为气流量,k 为斜率常数,p_1 为初始压强,p_2 为终末压强,p_{atm} 为大气压强,p_{alv} 为肺内压。

胸腔容积的减小将导致肺部形成正压,如果此时呼吸通道是开放的,人体就会呼出气体,直至肺的内外气压相等。呼吸的这一阶段称为呼气。在接下来的章节,我们将关注呼吸时胸腔体积发生改变的机理,不过在这之前,我们需要了解呼吸系统的解剖和生理知识,以及呼吸动力系统的结构组成。

第二节 呼 吸 道

呼吸道由鼻腔、口腔、咽腔、喉腔、气管、支气管以及肺组成。呼吸道通常以喉腔为界,分为上呼吸道和下呼吸道。

一、上呼吸道和下呼吸道

上呼吸道是由鼻腔、口腔、咽腔以及喉腔组成的,如图3-5-3所示。鼻腔、口腔和咽腔是空气进出肺部的对外门户,而喉腔则保护下呼吸道,控制进出肺部气体的流量和流动过程。下呼吸道是由气管、支气管、肺及其周围组织组成的。气管与支气管是气体进入肺部的终末通道。

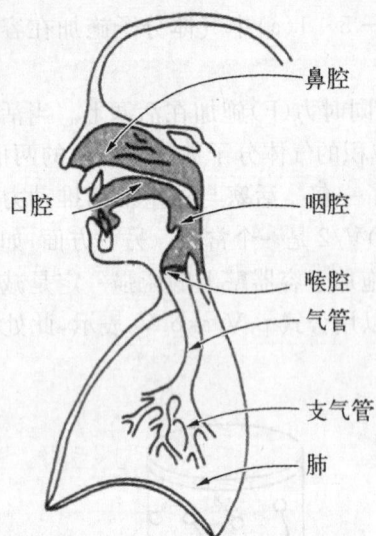

图3-5-3　呼吸通道的图解
注：图中阴影部分代表上呼吸道。

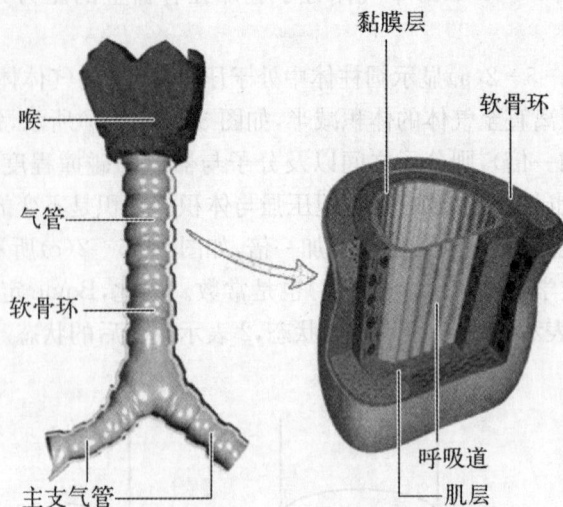

图3-5-4　气管与支气管

二、气管与支气管

如图3-5-4所示，气管位于喉与左、右主支气管分叉处的气管杈间，起于环状软骨下缘（平第6颈椎体下缘），向下至胸骨角平面（平第4胸椎体下缘）。成年男性气管平均长10.30厘米，成年女性气管平均长9.71厘米，分为颈段和胸段。

气管由18块软骨与肌肉、韧带连接而成。气管软骨由14—17个缺口向后、呈C形的透明软骨环构成。气管后壁缺口由气管膜壁封闭，该膜壁由弹性纤维与气管肌（属平滑肌）构成。甲状腺峡部多位于第2—4气管软骨环前方，气管切开术常在第3—5气管软骨环处施行。胸骨角平面处有一向下凸出并略偏向左侧的半月状嵴，称为气管隆嵴，它是支气管镜检查的重要标志，如图3-5-5所示。

支气管是气管分出的各级分支，其中一级分支为左、右支气管，称为主支气管。气管中线与主支气管下缘间的夹

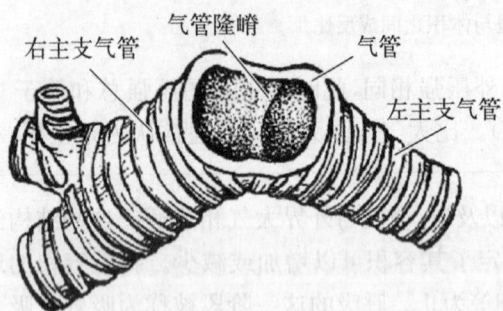

图3-5-5　气管、支气管和气管隆嵴

角称为嵴下角。男性右嵴下角平均为21.96°，女性右嵴下角平均为24.7°；男性左嵴下角平均为36.4°，女性左嵴下角平均为39.3°。因此，左、右主支气管的区别有：前者细而长，嵴下角大，斜行，通常有7—8个软骨环；后者短而粗，嵴下角小，走行较直，通常有3—4个软骨环，经气管坠入的异物多进入右主支气管。

第三节　肺与胸膜连接

肺是呼吸的主要器官。肺部呈锥形，分别居于纵隔的两侧，几乎占据整个胸腔。肺的前面、侧面和后面均由胸廓所包围，下方是膈肌。透过胸膜可见许多呈多角形的小区，称为肺小叶，其出现炎症反应即为小叶性肺炎。正常肺呈浅红色，质柔软呈海绵状，富有弹性。成人肺的重量约等于自身体重的1/50。健康的成年男性两肺的空气容量约为5 000毫升，女性的肺容量小于男性。

一、肺的形态

两肺外形不同，右肺宽短，左肺狭长，如图3-5-6所示。肺呈圆锥形，分为一尖、一底、两面、三缘。

肺尖钝圆,经胸廓上口伸入颈根部,在锁骨内侧 1/3 处向上突至锁骨上方达 3—5 厘米。肺底,也称膈面,在膈肌顶部的上方,受膈肌压迫而呈半月形凹陷。肋面与胸廓的外侧壁和前、后壁相邻。纵隔面中央有椭圆形凹陷,称为肺门,其内有支气管、血管、神经、淋巴管等出入并为结缔组织包裹,称肺根。肺前缘锐利,左肺前缘下部有心切迹,切迹下方有一突起,称左肺小舌。肺下缘位于膈肌上,是肺三个面的移行部,其位置随着呼吸运动而发生显著变化,后缘圆钝。

人的肺左右各一,右肺分三叶,左肺分两叶。左肺斜裂由后上斜向前下,将左肺分为上、下两叶。右肺的斜裂和水平裂将右肺分成上、中、下三叶。肺的毗邻器官可在肺表面形成压迹或沟,如两肺门前下方均有心压迹。右肺门后方有食管压迹,上方是奇静脉沟。

每侧肺均为含气的容腔,因而其质量非常小,较容易扩展,并且如同海绵一样,如果不存在外来的牵引力,便会皱缩成一小团,呈塌陷状,但这在正常情况下并不会发生,否则呼吸运动将无法进行。

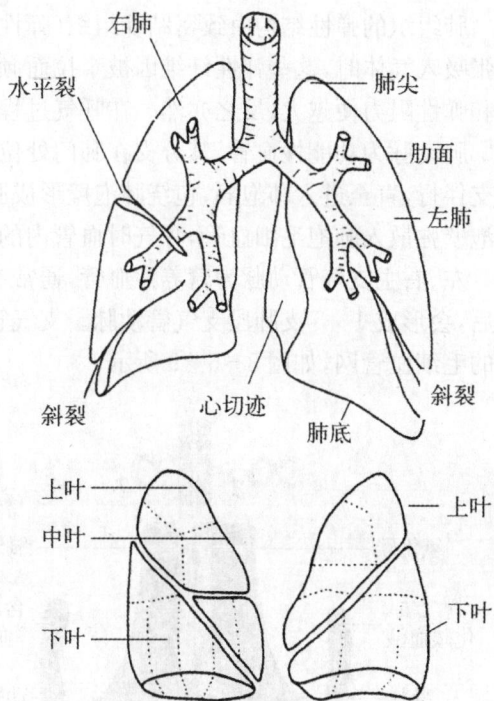

图 3 - 5 - 6　肺的外观及其表面的沟裂

二、支气管树

在肺门处,左、右主支气管分出次级支气管进入肺叶,称为肺叶支气管。左肺有上叶和下叶支气管,右肺有上叶、中叶和下叶支气管。肺叶支气管进入肺叶后,再继续分出第三级支气管,称肺段支气管。故主支气管被称为一级支气管,肺叶支气管被称为二级支气管,肺段支气管被称为三级支气管。各级支气管形成树枝状,称为支气管树,见图 3 - 5 - 7。主支气管经多次分支后,形成无数的细支气管,肺泡囊则位于每根细支气管的终末端,见图 3 - 5 - 8。

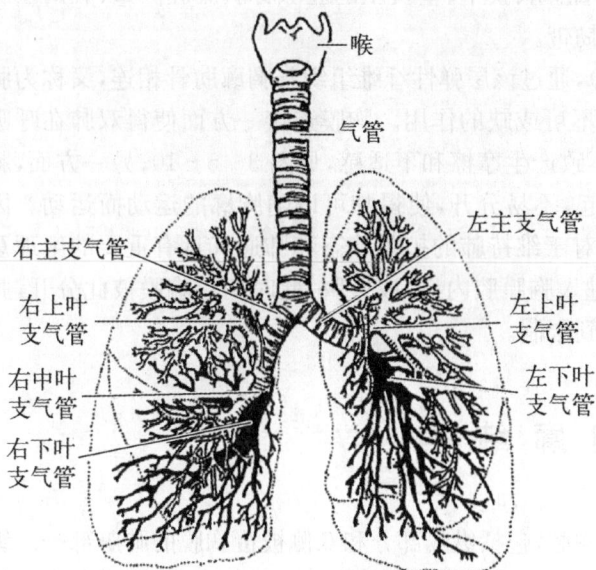

图 3 - 5 - 7　支气管树整体观

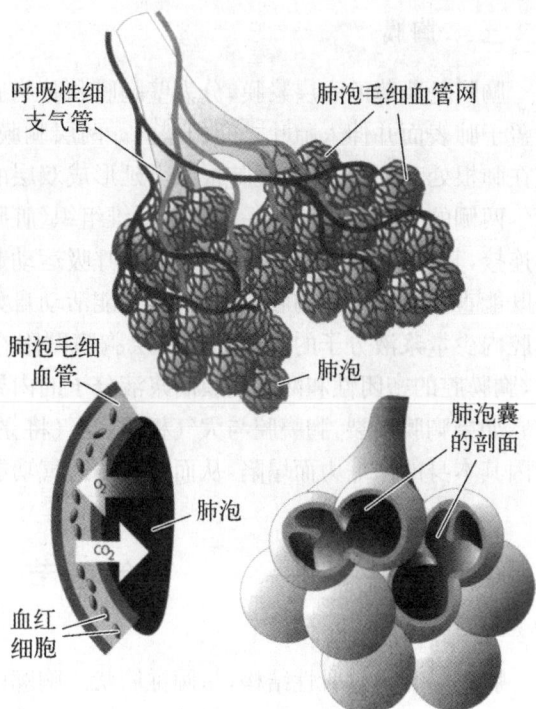

图 3 - 5 - 8　肺泡

肺组织的弹性结构由致密结缔组织(弹性纤维和胶原纤维)所组成,它环绕着细支气管和肺泡。当肺扩张吸入气体时,这些弹性纤维因被牵拉而倾向于回缩。肺扩张程度越大,其牵拉作用就越强,肺的回缩力和弹性阻力便越大;反之亦然。在呼气过程中,弹性回缩力起到协助肺部收缩的作用。

肺动脉为功能性血管,其分支在肺门处位于支气管前方,后转向后方。它在肺内的分支多与支气管的分支伴行,直至进入肺泡隔,包绕肺泡壁形成肺泡毛细血管网。由于肺泡壁非常单薄,吸气时氧气可通过肺泡壁弥散入肺泡毛细血管,呼气时血管内的二氧化碳通过它释放到肺泡内。

左、右主支气管动脉为营养性血管,通常有1—4支,进入肺内与支气管紧密伴行,经肺段门进入肺段内后,会形成1—3支肺段支气管动脉。支气管动脉最终在支气管壁的外膜和黏膜下层分别形成供应支气管的毛细血管网,如图3-5-9所示。

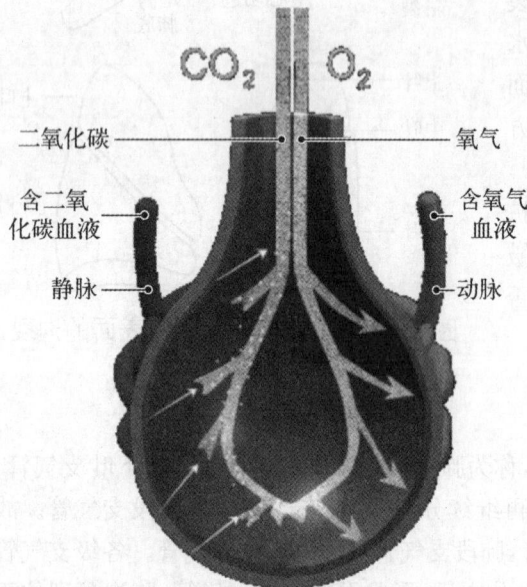

图3-5-9 肺泡内的气血交换

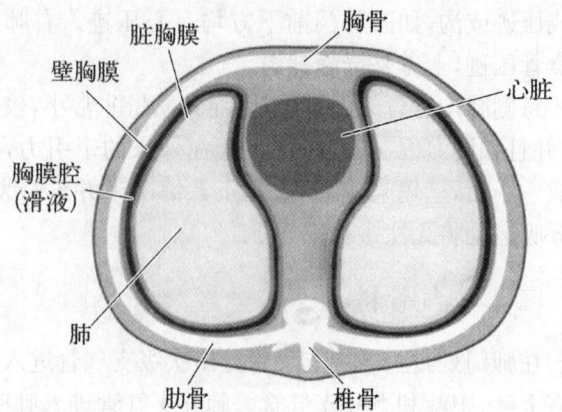

图3-5-10 胸膜连接

三、胸膜

胸膜是薄薄的一层浆膜,分为壁胸膜和脏胸膜。壁胸膜被覆于胸壁内面、膈上面和纵隔侧面,脏胸膜覆盖于肺表面并伸入肺叶之间的裂内。两层胸膜之间密闭、狭窄、呈负压的腔隙称胸膜腔。壁、脏两层胸膜在肺根处互相移行,包绕肺根并下延形成双层的肺韧带。

两侧的肺表面覆盖着一层弹性纤维组织(脏胸膜),通过该层弹性纤维组织与胸廓肋骨相连,又称为胸膜连接,其中密闭的潜在的胸膜腔对于呼吸运动起着不可或缺的作用。胸膜连接一方面使得双肺在呼吸时既能直接受到来自胸腔壁的压力,又能活动自如,不致产生摩擦和不适感,见图3-5-10;另一方面,胸膜腔内少量浆液分子的内聚力使两层胸膜贴附在一起,不易分开,使得肺可以随胸廓的运动而运动。因此,胸膜腔的密闭性和两层胸膜间浆液分子的内聚力对于维持肺的扩张状态和肺通气具有重要的生理意义。如果胸膜破裂,胸膜腔与大气相通,空气将立即进入胸膜腔内,形成气胸,此时两层胸膜彼此分开,肺将因其本身的回缩力而塌陷,从而使肺的通气功能受到限制。

第四节 胸 廓 结 构

胸廓是骨—软骨性结构,呈圆锥筒状。胸廓内为胸腔,包括纵隔部分和双侧被覆胸膜的肺脏部分。纵隔内主要容纳心脏、血管和食管等器官。双肺位于胸廓内。胸廓的前面是胸骨,两侧为肋骨,后方是胸椎骨,如图3-5-11所示。胸腔骨架由12对肋骨组成,它们向后通过胸肋关节分别连在12块胸椎骨上。从前面观,最下方的两对肋骨前端并没有附着在胸骨上,称为浮肋。浮肋上方的较低位肋骨则斜向上通过肋软骨连接到胸骨上,除浮肋以外的其余 10 对肋骨中,第 1—7 对肋骨直接与胸骨相连,第 8—10 对肋骨通过共有的软骨连结与第 7 肋软骨相连。肋骨的运动由胸肌和腹肌牵引,以此来增加或减小胸腔的体积。因此,当肋骨向上抬起时,它们向外侧运动,由于上端的肋骨固定在胸骨上,它们只是稍微向前移动,使胸腔扩大的幅度远不如下端肋骨上抬时的效果明显。这些运动导致胸腔内压力的变化。

第五节　呼吸肌群及其神经支配

呼吸肌群分为吸气肌群和呼气肌群两组。传统上通常认为:使胸腔体积增加、协助气体进入肺内的呼吸肌群是吸气肌群,例如膈肌和肋间外肌就是主要的吸气肌群,此外还有一些辅助吸气肌,如斜角肌、胸锁乳突肌等;使胸腔体积缩小、协助气体从肺部排出的呼吸肌群是呼气肌群,主要有肋间内肌和腹肌。

吸气肌群主要由膈肌和肋间外肌组成。膈肌是分隔胸腔和腹腔的肌肉—腱膜组织,呈扁平状。它与胸廓肋骨部的下缘相连,静止时向上隆起,形似一只倒置的钟罩。膈肌收缩时,其隆起部分向四周拉平,使胸腔在垂直方向上得到扩张,并使下部肋骨上提并向外移动。呼气与吸气时,膈肌的运动方向如图 3-5-12 所示。

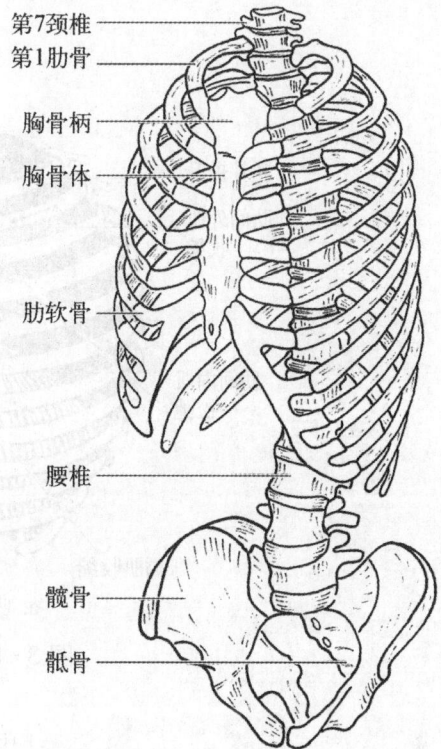

图 3-5-11　与呼吸生理相关的胸廓结构

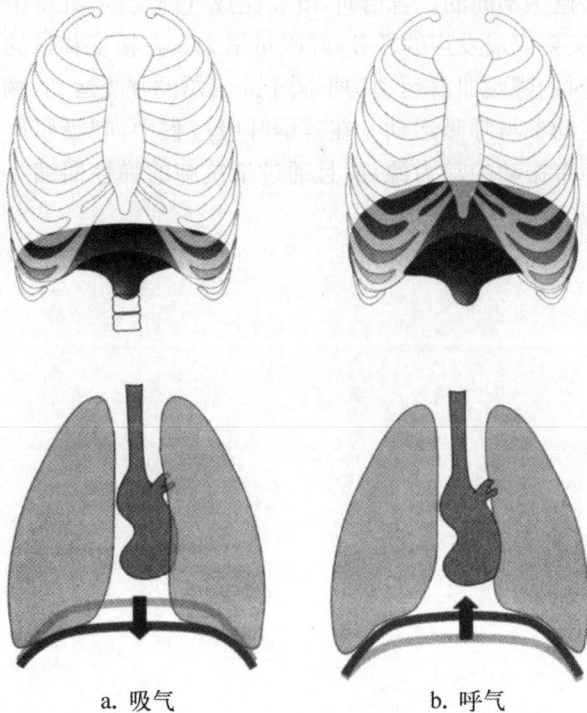

a. 吸气　　　　b. 呼气

图 3-5-12　呼气与吸气时的膈肌运动方向(用箭头表示)

如图 3-5-13(a)所示,肋间外肌起于上一肋骨的下缘,斜向前下方走行,止于下一肋骨的上缘。共有 11 对肋间外肌覆盖于 12 对肋骨的表面,它们向着第 1 肋骨的方向作整体的提升运动。第 1 肋骨连于胸椎并间接地连于颅底。

呼气肌群主要由肋间内肌组成。从胸骨缘到肋膈角,肋间内肌起自下位肋骨的上缘,止于上位肋骨的下缘,走行与肋间外肌相反。它们的作用在于使肋骨下降,缩小胸腔容积,见图 3-5-13(b)。

膈肌和肋间外肌是对吸气起主导作用的肌肉。平静呼吸时的呼气过程基本上是被动的,吸气后借助肺部弹性回缩力的作用释放气体。呼气时,腹部肌群先使腹压增强,膈肌上升,接着降低肋骨和胸骨,使得胸腔的容积缩小。主要呼吸肌群的特征如图 3-5-14 所示。

所有的呼吸肌群均由脊神经中胸腰神经的大部分分支所支配。胸神经前支共 12 对,第 1—11 对各自位于相应肋间隙中,称为肋间神经,第 12 对胸神经前支位于第 12 对肋骨下方,故名肋下神经。肋间神经行走于肋间内、外肌之间,支配其收

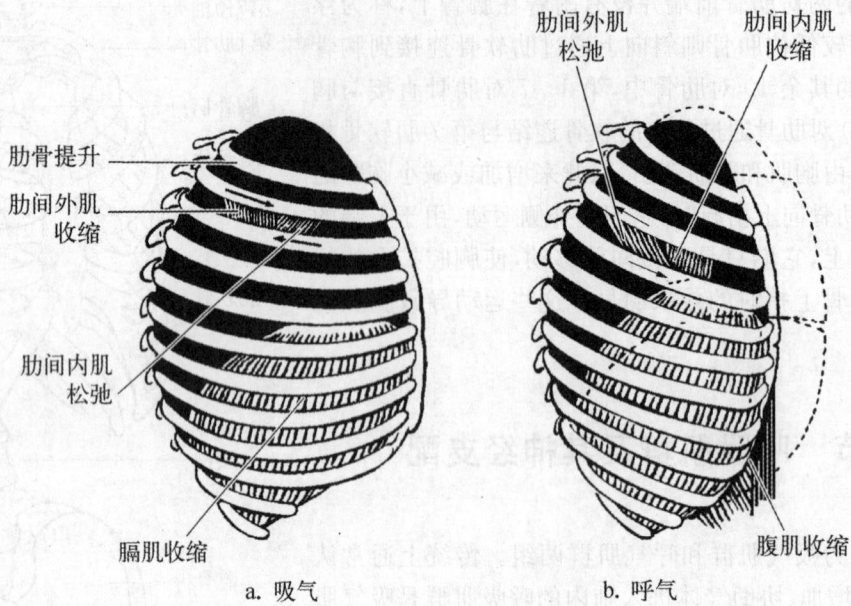

图 3 - 5 - 13　呼吸时呼吸肌群的作用

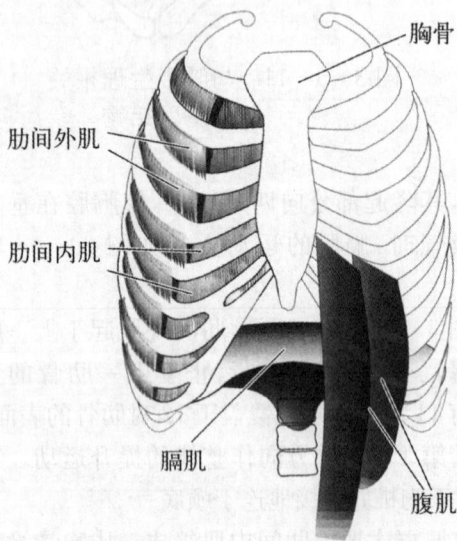

图 3 - 5 - 14　主要的呼吸肌群

缩运动。第 7—11 对肋间神经及肋下神经沿相应肋间隙逐渐向前下走行于腹横肌和腹内斜肌之间，随后继续向前下走行，在腹直肌外缘进入腹直肌鞘，分布于腹直肌，下 5 对肋间神经发出的肌支分布于肋间肌及腹肌前外侧群；腰丛的分支——髂腹下神经和髂腹股沟神经沿途发支，分布于腹壁诸肌群（腹内、外斜肌等）；膈肌由膈神经（第 3—5 对颈神经的分支）支配。

在平静生理呼吸和言语呼吸两种状态下，人体呼吸肌群的运动是迥然不同的。言语时，既要完成气体交换，维持生命的需要，又要完成发声的任务，呼吸量增大。在幅度和目的方面，言语时的呼吸肌群运动均不同于非言语的呼吸运动，胸腹肌群均主动参与呼吸运动。在言语呼吸过程中，呼吸肌群不仅提供声带振动的动力源，而且通过抵抗肺的弹性回缩力来调控胸腔气流的呼出速率。

第六章　发声系统

　　喉是发声系统的主要组成部分。这个小小的器官通过一种极其复杂的过程将呼吸系统提供的空气动能转变成共鸣和构音系统所需的声学能量。该过程主要涉及声门下压、气流速率以及喉部声带的肌弹性等特征参数。为了能更好地理解从空气动能到声学能量的转变过程，我们有必要掌握喉与声带的解剖结构及生理功能。

　　喉就像一只阀门，上通咽腔，下接气管。喉的主要生理功能包括：（1）避免异物进入气管；（2）增加胸腹腔压力，产生一些常见的生理现象，例如咳嗽、打喷嚏和呕吐等；（3）连结在气管的上端，是空气进出下呼吸道的枢纽；（4）紧闭声门时，使胸腔内压力剧增，胸部力量增大，有助于提起重物。喉的发声功能主要有：（1）为共鸣系统提供必需的声学能量；（2）气流形成的声门下压作用于声带，使两侧声带边缘在靠近到一定程度时产生振动，发出浊音；（3）开启声带，发出清音。

第一节　喉 的 骨 架

　　喉位于舌骨之下、胸骨之上。喉由软骨、肌肉和韧带相互连接所组成。整个喉腔通过韧带和肌肉附着在气管之上，软骨通过肌肉收缩产生运动。喉的骨架由一块骨和九块软骨组织组成，如图3-6-1所示。其中有不成对软骨三块，成对软骨三块。不成对软骨有环状软骨、甲状软骨和会厌软骨，成对软骨包括杓状软骨、小角软骨和楔状软骨。

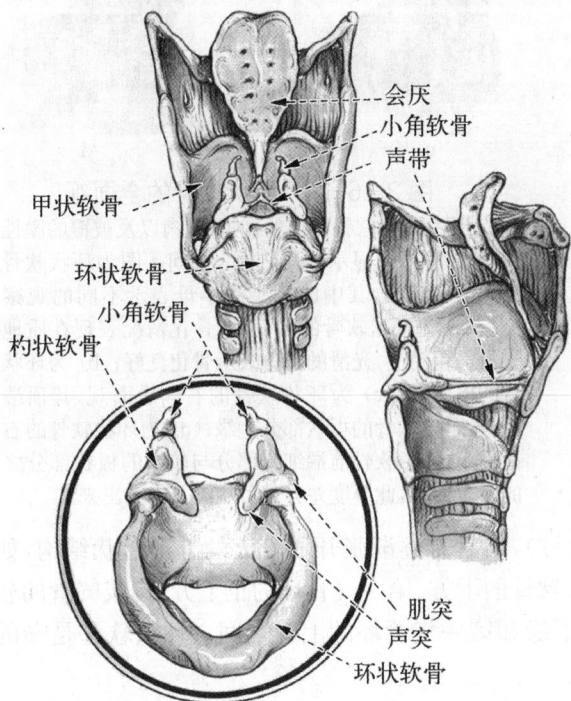

图3-6-1　喉（全面观）

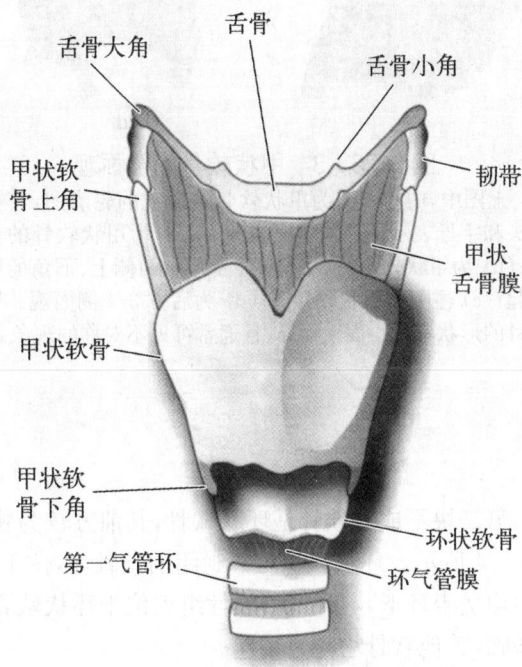

图3-6-2　喉和气管（前面观）

一、 喉软骨及其连结组织

喉的软骨支架悬挂在舌骨下方,如图 3-6-2 所示。舌骨位于甲状软骨的上方以及会厌软骨的前上方,是一块小的 U 形骨。它是舌肌的附着处,同时也支撑着喉腔,喉腔借助于一块膜性结构(甲状舌骨膜)悬挂在其下方。舌骨前方的舌骨体以及舌骨大角构成了 U 形的长边。舌骨还是喉外肌群和韧带的附着点。上述软骨通过关节、韧带和膜性结构与其他软骨相连结,软骨借助肌群的收缩牵引作用,进行着协调的运动。

舌骨的下方是甲状软骨,即最大的一块喉软骨,由左、右两块方形的软骨板组成。两板在前正中线相遇成前角,成年男性此角明显向前凸隆,称为喉结,女性则不明显。喉结上方为 V 形的甲状软骨切迹。甲状软骨两侧的上方有一对长的突起(上角),它们向上延伸,通过韧带与舌骨相连结;在甲状软骨两侧的下方还有一对短的突起(下角),它们向下延伸,与环状软骨两侧相关联。甲状软骨的后半部分呈开放状。声带前端附着于甲状软骨的内表面,即甲状软骨切迹的正下方,此处是一种纤维性结构,又称前联合,如图 3-6-3 所示。

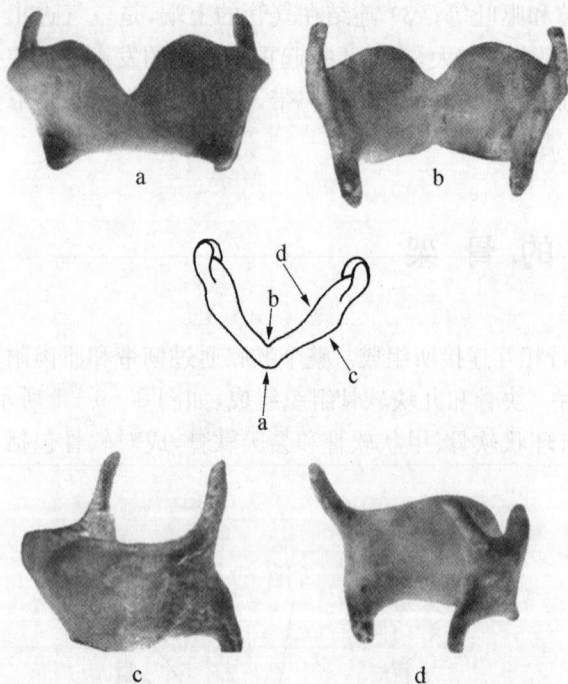

图 3-6-3 甲状软骨的全面观

注:上图中,中间一图为甲状软骨上面观的轮廓图,其中的箭头和字母表示不同的观察角度。(a) 为甲状软骨的前面观;(b) 为甲状软骨的后面观,显示左右两侧上、下角的明显突起;(c) 主要是甲状软骨壁;(d) 为后方 3/4 侧面观。甲状软骨的形状和大小因人而异,且通常可见不对称的现象。

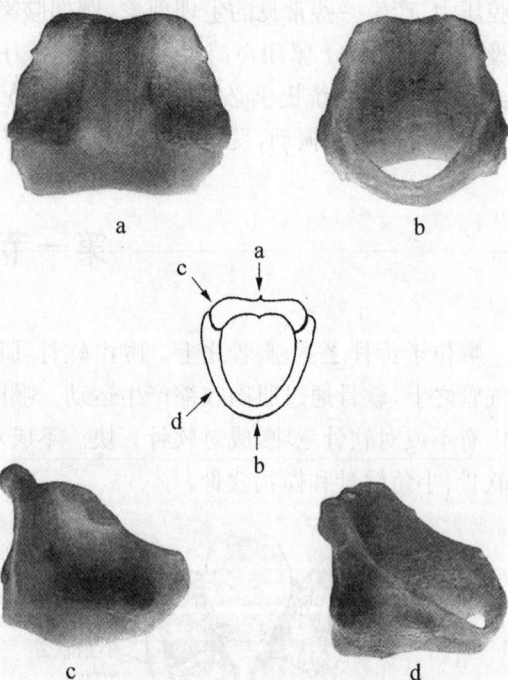

图 3-6-4 环状软骨的全面观

注:上图中,与软骨相连的韧带、肌肉以及被覆的膜性组织已被剔除,仅显示软骨结构。中间一图为环状软骨上面观的轮廓图,其中的箭头和字母表示不同的观察角度。(a) 为环状软骨的后面观,骨化情况表现在质地的光滑与粗糙上,光滑的部分表示骨化良好;(b) 为环状软骨的前面观;(c) 为环状软骨的右侧后面观,其顶端向上,显示出软骨的板状部分上缘;(d) 为环状软骨的右侧前面观,注意软骨前端细窄部分与较宽的板状部分之间的厚度差异,此厚度差异也可从图 b 中看出来。

第二块不成对软骨是环状软骨,其前方较为狭窄(弓),向后方逐渐张开成较大的方形盘状结构,如图 3-6-4 所示。环状软骨为一封闭的软骨环,位于甲状软骨的下方、第一气管环的正上方(构成气管的软骨支架均呈半环形)。环气管膜性组织位于环状软骨的下缘和第一气管环的上缘之间。环状软骨是喉的解剖基础,其他软骨均与之相连。

第三块不成对软骨是会厌软骨,它是一块宽的软骨,形状如橡树叶,见图 3-6-5。它位于甲状软骨切迹的正下方,通过甲会厌韧带附着于甲状软骨的内表面,并通过舌会厌韧带附着于舌骨体上。吞咽过程

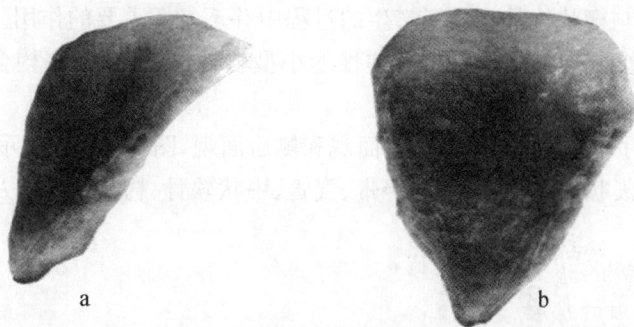

图 3-6-5　会厌软骨

注：图示的会厌软骨已从甲状软骨前下方的内表面游离出来。为了能充分暴露会厌软
骨的轮廓，已去除其韧带、肌肉以及膜性附着物。(a) 为会厌软骨的后侧面观，可以看到
会厌软骨的凹面；(b) 为会厌软骨的后面观，前方的整个范围都属于会厌软骨的舌面。

中，会厌软骨向下运动，挡住喉入口，并作为一座桥梁，将食物和液体直接导入食道。然而该软骨在嗓音产
生方面并不发挥重要的作用。

　　杓状软骨为成对的软骨，它骑跨在环状软骨板上缘的外侧，左、右各一块，形似三角锥体，如图 3-6-6
所示。其基底部宽而平，向上延伸至一顶点。基底部有两个突起：一个向前，称为声突，声带后端即附着
于此；一个向后外方，称为肌突，一些控制声带开闭的肌肉附着于此。因为声带附着于声突上，所以杓状软
骨在发声过程中起着关键性的作用。喉部肌群附着于杓状软骨的肌突处，其收缩和舒张使杓状软骨产生
运动，从而带动附着在声突上的声带进行开闭运动。杓状软骨有两种运动方式：转动和滑动。这两种运
动方式可单独出现，有时也会同时出现。

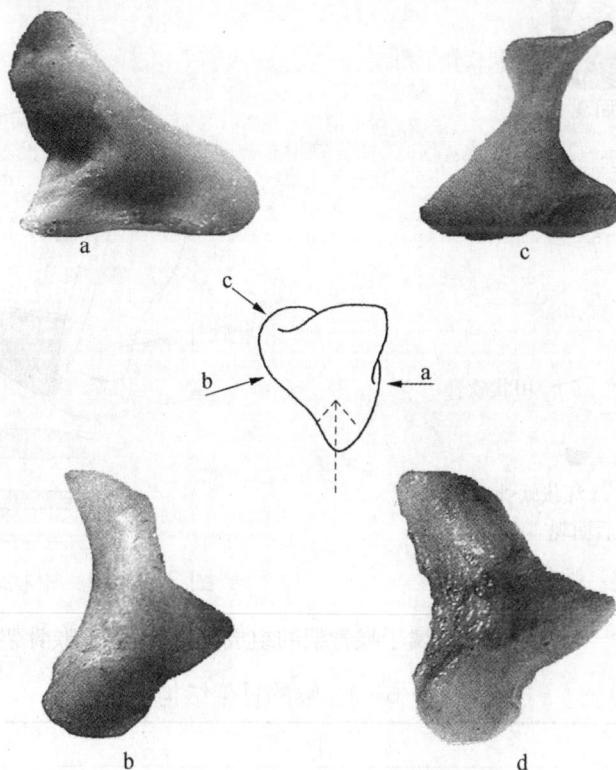

图 3-6-6　杓状软骨

注：上图中，中间一图为杓状软骨上面观的轮廓图，已经除去韧带、肌肉以及膜性组织，其中的箭头和字母表示
不同的观察角度。(a) 为指向杓状软骨基底部的凹面侧面观，它是甲杓肌的附着处，左缘的高处凹面是室带的
附着处，杓状软骨右侧基底部的肌突是环杓后肌以及环杓侧肌的附着处。(b) 为杓状软骨的中间观，略微向左
侧倾斜，右侧转角处是声带突。(c) 为肌突基底部的后侧面观。(d) 为软骨基底面以及中线剖面，在开放和闭合
声门以及调节声带紧张度时，凹凸不平的底面能够使杓状软骨在环状软骨上方做旋转、滑动和摆动运动。

两对成对的小角软骨与楔状软骨在嗓音产生的过程中并不发挥重要的作用。前者位于杓状软骨的顶部,但并非所有的人都有这对软骨;后者是具有弹性的小型软骨棒,被包裹在杓会厌襞中。这些软骨的功能可能是撑开喉黏膜的皱褶部分。

图 3-6-7 综合显示了喉软骨的前面观、后面观和侧后面观,图 3-6-8 显示的是喉软骨的上面观,而图 3-6-9 是甲状软骨的矢状切面图,显示了声带、气管、甲状软骨、杓状软骨以及环状软骨间的关系。

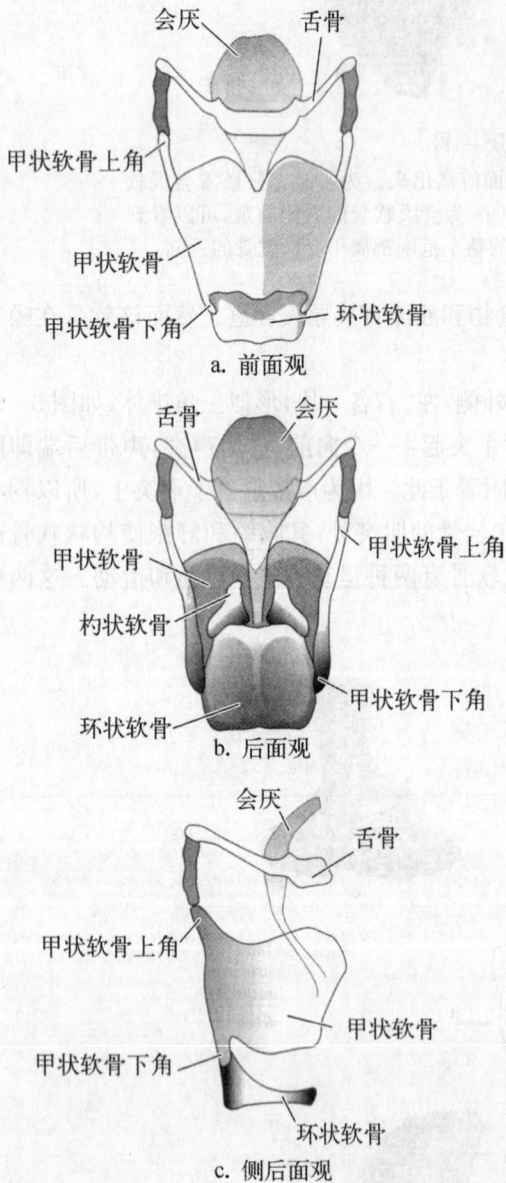

a. 前面观

b. 后面观

c. 侧后面观

图 3-6-7 喉软骨

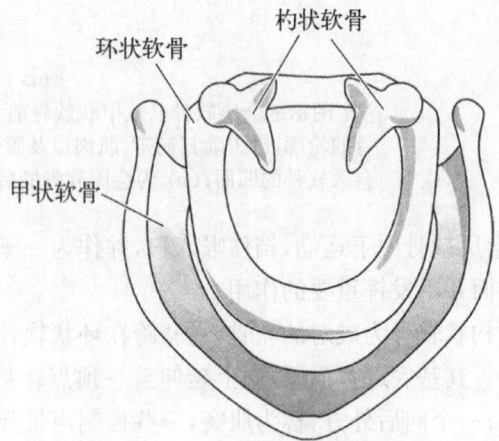

图 3-6-8 喉软骨的上面观

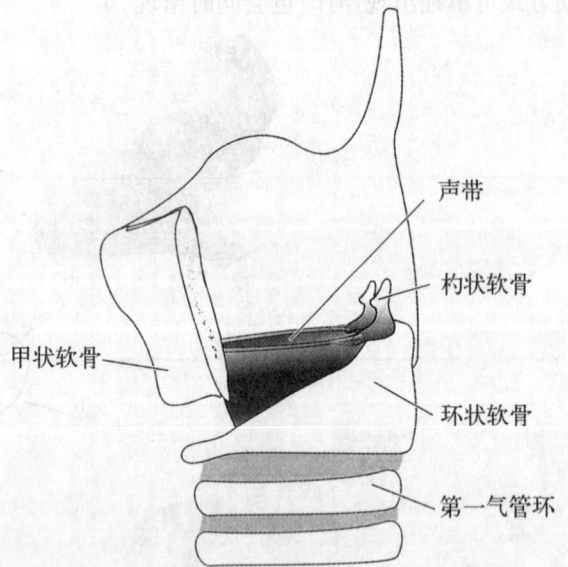

图 3-6-9 甲状软骨的矢状切面图

喉的骨架结构可见表 3-6-1。舌骨不属于喉骨架的组成部分,但它与喉骨架紧密相关,故列于此表内。

表 3-6-1 喉的骨架结构

骨	
舌骨	舌肌附着处,喉骨架通过甲状舌骨膜悬挂在舌骨上
不成对软骨	
甲状软骨	最大的喉软骨,与环状软骨形成关节,声带前端附着于前联合处
环状软骨	完整的环形软骨,大部分位于喉的基底部,通过环气管韧带连接在气管上
会厌软骨	具有弹性,呈叶状,附着于舌骨和甲状软骨上

成对软骨	
杓状软骨	位于环状软骨板上缘的外侧,声带附着于声突,喉肌附着于肌突
小角软骨	位于杓会厌皱襞的后部、杓状软骨的顶部
楔状软骨	弹性纤维软骨,位于杓会厌皱襞边缘小角软骨的前面
喉关节	
环杓关节	位于环状软骨板上缘两侧与两侧杓状软骨底部肌突之间,其功能在于控制声门的开闭
环甲关节	位于两侧环状软骨后外侧与甲状软骨下角之间,其功能在于调节声带的长度,从而控制基频

二、喉关节

喉只有两对重要的喉关节,即环杓关节和环甲关节,声门所有的开闭运动均由这两对关节来调节。

环杓关节是环状软骨板上缘两侧与两侧杓状软骨底部肌突之间的滑膜关节。这是一对活动度较大的关节,在声门的开闭运动方面起到关键性的作用。

环杓关节是鞍状关节。环状软骨关节面是关节头,位于环状软骨板上缘斜面的两侧,呈椭圆形凸起,左右关节面向前呈八字形走向,左右轴夹角为50°—60°,左右轴与冠状面呈45°角,见图3-6-10。关节面纵径约为5.8毫米,横径约为3.8毫米。杓状软骨关节面是关节窝,其纵径约为3.6为毫米,横径约为5.8毫米。

此关节主要有两种运动形式:

一种是摆动,如图3-6-11所示。由于环状软骨左右关节面之间有一段距离,单纯依靠杓状软骨的滑动,不能使声突在中线位置相遇,因而还必须要有一定程度的延长轴周围的摆动来配合,也就是有一种向内前的摆动来关闭声门,而向外后的摆动可以开放声门。

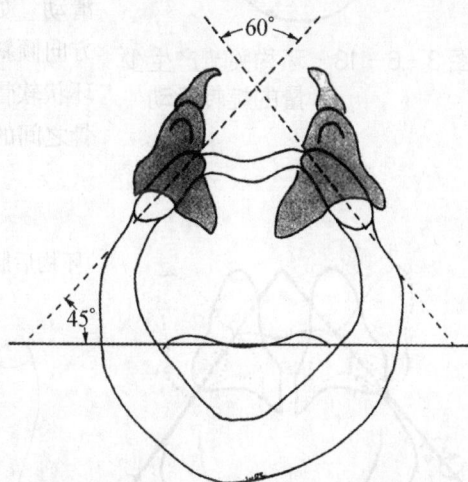

图3-6-10　环杓关节面的角度定位

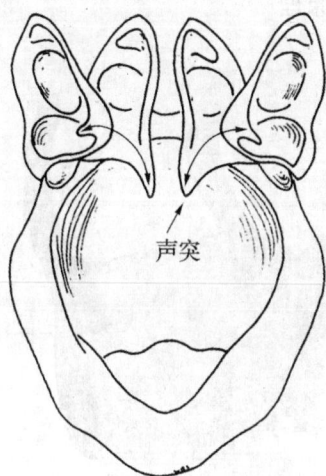

图3-6-11　环杓关节的运动　　　图3-6-12　环杓关节产生少量的滑行运动

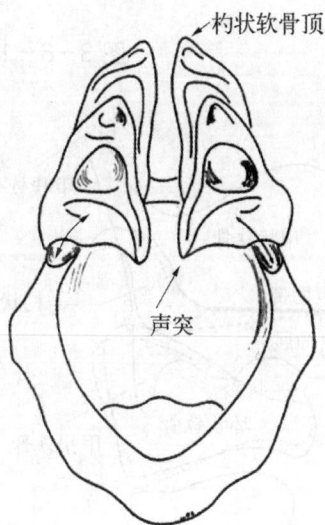

另一种是轻微的滑动,如图3-6-12所示。环状软骨板的上缘两侧呈向上、后、内和向下、前、外的走向,所以杓状软骨沿着环状软骨关节面进行向上、后、内和向下、前、外的滑动,使杓状软骨相互靠近或远离,从而开闭声门。

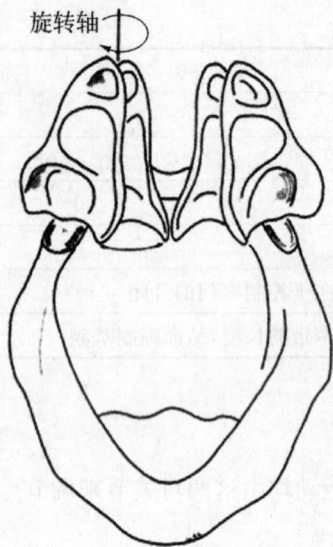

旋转轴

图 3-6-13 环杓关节产生少量的旋转运动

此外,有时还能见到此关节出现少量围绕垂直纵轴进行的旋转运动,这种带有争议的运动如图 3-6-13 所示。由于关节的自然属性,此种运动可以忽略不计,在正常喉腔中也很可能是不存在的。

环杓关节的活动是滑动和摆动的综合运动,如图 3-6-14 所示,通过环杓后肌和环杓侧肌的作用,环杓关节使双侧声带打开和关闭,即使声带外展和内收。该功能很重要,因为其能对通过声门的气流产生阻力,这也正是发声所必需的。

环甲关节是两侧环状软骨后外侧与甲状软骨下角之间的滑膜关节,其在调节嗓音基频方面起到重要的作用。

环甲关节是车轴关节,甲状软骨两侧翼板的后缘向上、下两端延伸,下角末端的内侧面有一圆形小关节面与环状软骨的关节面形成关节。环甲关节的主要运动方式是沿两侧关节的水平轴旋转,也可发生滑动。如图 3-6-15 所示,当环甲肌收缩时,甲状软骨向环状软骨弓的方向倾斜,或环状软骨弓向上倾斜,使环状软骨弓更加靠近甲状软骨。当环状软骨或甲状软骨进行这种运动时,后方的杓状软骨与前方的甲状软骨之间的距离拉大,声带的张力也就增加,从而提高嗓音基频。

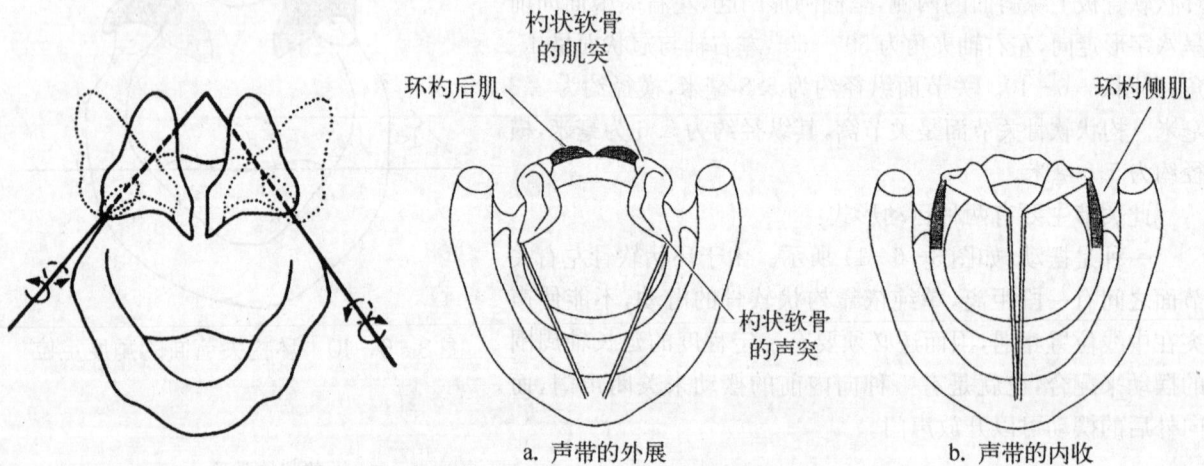

杓状软骨的肌突

环杓后肌

环杓侧肌

杓状软骨的声突

a. 声带的外展　　　　b. 声带的内收

图 3-6-14 环杓关节运动原理

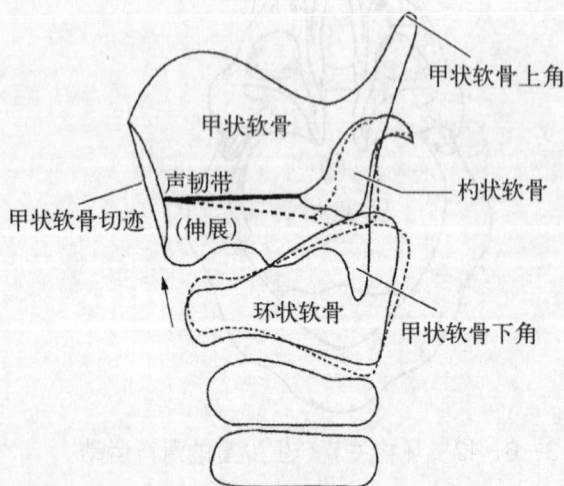

甲状软骨上角

甲状软骨

声韧带

甲状软骨切迹

(伸展)

杓状软骨

环状软骨

甲状软骨下角

图 3-6-15 环甲关节运动原理

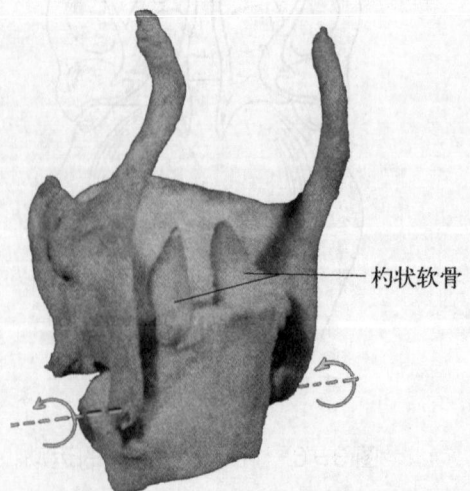

杓状软骨

图 3-6-16 环甲关节的旋转轴

环甲关节早期被描述成屈戌关节,其旋转轴如图 3-6-16 所示。小的椭圆形(或圆形)关节面位于环状软骨弓的两侧。这些关节面可能是平坦的、轻微凹的、轻微凸的，或几乎完全缺失。位于甲状软骨下角的关节面也是如此。然而，关节表面通常被覆上皮黏膜，同时由带状韧带所固定，这就限制了关节的运动。

Mayet 和 Muendnich 证实，后方、两侧以及前方的环甲关节韧带共同组成了囊状韧带，如图 3-6-17 所示。关节囊的结构很大程度上决定了关节运动类型。

环甲关节的主要运动是围绕水平轴进行旋转运动。这种运动将声韧带拉至紧张状态，因而只表现为旋转运动。然而，在中间位置上，声韧带有些松弛，所以可以围绕矢状面进行少量的滑行运动。这种旋转或滑行运动逐渐将声带拉紧，进而提高嗓音的音调。

图 3-6-17　环甲关节的囊状韧带

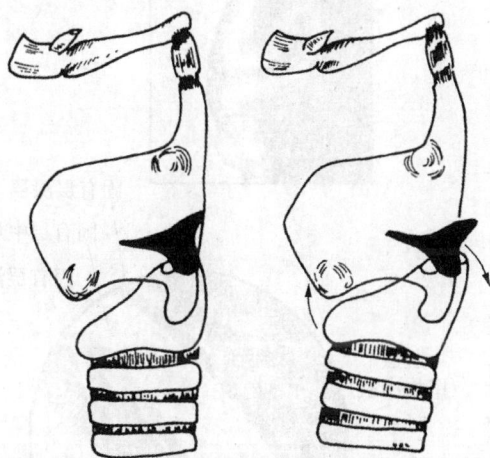

至于是环状软骨还是甲状软骨实际参与了旋转运动，尚存在争议。

Mayet 和 Muendnich 认为，由于甲状软骨被附着肌肉组织以及其他一些结构组织，所以主要是环状软骨在做旋转运动。如图 3-6-18 所示，这种运动使环状软骨弓前方与甲状软骨之间的距离缩短，同时杓状软骨的声带突与甲状软骨角之间的距离加大。Arnold 以及其他许多人都强烈支持"是环状软骨而非甲状软骨参与重要的旋转运动"的观点。

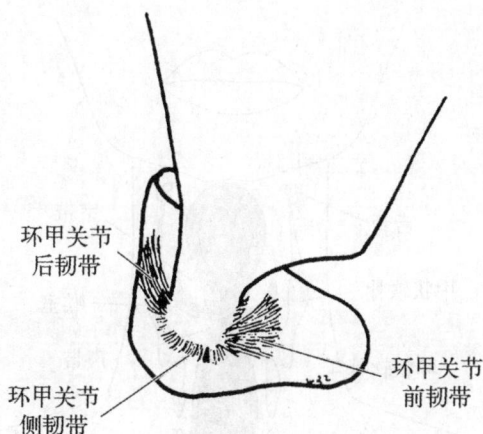

图 3-6-18　环甲关节的旋转运动
注：Mayet 指出，环状软骨的旋转运动可以缩短环状软骨弓与甲状软骨前方的距离，同时增加杓状软骨的声带突与甲状软骨角之间的距离。

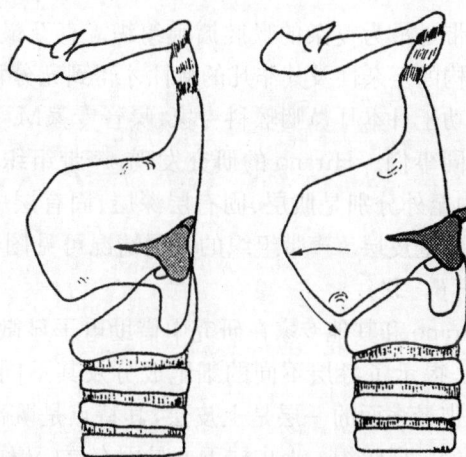

图 3-6-19　环甲关节的旋转运动
注：Cates 指出，甲状软骨向前倾斜增加了喉部的前后距离，因而也增加了声带的紧张度。

Cates 和 Basmajian、Vermard、Zemlin 等人则认为，相对于环状软骨，甲状软骨更灵活。如图 3-6-19 所示，甲状软骨的向前倾斜运动同样可以增加喉的前后距离。

除了关节韧带之外，大量其他的韧带以及黏膜组织均与喉部相连，其中一些附着于喉内，另一部分则与同喉相连的喉外组织相联系。

第二节　喉腔内的瓣膜组织

喉腔基本上是一个中空的管腔，其内有三套由结缔组织和带状结构的肌纤维所组成的瓣状结构，分别是杓会厌皱襞、室带（假声带）和声带（真声带）。它们在喉腔内自上而下依次排列，分别具有不同的功能。图 3-6-20 显示了声带与室带的毗邻关系。

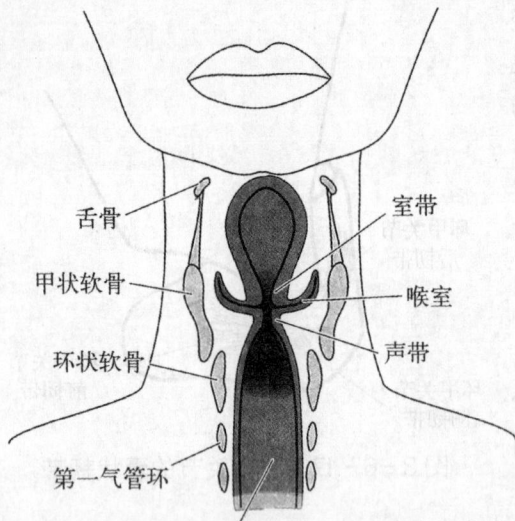

图 3-6-20　喉（冠状面）

舌骨
甲状软骨
环状软骨
第一气管环
室带
喉室
声带

一、杓会厌皱襞

杓会厌皱襞是喉腔皱襞最上方的部分，其从会厌软骨的两侧分别向同侧杓状软骨的顶部延伸。杓会厌皱襞由结缔组织和肌纤维组织构成，其收缩时呈环形或括约形，将会厌组织拉向后方，因而在吞咽时，杓会厌皱襞可以帮助会厌软骨关闭喉入口。

二、室带

室带位于杓会厌皱襞的下方，与声带平行，位于真声带的正上方。它们不像声带一样含有丰富的肌纤维组织，所以只能进行少量的运动。在进行吞咽、提重物、排便、分娩等用力活动时，它们处于关闭状态。正常情况下，它们在发声时维持开放状态。在声带与室带之间有一个很小的空间，被称为喉室。这个空间容纳了分泌黏液的腺体组织，它们使喉黏膜保持湿润与光滑。

三、声带

声带是最为复杂的喉腔瓣膜组织。直至最近 20 年，声带结构的复杂性及其非凡的特性才得到充分肯定，而这主要归功于日本耳鼻咽喉科专家、嗓音专家M. Hirano 以及他的同事们。Hirano 的研究发现，声带组织共分为五层，由内至外分别是肌层、固有层深层、固有层中层、固有层浅层和上皮层。声带组织的分层情况可见图 3-6-21 和图 3-6-22。

Hirano 和其他专家在研究中借助电子显微镜等高尖端技术，揭示了各层不同的细胞成分及其不同的运动机制。声带最表面的一层是上皮层，其特点是既薄又滑，是很坚韧的一层组织。上皮层下方是固有层（又称黏膜层），它又分为三层：(1) 固有层浅层，又称为雷氏间隙（Reinke's space），主要由弹性纤维组成，因而富有弹性；(2) 固有层中层，也由弹性纤维组成，但与浅层相比显得比较致密而缺少弹性；(3) 固有层深层，主要由胶原纤维组成，柔韧性较固有层中层差。肌层是构成声带的最里层组织，也就是甲杓内肌，即声带肌，它是声带的主要构成部分。通常认为该层比声带其他各层更加厚实。

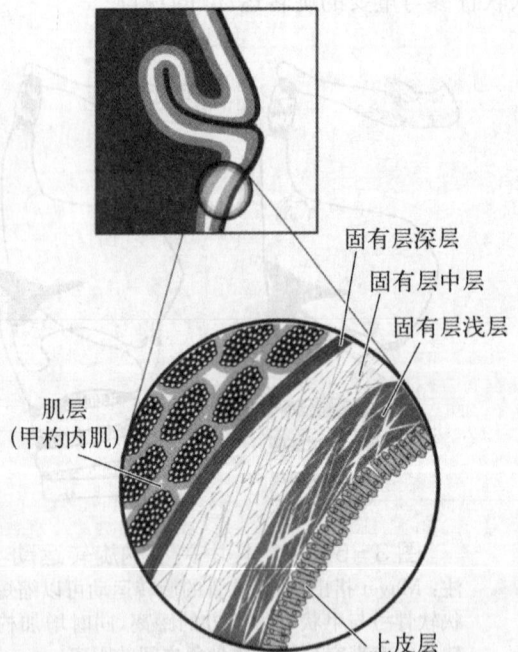

固有层深层
固有层中层
固有层浅层
肌层
（甲杓内肌）
上皮层

图 3-6-21　声带组织示意图

声带是多层的振动器官，每一层都具有自己独特的物理学特性，当各层结合在一起时，能产生平滑的剪切运动，这是声带振动的基础，如图 3-6-22 和图 3-6-23 所示。

四、包膜体层模型

硬度是指组织结构抵抗扭曲的能力。硬度的反义词是顺应性，主要指结构被扭曲的容易程度。根据声带各层硬度的不同，Hirano 及其同事又将声带重新分为包膜层、过渡层和体层。Hirano 的这种声带模型也被称为包膜体层模型。包膜层包括上皮层和固有层浅层。过渡层又称声韧带，包括固有层中层和深层。甲杓内肌构成了声带的体层。每一层均有不同的振动模式，这是因为各层的组成成分和硬度是不同的。很明显，声带是一种多层次的、极度复杂的振动器官。这种结构的复杂性导致了一种复杂的声学波形

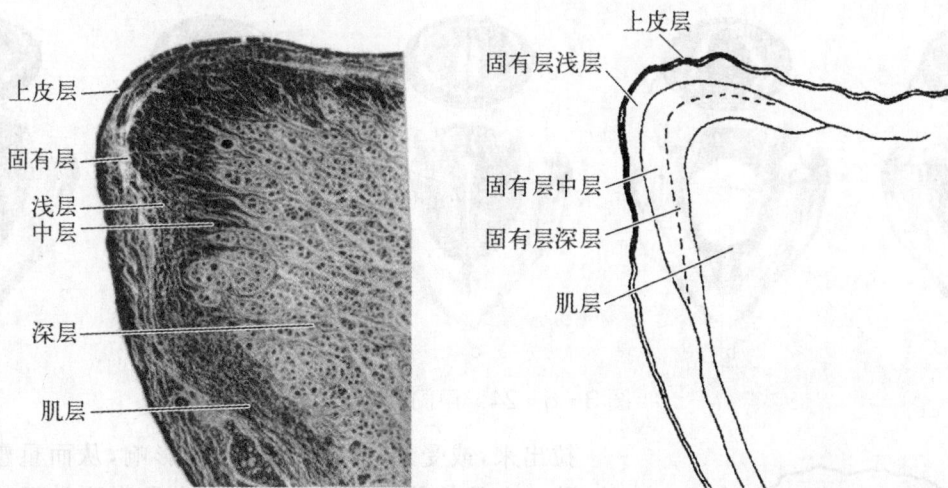

图 3 - 6 - 22　声带结构分层图

的产生,进而形成饱满的、富有共鸣效应的人类嗓音。

固有层浅层由弹性纤维和少量的胶原纤维松散地交织而成,过度发声或喉炎造成的肿胀或水肿就常发生于此。过渡层较包膜层坚硬,但比体层柔韧。体层的肌肉纤维通过影响声带的张力、包膜层的顺应性和弹性,来达到调节基频的目的。这种结构使黏膜波的运动相对于声韧带而言具有一定的独立性。声韧带的振动是同步的,但相对弱些。

从运动特性的角度出发,通过对声带进行超高速摄影和生物力学的测试发现,由上皮层和固有层浅层组成的包膜层是声带波动性最佳的部分。发声时,黏膜的波状运动沿着声带表面传播,这种运动对改变通过声门的空气分子的振动模式是很有必要的。

这种声带的分层方法具有重要的意义:(1)声带各层组织均有其不同的力学特性;(2)外周四层的运动特性是被动的,而最里层的力学特性使其既有主动运动,又有被动运动;(3)几乎所有的声带病变都起源于这五层中的一个具体层次。

图 3 - 6 - 23　声带结构分层彩图

五、声门

两侧声带及杓状软骨底内缘之间的裂隙称为声门裂。声门裂和两侧声带共同构成了声门。声门裂分为前后两部分:前部是膜部,又称为声部,是两声带之间部分的前 3/5;后部是软骨部,又称为呼吸部,是左右杓状软骨底内缘及声带突之间部分的后 2/5。成年男性膜间部声门裂的长度约为 15 毫米,成年女性膜间部声门裂的长度约为 12 毫米,儿童的声门裂较短。软骨间部声门裂长度约为 4—8 毫米,这主要受个体的性别、年龄以及体形等因素的影响。

声带位置的改变会引起声门形状的变化。图 3 - 6 - 24 显示的就是不同状态下声门形状的变化:图 a 显示平静呼吸时,声门是开放的,但开放程度并非最大,声带处于旁中位;图 b 显示在进行剧烈运动时,声门开放程度加大,以便吸入更大量的气体,该位置称为用力吸气位;图 c 显示发声时,声门闭合,两侧声带位于中间位置;图 d 显示耳语声主要是由膜间部声门裂关闭、软骨间部声门裂开放所产生的;图 e 显示假声歌唱时声门的形状。

由喉软骨支架围成的一个形状不规则的管腔称为喉腔。喉腔以室带和声带为界,自上而下可被分为声门上区(又称喉前庭)、声门区、声门下区。声门区最为狭窄,声带与室带突向喉腔中央,如图 3 - 6 - 25 所示。

在喉腔内上皮组织的下方,弹性纤维组织(方膜与弹性圆锥)因肌肉的收缩而从相邻组织中被牵

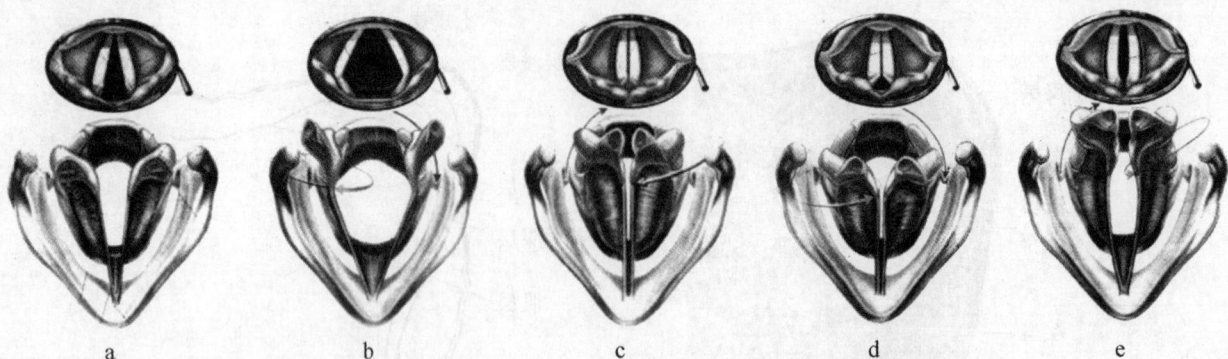

图 3-6-24　声门状态图

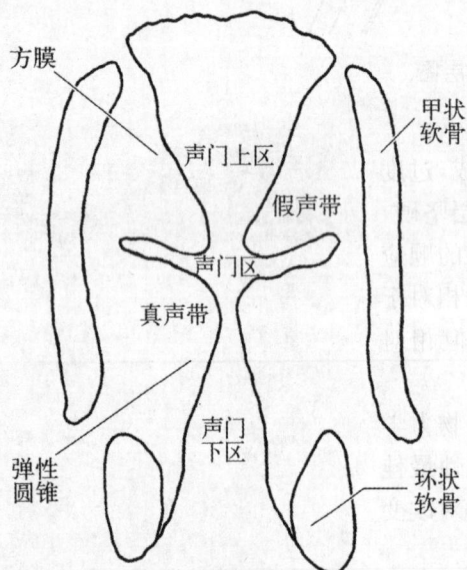

图 3-6-25　喉腔

拉出来，或受到其间空气动力的影响，从而重塑喉腔的形状。喉腔的黏膜或黏膜层由喉上和喉下神经的感觉神经所支配（第Ⅹ对脑神经即迷走神经的分支）。同时，它也受到对气流的方向和速率、疼痛和触觉刺激敏感的感受器的支配。

第三节　喉部肌群

喉部肌群可分为喉内肌群和喉外肌群。喉外肌群将喉软骨连接在其他结构上，喉内肌群则使喉软骨之间产生相对运动。

喉腔的运动通过喉内、外肌群的舒缩运动来实现。喉外肌群可以抬高或降低喉腔骨架，改变软骨之间的角度和距离，也改变喉内肌群的自然长度。喉内肌群由多块小肌肉组成，它们都附着在喉腔内的喉软骨上。喉内肌群的作用包括：（1）开闭声门；（2）改变喉软骨的相对位置；（3）改变声带的物理特性（如长度、紧张度、单位长度的质量、顺应性、弹性等）；（4）改变声门裂的大小，克服声门的阻力。

一、喉外肌群

喉外肌群包括附着于颅底、舌骨、下颌骨、喉、胸等邻近组织的肌肉。喉外肌群形成了一种围绕喉腔的网络结构，从而固定喉腔。喉外肌群以舌骨为界，可分为舌骨上肌群和舌骨下肌群。舌骨上肌群收缩时，可以抬起舌骨，进而将整个喉腔向上牵拉，并减小喉腔气道的阻力。舌骨下肌群收缩时，可以降低舌骨，进而将整个喉腔向下牵拉，并增加喉腔气道的阻力。如此大幅度的喉腔上、下运动主要见于吞咽的过程。图 3-6-26 显示了喉外肌群的一部分。

表 3-6-2 列出了喉外肌群的所有肌肉：舌骨上肌群包括二腹肌前腹和后腹、茎突舌骨肌、下颌舌骨肌、颏舌骨肌以及舌骨舌肌，舌骨下肌群包括肩胛舌骨肌、胸骨舌骨肌和甲状舌骨肌。

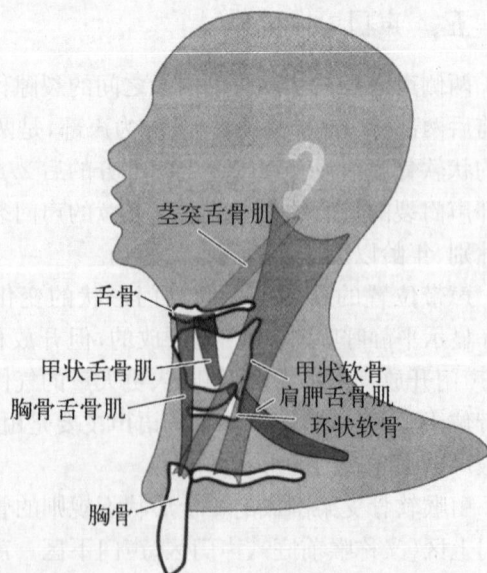

图 3-6-26　喉外肌群示意图

表 3-6-2　喉外肌群

舌骨上肌群	舌骨下肌群
二腹肌	肩胛舌骨肌
茎突舌骨肌	胸骨舌骨肌
下颌舌骨肌	甲状舌骨肌
颏舌骨肌	
舌骨舌肌	

二、喉内肌群

喉腔有五块喉内肌,这些肌肉的起止点均位于喉腔内。在这五块喉内肌中,有两块是声门关肌,一块是声门开肌,一块使声带拉长拉紧,一块构成声带的主体。喉内肌群如图 3-6-27 所示。

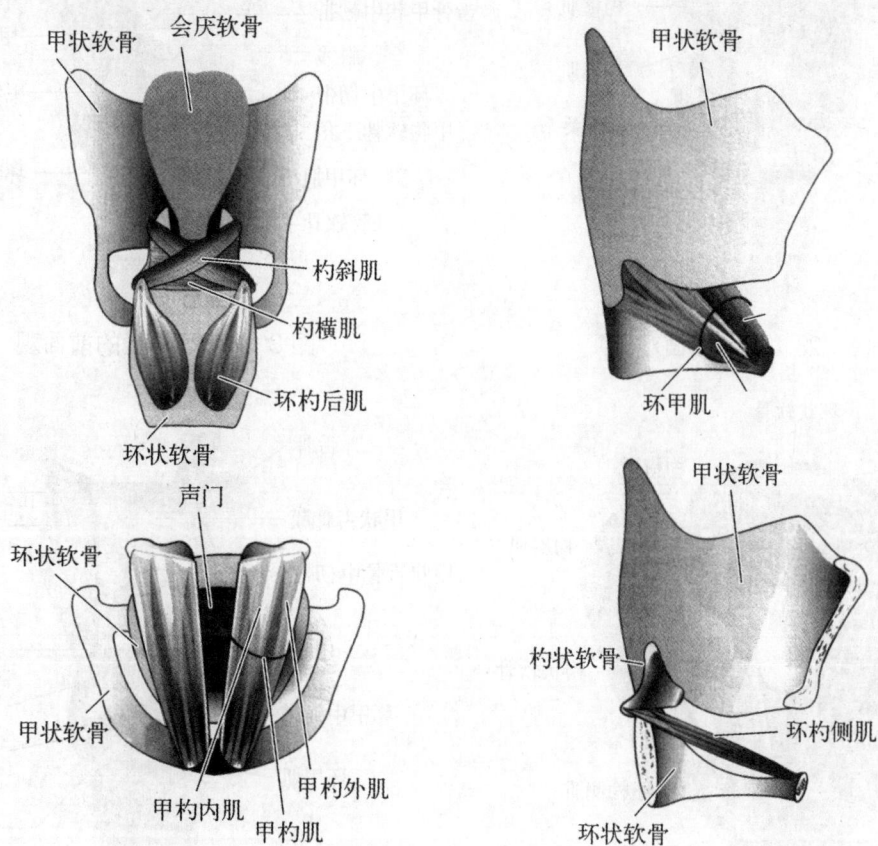

图 3-6-27　喉内肌群示意图

1. 声门开肌

环杓后肌是唯一一对声门开肌。如图 3-6-28 所示,它是一块体积较大、呈扇状的肌肉,起于环状软骨的后方,止于两侧杓状软骨的肌突。环杓后肌收缩时,肌突向后下方移动,相应地使声带突向两侧后上方移动,左右声突分离,继而声门被打开。

2. 声门关肌

第一块声门关肌是环杓侧肌,它是成对肌,起于环状软骨弓两侧的上缘,止于两侧杓状软骨肌突的前端,如图 3-6-28 和 3-6-30 所示。当环杓侧肌收缩时,肌突向前移动,使得两侧声突向内下方移动,彼此靠近，而附着于声突的声带也相互靠近，并使膜间部声门裂得以关闭。环杓侧肌与环杓后肌的作用方向相反，因而产生相反的效果——使杓状软骨靠拢，在两侧声带向中间靠拢的同时，将声突前端紧紧地靠在一起。

杓间肌是第二块声门关肌，包括单一的杓横肌和一对杓斜肌，如图 3-6-28 所示。当杓间肌收缩时，两侧的杓状软骨向中线移动，并关闭后部的声门。杓横肌起于一侧杓状软骨肌突及其外侧缘，止于另一侧杓状软骨肌突的同一位置。此肌肉的收缩将杓状软骨互相拉近。杓斜肌位于杓横肌的表面，起于一侧杓状软骨的肌突，止于另一侧杓状软骨的顶部后方，两侧肌束相互交叉呈 X 形。杓斜肌的收缩运动将两块杓状软骨的顶端拉拢。

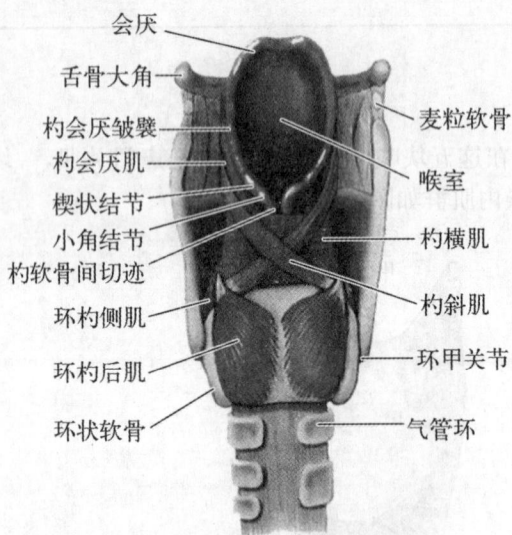

图 3-6-28 喉的后面观

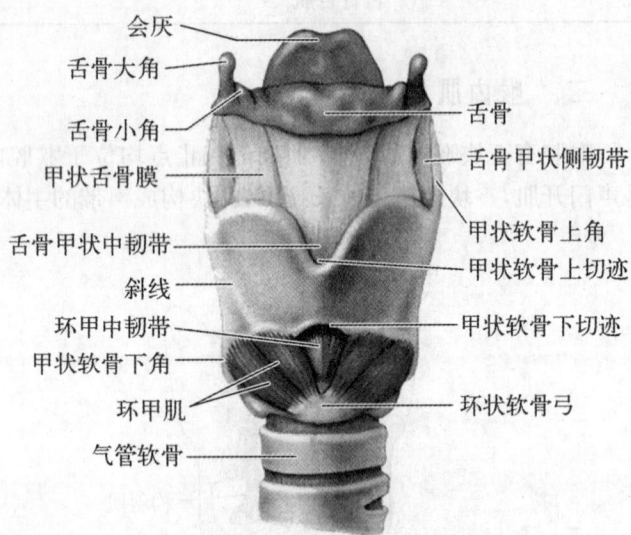

图 3-6-29 喉的前面观

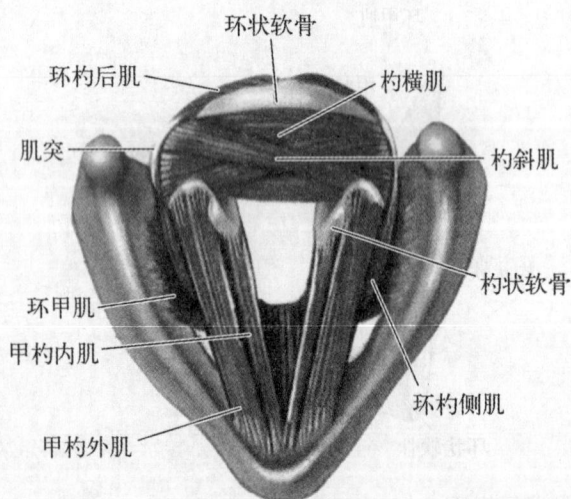

图 3-6-30 喉的上面观

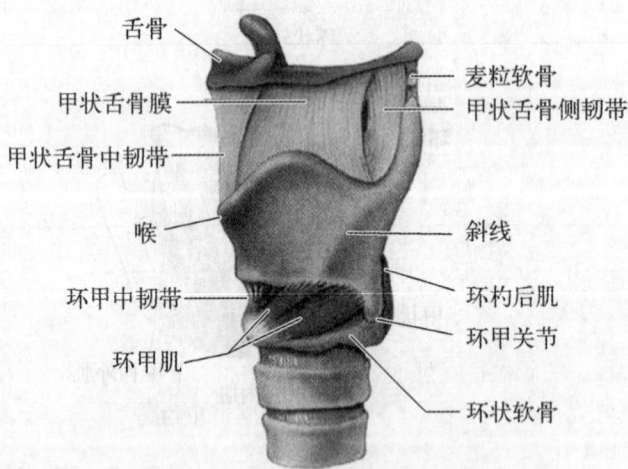

图 3-6-31 喉的侧面观

3. 声门张肌

成对的环甲肌起于环状软骨前弓的侧面。该肌肉呈扇形，其纤维向后分叉为两组，如图 3-6-29 和图 3-6-31 所示。上组为直行纤维，其纤维几乎垂直走行，止于甲状软骨下缘。下组为斜行纤维，其纤维呈更大角度走行，止于甲状软骨下角的前面。环甲肌的舒缩运动可以调节音调。当它收缩时，甲状软骨与环状软骨靠拢，增加了甲状软骨前联合与杓状软骨之间的距离。因为声带向前附着于前联合，向后附着于杓状软骨的声突，这两点间距离的增加使声带得到伸展，并减少了单位长度声带的质量，纵向增加了声带表面的紧张度，使声带振动的速率增加，产生高频率噪音（可能被感知为高音调）。换言之，环甲肌主要用于增加声带的长度,以控制音调。

甲杓肌是声带的主要构成部分。这部分在包膜体层模型中被称为体层。甲杓肌是成对肌,起于前连合,止于杓状软骨。甲杓肌可被其他喉内肌群的收缩运动所带动而产生开闭运动。它也能够由自身的收缩而产生内部紧张力,使声带变硬,这有助于增加声带振动的速率。甲杓肌包括内外两部分:内侧的甲杓内肌和外侧的甲杓外肌,如图3-6-30所示。甲杓内肌(也称声带肌),止于杓状软骨声突的后面和杓状软骨体的侧面,其后端较厚而前端稍薄,是声带的振动部分。甲杓内肌收缩时,会将其附着于声突的部分拉向甲状软骨的切迹(起点),使声带拉直。当声门处于张开位置时,甲杓内肌的运动使声带缩短,并使声门关闭。另外,这种运动还将使声带质地变硬。甲杓外肌止于杓状软骨外侧缘及其肌突前内侧。甲杓外肌究竟是作为张肌还是作为松弛肌起作用,主要取决于其他特定肌群的收缩程度。

表3-6-3列出了所有的喉内肌。

表3-6-3　喉内肌群

肌　肉	附　着　处	功　能
环杓侧肌	起于环状软骨弓两侧的上缘,止于两侧杓状软骨肌突的前端	关闭声门
杓间肌:杓横肌 杓斜肌	起于一侧杓状软骨的肌突及其外侧缘,止于另一侧杓状软骨的同一位置 起于一侧杓状软骨的肌突,止于另一侧杓状软骨顶部后方	关闭声门 关闭声门
环杓后肌	起于环状软骨的后方,止于两侧杓状软骨的肌突	打开声门
环甲肌:直部 斜部	起于环状软骨的前缘,止于甲状软骨的下缘的后部 起于杓状软骨的前缘,止于甲状软骨下角的上缘和甲状软骨板的上缘	使声带拉长 声带变紧
甲杓肌:甲杓外肌 甲杓内肌	起于前联合,止于甲状软骨的肌突 起于前联合,止于甲状软骨的声突	缩短及放松声带 紧张声带

图3-6-28显示的是喉的后面观,图3-6-29显示的是喉的前面观,图3-6-30显示的是喉的上面观,图3-6-31显示的是喉的侧面观,图3-6-32显示的是解剖后喉的侧面观,而图3-6-33显示的是喉的矢状断面、软骨以及韧带,图3-6-34显示的是喉的侧后面观。尽管我们分别介绍上述肌群的收缩运动,但一定不能忘记喉肌是作为一个整体进行运动的,不能孤立看待它们各自的运动。在言语治疗中,必须将喉内肌群看作一个运动的整体。

图3-6-35大致说明了各喉内肌的功能。左边一栏显示了每对喉内肌单独运动时软骨和声带的位置,箭头表示外力的作用方向;中间一栏显示喉的上面观;右面一栏是声带的冠状切面图,其中虚线表示喉内肌没有运动时声带的参考位置。

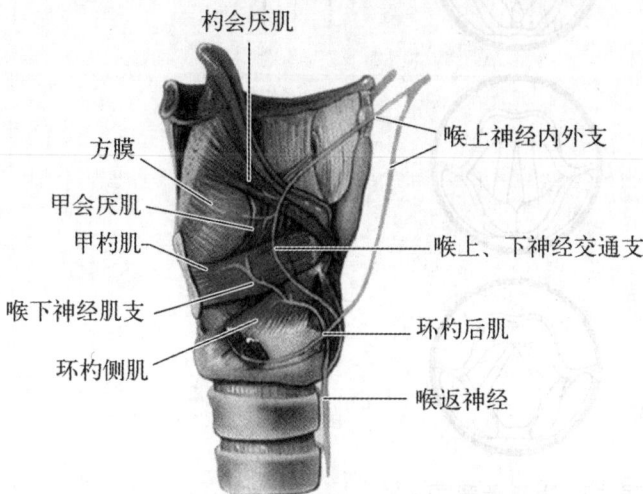

图3-6-32　喉的侧面观(解剖后)

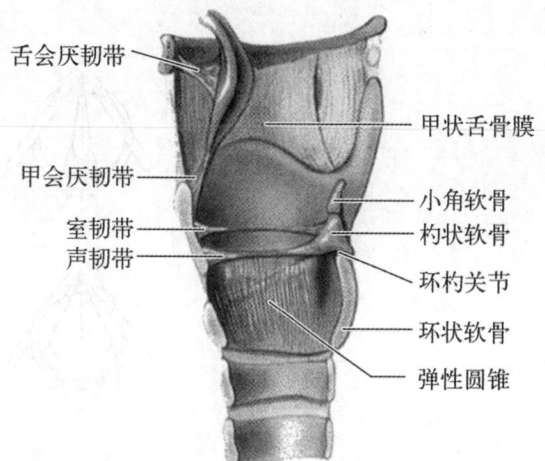

图3-6-33　喉的矢状断面、软骨以及韧带

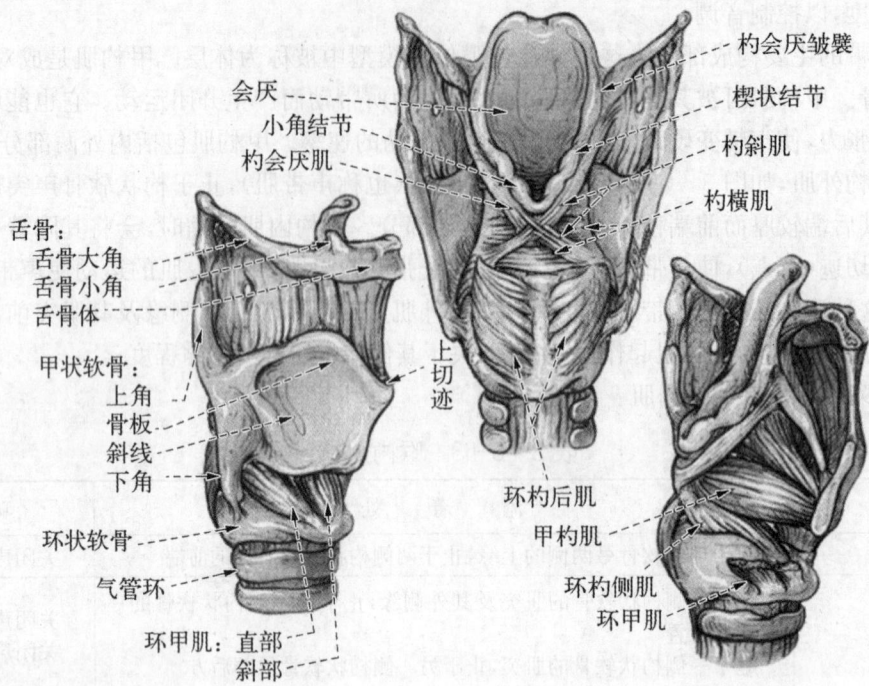

图 3-6-34　喉的侧后面观

会厌
小角结节
杓会厌肌

舌骨：
舌骨大角
舌骨小角
舌骨体

甲状软骨：
上角
骨板
斜线
下角

环状软骨

气管环

环甲肌：直部
斜部

杓会厌皱襞
楔状结节
杓斜肌
杓横肌

上切迹

环杓后肌
甲杓肌

环杓侧肌
环甲肌

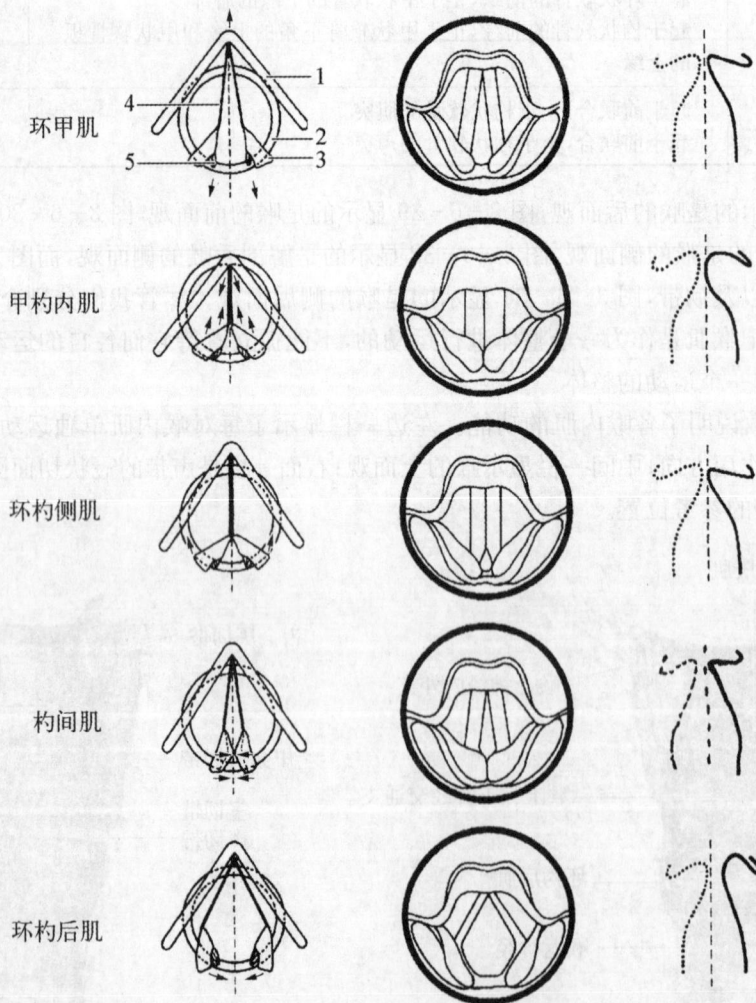

环甲肌

甲杓内肌

环杓侧肌

杓间肌

环杓后肌

图 3-6-35　喉内肌功能示意图
（1. 甲状软骨　2. 环状软骨　3. 杓状软骨　4. 甲杓内肌　5. 环杓后肌）

　　　第三编　言语解剖与生理

三、喉黏膜和韧带

喉软骨通过关节相连结,被覆膜性组织。在这层结构中,我们将着重介绍与言语产生过程有关的膜性结构,它们是室带、喉室、弹性圆锥和声韧带。

室带位于声带的上方,又称为假声带。它们主要形成了弹性圆锥厚厚的皱褶部,伸入气道,但不如声带突出那么明显。室带位于甲状软骨的内表面、会厌软骨附着处的正下方,止于杓状软骨顶端下方三角形凹口处。在意识的控制下,室带一般不振动。与声带相比,室带的作用较为次要。

喉腔的弹性圆锥在室带与声带之间有一深凹,称为喉室,又称 Morgani 室。它延伸至整个声带的长度,两侧以甲杓外肌为边界。喉室内有些黏液腺,它们为声带的运动提供润滑剂。弹性圆锥是一层宽广的弹性膜,它覆盖了整个喉内壁。这层膜性结构的下部分从声带边缘延伸至环状软骨,表层被覆了黏膜。

第四节　喉的神经支配

图3-6-36显示了嗓音产生的过程。说话和唱歌都需要身心活动的协调。声音信息起源于大脑皮层(比如言语中枢),喉的活动则受到嗓音中枢的控制,嗓音中枢将神经冲动通过各级神经传递至喉,最终引起声带振动,形成嗓音。嗓音在通过声门上区的声道时产生共鸣(这些区域包括咽腔、舌部、腭部、口腔和鼻腔),使最终形成的声音能够被听话者听清。听觉和触觉的反馈使说话者或唱歌者获得最佳的声输出。

周围神经系统将中枢神经系统的运动指令传递给相关肌群(例如喉部肌群),也能将感受声门下压的机械感受器所感受到的位置信息上行传入大脑和神经反射系统。12对脑神经中有8对或多或少地参与了言语产生的过程,它们控制着呼吸系统、发声系统和构音系统。

从神经学的角度看,嗓音的产生需要中枢和周围神经系统进行复杂而协调的工作,如图3-6-36所示。言语的产生是由大脑皮层的特定区域如布罗卡区引发的。来自布罗卡区的神经冲动被传递至运动皮层的中

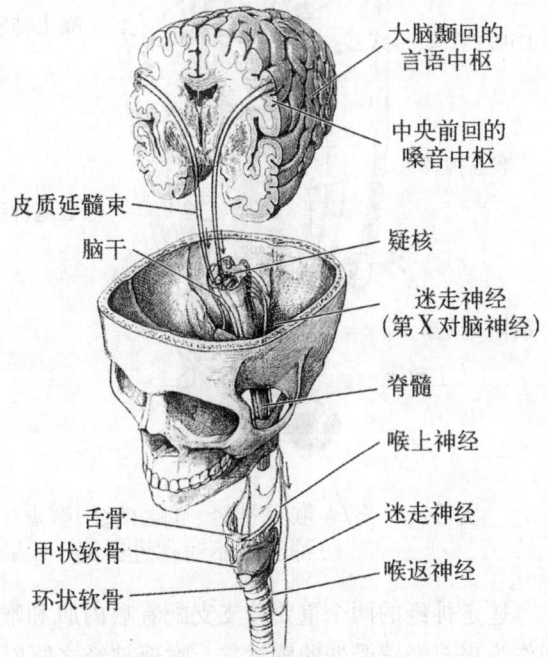

图3-6-36　嗓音的产生过程

央前回(主要的运动神经带),然后通过皮质延髓束和皮质脊髓将此神经冲动分别传递至脑干和脊柱核。来自脑干神经核的下位运动神经(即脑神经)共有12对。在所有的脑神经中,第Ⅹ对脑神经,或称迷走神经,在发声过程中承担最为重要的任务,因为它是支配喉内肌群的主要神经。来自脊神经根的下位神经元,或称脊神经,用于支配呼吸肌群,使呼吸与发声相协调。在这些神经中,第Ⅲ—Ⅴ对脊神经共同组成膈神经,而12对脑神经是最为重要的,因为它们直接与膈肌、胸腹壁肌群形成神经肌肉接头。交感神经与副交感神经的神经支配在喉部自主调节功能方面也起到很大的作用。

迷走神经起自脑干的延髓部分。它的运动神经元(疑核)接收来自中枢神经系统的神经冲动,然后将这些神经冲动通过由脑干发出的运动神经传递至喉腔。迷走神经通过颈静脉孔出脑组织,直接分支进入喉腔,称为喉上神经,如图3-6-37所示。喉上神经在舌骨大角的高度分成内、外侧支。内侧支通常称为喉内神经,主要为感觉神经。内侧支从喉上神经分出后,下降至正中,与喉上动脉伴行,穿过舌甲膜后进入喉腔,接收喉腔声门上区域的感觉信息。外侧支通常称为喉外神经,主要为运动神经。外侧支从喉上神经

分出后,在舌甲膜下面下降,与甲状腺上动脉伴行,下至胸骨甲状肌表面,然后穿过咽下缩肌,止于环甲肌,并支配这两块肌肉。

迷走神经进入胸腔后分出喉返神经。喉返神经主要传递声门下腔和所有喉内肌的感觉与运动信息。左右两侧喉返神经的分出部位和行走路径不完全相同。右侧喉返神经在右锁骨下动脉之前的颈根部离开迷走神经,然后自前下向后绕过右锁骨下动脉,沿气管食管沟,伴甲状腺下动脉的喉上支上行,深入咽下缩肌下缘,在环甲关节的后面入喉。左侧喉返神经于迷走神经跨过主动脉弓时,从其左侧分出,然后自前下向后绕过主动脉弓,在主动脉总韧带附着点的后面返至颈部,取与右侧喉返神经相似的径路入喉。在到达咽下缩肌下界之前,左侧喉返神经分出前、后两支,其后支有部分神经纤维与喉上神经内支相吻合,故称为喉神经袢。

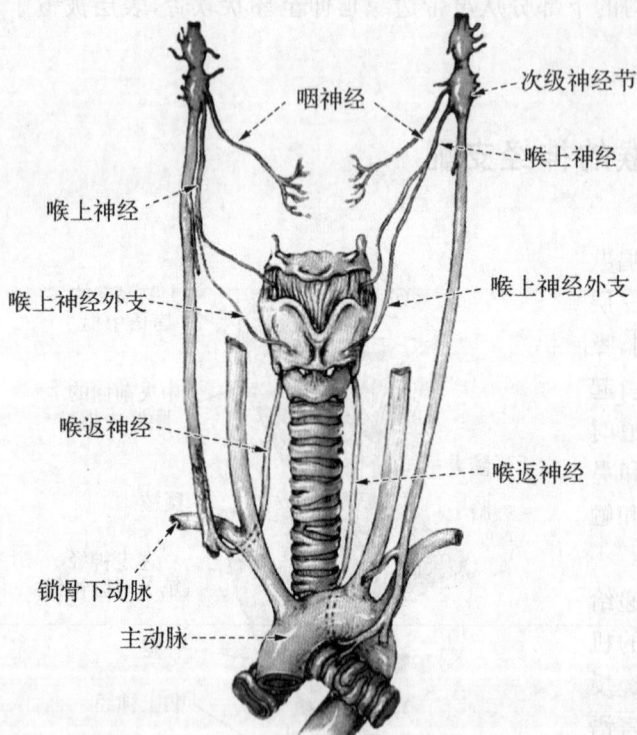

图3-6-37 喉上神经、喉返神经、喉返神经的不对称性通路

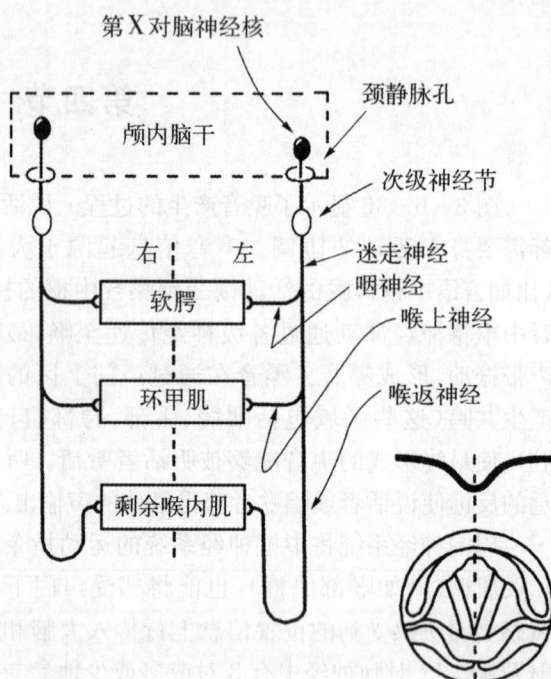

图3-6-38 脑干至喉腔的迷走神经通路

迷走神经的两个重要分支支配着喉内肌和喉部感受器:喉上神经外支支配环甲肌的运动,而其内支则作为来自喉感受器的感觉支。喉返神经之所以得名,是因为它从迷走神经分出之后,再折向上行走,控制着除环甲肌以外的其他喉内肌的运动,并且传递机械感受器(位于喉肌和黏膜内)所接收的刺激。

在分别感受声门下压、声带张力和呼吸运动的感受器之间,存在一个非常重要的反射机制。由于腹肌的参与,呼气的运动幅度加大,引起声门下压的增加,从而导致声带张力的反馈性增加,这样使得声带能够抵抗住来自声门下的高压而不致被吹开。

图3-6-38显示了喉部肌群主要的神经支配,即迷走神经通路。在颈部,迷走神经也接收来自副神经(第XI对脑神经)的运动神经纤维。

嗓音治疗应该充分地利用这一控制系统。当嗓音治疗较为完善时,嗓音训练有望重新构建反射弧,这样就能在声门下压(由呼气运动引起)和声带张力之间建立起正确的平衡状态。这样,在整个发声期间,声带就能够始终保持闭合,并处在最适宜的中央闭合位置上,声带振动则能够持续地进行。

第七章 共鸣系统

呼吸系统是言语产生的动力源,人体呼出的气体经由发声过程而转变成声音信号。然而,声带振动所产生的声音并不是我们所听到的言语声,它需要经过进一步的加工才能变成可为人所辨识的某种语言所对应的言语声,而构音就是加工过程之一。为了发出某一个音,唇、舌、软腭等结构需要通过自身的运动以靠近或接触其他一些不能运动的构音器官,如牙齿、齿龈、上颚等。构音器官在口腔内向不同方向和位置运动,进而对声道内的声音进行修饰并赋予这些声音某些特征,最终形成清晰的言语声。构音器官运动也会改变声道的共鸣。因此,为了进一步了解构音和共鸣的过程,以及不同问题是怎样影响共鸣和构音的,必须对构音和声道的结构与功能有整体的认识。

声道是一个管状结构,成年男性的声道大约有 17 厘米长,女性和孩子的声道相对较短。声道位于喉以上,从下往上包括咽腔、口腔和鼻腔,见图 3-7-1。声道的形状具有一些特点,其对于构音非常重要。首先,声道类似一条弯曲的管道,口腔和鼻腔处于相对水平的位置,而咽腔处于相对垂直的位置。其次,声道的形状不规则且复杂。最后,声道的形状是可以改变的,每一次的舌、唇或下颌的运动都可以改变声道的形状。

声道是一个由运动的和固定的结构组成的相关系统,其内形成许多瓣膜结构。例如,唇是可进行开闭运动的瓣膜,舌与齿龈、软腭等不同的构音器官接触可形成许多瓣膜,软腭可与咽喉壁接触形成一个瓣膜,这些瓣膜以一定的方式引导或压缩气流,从而形成不同的声音。要了解言语时瓣膜的功能,就必须熟悉组成瓣膜的构音结构。

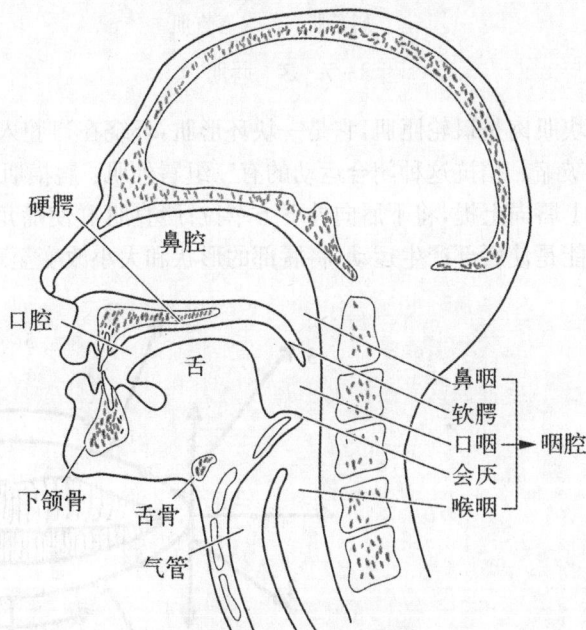

图 3-7-1 声道

第一节 口 腔

口腔是一个多结构相交界的空间,口腔前端为可运动的唇,两侧为脸颊,顶部为上腭,底部为可运动的舌,见图 3-7-2。口腔后部与咽腔相连。口腔会影响言语产生的许多方面。首先,口腔前端的开口是大部分言语声的出口。其次,口腔里包含重要的构音结构,包括唇、牙齿、齿龈、硬腭、软腭,还有舌。最后,言语过程中口腔形状的改变会产生不同的共鸣效果。

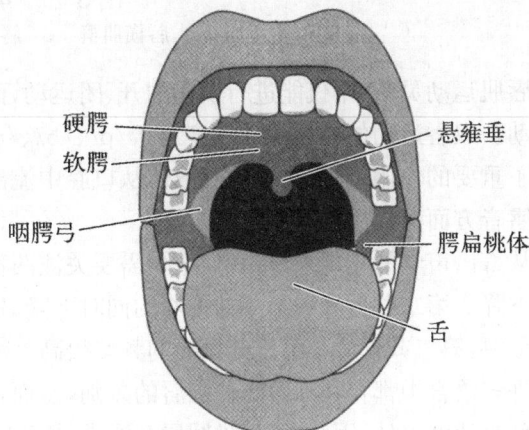

图 3-7-2 口腔

第二节　唇

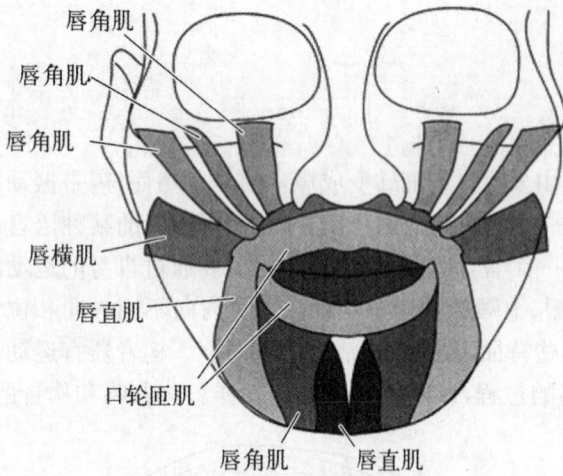

图 3-7-3　唇肌

双唇由肌肉、腺组织、脂肪构成,表面被覆上皮组织。唇的下方分布了大量的血管,使得唇部呈现红色。上唇通过上唇系带与上齿龈的中线相连接,下唇通过下唇系带与下齿龈的中线相连接。口轮匝肌是构成唇的主要肌肉,属括约肌,呈环形包围了上、下唇。它不是一块独立的肌肉,其他许多面部肌肉都有肌纤维分布在其上方,这些面部肌肉可以使其所在区域的皮肤产生运动。提肌肌群分布在上唇,可上提上唇,而降肌分布在下唇,可降低下唇。提肌肌群包括提上唇肌、提口角肌、颧大肌、颧小肌和笑肌。降肌肌群包括降口角肌、降下唇肌和颏肌。相关肌肉分布可见图 3-7-3。

唇肌的运动图解见图 3-7-4。唇部最重要的一块肌肉是口轮匝肌,它是一块环形肌,环绕在口腔入口的周围。它收缩时,能使分开的嘴唇关闭,并使唇部皱缩。拮抗这种闭合运动的有三组唇外肌:唇横肌群将唇角向两侧外拉,使唇部抵在牙背上;唇角肌群将上唇向上提,将下唇向外下方牵拉;唇直肌群使嘴角收缩;唇平行肌群将嘴角向两侧拉开。这些肌肉的功能是使唇部产生运动,将唇部的形状和大小改变至理想水平。

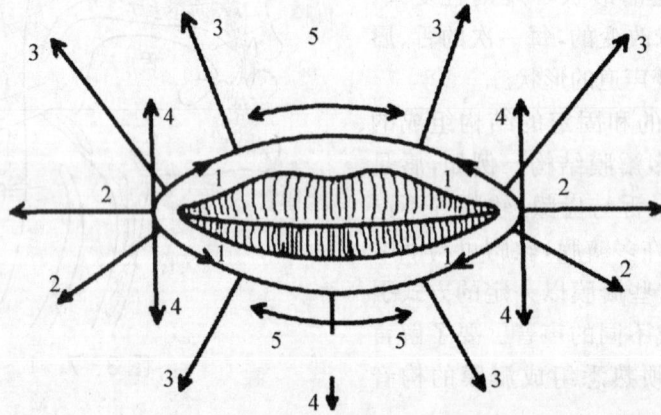

图 3-7-4　唇肌的运动
(1. 口轮匝肌　2. 唇横肌群　3. 唇角肌群　4. 唇直肌群　5. 唇平行肌群)

　　唇肌运动灵活,不仅能进行快速的开、闭运动,而且还能进行其他多样的运动,如不同程度的噘唇和展唇运动。双唇运动的灵活性和速度对于/p/、/b/、/m/和/w/等音的构音非常重要。双唇在咀嚼过程中也发挥了重要的作用,能防止食物和液体从口腔中流出。肌张力低下或唇麻痹患者很难阻止唾液流出,而且在发唇音方面存在困难。

　　从言语声学的角度来说,我们至少需要关注两种唇形:圆唇和非圆唇。当唇为圆形时,声道共鸣腔的频率下降。第二共振峰和第三共振峰的同时下降对于区分圆唇与非圆唇元音是一项重要的线索。当唇为非圆形时,第二共振峰与第三共振峰的频率很高。

　　许多语言中都存在圆唇与非圆唇的差别,然而,人们的惰性使圆唇运动出现的几率大为下降,即很多人唇部灵活度欠佳,因此,要听见圆唇音通常是较为困难的。但聋人需要看见圆唇发音(唇读),因此训练唇部的灵活性成了构音治疗中很重要的一部分。而且,唇部的灵活性可能使面部表情更加丰富、生动。重读治疗法中,在圆唇与非圆唇元音之间进行转换的所有练习活动都旨在训练唇部的灵活性。

第三节　牙　　齿

牙齿位于双唇之后,呈上、下排列。儿童有 20 颗牙齿,10 颗在上颌骨,10 颗位于下颌骨。成人有 32 颗牙,上、下颌分别有 16 颗牙。人类有四种类型的牙齿:切牙、尖牙、前臼齿和臼齿。

上、下颌中牙齿嵌入的区域被称为牙槽。牙齿可以咬、切和咀嚼食物,而且对言语的产生有重要的作用。它们是固定的构音结构,可与舌形成不同的接触,而且也可帮助引导气流和声波。在发出/s/音时,牙齿的作用更为重要,它可通过阻碍气流以增加发此音所需的湍流。儿童在 6—7 岁时的掉牙阶段不能准确发出/s/音,充分证明牙齿的重要性。

上、下牙列必须要有正常的相对位置,否则会影响进食和言语。上、下牙弓的相对位置和牙齿的位置会影响咬合,如果出现异常将导致咬合不正。表 3-7-1 介绍了三种咬合方式。

表 3-7-1　咬合与咬合不正

分　类	咬　合	臼　齿　的　关　系
Ⅰ	正中咬合	上列第一颗臼齿比下列第一颗臼齿靠后 1/2 颗牙齿的距离
Ⅱ	远中咬合	下列第一颗臼齿的位置在正常位置的后方,下颌回缩
Ⅲ	近中咬合	下列第一颗臼齿的位置在正常位置的前方,下颌前突

Ⅰ型咬合即正中咬合,见图 3-7-5,是正常的咬合,上列第一颗臼齿比下列第一颗臼齿靠后 1/2 颗牙齿的距离。在前方,上牙弓覆盖了下牙弓。上切牙遮挡了下切牙,所以只能看到一部分下牙列。在这种咬合关系下,个别牙齿可能会没对齐或者旋转,但这都是正常的咬合。

Ⅱ型咬合即远中咬合,下列第一颗臼齿的位置在正常位置的后方,致使下颌回缩,这也被称为覆颌。这种咬合方式会导致小颌畸形,属于结构性异常。

Ⅲ型咬合即近中咬合,下列第一颗臼齿的位置在正常位置的前方,下颌骨向前突起,被称为突颌。类似于咬合分类Ⅱ,此类异常咬合常见于颅面异常患者。

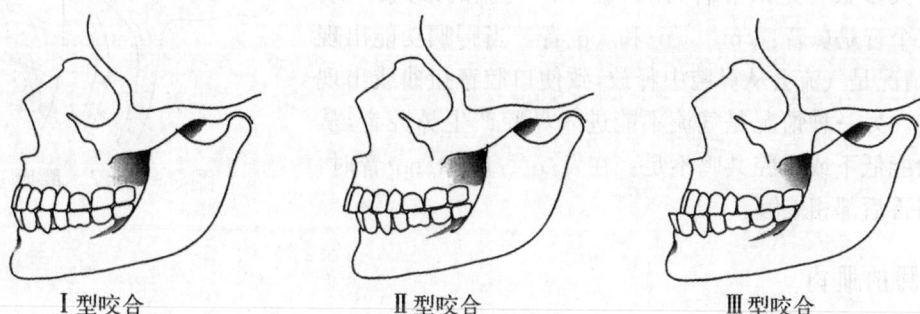

图 3-7-5　咬合

第四节　硬　　腭

硬腭是一个复杂的骨性结构,内部衬有上皮细胞,构成了口腔的顶部和鼻腔的底部,将两个腔体分隔开来,并可以防止食物、空气、声波从口腔中溢出。

如图 3-7-6 所示,硬腭的前 3/4 是上颌骨的腭突。上颌骨较大,结构复杂,其突起与颅骨形成关节。

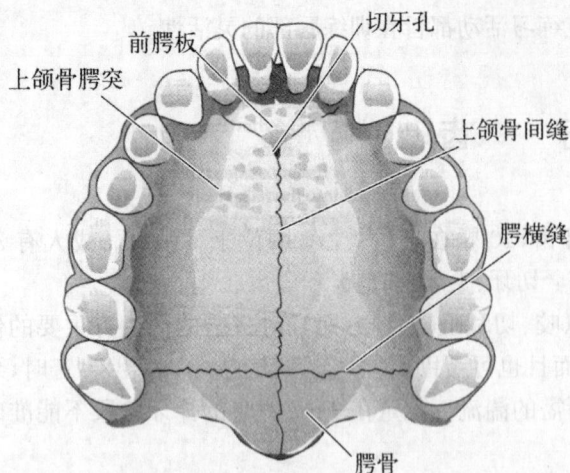

图 3-7-6 硬腭

两侧腭突在中线处汇合并形成关节。硬腭后 1/4 处是颅骨的腭骨,呈 L 形。两侧颚骨在中线处汇合形成硬腭的后部。颚骨与颚突相汇合处被称为腭横缝。每个人的腭都是不同的。

硬腭前部隆起的脊被称为齿龈,位于上牙列的后方,由上颌骨的牙槽突构成,其间容纳牙根和牙神经。在许多汉语语音的发音过程中,/t/、/d/、/s/、/z/、/l/和/n/音需要舌与齿龈相接触或接近。齿龈后方的硬腭与舌相接触后可发/sh/、/zh/和/r/音。由于硬腭是发许多音的重要结构,所以腭裂等上颚结构性问题会导致严重的言语异常。

第五节 软 腭

软腭位于硬腭的后部,主要由肌肉和软组织等构成,不含骨性结构。由于软腭主要由肌肉构成,因而可以进行运动,这种运动对于吞咽和言语产生都非常重要。在言语产生过程中,相对简单的软腭运动可以对鼻腔和咽腔之间的声学耦合进行调节。

静息状态下,软腭下垂到咽腔,从而在上方的鼻腔与下方的口腔之间形成一条通道。该通道的前方是软腭,后方是咽后壁,被称为腭咽通道,见图 3-7-7。当腭咽通道开放时,口腔与鼻腔相通,空气可以自由地经由鼻腔进出呼吸系统,声波也可以自由地进入鼻腔,当出现腭裂或软腭麻痹时,食物也会进入鼻腔。相反,软腭也可以通过向后上方运动并接触咽后壁来改变自身的位置,从而将口腔与鼻腔分隔开来,以防止空气、声波和食物进入鼻腔,言语时,气流则从口腔呼出。

中文中的大多数音是口腔音,以口腔呼出气流的形式产生。中文中只有三个音是鼻音:/m/、/n/和/ng/音。当腭咽功能出现问题时,一种情况是气流会从鼻腔中释放,致使口腔音扭曲或出现鼻音功能亢进。另一种情况是气流不能进入鼻腔产生鼻腔音,从而导致鼻音功能低下或鼻腔共鸣不足。在发/g/、/k/和/ng/音时,也需要软腭与舌后部相接触。

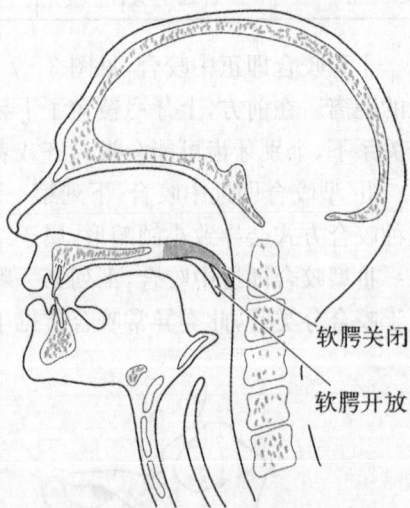

图 3-7-7 腭咽通道

一、软腭的肌肉

软腭包括五组肌肉,作用分别为上抬或降下软腭。表 3-7-2 介绍了软腭肌肉的名称及功能,这些肌肉的分布情况见图 3-7-8。

表 3-7-2 软腭的肌肉

肌　肉	起　止　点	功　能	说　明
腭帆提肌	起于颞骨和咽鼓管软骨内侧壁,止于腭腱膜	上抬软腭	左右两侧肌纤维汇合,形成软腭的悬带
悬雍垂肌	起于腭骨后部和腭腱膜,止于软腭黏膜	缩短和上抬软腭	肌纤维在鼻腔表面贯穿软腭全长

肌　肉	起　止　点	功　能	说　明
腭帆张肌	起于颅骨的蝶骨和咽鼓管侧壁，止于腭腱膜	打开咽鼓管	被认为是维持软腭张力的肌肉
腭舌肌	起于腭腱膜的前方和两侧，止于舌后侧缘	降下软腭，上抬舌	构成舌腭弓
腭咽肌	起点包括硬腭前段和软腭中部，止于甲状软骨后部	收缩咽腔	构成咽腭弓

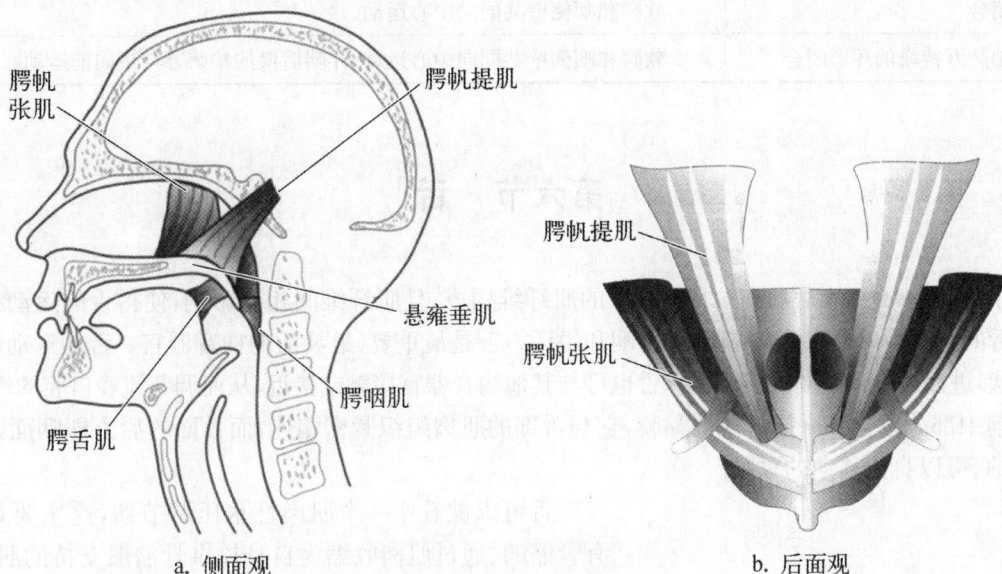

a. 侧面观　　　　　　　　b. 后面观

图 3-7-8　软腭的肌肉

腭帆提肌是软腭的主要组成部分，其肌纤维呈悬带状分布，肌肉收缩后可上抬软腭，从而关闭腭咽部，见图 3-7-9。在非鼻韵母产生的过程中，软腭必须上抬，关闭鼻腔的入口，这样韵母听起来就不带鼻音了。

悬雍垂肌纵向贯穿于软腭全长，其可上抬并缩短软腭，有利于发鼻音。

腭帆张肌被认为是维持软腭张力的肌肉，但是近期的研究发现，该肌肉的另一项重要功能是控制咽鼓管。腭帆张肌起自颅骨的底部，其肌纤维向下走行，止于腱膜。随后，该腱膜由向下转为向中间延伸，左右两侧的腱膜汇合并扩展成为腭腱膜。腭帆张肌收缩时，咽鼓管开放，以平衡中耳内外气压。

腭舌肌和腭咽肌被用来降低软腭的位置。腭舌肌构成了两侧的舌腭弓，在张大嘴巴的时候就可以观察到。舌腭弓与其后方的咽腭弓共同作为口腔后部的边界。腭咽肌构成了两侧的咽

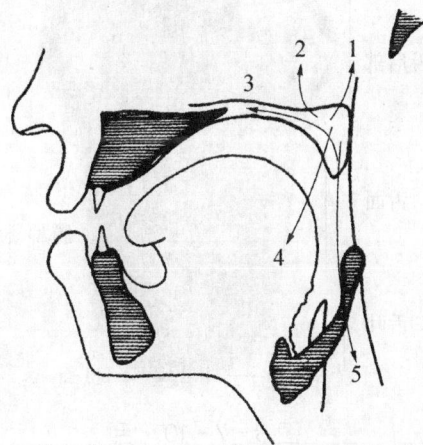

图 3-7-9　与软腭相连的肌肉的功能
（1. 腭帆提肌　2. 腭帆张肌
3. 悬雍垂肌　4. 腭舌肌　5. 腭咽肌）

腭弓，帮助缩小咽腔，因此在吞咽时，该肌肉帮助将食物引流至咽腔下段。

言语中，当舌部和咽壁进行构音运动时，软腭的开放度将作为构音的附带效应发生改变。在软腭提升时，如果腭咽肌同时收缩，咽腔的黏膜甚至还有甲状软骨将被提起，所有这些都将影响发音。

二、腭咽闭合

为了闭合腭咽部，软腭需要向上、向后抬起，并接触咽后壁。然而，软腭的这种运动并不是像活动的天窗那样，它不只是会进行上下运动，咽侧壁也会参与闭合腭咽部的过程。如果没有咽侧壁的参与，即便软

腭与咽后壁充分接触,气体还是会从软腭的两侧漏出,进入鼻腔。因此,腭咽瓣主要由软腭、咽后壁和咽侧壁构成。根据软腭和咽壁参与情况的不同,可以将腭咽闭合分成四种类型,见表3-7-3。

表3-7-3 腭咽闭合类型

类　型	闭 合 方 式
冠状闭合	以软腭运动为主,咽侧壁运动为辅
矢状闭合	以咽侧壁运动为主,软腭运动为辅
环形闭合	软腭和咽侧壁共同向中心运动
伴有帕萨万特嵴的环形闭合	软腭和咽侧壁共同向中心运动,伴咽后壁的帕萨万特垫向前运动

第六节　舌

舌位于口腔内,是一大块肌肉。它由大量的肌纤维构成,且肌纤维间相互影响,使得舌的运动相当灵活且快速。舌的主要生理功能是参与咀嚼、吞咽和说话。舌是最重要、最灵活的构音器官。舌的运动可以改变口腔的形状,进而改变口腔的共鸣特性。舌也可与其他构音器官接触或接近,从而调节流经口腔的气流。

舌体前中部分覆盖了一层薄薄的黏膜,它与舌部的肌肉组织紧密相连,而舌面的后方即咽面则覆盖了一层厚厚的、可以自由移动的黏膜。

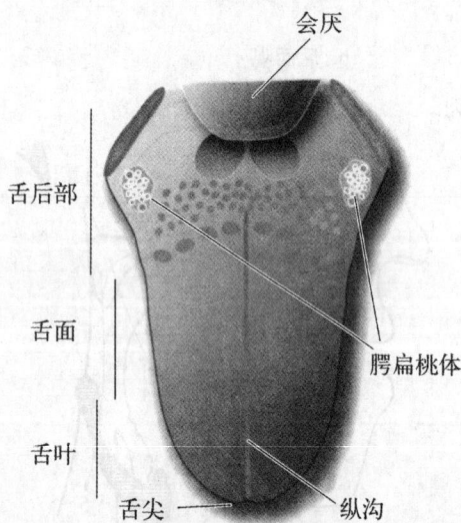

图3-7-10 舌

舌可以被看作一个肌肉性水压调节器,这主要是指不含有骨骼的、通过肌肉收缩为自身提供骨骼般支持的肌肉组织。通过选择性地收缩部分肌肉,肌肉性水压调节器可以为舌其他部分的运动提供稳固的支持。因此,舌可以被看作半独立运动区域的集合。如图3-7-10所示:舌最前端是舌尖,舌尖稍后方是舌叶。静息状态下,舌叶位于牙槽嵴的正下方。位于硬腭正下方的是舌面,而舌后部位于软腭的下方。舌的整个上表面被称为舌背,舌的主体部分被称为舌体。舌根与舌骨相连,并沿咽腔延伸。舌位于咽腔内的部分被称为舌底部,而位于口腔内的舌表面部分被称为口内舌。口内舌占整个舌表面的2/3。其余1/3的舌表面位于咽腔内,属于咽腔表面。这种舌表面的分类方式主要用于讨论吞咽时舌的作用,而将舌分成舌尖、舌叶、舌面等部分的划分方式主要用于讨论舌在言语时的作用。

中间的纤维隔将舌分成左右两部分,它也是部分肌肉的起点。舌系带将舌下方与下颌骨相连,从而限制了舌尖运动的灵活性。

随着年龄的增长,舌的结构不断发育。新生儿的舌几乎填满整个口腔,且在口腔内处于水平状态。3岁开始,舌后1/3逐渐下降进入咽腔,至16岁时达到成人水平。

一、舌的肌肉

舌被来自口腔顶部和颅骨底部的肌肉悬吊着,并附着于下颌骨内表面、舌骨和咽腔。根据肌肉起止点的不同,可以将舌肌分为舌内肌(起止点均在舌内)和舌外肌(起点位于舌内,止点位于舌外,或者相反)如图3-7-11和图3-7-12,所示。舌内肌精细地调整舌的位置和形状,舌外肌的主要作用是改变舌在口腔内的位置,进而改变舌与声道或颅骨的相对位置。舌内肌以一种复杂的方式相互作用,从而帮助言语和非言语活动产生快速、精确的发音。舌内肌是以其在舌内的走行方向命名的,而舌外肌则是根据其起止点来命名的。

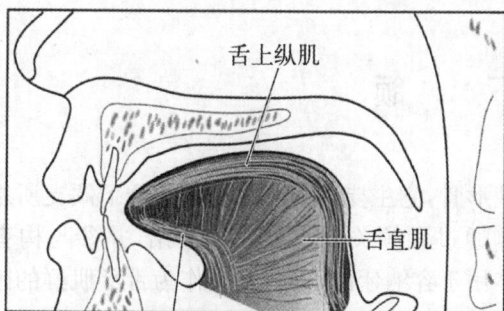

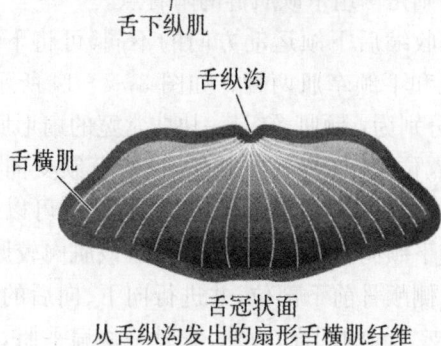

图 3-7-11 舌内肌群

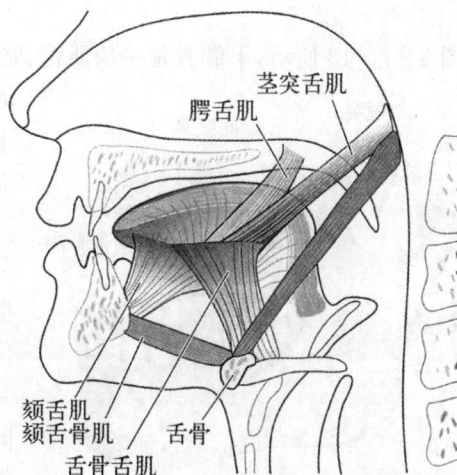

图 3-7-12 舌外肌群

表 3-7-4 舌内肌和舌外肌

肌　肉	起　止　点	功　能
舌　内　肌		
舌上纵肌	起于舌骨和舌中隔,止于舌侧缘和舌尖	上抬舌尖
舌下纵肌	起于舌根和舌骨,止于舌尖	降下舌尖,回缩舌
舌横肌	起于舌中隔,止于舌侧缘	使舌两侧向中线收缩以使舌变细
舌直肌	起于舌背黏膜,止于舌的侧表面和下表面	降下舌
舌　外　肌		
颏舌肌	起于下颌骨的内表面,止于舌尖、舌背和舌骨	前束肌纤维收缩,使得舌体回缩 后束肌纤维收缩,向前拉伸舌
舌骨舌肌	起于舌骨,止于舌侧缘	向下拉伸舌边缘
腭舌肌	起于腭腱膜前部和侧部,止于舌后部侧缘	上抬舌后部
茎突舌肌	起于颞骨茎突,止于舌侧缘	上抬并回缩舌

二、言语过程中舌的运动

　　舌是最重要的构音器官。由于舌是肌肉性结构,所以舌运动的方式非常多,且运动速度很快,这也使得在言语过程中,舌的位置和外形可以进行很大程度的变化。比如,舌体可以在水平位上进行前后运动,在垂直位上进行上下运动。舌尖和舌叶也可以进行类似的运动。舌体能沿着舌的全长将自身变成凸凹状,进而在舌的中间形成一个凹槽。舌背还可以平展或者变成锥形。

　　在言语产生的过程中需要将上述不同类型的运动进行组合。元音所需的运动是最简单的,主要是舌体进行水平向或垂直向的运动。齿槽塞音/t/和/d/就需要舌体和舌尖进行较为复杂的运动,而擦音/s/所需的运动则更为复杂,这也是许多儿童不能清楚地发出/s/音的原因。同样地,发/r/音时需要灵活的肌肉运动,所以年龄小的儿童也常常不能发清该音。事实上,大部分儿童需要到七八岁时,才能发清楚这些音。

第七节 下 颌

如图 3-7-13 所示，下颌骨是一块质密、坚硬的 U 形骨，它主要由下颌骨体和两个下颌支所组成，在颞骨两侧通过颞颌关节与颅骨相连结，并参与构音运动。下颌骨体用于容纳牙齿下列，并且作为舌部肌群的附着点，而两个下颌支则是两组下颌肌群的附着点。

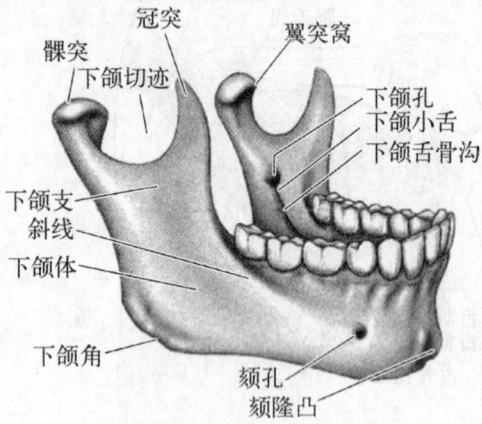

图 3-7-13 下颌骨

根据肌肉收缩后下颌运动方向的不同，可将下颌肌群分成下颌提肌和下颌牵肌两种。如图 3-7-14 所示，下颌提肌有四块，分别为：颞肌，它是一块非常宽的扇形肌，起点位于颞骨，止点位于下颌前支；翼外肌，自下颌支向颅骨前基底部的起始处作水平向前运动（这块肌肉也可以使下颌向前突出或使下颌向两侧运动）；翼内肌，该肌肉较厚，起点在牙齿上列内侧颅骨前下部位，并进行向下、向后的收缩运动，止于下颌支之间的凹面；咬肌，它是一块扁平肌，就像一块厚厚的肌板，覆盖在下颌支的侧表面。

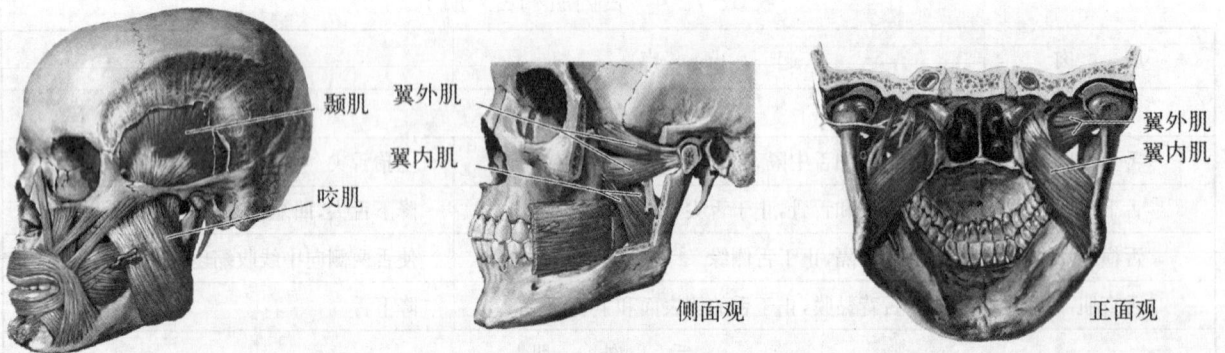

侧面观　　　　　　　正面观

图 3-7-14 下颌提肌

如图 3-7-15 所示，下颌牵肌有三块，自下颌骨向后、向下止于舌骨。这些肌肉协调运动，总的功能是将喉腔向上提起，但是当舌骨位置固定，或被胸骨舌骨肌向下拉动时，所有这三组肌肉就作为下颌牵肌进行收缩运动。这三块肌肉为：下颌舌骨肌，构成口腔的底部，起于下颌骨两侧，止于中缝和舌骨体；颏舌骨肌，位于下颌舌骨肌的上方，自下颌骨的中线内表面向后延伸，止于舌骨的上表面；二腹肌，前腹起于下

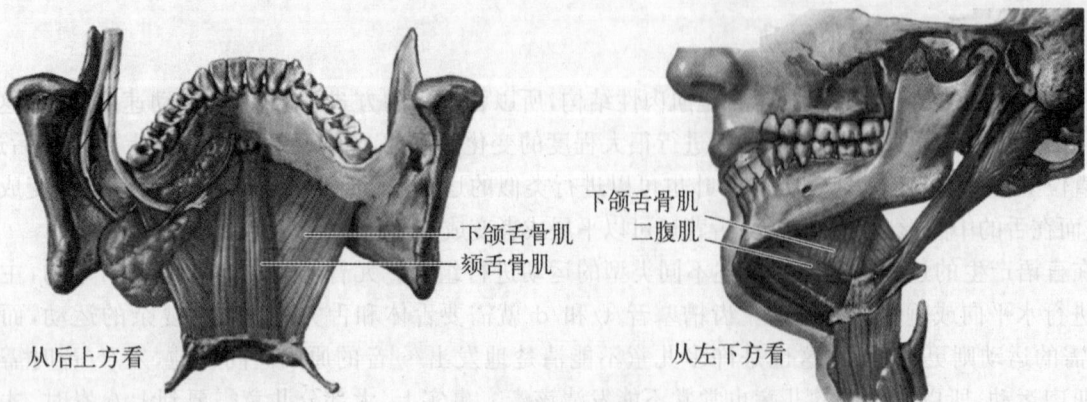

从后上方看　　　　　　　从左下方看

图 3-7-15 下颌牵肌

颌骨的中线内表面,穿过舌骨小角处的腱环,延续为二腹肌后腹(附着于颞骨的乳突)。

图3-7-16为下颌骨、下颌提肌和下牵肌的运动图解。下颌和舌部的运动可以对口腔入口处和声道前部的大小进行调整,在言语产生的过程中担任重要的角色。下颌骨的位置固定不动,只有舌部和唇部的运动是可能的,但这并不意味着言语过程中下颌运动是没有作用的。

第八节　咽　腔

在吞咽、呼吸和言语的过程中,咽腔都发挥了重要的作用。在言语过程中,咽腔是一个非常重要的共鸣结构,是声道的一部分,喉部发出的声音会通过咽腔,此共鸣腔的大小和形状将改变声音的共振峰。发/a/音时咽腔变化的复杂程度超出了大部分人的想象。

咽腔是一肌腱性管道,由肌肉、结缔组织和黏膜构成,长约12厘米,位于颅底部以及口腔、鼻腔和喉腔的后方,并向下延伸。咽腔被分为喉咽、口咽和鼻咽三部分。喉咽自舌骨向下延伸,位于喉腔的后方。鼻咽部则从悬雍垂平面向上延伸,位于鼻腔的后方。剩余的中间部分位于口腔后方,被称为口咽。如图3-7-1所示,喉咽向下延伸至食道,位于气管后方。这三者之间的相对位置对于喉切除术后嗓音恢复过程中进行食道发声是非常重要的。

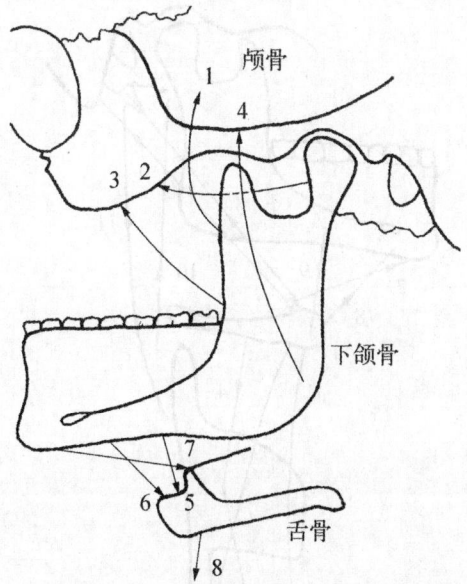

图3-7-16　下颌骨、舌骨、颅骨底部以及用于提升和降低下颌骨的重要肌群的作用方向
(1. 颞肌　2. 翼外肌　3. 翼内肌　4. 咬肌　5. 下颌舌骨肌　6. 颏舌骨肌　7. 二腹肌　8. 胸骨舌骨肌)

咽缩肌是组成咽腔的主要肌肉,这些扇形的肌肉呈叠瓦状排列见图3-7-17。咽缩肌中最强大的是咽下缩肌,它起于甲状软骨侧面,环绕于咽腔下部,止于咽腔中部。环咽肌位于咽下缩肌下方,起于环状软骨,形成一个环,包裹了食道上方的开口。在进行食道发音时,环咽肌振动产生低频的食道音。

咽中缩肌起于舌骨,并构成咽腔的中段。咽上缩肌位于咽中缩肌上方,起于软腭及其周边,并构成咽腔的上段。咽腔的肌肉与舌、面部肌群和喉部肌群紧密相关。在吞咽时,咽缩肌可以收缩咽腔,其他肌肉如茎突咽肌和咽鼓管咽肌可以帮助上抬和开放咽腔。在鼻咽部侧壁有一个非常重要的结构——咽鼓管,它将咽腔与中耳相联系。

咽腔的横截面积因咽缩肌的收缩而减小。如果咽下缩肌收缩,喉咽部分的宽度将减小,这

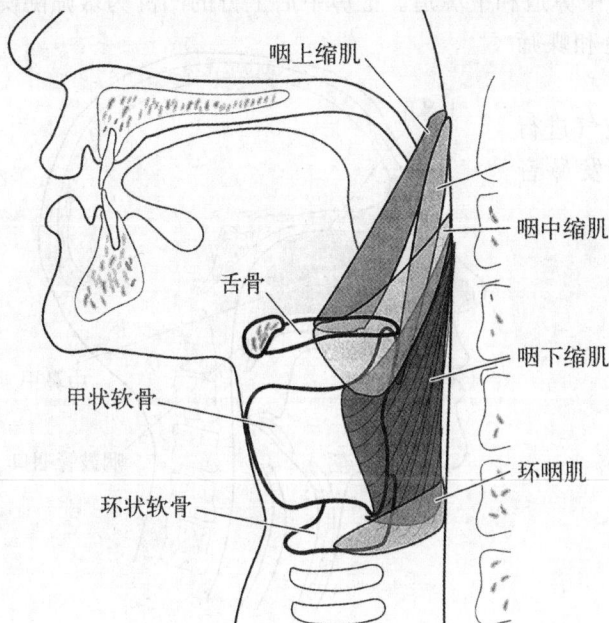

图3-7-17　咽部肌肉

种情况多见于发开元音时。发食管音时,咽下缩肌底部也发生收缩运动。由于咽中缩肌的起点位于舌骨,而舌骨在言语过程中进行上下运动,因而这块咽缩肌的放松较为关键,这样舌骨的运动就不会改变咽腔的大小和体积。咽上缩肌在言语过程中也较为活跃,它在鼻通道关闭时与软腭协同工作。发音内容不同,鼻咽和口咽之间的通道大小与形状也不相同:有完全开放(发鼻音)状态、半开放(发开韵母)状态,也有关闭

状态（发闭韵母和辅音）。

　　咽腔的长度和大小可以有多种形式的变化。通过茎突舌骨肌、二腹肌后腹、二腹肌前腹、颏舌骨肌和磨牙舌骨肌的收缩，使舌骨向上牵拉，咽腔变长。当舌骨受到胸骨舌骨肌、肩胛舌骨肌和甲状舌骨肌的牵拉向下运动，或当喉由于受到腭咽肌和茎突咽肌的牵拉向上提起时，咽腔将变短。这些肌肉的运动见图3-7-18。

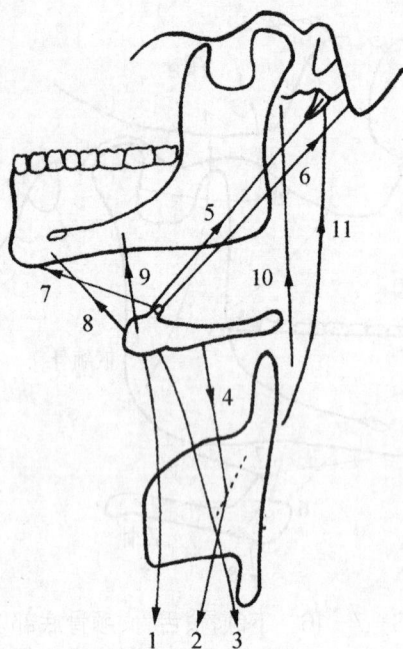

图3-7-18　用于改变咽腔形状和
大小的肌群图解
（降低舌骨和甲状软骨的肌群：1. 胸骨舌骨肌　2. 胸骨甲状肌　3. 肩胛舌骨肌　4. 甲状舌骨肌　上提舌骨与甲状软骨的肌群：5. 茎突舌骨肌　6. 二腹肌后腹　7. 二腹肌前腹　8. 颏舌骨肌　9. 磨牙舌骨肌　10. 腭咽肌　11. 茎突咽肌）

第九节　鼻　腔

　　如图3-7-19所示，鼻腔的结构非常复杂，由很多颅骨的骨骼融合而成。鼻腔以骨性鼻腔和软骨为基础，表面衬以黏膜和皮肤。鼻腔由鼻中隔分为左、右两腔，每侧鼻腔又可分为前部的鼻前庭和后部的固有鼻腔两个部分，前方经鼻孔通外界，后方经鼻后孔通咽腔。鼻前庭是指由鼻翼所围成的扩大的空间，内里衬以皮肤，生有鼻毛，有滞留吸入尘埃的作用。固有鼻腔是指鼻前庭后的部分，形态与骨性鼻腔基本一致，由骨和软骨覆以黏膜而形成。每侧鼻腔均有上、下、内、外四个壁。上壁与颅前窝相邻，由鼻骨、额骨、筛骨筛板和蝶骨构成，筛板的筛孔有嗅神经穿过。下壁即口腔顶，由硬腭构成。内侧壁为鼻中隔，由骨性鼻中隔和鼻中隔软骨共同构成，多见鼻中隔偏向左侧者。外侧壁上有三个突出的鼻甲，由上而下依次为上鼻甲、中鼻甲和下鼻甲，各鼻甲下方的间隙分别叫上鼻道、中鼻道和下鼻道。上鼻甲后上方的凹窝为蝶筛隐窝。各鼻甲与鼻中隔之间的间隙叫总鼻道。中、上鼻道和蝶筛隐窝均有鼻旁窦开口，下鼻道还有鼻泪管开口。

　　鼻腔内衬有含纤毛的黏膜，可以对鼻腔内的空气进行加温、加湿和过滤。鼻腔的重要功能之一就是发鼻音（/m/、/n/和/ng/）。

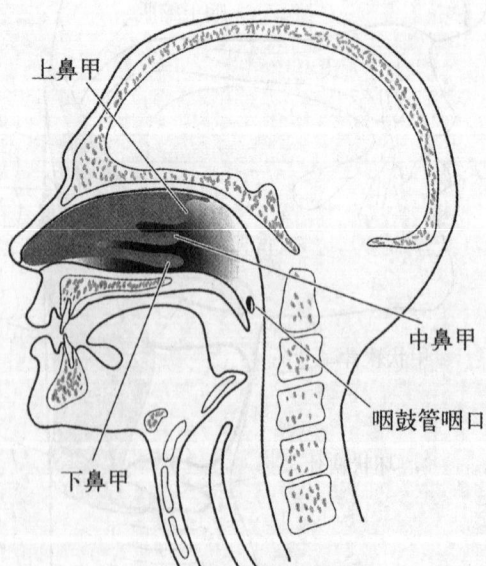

图3-7-19　鼻腔

第四编

言语产生学

第一章　呼吸系统与言语

　　言语能力取决于声带振动时呼出气流的稳定性。呼出气流经过声带的振动形成一种基本的喉音,然后通过声道的修饰,产生特定形式的言语声(无论何种语言)。没有气流呼出,就无法产生言语声。关于呼吸系统的问题包括:(1) 气体如何进出肺部;(2) 言语过程中人们如何改变以往那种完全自主的、仅为维持生命的平静呼吸模式;(3) 进行言语呼吸时,身体各部分压力和气体流动的情况如何。上述这些均是本章要重点讨论的问题。

第一节　言语呼吸功能

　　掌握呼吸系统的基本解剖知识有助于理解呼吸运动的生理机制。然而,这些知识不足以解释言语呼吸的形成机制。言语时,呼吸系统就像一只泵或风箱,可被视为由两个运动系统所组成,即由肺部系统和胸腹壁系统所组成,被称为呼吸泵的动力是由肺部系统和胸腹壁系统的协调运动所提供的,如图 4-1-1 所示。肺部系统包括双肺及与之相连的气体输送管道。这些管道从气管开始,经过各级树枝状分支,直到肺的末端(即肺泡囊)。无数个肺泡构成肺的最外周组织。胸腹壁系统由肋骨框架、胸部肌群、膈肌、腹部肌群和所有的腹内容物所组成,它们在呼吸过程中均会进行运动。胸腹壁围绕着胸腔和腹腔,中间有一块活动的隔板即膈肌,位于胸腔的底部、腹腔的顶部。膈肌的上方是胸腔,下方是腹腔。腹腔内有消化系统和一些不参与发声的器官,如腹腔后的肾和肝脏等。

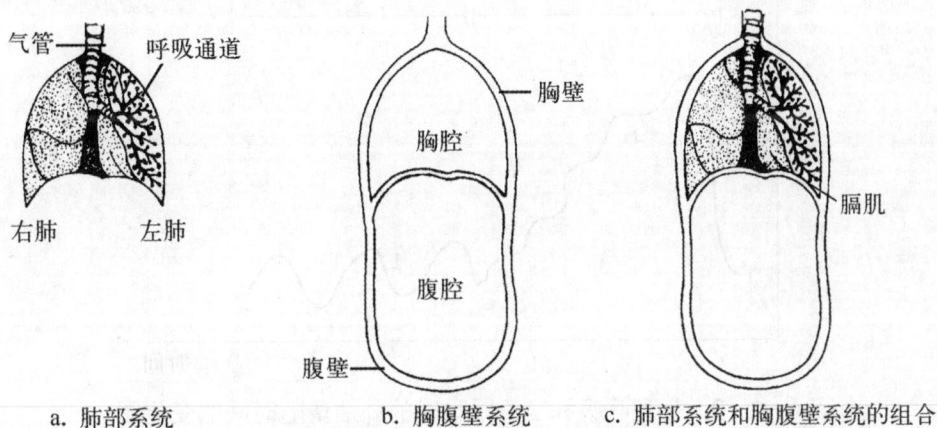

a. 肺部系统　　　　b. 胸腹壁系统　　　　c. 肺部系统和胸腹壁系统的组合

图 4-1-1　呼吸系统

　　膈肌是一组自主收缩的吸气肌群,它构成了胸腔的底部。膈肌位于腹部器官的顶部,因而也就形成了腹腔的顶部。腹腔中充满了实质的内脏组织,从机械运动的角度分析,这些内脏器官的体积无法被压缩。

　　腹腔壁中除了前壁,均呈固定状态。前壁主要由腹部肌群所组成,可以产生伸缩运动。当膈肌处于舒张状态时,它呈现穹窿状;当膈肌收缩时,它则逐渐变得平坦。收缩的膈肌迅速将内脏器官压低。由于腹部是个实心腔隙,压低顶部会使腹部凸向某处,而腹部能够凸出的地方只有前壁,因此,膈肌和腹内容物的运动表现为一个整体运动,我们将这一部分称为膈腹部。

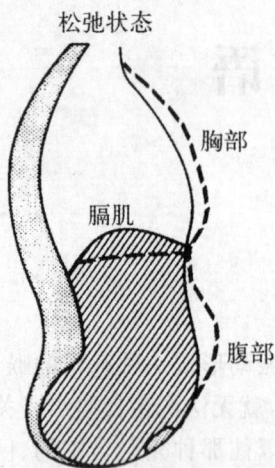

图 4-1-2　呼吸时膈肌和腹部
的运动效果图

注：虚线表示吸气状态，实线表示呼
气状态。

吸气时，膈肌收缩，胸腔底部下移，使胸腔的上下径扩大，同时压迫腹部脏器，使腹壁向前凸出，如图 4-1-2 所示。腹腔容积的变化量等同于膈肌收缩时胸腔增加的容积。与此同时，膈肌协助肋骨上提，促进了肋间外肌上抬肋骨的作用。胸腔扩张后，其内外部的压力差使得空气被不断吸入，最终充满肺部。

吸气时，腹壁的前凸表明腹壁肌群伸展，就像一块被拉长的橡胶片（具有弹性回缩力），为抵抗所受的外力，它随时准备恢复原状。当膈肌舒张时，弹性回缩力使腹部脏器和膈肌回复到原位，此时肋间外肌也松弛了。换句话说，膈肌和胸腹部呼吸肌群的松弛对于平静生理呼气来说已经足够。但是仅靠肌肉舒张而被动获得的胸腔正压，对于发声是远远不够的。因此，在言语时，腹部肌群主动收缩，推动膈肌，从而获得更大的呼气压力。同时，肋间内肌主动收缩，使肋骨下降，胸腔容积缩小，从而增加使气体呼出的胸腔压力差。

尽管言语呼吸与平静生理呼吸之间有着不同的作用和目的，但它们均有相似的发生机制。有些呼吸力是内在固有存在的，另一些呼吸力则是通过肌肉的主动运动获得的。内在固有的力量源于结缔组织的弹性回缩力，它们随着胸腹壁的运动和肺部的扩张伸展而回缩。这些内在固有力有助于呼吸器官恢复静息状态。主动的力量存在于胸腹壁肌群（胸腔壁、膈肌以及腹腔前壁）。这些肌群的活动主要有：（1）协助增加或减小胸腔体积；（2）控制和调节呼出气流，特别在肺容量较大的时候；（3）控制隆起腹部的运动方向。

平静时的生理呼吸运动与言语时的呼吸运动是有差别的，如图 4-1-3 所示。一般来说，在平静生理呼吸时，吸气占整个呼吸周期的 40%，呼气占整个呼吸周期的 60%，即吸气与呼气的时间比为 2∶3；成年人每分钟呼吸 15 次左右，呼吸量约为 500 毫升，胸腔压力的变化仅为 1—2 厘米水柱。吸气是一个主动过程，呼气则是一个依靠弹性回缩力的被动过程。

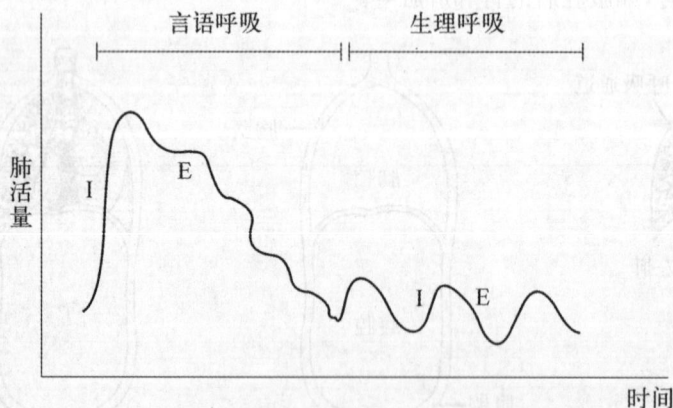

图 4-1-3　生理呼吸和言语呼吸时的肺活量随时间的变化图
（E：呼气　I：吸气）

由于呼吸速率、容量和肌力作用的改变，言语时的呼吸运动与上述情况很不相同。言语过程中，肺部必须为喉部器官提供足够的动力和通气量，因而呼吸周期发生了较大的变化：吸气时间更短，呼气时间更长。吸气占整个呼吸周期的 10%，呼气占整个呼吸周期的 90%，即吸气与呼气的时间比为 1∶9。另一方面，言语过程中，单位时间内的呼吸次数减少且不规则，肺活量增加 35%—60%。言语呼吸的优势在于：（1）有足够的气流量来支持持续的发声；（2）肺部容积增大，使得说话者能够更有效地利用弹性回缩力，从而减少呼吸肌群的收缩力量，使发声更加舒适。

言语产生时，肺容量持续地发生变化，其变化的幅度取决于言语内容。交谈时测得的胸腔压力变化为

7—8厘米水柱,远大于平静生理呼吸时的胸腔压力差(在±1厘米水柱之间)。这些压力差波动的幅度取决于言语的响度、重音以及长短等。

言语呼吸与平静生理呼吸相比,在呼气运动期间能产生更加充足的动力。平静生理呼吸的过程中,呼气的动力来自弹性回缩力,但对于言语呼气而言,这些动力是不够的,还需借助腹部肌群主动收缩的力量等。辅助的肌肉收缩力量的大小取决于几个因素:言语产生时所需的肺容量,发声长短、响度、重音以及语调等。因此,呼吸肌群的收缩力量等于言语呼吸所需的总驱动力减去弹性回缩力。

我们在说话、歌唱时的呼吸运动使胸部运动如同一只压力泵。为了使压力增加,肺部膨胀的幅度应大于平静生理呼吸时肺部的扩张幅度,因而需要增加胸腔的容积,造成胸腔内的负压,以便吸入更大量的气体。胸腔的扩张方向呈三维:垂直向、横向和前后向。膈肌收缩使胸腔获得垂直方向的扩张,上提肋骨能使胸腔获得侧向和前后向的扩张,从而吸入气体。腹部肌群的有力收缩使肋骨下降,膈肌上升,导致肺的容积减小,从而获得呼气压力。

言语呼吸时,胸腹壁会形成特殊的形状:腹部回缩,胸腔被推出。这种体态借助腹肌的收缩力量推进腹腔内脏,使其向上移动,这使膈肌被推高,恢复原有的钟罩形状。言语过程中,膈肌的舒张运动更加迅速有力,从而大大减少了说话者换气时所受到的干扰。

第二节 呼吸机制

在平静吸气的过程中,膈肌、肋间肌甚至斜角肌的收缩都会增加胸腔在所有三个维度上的大小。因为肺紧随胸壁运动,所以它们也随之扩张,从而使外界的气体不断地进入其内,直到肺内压等于外界气压为止。与此同时,腹腔脏器受到下降膈肌的压迫,导致腹内压增加。

一旦肺组织膨胀起来,吸气肌将逐渐停止收缩,回复力开始发挥作用。腹腔脏器和增加了的腹内压会产生一个逐渐增加的、向上的力,其作用方向与膈肌作用方向相反,也是回复力的一种。此时,肺—胸联合单位也会被动地发生扩张,而当吸气肌停止收缩时,其他的回复力开始发挥作用。在吸气过程中被抬高、扭转的肋骨将放松,产生一个旋转的回复力,这个力叫作扭矩,如图4-1-4所示。

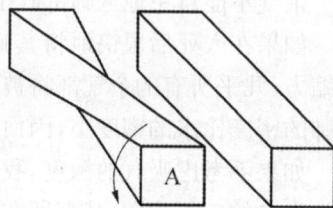

图4-1-4 扭矩

注:一根塑料棒,如果扭转得像A一样,将会产生一种被称为扭矩的旋转回复力。

此系统同样受到地球引力的影响,势能将会转化成动能。此外,由于肺组织本身也具有相当的弹性,而且肺组织与胸壁相连,所以随着其扩张程度的不断增加,其所产生的回复力也不断增加。胸腔回复到原位的趋势和肺所具有的弹性为气体呼出肺部提供了必需的呼气力量。

平静呼吸周期可划分为主动吸气和被动呼气两个阶段,成年男性和女性每分钟呼吸12次,每次的换气量介于500—750毫升之间,而每分钟的总换气量为6—9升,这一数值也被称为每分通气量。在日常生活中,我们经常可以看到这样一些现象:看似简单的平静呼吸会由于某些原因而被迫中止,比如在言语和歌唱时。我们将对平静吸气和被动呼气的过程作进一步的探讨,但在此之前,我们需要了解一些相关的专业术语。

一、肺容积

肺容积是指肺内容纳的气体量。每种肺容积都是一个独立值,各种肺容积之间没有重叠部分。

1. 潮气量

在任何一个呼吸周期中,吸入或呼出的气流量(一次吸气后紧跟着一次呼气)被称为潮气量。年轻的成年男子在静息状态下,其潮气量通常为750毫升,他们在从事小劳动强度工作的时候,平均潮气量为

1 670毫升,而在从事劳动劳动强度大的工作时,潮气量的平均值为2 030毫升。潮气量值的变化表明,劳动消耗更多的氧气。

正常人潮气量值的较大变异性降低了潮气量的价值,而且使得对它的解释也变得很复杂。比如,95%的成年男性的潮气量介于675—895毫升之间,然而95%的成年女性则介于285—393毫升之间。一般而言,我们认为成年人的平均潮气量约为500毫升。

2. 补吸气量
平静吸气后,再尽力吸入的气量被称为补吸气量。在静息(平静呼吸)状态下,补吸气量介于1 500—2 000毫升之间。

3. 补呼气量
平静呼气后,再尽力呼气所能呼出的最大气量被称为补呼气量。储存气或者是补足气的说法已经不再沿用。成人的补呼气量通常为900—1 200毫升。

4. 余气量
在经过最大程度的呼气之后,仍存留在肺部和气道内的气量被称为余气量。因为肺部与胸壁紧密连接,所以即使是在一次最大呼气之后,肺组织也会得到相当程度的伸展。正是由于这个原因,即使是在最大呼气之后,仍有相当一部分的气体不能被排出体外。这部分气体被称为余气。成年男性的余气量为1 000—1 500毫升。即便是在死后,这部分气体仍然残留在肺部和上呼吸道内。所以,我们不能依靠余气来说话,"残留性呼吸者"或者"残留性说话者"的提法都是不正确的。余气量与功能性余气量的概念混淆,可能就是概念滥用造成的。

余气不能自主地从肺部呼出,因而无法直接测得,但是仍可以通过特殊的临床方法将它计算出来。

如果在人死后很快地将其肺从胸腔取出,那么肺与胸壁间的连接结构就被破坏了,由于肺本身的弹性回缩力,几乎所有的余气都将被释放出去,但是仍会残留一小部分的气体(约500毫升)。正是这个原因使得肺的密度比水的密度小,因而肺组织可以漂浮在水中。

如果不考虑吸气的深度,我们的余气中有大约150毫升的气体既不为血液提供氧气,也不接受血液中释放出来的二氧化碳,其存留在鼻腔、喉部、气管、支气管和细支气管内或者被总称为解剖无效腔的地方。这部分气体是吸气过程中最后被吸入的那部分,但在下一个呼吸周期中,却被最先呼出体外。而最后从肺泡呼出的150毫升气体会留在解剖无效腔内,尽管其内充满了二氧化碳,但在下一个呼吸周期中却最先被吸入肺内。因此,对于内呼吸而言,大约有150毫升吸入的气体是无用的。

如果长期浅呼吸,即只进行了比无效气体量稍多的气体交换,那么肺泡和血液里的二氧化碳含量就可能过多。这种情况一旦发生,紧接着就会出现一次反射性的、不自主的深呼吸,就是我们所说的"打哈欠"。

二、 肺 容 量
肺容量是指两项或者更多肺容积的联合气量。深吸气量和肺活量可以通过肺量计直接测得,但是功能性余气量和肺总量就必须经过计算得出。

1. 深吸气量
在平静呼气状态下,能够吸入的最大气量被称为深吸气量。它可以通过肺量计直接测量出来,而且等于潮气量加上补吸气量。平静状态下的呼气水平与呼吸系统的平衡状态有关。肺组织的压缩力由胸部的扩张力来平衡。

2. 肺活量
最大吸气后,从肺内所能呼出的最大气量称作肺活量。它是潮气量、补吸气量和补呼气量的总和。成年男性的肺活量平均为 3 500 毫升。个体身材的不同与其肺活量的大小之间存在一定的关系。事实上，肺活量的测量已经简化为一些明确的标准，这些标准建立在身高和体重或者是体表面积的基础之上。

3. 功能余气量
平静呼气末存留于肺和气道内的气体量为功能余气量。它是补呼气量和余气量之和。年轻男性的功能余气量大约为 2 500 毫升。

4. 肺总量
肺所能吸入的最大气量为肺总量，等于全部肺容积之和。

三、肺容积和肺容量的意义

1. 体位的影响
对于正常的健康人群，肺容积和不同的肺容量主要与身材和体格有关，体位也会对这些值产生影响。

大多数情况下，一个人在平躺时的肺容积和肺容量要比处于直立位时的小。之所以存在此种差异，主要有两个原因：(1) 当人在平躺的时候，腹腔脏器有向上挤压膈肌的倾向；(2) 平躺时肺内的血容量增加，这会减少肺内气体的可用空间。

作为呼吸综合研究的一部分，Hixon、Goldman 和 Mead 观察了人在朗读时不同体位对呼吸的影响。他们发现在平静呼吸的状态下，仰卧位的肺活量要比直立位的低约 20%，而且其产生的言语也相应地处在一个更低的水平。图 4-1-5 显示了在不同体位时的功能余气量水平和在阅读一个标准段落时的气体呼出量。垂直线代表朗读过程中呼吸组的呼气量。呼吸组代表一组在相同呼气运动过程中所产生的音节。呼吸组的结尾表示的是为了吸气而进行的一次短暂的停止。他们发现这与句子和短语的划分是一致的，而且此现象特别常见于朗读中。

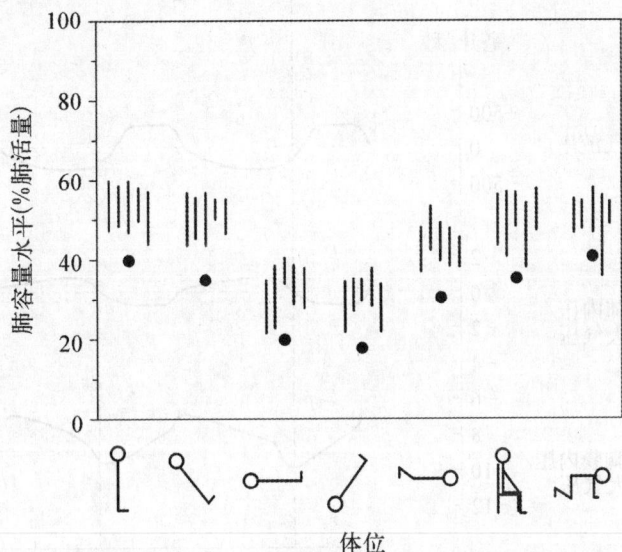

图 4-1-5 不同体位下的功能余气量

假设你是一个坐在轮椅上的脑瘫儿童，突然从椅子上滑落下来，你会加强呼吸的深度，虽然你可能会感觉呼吸困难，但是由于呼吸深度的增加，你的身体会趋向于伸直，最终到达直立位。许多脑瘫患者，尤其是那些坐在轮椅上的，会出现一种逐渐恶化的脊柱侧凸（脊柱横向弯曲），这会增加他们伸直身体的难度。

2. 余气量的作用
"残余"这个词可能说的是一些没有用的东西，或者是某一重要过程中的必要结果。残余气体起到一个非常重要的作用,即使在没有气体交换的情况下,它也为肺泡提供气体,从而为血液供氧。如果肺内没有残余气体,那么血液中氧和二氧化碳的浓度就会随着每次呼吸而升高和下降。

因为新生儿的肺占胸腔的比例非常大,所以在吸气的过程中,它们被拉伸的程度不会太大。其补呼气量基本上与没有充气时的肺容积是一样的。另外,胸壁的高顺应性导致其几乎不提供呼气动力,而呼气的出现是由于肺组织具有弹性。所有这些都意味着新生儿几乎没有补呼气量和余气量,但是他们在睡觉时的呼吸节律在24—116次/分之间。

3. 影响肺活量的因素

除了一个人的解剖结构外,还有三个影响肺活量的因素:(1)在测量过程中所采用的体位会影响肺活量;(2)呼吸肌群的收缩强度也是一个重要的因素;(3)胸—肺联合的扩张程度即肺的顺应性也是一个影响因素,比如肺纤维化会严重地影响肺活量。

在人的一生中,正常情况下胸膜表面的压强都会维持在低于大气压强的水平上,只有在过度的被动呼气、咳嗽或者打喷嚏的时候,压强才会(短暂地)超过大气压强。无论是在做何种呼吸运动,吸气、呼气或者根本就没有呼吸,胸膜表面压力相对于肺内压总是负值。

如图4-1-6所示,胸膜表面压力与肺内压力的区别很大,而其中压力方面的不同是吸气和呼气的过程中肺容积的变化造成的。

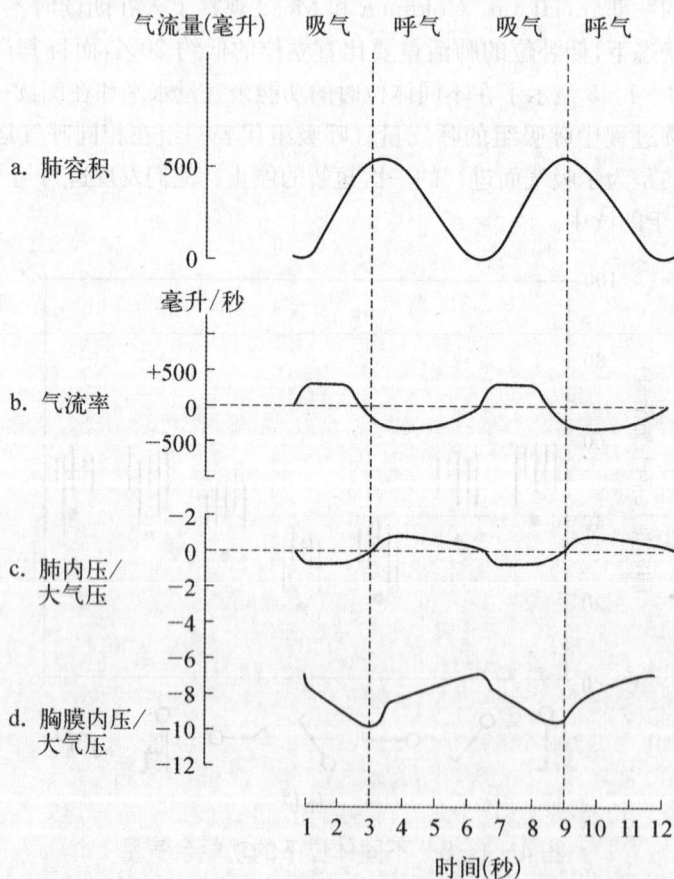

图4-1-6 两次平静呼吸周期中的肺内压、气流量和胸膜表面压强

由跨肺压变化导致的肺容积变化就是肺的顺应性。这个比值越高,肺的顺应性就越大。正常情况下,肺—胸联合的顺应性是0.13升/厘米水柱。换句话说,当肺内压增加1厘米水柱时,肺容积也扩张了130毫升。

任何破坏肺组织的疾病都会使得肺组织纤维化或是水肿,从而阻塞肺泡或者通过其他途径限制肺的扩张和收缩,导致肺的顺应性下降。

另外,胸壁畸形,比如脊柱后突、不良姿势、严重的脊柱侧突或者纤维胸膜炎,都会减少肺的扩张性和总的肺顺应性。

年轻男性的肺活量可达 4.6 升,而女性可达 3.1 升,但根据体格、身体健康状况和其他一些因素的变化,这些值有一个相当大的变化范围。比如,一个男运动员的肺活量可达 6—7 升,这超出了正常值 30%。

除了与一个人的身材和性别有关外,肺容积和肺容量还会随着年龄而变化。图 4-1-7 简要地显示了 6—75 岁男、女肺总量和肺活量。图 4-1-8 显示了 20—79 岁男性的余气量(根据体表面积 BSA 计算得来),图中显示,从 20 岁到 79 岁,余气量大约翻了两番,其反映的是胸—肺顺应性的变化。

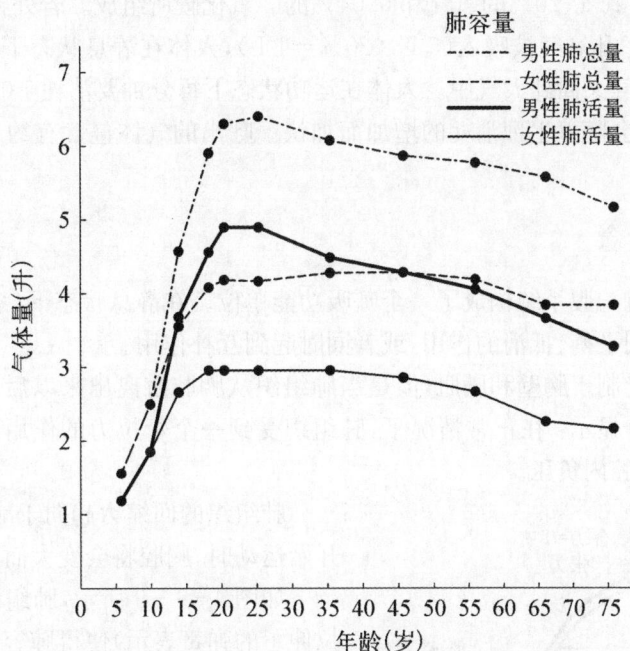

图 4-1-7　男性和女性肺总量与肺活量图

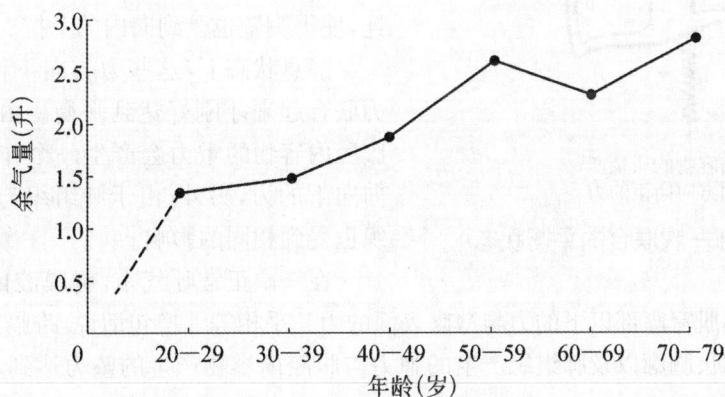

图 4-1-8　不同年龄男性余气量折线图

四、气体交换率

每分通气量是指平静呼吸(主动吸气、被动呼气)过程中,每分钟所交换的气体量。平静呼吸时,呼吸频率为每分钟 12 次,假设潮气量是 500 毫升,那么每分通气量大约为 6 升。在静息状态下,男性和女性的呼吸频率没有显著的差异,但是在进行重体力劳动时,男性的呼吸频率可以增加为 21 次/分,而女性可以增加为 30 次/分。

有时,在实验的过程中需要进行主动的用力通气以测定最大气体交换率,或测定在整个呼吸过程中肌肉的参与程度。一个人尽力作吸气和呼气运动时，每分钟所能交换的气体量就是最大每分通气量，也称最大呼吸容量。

在过度通气出现以前，一个人尽力作吸气和呼气运动所持续的时间不会超过几秒钟，但是此时的气体交换量通常只有每分钟几升而已（过度通气是过度呼吸造成的，它会导致血液中二氧化碳的异常减少）。比如，一个健康的年轻男性在一分钟的用力呼吸过程中（假设他能持续用力呼吸一分钟），可交换150—170升气体。通常，尽力呼吸持续8秒或者10秒的样本就能用来估计最大每分通气量。

很明显，呼吸系统具有相当大的储备能力。短周期内，最大每分通气量可为每分通气量的25倍，长周期内可为每分通气量的20倍。

大气基本是由79％的氮气、20％的氧气和0.04％的二氧化碳所组成。若处在正常的每分钟5升的通气水平下，每分钟大约有1升氧气被吸入（5 L×20％＝1 L），人体在静息状态下消耗约200毫升氧气，剩余的800毫升气体随着呼气又回到大气中。人体在运功状态下每分钟要消耗1 000毫升甚至更多的氧气，这就解释了呼吸频率为何会随着生理消耗的增加而加快。呼出的气体包含有约78％的氮气、16％的氧气和4％的二氧化碳。

五、 功能单位的概念

在正常情况下，肺—胸—腹系统构成了一个呼吸功能单位。在静息状态下，系统的各组成成分产生反作用力，该反作用力可起到平衡、抵消的作用，或者同时起到互补作用。

独立运动时，肺组织受制于胸壁和膈肌，但是当肺组织从胸腔游离出来以后（只出现在理想状况下），它就会塌陷下来，这就充分显示：在正常情况下，肺组织受到一个牵拉力的作用。在功能性呼吸系统中，这就是我们所熟悉的胸膜腔内负压。

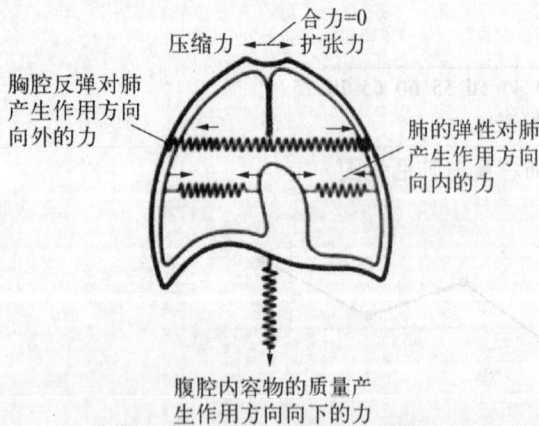

图4-1-9 肺—胸联合的平衡状态

肺组织的回缩力趋向于减小胸腔容积。当肺组织开始运动时，胸腔将会变大而腹腔容积将会变小。

如图4-1-9所示，肺组织本身的弹性（用一个被拉伸了的弹簧表示）使得肺容量趋于减小。同理，胸腔的容量趋于扩大。这也就意味着肺—胸联合产生了两个作用方向相反的力。由于肺组织通过胸膜与胸壁相连，使得胸壁也受到向内的牵拉。

静息状态下，这些力与向下作用于腹腔内容物的力联合起来才刚好达到平衡。由于空间位置的关系，腹腔内容物的重力会产生一个作用于膈肌的、作用方向向下的力，另外，由于肺组织与膈肌紧密相连，肺组织也受到相同的影响。

在一次正常呼气末，胸膜腔内压刚好达到平衡且作用方向相反，所以膈肌穹窿部以下的力与穹窿表面的力几乎相等。换句话说，跨膈肌的压力值为零。这也就是说，由腹壁、膈肌、胸廓以及肺组织产生的弹力与腹腔内容物产生的坠力达到了平衡状态。这种平衡状态就是静息呼气水平。

正常呼吸过程中，这个平衡状态只是一个瞬间的现象，因为腹腔与胸腔间的压力是在不断地发生相互作用的。

由于腹腔是一个密闭的系统，所以腹腔脏器直接的机械联动是不能被监控到的，但是腹腔可以被看作一个装有液体的容器。事实上，腹腔脏器是漂浮在腹腔液中的，取直立位且呼吸肌群处于放松状态时，腹腔上部的压力为负值，由于此时腹壁是处于膨胀状态的，所以腹壁有一种向内牵拉的趋势。假设容器顶部（膈肌）也处于膨胀状态，那正如我们前面所说的，它就会有一种向下牵拉的作用，但这并不是用于克服胸膜腔内的胸膜内压的。这些作用机制详见图4-1-10。

在简要地介绍腹腔脏器在呼吸过程中的作用之后，可以发现仅仅对胸部及其作用进行说明是不够的，由于躯干参与了呼吸,我们应该将整个躯干作为构建了呼吸的系统来考虑。

静息状态下,胸腔的扩张力和与其作用方向相反的肺的回缩力是处于平衡状态的,所以我们可以知道,当肺—胸联合扩张或者压缩时,这些力就不处在平衡状态了。由于吸气肌的作用,胸腔发生扩张,肺组织"弹簧"的拉伸程度将远远超过其正常平衡状态,使它们产生了一个越来越大的回缩力。当扩张运动停止时,被拉伸的"弹簧"将会发生回缩运动,直到它们再次与胸腔"弹簧"达到平衡。当不存在肌肉的作用使得肺内压超过大气压强时,上述活动就等同于被动呼气过程。

当胸腔"弹簧"由于呼气肌的主动运动,其压缩程度远远超过其正常平衡状态时,它们将会产生一个回缩力,这个力有扩张胸腔和肺组织的趋势,从而使肺内压下降,直至低于大气压强。这样便会导致气体进入从而开始主动吸气。

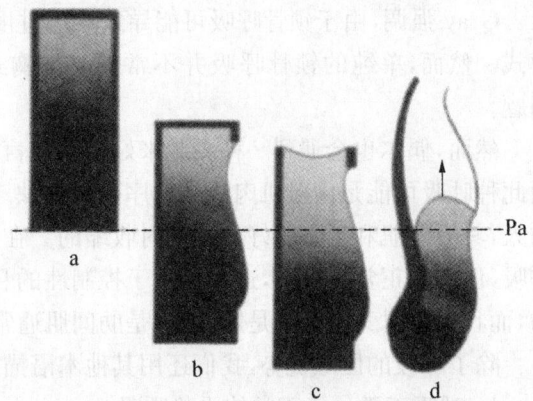

图 4-1-10　膈肌—腹腔联合模型

注:腹腔可以被看作一个装有液体且其壁可自由活动的容器。在一个倒置的容器(a)内,其底部的液压等于大气压强(Pa)。容器壁可自由活动时(b),在中间位置气压与液压相等,而当容器的顶部和壁都可运动时(c,d),压力近似等于容器顶部的气压。人体处在直立位时,肺部的弹性回缩力(箭头所示处)对抗向下的作用力,而大气压强和液压仅在膈肌穹窿部的下方是相等的。

六、言语状态下的胸壁情况

Hixon 等人以对处于言语状态下胸壁运动的研究为基础,提出胸廓和腹腔存在一个特定的发声位置。他们认为,肺容量相同时,与放松状态相比,言语状态下的胸廓相对更大,而腹腔则相对更窄。他们还进一步指出这种位置使得胸壁具有一个最适宜的外形,这样就可以在不需要系统发生进一步变形的情况下快速地改变压力。

Baken、Wilder、Baken 和 Cavallo 已经对发声起音时的胸壁运动进行了研究。Baken 等人在研究中不考虑潮气量周期的呼吸期,要求被试者尽可能快地发元音/a/,以对不同肺容量下的刺激作出反应。这个意思就是说,发声信号是不固定的,而且不同于被试在发声前习惯性地进行吸气性的胸腔调节的情况。

未受过专业训练的成年男性在任何情况、任何时间,当接收到发声刺激时,其胸壁运动会持续约 245 毫秒。这个潜伏期后,紧跟着出现的是发声前的明显的胸壁调节运动。此种前发声的调节所持续的时间与接收到刺激时的肺容量有关。肺容量与调节时间呈正相关,肺容量大于 50% 的平静潮气量时的调节时间为 82 毫秒左右,而肺容量小于 50% 的平静潮气量时的调节时间为 100 毫秒左右。尽管调节期间的肺活量改变可以忽略不计,但是典型的前发声胸壁调节包括腹腔的收缩和胸廓的扩大。

七、呼吸模式的变化

众所周知,呼吸模式是会变化的。有些人在每次吸气的时候都会表现出明显的腹壁膨出,而另一些人可能表现为胸腔的扩张,其腹壁的膨出并不明显。少数人在上胸部表现出明显的扩张,这些人在吸气的时候看起来像是通过抬高肩膀而将胸腔抬高。这些区别的存在导致了一些用于描述呼吸模式的名词的出现,比如腹式呼吸、胸式呼吸以及锁骨呼吸。

Campbell 和 Wade 发现,腹式呼吸并不意味着人体选择性地将膈肌作为主要的吸气肌。他们还发现,胸式呼吸者的肋间肌的活动能力并不比腹式呼吸者高出许多。

在进行正常的言语活动的时候,胸式呼吸者与腹式呼吸者之间只有很小的区别,甚至根本不存在区别。Lindsley 发现男性和女性都有一个腹壁膨出的自然趋势。另外,他还指出女性倾向于使用胸式呼吸。这些结论得到 Sallee 和 Gray 的支持。大多数人在吸气的时候,其腹壁和上、下胸部都会扩张,但是对于个体间扩张区域明显的差异性的研究却不是太多。Gray 发现,约有 65% 的男性和女性采用的是腹式呼吸。他还发现嗓音音质或者能听度不可能受到区域优势的影响。

Gray 强调，由于锁骨呼吸可能导致喉部过度紧张以及呼吸供应不足的情况，所以应该避免这种呼吸模式。然而，单纯的锁骨呼吸并不常见。与胸式呼吸无关的单纯的锁骨呼吸是否切实存在，都是一个问题。

然而，偶尔也会遇到一种看起来好像阻碍言语产生的特殊的呼吸方式，这就是我们所说的逆向呼吸，而此种呼吸可能是由对肌肉收缩的序列模式缺乏控制造成的，脑瘫就是一个典型的例子。使用逆向呼吸的人，其吸气肌和呼气肌好像是同时收缩的。在正常的(谈话性质的)言语过程中，我们会使用一定的逆向呼吸，但是在正常情况下，这都是出于控制性的目的，比如吸气肌收缩可以抑制发声。这一过程是很微妙的，而且很难对其定性或是定量，但是肋间肌通常被认为具有脉冲式控制声门下压的功能。

除了呼吸的区域优势，我们还用其他术语描述呼吸类型：

1. 呼吸正常——正常的平静呼吸。

2. 呼吸过度——呼吸深度增加，潮气量的增加可伴随也可不伴随呼吸频率的增加。当肺通气量接近肺活量时，呼吸将变得费劲，因而被称作呼吸困难或者缺氧。

3. 呼吸暂停——在一次正常呼气的末期中止呼吸。此种情况有时只发生在睡觉的过程中，故又称睡眠性呼吸暂停。

4. 长吸呼吸——在吸气相中止呼吸。

5. 潮式呼吸——几次呼吸的潮气量逐渐增加，紧跟着几次呼吸的潮气量逐渐下降，此周期不断重复，所以又将其称为间歇性呼吸。最常见于心力衰竭患者。

6. Biats 呼吸——一种周期性呼吸，其特征为：反复出现深度屏气，其后紧跟着出现呼吸暂停。脑脊液压力非常高或者大脑有损伤性疾病的人通常都会出现这种呼吸。

呼吸并不是一个简单的过程。以下段落是一个纲要性的说明，描述了为维持生命而进行的呼吸运动的一个周期，以及为完成一个简单的言语表达所进行的呼吸运动。

在静息状态下，肺内压(即肺泡内压)等于大气压强，而且主要的吸气肌——膈肌呈倒扣的碗状。膈肌将腹腔脏器与胸腔脏器分隔开来，另外从解剖学的角度看，它也将躯干分成了胸腔和腹腔。

在吸气开始以前，后肌纤维的收缩以及收缩程度稍小的前肌纤维的收缩牵拉中央的肌腱向前下运动，从而增加了胸腔在垂直方向上的高度，与此同时，也压缩了腹腔内容物而使腹内压增加。在所有的健康人群中，膈肌都是在明显地运动的，但是它的运动几乎总是得益于肋间肌的支持。肋间肌连系肋骨，强化肋间隙并且扩大肋胸腔前后以及两侧间的距离。斜角肌可能也参与了运动，特别是在吸气末的时候，它们帮助提升最上面的肋骨。图 4-1-11 简要地描述了呼吸肌群的情况。

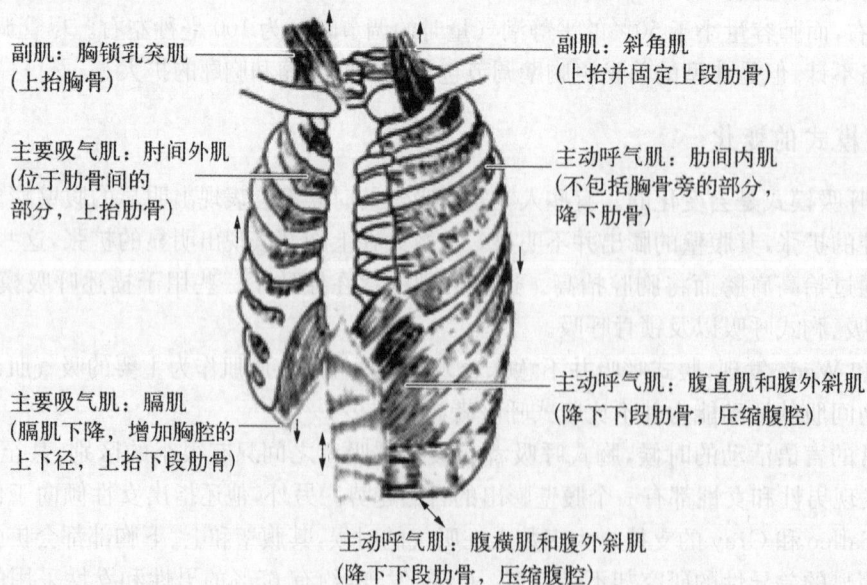

副肌：胸锁乳突肌
(上抬胸骨)

副肌：斜角肌
(上抬并固定上段肋骨)

主要吸气肌：肋间外肌
(位于肋骨间的
部分，上抬肋骨)

主动呼气肌：肋间内肌
(不包括胸骨旁的部分，
降下肋骨)

主要吸气肌：膈肌
(膈肌下降，增加胸腔的
上下径，上抬下段肋骨)

主动呼气肌：腹直肌和腹外斜肌
(降下下段肋骨，压缩腹腔)

主动呼气肌：腹横肌和腹外斜肌
(降下下段肋骨，压缩腹腔)

图 4-1-11 主要的呼吸肌群

低于大气压强的胸膜液压使得肺组织贴附于胸壁，因而胸腔的扩大会产生一个低于大气压强的肺泡内压，其压力值大概相当于－2厘米水柱。气体进入体内，直到肺泡内压等于大气压强为止。当肺组织膨胀后，吸气肌逐渐地停止它们的收缩运动，被动的呼气运动就开始了。升高的腹内压也慢慢地恢复到膈肌不收缩时的水平，移位了的肋骨和变形了的组织重新回到原来的状态，整个胸腔的容积减小，肺组织也开始恢复原状。肺泡内压暂时地升高，使气体呼出，直到肺泡内压和大气压强再一次相等为止。此时吸气肌慢慢地开始收缩，新一轮的呼吸运动又开始了。

如果在呼气的过程中存在气道阻力，那么肺—胸联合的回缩力能产生一个非常大的肺泡内压。阻力可能是由于喉部的声带所造成的，并且在那种情况下，声带可以振动并且发声。其他的阻力可能是由舌、嘴唇或者其他一切有气体通过并使肺内压增加的结构引起的。

在高肺容量的状态下，由肺—胸联合产生的被动回缩力可以形成大约40厘米水柱的肺泡内压，且由于腹部（肌肉收缩）的协助，肺泡内压可达200厘米水柱之高。在肺容量非常低的状态下（占肺活量0—38％以下），被动的回缩力会产生一个负的肺泡内压，在吸气肌的协助下，此负值可能进一步变大。

言语的产生需要一个在5—20厘米水柱范围内的肺泡内压（声门下压），而且要有一个非常大的肺容量范围，当然，此范围是由呼吸的频率以及言语表达的长度决定的。在肺容量大的情况下，由胸腔所产生的松弛压力可能会超出言语机制的需要。在那种情况下，呼吸肌的调节运动就能够抵消过多的胸—肺回缩力，从而调整肺泡内压。在中等肺容量的情况下，只凭松弛压力就能够满足言语状态下肺泡内压的需要。而在低肺容量（低于静息状态的水平）的情况下，必须依靠呼气肌的运动才能维持正的肺泡内压。在调节机制、松弛压力以及呼气肌的相互作用下，就可以实现一个能精确地调整肺泡内压的言语过程。

第二章　影响言语呼吸功能的疾病

呼吸系统的器质性或神经性问题会影响呼吸功能的正常运作。如果一个人的呼吸系统出现问题，那么不仅会影响到生理呼吸，言语呼吸也会变得十分吃力。造成这些问题的原因可能是呼吸肌本身的障碍、支配呼吸肌的神经方面的障碍，也有可能是由于人体不能采取恰当的坐姿或站姿，影响了呼吸功能。体位的问题在神经性疾病中表现得尤其明显，例如帕金森氏病、小脑病变、颈脊髓损伤和脑瘫。机械性通气患者（需要人工支持呼吸的患者）、嗓音疾病患者和听力障碍患者的言语呼吸也会出现异常。

第一节　帕金森氏病

帕金森氏病（Parkinson's Disease，PD）是一种渐进性的神经性疾病，其特征为肌肉僵硬，受累结构的活动范围受限。如果言语产生所涉及的呼吸结构和/或其他结构受累，那么言语也会受到影响。事实上，典型的帕金森氏病通常伴有音调单一、构音歪曲、响度低下以及气息声等症状，而这些症状会显著降低患者的言语清晰度和言语可懂度。响度低下和气息声产生的可能原因是呼吸支持不足。研究发现，言语呼吸时，PD患者的胸壁形状与正常人不同。正常情况下，人体处于直立位时胸廓运动比腹部容易。因此，当膈肌收缩的时候，胸廓的运动幅度大于腹部。而PD患者由于胸壁肌肉僵硬，其胸廓运动幅度减少而腹部运动增加。因胸廓运动受限，PD患者的肺活量可能减小。然而，尽管胸壁形状不同，部分PD患者还是能够产生足够的气道压力以支持言语产生。如果患者不能产生足够的气道压力，那么他就不能形成正常响度的言语声。

尽管部分PD患者能够产生足够的气道压力，但是在一般情况下，他们的口腔内压力不能达到正常水平。这表明PD患者可能在喉部、腭咽部和唇部损失了气流。有些PD患者似乎能够产生足够的呼吸来驱动言语，但他们在通过构音器官控制气流方面可能存在困难。另外，有些PD患者的口腔内压力低于正常水平，造成其言语可懂度下降，这可能是因为有些声音如塞音、摩擦音需要在唇部聚积足够的压力，而PD患者聚积的压力不足。

呼吸系统被认为是重要的言语亚系统之一，所以一些用来提高呼吸功能的策略通常被纳入PD患者治疗计划。首先，患者的胸壁僵硬，所以教患者用一些短语说话可能会比试着提高他们的肺容积更有效；其次，患者的主要问题是言语响度低下，所以治疗计划中通常应包括提高言语响度的训练，其主要是通过提高气道压力和声带闭合力度来实现的。治疗策略包括：（1）尽可能多且尽可能用力地吸气和呼气，以提高呼吸力量；（2）尽可能长地发稳定的/s/和/f/音；（3）经常进行深呼吸训练；（4）在呼气刚开始且没有消耗性呼吸的情况下讲话；（5）尽可能长地持续发元音。

第二节　小脑病变

我们同样需要研究小脑病变（cerebellar disease，CD）患者的呼吸功能。小脑在协调自主运动方面是很重要的，因为它能调节运动的速度、方向、力量等。如果小脑由于疾病或外伤等原因而受损，那么其协调能力会降低，运动将变得抽搐、不协调，人看起来就像是喝醉了，具有不稳、蹒跚的步态。如果言语产生系统受累,那么患者的言语音调和响度可能出现波动,其对基频和强度进行精细调节的能力将会丧失,而这种调节能力在重读和强调语气的控制方面起着重要的作用。因此,患者的语速会变得缓慢,发音时响度变化过大或者无变化,进而使得患者的言语声听起来几乎就像机器人一样,而这种声音也被称为断续言语(scanning speech)。导致上述言语障碍出现的根本原因可能是出现了呼吸障碍,因为呼吸系统为言语产生提供动力支持,且参与了对响度、音调和重读的调节。意识到这一点很重要,这样我们就可以把治疗的重点放在潜在的言语呼吸问题上。

研究表明,一些小脑病变患者的肺总量处于正常范围之内,但其肺活量低于正常水平。肺活量的减少可能是由胸腹壁协调运动受损造成的,如胸廓和腹部运动突然转变或痉挛。有些患者甚至会在言语呼气时出现吸气式喘气。这种喘气模式可能是由于暂时不能控制言语时的气体呼出而产生的。

小脑病变患者还可能出现另一种异常:患者在刚开始说话时的肺容积水平异于常人。一般情况下,正常人开始说话时的肺容积是静息状态下呼气末相肺容积的两倍,而结束说话时的肺容积一般等于或刚刚超过余气量。小脑病变的代表性异常是:小脑病变患者开始说话时的肺容积低于正常水平,而且大多数患者的肺容积仅仅超过静息状态下呼气末相的肺容积。

第三节　颈脊髓损伤

颈脊髓损伤(cervical spinal cord injury,CSCI)患者通常有呼吸障碍。如果损伤了控制呼吸肌的那部分脊髓,将会导致呼吸肌无力或者麻痹。如果膈肌受累,那么患者可能根本不能自主呼吸,需要进行机械性通气;如果膈肌没有受累,患者虽然能够自主呼吸,但是如果患者不能产生足够的压力和气流,其言语也可能会受到影响,主要表现为言语响度减弱、辅音构音不准确(因为患者不能产生足够的口腔压力以发出塞音和擦音)、呼吸异常短促和吸气缓慢。

研究表明,CSCI患者的肺活量、深吸气量和补呼气量比正常人要小得多,但是他们在静息状态下的潮气量和呼吸频率可能和正常人一样。大部分CSCI患者言语呼气开始相和结束相的肺容积大于正常水平。言语呼吸时,正常人的腹腔容积较小,而CSCI患者的腹腔容积较大。大多数CSCI伤者每次呼吸所发出的音节数量比正常人少,但每个音节的平均气流量介于35—80毫升之间,这与正常人相似。显然,这些患者必须通过呼吸更多的空气来弥补他们肌肉上的缺陷,而这相应地增加了回复力,所以他们不必依靠呼气肌来完成言语过程。这种补偿措施导致的不良后果是使得每次呼吸所发出的音节数减少。尽管这种方式有缺点,但这种补偿措施在临床上很有用。我们可以通过指导CSCI患者吸入更大量的空气来提高其言语响度,从而提高言语质量。

这里有一个案例可以说明临床治疗CSCI言语呼吸障碍的重要性:一个未满4岁的CSCI儿童经早期评估,每次呼吸仅能发出2个音节。治疗的重点放在胸壁的发育上,如体位、肌肉力量和协调性训练。两个月后,他每次呼吸能够发出8个音节,而且能够进行整句表达。

第四节　脑　瘫

许多脑瘫(cerebral palsy,CP)儿童和成人都面临呼吸功能的问题,而这又影响了他们的言语产生。不同类型的CP患者,其呼吸功能的受累方式也不同:痉挛型脑瘫(spastic CP)的主要特征是受累的结构张力亢进且无力,如果胸壁肌肉受累,则患者的吸气变浅,呼气被动且不受控制。手足徐动型脑瘫(athetoid CP)的主要特征是,不自主运动的存在影响了正常的自主运动,这种情况容易使呼吸变得不规则和不受控制,使得在吸气和/或呼气的过程中会不自主地突然吸入空气,这些突然的运动可能是由胸壁异常的、不自主的运动造成的。共济失调型脑瘫(ataxic CP)患者缺乏协调性,从而导致静息状态下的呼吸频率、节奏和深度都不规则。

患有脑瘫的儿童和成人,其呼吸功能的所有参数都可能受影响(气压、气流、容积和胸壁形状),其气压和肺容积均可能低于正常水平。CP儿童的肺活量小于正常的水平,而且由于这些儿童的肌力弱,他们的呼吸肌很难完成补呼气量所需的运动。同样,这些CP儿童通常很难超过潮气量达到补吸气量水平,因为他们的吸气肌也存在问题。因此,这些CP儿童也不能像正常儿童一样自主地吸气和呼气。肌力弱的另一个副作用是,这些CP儿童必须将他们本已减小的肺活量中的大部分用于进行言语活动。另外,CP儿童在声道的任一位置都不能有效地调节气流进出,包括喉、腭咽部或其他的构音部位。这样就浪费了气体,所以其言语过程中的气流都异常高。

在治疗CP儿童时,胸壁形状是一个极其重要的因素。言语过程中,最有效的胸壁姿势是腹腔比放松状态时小,胸腔比放松状态时大。CP儿童普遍都存在胸壁的畸形,这可能由肌张力过高和/或肌力低下造成,也可能是体位异常所致。例如,痉挛型脑瘫儿童长期处于屈曲的状态,这使得其呼吸随着发育的进行而变得越来越糟糕,同时伴随音质和响度的下降。当儿童对异常肌张力进行代偿时,也可能导致言语呼吸更加困难。共济失调型脑瘫儿童的体位会随着发育而变得更平稳,其言语清晰度也会变高。

增强胸壁肌肉的力量可以帮助CP儿童产生更大的气道压力,并相应地提高言语响度。呼吸肌力的增强也有助于增加肺活量,进而增加每次呼吸所发出的音节数,并延长说话的持续时间。对于肌张力低的CP儿童,可以为其戴上一张面具来对其呼气形成阻碍,进而达到锻炼呼吸肌的目的。这种面具治疗法为期6周,每周5天,每天15分钟。尽管这种面具治疗法并没有直接针对言语本身进行训练,但是接受治疗的儿童的气道压力以及正常和大声言语时的言语响度都有提高,这表明该治疗方法对于潜在的呼吸问题还是有效的。

呼吸训练的一个主要目的是提高言语呼吸的协调性。我们可以指导儿童在说话时进行快速地深吸气,然后慢慢地有控制地呼气。这种训练方式称作"快入慢出法"。因为深吸气可以为言语提供更大的肺容积和气压,缓慢而有控制的呼气则要求儿童必须运用吸气肌来对抗高肺容积状态下被动的回复力。同时,我们也应该进行吸气训练、呼气训练以及两者之间的自主性转换训练。

在呼吸功能的治疗中,增加体位的支持是很有用的。一个可调节的座椅系统可以帮助CP儿童改变体位,以增加肺活量,延长呼气持续时间。

另一种改善体位、提高言语呼吸能力的重要方法就是束腹。紧身衣、背带、毯子和腰带都可以用来推动腹部内移,促使膈肌上移并上抬胸腔。这样会使得呼气更有效,肺容积、最大吸气量和呼气压力、最大气流量以及最长声时都会增加。这样做的另一个优点是,束腹使得个体说话时间延长了,因而他们说话时能够在更符合语言学规则的地方停顿,从而提高言语的流畅性。

第五节　机 械 性 通 气

在对因患有CP、颈脊髓损伤、哮喘、肺气肿、头部或颈部癌症等疾病而需要人工呼吸机来维持呼吸的患者进行治疗的时候,明确其言语过程中的呼吸方式是很重要的。患者需要一根被称为插管(cannula)的管道将其颈部的气管切口与呼吸机相连接。呼吸机有一个吸气相,此时空气被泵入人体的呼吸系统,在这个阶段,气管内空气密度的增加使得气道压力也增加了。随后由于胸腔和肺部的弹性回复,促使被泵入的空气排出呼吸系统,气道压力下降,这就是呼气。有些情况下,如果患者的通气功能受损严重,那么就没有空气进入上呼吸道,而是直接完全进入气管。有些患者可以利用呼吸机产生的气体来说话。这种情况下,被泵入气管的气体中有一小部分经由支持喉部和声道向上流动,以进行言语活动。

尽管有些机械性通气的患者能够说话,但这样做通常很困难。其中存在着三个问题:(1)患者可能无法控制呼吸机通气循环的时间周期;(2)呼吸机所产生的气管压力异常高,而且变化很快;(3)患者需要平衡言语产生时的空气动力学要求和体内气体交换的需要。

研究发现,正常言语和依靠呼吸机通气的言语,其言语呼吸行为是不同的。例如,Hoit报告,大多数依靠呼吸机通气的患者,其潮气量是正常人的 3 倍。正常的潮气量大约在 500 毫升,而这些患者的潮气量可达到 700—1 470 毫升。Hoit 也发现了气道压力的差异:依靠呼吸机通气的患者,其气道压力介于 13.9—26 厘米水柱之间,而正常人言语所需的气道压力介于 5—10 厘米水柱之间。另一差异是,与呼气时产生的言语相比,依靠呼吸机通气的患者在吸气过程中当气道压力上升的时候开始说话,在呼气过程中当气道压力下降的时候停止讲话。这些患者通常在吸气开始后的 0.3—0.7 秒开始说话,吸气停止后的 0.7—1.1 秒停止说话。Hoit 发现,患者停止说话的时间通常受到语言学结构的影响,然而,有时这些患者在气道压力低于 2 厘米水柱左右时就停止说话了。大体上来说,患者并没有充分利用所有可用的说话时间。平均说话时间大约只发挥了其潜能的 59%—81%。因此,患者每次呼吸所发的音节数量小于正常水平。

根据这些研究结论,专家们鼓励患者即使进入呼气阶段也要持续说话,直到说话声音随着气道压力的下降开始变弱为止。然而,尽管这种方法能增加说话时间,但也可能导致说话过程中的停顿不合乎语言学习惯。Hoit 指出,这些停顿可能是有益的,因为它提示听者,说话人打算继续说话。

具有某些障碍如颈脊髓损伤的患者,需要呼吸机通气,他们是安装说话瓣膜的最佳人选,如 Passy-Muir 瓣膜,效果通常不错。这是一个安装在患者颈部气孔的单向阀。当患者想要说话时,将该瓣膜靠近气管,气管内产生的正压会关闭该瓣膜,气流因而不能离开气管,只能由喉部呼出,这样患者就可以用喉部来发音了。

第六节　嗓　音　障　碍

在治疗各种嗓音障碍的过程中,呼吸功能的正常与否是人们关注的焦点。黄昭鸣指出,通过呼吸训练可以减少胸腔、喉部和声道的紧张程度。涉及言语产生的三个系统(呼吸、发声、共鸣)必须密切配合、协调工作,一个系统的紧张状态将会影响到其他系统。缓解呼吸肌的紧张可以保证吸气运动与呼气运动的协调,进以帮助缓解喉部的紧张。

应该采用一种整体的方法来矫治嗓音障碍,促进呼吸功能和发声功能的协调。许多常用的嗓音矫治方法都是以调整气压和气流为基础的。例如,我们常用甩臂后推法帮助声带麻痹患者更加强有力地关闭声带,从而防止过多的空气流过喉部而被浪费。另一方面,我们还用哈气—叹息法帮助那些发声功能亢进且声带关闭过紧的患者产生一种更舒适的气流。还有一些方法是用来减少锁骨式呼吸的,采用锁骨式呼吸方式的人吸气时肩膀会抬起,从而造成颈部和喉部的紧张。

发声功能亢进常常伴有较高的气道压力,而发声功能亢进与呼吸浅、呼气与发声的协调性差、锁骨式呼吸方式以及潮式呼吸时吸气和呼气的不协调有关。黄昭鸣指出,发声功能亢进的患者在发声时可能会有呼吸疲劳的问题。黄昭鸣等人还发现,与正常儿童相比较,患有声带小结的儿童开始说话时的肺容积较高,而说话结束时的肺容积较低,说明其言语时所耗费的气流比正常儿童多。这主要是声带小结阻碍了声带的正常关闭,使得过多的气流从声门泄漏所致。因此,此类患者需要更多的气流来为言语持续提供足够的压力。

第七节　听　力　障　碍

听力障碍患者在言语呼吸控制上常有困难。他们的呼吸系统本身一般没有明显异常,但是在协调呼吸功能与发声功能和构音功能时会出现问题。这些患者言语呼气开始时所对应的肺容积低于正常水平,而且还要耗费更多的气体。例如,许多听力障碍患者每发一个音节需要耗费 180 毫升的气体,而在结束发音时所对应的肺容积低于功能余气量。如果患者吸入的空气太少,其可利用的气流就少,外加气息音会导致气流浪费,这些因素都迫使患者在说话时需要更加频繁地停顿来进行呼吸,而且这些停顿常常出现在不符合句法的地方。

随着现代听力技术的进步，可以采用人工耳蜗植入术等帮助听力障碍患者提高听觉敏感度。一旦听觉敏感度提高了，呼吸系统与其他言语系统的协调性也将得到提高。例如，我们对三名听力障碍儿童在人工耳蜗植入术前和术后的言语呼吸进行了测量，测量结果显示，患者的听觉一旦激活，就会以一种更加接近正常的方式来调整言语呼吸，其中发生改变的参数包括平均气流、每音节消耗的空气量以及言语结束时的肺容积水平等。

第三章 发声系统与言语

人类的言语行为受到大脑左半球言语中枢的控制。从言语中枢发出的神经信息通过周围神经系统传递给呼吸、发声（嗓音）和构音肌群，从而对言语器官的运动进行调控。言语的产生被认为是由这三大系统的协调运动来完成的：（1）呼吸系统，提供充足的压力和气流来启动和维持发声；（2）发声系统，声带作为一个振动源，提供充足的能量以及合适的声门波作为构建言语声的基础；（3）构音系统，通过构音器官（舌部、唇部、下颌和软腭等）的运动，调整声道的大小和形状，产生不同的言语声。言语产生的过程与其他声学现象一样，都涉及一系列的气压波形，其特征由频率（赫兹）和强度（声压级）等参数来标定。

为了能被听者识别，言语声音的频率一定是处于人耳能够感知的频率范围内的。人耳能够感知的频率范围是 20—20 000 赫兹。大多数人发出的言语声，其基频范围大约在 40—2 200 赫兹之间，频谱中的谐波频率至少可达 15 000 赫兹。

人耳对大约 20 微帕（听阈）至 20 帕（痛阈）范围内的声音比较敏感，帕是压强单位帕斯卡的缩写。分贝是声压级的单位，1 分贝相当于 20 微帕，即听阈。以往的标准参考值为 0.000 2 达因/平方厘米，也相当于听阈值的声压级。声压级应该在标准大气压强（760 毫米汞柱）周围波动。声压级用对数（分贝）来表示较为方便，声压加倍，相当于声压级增加 6 分贝。从听阈到痛阈，声压级的范围在 0—120 分贝。在距离嘴唇 30 厘米处测得人类所能产生的声压级大约在 35—120 分贝之间，训练有素的歌唱家才能够发出超过 120 分贝的声音。

把嗓音产生的过程（即发声）分为两个阶段较容易理解：（1）前发声阶段（或称起音阶段），构建声带产生振动的先决条件，主要包括声带从吸气位置到闭合位置的前加载运动；（2）声带振动阶段，主要指声带在闭合位置产生振动，这可以通过肌弹性—空气动力学理论来描述，并涉及基频、强度和音质的控制机制。

第一节 前 发 声 阶 段

在声带开始振动之前，必须做三项重要的调整工作：（1）声带肌收缩，声带向中线靠近；（2）开始呼出气流；（3）上述两个活动之间精确协调。

一、 第一项重要的调整工作

起初两侧声带是适度张开的，就像平静呼吸状态中吸气时一样。成年男性在平静呼吸时，声带的最大张开度平均为 13 毫米，在深吸气时可增加到 25 毫米。

前发声阶段所需要的时间主要取决于说话方式和语言环境，其平均值在 350—450 毫秒之间。在这一时间段中，两侧声带逐渐向中线靠近，它们之间的距离大约从 13 毫米减至 2—3 毫米，声带从完全张开至完全闭合是一个连续的过程。一些常见的声门状态如图 4-3-1 所示，图中包括在深吸气、正常吸气、发耳语声、清辅音发声、正常发声和用力发声时声门的典型状态。

常见的发声功能障碍的典型表现如图 4-3-2 所示，主要包括声带的内收功能障碍、横肌功能障碍和侧肌功能障碍。图 4-3-3 主要描绘中位（发声）、尸位（喉返神经麻痹）、间位（喉上神经麻痹）、侧位（呼吸）状态声门的情形，有助于进一步理解喉镜下肉眼所见到的声门形状。

a. 深吸气　　　　b. 正常吸气　　　　c. 发耳语声

d. 清辅音发声　　　e. 正常发声　　　f. 用力发声

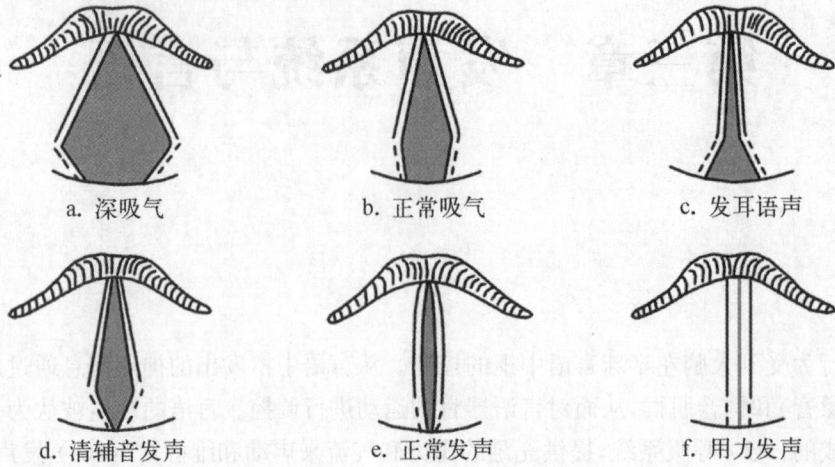

图 4-3-1　声门状态的简易图

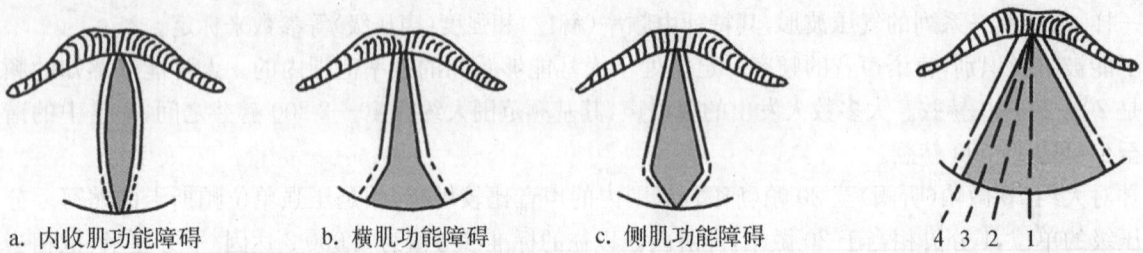

a. 内收肌功能障碍　　b. 横肌功能障碍　　c. 侧肌功能障碍

图 4-3-2　常见的功能障碍

4 3 2 1

图 4-3-3　声门位置定义
(1. 中位　2. 尸位　3. 间位　4. 侧位)

环甲肌是使声带拉伸的主要张肌,张肌主要通过拉伸声带来调节发声频率。甲杓肌(包括甲杓外肌和甲杓内肌)主要使声带增厚。甲杓内肌又被称为声带肌。

声门的关闭主要通过环杓侧肌、杓间肌(包括杓横肌和杓斜肌)、甲杓肌的协同收缩来完成。这些肌肉在前发声阶段同时进行不同程度的收缩。从功能上讲,这些肌肉可分成两大类:(1)控制声门关闭(环杓侧肌、杓间肌)或使声带向中线靠近的肌群(甲杓外肌),中线收缩力是指一种将两侧声带向声门中央拉近并互相接触的力量;(2)调节声带紧张度的肌群(环甲肌、声带肌,在一定程度上还包括甲杓外肌)。

环杓后肌作为甲杓肌的拮抗肌群,收缩幅度较小,主要是阻止甲杓肌收缩时声突过分向前拉伸。环杓后肌的主要功能仍是使声门打开。

实际上,喉肌之间的收缩在功能上是相互协调的,每块肌肉都必须在其他肌肉的拮抗作用下进行收缩运动。但是为了更好地理解每块肌肉的独特功能,我们将分别描述四组喉内肌群的功能(喉内肌的起点和止点都连结在喉软骨上,而喉外肌两端的附着点中有一个不在喉软骨上)。图 4-3-4 显示了在前发声阶段每块肌肉收缩时的效果。

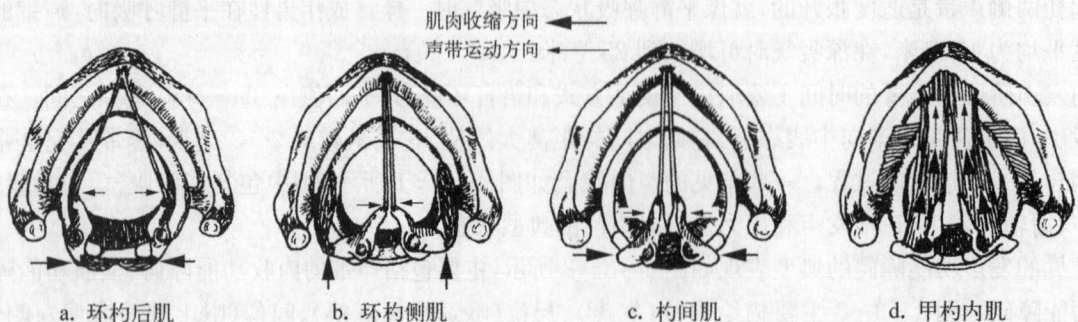

肌肉收缩方向 ←
声带运动方向 ←

a. 环杓后肌　　b. 环杓侧肌　　c. 杓间肌　　d. 甲杓内肌

图 4-3-4　前发声阶段每块肌肉独立收缩的效果示意图

　　　　第四编　言语产生学

环杓后肌是主要的声门开肌,它的收缩效果如图 4-3-4(a)所示。当它们收缩时,杓状软骨的肌突向后下方运动,声突则向外上方翻转,使声门张开。拮抗环杓后肌的一对肌肉是环杓侧肌,如图 4-3-4(b)所示,它们收缩时将杓状软骨的肌突拉向前下方,并使声带向中线靠拢,同时将杓状软骨体之间的距离拉开。杓间肌的收缩运动如图 4-3-4(c)所示,杓间肌包括杓横肌和杓斜肌,它们的功能是拉近杓状软骨体。甲杓内肌、甲杓外肌的收缩运动如图 4-3-4(d)所示,其功能主要是调整声带的张力和厚度,以此调节声门的关闭程度与声带的紧张度之间最佳的协调状态。

图 4-3-4 所描绘的四类收缩运动不能割裂开来,因为这些肌肉几乎同时收缩。在对发声障碍的患者进行矫治的时候,我们应从整体上把握发声机理,而不只是锻炼单块肌肉或单组肌群。我们应同时对所有喉肌进行训练,并注意促进其与呼气运动相协调,这样就能使发声功能亢进或发声功能低下在不同的声门下压状态下得到改善。也就是说,通过训练,使得声带能够在最有效的声门闭合状态下产生振动。

呼气时,气流开始经过声门,声带向中线靠近,使声门间的气道变得窄小,阻止气流从声门通过,从而使声门下压增加。声门下压的增加使声带黏膜间的气流速度加快,两侧声带之间产生负压,导致两侧声带互相吸引,声门闭合,这就是前发声阶段的伯努利效应(Daniel Bernoulli,1733 年成为巴塞尔大学的解剖学教授,1750 年又成为物理学教授,他主要研究水动力学,即流体运动)。

伯努利效应的公式为 $c=d/2\times(v^2\times p)$,这里的 c 是一个常数,d 是空气密度,v 是气流速度,p 是垂直作用于气流的压强。这个公式可以用来解释两侧声带逐渐向中线靠拢的过程:声门间气道越窄,气流速度 v 越快,导致该处的气体较为稀薄,并使声门间压强 p 锐减,进而引发声带振动。另外请注意一个重要的现象:通过声带边缘的气流要比通过中线的气流运行更长的距离,前类气流的加速流动会使声带边缘的气体密度下降更多。

如果伯努利效应公式中的 d 接近一常数,那么公式可以简化为 $k=v^2\times p$,k 为一个常数($k=2c/d$)。这就意味着:如果气流速度加快,那么声门间的压强急剧下降;如果气流速度增加 6 倍,气压则下降为原来的 1/36。在 2 毫米的声门裂中测得 2 厘米水柱的气压差足够用于产生近似 12 米/秒的气流速度,从而启动声带的振动。这些观察结果是从对刚切下不久、黏膜较紧的喉组织的研究工作中获得的,但其他研究者在活体上进行的测量似乎也与其一致。

二、 第二项重要的调整工作

声带只有在气流速度和声门下压适当时才能产生振动。在声门靠拢至发音位置的过程中,如果声门下压太高,嗓音中将出现一种可听见的声门擦音/h/,被称作气息声。如果声门下压太低,嗓音将出现吱嘎声,或声带几乎不产生振动。因此,最有效的起音运动要求前发声阶段呼气运动(声门下压与气流速度)和声带闭合运动(位置和肌张力)保持平衡,呼气运动应适度。

发声至少需要 2 厘米水柱的声门下压和接近 100 毫升/秒的气流速度。正常发声在 6 厘米水柱的声门下压时需要 150 毫升/秒的气流速度。(气流速度指单位时间内通过声门的空气体积值,它等于声门间的气压差除以气流阻力。因此,通过声门的气流速度与声门上下的气压差成正比,与声门阻尼值成反比。)

然而,在说话时还必须产生足够的语气变化(如音调变化、语调变化、响度变化等),呼气肌群应能在更大的声门下压范围内进行调整,这一范围约为 2—30 厘米水柱,同时呼气肌群应能使气流速度达到 1 000 毫升/秒以上。呼吸运动应该在较舒适的状态下实现上述必要条件。如何能够达到这一目的呢?我们一般采用重读治疗法中的慢板节奏二来进行训练。据文献研究记载,男高音歌唱家声门下压的上限值大约为 70 厘米水柱,训练有素的歌唱家的气流速度大于 11 000 毫升/秒。

三、 第三项重要的调整工作

最后,进行第三项调整工作。声门关闭与呼气开始之间的时间协调十分重要,这两者之间的关系可以分成三种情况。

第一种情况,在声门完全关闭之前气流已经呼出,那么起音就是送气声,如/h/。这种发声情况可描述为气息声,或称软起音。气息声/h/在声带向中线靠拢的过程中逐渐加重,而在声门完全关闭时停止。习惯性的气息音或软起音被认为是病理性的,特别是当气息声出现在元音的前面时,它使元音的强度减弱,声音质量明显下降。

第二种情况,当两侧声带刚达到完全闭合时,呼气运动正好开始,这是最佳的起音状态,这种起音方式被称为同时撞击。图4-3-5所示的光电声门图显示的就是这种起音方式。实验观察证明,声带黏膜的运动首先发生在中层,气流速度越快,声带中层的运动就越明显(该运动在声带闭合过程中进行了叠加)。

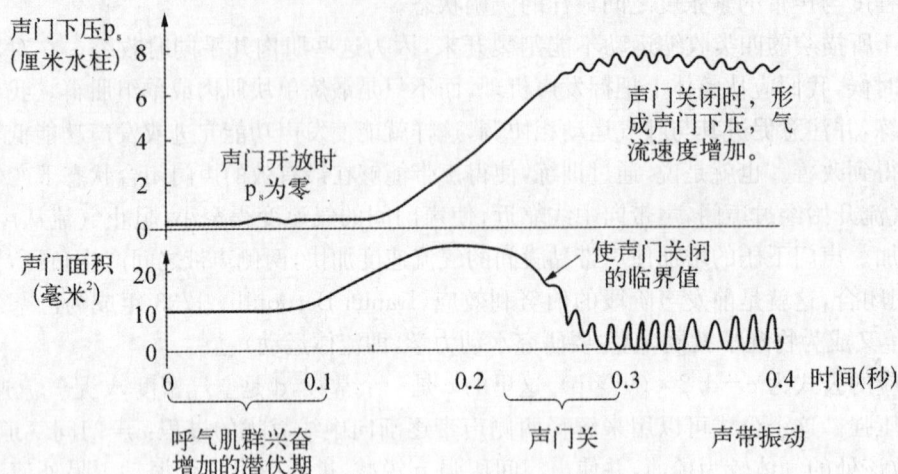

图4-3-5 前发声阶段的光电声门图

重读治疗法中的行板节奏二和行板节奏三的训练目的就是使声门关闭和呼吸运动的时间达到精确的一致,旨在于发声功能亢进和功能低下之间寻找一种适当的平衡状态。另外,肌电图研究显示,呼气肌群的兴奋刺激与喉内肌群的兴奋刺激之间应达成精确的协调。发单个元音时,在起音前50—400毫秒,环杓侧肌的肌电运动就已开始,接着在50—100毫秒以后,腹肌运动开始,并形成适当的声门下压。

第三种情况,如果声门在呼气运动开始之前就已关闭,那么起音是突然的,呈爆破式。在声带正式振动之前,声门下的高压必须克服声带的抵抗作用,这种起音方式通常被称为硬起音或声门颤动。硬起音给声带增加了多余的负担,当声带处于病理状态(如慢性喉炎或血管隆起)时,则可能因此受到损伤。当一个单词的起始音为元音时,硬起音现象非常普遍,常常出现于声带运动亢进性的发声困难,严重时将导致声带水肿、声带小结、声带边缘息肉,或引起肌张力的过度代偿。

重读治疗法的目的在于通过训练呼气运动与声带振动发声之间的协调性,来矫治硬起音和软起音,并提高声带向中线收缩的调节能力。

第二节　声带振动阶段

过去对于喉部发声功能的大部分理论都以实际经验为基础,如歌唱的需要,只有少数理论建立在客观的生理和声学测量的基础上。近30年来,喉肌电图的研究提供了大量新的数据,这项技术被用于观察说话和唱歌时的喉肌运动,增强了我们对维持音区、嗓音音调、嗓音响度和嗓音音质稳定性的认识。

在前发声阶段,声带从完全张开的位置向中线靠拢至彼此间距2毫米左右,这个调整过程在350—450毫秒的时间内完成。呼气运动使气流速度加快,当声门裂为2—3毫米时,气流速度达到一定程度,引发声带振动。正常情况下,在声带达平稳振动之前,我们可以观察到在前发声阶段有3—5个振动周期。伯努利效应能解释这种两侧声带向中线收缩靠拢的早期振动。一旦建立起这种振动模式,只有当喉内肌收缩与呼气运动之间的协调关系发生变化时,振动方式才会发生变化。而这两者协调关系的变化可以调节嗓音音调、嗓音响度、嗓音音质和音区。

声带是声音源,它们振动来自肺部的气体,气体流经喉腔后,在声道产生声波。1950年提出的关于发声的肌弹性—空气动力学理论是最为流行的关于嗓音产生的理论模型。这个模型认为,嗓音是肌肉收缩力量、组织弹性、空气压力及流速共同作用所产生的。

一、发声的肌弹性—空气动力学理论

声带振动的前提条件是声带必须靠向中线,这主要通过环杓侧肌与杓间肌的收缩作用来实现,它被称为中线收缩力。中线收缩力使声门在中线闭合,声门下压开始增加。当声门下压足够强大时,它克服了声门闭合所产生的阻力,使声门开放。一股气流进入声道,使声道内的空气产生振动,如同音叉的效果。这个声波通过声道传递,声道内各类瓣膜对声波进行调节。同时,声带由于两种力量的相互作用再次产生闭合。首先,一旦声带被分开,它们便由于肌肉的弹性回缩力返回中线位置。当它们开始闭合时,便形成了一个狭窄的通道。其次,根据伯努利效应,声门下气流在通过闭合声门的狭缝时会产生负压。这是因为通过狭小通道的气流流速增加,使气体压强减小。声带之间压力的下降将进一步拉近两侧声带的距离,使声门充分闭合。再次建立的声门下压将声门打开之后,整个过程再次重复。声门的一次开闭运动构成了声带的一个振动周期。在言语期间,声带每秒钟振动数百次。需要记住的是,在发声时,声带不能完全闭合,但分开的距离也不能超过 3 毫米。

由于声带是一种分层结构,它以一种极为复杂的方式产生振动。与其说声门开闭是一项整体运动,不如说声带从底部向顶部逐渐开放,然后从底部向顶部逐渐关闭,整个过程呈波浪运动状。这类复杂的振动主要是由声带在水平与垂直维度上开闭的时间差异造成的。在垂直面上,当声带下缘开始闭合时,声带上缘仍处于开放状态。气体向上流经声门时产生负压,闭合运动由下向上逐渐进行。当声带上缘闭合时,声门下压逐渐建立,迫使声门打开,声门下缘已开始再次开放。这种声门上下缘开闭运动轻度滞后的现象,被称为垂直相差。

声带自后向前的开闭运动也有类似的时间差问题。它们自声突的后附着处向前联合部分逐渐开放,然后自前向后逐渐关闭。这类闭合的落差被称为纵向相差。

这些相差使声带的振动形同波浪,被称为黏膜波,这在声带较松弛柔韧的层面表现得特别明显。声带波浪状的振动对于正常嗓音的产生是至关重要的。黏膜波受到干扰或破坏均会影响嗓音的产生,从而导致各种类型的嗓音问题。只有在发浊音时声带是振动的,在发清音或吸气时,声带通过环杓后肌的作用而被打开。

声带的复杂振动产生一种周期性的复合声波,正如所有的波形一样,它包括基频和谐波。基频代表声带振动的速率,对应于可感知到的嗓音音调。

嗓音是气体压力、组织弹性和肌肉活动共同作用的结果。声带振动产生嗓音(即喉原音),再经过构音器官产生共鸣而形成言语。在发声时,双侧声带在内收肌的作用下向中线靠拢,但是两者并不需要完全并拢,只要接近到足以根据气体力学产生振动的距离,便能发声了。

声带的每个振动周期都包括一个渐开相(离开中线)、一个渐闭相(回到中线)和一个闭合期(接触阶段)。图 4-3-6 是喉腔冠状剖面的示意图,它解释了在一个声带振动周期中,贯穿整个声门上、下的压强变化情况。图中深色区域表示气体压强增强,该处空气分子密度增大;浅色区域表示气体压强减弱,该处空气分子密度变小。每个振动周期都有规则地将声门下气柱压强分节地转化为由空气分子撞击而形成的声能。声带振动以一种有规律的准周期方式进行。

声带振动的过程如图 4-3-6 所示:图 a 显示气流到达声门处,由于声门的闭合,该气流受到阻碍,形成了声门下压;图 b 显示,当压力升高到大于声门阻力时,声门下缘被吹开;图 c 显示气流继续向上快速地冲开声带;图 d 显示,当两侧声带分开时,伴随产生波浪形的运动;图 d 和图 e 显示,在声门下压的作用下,声门上缘也被吹开;图 f、图 g 和图 h 显示,先前被吹开的下缘也同时向中线靠拢。

声带的弹性回缩力和伯努利效应导致声门关闭。伯努利效应是一种由气体通过狭小空间而引起的空气动力学现象,该效应使声带之间产生瞬时负压,使得两侧声带很快被吸在一起。声门完全闭合后,声门下压重新积聚,声带又开始一个新的振动周期。由此得出的结论是:声带振动是在空气动力学以及肌弹力的协同作用下产生的。

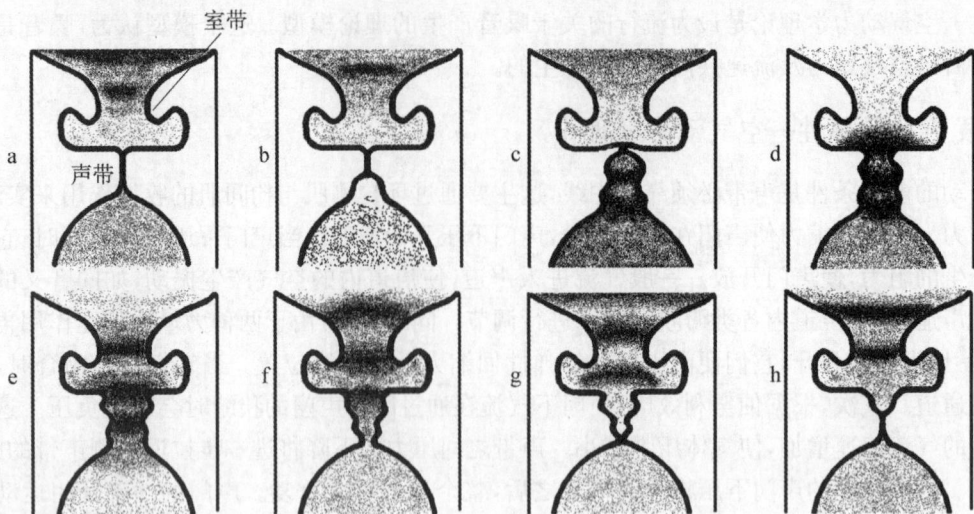

图 4-3-6 声带振动模式图

二、嗓音基频

嗓音基频是声带每秒钟振动的次数,对应的心理学参数就是音调,它取决于声带的长度、单位长度的质量、紧张度和硬度。声带的长度越长、质量越大、紧张度以及硬度越小,声带振动的速度就越慢,音调越低;反之,声带越短、质量越小、紧张度及硬度越大,声带的振动速度就越快,音调也越高。在言语过程中,我们不断地改变嗓音基频,这主要取决于说的是疑问句还是陈述句,某些具体的单词和音节是否需要重音或重读等。儿童由于声带小而单薄,会产生较高的振动基频(青春期之前的儿童的嗓音基频大约为 250—350 赫兹)。成年女性的嗓音基频为 180—250 赫兹,成年男性的声带通常较长,质量较大,其嗓音基频范围一般为 80—150 赫兹。

嗓音基频的提高主要通过环甲肌运动使声带拉长来实现。甲杓肌、环杓侧肌和环杓后肌的协同收缩,使环甲肌运动增强,声带张力增大。嗓音基频提高时声带的变化情况为:声带的张力和长度增加,单位面积的质量减少(即声带拉长,引起质量的重新分配),弹性增加,顺应性减小,振动速度增加。尽管嗓音基频提高时声门下压也略有提高,但嗓音基频的改变主要还是由声带本身的物理特性变化所导致的。

三、嗓音强度

嗓音强度是声带振动的强度,对应的心理学参数就是响度。它可以通过调节声门下压的大小得到控制,主要以增加或减少中线收缩力量的方式来进行。当中线收缩力量增加时,声带闭合更加紧密,时间更长,从而产生较高的声门下压。当声带被声门下压吹开时,声门开放的力度更大。由于弹性回缩力的作用,声带再次同样强有力地闭合,使声道内的气体受到更强烈的刺激,产生的言语声波具有更大的振幅与强度。言语期间,根据口头表达的信息,声带需要不断地调整其紧张度来适时地改变嗓音基频与嗓音强度。这些持续的变化产生了言语韵律。

嗓音强度的改变也需要一些协调运动。声带的内收和紧张必须对气流产生足够的阻力。喉部阻力、呼气肌和胸腔的运动产生克服阻力的声门下压,当它大于声带闭合时所能承受的压力时,声带就会被吹开。压力越大,声带张开度越大,嗓音也就越响;声带间的空隙越大,冲出的气流越多,言语声波的振幅也就越大。嗓音强度随声门下压的增大而增大,振动周期中声带接触的时间也随声门下压的增大而增大。

四、嗓音微扰

由于声带组织及其机械运动的特性,声带本身不能以一种完全周期性的方式产生振动,这种特征被称为嗓音的准周期特征。声带振动在频率和振幅方面总有一些小的波动,结果产生一种准周期波,而非完整的周期波。例如,当你试图以 200 赫兹的基频稳定地发/a/音,你必须使声带保持适当的张力和硬度,使声带每秒钟振动 200 次。如果你的声带以全周期的方式产生振动,那么每次声带振动的时间为 1/200 秒。

然而,由于声带以准周期的方式产生振动,某个振动周期可能维持 1/200 秒,下一个周期可能为 1/199 秒,再下一个周期为 1/203 秒,等等。每个振动周期的微小变化被称为基频微扰(Jitter)。振动幅度也会出现类似的周期变化。如果你发 /a/ 音,并尽可能地有意维持一定的响度水平,你的声带振动仍会有一些轻微的幅度差异。这类差异被称为幅度微扰(Shimmer)。

1. 基频微扰和幅度微扰的来源

这些周期波之间频率与幅度的变化由多种因素引起,如神经性、生物力学、空气动力学以及声学因素等。例如:左右两侧声带可能并不十分对称,在质量与紧张度方面略微不同,或者一侧声带较另一侧有更多的黏膜,导致一侧比另一侧更重(神经性的因素)。肺内压的变化也能引起声带振动频率与幅度的扰动,因为在气流通过声门时,声门处的压力时而建立,时而释放,导致声门下压数值产生轻微的波动(空气动力学的因素)。构音器官也会对声带的振动产生影响,如发前元音时,舌部向前运动,将舌骨拉向前上方,使喉腔抬高,从而可能改变声带的硬度,使基频产生扰动(声学的因素)。声门处空气动力学的变化也会引起声带振动周期的变化,当气体通过声门时,会产生湍流现象,引起噪音中压力的迅速变化(生物力学的因素)。

2. 嗓音微扰的测量

在测量基频微扰和幅度微扰时,通常有必要测量声带振动的每个周期。最新的计算机技术通过按键盘或点击鼠标便能执行复杂的运算程序。目前市面上有许多测量基频微扰和幅度微扰的仪器和软件包,如 Tiger DRS 公司研制的“启音博士言语测量仪”(Vocal Assessment™[Dr. Speech™],美国泰亿格电子有限公司生产)。

测量基频微扰时,每个周期的变化都受到基频的影响。基频较高时,基频微扰较难进行测量,因此,基频微扰的运算公式中必须将这个因素考虑在内。另外,由于基频微扰的测量取决于对噪音信号周期的精确判断,后者在计算非周期噪音的基频微扰值方面是无效的。由于基频微扰测量方面存在这些局限,在采用这项技术前必须了解嗓音功能方面的更多知识。例如,声带振动周期的轻微变化是人类嗓音中如此自然的一部分,以至于嗓音中没有基频微扰和幅度微扰会导致嗓音感知的不自然。黄昭鸣等人的研究显示,人类嗓音中存在小于 0.5% 的基频微扰是正常现象。

Titze 制定了关于基频微扰的数学公式,用于衡量声带的神经肌肉功能的各个方面,并且发现人类嗓音基频微扰值的最低水平在 0.2% 左右。这些数据在大量的研究中得到验证,这说明人类嗓音的基频微扰值表示声带并非完全按照周期的方式产生振动。基频微扰值过大,说明正常的声带振动以及黏膜波受到了干扰。另一方面,正常的说话者实际上可以通过训练来减少嗓音的基频微扰值。例如言语功能正常的女性通过练习,可以将基频微扰值从 0.4% 降至 0.3% 左右。基频微扰也可以作为儿童嗓音成熟以及成人嗓音老化的指标:儿童的基频微扰值高于成年人,年长者的基频微扰值高于年轻人。

关于幅度微扰的研究不像基频微扰那样彻底,但黄昭鸣等研究人员证明,人类正常嗓音的幅度微扰值小于 3%。

基频微扰和幅度微扰反映的是人体内部的噪音。黄昭鸣认为,如果从微观的角度进行人体分析,我们可以看出人体内大量的“物理工厂”(水力、电力以及化学系统)展现出复杂的前后运动,这些微观运动使其他的稳态运动产生波动。喉腔对神经、血管、呼吸系统、淋巴系统以及其他运输系统所产生的微小波动特别敏感。由于人体大多数重要的生命枢纽线均通过颈部,并与喉腔十分接近,这些波动将在其行径中留下“痕迹”,在声带振动模式中成为可以察知的部分。

声带振动的周期性变化使我们能够感知神经肌肉的功能变化和导致声波输出变化的声带层面的改变。控制声带振动的肌肉需要产生一定的力量来维持特定的频率与幅度水平。这种力量主要是通过支配喉腔的神经控制肌肉收缩而产生的。控制声带振动的肌肉群收缩越稳定,声学信号的产生就越稳定、越具有周期性,基频微扰值和幅度微扰值就越小。神经肌肉控制障碍可导致声带振动的不稳定,从而表现出较高的基频微扰值和幅度微扰值。同样,如果声带质量增加,如声带长有小结或息肉,声带振动就会变得不规则,基频微扰值和幅度微扰值便将增加。

五、发声压强和跨声门压强

对于声带振动而言,声门下压强必须高于其上方的压强,这样气流才能够通过声门。这种声门上方与声门下方之间的相对压强差是一种驱动力量,即跨声门压强,它迫使气体通过声门。当两侧声带处于合适的关闭状态时,这种跨声门压强使声带产生振动。使声带振动的最小压强被称为发声压强阈值(p$_{th}$)。对于采用正常响度水平进行交谈的言语而言,这个发声压强范围大约在低频区的3厘米水柱到高频区的6厘米水柱之间。在高频区,声带更薄、更硬,因而需要更高的发声压强使声带产生振动。在低频区,大约3—4厘米水柱的发声压强阈值对应着45—65分贝的声音强度水平。响度更大的言语声需要更高的跨声门压强差,例如喊叫声的跨声门压强大约为50厘米水柱。

第三节　声门波及其频谱特征

声带具有独特的分层结构,并且每层具有不同的硬度。不同于音叉的硬性振动,声带以一种极其复杂的波浪形式进行振动。喉部产生的声门波(即喉音)是复杂波,它与其他复杂波具有相同的声学特征,即包含基频和谐波两种声学成分。基频表现为可感知的嗓音音调,而谐波则表现为嗓音音质。用声学术语进行描述,嗓音音质是指各个谐波的频率与其幅度之间的关系。从听觉感知的角度上说,嗓音音质是指嗓音的独特音色。人类的嗓音通常是通过嗓音音质来区分的。例如,如果你和你的朋友采用相同的基频发/a/音,他人能够辨别出你们声音的不同,这是因为你们嗓音中谐波的幅度是不相同的。乐器同样如此,即使钢琴与小提琴有着相同的基频,你也能够很轻松地辨别出两种乐器之间的差异,这是由于每种乐器具有其独特的音色,这与它们的声学质量有关。

一、声门波

言语的产生直接与声带开闭的方式有关。喉内肌群和喉外肌群之间的协调工作使得声带组织、韧带和黏膜的张力发生不同程度的变化,这将改变声门开放的时间和幅度。图4-3-7显示了同一个人处在喉功能亢进、正常和低下三种状态时发相同音调产生的声门波。可以看出,喉功能亢进时,声门开放期缩短,喉功能低下状态则有着较长的声门开放期。

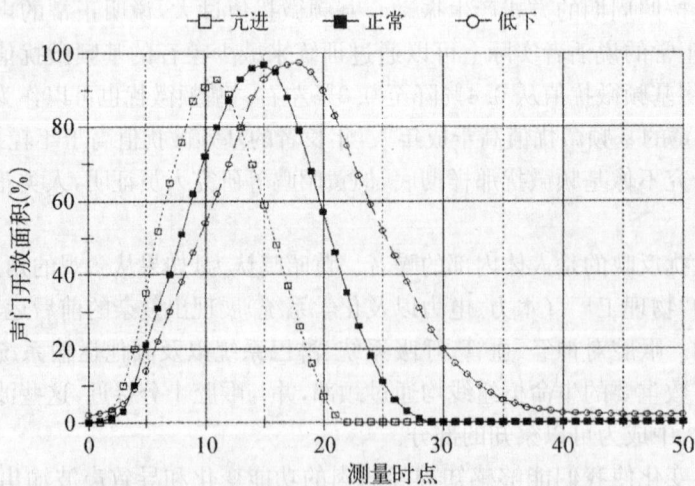

图4-3-7　喉功能亢进、正常和低下时声门开放面积的
变化(一个振动周期测量50次)

二、声门谱

声门波的基频与谐波在线性频谱上能够清晰地显示出来。声门波的频谱简称为声门谱,如图4-3-8

所示。发声表现为喉腔中噪音产生的过程。声门波并不反映我们实际听到的言语声音,因为声门波在通过声道后向上从口或鼻中发出时,已经得到修饰,发生了变化。声门波代表的是将麦克风置于喉部时所能听到的气流输入声道的声音。声门谱显示的基频是最低的频率成分,有着较大的振幅。当谐波频率增加时,其振幅以每倍频程 12 分贝的程度逐步递减(倍频程是指频率的两倍或一半)。声门谱显示的频率从 100 赫兹增至 200 赫兹,就是增加了一个倍频程,幅度减少 12 分贝;从 200 赫兹增至 400 赫兹时,幅度又减少 12 分贝;从 400 赫兹增至 800 赫兹时,幅度再减少 12 分贝;依此类推,随着频率的增加,声学能量逐渐减少。因此,声门波低频区的声学能量较多,中频区的声学能量较少,高频区的声学能量微乎其微。人类噪音约有 40 个谐波成分,在 4 000 赫兹或 5 000 赫兹处仍然存在较少的声学能量。

言语过程中,我们通过调节声带振动速度来控制言语基频的高低,从而达到改变音调的目的。由于谐波是基频的整数倍,当基频发生变化时,谐波间距也发生变化。改变音调的过程中,谐波间距也发生了改变。谐波间距是声门谱中各谐波之间的距离,见图 4-3-9。

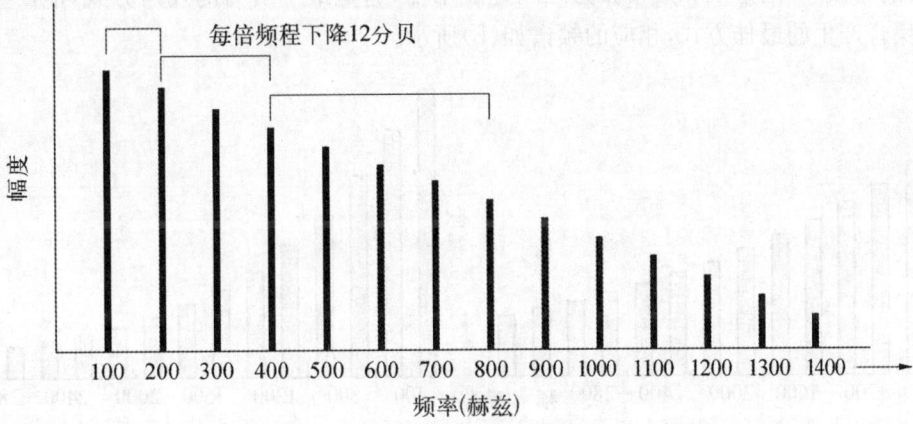

图 4-3-8　声门谱

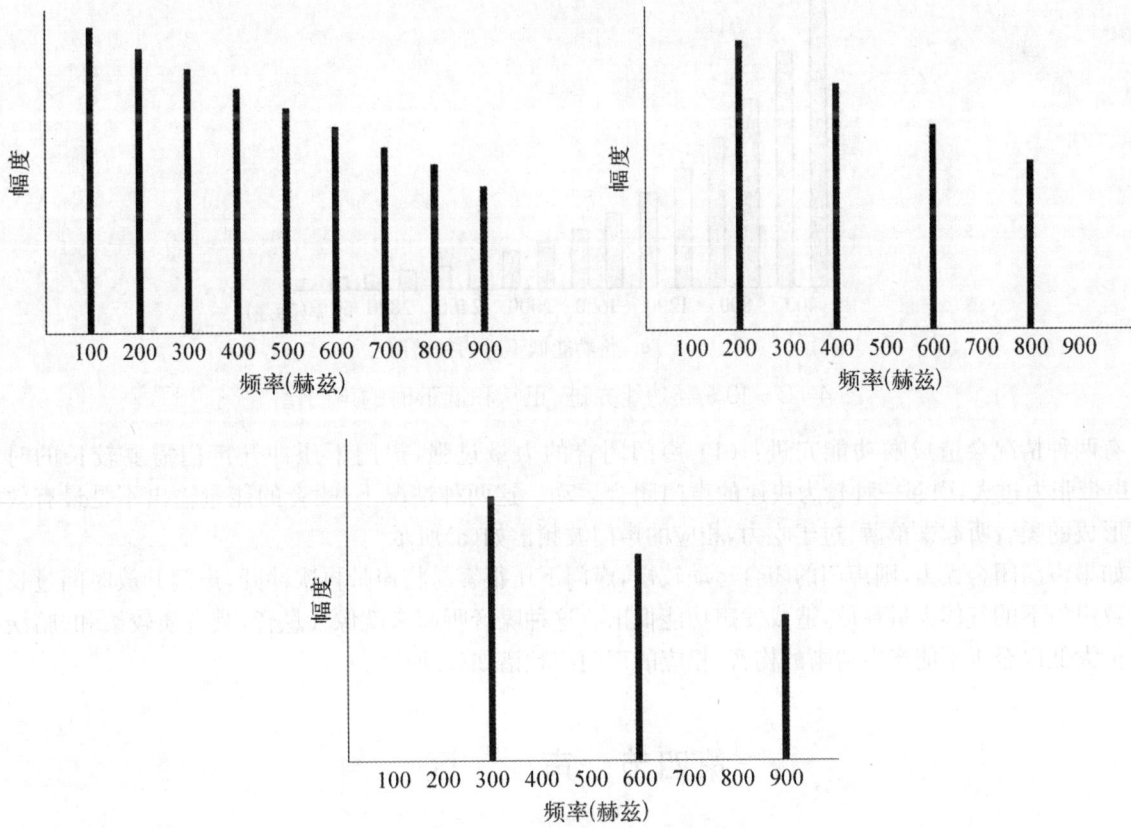

图 4-3-9　谐波间距

如果某人的基频为100赫兹,谐波则为200赫兹、300赫兹,直到4 000赫兹或5 000赫兹左右。如果他通过增加基频,将音调提高至200赫兹,谐波则为400赫兹、600赫兹,直到4 000赫兹或5 000赫兹左右,此时谐波间距从100赫兹增至200赫兹,但谐波频率成分有所减少。因此,200赫兹的音调不仅听起来较高,而且声门谱也发生了变化。嗓音基频越高,谐波间距也越宽。这有助于解释儿童嗓音与成人嗓音明显不同的原因。青春前期儿童的基频大约在330赫兹,明显高于成人(成年男性约为130赫兹,成年女性约为230赫兹)。青春前期儿童的音调较高,其声门谱具有较宽的谐波间距,谐波成分较少,使得他们的嗓音不具备成人那种饱满的、具有共鸣效应的磁性音质,其音质显得比成年人单薄。然而,这种音质对于合唱队和教堂唱诗班的儿童歌手而言,不失为一种优势。

三、声门波的特征

不同声门波导致了三种不同的声门谱(喉功能亢进、正常和低下),如图4-3-10所示。

正常发声的时候,声门下压和声带张力之间达成平衡,这是最不费力的发声方式,能产生最高的声门输出能量,是嗓音产生的最佳方式,相应的频谱如(b)所示。

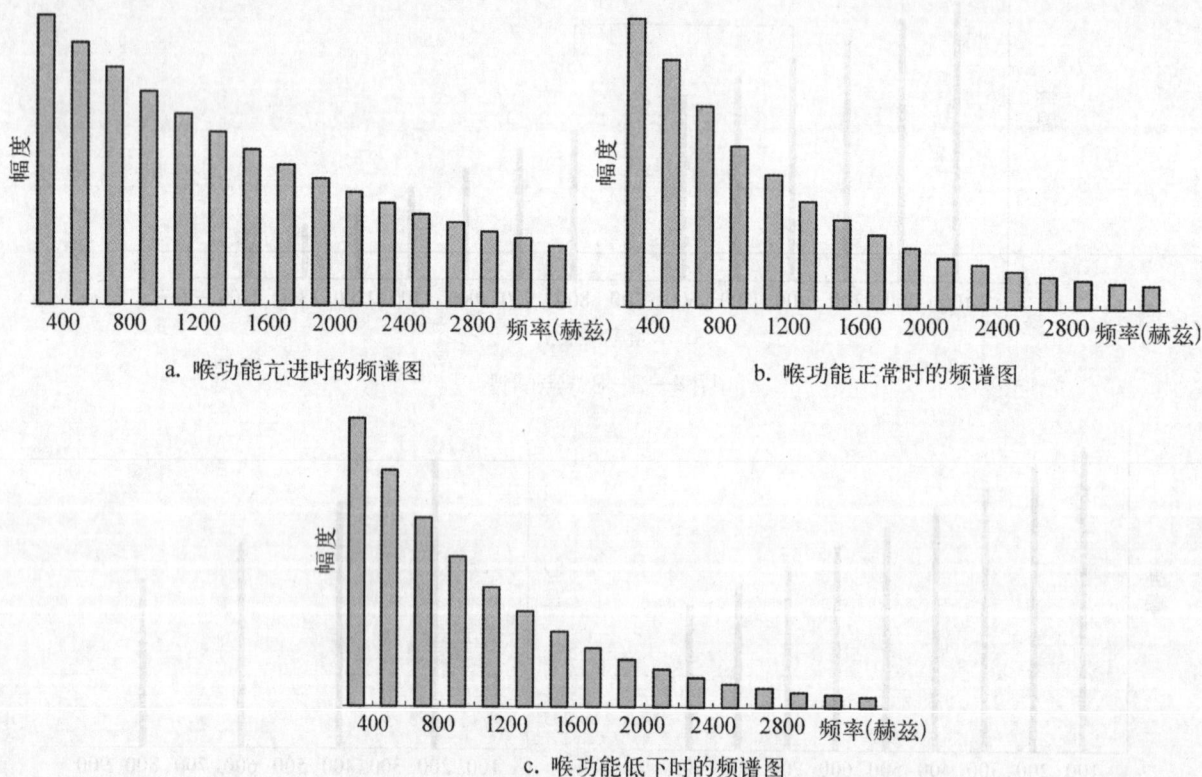

a. 喉功能亢进时的频谱图

b. 喉功能正常时的频谱图

c. 喉功能低下时的频谱图

图4-3-10 喉功能亢进、正常和低下时的声门谱

有两种情况会造成喉功能亢进:(1)声门闭合的力量过强,声门下压冲开声门需要较长的时间;(2)声带张力过大,引起一种较为快速的声门闭合运动。这两种情况下,嗓音的能量输出不是最有效的,此时形成的嗓音听起来单薄、过于吃力,相应的声门波频谱如(a)所示。

如果声门闭合无力,则声门的闭合运动较慢,声门下压很容易将声带再次冲开,声门开放时间过长,从而导致声门下的气体大量释放,造成发声功能低下。这种嗓音听起来就像气息音,其音质较柔和、暗淡,嗓音能量太低以至于不能产生清晰的构音,相应的声门波频谱如(c)所示。

第四节 声 区

了解嗓音产生的机理之后,现在可以详细讨论声带振动的方式,及其产生的不同的嗓音音质了。当我们提高音或降低调时,会感觉到嗓音音质在发生变化。实际上,声带振动有许多不同的方法,以便能够产生不同的嗓音基频和音质。这些嗓音基频与音质均与声区有关。

一、声区

在声乐术语中,声区是指一组同类音质的声音。从嗓音产生的角度来看,一个声区就对应一种不同的声带振动方式,而一种声带振动方式又对应某个嗓音基频范围。人们通常有五个不同的声区:脉冲声区、胸声区、头声区、假声区以及哨声区。从听觉感知的角度上看,这五个声区的嗓音音质截然不同,它们分占了一定的基频与强度范围:(1)脉冲声区是低基频的声区,感觉上是一种叽叽嘎嘎的、爆破式的声音,脉冲声区发声也称为气泡发声或叽嘎音;(2)胸声区是中等基频的中声区,它在正常的言语交谈中最为常用,与假声区相比,其声带的有效振动长度略短,包膜层相对较松弛,体层完全参与了振动;(3)假声区是较高基频的高声区,有时也称为顶声区;(4)胸声区和假声区之间存在着过渡性的声区,称为头声区或混声区;(5)所对应基频高于假声区基频的声区被称为哨声区。表4-3-1显示了与不同声区所对应的平均言语基频范围。

表4-3-1　男性与女性在五种不同声区所对应的平均言语基频范围(单位:赫兹)

	男　性	女　性
脉冲声区	43—82	87—165
胸声区	98—147	175—294
头声区	196—294	349—587
假声区	349—494	659—988
哨声区	523—698	988—2 093

当说话者的言语基频超出一定范围(或高或低)时,对应的声带振动形式也会发生改变,这种振动形式的变化导致嗓音音质的相应变化,这种变化对于说话者及其听众而言是突然的、可被察知的。在正常的言语交谈中,当说话者的基频达到胸声区的上限时,声带振动的方式会突然发生变化,进而转变为假音发声。当基频降低到胸声区的下限处,声带振动会产生气泡发声。嗓音专家以及歌唱老师认为,歌唱训练的首要任务是采用一种不被察觉的方式实现声区之间的平稳过渡。

二、胸声区

常见声带振动方式所对应的声区被称为胸声区或自然声区。处于适当的习惯基频和声门下压水平的言语交流被认为是胸声区发声。Bell实验室的慢镜头首次显示了胸声区发声时典型的声带振动模式,后来亦通过频闪喉镜得到证实。

图4-3-11显示了某男性胸声区发声时一个振动周期内的10个时间点:图a显示声门下压在闭合的声带下方建立起来。图b显示两侧声带的下缘开始分离,气流压力继续使声门打开,将疏松的黏膜组织层向声带的上表面吹起,在声带的上表面可见明显的涟漪状。图c显示松弛的声带上缘被吹开,呼出的气流被释放,黏膜组织周围的

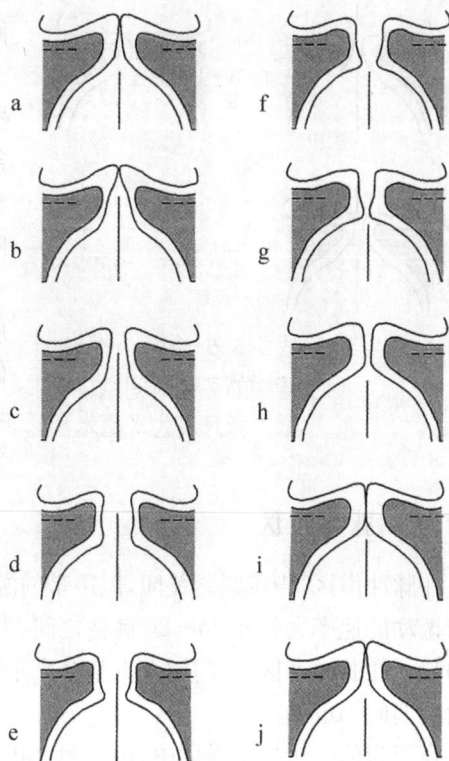

图4-3-11　胸声区发声时一个振动周期内的10个时间点(声门最大张开度为2毫米)

气流速度最快,使得该处的气流压力减小,与声门中央的气流压力形成压力差,从而产生垂直于气流方向的牵引力,这个牵引力使得两侧声带下缘疏松的上皮层开始互相靠近。图 d 显示声带组织的弹性回复趋势协助了这一闭合运动。图 e 和图 f 显示声带下缘的闭合运动加速进行,直到声带的下缘开始接触。图 g 显示随着声带下缘的关闭,跨声门的气流被迫中断,两侧声带之间的气流继续向上排出。图 h 显示声带闭合时的冲力使得声带边缘的接触向上伸展。图 i 显示整个声带边缘在垂直面上达到完全的闭合。图 j 显示由于声带的闭合,声带间的阻力逐渐增加,声门下压又重新建立起来。当声门下的压力大于声门阻力时,声带的下缘开始分开,最后两侧声带分开,重新开始另一个振动周期。

以上采用肌弹性—空气动力学理论对声带振动进行了详细解说。发声系统之所以能够循环往复地产生振动,主要是依靠声门下压、声韧带和弹性圆锥的弹性回复趋势和伯努利效应。

许多研究人员对声带振动作出了科学的解释。他们借助于显微镜显示了声带的五层解剖结构。在这里应该强调疏松黏膜层的重要性,这个黏膜层使得声带振动的方式趋于复杂。

三、假声区

高速摄影术也曾被用来检测假声区的声带振动。在假声区,声带被拉长,因而会变硬,边缘很薄,通常呈弓状。这种被拉长的形状表示声韧带被拉紧,这主要是由于环甲肌收缩增加了声带纵向的紧张度。此时声门是紧张而且狭窄的,声带的包膜层较松弛,声带通常不在中线处接触,声带的边缘在发声时产生振动,声韧带以及体部并不像胸声区以及脉冲声区一样产生充分的振动,而是产生一种相对简单的振动。

图 4-3-12 显示了假声区发声时一个声带振动周期的 7 个时间点:图 a 显示声门下压开始建立。图 b 和图 c 显示声带迅速分开。图 d、图 e、图 f 和图 g 显示,当气体从声门处呼出后,声门下压开始下降,声韧带的张力与弹性回复趋势使声带回到闭合位置上。伯努利效应在假声区发声时被极大地削弱了,因而不能有力地支持声带的闭合运动,如图 d、图 e 和图 f 所示,声带通常是不完全闭合的。假声区测出的声门气流量通常为胸声区的两倍,这进一步证实了声门的不完全闭合。可以相信,假声区的声带振动主要取决于声门下压和声韧带的弹性回复趋势。

由于假声区声带振动的速度极快,而且相对简单,声音的音质几乎像长笛一样。当基频很高时,谐波之间的间隔很宽,因此,假声区发声的嗓音音质与低调嗓音的厚实音质相比,显得较为单薄。另一个造成假声区发声独特音质的原因是轻微的气息声成分,造成气息声的原因是声带振动时产生了不完全闭合。

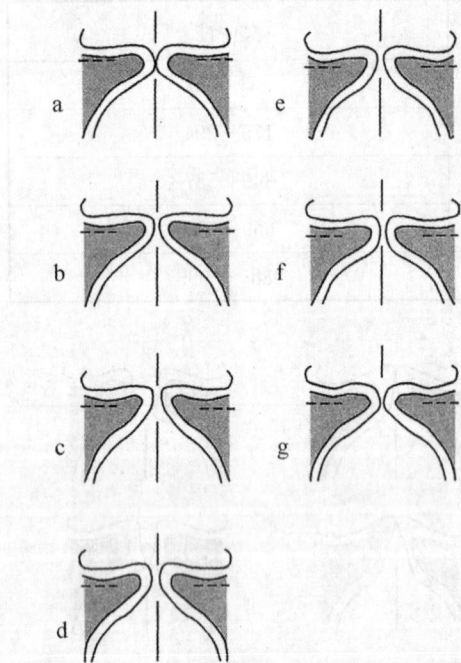

图 4-3-12 假声区发声时一个振动周期的 7 个时间点(声门最大张开度为 7 毫米)

四、脉冲声区

在脉冲声区,声带紧紧关闭,但声带的游离缘是松弛的,声门下气流在声门间产生气泡音。这一音区声带振动的速率大约在 30—80 赫兹之间,平均值在 60 赫兹左右,每个振动周期内的声门闭合时间较胸声区的长。在脉冲音区,声门闭合占整个声带振动周期的 90%,而声门的开放与闭合运动总共占整个声带振动周期的 10% 左右。

在声带的一个振动周期中,声带闭合状态不仅占据了大部分时间,而且声带采用了一种与胸声区不同的振动方式:在每个振动周期中进行两阶段式闭合或多阶段式闭合。也就是说,声带轻轻地打开、闭合,但并非全部闭合至中线位置,接着再次打开,然后则完全关闭。在整个振动周期中 90% 的时间内,声带均处于闭合状态。脉冲声区发声不同于胸声区发声。胸声区所需要的声门下压接近 5—10 厘米水柱,然而脉冲音区所需要的声门下压只有 2 厘米水柱。

从声学角度来看，脉冲声区发声的声波类似于一系列声波包：在每次声门闭合之后，都有一次声学能量的释放。当这种能量消失时，会产生一个间隔，其间无声学能量，这种间隔被称为暂时间隙。当基频低于 70 赫兹时，人耳似乎能够察觉到这些声学能量脉冲以及紧随其后的时间间隙；当基频高于 70 赫兹时，则可以感知到一种连续音，而非单个的声学脉冲以及暂时间隙。

就言语交谈而言，胸声区是最常使用的声区，但每个人都倾向于在词组与句子末尾使用脉冲声区发声，这一声区是胸声区基频范围下限的延伸。言语交谈时采用假声区发声则很罕见。这三种声区都是声带振动的正常模式。然而在临床上，如果说话者主要采用脉冲声区或假声区进行言语交谈，而不采用胸声区，则通常被言语病理学家认为是一种错误的发声方式（或嗓音疾病），需要接受矫治。

五、声区转换

随着音调的提高，可以感觉到嗓音音质有明显的变化，这种嗓音音质的改变来自声区的转换。与习惯音调相对应的嗓音音质被称为胸声区音质，而与高音调相对应的嗓音音质被称为假声区音质。未接受训练的嗓音（尤其是男性）在胸声区和假声区之间转换时，经常会出现可感知到的声音陡变。由胸声区发声转变为假声区发声的换声点对每个人来说都是不同的。

尽管胸声区与假声区表现出不同的声带振动模式，但胸声区所对应基频范围的上限与假声区所对应基频范围的下限之间实际存在大量的重叠。

在相同音调下，胸声区和假声区喉内肌活动的肌电图研究显示：在假声区，声带肌的活动较少，环甲肌的活动较多，从而将声带向前拉伸，拉伸运动则导致声带紧张度的增加，因而与胸声区相比，假声区的声带变薄；环杓侧肌和杓间肌也表现出较小幅度的收缩，从而使声带向中线小幅度内收；假声区的声带拉伸得越长，声带紧张度的增加越明显，使声带振动幅度减小，声带之间接触面积也减少，甚至几乎不接触。实际上，在假声区只有声带的平滑边缘产生振动。

女歌手运用假声区歌唱，她们在说话时有时也可能会用到这一声区。用假声区说话时，在声带边缘所产生的张力很可能是不充分的、且可能会对声带产生潜在损伤。许多喜欢大声喊叫（即在假声区高音调发声）的男孩子容易形成声带小结，这就是一个典型的例子。

声区的转换在语言学、美学和生理学领域有时是必要的。例如，一些非洲与亚洲语系采用声区间的突然变化来区分不同的音素。声区的迅速改变亦被广泛应用于各种形式的歌唱中，如岳得尔民歌、西部乡村歌曲、民间歌曲、圣歌以及福音等。然而，在经典的西方歌唱方式中，如歌剧、艺术歌曲以及宗教剧，声区之间明显的变化一般是不能被接受的。持这类唱法的歌手必须花费大量的时间以及精力学会在声区之间进行平稳过渡，在嗓音音质方面不能出现可被察知的变化。

第五节　嗓音基频和嗓音强度的控制

一、嗓音基频的控制

成年男性的平均嗓音基频大约为 130 赫兹，成年女性大约为 230 赫兹，儿童大约为 330 赫兹。言语交谈中，嗓音基频范围在 5—8 个半音阶之内。嗓音基频范围取决于说话的方式、语言背景以及言语的生理基础。未受过训练的说话者的嗓音基频范围通常不超过 2 个音阶，训练有素的歌唱家的嗓音基频范围可能大大超过 3 个音阶。常用嗓音基频范围很少超过 2 个音阶，习惯嗓音基频范围通常位于个人音调范围下限上方的 1/3—1/4 处。

声带张力的改变是影响音调的重要因素。环甲肌的运动特别重要，这一肌肉的垂直纤维收缩，先拉近环状软骨弓与甲状软骨下部，然后使环甲关节产生旋转运动。这种旋转运动带动了杓状软骨（对称地位于环状软骨板上的两块软骨）的运动。杓状软骨相对地向后运动，拉长了声带，并减少了横截面积（X 光拍摄证实了这一结果：X 光片中的声带正面观显示，当声带被拉长时，它的横截面积减少了）。环甲关节还能够进行一些前后滑动,斜部环甲肌的收缩使得甲状软骨向环状软骨滑动,同时也拉长了声带。

由此可见,并不是环甲肌单独的收缩运动使得声带拉长。为了增加声带的长度和张力,需要其他肌群也同时做出相应的收缩运动。环杓后肌的同步收缩运动固定了杓状软骨,使它们在环甲肌收缩时不至于在环状软骨板上向前滑动,使声带被向后拉长从而变薄。同样,甲杓肌单独收缩也不能使声带变薄,它们向上往中线方向拉动声带的游离缘,从而缩短声带的有效振动长度。肌肉隆起使得声带变厚变硬,由此增加了两侧声带游离缘的接触面积。

三组肌群(环甲肌群、环杓后肌群、甲杓肌群)之间的拮抗作用可调节声带的张力,控制音调。肌电图研究证实,在音调的控制方面,这三组肌群同时发生协调收缩。肌电图记录还证实,甲杓肌的收缩主要针对产生最佳韵律(主要是音调)的精细调节,而环甲肌的收缩则维护了声带的一种持续张力。在特定的音调范围(音区)内,随着音调的提高,声带的张力将增加。如果超过了音调阈限的范围,则可以观察到肌肉活动的突然变化。在胸音区,随着音调的提高,环甲肌的收缩导致声带逐渐被拉长;在假音区,音调的提高通常伴随声带的缩短。

一般情况下,声门下压的增加会引起声音强度的提高,一定程度上也会提高音调(在正常言语状况下,声门下压增加1厘米水柱,音调大致提高14赫兹),然而,声门下压的增加也会导致声门更加紧闭,此时为了维持声带的有效振动,声带的张力也将增加。因此,在较高的声门下压下,声带张力的增加很有可能仅导致音调的略微提高。当声带张力不变时,声门下压增加,音调并不会提高。

总之,音调的改变首先是由声带张力的变化引起的,其次会受声带质量的影响。

二、嗓音强度的控制

嗓音强度的改变主要表现在重音和语调上。嗓音强度是口语交流的重要组成部分。理解嗓音强度变化的生理机制对于把握言语产生过程十分必要。高速摄影证实,声带振动幅度的增加将使声带闭合期增加(中线靠拢幅度增加),从而相应地增加嗓音强度,这种关系可通过频闪喉镜再现出来。声门下压和嗓音强度之间呈明显的正相关,当声门下压翻一倍时,声音强度将提高8—12分贝。Titze的研究认为,低频区与高频区嗓音强度的变化有着不同的调控机制。

在胸音区,发低频声音时,随着声带向中线靠拢幅度的增加,嗓音强度增加,从而延长了声门闭合期。当声门的阻抗增加时,声门释放气流的时间缩短,声带更加紧张,因而可感知到嗓音强度的提高;如果音调提高,声门关肌(如环杓侧肌)进行收缩运动以维持较高的音调,在这种情况下,为了维持较长的闭合期以提高嗓音强度,气流量必须增加,以增强伯努利效应。在假音区,气流量的增加会相应地增加嗓音强度。

Hirano关于肌电图的研究证实,在胸声区,随着声音强度的增加,环杓侧肌和甲杓内肌的收缩运动会增强。环甲肌的收缩并不导致嗓音强度的改变,但在嗓音强度发生变化时,为了稳定音调,它确实在进行一些代偿性的收缩运动。

第六节 嗓 音 音 质

嗓音音质是一个多维的概念,与嗓音产生过程中的各个方面(如嗓音基频和嗓音强度)均有关联。嗓音音质主要是由声带振动的形式决定的,同时也与声道的形状和结构有关(包括长度、硬腭的弯形程度、口咽腔的比例等)。例如,女性的声道结构较男性略有不同,因此,即使男性与女性产生相同基频的声音,仍可以通过不同的音质来判断发声者的性别。

声带振动期间声门闭合的方式在调节嗓音音质方面扮演着重要的角色:

一方面,声门闭合过紧,声带在中线部位收缩过于强烈,即为喉功能亢进(也称声带闭合功能亢进)。喉功能亢进由多种因素导致,例如嗓音滥用和痉挛性发声障碍等。当声门闭合过紧时,肌肉的紧张度与声门下压之间的平衡遭到破坏,需要增加声门下压来克服声门阻力,这类嗓音被感知成粗糙声,Colton和

Casper的术语称其为"硬缘"。另一方面,如果声门并不像喉功能亢进那样闭合过紧,而是闭合过于松弛,则被称为喉功能低下(也称声带闭合功能低下)。喉功能低下也是由大量的因素导致的,例如嗓音误用和声带麻痹等。

就喉功能亢进来说,其肌肉收缩力量与空气动力学规定力量之间的平衡被破坏。而喉功能低下则表现为肌肉收缩力量过少,声带不能为气流提供足够的抵抗力,气流不能转变成声学能量从声带间溢出,当空气流经声门时,会产生湍流现象,出现气息声,噪声成分过大。

一、嗓音音质的控制

嗓音音质主要是一个听觉感知方面的术语,有时被描述成音质暗或亮。当用语谱图来分析较暗的音质时,可以发现其声音能量主要集中在频谱的低频区(特别是在 1 000 赫兹以下),而音质较亮的声音的能量集中在中频段。

图 4-3-13 为一名患者进行 10 次嗓音治疗前、后所做的 FFT 功率谱图形记录(FFT:快速傅里叶转换)。FFT 功率谱主要用于长时语句分析,每个值都是基于 512 个数据点的统计计算。该图可表现出疲弱、暗哑的音质和清脆、洪亮的音质之间的差异。FFT 功率谱显示,声音在 1 000—5 000 赫兹范围内能量最高,而且共振峰的值很重要。治疗前,第一共振峰 F_1(约 300 赫兹)和第二共振峰 F_2(约 2 000 赫兹)之差为 21 分贝,治疗后,两者之间的峰值差为 13.5 分贝。此类测量可用于评估患者在治疗前后嗓音音质的变化情况。

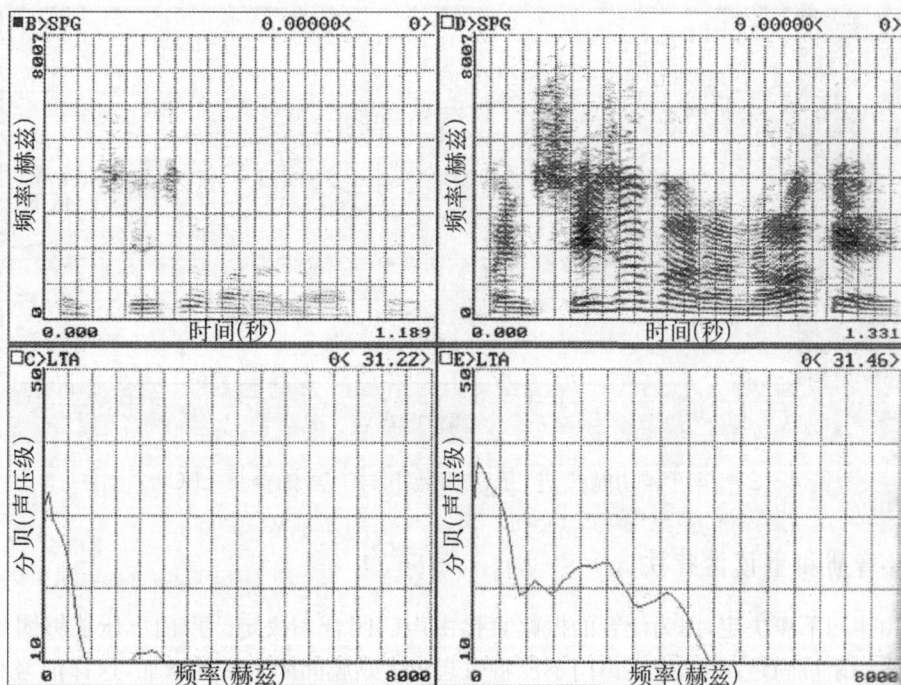

图 4-3-13　一患者治疗前(左)和治疗后(右)的语谱图与平均线性预测谱记录

治疗后,该患者的嗓音强度提高了 12.7 分贝,相应的音质变化也通过曲线表现了出来。图 4-3-13 中,语谱图和平均线性预测谱描绘的是相同语句的发音。左边的语谱图和平均线性预测谱表示声音疲弱、暗哑、缺乏较高的谐音,而右边的语谱图和平均线性预测谱所表示的声音则清脆、洪亮,还在中频区显示出较高的能量。

说话时,声带的振动产生了嗓音,每个人都具有自己特有的嗓音音质。呼出的气流通过振动的声带形成一种波形,这种波形被称作声门波,它由开放期(渐开相、渐闭相)和闭合期所组成。这些被描记成声门波的呼出气流通过声道共鸣形成语音的过程,即为言语过程。声门波包含丰富的信息,通过傅里叶分析可以被分解成不同的组成频率,即基音和谐波分量。这种已得到广泛应用的分析方法被称为频谱分析法。

声带振动的幅度主要取决于气流声门波的振幅。气流声门波的峰值越大（即声带在中线处的运动幅度越大），声带振动的幅度就越大。因此，气流声门波振幅的峰值与喉功能低下至亢进的变化过程密切相关。如果振幅的峰值过低，这种声音将很有可能发展成病理性喉功能低下，成为气息音；如果振幅的峰值过高，那么这种嗓音更可能是病理性喉功能亢进型：声带振动的幅度过大，听起来过于吃力。

黏膜波可被看成穿过声带表面被覆黏膜的波纹。在发声期间，当两侧声带逐渐靠近至相距2毫米左右时，这种波纹运动从声带的下缘开始沿垂直方向行进，抬高或降低声带边缘，然后从声带表面向两侧分开。黏膜波可以通过动态喉镜来观测。黏膜波的存在表示声带组织无病变，发声功能令人满意。

声道共振腔的阻尼值对嗓音音质来说是另一个重要的影响因素。阻尼是由声道中大量松软的黏膜与声门下腔（喉以下的气管）的声学连接所引起的。有一点须注意，声门闭合不全将导致声道共振腔阻尼的增加，以及共振峰峰值的降低。这种声音听起来很沙哑，发音不清晰，言语可懂度较低。这种嗓音在未受过训练的人中较容易出现，因喉内肌运动功能太弱，发声时不能维持有效的声门闭合，清脆洪亮的嗓音便消失了。

图4-3-14提供了图4-3-10所表示的喉功能亢进、正常和低下三种情况下在唇部测得的言语声波频谱图。声门下压与声带张力之间的协调作用产生了各种不同的言语声学频谱图。尽管在声门下压与声带张力（闭合）达成的动态平衡中最明显的变化是声学改变，但还必须注意一些其他的重要变化，例如：声门开放面积减少时，气息音也减少，声门上方共振腔的阻尼作用降低，这会使共振峰增大，从而形成更为清晰的言语声。

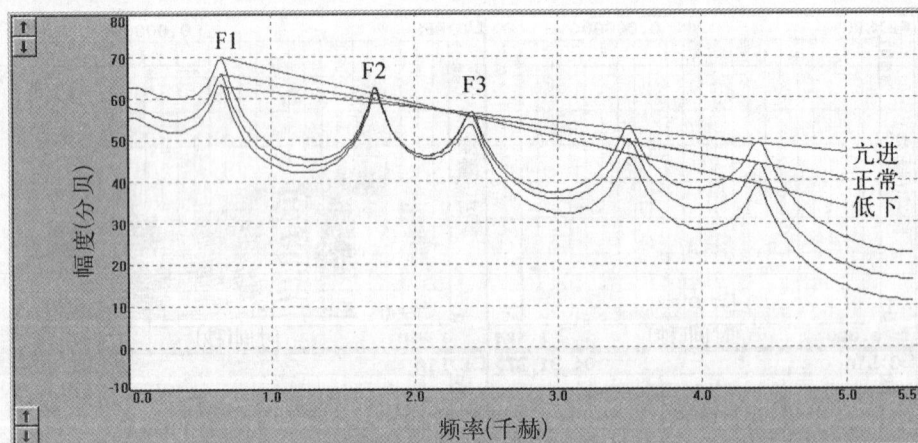

图4-3-14 喉功能亢进、正常和低下时的言语声波 LPC 频谱图

二、 嗓音音质和重读治疗法

嗓音强度由声门下压决定，因为泛音的振幅直接由声门闭合率决定。声门下压能够明显地改变声门闭合率。如果声门阻抗固定不变，提高声门下压将引起声带黏膜间闭合率的增加，这样伯努利效应将更加明显，从而促使声带向中线更加靠拢，提高声门闭合率。黄昭鸣等人使用橡皮制作的声带模型进行实验，发现语谱图中较高的泛音主要依赖于声门关闭部分。这个实验奠定了重读治疗法的理论根据。声门的闭合越快，产生的泛音就越显著。

重读治疗法在改进嗓音音质方面起着重要作用。采用重读治疗法进行训练时，应注意以下几点：（1）应使用一种柔和、低调的气息音进行练习（如慢板节奏二）。此时，训练的首要目标就是产生如图4-3-14中喉功能低下状态的音色。这种初步的训练可使声带黏膜更加具有韧性，同时增加声带的灵活性和弹缩性，强化伯努利效应。（2）当声带及其黏膜得到锻炼，能够接受更为强有力的训练时，应进行行板节奏一和/或快板节奏一的训练，从而形成更为洪亮的音色，如图4-3-14中正常发声状态的音色。当语速较快时，这种训练方式可较好地保护声带。（3）训练后，患者通常有正常的声带黏膜波产生。

慢板训练旨在增大声门间的气流量和伯努利效应，当嗓音的基频范围变大时，音质会更加饱满。这些嗓音变化的声学分析显示了基频和强度增加的情况,而喉内窥镜检查则发现被治疗者的声带运动更加灵活,黏膜波形更加有序。行板和快板节奏训练加强了喉内肌的功能,并通过加强腹式呼吸来增加声门下压。增强了的声门开闭功能大大削弱了声道的阻尼作用,从而恢复清脆、响亮的嗓音音质,发声清晰,嗓音强度适中。

总的说来,重读治疗之后所观察到的一系列声学方面的改进,都能通过喉内窥镜、电声门图和声学测量表现出来,它们都能很好地印证声学的研究成果和理论解释。

三、 嗓音音质的多维评估

尽管研究者们就嗓音音质作了大量的研究,然而该术语并没有一个被广泛接受的定义:不同的应用领域对嗓音音质的定义是不同的。例如,语言学家用音质来区分音素,歌唱家主要考虑不同音区中的音质,言语病理学家则用气息声、嘶哑声和粗糙声来描述音质。

个性化的嗓音音质通常很容易被识别。接到朋友的电话时,通过嗓音就能知道对方是谁。然而,客观地测量和描述嗓音音质却不是一件十分容易的事情。

可能有许多个形容词都可以用来描述嗓音音质,例如愉悦的、刺耳的、粗糙的、尖声的、清晰的、讨厌的、嘶哑的、紧张的等。这些形容词的使用在嗓音疾病的临床诊治过程中却存在一些问题,因为它们都非常主观。对某些人而言属于粗糙类的嗓音可能对于另一些人而言是嘶哑或刺耳的嗓音。如果没有一个标准的描述嗓音音质的参考框架,会使学术交流变得异常困难。

嗓音音质的主观评估并不能体现声带是如何振动的。大多数术语并没有与生理基础相联系。换句话说,嗓音音质的听觉感知评估与嗓音生理和声学评估之间并未达成很好的协调关系。

1. 正常的嗓音音质

给嗓音音质下定义是非常困难的。Colton 和 Casper 明确指出了定义正常嗓音音质时存在的问题。

> 正常的嗓音并不存在一个被普遍接受的定义,没有一个确定的标准,也没有明确的界定。尝试着建立这样一个标准可能和解释正常嗓音的成分一样困难。嗓音如同外表一样,有着如此多的变数。文化的、环境的以及个人的因素均直接影响到对嗓音的判断。嗓音并不是永恒不变的,它在人的一生中不断地变化着,它会随着情绪以及环境的变化而变化。它反映了身体与思想的健康状态。给正常嗓音下一个简单的定义,其中同时包括正常嗓音的各种属性,是一件极为困难的事情。正常不是一个简单的状态,而是存在于一个连续的过程中的。由于缺乏正常嗓音的定义,在设定治疗目标以及描述嗓音异常的程度时就出现了问题。不存在一种完全客观的模板来进行嗓音的测量与比较。如果嗓音得到改进,我们应如何来衡量这种进步呢? 我们如何来进行比较呢? 嗓音的何种属性得到了改进? 改进的程度如何? 它恢复正常了吗?

尽管在定义正常嗓音方面存在困难,研究人员以及临床医师还是试图详细说明形成正常嗓音的各种声学及生理学参数。近年来,嗓音科学家开始采用一种以喉功能为基础的方式来判断嗓音音质。

黄昭鸣等人提出了嗓音的六项具体参数,用于标定正常、清晰的嗓音音质。这六项参数清楚地证明了嗓音音质的多维属性。

第一项参数是交谈时声带振动的平均频率,即平均言语基率(MSFF)。儿童、成年女性以及成年男性均表现出各自非常典型的平均言语基频 F_0。若 F_0 高于或低于相应年龄及性别群体的正常参考值,则考虑存在音调异常。

第二项参数是最大基频范围。正常嗓音的音调在交谈期间是可变的。音调缺少变化的嗓音听起来是非常单调无味的。成人嗓音的基频范围大约为 2—3 个倍频程。

第三项参数是最长声时,它是指某人深吸气之后持续舒适地发元音/a/的最长时间。成年人的最长声时约 15—25 秒。儿童的最长声时至少为 10 秒。最长声时数值小于正常参考值,则考虑为言语呼吸支持力量减弱。

第四项参数是在不同的 F_0 水平时嗓音最大和最小强度的差值,即嗓音强度的范围。一般认为在言语的中频区域,20—30分贝的声压水平差是正常的嗓音强度范围。在较高和较低的基频区域,嗓音的强度范围会有几分贝的变化。强度变化范围过于窄小的人可能存在嗓音问题。

第五项参数是声带振动的周期性变化,声学上表现为基频微扰。如果声带的质量、长度、硬度以及声门下压保持不变,正常的声带振动采用的是准周期而非完全周期形式。完全非周期性的振动通常表现为粗糙或嘶哑的嗓音音质。

第六项参数是噪声能量。噪声能量来自湍流,伴随着声学能量的随机分配。当某项障碍物干扰了正常的声带振动功能,湍流便产生了,它使呼出的气流以一种不规则的方式通过声门。在正常的嗓音中,声带以准周期形式振动,所产生的谐音能量应高于任何一种噪声能量。嗓音中的噪声可以被感知成气息音、嘶哑声、粗糙声,或这些成分的任意组合。声源处少量的噪声可能表现为"失真的柔和"或"柔软的音质"。更多的湍流可能被感知成气息声或粗糙声,然而大量的湍流声通常被感知成嘶哑声。

谐噪比(HNR)是嗓音中谐音成分与噪声成分的能量(分贝)比例。HNR 使得嗓音信号中存在的附加噪声能量得到量化。HNR 数值高,说明嗓音中的谐音成分占据主导地位;HNR 数值低,说明嗓音中存在过多的噪音成分。HNR 与嗓音音质的判断有着较高的相关性,因此,这项测量可用于客观测量嗓音中气息音、粗糙声或嘶哑声的严重程度。据 Awan 报告,男性 HNR 的正常参考值为15.63分贝,女性为 15.38分贝。有研究报道,儿童以及老年人的 HNR 值比中年人低。

HNR 值低于正常值的患者被证实嗓音中存在过多的噪声成分,例如,声带小结或息肉的增生、单侧或双侧声带麻痹以及其他喉部疾病、声门漏气等导致湍流噪声,声带振动出现障碍,等等。非周期性的声带振动也会产生额外的噪声,产生较低的 HNR 值,进而出现可感知的发声障碍。

正常嗓音有着较为陡直的频谱斜率,因而它在高频区没有太多的能量。频谱中高频谐音的能量增加表示信号部分存在噪声,使高频能量增加。信号中的噪声,或称附加噪声,可能被感知成某种形式的发声障碍。有时,在频谱中存在一些噪声是正常的,特别是女性嗓音中的噪声,它使嗓音听起来气息音较重。

2. 异常的嗓音音质

异常的嗓音音质,一般指发声困难,主要表现为音调、响度方面的异常。例如,黄昭鸣等人在研究中将中至重度发声障碍者的发声(元音)与较轻度发声障碍者的发声(元音)进行比较时发现,前者音调显著偏低。同样,当我们模仿发声障碍者的发声(元音)时,一般会采用一种比实际音调平均低 6 个半音的音调。因此,音调的感知与实际的嗓音之间的关系似乎随着嗓音音质的变化而变化。音调越低、响度越大,嗓音被归类为严重发声障碍的可能性就越大。

尽管专业人员使用不同的词语来描述不同的嗓音音质,但近年来普遍被接受的术语是气息声、粗糙声以及嘶哑声。气息声是指嗓音中的噪音成分听起来如同送气般。粗糙声是指嗓音中的不规则成分被感知成刺耳音、低音调。嘶哑声是指嗓音中气息声与粗糙声音质的组合。另外一些专家以不同的方式来使用这些术语。例如,Colton 和 Casper 没有指出嘶哑声与粗糙声之间的差别,另一方面,他们也没有描述许多不同种类的嗓音音质,包括紧张嗓音以及挣扎嗓音等。

一般而言,气息声、粗糙声以及嘶哑声比较便于进行声学分析。研究人员试图使用不同的方法从声学角度来测量这些音质,目的是形成一套客观有效的方法,将异常嗓音的感知与嗓音的声学因素相关联。他们对正常及异常嗓音均采用了大量不同的声学测量方法,目的是寻找一系列区分正常及异常嗓音的有效方法。但到目前为止,他们还没有寻找到完全成功的方法。

3. 嗓音音质的声学特征

将嗓音定义为气息声、粗糙声还是嘶哑声,主要取决于声门谱中额外的噪声或频谱的噪声。

(1) 气息声

当声带不能正常关闭时,在整个振动周期中气流就呈连续状,漏出的气体在声带振动产生嗓音的同时也产生嘶嘶的摩擦噪声,即气体湍流模型产生了一种非周期性的声学信号。噪音的周期成分在中高频部分比较薄弱,因而噪声在 2 000—3 000 赫兹以上特别显著。气息式的噪音比非气息式的噪音信号具有更多的高频能量。气息声与 2 000—5 000 赫兹内声学能量的相对缺失有关,5 000 赫兹以上的噪音频谱中,噪声能量增加。

气息式发声是一种非有效的发声方式,通常产生较小的声强,因为当声带不能正确闭合时,声门下压会减少。另外,有着气息声的人通常比正常嗓音的人每秒呼吸量要高出 3—4 倍。气息声也是器质性以及功能性嗓音疾病非常普遍的症状(如声带麻痹)。此外,气息声的逐渐加重可能与机体老化有关。然而,气息声并不总是异常的。气息声或送气音可用于区分一些音素,例如:南非的祖鲁族使用 Bantu 语言,在这种语言中,用于区分送气与不送气的清塞音如/k/ 和 /kʰ/的,就是其所伴随的气息声程度。

(2)粗糙声

正常发声时,声带呈准周期性振动,各个周期内,声带的振动方式和时间都大致相同。粗糙声是一种被感知为粗糙、不嘹亮的嗓音,经常出现在软弱或响亮的嗓音音质中。粗糙声产生的直接原因是声带振动的不规律性。当声带某个振动周期的时间与相邻的周期或者相邻的若干个周期的振动时间出现微小差异时,就会产生粗糙声。这种声带振动在时间上的微小差异就是基频微扰,它直接导致声带振动的不规律,从而影响嗓音基频的稳定性。正常情况下,基频微扰应在 0.5% 以内,即基频微扰值≤0.5% 时,一般不会产生粗糙声。基频微扰值越大,说明嗓音音质的粗糙程度越严重。不同的言语病理学专家对基频微扰的定义也不同,因而会选用不同的计算公式来确定基频微扰值。

(3)嘶哑声

嘶哑的嗓音也是大多数喉部疾病非常普遍的症状,如一次轻微的喉炎。与气息声的声学基础相类似的是,嘶哑声也与频谱噪声的数量有关,它源于与谐波能量有关的声门处气体的湍流运动。然而,嘶哑声也与声带周期性的振动方式有关,例如:当声带发炎或肿胀时,它们以一种非周期性的方式产生振动,因为炎症使声带的包膜层不能正常振动,即黏膜波受到干扰,由于非周期波是噪声,振动周期越不明显,嗓音中的噪声就越明显。导致嘶哑声的噪声多来自低频区,即在 100—2 600 赫兹之间更加明显。

总之,气息声和粗糙声均表现为附加的噪声,但在气息声中,噪声位于高频区,而在粗糙声中,噪声只出现在低频区。这些因素经常联合出现。

4. 嗓音功能的生理特性

在过去的几十年中,已有多种方法被用于嗓音音质的声学和生理学分析。

(1)电声门图波形

电声门图测试,也称为喉部成像术(EGG),现已成为一种无损伤性评估声带功能的流行方法。该方法产生于 20 世纪 50 年代,后得到黄昭鸣等人的修正和改进。EGG 的工作原理是电学传导。人体组织是很好的导电体,然而空气则相对绝缘。EGG 便是利用人体组织与空气之间的传导差异性来进行工作的。低电流的高频信号产生后,从用绝缘带固定在甲状软骨两侧的电极表面经过,个体没有任何感觉,整个测试程序是相对安全的。因为人体组织有着较好的导电性,而空气是绝缘体,当声门闭合时,电流很容易从一个电极流向另一个电极(用电子学术语表达,就是电阻很低)。然而,当声门开放时,两声带之间有着大量的气体,电流从一侧电极流向另一侧电极便遇到更多的阻力。声门开闭时,阻力的变化以一定的波形呈现在屏幕上,水平轴代表时间,垂直轴代表电压的相对振幅。这种波形被称为 Lx 波,它反映了声带的接触面积(图 4-3-15)。当声带在振动期间闭合时,电流的阻抗下降,波形的振幅增加。当声带在振动期间开放时,电流的阻力增加,波形的振幅减小。因此,Lx 波显示了发声期间声带的振动情况。清音不存在 Lx 波,因为清音不是由声带振动产生的。

Lx 波看上去与声波相类似,但测量的内容却不相同。声波代表空气压力的增加与减少,Lx 波则显示电子活动的增加与减少,其对应着声带的开闭运动。

Lx 波反映了声带振动的负载周期。负载周期是指声带振动周期的时相,包括声带开始闭合的时间、声带充分闭合的时间、声门开始开放的时间以及声门完全开放的时间。

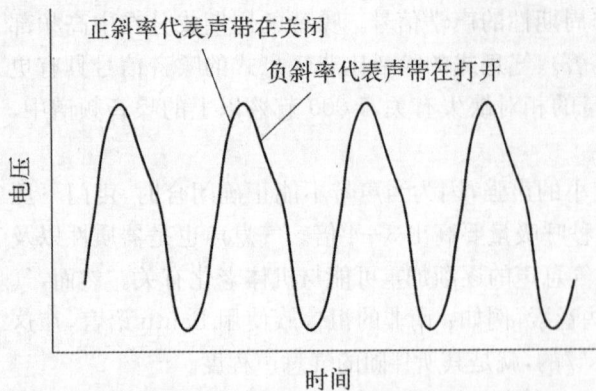

图 4-3-15 胸音区的 Lx 波

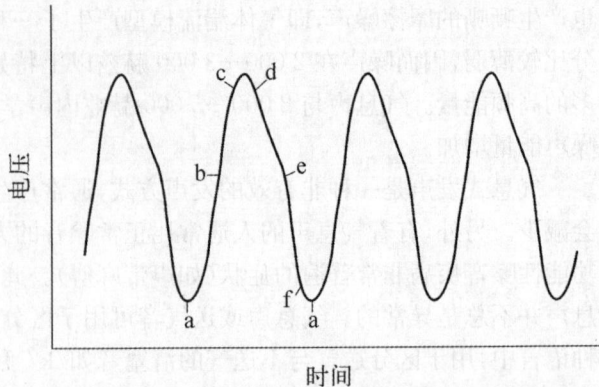

图 4-3-16 Lx 波上的振动位点

黄昭鸣等人提供了 Lx 波位点的详细解释,阐明它们如何与声带的振动相对应,见图 4-3-16。在 a 点上,声带的下缘首先接触,标志着声门开始闭合。在 a 点与 b 点之间,声带边缘继续闭合。在 b 点上,声带的上缘开始接触。在 b 点与 c 点之间,声带上缘开始闭合。在 c 点处,声带之间获得充分的闭合,标志闭合相结束,闭合期正式开始。在 c 点与 d 点之间的间隔反映出整个振动周期的闭合阶段。在 d 点处,声带的下缘开始分离。在 d 和 e 点之间,声带下缘逐渐开放。在 e 点上,声带下缘的分离是充分的,声带上缘开始分离。这点上,由于斜率变化比较陡直,被称为开放相的膝部。在 e 点与 f 点之间,声带上缘逐渐开放。在 f 点处,声带之间的接触面积最小。在 f 点与 a 点之间,声门的宽度最大。接着又开始新的振动周期。

Lx 波代表的是声带的相对接触面积。Lx 波的顶峰并不意味着声门的充分闭合。在声带振动期间,声门未充分闭合是完全可能的。声带间的距离为 3 毫米时,声带振动仍能够发生。例如,在假音区,声带在振动期间并非完全闭合。仅仅通过观察 Lx 波,我们还不能辨别声门是否充分闭合。我们能够辨别峰值代表最大闭合,但无法判断闭合程度。要说出声门开放与闭合的确切时间也是不可能的。

通过计算 Lx 波中特定时间间隔的峰值,我们能够判断个性化的言语基频。通过评估波形的形状,我们也能够判断声带开闭的方式。例如:声门开放时间过长,可能表示声门处有大量的气体溢出,使得嗓音呈气息状;声门闭合时间过长,可能表示某人使用了过多的中线收缩,可表现为喉功能亢进,音质呈挤压式;Lx 波中平坦、规则的周期反映了声带周期性的开闭运动,不规则的模式则表示声带非周期性的振动,听起来就像是嘶哑声。Lx 波样本如图 4-3-17 所示。

(2)电声门图波形和音区

由于 Lx 波信号与嗓音相匹配,因此用 EGG 评估音区是相当容易的一件事。每个音区都与特征性的 Lx 相联系。每秒中大量的振动周期标志着假声的使用。每秒钟声带振动周期的减少标志着脉冲音区发声。Baken 将胸音区按相位进行描述:胸音区的闭合相比开放相更加陡直,这就反映了声门闭合是快而迅速的,而声门开放则是缓慢的、循序渐进的。一方面,随着声门的闭合,声门下压必须建立起来,而且要高于中线闭合的力量,这是一个渐进的过程。另一方面,一旦声带被打开,其弹性回缩力及声带间逐渐增加的负压将迅速作用,使声门快速闭合。

脉冲音区的 Lx 波显示每个周期有多个波峰,反映出双相或多相闭合模式。脉冲音区的波形特征表现为尖锐、短暂的脉冲波,同时伴随一个长的闭合间隔。脉冲音区声带振动的开放相在声带完全闭合之前,可能有 1—3 个微小的开放及闭合相。脉冲音区的声带振动比胸音区慢。

在假音区,喉波的数量大大地增加,Lx 波看上去也更接近正弦曲线(几乎和纯音一样)。这反映出声带在振动期间纵向的极度紧张以及可能存在的不完全性闭合。由于闭合不充分,波形未能显示出像胸音区即普通发音那样不太陡直的渐进开放相以及陡直的闭合相。这种具有特色的形状显示闭合相不存在,声带的振动具有周期性,但声门开放的幅度忽大忽小地交替变化。

(3)电声门图参数

使用 EGG 的另外一些方法已经出现,它们不依靠视觉的检查以及主观的解释,而是具有量化的特征。这些测量是以负载周期及其各相位所占据的时间成分为基础的。这些类型的 EGG 参数代表声带接触时

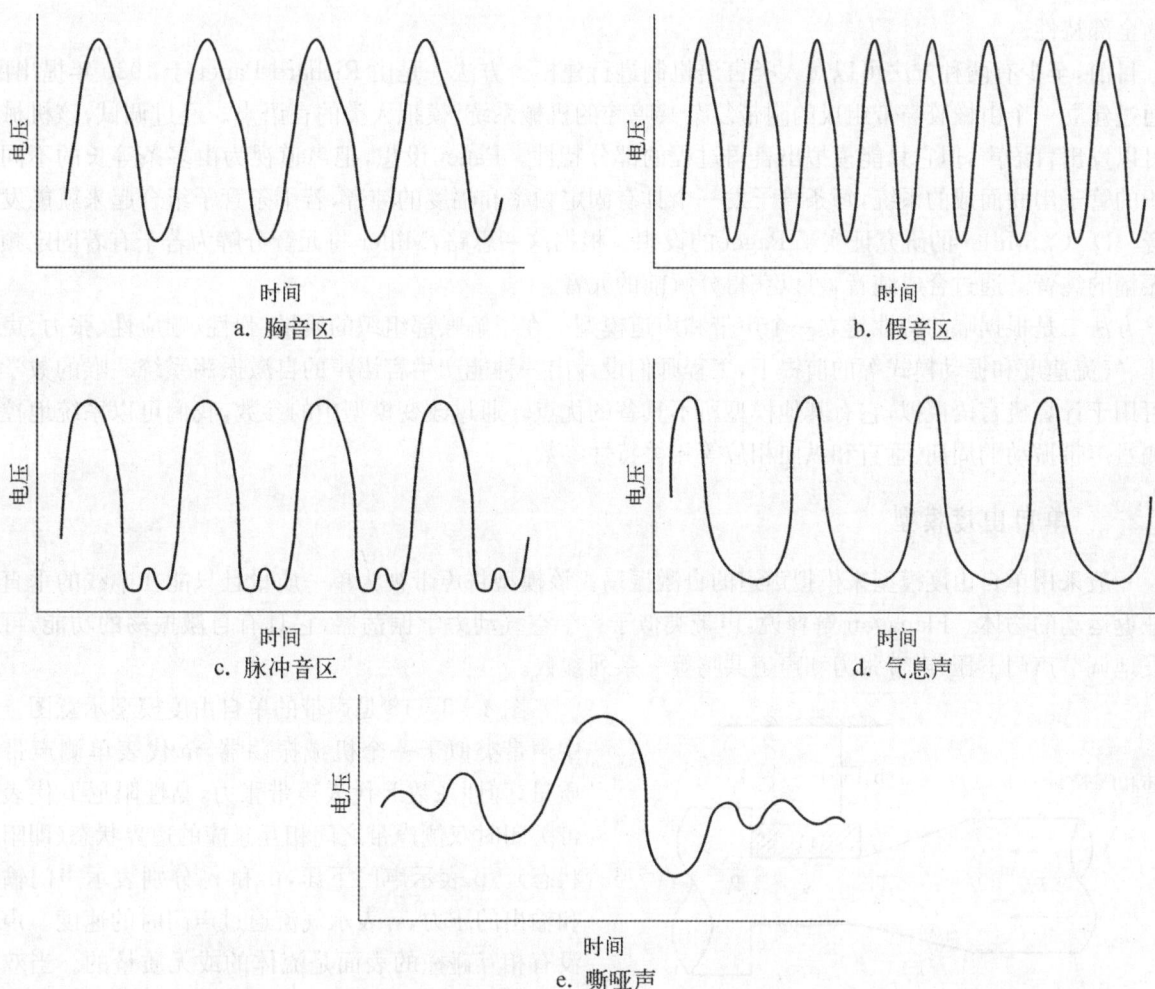

图 4 - 3 - 17　Lx 波的音区及音质

的状态。不仅正常嗓音可以获得 EGG 参数,该项测量也已应用于各种类型的嗓音疾病诊断与鉴别诊断中。在这种分析中,可以测量负载周期各种相位的时间,并将某个周期分成若干时间段以获得参数。例如,闭合率(CQ)是闭合相的时间与整个振动周期的比值,它反映了声带互相接触的时间占比,这与声带承受的中线收缩力量有关。较高的闭合率表示较长的闭合时间,较低的闭合率反映较短的闭合时间。例如,闭合率为 0.67 的声门比闭合率为 0.52 的声门闭合时间更长。较响的嗓音比柔和的嗓音有着更高的闭合率,一种"挤压"或紧张的嗓音比软起音或气息起音有着更高的闭合率。胸音区闭合率的范围一般在0.40—0.70 左右。假声由于缺少闭合相,其闭合率往往低很多。因此,这项测量可以为喉功能亢进或喉功能低下提供一个客观的标准。

　　另一项测量参数是接触幂(CI),它等于闭合相与开放相之间的时间差除以闭合期的时间。接触幂的测量对声带表层的黏膜波非常敏感,因此,它能够提供声带在特定音区振动方式的相关信息。一项类似的测量是闭合/开放比(C/O 比),可给出负载周期的闭合相以及开放相的相对时长。从声带闭合与开放时间的比值可以判断喉功能亢进或喉功能低下的严重程度。闭合时间越长,闭合/开放比值就越高,而闭合/开放比值越低,意味着声门闭合的时间越短。

第七节　声带和声道的物理模型

　　建立声带和声道的物理模型,可以帮助我们了解喉在发声过程中的作用,评估人类发音器官各部分的功能,揭示声带向中线靠拢和纵向拉伸对发声的影响。一个成功的模型应该能够表现被模拟的系统或结构的全部特性。

目前,至少有两种方法可以对人类言语机制进行建模。方法一是由 Richard Paget 于 1930 年提出的,它通过建立一个由橡胶声带组成的附带复杂共鸣腔的机械系统,模拟人类的言语声。经过调试,该机械系统可以发出言语声,但它只能模拟出言语过程的部分特性。Paget 设想,把声道视为由多条等长的不同截面积的管子串联而成的系统,每条管子发一个具有固定频率和幅度的纯音,若干条管子组合起来就能发出元音。D. C. Miller 的研究证实了 Paget 的设想。根据这一思路,Miller 将元音分解为若干有着固定频率和振幅的纯音。通过合成纯音,可以获得分解前的元音。

方法二是根据喉的特性建立一个声带和声道模型。在了解喉部组织的质量、弹性、顺应性、张力、声门下压、气流速度和振动模式等的前提下,工程师们设计出一种能产生言语声的自激振荡系统。喉的数学模型可用于计算机言语模拟,它有其他模型所不具备的优点。通过改变模型中的参数,我们可以系统地控制和测量声带振动的周期、垂直和纵向相位等相关特性参数。

一、 单自由度模型

一般采用单自由度模型来模拟声道的自激振荡。该模型将声带视为单一质量且只能在中线的垂直方向往返运动的物体。Flanagan 解释说,声带类似于一个空气动力学振荡器,它具有自激振荡的功能,可以自发地调节声门下压、声带张力和声道共鸣等一系列参数。

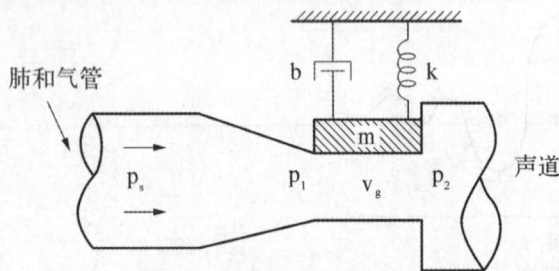

图 4 - 3 - 18 声带的单自由度模型示意图

图 4 - 3 - 18 是声带的单自由度模型示意图。图中声带类似于一个机械振荡器,m 代表单侧声带的质量,弹性系数 k 代表声带张力,黏性阻尼 b 代表声带关闭时双侧声带之间相互碰撞的边界状态(即阻尼状态)。p_s 表示声门下压,p_1 和 p_2 分别表示声门输入和输出的压力,v_g 表示气流通过声门时的速度。声带没有相互碰撞的表面是流体的或无质量的。当双侧声带在中线相遇时,它们会失去一部分冲量。但是,由于声带固有的惯性,它们仍会继续向中线移动,这将导致声门关闭一段时间。当声门关闭时,会即刻出现一个作用于声带的力,冲开声门。如此反复,声带便产生了自激振荡。

如果声带边界很坚硬,双侧声带会在在瞬间失去冲量,阻尼会发生变化,声带也会反弹,这对应低音调发声。然而在黏性条件下,双侧声带在碰撞的过程中会相互影响,这对应高音调的情况。

在中音和低音条件下,振荡中的声带会出现一定量的纵向位移,并存在垂直相位差。考虑到声带作为单一质量不能在中线的垂直方向作往返运动,我们必须使用更复杂的模型才能更清楚地反映人类的发声机制。

二、 双自由度模型

双自由度模型可以解释声带的垂直相位差。按照 Ishizaka 和 Flanagan 的描述,图 4 - 3 - 19 中的双自由度模型可以更全面地反映出声带振动的一般特性。该模型用两个质量 m_1 和 m_2 表示声带,它们各自作水平运动。每个质量都可以被视为单个的机械振荡器,各自具有质量 m、弹性系数 s 和黏性阻尼 r。s_3 是连接 m_1 和 m_2 弹簧,通过 s_3 对 m_1 和 m_2 施加水平方向的力,引起位移 x_1 和 x_2,从而使两个物体相互联系。如果 l_g 表示声门的长度,那么与 m_1 对应的声门面积为 $a_1 = (l_g x_1)/2$,与 m_2 对应的声门面积为 $a_2 = (l_g x_2)/2$。x_0 是质量的平衡点。声带的纵向张力决定弹簧 s_1 和 s_2 的刚度。如果 $x_1 - x_0$ 和

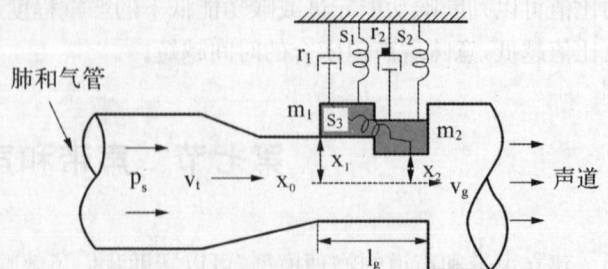

图 4 - 3 - 19 声带的双自由度模型示意图

$x_2 - x_0$ 分别表示质量 m_1 和 m_2 的位移,对应的回复力则等于 $s_1(x_1 - x_0)$ 和 $s_2(x_2 - x_0)$。

阻尼器的阻力 r_1 和 r_2 表示声带的黏滞性。阻尼器的作用类似于液压活塞式汽缸,后者可以减缓阀门关闭的速度。在回复弹性 s_1 和 s_2 的作用下,阻尼器 r_1 和 r_2 可以减缓 m_1 和 m_2 的速度。v_t 表示通过气管的气流速度。当双侧声带互相接近时,气流速度会增加,回复力也会因为伯努利效应而增强。

需要指出的是:(1)回复力与位移并非线性相关;(2)声带并非以正弦形式振动;(3)在一定条件下,系统存在不稳定性。

三、 16 自由度模型

Matsushita 和 Hiroto 认为,喉黏膜的振荡是一个重要因素,我们应该重视喉的黏滞性特征,应该用肌弹性—空气动力学理论解释声带的振荡。该理论强调喉黏膜和声带之间非紧密结合的重要性,因为如果两者紧密结合,声带就不可能产生垂直方向的位移,喉部也就不可能振动。

如果用高速摄像机拍摄振荡中的声带,会发现声带在水平方向作往返运动时存在垂直相位差,声带的边缘也出现一定程度的外翻,同时喉黏液和黏膜沿着声襞上表面波动。上述事实表明,声带有着很大的自由度。要构建自然逼真的言语模型,就必须考虑喉的这一特性。

为了更好地模拟人类的言语机制,Titze 于 1973 年提出了 16 自由度模型。该模型具有以下特点:(1)能够发出两个以上音域的声音;(2)能够满足解剖学研究的需要;(3)能够模拟声带的瞬时反应,如轻声咳嗽等;(4)可以调节与生理特征相关联的参数;(5)发音方式更真实。

Titze 的模型试图模拟声带的各种活动,包括声带的垂直和水平运动及其相位差。该模型认为,声带由两部分构成,即与声韧带紧密连接的黏膜和甲杓内肌。这两部分在振动时有不同的表现。双自由度模型假设这两部分之间的联系是很松散的,而 16 自由度模型中用整体质量和张力的差异更多地解释了黏膜和甲杓内肌之间的垂直相位差。另外,黏膜和甲杓内肌之间的连接随着音调的变化而变化,音调则随着声带张力及长度的变化而变化。

研究者发现,女歌唱家演唱高音时,声带黏膜上有 8 个部位呈现出稳定的振动波形。考虑到这一点,Titze 把黏膜和声肌韧带(声带肌和声韧带的组合体)分成 8 个部分,从而构建了 16 自由度模型,其中每个部分都可以在气流的垂直方向上运动。图 4 - 3 - 20 是 16 自由度模型的图示。

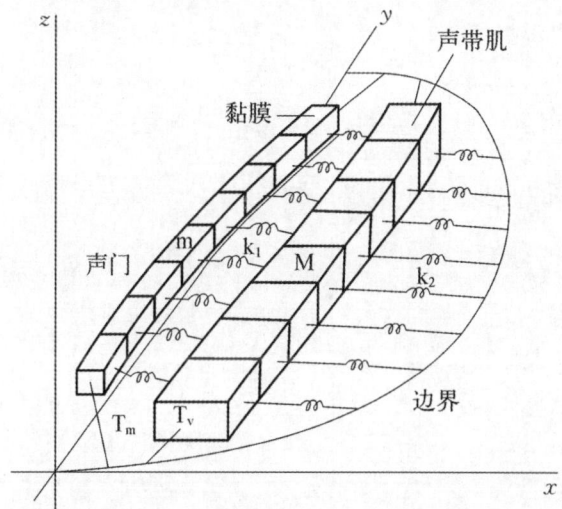

图 4 - 3 - 20　声带的 16 自由度模型示意图

Titzer 认为,有三种力作用于声带,分别是内力、外力和耗力。内力指的是最相邻的力,是作用于特定粒子的四个相邻力中的最大值。内力是一种回复力,它与距离相关,遵循虎克定律:应力＝kx 应变。关于回复力的公式解释了位于平衡点的粒子位置,以及黏膜和声肌韧带相邻粒子之间的张力,也解释了声肌韧带和边界相邻粒子之间的横向应变。外力包括重力和空气动力。耗力与声门气流、声道及声带组织有关。该系统的阻尼因素是可变的,它取决于声道是外展还是内缩。

在非振动状态下,黏膜的张力较小。在振动过程中,黏膜明显位移,黏膜粒子之间产生巨大的横向应变。Titze 认为,黏膜的弹性会以指数形式变化(具体的弹性值未知)。弹性系数 k_1 和 k_2 取决于原有记录;参与运动的肌群在横向变形过程中所受阻力增加。

这个模型的计算机模拟可以产生声门波,合并计算出声门谱,同时给出气流特性和速度功能。这些数据与人类言语的真实模型比较接近。

Titze 的模型是一个复杂的系统,它用一个有 16 个自由度的模型来模拟声带,用 18 节圆柱管道来模拟口腔和咽,用 12 节类似管道模拟鼻管。该模型能够逼真地模拟人类发声时声带的振动及其产生的压力。在这个模型中,可以控制和模拟与言语生理相关的参数,如声门下压、肌张力、舌及下颚的构音运动等。Titze 的模型能够发出两个以上音域的音,能够模拟言语系统的瞬时反应(如塞音等)。我们能够借助该模型进行言语病理学研究。

Titze 和 Strong 认为,声带不是由质量和弹簧构成的离散体,而是一个连续的统一体。他们把声带的黏弹性特征引入自己的模型。黏性和不可压缩性同时存在,导致在出现垂直相位差的同时也存在水平和垂直位移。早期的单、双自由度模型无法解释这一特性。

1979 年,Titze 和 Talkin 在考虑了声带的弯曲边界和黏弹性特征后,模拟出喉在发音过程中的作用。他们发现,声带长度影响嗓音基频,即嗓音基频受肌肉层的纵向应力影响,也就是说,影响嗓音基频的主要因素不是声门下压。

1984 年,Titze 描述了有关声门面积、声带接触面积和声门气流的参数:除嗓音基频和振幅外,还包括开放商、相位商和负荷商等参数。通过设定参数和计算机模拟技术,我们可以更好地了解声带的振动机制。

第四章　影响言语发声功能的疾病

交流障碍的患者一般都存在着不同程度的嗓音异常,这包括由器质性疾病(如良性或恶性喉部肿瘤、帕金森氏病、脊髓侧索硬化症、中风、脑外伤)以及功能性障碍(如听力障碍)等引起的各种嗓音疾病。这些嗓音疾病不仅表现为嗓音运动控制障碍,而且会导致嗓音音质出现异常。同样,衰老也会对嗓音运动控制和音质造成影响,这一点具有重要的临床意义。

第一节　嗓音障碍

在医院、诊所、疗养院、学前班、小学和中学都能看到一些嗓音障碍患者。任何年龄的人,包括婴儿在内,都可能有嗓音障碍。嗓音障碍可由许多不同的原因引起,包括嗓音滥用、声带良性肿瘤或囊肿、中风或渐进性恶化性疾病、影响喉部的车祸和枪伤等外伤,以及许多其他的原因。嗓音障碍的表现涉及嗓音基频和强度。嗓音基频方面的问题有:说话者与同年龄、性别以及体格的人相比,可能有更低或更高的嗓音基频范围;可能产生一个受限的嗓音基频范围(说话者的音调单一);可能表现为嗓音基频紊乱,即说话者不自主地、突然地改变基频,如图4-4-1所示;也可能表现为复音,其发生在两侧声带的振动有轻微不同的时候,会让人同时感觉到两个音调。通常情况下,这些嗓音基频的控制问题会合并存在。嗓音强度问题包括:使用一个过高或过低的习惯强度;产生一个有限的强度范围,即响度单一;突然发生不自主或不适当的振幅改变。通常,嗓音基频问题和嗓音强度问题会以不同的组合方式同时存在。

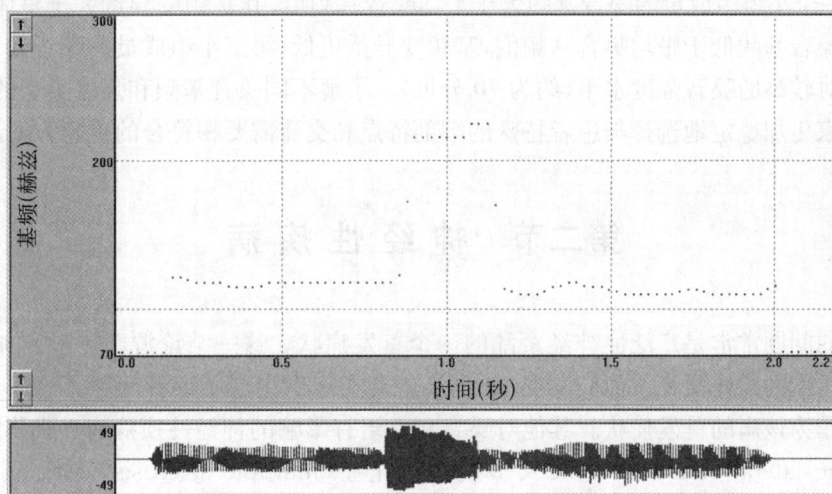

图4-4-1　基频中断(Dr. Speech™)

在技术成熟的计算机设备得到广泛使用以前,言语病理学家只能依靠他们对患者嗓音的主观感知来诊断嗓音问题。然而,对于听感信息而言,这些仪器很直观地为其补充了更多客观的、数字化的、有关说话者声学特征的信息。这些信息对于恰当地诊断问题、检测那些早期发生但听觉无法感知的言语和嗓音变化、正确地选择治疗方案以及评估治疗效果等是非常有价值的。治疗方案的选择和效果是可以进行比较和评估的。例如,一些与精神压力有关的嗓音问题,似乎可以通过向患者传授减小喉部张力的方法而得到治疗，然而，直到目前为止，仍少有证据能证明此疗法的有效性。为了明确张力减小疗法的有效性，Roy 等人对 25 名患者治疗前、后的发声状况进行了录音，并且从听感和声学测量两个方面从嗓音基频的角度来分析这些嗓音样本。从治疗前到治疗后，在连续言语中测得的患者嗓音基频值反映了其喉部张力的下降。这些声学数据提供了客观的指标，证明了此种特殊嗓音疗法的有效性。

另外，精确地测量嗓音基频值可以帮助言语病理学家了解那些难以凭借听觉感知来分辨的嗓音特征。比如，有声带小结的人会有一种特殊的声音，听起来感觉音调低、嘶哑且伴有呼气声。在声学仪器得到广泛运用以前，许多言语病理学家通过让患者用高音调说话来处理此种问题。然而，在通常情况下，听到的低音调并不意味着对方嗓音低于正常的嗓音基频值。经过客观测量，发现实际上患者的嗓音基频值是在正常范围之内的，听起来感觉低是由其他因素造成的，比如说话速度以及嘶哑本身。由于说话者的嗓音基频值在正常范围内，将治疗的重点放在改变嗓音基频上就不明智了。因此，这一声学信息提醒言语病理学家，应该根据声带的生理功能来选择一个更合适的治疗方案。这种精确的测量，可以帮助言语病理学家避开无效的治疗方案。

分析嗓音基频值的另一些用处就是帮助作出与治疗有关的决定。例如：黄昭鸣等人将嗓音基频作为监控声带恶性肿瘤对化疗反应的指标。在恶性度较高的喉癌的患者每次化疗之前（共三轮），测量出患者说话状态下"恰当的"嗓音基频值和基频变异量。他们发现一种存在于肿瘤生长速度下降和嗓音基频值之间的关系。当肿瘤生长减缓时，嗓音基频的变化范围增大，这说明患者的发声稳定性已经得到了提高。这些嗓音基频值的测量在评价癌症导致的喉部损伤程度和化疗效果方面是很有价值的。

嗓音基频和强度的特征已经被作为一个标准，用来判定那些因癌症而切除喉以及使用不同无喉发声（不用喉发声）方法的人的声音是否已经康复。无喉发声方式被称为食道发声，此种声音的产生是由于食管某部分的振动而不是因为喉内声带的振动。这种特殊的发声方式所发出的言语声，其基频和强度都较正常人低许多。

言语病理学家不完全依据嗓音基频和强度来对食道发声的有效性进行评估。历史上，言语病理学家认为熟练的食管发声者较不熟练者，其嗓音基频值更高，强度值也更高。黄昭鸣等人曾对那些已被感性地判定为熟练的食管发声者的言语声进行声学分析，以此来检验这一结论。这些人的平均嗓音基频约为 69 赫兹，这比成年人的正常值要低得多。但是他们发现，可以将这些人分成四组，每组都有不同的嗓音基频和强度。比如：一个小组中成员的嗓音基频大于平均嗓音基频值，其基频变异量大于整体的平均值；另一个小组中成员的嗓音基频低于平均嗓音基频值，基频变异量更低；第三小组成员的嗓音基频约为 69 赫兹，但这些人有着相对较高的嗓音强度水平（约为 70 分贝）。了解不同嗓音基频和强度类型的食管发声者，可以让言语病理学家更加稳定地选择与患者特殊的解剖特点和交流需要相符合的重建方案。

第二节 神经性疾病

嗓音和言语的问题常常是广泛性神经紊乱的一个首发症状。这一结论源于一项对帕金森氏病（PD）嗓音和言语症状所作的杰作研究。他们发现，有 89% 的此类患者出现了嗓音问题。这些人中几乎有一半的确以嗓音问题作为该病的首发症状。其他对嗓音和言语有影响的神经性疾病有：肌萎缩性脊髓侧索硬化症（amyotrophic lateral sclerosis，ALS）、多发性硬化症（multiple sclerosis，MS）、亨廷顿氏舞蹈病（Huntington's disease，HD）等，还有很多其他的疾病。中风、脑部肿瘤和创伤性脑损伤也会导致嗓音和言语问题。在过去的 10—15 年里，人们已经收集了许多关于神经性疾病患者嗓音声学特征的资料。这些资料可以用于设计、实践并评估各种不同的治疗方案。

黄昭鸣等人对各种神经性疾病患者的嗓音和言语问题进行了大范围的调研。他们以嗓音和言语的听感及声学参数来说明这些问题的特点，比如音调（太高、太低、单调）和响度（太响、太弱、单一）的问题，并将不同的运动性言语障碍与不同的发声特征相对应，见表 4-4-1。

最近，研究者开始为这些发声功能的听觉感知填补更多的客观信息。比如，在对嗓音基频和强度的声学分析中已经发现,患有 PD 的病人的嗓音往往表现出比正常值更高的基频,其基频和强度标准差较正常人低,基频和强度的动态范围下降。另外,有神经系统问题的说话者很少能有效地利用嗓音基频来区分陈述句和问句之间的差别。在黄昭鸣等人的研究中,正常说话者在同一内容的陈述句和问句的最后一个音节间存在约 80 赫兹的基频差异,而有神经系统问题的人,其最后一个音节的基频差异值平均只有 25—30赫兹。

表 4-4-1　运动性言语障碍声学和听觉感知特征

运动性言语障碍的类型	听 觉 感 知 特 征	声 学 特 征
共济失调型	音调单一,响度单一 不恰当的音调和响度的突然变化 重音正常或过大	基频标准差减小,强度标准差减小,基频和强度中断,重音强度正常或增加
肌无力型	低音调,音调单一 响度单一	平均基频减小,基频标准差减小,强度标准差减小
运动功能亢进型	不自主的音调变化 不自主的响度变化	基频和强度中断
运动功能低下型	音调单一 响度单一,响度下降	基频标准差减小,强度标准差减小,平均强度减小
痉挛型	低音调,音调单一 重音下降	平均基频减小,基频标准差减小,重音强度减小

这些声学数据与音调和响度范围受限的听感测量是相符合的,这也是帕金森氏病和其他神经系统疾病患者常见的抱怨内容。此外,声学测量提供了动态范围客观测量的方法以及常模,增加了测量的精度。

对嗓音基频和强度的声学分析也起到检验由神经系统疾病所引起的早期发声变化的作用,甚至可以赶在这些变化能被听觉感知到以前。这一点在 ALS 患者中已经得到了验证。在这类疾病中,患者的声音进行性变弱,基频和强度水平随着时间的推移而下降,患者最终会完全失去言语能力。研究已经发现,那些说话声音听起来感觉正常的 ALS 患者,其嗓音基频的标准差与正常人相比要小得多,一般为 16 赫兹,而正常人为 20—35 赫兹。这一狭小的频率范围可能是咽喉病变的早期表现。了解到病变可能存在于听起来正常的声音后,言语病理学家可以在疾病的早期阶段进行干预,以尽可能地维持患者的嗓音和言语功能。

在对 ALS 患者进行详细的声学分析后发现,每个患者的发声特点都有很大的不同。持续发声和说话过程中嗓音的基频、基频标准差以及基频和强度的动态范围显示:ALS 患者的嗓音基频差异较大,有些低于正常水平,有些接近于正常水平,有些要高于正常水平。另外,并不是所有的 ALS 患者在持续的言语过程中都表现出嗓音基频动态范围的减小。这一点对于制定与患者特定的嗓音和言语障碍相适合的治疗计划而言是非常重要的。在了解这点的基础上,治疗方案可以尽可能地将重心放在使患者发声功能正常化或者维持发声功能上。此外,用于采集诊断数据的设备也可以在治疗过程中提供视觉反馈和监控。

第三节　气管插管

嗓音的基频微扰和幅度微扰测量在临床上的一个重要用途就是监督全身麻醉。为实施全身麻醉,必须先做气管插管。通过喉将呼吸管插入气管的过程称为气管插管,将呼吸管取出的过程称为拔管。

气管插管往往会对喉功能造成暂时或永久性的损伤。轻微损伤包括在显微镜下观察到的黏膜组织变化。较严重的损伤包括黏膜、结缔组织及肌肉的破坏,有些甚至可能造成喉软骨脱臼,需要接受矫正手术。更严重的损伤会造成患者失声,或者不同程度的发声困难。

Hord 等人记录了成人非喉手术前一晚以及拔管后 24 小时内的嗓音变化数据。分析表明,短时的插管将导致嗓音的基频微扰和幅度微扰的很大变化,在插管后的 1.5—23.5 小时内,患者嗓音的基频微扰和幅度微扰值明显增加。该实验用客观方法证实了插管对发声机制的影响,并促进了更为安全的呼吸管的研制。

第四节　喉　　癌

作为嗓音基频微扰和幅度微扰测量的另一种应用,黄昭鸣等人记录了晚期喉癌患者的基频微扰值,研究各种非手术疗法的疗效。黄昭鸣等人指出,我们应为某些咽喉癌患者制定喉保护政策,即这些患者首先接受放射治疗,然后接受化学治疗,由医生监控患者的反应,如果患者的状况在一段时间内没有得到改善,就必须接受喉切除手术(喉被部分或完全切除)。

黄昭鸣等人重点研究了 27 名男性单侧或双侧声带的晚期喉鳞状细胞癌患者,测得患者在接受化学治疗前的嗓音数据,同时对其嗓音状况进行监控。在化学治疗过程中,患者嗓音的基频微扰值显著降低,平均基频微扰值从治疗前的 5.3% 下降到 1.2%。尽管 1.2% 仍然高于正常男性嗓音的基频微扰值,但它已较接近正常值。对化学治疗和放射治疗不敏感的 6 名患者的嗓音基频微扰值没有明显降低。因此,可以认为喉癌康复和嗓音稳定相互关联,并直接反映在微扰参数的减小上。

第五节　功能性嗓音障碍

对嗓音基频微扰的测量,可以为功能性嗓音障碍的行为疗法提供依据(功能性嗓音障碍不是由疾病、老化、外伤所引起的,它不属于器质性障碍)。患者由于用嗓不当或过度用嗓而出现功能性嗓音障碍,一般可接受行为矫治。尽管嗓音治疗的方法很多,疗效产生的客观依据却很少。许多行为疗法(包括喉部按摩法、哈欠—叹息法、重读治疗法、放松训练等)的目的主要是降低或消除喉部肌肉的过度紧张。

喉部按摩法对患有嗓音障碍的成年女性是否有效?黄昭鸣等人对这一问题进行了研究:他们在评估听觉感知的同时,还测量了治疗前后嗓音的基频、基频微扰、幅度微扰和噪声能量。听觉感知评估的结果表明,治疗后嗓音质量有所改善。声学测量的结果验证了上述结论,即治疗后嗓音的基频微扰和幅度微扰水平显著降低。这个实验很有价值,它为嗓音治疗的效果提供了客观依据。

第六节　口　　吃

除了有助于嗓音障碍的研究之外,嗓音基频微扰和幅度微扰的测量还可用于鉴别口吃儿童和正常儿童。这一发现很重要,因为在口吃的初期,很难确定儿童是口吃还是说话不流利。与儿童的听觉感知评估相比较,声学分析更精确,作出的判断更准确。

随着年龄的增长,儿童对喉的控制更为精准,声带振动更为稳定,嗓音基频微扰和幅度微扰值会降低。嗓音基频微扰和幅度微扰的测量可用于喉功能的精细检测。这些参数可以检测出目前正常但有可能患口吃的儿童。口吃儿童和正常儿童嗓音的基频微扰水平接近,但口吃儿童嗓音的幅度微扰水平明显高于正常儿童。值得注意的是,那些嗓音的幅度微扰值明显偏高的 3—4 岁儿童都是刚刚开始口吃的。由此可以推断,在口吃的早期,可能存在着细微的喉功能异常,或者是呼吸、发声和构音三大系统协调作用方面的异常。因此,嗓音基频微扰和幅度微扰的测量可用于鉴别口吃儿童、可能出现口吃的儿童或者说话不流利的正常儿童。

第五章　共鸣系统与言语

嗓音的音质在很大程度上取决于咽腔的开放程度、口腔的大小和舌的位置。正常言语要求声道共鸣达到最佳状态，就像拍摄清晰的照片需要良好的聚焦一样。因此，一般采用共鸣聚焦来描述声道共鸣的状态。如图 4-5-1 所示，正确的言语聚焦位于水平线 z 与垂直线 y 的交点 X 处（舌面中央），它表明言语产生于口腔的中央，即舌面的上方。

共鸣障碍是指在言语形成的过程中，由于舌、唇、软腭等共鸣器官的运动异常，导致共鸣腔体积异常，使言语聚焦点出现偏差，从而影响共鸣效果。如果言语产生于 X 点的上方或下方，说明存在垂直聚焦问题；如果言语产生于 X 点的前方或后方，说明存在水平聚焦问题。

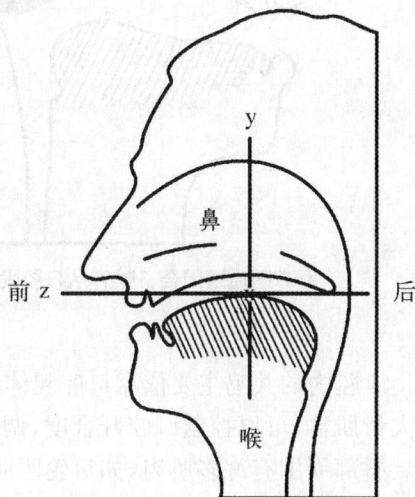

图 4-5-1　言语聚焦

第一节　共鸣的原理

咽腔、口腔和鼻腔构成了声道，它们是重要的共鸣腔。喉部发出的声音通过咽腔，然后进入口腔或鼻腔，改变上述三个腔体的形状和大小可控制声音的共振峰，形成不同的声学特性并输出声波，从而产生不同音色的言语声。

一、共鸣腔

1. 咽腔与共鸣

成年男性声道长度（从声门至口唇部）大约为 17 厘米，成年女性声道长度略短。咽腔作为一个肌腱性管道，长约 12 厘米，位于颅底部，并向下延伸至第六颈椎或环状软骨下缘平面，与食道相连。咽腔管道上端宽 4 厘米，喉上部宽约 2.5 厘米。环绕咽腔的三块咽缩肌对声道的调整起决定性的作用，也可以通过下颌、唇、舌、软腭的运动来调节咽腔的形状与大小。

咽腔从下至上分为喉咽、口咽和鼻咽三部分。喉咽自舌骨向下延伸，鼻咽部从悬雍垂平面向上延伸，剩余的中间部分位于口腔后方，称为口咽。元音的音色取决于咽腔的共鸣情况。

低频共振峰对声门上方附近区域的横截面积的变化非常敏感，如果该区域较小，则低频共振峰较高，反之则较低。因此，声门上方附近区域的形状和大小决定了低频共振峰的频率值，也决定了发出的元音是开元音还是闭元音。一般情况下，个体成年后咽腔大小将不再改变，咽腔共鸣也基本不变。

2. 口腔与共鸣

口腔是消化道上端的一个扩大空腔，也是重要的共鸣腔，由下颌骨、肌肉、血管、神经、黏膜、皮肤及唾液腺等结构组成。口腔前部是唇，唇的正中有能控制唇运动的唇系带。口腔的两侧壁是颊，在颊黏膜的中央有腮腺导管的开口，由此分泌大部分的唾液。口腔上壁是上腭，其前部是硬腭，后部是软腭，软腭的游离部是悬雍垂。硬腭和软腭将口腔与鼻腔分隔开。口腔后部与咽部相接，上通鼻腔，下通咽喉，是呼吸和吞咽的通路。如图4-5-2所示，A为硬腭，B为软腭，C为咽后壁。口腔内有舌和牙齿等结构。

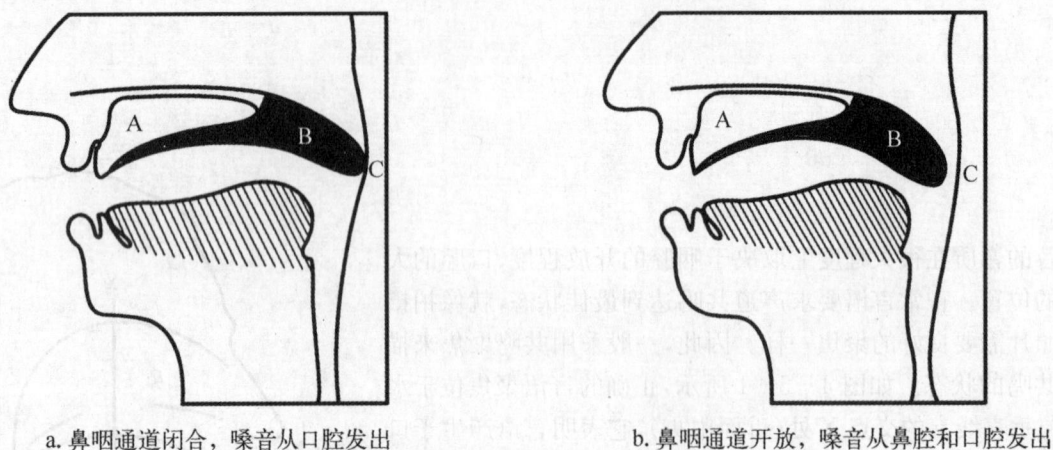

a.鼻咽通道闭合，嗓音从口腔发出　　　　　b.鼻咽通道开放，嗓音从鼻腔和口腔发出

图4-5-2　鼻咽机制示意图

口腔内的共鸣主要依靠口腔腔体改变形状来实现。作为构成口腔的重要器官之一，下颌骨上附着有大量肌群，可以控制口腔开合度，调整口腔入口处和声道前部大小，对于口腔共鸣起了非常重要的作用。唇部周围有许多肌肉，如口轮匝肌、唇横肌、唇角肌、唇直肌和平行肌等，这些肌肉带动唇部运动以改变唇的形状和口腔大小，使得声道共鸣腔的第二和第三共振峰频率发生改变。软腭附近的肌肉通过控制悬雍垂，使其上抬、下降或紧张来控制鼻音和非鼻音的共鸣。声波在声门处产生，向上经过咽腔后进入口腔或鼻腔，分别形成口腔音和鼻腔音。大部分非鼻音主要是通过口腔共鸣产生的，如图4-5-2(a)所示，发非鼻音时，软腭上抬，使腭咽部闭合，将口腔与鼻腔分隔开来，喉音（或称喉源音）向上传递至口腔，由口腔发出声音。因此，大部分非鼻音共鸣主要位于咽腔和口腔，即图中B、C连线的下方。而口腔中的舌由大量肌束构成，可以向口腔的任意方向移动，并通过改变自身的形状、大小和运动方向，改变口腔共鸣及共鸣音质。

3. 鼻腔与共鸣

与口腔相比，鼻腔的活动性明显不足，口鼻之间的通道大小直接受软腭的影响。

汉语中只存在三个鼻音——/m/、/n/和/ng/，如图4-5-2(b)所示，发鼻音时，腭咽部正常开放，软腭放松垂下，使得气流通过鼻腔，共鸣主要位于咽腔和鼻腔，即图中BC连线的上方。另外，鼻腔周围开口于鼻腔的骨性含气腔——四对鼻窦（上颌窦、额窦、蝶窦和筛窦），同样对发音起共鸣作用。

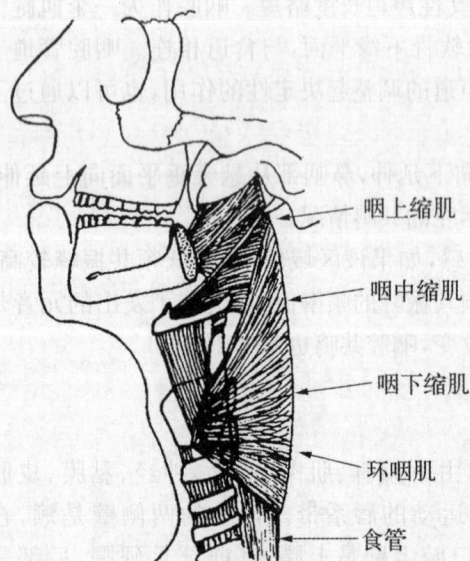

咽上缩肌
咽中缩肌
咽下缩肌
环咽肌
食管

图4-5-3　咽缩肌图解

4. 声道内肌肉的运动

咽腔的横截面积因咽缩肌的收缩而减小，如图4-5-3所示。如果咽下缩肌收缩，喉咽部分的宽度将减小。这种情况通常出现在发开元音时。发食管音时，咽下缩肌底部也进行收缩运动。

咽上缩肌在言语过程中的运动也较为活跃。根据发音内容的不同，它与软腭一起协同工作，改变腭咽部的形状：发鼻音时腭咽部完全开放，发开元音时腭咽部半开放，发闭元音和辅音时该通道完全关闭。

如图4-5-4所示，上述肌群的收缩会降低或抬升舌骨和甲状软骨,从而使声道的长度和形状发生变化。例如,二腹肌后腹、茎突舌骨肌和下颌舌骨肌的收缩将舌骨向上拉伸,会使声道变长;当舌骨受到胸骨舌骨肌、甲状舌骨肌和肩胛舌骨肌的牵拉向下运动,或当喉腔由于受到腭咽肌和茎突咽肌的牵拉向上提起时,声道会变短。

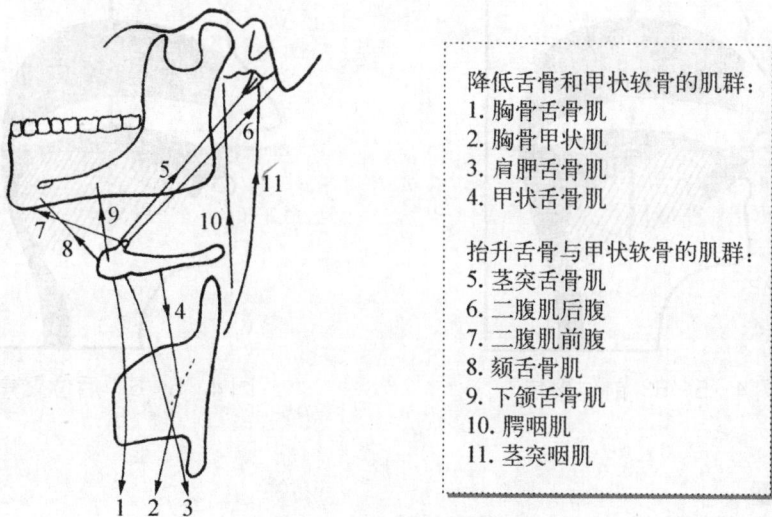

降低舌骨和甲状软骨的肌群:
1. 胸骨舌骨肌
2. 胸骨甲状肌
3. 肩胛舌骨肌
4. 甲状舌骨肌

抬升舌骨与甲状软骨的肌群:
5. 茎突舌骨肌
6. 二腹肌后腹
7. 二腹肌前腹
8. 颏舌骨肌
9. 下颌舌骨肌
10. 腭咽肌
11. 茎突咽肌

图4-5-4　改变声道长度和大小的肌群

二、声道共鸣机理

下颌、唇、舌和软腭等构音器官的运动使声道的大小和形状发生改变,声道共鸣性质发生变化,在声音频谱中,一些频率得到共振加强,另一些频率则被削弱减幅。这些被加强的频率区域称为共振峰。咽腔的形状和大小决定第一共振峰,口腔的形状和大小决定第二共振峰。在空气容量一定的情况下,共振腔的体积越大,共振峰的值越小。

1. 元音与共振峰

不同元音对应不同的声道形状,也就对应不同的共振峰频率。声道形状取决于以下三个因素的综合作用:舌的前后位置,唇的圆展,下颌的位置。所有的元音都是由声道共鸣形成的,不同的共鸣效果形成了不同的元音。

下颌的打开幅度直接影响咽腔的大小,带动舌的垂直位置发生改变,因而会改变第一共振峰的值。唇的运动主要是由面神经控制口轮匝肌等肌肉来实现的,唇的圆、展会直接影响口腔的大小,进而改变第二共振峰的值。舌是最重要的构音器官,它的运动是多维的,能直接影响咽腔和口腔的大小,从而改变共振峰的值。

2. 舌位与聚焦

舌的水平和垂直位置也称言语聚焦,它直接影响言语的共鸣效应。舌在口腔中的前后位置影响水平聚焦。正常言语时,舌位既不能太靠前,也能不太靠后,这时声音听起来浑厚有力。如果说话时舌部过度向前伸展,即言语聚焦形成于水平线z上X点的前方,言语表现为微弱和单薄,这称为前位聚焦,见图4-5-5。如果说话时舌位过于靠后,即言语聚焦形成于水平线z上X点的后方,言语表现为压抑和单调,这称为后位聚焦,见图4-5-6。这两种情况均属于言语的水平共鸣聚焦异常。

舌位的高低影响垂直聚焦。正常言语时舌位既不能太靠上,也能不太靠下,这时声音听起来自然舒服。如果说话时舌位过度靠下,即言语聚焦形成于垂直线y上X点下方,声音听起来像被牢牢地锁在喉部,称为喉位聚焦。如果说话时舌位过度靠上,即言语聚焦形成于垂直线y上的X点上方,声音听起来鼻音重,称为鼻位聚焦。

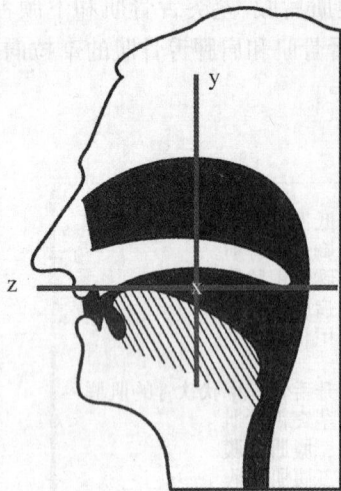

图4-5-5　前位聚焦　　　　　　　　　图4-5-6　后位聚焦

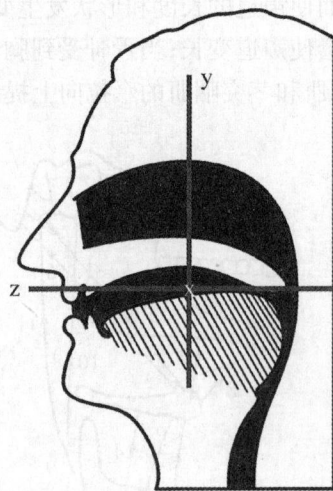

3. 软腭与鼻流量

软腭运动直接调整鼻咽腔共鸣。如果软腭运动正常,发鼻音的时候软腭下降,气流主要从鼻腔经过,发非鼻音时软腭上抬,气流主要从口腔经过。软腭运动异常时,会出现鼻腔共鸣障碍。如果发鼻音时软腭不能及时准确地下降,言语将表现为共鸣集中在口腔和喉部,这称为鼻音功能低下;如果发非鼻音时软腭总是处于下降状态,以致大量气流通过鼻腔,言语将表现为鼻音较重,共鸣集中在鼻腔和头腔,这称为鼻音功能亢进。

第二节　共鸣系统

人类的构音器官能够产生多种声音,一些声音用于口语交流,因而被称为言语声。精确地构建并发出言语声很重要,言语清晰度完全取决于说话者在呼吸、发声和共鸣过程中对相关肌群协调功能的控制程度。

图4-5-7显示了共鸣系统中的构音器官(唇、下颌、舌、软腭和咽腔等)与喉相连的结构,其中双唇闭合,悬雍垂的位置较低,鼻腔与口腔相通。构音是唇、下颌、舌、软腭、悬雍垂以及咽腔等结构之间的一个协调运动过程。构音系统各个器官的运动在时间上必须同步,在位置上必须十分精确,从而在声道处产生恰当的横截面积,这样才能发出目标音位。

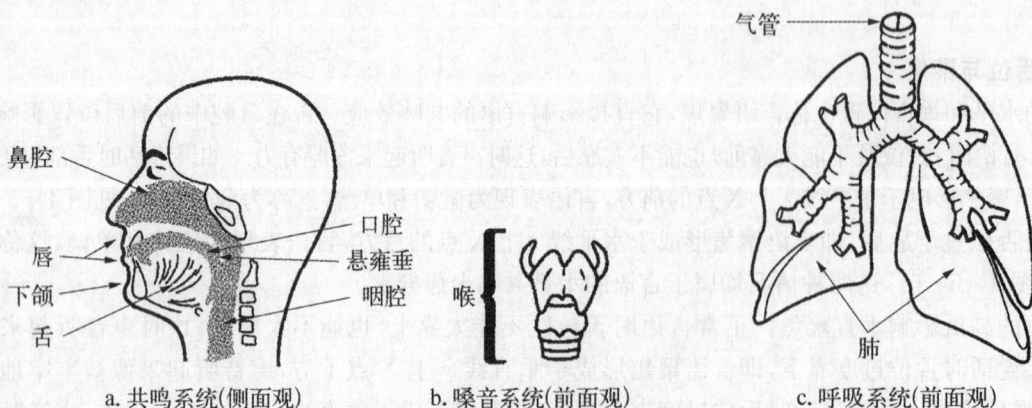

a. 共鸣系统(侧面观)　　　b.嗓音系统(前面观)　　　c.呼吸系统(前面观)

图4-5-7　共鸣、发音和呼吸系统

在构音过程中,言语声形成于声道,喉腔只负责决定噪音的基频、强度、音质和音长。咽腔、口腔和鼻腔构成了声道,它们都是共鸣器官,在发声过程中起着重要的作用。声道可以简化为一条空心管,包括一些阀门,这些阀门由构音器官构成,能够以各种方式打开或关闭,从而使气流通过,如图4-5-8所示。声门波(喉源音)自声带产生后,向上进入声道,通过声道对气体分子的压缩和稀释,改变声道共鸣特征并产生输出声波。

如图4-5-8所示,在声道中共有四个阀门。第一个是唇阀,由上、下唇构成。上、下唇能完全接触到彼此,也能轻轻靠拢但不紧闭,或者接触牙齿。第二个阀门是舌阀,由舌构成。舌是一个极其灵活和功能多样的器官,可以在口腔内外快速地运动,触碰或接近许多其他结构以形成不同的发音部位,如与牙齿、牙槽嵴、硬腭、软腭接触或者接近。舌也可以穿过上、下牙齿而伸出口外,形成另一种声波的输出口。舌也能改变自身形状以影响气流。第三个阀门是腭咽阀,由软腭、咽后壁和咽侧壁构成。在言语产生过程中,这个阀门可以调节气流的方向,使其进入鼻腔或者口腔。第四个阀门是喉阀,由声带构成。这个阀门在起音过程中起着重要作用。发浊音时,声带需要产生振动,而发清音时,这个阀门必须始终打开以使气流持续进入声道。

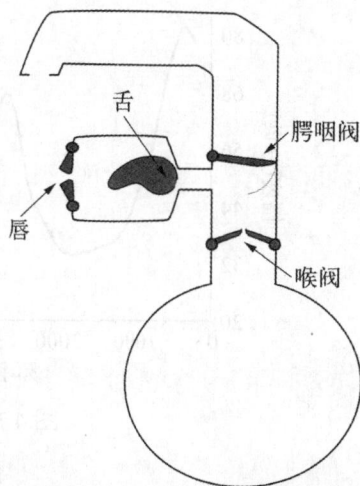

图4-5-8 声道阀门示意图

通过构音器官的活动,声道的大小和形状能发生改变,声道的共鸣特征质(即声道共鸣曲线)发生变化,因而声音频谱中的一些频率得到了共振加强,而另一些则被削弱。这些被加强的频率区域称为共振峰。了解共振峰之间的相互关系对理解韵母(元音)的发音尤其重要。不同的韵母对应不同的共振峰频率,也对应不同的声道形状。

从生理运动出发,根据呼出气流的能量转变成声学能量的方式,可以将言语声分成三种类型。第一种类型为韵母,即声道畅通(无约束)的言语声。韵母表现为通过声带振动调制呼出气流的一个准周期过程。声源的声学频谱为准周期性的谐波频谱,即一种周期性的声音,包括一个基频分量和泛音分量。以/i/为例:声门气流(声门波)的脉冲波形和线性频谱如图4-5-9所示,当声门脉冲通过声道调整后,将形成如图4-5-10所示的声道形状,并产生其对应的线性频谱,最终产生如图4-5-11所示的声波及对应的线性频谱。

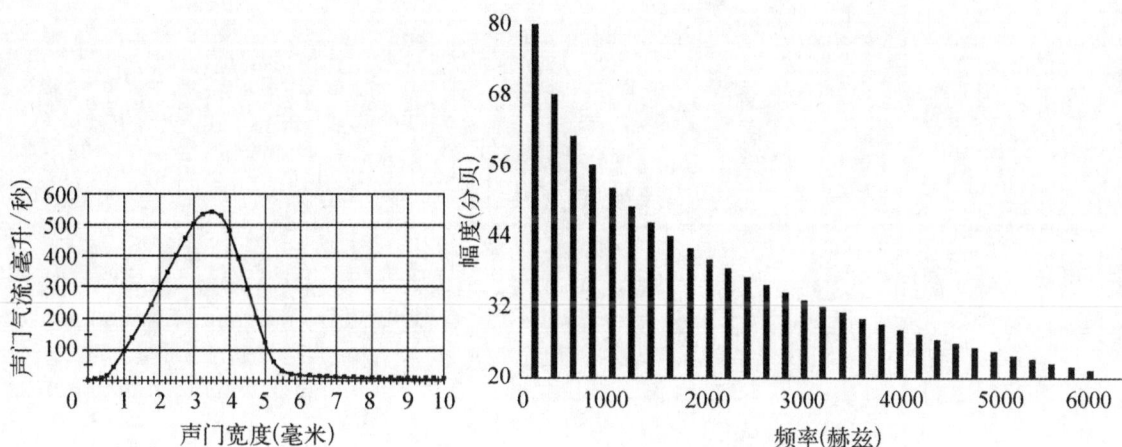

图4-5-9 韵母/i/的声门脉冲波及其频谱(每倍频程下降12分贝)

第二种类型是擦音和边音,它们被解释为在声道某处有约束或障碍的言语声。呼出的气流通过这一受限处时产生湍流,导致不规则的声波出现。这种声源可以是噪声谱,也可以与周期谱相混合。

第三种类型是塞音和鼻音。塞音被描述成悬雍垂上抬、鼻咽通道关闭并在口腔某处闭合的言语声。鼻音被描述成口腔某处闭合而悬雍垂的位置较低的言语声。塞音可以是送气音,也可以是不送气音。不

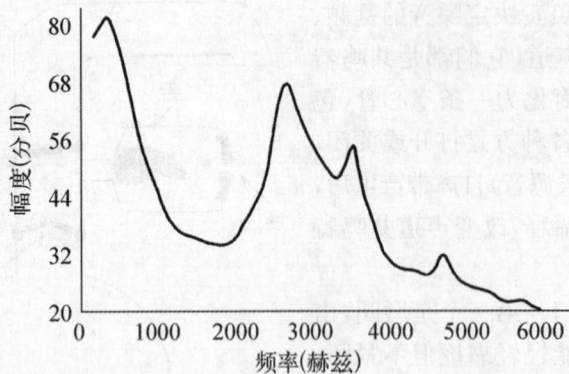

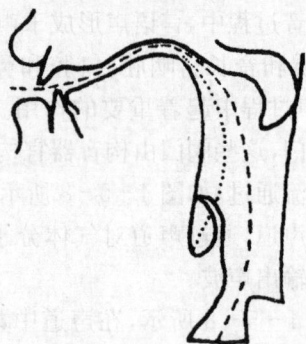

图 4 - 5 - 10　韵母 /i/ 的声道共鸣函数及其形状

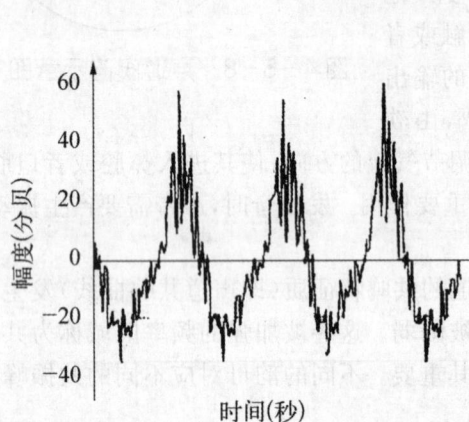

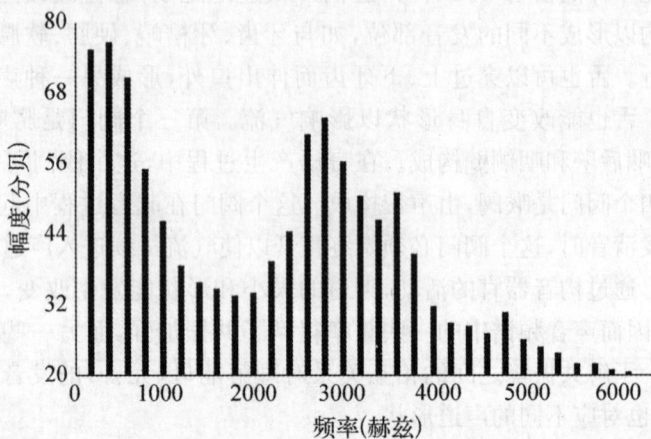

图 4 - 5 - 11　韵母 /i/ 的声波波形及其频谱

送气的塞音在闭合期内有一停顿期,而送气的塞音在闭合期内存在一种低频能量带。塞音的释放使闭合所建立的空气压力获得缓解,从而产生声学上的爆破音,同时也标志着准随机噪音的形成。

第六章 影响言语共鸣功能的疾病

共鸣系统的器质性或功能性问题会影响个体的共鸣功能。如果一个人的共鸣系统出现问题,那么不仅会影响到正常的共鸣呼吸,其构音功能也可能出现不同程度的受损。

第一节 运动性言语障碍

运动性言语障碍是一组神经—肌肉性言语障碍的总称,其产生原因包括言语肌肉组织虚弱、麻痹而不能正常运动或者运动不协调。运动性言语障碍常由中风、头部外伤或者渐进性的神经性疾病如帕金森氏病及肌萎缩性脊髓侧索硬化等引起。国内外已经有许多与这些疾病有关的运动性言语障碍声学特点的研究,这些研究信息对于理解构音功能是很有帮助的。元音和辅音时长、元音共振峰信息以及音位光谱等参数对于个体言语可懂度的听觉感知评估是一种补充。此外,这些参数可以显示个体的障碍是如何得到补偿的。这是至关重要的临床信息,因为声音听起来很相似,在言语可懂度测验中,听觉感知评估的得分很相近的两个人可能在构音运动和补偿策略上完全不同,因此,运动性言语障碍的治疗方案必须针对个体的具体问题。

一、元音时长测量

将普通人与运动性言语障碍患者的元音与辅音时长进行对比,是判断运动性言语障碍患者构音运动时长是否存在问题的方法之一。运动性言语障碍患者的元音与辅音时长比正常人更长且更富于变化性。例如,Caruso 和 Burton 观察了那些在交谈中言语可懂度达到 80%—85% 的肌萎缩性脊髓侧索硬化症患者的元音时长。这些患者的元音时长值显著大于普通人,说明这些患者有着无力的、缓慢的舌部运动。舌运动速度的变化可能是肌萎缩性脊髓侧索硬化症的早期征兆,言语在发声之前就已经被歪曲了。因此,这些能够揭示构音功能上时间异常的声学参数可能会对这种疾病的早期鉴别有所帮助。

在其他类型的神经性疾病患者身上亦有相似的发现:元音与辅音持续的时间长,也可表明整体的言语速率低。LeDorze 等人发现,普通言语者平均每秒可以说 4.7 个音节,而运动性言语障碍患者语速要慢得多,为每秒平均 3.1 个音节。图 4-6-1 显示了一名运动性言语障碍患者在说"你希望了解我外祖父的一切"(You wish to know all about my grandfather)时的语谱图。可以看到,运动性言语障碍患者每个音的时长均比普通人要长。

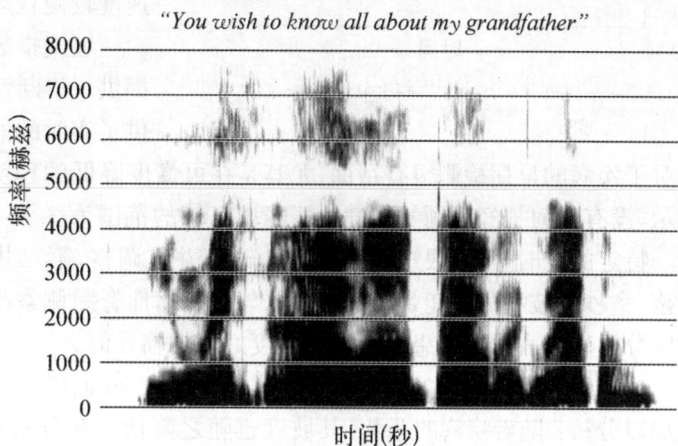

图 4-6-1 运动性言语障碍言语的语谱图

二、元音共振峰

其他声学分析可测量与共振峰频率和共振峰转换有关的其他参数。例如,不同的元音产生不同的第一共振峰与第二共振峰频率的比值,见图4-6-2。据推测,图中所示应为言语者在说元音时的舌部运动空间。

一些运动性言语障碍患者的非中位元音的共振峰值表现出缩小了的元音空间,如/i/、/a/和/u/会变得更加中位化。元音空间的这种压缩表明,运动性言语障碍患者的第一共振峰与第二共振峰的频率范围在缩小。在构音层面上,元音空间缩小表明言语者在发非中位元音时舌部不能到达合适的位置,与普通人相比,其舌位离中位元音位置更近。第一共振峰的频率比普通人高或低都意味着在构音时舌部不能达到合适的高度,第二共振峰的频率比普通人高或低则意味着在构音时舌位太过靠前(就后位元音而言)或者太过靠后(就前位元音而言)。

这种元音歪曲会对言语可懂度产生非常大的影响。运用这种共振峰分析,Ziegler和von Cramon分析了因闭合性头部外伤导致运动性言语障碍的病人的构音功能改变。许多患者在完全失语的那段时间(前八周),共振峰明显向中心偏移,尤其是第二共振峰,从受伤后的前八周到六个月,患者的元音空间逐渐加大,六个月后,元音空间有了直观的增大。声学证据证实了这种构音功能的逐渐恢复。患者的舌部在发不同的元音时变得更加自如,能更好地到达合适的位置。这一信息不但为言语生成上的进步提供客观证据,而且有助于监控进步的程度。

在相似的研究中,我们建构了普通人与肌萎缩性脊髓侧索硬化症患者的元音空间。与普通人相比,运动性言语障碍患者不但元音空间减小,而且当研究者调整言语速度时,两组人群的元音空间也是不同的。当普通人将言语速度放慢时,他们的元音空间有所增大,表明在发目标音时舌的运动更加精确,听觉感知方面,他们的可懂度也相应提高。这种变化在肌萎缩性脊髓侧索硬化症患者身上则无法看到,他们的元音空间未见增大,因而当言语速率降低时,言语可懂度未见持续性的提高。这是非常重要的信息,因为教会运动性言语障碍患者放慢言语速度曾是一种非常流行的提高言语可懂度的技术。元音空间信息有助于判断像放慢言语速度这样的临床策略对某一具体个体而言是否有效。

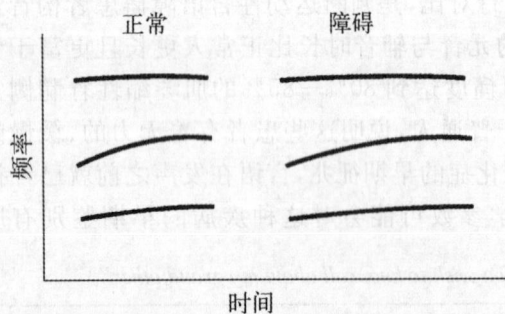

图4-6-2 共振峰轨迹

共振峰信息被用于推测神经性障碍的构音功能的另一种方式,是测量不同状态下第二共振峰的转移。第二共振峰与舌的上下运动有关。共振峰转移用其斜率来表示,见图4-6-2。转移时间的单位是毫秒,转移的程度以赫兹为单位,倾斜指数为每毫秒的赫兹数(赫兹/毫秒)。共振峰轨迹平坦反映了构音运动的时间较长,说明舌部运动速度较慢且运动范围较小。

坡度指数为舌部运动是靠近还是远离正常构音位置提供了诊断性的信息,同时也为病程及其对言语的影响提供了实时的信息。与元音空间相似,患者共振峰转移的信息对于疾病的早期检测很有帮助,尤其是在可懂度降低的程度尚未达到差别感觉阈限的情况下。有研究显示,没有任何神经问题的女性共振峰坡度值的范围为3.76—5.4赫兹/毫秒。这一坡度很陡,表明当发某一特定的音时,舌在很短时间内迅速升高并作调整,第二共振峰的频率值迅速发生变化。实际上,3.0赫兹/毫秒的坡度值可能是正常人言语与肌萎缩性脊髓侧索硬化症患者言语的临界值,而2.5赫兹/毫秒是区分运动性言语障碍患者言语可懂度好坏的临界值。

为了说明坡度指数如何为构音因素提供信息,我们以一名肌萎缩性脊髓侧索硬化症女患者的情况为例加以分析:随着疾病的恶化,其坡度也随之降低。在分析该女性言语的两年中,其最初的平均坡度为3.17赫兹/毫秒。两年后,坡度降低了40%,至1.32赫兹/毫秒。坡度降低反映出患者舌运动能力变弱、速度减慢及构音运动范围缩减。同一时期,她的言语可懂度也在恶化,降至原来的50%。

共振峰轨迹的分析还被用于在临床上验证治疗的有效性。例如,Dromey等人治疗一例帕金森氏病患者发声的响度问题,在嗓音强度提高时检查患者的构音运动情况,发现对研究所用的元音,第二共振峰转移中频率变化程度加大,尤其高前位元音。研究者将这种声学信息用于监控响度治疗,以提高构音运动有效性,虽然构音并非治疗的重点。

三、辅音测量

辅音歪曲是运动性言语障碍言语的另一个重要的特征,同样会导致可懂度降低。许多运动性言语障碍患者在发擦音与塞擦音时均特别困难,因为这些音需要的舌部运动精度较高。这部分人群在找寻擦音的发音部位上有困难,比如汉语中的"sh"与"s",这大概是因为对舌的控制缺乏精确性,使得发"s"音时舌部无法保持窄而前的位置。我们发现,就汉语而言,运动性言语障碍患者发"s"音时频谱图上峰值的频率较正常要低,表明发音时舌更为后收,更宽更长,其压缩使得气流量减小。另一方面,在发"sh"音时,有些运动性言语障碍患者可能不会将舌保持后缩状态,从而导致频谱图上峰值的频率较高,与发"s"音时很像。

擦音的噪音间隔时长亦能反映不同类型神经问题患者的言语障碍。布罗卡失语症患者与神经未受损伤的个体在发/s/与/z/时的噪音时长不同,表明前者在发塞音时并未丧失对时间的控制。然而,摩擦噪音的频谱分析显示,与普通人相比,一些患者在发/s/音时呈现出较低频率的频谱,而且噪声能量更大。从生理的角度讲,患者在发/s/音时舌位过于靠后。

运动性言语障碍患者塞音的频谱分析表现出相似的构音问题。例如,黄昭鸣和 Minifie 在测试布罗卡失语症患者舌尖中塞音/t/时发现了频谱特征的改变。如果是构音运动控制能力较弱导致阻塞不完全,那么气流会持续释放,与擦音相似,像摄谱那样,那个能代表塞音典型特点的无声的缝隙被抹掉了。黄昭鸣和 Minifie 观察渐增的噪声,没有发现与阻塞一致的爆发。这提示我们布罗卡失语症患者在发塞音时声道从未完全关闭过。

一些多发性硬化症患者在发塞音时表现出相似的闭合不全,体现在送气塞音上。黄昭鸣和 Minifie 指出,此类患者在发英文的清塞音/p/与/k/时表现出浊化,同时塞音被鼻化,鼻共振峰出现在浊塞音/d/成阻时。

在对帕金森氏病患者的言语速率进行研究时,我们清晰地认识到找到致使言语可懂度降低的构音运动的重要性。多数运动性言语障碍患者的语速是较慢的,但帕金森氏病患者的言语速率却较正常者快,即所谓的快语。语速的提高尤其破坏言语的可懂度,因而临床治疗的常见手段为放慢语速训练。

Ziegler 等人对帕金森氏病患者的言语速率进行检测后发现,多数患者的言语加速在一个平均的比率之内或接近正常的范围,可是构音还是受到了影响。例如,除阻后,他们仍不能完全停止发音,说明在发清辅音的过程中器官闭合时有摩擦噪音存在。而且,他们在元音打开至辅音闭合的转换过程所花的时间较正常少,提示元音完成之后,辅音的构音器官才开始关闭,可是元音本身的时长都是正常的。因此,这些患者实际的运动时间是正常的,但在这些时间内,构音器官无法达到目标位置,这种状况称为构音器官脱靶。

听觉感知上言语速率比正常快,除了由于言语本身的实际速率以外,还跟声学信号有关,比如构音脱靶。当正常言语者提高他们的言语速率时,构音器官所能达到的目标音位不如速率低时精确。因此,运动性言语障碍患者的构音脱靶意味着,当他们以正常或者接近正常的速率说话时,构音器官运动的精确性与正常人提高语速时的水平相当。有了这样的信息,临床医生就可以制定治疗计划来教会帕金森氏病患者如何更为精确地达到目标音位。这种干预比教会患者放慢言语速率要有效得多。因此,预测可懂度低的言语的构音基础可以帮助我们更精确地了解,在治疗中应该针对构音的哪些方面。

第二节　听力障碍

另一个从构音、空气动力学及声学研究知识中获益极大的群体是聋人。耳聋或有听力障碍的个体在构音上存在着极大的困难,因为正常的构音在很大程度上依赖于听。临床实践和研究已经表明,聋人和听力障碍患者在言语产生上普遍存在问题,从而导致其言语可懂度降低,程度可从轻度到极重度。这种言语歪曲是听障言语最常见的情形,凭借聋人或听力障碍患者的言语很容易识别他们。这些患者较难发出元音和辅音,而且不能控制言语的超音段特征。一些患者在言语时不能很好地做到构音协同,发出的音可能都是一系列独立的音位。例如,听力障碍儿童直至意识到要发的元音时,才开始移动他们的构音器官,比普通儿童要晚。这种协同构音问题可以解释听障言语清晰度降低的大半原因。

一、音位问题

听障言语的常见错误是元音问题,尤其是元音中位化问题。发元音时,舌无论在水平位还是垂直位,第一共振峰与第二共振峰频率的比值都表现出明显的受限,即使其言语可懂度维持在一定水平。辅音错误亦很常见,如浊音与构音模式(汉语中的送气)的歪曲与替代。构音位置也经常出现错误。听力障碍儿童舌位不精确,构音运动能力不足,使得辅音构音尤其困难。

音位的声学分析在发现听力障碍患者构音位置的歪曲方面是很有帮助的。普通人发塞音时频谱的不同主要是由于构音位置的不同。研究者在分析重度听力障碍患者的塞音频谱时发现,他们在发齿槽与舌根塞音时声道比普通人更加向后内收。这一信息可用于临床,因为它为更精确地实现声学目标提供了生理学的基础。如果一名患儿的辅音歪曲是由在发音时构音器官太过靠后导致的,那么治疗的重点就应该放在帮助患儿在发音时将构音器官尽量向前。同样,治疗策略的有效性亦可以通过治疗过程中的听觉感知及相似的声学分析来监控。

超音段音位问题是听障言语的另一特征,包括嗓音基频和强度变化不适、过度或不足。例如,测试3—6岁重度及极重度听力障碍儿童的模仿词汇,检查每个词的时长和基频曲线。这些孩子的任务是模仿一个平滑下降、曲线明了的词。下降曲线应该较易发出,因为字尾时声门下压减小,基频降低。然而,多数孩子不能产生平滑下降的基频曲线。一些孩子的曲线是平的,另一些的曲线是变化的。对于变化的曲线,频率变化的方向呈现出不受控性:基频可能开始时升高,随后降低,然后停留在同一水平,之后又升高,遍及每一个音节。另一个超音段音位的问题是听力障碍患者常常不能发出汉语里的四声调,嗓音基频不能产生足够的变化来区分陈述与疑问句式。这些不规则的曲线形式严重影响着言语的可懂度。

许多为聋人和听力障碍患者开设的项目聚焦在提高言语可懂度上,并将此作为项目的主要部分。在许多训练项目中,一个重要的问题就是,为获得最为理想的可懂度水平,到底应该如何强调言语产生的各个方面。比如,一些项目可能更多地聚焦于言语的音段音位,而其他项目则在超音段音位上投入更多的时间和精力。声学分析的运用是想了解言语生成的音段音位和超音段音位对提高可懂度的贡献。Maassen和Povel提取了一些聋儿的言语样本,将其声学处理为正确的元音与辅音发音。他们给评估者播放原始声音和合成后的声音,让其评估二者的言语可懂度。音段音位的修正使得可懂度急剧提升了50%,其中绝大部分效果来自元音的修正。后用同样的手段改变言语样本的超音段音位,言语可懂度同样得以提高,但只提高了10%。研究者指出,要重视元音的构音,一旦音段音位得到改善,就可通过调节超音段音位来对聋儿的言语可懂度和自然度进行细微的调整。

使用不同的声学手段,可通过强调训练言语生成中的音段音位来提高言语可懂度。我们对能代表言语生成的音段音位和超音段音位的声学测量进行了检测。音段音位方面包括浊音起始时间、第二共振峰转移、/i/和/a/的第一共振峰的不同、/i/和/u/的第二共振峰的不同以及复合元音第二共振峰的变化。超音段音位方面包括与陈述和疑问有关的基频变化、元音基频的不同、元音时长、重读与非重读音节之间的元音强度以及句子的总时长。由健听的普通人为听障言语的可懂度进行评分,发现与音段音位有关的声学信息是影响可懂度最重要的因素,超音段音位则排在影响力的第二位。

二、仪器与听力障碍的言语治疗

言语训练通常都强调利用残余听力与视觉线索来补偿个体的听力损失。尽管这种训练能够解决外显的言语问题,如双唇音、舌齿音及唇齿音等在口的前部产生的音,但对于在口的中部产生的音,包括许多元音,改进效果不是太明显。单纯依赖残存听力和读唇的孩子对于构音器官的运动不能收到即时的反馈,这使得孩子很难将构音运动与舌及其他构音器官的触觉反馈联系起来,而这种联系又恰是习得、生成言语的重要方面。

当儿童发目标音时,仪器设备具有即时反馈的优势。例如,黄昭鸣利用光谱显示来训练两个极重度听力损失的孩子发元音。孩子被教会识别不同元音的共振峰以及如何使舌位达到目标音的位置。训练后,孩子共振峰的变化提示他们的元音发音得到了改善。

黄昭鸣用相似的手段运用光谱技术治疗了一个只会使用手势和数进行交流的三岁男孩,他的话语通常情况下只有孤立的元音和辅音与元音的组合。这个孩子只有在下面三种情境中才有自发言语:被关注时,对物体进行命名时,游戏时。然而,当给其光谱反馈时,为了看到自己发音的变化,他发的音开始增多,换言之,他开始对发音有兴趣并且开始探索不同的音,几乎就像是在玩游戏。实际上,健听的婴幼儿在尝试学习弄出某个音时也是使用这种声音游戏的方式。运用声学的视觉反馈鼓励这种自我刺激声带的行为,使得游戏治疗更具有自发性、导向性,更能发挥孩子的主导性。仪器为孩子提供了一个发现自己声道内声学输出与触觉反馈之间关系的机会,因而提供了更多将言语声音内化的机会。

摄谱技术为声学信息提供视觉显示,但其与构音功能并不直接相关。两种最近发展起来的技术——腭位测量与光泽仪测量,可为构音器官的运动提供直观信息,这对改善聋儿言语很有价值。腭位测量系统的核心是一个安装在薄的丙烯酸塑料板内

图 4-6-3 腭位测量

被称为假腭的电极,它是定制的,可以贴敷于硬腭与上牙上。电极的表面与人的手腕相连。电极可以产生一种微弱的、无损伤的、无法察觉的身体变化。当言语者的舌接触到腭电极时,会有电流通过。腭位接触会被转发到视频显示器上,为舌与腭的接触情况提供视觉反馈。

Fletcher 等人运用这种方法来训练极重度聋、言语可懂度极低的 10—16 岁的女孩子。他们教授这些女孩子不同塞音与擦音的构音位置与发音方式。通过屏幕上的腭位显示,女孩子可以切实看见舌与牙槽侧缘及腭的接触,从而将其修正到合适的位置。这种关于舌位置的瞬时视觉反馈在帮助女孩子更精确地找到构音位置方面是很有效的,她们的构音清晰度也得到了提高。

腭位测量仪可通过显示舌与腭之间的接触情况来训练辅音的发音。但是发元音时,舌是不与其他的构音器官接触的,故无法使用腭位测量仪。光泽仪是另一种口腔内舌运动和形状的可视技术,可以用于元音训练。使用光泽仪时,言语者要与假腭相配合,假腭通过定做来适合个体的硬腭与上牙。安装在腭板上的是四对由发光二极管构成的光传感器。言语者口外的硬件与软件被用于计算 10 毫秒间隔中传感器与舌之间的距离。这一距离值会被存储于硬盘内,同时显示在监视屏上。

Fletcher 等人运用这种方法来训练 4—16 岁极重度聋的发音时元音不集中的女孩子。光泽仪为女孩的舌在口腔内垂直方向的运动提供了适时的视觉反馈。利用这种技术,一些女孩学会了发清晰度更高的元音,并且其口部空间的使用也得到了扩展。她们的元音表现出了很大的差异,舌的位置与形状发生了明显的变化。

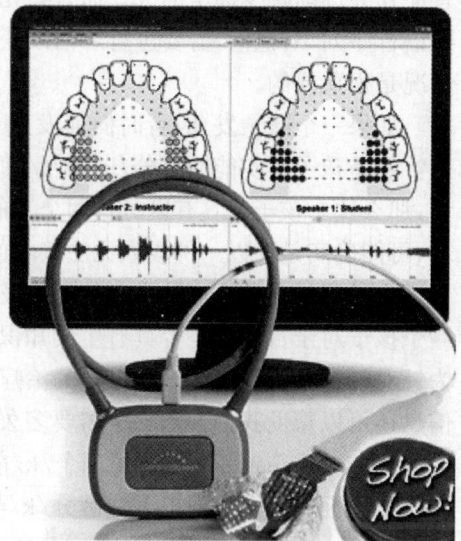

第三节　语音障碍

语音清晰度是语音障碍矫治的核心内容。很小的孩子开始习得自己本民族语言的音位时,通常不需要经过复杂的感知或者精细的控制,就能像成年人那样发音。对低龄儿童来说,运用更为简单的构音辅助是很普遍的,即用众所周知的语音序列来取代成人的语音模式。例如,对于音位/k/,需要较高级的构音神经学控制,许多小孩子发现在同一位置上/t/音更易发出。用构音位置更为靠前的音如/t/来替代构音位置

更为靠后的音如/k/，称为前位替代，比如将 candy 中的/k/向前发成/tændi/。另外一个普遍的语音序列是，小孩子经常遗漏一个词汇的尾韵母，即尾辅音删除，如 cat 可能变成/ kæ/，seat 变成/si:/。

儿童会使用多种多样的语音序列，其中一些在正常发育的孩子身上很典型，另一些则不然。语音序列的使用会在不同程度上影响儿童言语的清晰度。多数孩子在神经学控制发展得更为精细些时，这样的语音序列会逐渐减少甚至消失。而有些儿童，超过他们使用这些语音序列的年龄三年后，仍旧在继续使用这些语音序列，对他们，需要进行矫治以获得更为清晰的语音。在这种情况下，了解儿童语言机制中的发音情况是很重要的。

如果一个孩子发/k/音时向前发成了/t/，是否因为他或她不能把/k/作为一个独立音位与/t/区分开来？或是孩子其实能够区分/k/与/t/，但是使用一种听者无法辨别差异的方式来发/k/与/t/？如果是后者，那么这个孩子是具有区分这两个音的生成知识的。生成知识的另外一个例子是，一个遗漏尾辅音的孩子，可能确实是在以一种成人无法接收的方式在发辅音，也可能是真的遗漏了辅音。

声学测量在回答这种类型的问题及揭示言语困难的基本模式方面是很有帮助的。声学分析对于揭示一个孩子对于目标音是否具有生成知识及能否区分发音方式极其具有价值。这种类型的信息很重要，因为针对一个具有生成知识的孩子的治疗策略与针对不具备生成知识的孩子的治疗策略是不同的。这样的信息还可以帮助我们预测孩子需要多久可以习得目标音。

例如，Forrest 等人测试了四个/k/前位的语音障碍的孩子，他们将所有词汇中的/k/都发成/t/。这四个孩子里面有三个表现出无法区分/k/与/t/的频谱。另一个孩子 K. R. 能很好区分/k/与/t/的频谱。因此，只有一个孩子可以从声学上区分/k/与/t/。但是这种区分与构音正常的孩子作出的区分不是一回事，它不会引起两个音在听觉感知上的区别。也就是说，K. R. 发的/k/听起来仍然像是/t/，尽管声学上很不一样。有意思的是，四个孩子接受矫治的音均不是/k/。虽然没有直接矫治/k/音，但接受矫治后的 K. R. 却能正确地发/k/音。这个孩子在没有矫治之前的声学评估时有一些软腭—齿槽对比的知识，而其他的孩子则没有。

这些无法听到的声学差异表明，某个孩子可能有着更为复杂的音系知识，而非仅仅对其言语作语音转移的假设。另外，具有这种知识的孩子比没有表现出这种微妙声学差异的孩子对训练的反馈更快。相似的研究也出现在其他的语音对比中，如浊塞音与清塞音。用浊音起始时间来作为浊音指标，Tyler 等人发现有发声困难的四个男孩中的三个，其浊塞音与清塞音的浊音起始时间没有显著性差异，只有一个男孩在发浊音与清音时显著不同，而这种不同无法通过听觉感知来判别。这名男孩习得清浊的训练时间最短。

这样的信息是很重要的，因为它可以为治疗提供一个合理的起点。对那些在两个音上没有表现出声学差异的孩子，可以加强他们区别不同音（如清音与浊音、软腭音与齿槽音）的意识，使他们从中受益。而对那些能通过声学对比真正了解其差异的孩子，治疗则可以更多地聚焦于实际的发声，如运用语音位置线索、最小音位对练习等。

就训练策略而言，言语的频谱或其他的视觉提示技术都非常有用。当孩子从听觉上分辨某些音有困难时，它们可以帮助孩子从视觉上认识这些音之间的区别。频谱还能被设成样本，孩子可以对比自己发出的声音，这对监控进步而言非常有效。

第四节　气管切开术

病弱的孩子因先进的医疗技术而延长生命。这些孩子经常会有呼吸问题并且必须上呼吸机，这就需要做气管切开手术。长期的气管切开（长于六个月）与言语生成机制的解剖和生理改变有关，如声道承受不了正常发育的改变。在生命的第一年要进行气管插管，即通过在孩子脖子上开的孔将套管插进气管，预防喉发育迟滞。由此，声道的形状发育是不成熟的。这反过来限制了舌的运动，因为舌体还保留在回缩的位置。舌位产生了两个问题，一是孩子能做出的构音运动的次数减少，另一个是声道的共鸣特点发生了改变。

一些早期干预工作者认为,长期的气管切开不会对后继的言语生成产生影响。然而基于第一共振峰与第二共振峰的声学分析显示,那些行过气管切开术与未行过气管切开术的孩子在构音功能上存在不同。Kamen 和 Watson 发现,长期气管切开的孩子发/a/音时元音空间减小且声道打开不够。这些孩子发/i/音时的第一共振峰与第二共振峰频率显著降低,提示发音时口的张开度减小,舌的位置不够靠前。这种构音差异会持续多长时间以及对言语模式的整体影响让人关心。气管切开术遗留下来的旧的构音运动模式会歪曲新习得的音位。从声学测量的角度来看构音模式,可认为气管切开术限制了言语发育实践的数量与质量。

早期干预的临床意义就在于在插管期进行干预。如果可能的话,可以为孩子准备一个单侧言语阀,放置于气孔内,这样孩子就可以将气体向上引导到喉部用于言语。如果这一点不可行,医生可以帮助孩子发展更广的构音运动范围,可在不发音的情况下或者在电子喉的帮助下进行。当然,当孩子拔管后,更为密集的言语治疗应该是康复治疗的重要部分。

第五节 腭 裂

腭裂人群通常伴有构音问题。较为典型的是,腭裂患者的腭咽闭合不全问题常导致共鸣和构音异常。辅音需要增强口压,如塞音、擦音和塞擦音对于许多腭裂患者来说尤其是挑战,因为硬腭与软腭的完整性是防止空气从鼻腔溢出的基础。

代偿性构音是腭裂言语所特有的,如喉塞音和咽擦音。这种不良的适应性代偿使用传统的以听觉刺激为核心的治疗程序是很难消除或减少的。研究发现,视觉反馈对于矫正腭裂言语是很有益的,例如:Michi 等人在两个两岁之前做了腭修补手术但未曾接受过言语治疗的孩子身上,对使用电腭动描记器进行视觉反馈与单纯使用听觉训练这两种训练方式的结果进行了对比。腭位图对于舌与腭的接触及孩子发擦音时摩擦的程度提供了视觉的反馈。接受这种视觉反馈的孩子言语改善非常快,几乎能达到 100% 的正确率。

尽管这种治疗机制存在着一些不足,包括其治疗花费和人工腭的定制,但其优势大大多于劣势。其优势包括对自身构音运动的视觉反馈、对进步的客观诠释,即使是很小的孩子都可以理解言语的反馈以及构音的有效性。

第五编

言语科学相关数学基础

第一章 图形表示法

第一节 等式的图形表示方法

我们可以将等式转化成为一种函数表达式。例如等式 $x-y=1$，移项后得到 $y=x-1$，显然对于每个 x，根据等式有且仅有一个 y 与之对应，因此 y 是 x 的函数。$y=f(x)$ 表示函数表达式，其中 x 称为自变量，y 称为因变量。根据函数表达式，我们就可以画出等式的图形。首先，我们在平面上选取一直角坐标系，横轴代表自变量 x，纵轴代表因变量 y。然后对 x 取值，计算对应的 y 值，把坐标点 (x, y) 一一连接起来，轨迹就构成一条曲线，即等式的图形。

例如：设 $-5 \leqslant x \leqslant 5$，要求画等式 $y-x^2=0$ 的图形。可以先移项，得到 $y=x^2$，然后在 x 定义域上按间隔 1 取值，计算对应的 y 得到表 5-1-1。

表 5-1-1 函数 $y=x^2$ 的取值表

x 值	−5	−4	−3	−2	−1	0	1	2	3	4	5
y 值	25	16	9	4	1	0	1	4	9	16	25

在直角坐标系上画图，得到图形如图 5-1-1，这是一条抛物线。

又如：设 $-2 \leqslant x \leqslant 3$，按 0.5 的间隔取值，要求画等式 $x^3-2x^2-x+2-y=0$ 的图形。做法同上，先移项得到 $y=x^3-2x^2-x+2$，然后计算坐标点 (x, y) 如表 5-1-2。

表 5-1-2 函数 $y=x^3-2x^2-x+2$ 的取值表

x 值	−2	−1.5	−1	−0.5	0	0.5	1	1.5	2	2.5	3
y 值	−12	−4.4	0	1.9	2	1.1	0	−0.6	0	2.6	8

在直角坐标系上画图，得到函数图形如图 5-1-2：

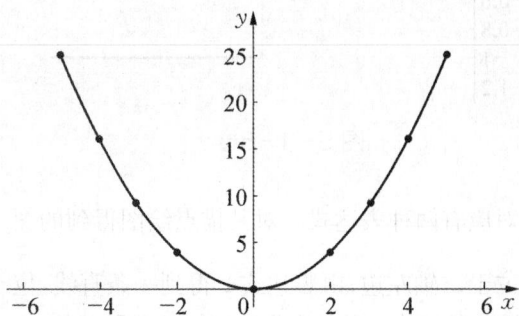

图 5-1-1

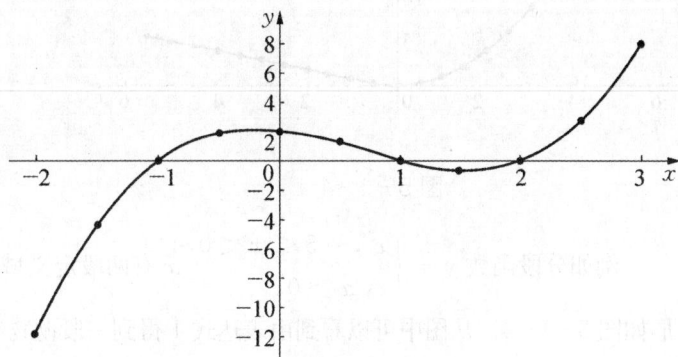

图 5-1-2

可见，不同等式的数学表达式虽有所不同，但描点绘图的步骤和方法是类似的。

第二节 具有间断点和渐近线的图形

上一节我们接触到的图形都是一条连续的曲线，这节我们将学习间断的函数图形。例如函数 $y=\dfrac{1}{1-x}$，设 $0 \leqslant x \leqslant 2$，按 0.2 的间隔对 x 取值绘图。显然，x 不能取值 1——因为会使分母为 0，函数失去意义，这样我们算出取值表（如表 $5-1-3$），然后描点画图如图 $5-1-3$。

表 $5-1-3$ 函数 $y=\dfrac{1}{1-x}$ 的取值表

x	0	0.2	0.4	0.6	0.8	1.2	1.4	1.6	1.8	2.0
$1-x$	1.0	0.8	0.6	0.4	0.2	−0.2	−0.4	−0.6	−0.8	−1.0
y	1.0	1.3	1.7	2.5	5.0	−5.0	−2.5	−1.7	−1.3	−1.0

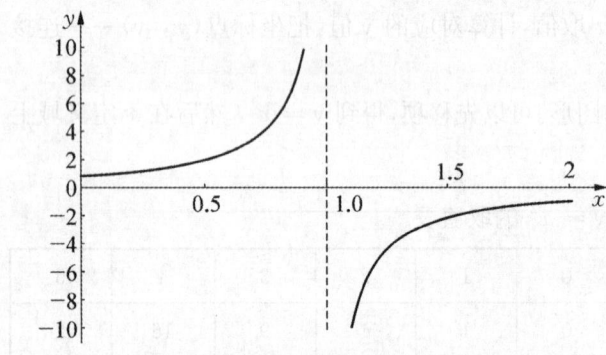

图 $5-1-3$

从图中我们可以发现，函数 $y=\dfrac{1}{1-x}$ 的图形是两条曲线，当自变量 x 趋近于 1 时，因变量 y 趋向无穷大，两条曲线无限接近，但不会接触到直线 $x=1$，我们称直线 $x=1$ 为函数 $y=\dfrac{1}{1-x}$ 图形的铅直渐近线（以虚线表示），$x=1$ 称为函数的间断点。

以上我们接触到的都是只有一个数学表达式的函数图形，接下来我们学习分段函数的画图。所谓分段函数就是在自变量不同取值范围中，对应法则用不同式子来表示的函数。按照图形特点，可将分段函数分为连续型和间断型两种。

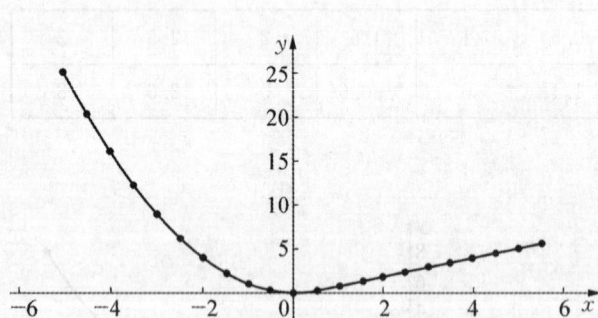

图 $5-1-4$

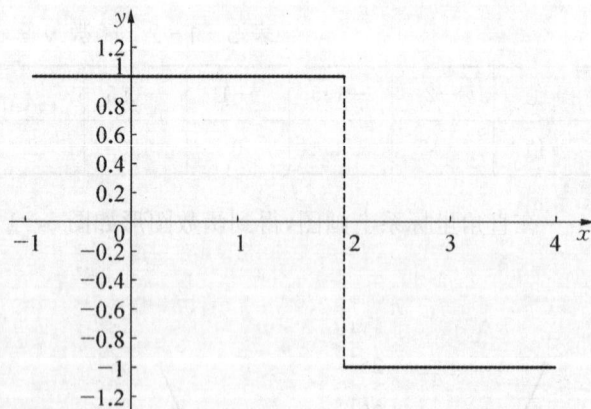

图 $5-1-5$

例如分段函数 $y=\begin{cases} x^2, & -5 \leqslant x < 0, \\ x, & x > 0, \end{cases}$ x 有两段定义域，y 对应有两种表达式。对其描点绘图得到的图形如图 $5-1-4$。从图中可以看到由表达式 1 得到一段抛物线，位于 x 轴左边；由表达式 2 得到一条直线，位于 x 轴右边。这两条曲线都经过原点，构成了一个连续的图形，因此我们称这种函数为连续型的分段函数。

再来看分段函数 $y=\begin{cases} 1, & x \leqslant 2, \\ -1, & x > 2, \end{cases}$ 描点绘图得到图形如图 $5-1-5$。从图中我们可以发现虽然 y 对

应 x 的两段定义域也有两种表达式,但这两个表达式对应的两段直线之间是跳跃的、不连续的,也就是说在点 $x = 2$ 处,函数左右极限不相等,这是一种间断的分段函数图形。

综上所述,我们了解了如何绘制一个函数的图形。通过对 x 取值,计算对应的 y 值,将 (x, y) 连接起来就可以得到函数的图形。对于分段函数则根据 x 的不同定义域分别计算 y 值,然后描点画图。注意并非所有函数图形都是连续的,有的函数图形会存在间断点或渐近线,一般用虚线表示渐近线。

第三节　使用 Excel 绘图

相比手工描点绘图,运用 Excel 软件绘图更为快捷方便,这一节我们将学习运用 Excel 2003 绘图。不同版本的 Excel 之间可能会有细微差异,但绘图的方法基本是类似的。

下面以一个实际例子来说明。例如函数 $y = (x - 2)^3$,要求自变量按 1 的间隔取值绘图。首先在 A1 单元格输入 x 的第一个数值,其次在 A2 单元格输入 x 的第二个数值,然后选中 A1、A2,利用 Excel“自动填充”功能,拖动填充柄就可填充 A 列其他 x 的数值;在 B1 格利用**公式**工具输入数学表达式,自动生成 y 的第一个数值(如图 5-1-6),接着选中 B1 格后拖动填充柄得到 B 列其他 y 的数值,如图 5-1-7 所示。

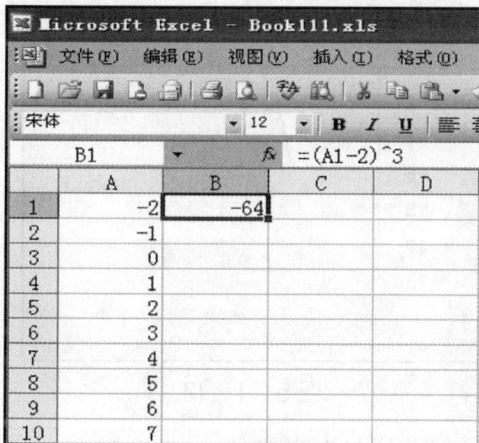

图 5-1-6

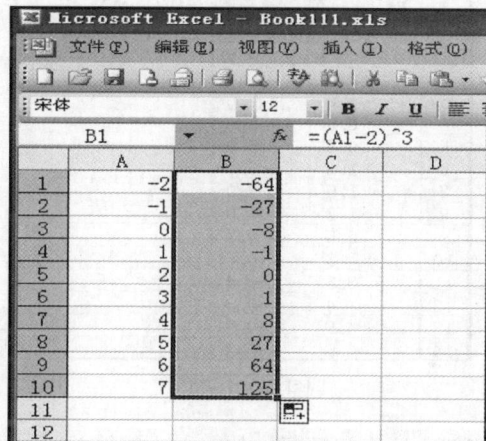

图 5-1-7

选中 A1：B10 数据区域(如图 5-1-8 所示),使用**图表向导**中的 **XY 散点图**绘图中的**无数据点平滑线散点图**绘图(如图 5-1-9 所示),单击“下一步”选择“系列产生在列”,再单击“下一步”输入“数值 X 轴”与“数值 Y 轴”标识,完成绘图。

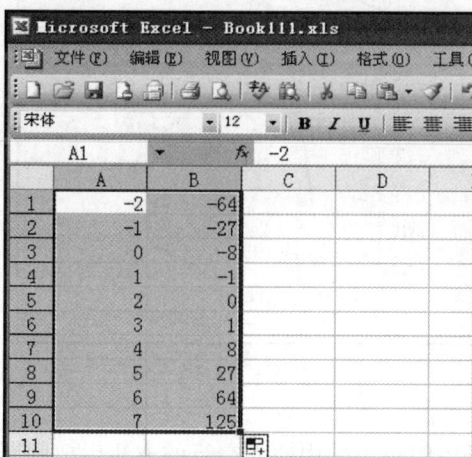

图 5-1-8

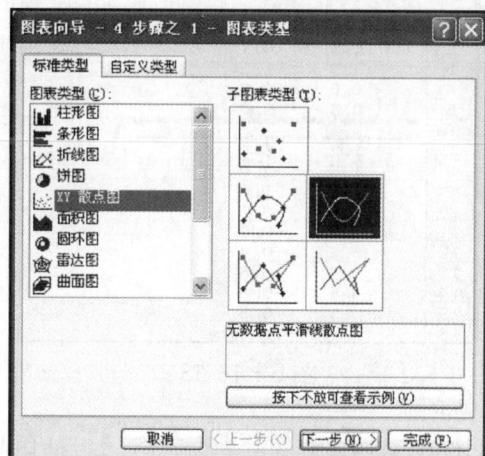

图 5-1-9

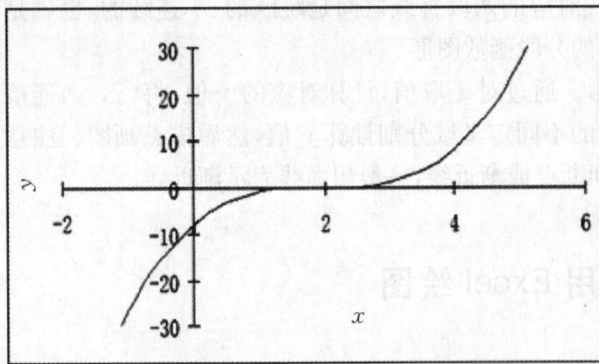

图 5-1-10

最后绘图结果如图 5-1-10 所示。

Excel 的图表选项提供了大量的编辑功能，可以编辑标题、坐标轴、网格线、图例等，其中坐标轴格式中可以设置 x 坐标轴与 y 坐标轴的数值刻度，读者可以根据自己的兴趣来调整设置。

对于连续型的分段函数 Excel 画图，只要按照 x 的不同定义域，输入 y 的不同计算公式，其他步骤同上类似。

而对于间断的函数图形，例如 $y = \dfrac{1}{1-x}$，如果我们采用 Excel 仅按上述步骤画图（数据如图 5-1-11 所示），得到图形如图 5-1-12 所示。显然图形中出现了错误，两条本应是分隔的曲线居然连接形成了一条连续的曲线。

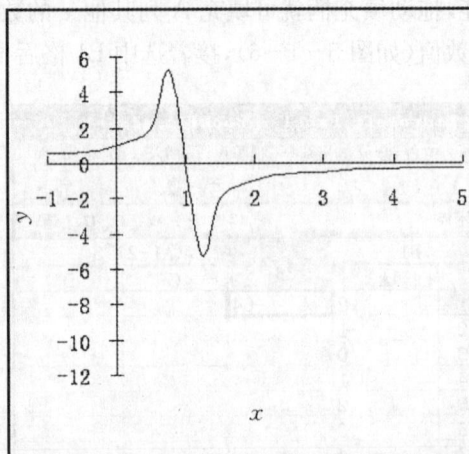

图 5-1-11

图 5-1-12

如何解决这个问题呢？其实方法很简单，如图 5-1-13 所示，在 A 列数据 $x = 0.8$ 与 $x = 1.2$ 之间插入一空行即可将两条曲线隔断开，这样就得到了正确的函数图形（如图 5-1-14 所示）。

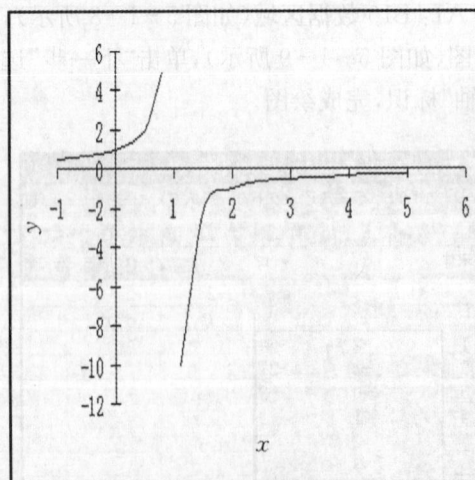

图 5-1-13

图 5-1-14

与此类似，分段函数 $y = \begin{cases} 1, & x \leqslant 2, \\ -1, & x > 2, \end{cases}$ 使用 Excel 画图时也可采用插入空行的方法生成间断的函数图形，如图 5-1-15，5-1-16 所示。

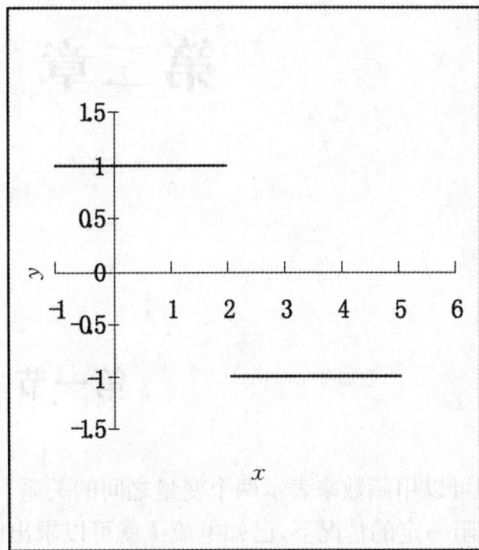

图 5 - 1 - 15

图 5 - 1 - 16

综上所述,我们了解了如何运用 Excel 软件画图,无论是普通函数还是分段函数,都可以运用 Excel 软件的图表向导功能完成画图,对于间断的函数则可采用插入空行的方法解决。

第四节　不等式的图形表示方法

不等式 $y < f(x)$ 或者 $y > f(x)$,对应的图形是一块区域,而不是一条曲线。不等式 $y < f(x)$ 对应的图形是曲线 $y = f(x)$ 以下的区域,不等式 $y > f(x)$ 对应的图形是曲线 $y = f(x)$ 以上的区域。例如图 5 - 1 - 17,曲线表示函数 $y = x^2$,其中 $1 \leqslant x \leqslant 25$。曲线以下的灰色区域表示不等式 $y < x^2$,曲线以上的白色区域表示不等式 $y > x^2$。

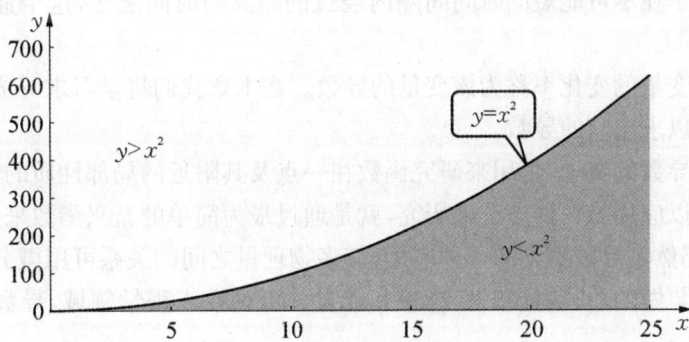

图 5 - 1 - 17

第二章　微　　分

第一节　简　　介

我们可以用函数来表示两个变量之间的关系。例如,电路中电流和电压之间的关系可以表示为:$V = IR$。在电阻一定的情况下,已知电流 I 就可以求出电压 V 的数值。而物理量之间常见的另一种关系是一个变量是另一个变量的变化率。例如,速度是距离随时间的变化率。如果我们知道某物体在一段确定的时间内移动的距离,那么就可以算出物体移动的平均速度,表示为:

$$\frac{经过的距离}{所花的时间}。$$

但是这并不能求出物体在某个特定时刻的速度,例如乘小车从上海到苏州旅行,路程有 100 公里,用时 2 小时,即意味着小车的平均速度为每小时 50 公里。但实际上,小车绝不可能以匀速行驶。在上海市中心时,它的速度约为 30 公里/小时,而在高速公路上,小车的速度约为 70 公里/小时。因而我们仅靠拿着计程表测量距离,拿着秒表测量时间,就能准确地估算出小车在路上任一时刻的速度,这显然是不可能的。如果我们缩短时间间隔,测出在 10 秒间隔内小车移动了 0.2 公里,这表明每秒的平均速度为 0.2/10 = 0.02 公里/秒,单位可以转换成为 0.02×60×60＝72 公里/小时。而在实际的生活中,我们知道,由于时间太短,小车的速度可能还来不及改变多少,因此,如果我们测量的时间间隔越短,那么得到的某一时刻的速度就越准确。该速度等于在尽可能短的时间间隔内经过的距离与时间之比,这个速度接近于距离随时间变化的瞬时速度。

一个变量随另一个变量的变化率称为该变量的导数。在本章我们将学习求导方法——如果我们知道一个函数的表达式就可以求出它的导数。

对于我们所知道的导数的概念,是用来研究函数在一点及其附近的局部性质的精确工具,而对于函数在某点附近的性质还可以应用另一种方法来研究,就是通过最为简单的新兴函数来逼近,这就是微分的概念。实际上,所谓微分仍然是导数概念的一种应用,许多物理量之间的关系可用微分来表达。例如电流和电荷、加速度与速度、力与做的功、动量和力、功率和能量。可见在工程学领域,导数和微分的应用是非常广泛的。

第二节　变化的平均速度与割线的斜率

例 5.2.1　从地面上向上抛一个球,t(s)后离地面的距离 s(m),有 $s(t) = 20t - 5t^2$,设 $t = 1$ 时的球的速度为 1,求:

(1) 球在 $t_1 = 1$ s 和 $t_2 = 1.1$ s 期间的平均速度;

(2) 球在 $t_1 = 1$ s 和 $t_2 = 1.01$ s 期间的平均速度;

(3) 球在 $t_1 = 1$ s 和 $t_2 = 1.001$ s 期间的平均速度;

(4) 球在 $t_1 = 1$ s 和 $t_2 = 1.000\,1$ s 期间的平均速度。

解 平均速度等于移动的距离除以所花的时间,可写成:

$$平均速度 = \frac{\delta s}{\delta t} = \frac{s(t_2) - s(t_1)}{t_2 - t_1},$$

其中 t_2 和 t_1 表示我们欲求平均速度的两个时间点,δs 表示距离的变化,δt 表示时间的变化,平均速度为 $\delta s/\delta t$,因此我们可以用表 5-2-1 来解决这个问题。

表 5-2-1　不同时间间隔时平均速度的计算值

t_1	t_2	$s(t_1) = 20t_1 - 5t_1^2$	$s(t_2) = 20t_2 - 5t_2^2$	$t_2 - t_2$	$s(t_2) - s(t_1)$	$\delta s/\delta t$
1	1.1	15	15.95	0.1	0.95	9.5
1	1.01	15	15.099 5	0.01	0.099 5	9.95
1	1.001	15	15.009 995	0.001	0.009 995	9.995
1	1.000 1	15	15.000 999 95	0.000 1	$9.999\,5 \times 10^{-4}$	9.999 5
…	…	…	…	…	…	…

函数的曲线如图 5-2-1 所示。函数曲线上取两点得到的连线我们称为割线。当 $t=1$,$s=15$ 时,我们可在图上找到对应点 $(1, 15)$。当 $t=1.1$,$s=15.95$ 时,我们可在图上找到对应点 $(1.1, 15.95)$。这两点和割线包围而成的三角形高度为 $\delta s =$ 距离的变化 $= 15.95-15=0.95$,而三角形长度 $\delta t =$ 时间的变化 $= 1.1-1=0.1$,得到割线斜率 $= \delta s/\delta t = 0.95/0.1 = 9.5$;取 $t=1$ 与 $t=1.01$ 可得另一条割线。当 $t=1.01$ 时,$s=15.099\,5$,在曲线上标出这一点 $(1.01, 15.099\,5)$,点 $(1, 15)$ 和点 $(1.01, 15.099\,5)$ 与割线包围而成的三角形高度为 $\delta s =$ 距离的变化 $= 15.099\,5-15=0.099\,5$,而三角形长度 $\delta t =$ 时间的变化 $= 1.01-1=0.01$,得到斜率 $= \delta s/\delta t = 0.099\,5/0.01 = 9.95$。

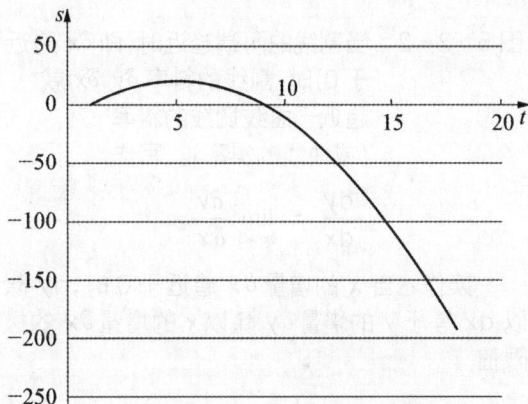

图 5-2-1　函数 $s = 20t - 5t^2$ 的部分曲线图
连结点 $(1, 15)$ 与点 $(1.1, 15.95)$ 两点作割线
得到的割线斜率为 $\delta s/\delta t = 9.5$。
连结点 $(1, 15)$ 与点 $(1.01, 15.099\,5)$ 两点作割线
得到的割线斜率为 $\delta s/\delta t = 9.95$。

当这条割线两端点趋近一点时就得到瞬时变化率的近似值。这条与函数曲线仅有一点接触的直线我们称为函数的切线。当割线的两端点越接近时,割线就越接近切线。

我们从表 5-2-1 中可得到 $t=1$ 时的速度为 10 m/s。我们将计算平均值的时间间隔越取越小,趋近于零时,对应得到的是瞬时速度的近似值。瞬时速度表示为 ds/dt,定义式为:

$$瞬时速度 = \frac{\mathrm{d}s}{\mathrm{d}t} = \lim_{\delta t \to 0} \frac{\delta s}{\delta t}。$$

读作 ds 与 dt 之比等于当 δt 趋近于 0 时,δs 除以 δt 的极限值。注意 ds/dt 读作 ds 与 dt 之比,一般不读作 ds 除以 dt。ds/dt 实际上表示的是变化率。当 δt 很小时,

$$\frac{\mathrm{d}s}{\mathrm{d}t} \approx \frac{\delta s}{\delta t},$$

即时间间隔 δt 很短时,ds 与 dt 之比近似于 δs 除以 δt 之值。

实际上,$\delta s/\delta t$ 表示割线的斜率,ds/dt 表示切线的斜率。如果用 $\delta s/\delta t$ 作为 ds/dt 的近似值,那么我们就用割线近似地表示切线。

第三节 导　数

在上节我们已看到当割线两端点趋近时,割线就趋近于切线。切线是一条与曲线仅一点相触的直线。切线的斜率也常被看作是曲线在这点的斜率。如果能求出曲线上每点的斜率,我们就可得到函数的导数。

对函数 $y = f(x)$,其导数的定义式为:如果 $\delta y / \delta x$,当 δx 趋近于 0 时的极限存在,则

$$\frac{\mathrm{d}y}{\mathrm{d}x} = \lim_{\delta x \to 0} \frac{\delta y}{\delta x},$$

式中,δy 表示 y 的变化量,因为 $y = f(x)$,因此 $\delta y = f(x + \delta x) - f(x)$,故而有:

$$\frac{\mathrm{d}y}{\mathrm{d}x} = \lim_{\delta x \to 0} \frac{\delta y}{\delta x} = \lim_{\delta x \to 0} \frac{f(x + \delta x) - f(x)}{\delta x}。$$

函数 $y = f(x)$ 的导数 $\mathrm{d}y / \mathrm{d}x$ 也可表示成为 $f'(x)$。$f'(a)$ 是函数 $f(x)$ 在点 $x = a$ 处切线的斜率,以 $x = a$ 和 $x = a + \delta x$ 为端点的割线,当 δx 趋近于 0 时割线的斜率即为 $f'(a)$。

割线的斜率表示的是函数在一段时间内的平均变化率,而导数即切线的斜率表示的是函数在某点的瞬时变化率。如图 5 - 2 - 2 所示。

图 5 - 2 - 2 中,导函数可通过计算极限值得到,这被称作函数求导的首要法则。

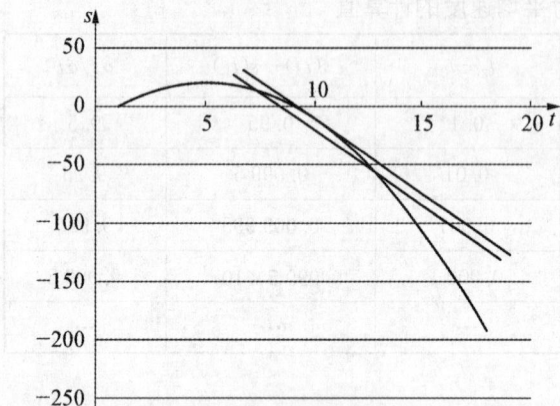

图 5 - 2 - 2　当割线的两端趋近时(即 δx 趋近于 0)时,割线的斜率 $\delta y / \delta x$ 就趋近于曲线切线的斜率(或曲线的斜率)。写作

$$\frac{\mathrm{d}y}{\mathrm{d}x} = \lim_{\delta x \to 0} \frac{\delta y}{\delta x}。$$

读作:当 x 的增量 δx 趋近于 0 时,$\mathrm{d}y$ 除以 $\mathrm{d}x$ 等于 y 的增量 δy 除以 x 的增量 δx 的极限值

例 5.2.2　设函数 $y = x^2$,利用 $\dfrac{\mathrm{d}y}{\mathrm{d}x} = \lim\limits_{\delta x \to 0} \dfrac{\delta y}{\delta x}$ 求该函数的导数。

解　因为 $y = x^2$,设 x 从 x 变化到 $x + \delta x$,对应函数值 y 则从 y 变化成为 $y + \delta y = (x + \delta x)^2$,则 y 的变化量 δy 为

$$(x + \delta x)^2 - x^2 = x^2 + 2x\delta x + (\delta x)^2 - x^2 = 2x\delta x + (\delta x)^2,$$

因此,

$$\frac{\delta y}{\delta x} = \frac{2x\delta x + (\delta x)^2}{\delta x}。$$

只要 δx 不等于 0,则分子分母同时除以 δx,有

$$\frac{\delta y}{\delta x} = 2x + \delta x,$$

从而

$$\frac{\mathrm{d}y}{\mathrm{d}x} = \lim_{\delta x \to 0}(2x + \delta x) = 2x,$$

即,若 $y = x^2$,则 $\dfrac{\mathrm{d}y}{\mathrm{d}x} = 2x$。

第四节　基本函数的求导

表 $5-2-2$ 中列出了一些简单函数的导数公式。我们举表中的一个例子说明： $\dfrac{\mathrm{d}}{\mathrm{d}x}(x^n)=nx^{n-1}$ ，读作 x^n 的导数等于 nx^{n-1} 或 x^n 的微商等于 nx^{n-1} 。

表 $5-2-2$ 　一些基本函数的导数

$f(x)$	$f'(x)$
C	0
x^n	nx^{n-1}
$\cos x$	$-\sin x$
$\sin x$	$\cos x$
$\tan x$	$\sec^2 x = 1/\cos^2 x$

例 5.2.3　对下列函数求导：

(1) x ；(2) x^5 ；(3) $\dfrac{1}{x^3}$ ；(4) $\sqrt{x}$ ；(5) $\dfrac{1}{\sqrt{x^3}}$ 。

解　首先要将 x 的表达式表示成为 x^n 形式,然后再采用表 $5-2-2$ 中的公式 $\dfrac{\mathrm{d}}{\mathrm{d}x}(x^n)=nx^{n-1}$ 计算。

(1) $x = x^1$,即 $n=1$ 。将 $n=1$ 带入公式 $\dfrac{\mathrm{d}}{\mathrm{d}x}(x^n)=nx^{n-1}$,则 $\dfrac{\mathrm{d}}{\mathrm{d}x}(x^1)=1 \cdot x^{1-1}=1 \cdot x^0=1$,因此

$$\frac{\mathrm{d}}{\mathrm{d}x}(x)=1。$$

(2) $\dfrac{\mathrm{d}}{\mathrm{d}x}(x^5)=5x^{5-1}=5x^4$ 。

(3) 由于 $\dfrac{1}{x^3}=x^{-3}$,即 $n=-3$,因此

$$\frac{\mathrm{d}}{\mathrm{d}x}(x^{-3})=(-3)x^{-3-1}=-3x^{-4}=-\frac{3}{x^4}。$$

(4) 由于 $\sqrt{x}=x^{\frac{1}{2}}$,即 $n=\dfrac{1}{2}$,因此

$$\frac{\mathrm{d}}{\mathrm{d}x}(x^{\frac{1}{2}})=\frac{1}{2}x^{\frac{1}{2}-1}=\frac{1}{2}x^{-\frac{1}{2}}=\frac{1}{2} \cdot \frac{1}{x^{\frac{1}{2}}}=\frac{1}{2\sqrt{x}}。$$

(5) 由于 $\dfrac{1}{\sqrt{x^3}}=\dfrac{1}{x^{3/2}}=x^{-3/2}$,即 $n=-3/2$,因此

$$\frac{\mathrm{d}}{\mathrm{d}x}(x^{-3/2})=-\frac{3}{2}x^{-3/2-1}=-\frac{3}{2}x^{-5/2}=-\frac{3}{2} \cdot \frac{1}{x^{5/2}}=-\frac{3}{2\sqrt{x^5}}。$$

例 5.2.4　一根弹簧被拉伸 x 米后,弹簧的弹性势能为 $E=x^2$ 焦耳,如图 $5-2-3$ 所示。质量为 m 的

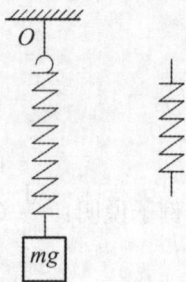

图 5-2-3 质量为 m 的物体悬挂在弹簧末端。弹簧拉伸长度为 x，弹簧的弹性势能为 $E = x^2$。重物对弹簧产生的拉力 $F = mg$，g 表示重力加速度。

物体悬挂在弹簧末端，产生的拉力是 mg，g 表示重力加速度，$g \approx 10\ \mathrm{m/s}$。假设弹簧被拉长了 0.5 米，利用公式 $F = \mathrm{d}E/\mathrm{d}x$，求悬挂的物体质量 m。

解 拉力 F 是势能 E 对 x 的导数，根据 $E = x^2$，有 $F = \dfrac{\mathrm{d}E}{\mathrm{d}x} = 2x$。

因为 $x = 0.5$，所以 $F = 2 \times 0.5 = 1\ \mathrm{N}$。

而 $F = mg$，$g \approx 10$，则

$$1 = m \times 10 \Leftrightarrow m = 1/10 = 0.1\ \mathrm{kg},$$

即弹簧末端重物的质量为 0.1 kg。

第五节　组合函数的求导

在这一部分，我们介绍函数的和、差、积、商的求导法则以及表 5-2-2 中列出的函数的复合函数求导法则。

一、当 a 为常数时，$af(x)$ 的求导问题

$$\frac{\mathrm{d}}{\mathrm{d}x}[af(x)] = af'(x)。$$

该式只有在 a 等于常数时而不是 x 的函数时才成立。

例 5.2.5 对函数 $y = 2x^3$ 求导。

解 注意这个函数是一个常数 2 乘以 x^3，而 x^3 的导数可通过查表 5-2-2 利用 (x^n) 的导数是 nx^{n-1}，在本题中，$n = 3$，所以 $\dfrac{\mathrm{d}}{\mathrm{d}x}(x^3) = 3x^{3-1} = 3x^2$，即 $\dfrac{\mathrm{d}y}{\mathrm{d}x} = 2(3x^2) = 6x^2$。

二、函数的和的求导

如果一个函数被写作两个函数的和的形式，如 $y = u + v$，式中 u、v 均是 x 的函数，则有

$$\frac{\mathrm{d}y}{\mathrm{d}x} = \frac{\mathrm{d}u}{\mathrm{d}x} + \frac{\mathrm{d}v}{\mathrm{d}x}。$$

例 5.2.6 对函数 $y = \sin t + \sqrt{t}$ 求导。

解 $y = \sin t + \sqrt{t} = \sin t + t^{\frac{1}{2}}$。

对每一部分求导，则

$$\frac{\mathrm{d}y}{\mathrm{d}t} = \cos t + \frac{1}{2}t^{-\frac{1}{2}} = \cos t + \frac{1}{2\sqrt{t}}。$$

三、复合函数的求导（函数的函数）

如果 $y = f(x)$ 是一个复合函数，那么我们可以写作：$y = h(u)$，其中 $u = g(x)$，那么，

$$\frac{\mathrm{d}y}{\mathrm{d}x} = \frac{\mathrm{d}y}{\mathrm{d}u} \cdot \frac{\mathrm{d}u}{\mathrm{d}x},$$

这种方法称为链式法则。

例 5.2.7 对函数 $y = \sin 2x$ 求导。

解 令 $u = 2x$，则 $y = \sin u$，而 $\dfrac{\mathrm{d}u}{\mathrm{d}x} = 2$，$\dfrac{\mathrm{d}y}{\mathrm{d}u} = \cos u$，所以

$$\frac{\mathrm{d}y}{\mathrm{d}x} = \frac{\mathrm{d}y}{\mathrm{d}u} \cdot \frac{\mathrm{d}u}{\mathrm{d}x} = 2\cos u。$$

再将 x 的表达式代入，最后求得：$\dfrac{\mathrm{d}y}{\mathrm{d}x} = 2\cos 2x$。

注意：复合函数的求导需要将所给函数分解为比较简单的函数，例如 x^n、$\sin x$、$\cos x$、$\tan x$ 等函数的和或积的形式。分解时有一种简单的方法，即将括号内的函数选择为中间变量。

例 5.2.8 对函数 $y = (5x - 2)^3$ 求导。

解 设 $u = 5x - 2$（括号里的函数），则 $y = u^3$，$\dfrac{\mathrm{d}u}{\mathrm{d}x} = 5$，$\dfrac{\mathrm{d}y}{\mathrm{d}u} = 3u^2$。

因为

$$\frac{\mathrm{d}y}{\mathrm{d}x} = \frac{\mathrm{d}y}{\mathrm{d}u} \cdot \frac{\mathrm{d}u}{\mathrm{d}x},$$

所以

$$\frac{\mathrm{d}y}{\mathrm{d}x} = 5 \cdot (3u^2) = 15(5x - 2)^2（将 u = 5x - 2 \text{ 代回原式}）。$$

例 5.2.9 对函数 $y = \cos(2x^2 + 3)$ 求导。

解 设 $u = 2x^2 + 3$，则 $y = \cos u$。

因为

$$\frac{\mathrm{d}u}{\mathrm{d}x} = 4x, \quad \frac{\mathrm{d}y}{\mathrm{d}u} = -\sin u,$$

所以

$$\frac{\mathrm{d}y}{\mathrm{d}x} = \frac{\mathrm{d}y}{\mathrm{d}u} \cdot \frac{\mathrm{d}u}{\mathrm{d}x} = -4x(\sin u) = -4x\sin(2x^2 + 3)。$$

因为这种链式法则在复合函数的求导过程中应用非常广泛，因此需要像练心算那样多加练习，以掌握这种技巧。

例 5.2.10 对函数 $v = \dfrac{1}{t+1}$ 求导。

解 将 $v = \dfrac{1}{t+1}$ 写成 $v = (t+1)^{-1}$，可设 $(\ ) = t + 1$，则 $v = (\ )^{-1}$。

因为 $\dfrac{\mathrm{d}v}{\mathrm{d}t} = \dfrac{\mathrm{d}v}{\mathrm{d}(\ )} \cdot \dfrac{\mathrm{d}(\ )}{\mathrm{d}t}$，这里 $(\ )$ 可以用任何形式来表达，

所以

$$\frac{\mathrm{d}v}{\mathrm{d}t} = [-(t+1)^{-2}] \cdot \frac{\mathrm{d}}{\mathrm{d}t}(t+1)$$
$$= [-(t+1)^{-2}] \cdot 1$$
$$= -\frac{1}{(t+1)^2}。$$

例 5.2.11 对函数 $y = \dfrac{1}{(3t^2 + 2t)^2}$ 求导。

解 因为 $y = \dfrac{1}{(3t^2 + 2t)^2} = (3t^2 + 2t)^{-2}$，可设 $(\ ) = 3t^2 + 2t$，则 $y = (\ )^{-2}$。

因为 $\dfrac{\mathrm{d}y}{\mathrm{d}t} = \dfrac{\mathrm{d}y}{\mathrm{d}(\ )} \cdot \dfrac{\mathrm{d}(\ )}{\mathrm{d}t}$，这里 $(\ )$ 可以用任何形式来表达，

所以

$$\frac{\mathrm{d}y}{\mathrm{d}t} = [-2(3t^2 + 2t)^{-3}] \cdot \frac{\mathrm{d}}{\mathrm{d}t}(3t^2 + 2t)$$

$$= -2(3t^2 + 2t)^{-3}(6t + 2)$$

$$= -\frac{12t + 4}{(3t^2 + 2t)^3}\text{。}$$

四、反三角函数求导

通过反函数的定义我们知道，$y = \sin^{-1}(x) \Leftrightarrow \sin y = x$，其中 $-1 \leqslant x \leqslant 1$，因此可用换元法求导。

例 5.2.12 设 $y = \sin^{-1}(x)$，求 $\mathrm{d}y/\mathrm{d}x$。

解 因为 $y = \sin^{-1}(x)$，根据反函数的定义（设 x 的取值范围为 $[-1, 1]$）有 $\sin y = x$，等式左边是 y 的函数，我们称作 w，因此 $w = \sin y$ 而函数 $w = x$ 对 x 求导，有 $\mathrm{d}w/\mathrm{d}x = 1$，函数 $w = \sin y$ 对 y 求导，则 $\frac{\mathrm{d}w}{\mathrm{d}y} = \cos y$，又因为 $\frac{\mathrm{d}w}{\mathrm{d}x} = \frac{\mathrm{d}w}{\mathrm{d}y} \cdot \frac{\mathrm{d}y}{\mathrm{d}x}$，

所以 $1 = \cos y \cdot \frac{\mathrm{d}y}{\mathrm{d}x}$，等式两边同时除以 $\cos y$（设 $\cos y \neq 0$），得到

$$\frac{\mathrm{d}y}{\mathrm{d}x} = \frac{1}{\cos y}\text{。}$$

我们求出了 y 对 x 的导数，但还需要转换成 x 的表达式，利用公式 $\sin y = x$ 和三角函数的特性 $\cos^2 y = 1 - \sin^2 y$，可求出 $\cos y = \sqrt{1 - \sin^2 y}\,(-\pi/2 \leqslant y \leqslant \pi/2)$，所以 $\cos y = \sqrt{1 - x^2}$，把它代回原式，最后求出：

$$\frac{\mathrm{d}y}{\mathrm{d}x} = \frac{1}{\sqrt{1 - x^2}}\text{。}$$

用同样的方法我们可以对 $\cos^{-1}(x)$ 和 $\tan^{-1}(x)$ 求导。这样我们就可重新列一张函数导数公式表，如表 5-2-3 所示。

表 5-2-3　一些基本函数的导数公式

$f(x)$	$f'(x)$
C	0
x^n	nx^{n-1}
$\cos x$	$-\sin x$
$\sin x$	$\cos x$
$\tan x$	$\sec^2 x = 1/\cos^2 x$
$\sin^{-1}(x)$	$1/\sqrt{1 - x^2}$
$\cos^{-1}(x)$	$-1/\sqrt{1 - x^2}$
$\tan^{-1}(x)$	$1/(1 + x^2)$

五、两个函数的积的求导

如果一个函数能够被写成两个函数的积的形式，如 $y = uv$，式中 u、v 均是 x 的函数，则有

$$\frac{\mathrm{d}y}{\mathrm{d}x} = v\frac{\mathrm{d}u}{\mathrm{d}x} + u\frac{\mathrm{d}v}{\mathrm{d}x}\text{。}$$

例 5.2.13 对函数 $y = 5x\sin x$ 求导。

解 因为 $y = uv$，其中 $u = 5x$，$v = \sin x$，所以

$$\frac{\mathrm{d}u}{\mathrm{d}x} = 5, \frac{\mathrm{d}v}{\mathrm{d}x} = \cos x,$$

应用积的求导法则：
$$\frac{\mathrm{d}y}{\mathrm{d}x} = 5x\cos x + 5\sin x。$$

例 5.2.14 对函数 $y = \sin t \cos 3t$ 求导。

解 因为 $y = uv$，其中 $u = \sin t$，$v = \cos 3t$，所以

$$\frac{\mathrm{d}u}{\mathrm{d}t} = \cos t, \frac{\mathrm{d}v}{\mathrm{d}t} = -3\sin 3t,$$

应用积的求导法则：
$$\frac{\mathrm{d}y}{\mathrm{d}t} = \cos t \cos 3t - 3\sin t \sin 3t。$$

六、两个函数的商的求导

如果一个函数可以被写作两个函数商的形式，如 $y = u/v$，公式中 u 是 x 的函数，v 也是 x 的函数，则

$$\frac{\mathrm{d}y}{\mathrm{d}x} = \frac{v(\mathrm{d}u/\mathrm{d}x) - u(\mathrm{d}v/\mathrm{d}x)}{v^2}。$$

例 5.2.15 对函数 $y = \dfrac{\sin 3x}{x+1}$ 求导。

解 设 $u = \sin 3x$，$v = x+1$，则

$$\frac{\mathrm{d}u}{\mathrm{d}x} = 3\cos 3x, \frac{\mathrm{d}v}{\mathrm{d}t} = 1,$$

应用商的求导法则：
$$\frac{\mathrm{d}y}{\mathrm{d}x} = \frac{(x+1)(3\cos 3x) - (\sin 3x) \cdot 1}{(x+1)^2}$$
$$= \frac{3(x+1)\cos 3x - \sin 3x}{(x+1)^2}。$$

例 5.2.16 对函数 $z = \dfrac{12t}{1+t^3}$ 求导。

解 设 $u = 12t$，$v = 1+t^3$，则

$$\frac{\mathrm{d}u}{\mathrm{d}t} = 12, \frac{\mathrm{d}v}{\mathrm{d}t} = 3t^2,$$

应用商的求导法则：
$$\frac{\mathrm{d}z}{\mathrm{d}t} = \frac{(1+t^3) \cdot 12 - 3t^2 \cdot (12t)}{(1+t^3)^2}$$
$$= \frac{12 + 12t^3 - 36t^3}{(1+t^3)^2}$$
$$= \frac{12 - 24t^3}{(1+t^3)^2}。$$

第六节 微 分 的 应 用

工程领域中许多重要的物理量都与导数有关，下面给出其中的一些例子。

一、力学

$v = \dfrac{\mathrm{d}x}{\mathrm{d}t}$，$v$ 表示速度，x 表示距离，t 表示时间。

$a = \dfrac{\mathrm{d}v}{\mathrm{d}t}$，$a$ 表示加速度，v 表示速度，t 表示时间。

$F = \dfrac{\mathrm{d}w}{\mathrm{d}x}$，$F$ 表示力，w 表示做的功（或消耗的能量），x 表示沿力 F 的方向移动的距离。

$F = \dfrac{\mathrm{d}p}{\mathrm{d}t}$，$F$ 表示力，p 表示动量，t 表示时间。

$P = \dfrac{\mathrm{d}w}{\mathrm{d}t}$，$P$ 表示功率，w 表示做的功（或消耗的能量），t 表示时间。

$p = \dfrac{\mathrm{d}E}{\mathrm{d}v}$，$E$ 表示动能，v 表示速度，p 表示动量。

二、空气动力学

$P = \dfrac{\mathrm{d}W}{\mathrm{d}V}$，$P$ 表示气压，W 表示等温条件下气体膨胀做的功，V 表示气体体积。

三、电路学

$I = \dfrac{\mathrm{d}Q}{\mathrm{d}t}$，$I$ 表示电流，Q 表示电荷，t 表示时间。

$V = \left(L\,\dfrac{\mathrm{d}I}{\mathrm{d}t} \right)$，$V$ 表示自感电动势，L 表示自感系数，I 表示电流，t 表示时间。

四、静电学

$E = -\dfrac{\mathrm{d}V}{\mathrm{d}x}$，$V$ 表示电势差，E 表示电场强度，x 表示距离。

五、言语科学

$CQ = \dfrac{\mathrm{d}cp}{\mathrm{d}t}$，$CQ$ 为接触率，测量的是声带振动时声门的闭合程度。cp 代表闭合相，t 代表声带振动的一个周期。

例 5.2.17　从地面向空中抛一个球，$t(\mathrm{s})$ 后离地面的距离 $s(\mathrm{m})$，有 $s = 3t - 5t^2$。求：

（1）球刚投出时的初始速度；

（2）球返回地面所需的时间；

（3）落地时球的速度。

解　（1）因为 $v = \dfrac{\mathrm{d}s}{\mathrm{d}t}$，$s = 3t - 5t^2$，所以 $\dfrac{\mathrm{d}s}{\mathrm{d}t} = 3 - 10t$。

因为球刚投出时 $t = 0$，

所以 $\dfrac{\mathrm{d}s}{\mathrm{d}t} = 3\,\mathrm{m/s} - 10 \times 0\,\mathrm{m/s} = 3\,\mathrm{m/s}$。

（2）当球返回地面时，与地面之间的距离即 s 为 0，代入式中即可求出 t。

由于 $0 = 3t - 5t^2$，则 $t(3 - 5t) = 0$，

解得 $t = 0$ 或 $3 - 5t = 0$，

即 $t = 0$ 或 $t = 3/5$ s,

故求出 $t = 3/5$ s $= 0.6$ s。

（3）将 $t = 0.6$ s 代入式 $v = \dfrac{\mathrm{d}s}{\mathrm{d}t} = 3 - 10t$,

得 $v = 3$ m/s $- 10 \times 0.6$ m/s $= 3$ m/s $- 6$ m/s $= -3$ m/s。

例 5.2.18　一艘火箭以 $v = 4t^2 + 10\,000$ m/s 的速度发射,然后很快就离开地球大气层,求 2 s 后火箭的加速度。

解　因为 $a = \mathrm{d}v/\mathrm{d}t$,而 $v = 4t^2 + 10\,000$,所以 $a = 8t$,将 $t = 2$ 代入,求得 $a = 16$,所以 2 s 后火箭的加速度为 16 米/秒^2。

例 5.2.19　点电荷产生的电场中,距离场源 r 的点上的电势为 $V = \dfrac{Q}{4\pi\varepsilon_0 r}$。式中 ε_0 表示真空中的介电常数,$\varepsilon_0 \approx 8.85 \times 10^{-12}$ F·m^{-1},$\pi \approx 3.14$。设 $Q = 1$ C,利用公式 $E = -\dfrac{\mathrm{d}V}{\mathrm{d}r}$ 求距离 5 m 处点的电场强度。

解　因为 $V = \dfrac{Q}{4\pi\varepsilon_0 r}$,将 ε_0、π、Q 的值代入,则

$$V = \frac{1}{4 \times 3.14 \times 8.85 \times 10^{-12} r} \approx \frac{9 \times 10^9}{r} = 9 \times 10^9 r^{-1},$$

$$E = -\frac{\mathrm{d}V}{\mathrm{d}r} = -9 \times 10^9 (-r^{-2}) = 9 \times 10^9 r^{-2},$$

因为

$$r = 5 \text{ m},$$

所以

$$E = \frac{9 \times 10^9}{25} = 3.6 \times 10^8 \text{ V·m}^{-1}。$$

第三章 积 分

第一节 简 介

在第二章中,我们已了解到许多物理量与另一个量的变化率与导数有关。由此我们推断一定存在一种导数的逆运算——我们称作为积分。例如速度是距离随时间的变化率,而距离则是速度对时间的积分。

但是,对于"积分是求导的逆运算"这一定义有两个问题要解决。第一,对不同的函数积分可以得到相同的运算结果。不过我们可以发现这些函数之间的区别仅在于一个常数。对一个被积函数求出它可能的原函数,然后在后面加上某些常数——称为积分常数,这种运算称为不定积分。不定积分的不足之处在于结果中还保留着一个未知的积分常数。一旦人们根据其他已知条件确定积分常数后这种积分运算称为定积分。

积分运算的第二个问题是大多数被积函数难以准确地求出其原函数,例如 $\sin x/x$ 这样的基本函数。但是我们可以采用积分的近似计算方法来解决这个问题,这些近似计算方法的关键都在于理解积分的几何意义。对函数 $y = f(x)$ 来说,定积分是函数曲线在 x 轴上一段特定区间的数值(而不是 x 的函数),它是可以求出的一个定值,因此称为定积分。

本章我们主要学习不定积分和定积分的概念、公式、计算方法以及定积分的近似计算和一些应用实例。

第二节 积 分 的 计 算

积分是求导的逆运算。如图 $5\text{-}3\text{-}1$ 所示(式中 C 是常数),x^2+C 对 x 求导数为 $2x$,因此 $2x$ 关于 x 的积分为 x^2+C。写作:

$$\frac{\mathrm{d}}{\mathrm{d}x}(x^2+C) = 2x \Leftrightarrow \int 2x\mathrm{d}x = x^2+C。$$

$\int 2x\mathrm{d}x$ 读作"$2x$ 关于 x 的积分",$\int$ 符号类似一个求和符号,它的含义我们在定积分部分会详细介绍。

函数	→	导数
积分	←	函数
x^2+C $\sin x+C$		$2x$ $\cos x$

图 $5\text{-}3\text{-}1$ 积分和导数

第二个例子,

$$\frac{\mathrm{d}}{\mathrm{d}x}(\sin x + C) = \cos x \Leftrightarrow \int \cos x\mathrm{d}x = \sin x + C。$$

即 $\sin x + C$ 对 x 求导数为 $\cos x$，因此 $\cos x$ 关于 x 的积分为 $\sin x + C$。

一、常数的积分

因为常数的导数为 0，因此我们不能简单地对一个积分逆运算求出常数。例如，x^2+1、x^2-2、$x^2+1\,000$ 导数均为 $2x$。我们对 $2x$ 的积分写作 x^2+C，C 是一组常数，被称为积分常数。

要求出积分常数的确切数值必须根据其他一些已知信息。假设我们已知一只向空中抛掷的球的速度为 $v = 20 - 10t$，欲求该球离地面的距离关于时间 t 的表达式。我们知道球落到地面时，距离为 0。因此可以根据积分是求导的逆运算，对 $v = 20 - 10t$ 积分求出距离表达式 $s = 20t - 5t^2 + C$，式中 C 是积分常数。代入 $t = 0$ 时，$s = 0$ 解出 $0 = C$，因此求得 $s = 20t - 5t^2$。

由题目已知 $\mathrm{d}s/\mathrm{d}t = 20 - 10t$，我们称这种包含导数表达式的算式为微分方程。这是一种可以直接求出积分结果的方程式。其他一些类型的微分方程我们会在第 8 章、第 10 章和第 14 章学到。

在本例中，$s = 20t - 5t^2 + C$ 表示的是微分方程的一组解，因此被称为通解。如果我们知道 C 的具体数值，那么就得到一个特定的解。

例 5.3.1 已知当 $x = 0$ 时，$y = 5$，$\mathrm{d}y/\mathrm{d}x = 3x^2$，求 y。

解 我们知道 x^3 的导数为 $3x^2$，即

$$\frac{\mathrm{d}y}{\mathrm{d}x} = 3x^2 \Leftrightarrow y = \int 3x^2\,\mathrm{d}x = x^3 + C。$$

式中 C 表示一组常数，上面求出的是微分方程的通解。设当 $x = 0$ 时，$y = 5$，代入 $y = x^3 + C$，求出 $C = 5$，这样可以求出一个特定的解即 $y = x^3 + 5$。

将导数公式表 5-2-2 的两列交换，简化并添上积分常数即可得到对应的积分公式表 5-3-1。

表 5-3-1 基本积分公式

$f(x)$	$\int f(x)\,\mathrm{d}x$
1	$x + C$
$x^n\ (n \neq -1)$	$\dfrac{x^{n+1}}{n+1} + C$
$\sin x$	$-\cos x + C$
$\cos x$	$\sin x + C$
$\sec^2 x$	$\tan x + C$
$1/\sqrt{1-x^2}$	$\sin^{-1}(x) + C$
$-1/\sqrt{1-x^2}$	$\cos^{-1}(x) + C$
$1/(1+x^2)$	$\tan^{-1}(x) + C$

例 5.3.2 求下列积分：(1) $\int x^3\,\mathrm{d}x$；(2) $\int \dfrac{1}{1+x^2}\,\mathrm{d}x$；(3) $\int x^{-\frac{1}{2}}\,\mathrm{d}x$；(4) $\int 1\mathrm{d}x$。

解 (1) 查表 5-3-1，知 $\int x^n\,\mathrm{d}x = \dfrac{x^{n+1}}{n+1} + C$，其中 $n \neq -1$。

本题 $n = 3$，因此 $\int x^3\,\mathrm{d}x = \dfrac{x^{3+1}}{3+1} + C = \dfrac{x^4}{4} + C$。

检验：对 $\left(\dfrac{x^4}{4} + C\right)$ 求导得到 $(4x^4/4) = x^3$，与题目开始所给的表达式相同，证明我们积分结果是正确的。

(2) 查表 5 - 3 - 1,知 $\int \dfrac{1}{1+x^2}\mathrm{d}x = \tan^{-1}(x)+C$。

检验：对 $\tan^{-1}(x)+C$ 求导得到 $1/(1+x^2)$。

(3) 查表 5 - 3 - 1,知 $\int x^n\mathrm{d}x = \dfrac{x^{n+1}}{n+1}+C$,其中 $n\neq-1$,

在本题中 $n=-1/2$,因此

$$\int x^{-1/2}\mathrm{d}x = \frac{x^{-(1/2)+1}}{-(1/2)+1}+C = \frac{x^{1/2}}{1/2}+C = 2x^{1/2}+C。$$

检验：对 $2x^{1/2}+C$ 求导得到 $2\times(1/2)x^{1/2-1} = x^{-1/2}$。

(4) 查表 5 - 3 - 1,知 $\int 1\mathrm{d}x = x+C$。

检验：对 $x+C$ 求导得到 1。

根据表 5 - 3 - 1 我们还可求出一些初等函数的组合函数的积分,计算过程中我们需要运用某些法则以简化算式。当然积分的计算比求导要复杂些。

二、 和的积分以及 $af(x)$ 的积分问题

$$\int[f(x)+g(x)]\mathrm{d}x = \int f(x)\mathrm{d}x+\int g(x)\mathrm{d}x,$$

$$\int af(x)\mathrm{d}x = a\int f(x)\mathrm{d}x。$$

例 5.3.3 求下列积分：

(1) $\int(3x^2+2x-1)\mathrm{d}x = x^3+x^2-x+C$。

检验：$\dfrac{\mathrm{d}}{\mathrm{d}x}(x^3+x^2-x+C) = 3x^2+2x-1$。

(2) $\int(3\sin x+\cos x)\mathrm{d}x = -3\cos x+\sin x+C$。

检验：$\dfrac{\mathrm{d}}{\mathrm{d}x}(-3\cos x+\sin x+C) = 3\sin x+\cos x$。

(3) $\int\left(\dfrac{1}{\sqrt{1-x^2}}-\dfrac{2}{1+x^2}\right)\mathrm{d}x = \sin^{-1}(x)-2\tan^{-1}(x)+C$。

检验：$\dfrac{\mathrm{d}}{\mathrm{d}x}[\sin^{-1}(x)-2\tan^{-1}(x)+C] = \dfrac{1}{\sqrt{1-x^2}}-\dfrac{2}{1+x^2}$。

三、 变量的积分

在第二章中我们已接触了复合函数。设 $y=f(x)$,而 $y=g(u)$,其中 $u=h(x)$,那么有

$$\frac{\mathrm{d}y}{\mathrm{d}x} = \frac{\mathrm{d}y}{\mathrm{d}u}\cdot\frac{\mathrm{d}u}{\mathrm{d}x}。$$

我们可以根据这种思想来设计某个中间变量,用下列复合函数的计算实例来说明。

例 5.3.4 设 $y=(3x+2)^3$,利用链式法则求导,得到

$$\begin{aligned}\frac{\mathrm{d}y}{\mathrm{d}x} &= 3(3x+2)^2\cdot\frac{\mathrm{d}}{\mathrm{d}x}(3x+2)\\&= 3(3x+2)^2\cdot 3。\end{aligned}$$

因为积分是求导的逆运算,因此

$$\int 3\,(3x+2)^2 \cdot 3\mathrm{d}x = (3x+3)^3 + C。$$

我们也可以用以下的方法求积分 $\int 3\,(3x+2)^2 \cdot 3\mathrm{d}x$。

设 $u=3x+2$,则 $\mathrm{d}u/\mathrm{d}x=3$,原积分式变为 $\int 3u^2\dfrac{\mathrm{d}u}{\mathrm{d}x}\mathrm{d}x$,约分后我们用 $\mathrm{d}u$ 代替 $(\mathrm{d}u/\mathrm{d}x)\mathrm{d}x$,得 $\int 3u^2\mathrm{d}u$,

这时变成对 u 求积分,我们得到 $\int 3u^2\mathrm{d}u = u^3 + C$,再将 $u=3x+2$ 代回,得到

$$\int 3\,(3x+2)^2 \cdot 3\mathrm{d}x = (3x+3)^3 + C。$$

下面我们来对这种换元法进行证明。积分是求导的逆运算,如果 y 是 x 的导数,那么对 x 积分则应得到 y 或者再加一个常数,写作:

$$\int \frac{\mathrm{d}y}{\mathrm{d}x}\mathrm{d}x = y + C。$$

如果 y 是一个复合函数,中间变量为 u,那么

利用链式法则 $\dfrac{\mathrm{d}y}{\mathrm{d}x} = \dfrac{\mathrm{d}y}{\mathrm{d}u} \cdot \dfrac{\mathrm{d}u}{\mathrm{d}x}$,得到

$$\int \frac{\mathrm{d}y}{\mathrm{d}u} \cdot \frac{\mathrm{d}u}{\mathrm{d}x}\mathrm{d}x = y + C。$$

如果 y 是 u 的函数,那么我们对 u 求导然后再积分应得到 y 或再加一个常数,写作

$$\int \frac{\mathrm{d}y}{\mathrm{d}u}\mathrm{d}u = y + C。$$

比较上面两个式子可得

$$\int \frac{\mathrm{d}y}{\mathrm{d}u} \cdot \frac{\mathrm{d}u}{\mathrm{d}x}\mathrm{d}x = \int \frac{\mathrm{d}y}{\mathrm{d}u}\mathrm{d}u。$$

所以我们证明了 $(\mathrm{d}u/\mathrm{d}x)\mathrm{d}x = \mathrm{d}u$。

在实际运算过程中,我们采用一个中间变量 u,利用 $\mathrm{d}u$ 来代替 $\mathrm{d}x = \mathrm{d}u/(\mathrm{d}u/\mathrm{d}x)$。

例 5.3.5 求 $\int -\,(4-2x)^3\mathrm{d}x$。

解 设 $u=4-2x$,则 $\mathrm{d}u/\mathrm{d}x=-2$,即 $\mathrm{d}u=-2\mathrm{d}x$, $\mathrm{d}x=-\mathrm{d}u/2$, 所以

$$\text{原式} = \int -u^3\left(\frac{-\mathrm{d}u}{2}\right) = \int \frac{u^3}{2}\mathrm{d}u = \frac{u^4}{8} + C。$$

再将 $u=4-2x$ 代入上式,得

$$\int -\,(4-2x)^3\mathrm{d}x = \frac{1}{8}\,(4-2x)^4 + C。$$

检验:对运算结果求导,得

$$\frac{\mathrm{d}}{\mathrm{d}x}\left[\frac{(4-2x)^4}{8} + C\right] = \frac{1}{8} \cdot 4\,(4-2x)^3 \cdot \frac{\mathrm{d}}{\mathrm{d}x}(4-2x)$$

$$= \frac{1}{8} \cdot 4\,(4-2x)^3 \cdot (-2)$$

$$= -\,(4-2x)^3。$$

与题设所给的表达式完全一样，证明积分结果正确。

运用换元法的时候，我们可将括号或"隐含的括号"中的函数设为中间变量。但注意我们要想办法找到合适的中间变量以保证它是可积的，例如形式为 $\int f(u)\mathrm{d}x$，其中 u 应是 x 的线性函数，或者形式为 $\int f(u)\dfrac{\mathrm{d}u}{\mathrm{d}x}\mathrm{d}x$，其中 $f(u)$ 应是表 5-3-1 中列出的基本函数类型。

四、$\int f(ax+b)\mathrm{d}x$ 类型的积分

对于 $\int f(ax+b)\mathrm{d}x$，可设 $u=ax+b$。

例 5.3.6 求 $\int\sin(3x+2)\mathrm{d}x$。

解 设 $u=3x+2$，则 $\mathrm{d}u/\mathrm{d}x=3$，即 $\mathrm{d}u=3\mathrm{d}x$，$\mathrm{d}x=\mathrm{d}u/3$，因此

$$原式=\int\sin u\,\frac{\mathrm{d}u}{3}=-\frac{\cos u}{3}+C。$$

将 $u=3x+2$ 再代入上式，有

$$\int\sin(3x+2)\mathrm{d}x=-\frac{\cos(3x+2)}{3}+C。$$

检验：
$$\frac{\mathrm{d}}{\mathrm{d}x}\left[-\frac{\cos(3x+2)}{3}+C\right]=\frac{\sin(3x+2)}{3}\cdot\frac{\mathrm{d}}{\mathrm{d}x}(3x+2)$$
$$=\frac{3\sin(3x+2)}{3}$$
$$=\sin(3x+2)。$$

例 5.3.7 求 $\dfrac{1}{\sqrt{1-(3-x)^2}}$ 对 x 积分。

解 注意该表达式形式与 $\sin^{-1}(x)$ 或 $\cos^{-1}(x)$ 非常相似。我们将括号中的函数设为 $u=3-x$，则 $\mathrm{d}u/\mathrm{d}x=-1$，即 $\mathrm{d}x=-\mathrm{d}u$，因此

$$原式=\int\frac{1}{\sqrt{1-u^2}}(-\mathrm{d}u)$$
$$=\int-\frac{\mathrm{d}u}{\sqrt{1-u^2}}=\cos^{-1}(u)+C。$$

再将 $u=3-x$ 代入上式，有

$$\int\frac{1}{\sqrt{1-(3-x)^2}}\mathrm{d}x=\cos^{-1}(3-x)+C。$$

检验：
$$\frac{\mathrm{d}}{\mathrm{d}x}\left[\cos^{-1}(3-x)+C\right]=\frac{-1}{\sqrt{1-(3-x)^2}}\cdot\frac{\mathrm{d}}{\mathrm{d}x}(3-x)$$
$$=\frac{1}{\sqrt{1-(3-x)^2}}。$$

五、$\int f(u)(\mathrm{d}u/\mathrm{d}x)\mathrm{d}x$ 类型的积分

函数的积分运算中常会遇到这种类型，解决这种类型的方法是将括号中的函数设为变量 u，再利用 $\mathrm{d}u/\mathrm{d}x$ 将复合函数化简。

例 5.3.8 求 $\int x \sin x^2 \mathrm{d}x$。

解 设 $u = x^2$，则 $\mathrm{d}u/\mathrm{d}x = 2x$，即 $\mathrm{d}u = 2x\mathrm{d}x, \mathrm{d}x = \mathrm{d}u/2x$，因此

$$\text{原式} = \int x \sin u \, \frac{\mathrm{d}u}{2x}$$

$$= \int \frac{1}{2} \sin u \mathrm{d}u$$

$$= -\frac{1}{2} \cos u + C。$$

因为 $u = x^2$，所以求得 $\int x \sin x^2 \mathrm{d}x = -\frac{1}{2} \cos x^2 + C$。

检验：$\dfrac{\mathrm{d}}{\mathrm{d}x} \left(-\dfrac{1}{2} \cos x^2 + C \right) = \dfrac{1}{2} \sin x^2 \cdot \dfrac{\mathrm{d}}{\mathrm{d}x}(x^2) = \dfrac{1}{2} \sin x^2 \cdot 2x = x \sin x^2$。

例 5.3.9 求 $\int \dfrac{3x}{(x^2 + 3)^4} \mathrm{d}x$。

解 设 $u = x^2 + 3$，则 $\mathrm{d}u/\mathrm{d}x = 2x$，即 $\mathrm{d}u = 2x\mathrm{d}x, \mathrm{d}x = \mathrm{d}u/2x$，因此

$$\text{原式} = \int \frac{3x}{u^4} \frac{\mathrm{d}u}{2x}$$

$$= \int \frac{3}{2} u^{-4} \mathrm{d}u$$

$$= \frac{3}{2} \cdot \frac{u^{-4+1}}{-4+1} + C$$

$$= -\frac{1}{2} u^{-3} + C。$$

再将 $u = x^2 + 3$ 代回，则 $\int \dfrac{3x}{(x^2 + 3)^4} \mathrm{d}x = -\dfrac{1}{2}(x^2 + 3)^{-3} + C = -\dfrac{1}{2(x^2 + 3)^3} + C$。

检验：$\dfrac{\mathrm{d}}{\mathrm{d}x} \left[-\dfrac{1}{2}(x^2 + 3)^{-3} + C \right] = -\dfrac{1}{2}(-3)(x^2 + 3)^{-4} \cdot \dfrac{\mathrm{d}}{\mathrm{d}x}(x^2 + 3)$，

运用函数求导法则，有

$$-\frac{1}{2}(-3)(x^2 + 3)^{-4}(2x) = 3x(x^2 + 3)^{-4} = \frac{3x}{(x^2 + 3)^4}。$$

例 5.3.10 求 $\int \cos^2 x \sin x \mathrm{d}x$。

解 原式可以写成 $\int (\cos x)^2 \sin x \mathrm{d}x$，设 $u = \cos x$，则 $\mathrm{d}u/\mathrm{d}x = -\sin x$，即 $\mathrm{d}x = -\mathrm{d}u/\sin x$，因此

$$\text{原式} = \int u^2 \sin x \, \frac{\mathrm{d}u}{-\sin x}$$

$$= \int -u^2 \mathrm{d}u$$

$$= -\frac{u^3}{3} + C,$$

再将 $u = \cos x$ 代回上式，则

$$\int \cos^2 x \sin x \mathrm{d}x = -\frac{(\cos x)^3}{3} + C。$$

检验：$-\dfrac{(\cos x)^3}{3}+C=-\dfrac{1}{3}\cos^3 x+C,$

求导得，$\dfrac{\mathrm{d}}{\mathrm{d}x}\left[-\dfrac{1}{3}(\cos x)^3+C\right]=-3\cdot\left(\dfrac{1}{3}\right)(\cos x)^2(-\sin x)=\cos^2 x\sin x.$

这种积分的方法主要适用于 $\int f(u)(\mathrm{d}u/\mathrm{d}x)\mathrm{d}x$ 类型，即被积函数是一个函数与一个中间变量的导数之积的形式，或者中间变量是一个线性函数的情景。

有时候，你可能发现这种方法行不通，那么就要使用下面我们介绍的另一种方法。

例 5.3.11　求 $\displaystyle\int\dfrac{x^2}{(x^2+1)^2}\mathrm{d}x.$

解　设 $u=x^2+1$，则 $\mathrm{d}u/\mathrm{d}x=2x$，即 $\mathrm{d}x=\mathrm{d}u/2x$，代入原式变为：

$$\int\dfrac{x^2}{u^2}\dfrac{\mathrm{d}u}{2x}=\int\dfrac{x}{2u^2}\mathrm{d}u.$$

我们发现中间变量 u 失效了，因为被积函数中还有一项 x 无法约去，不能得到仅关于 u 的表达式，因此无法求出积分结果。

对于这种情况，我们可以使用分部积分法。

六、分部积分法

分部积分法特别适用两个函数乘积的积分。例如，$\displaystyle\int x\sin x\mathrm{d}x$。我们可以利用两个函数乘积的求导法则来推导分部积分法。

$$\dfrac{\mathrm{d}}{\mathrm{d}x}(uv)=\dfrac{\mathrm{d}u}{\mathrm{d}x}v+u\dfrac{\mathrm{d}v}{\mathrm{d}x}\Leftrightarrow\dfrac{\mathrm{d}}{\mathrm{d}x}(uv)-\dfrac{\mathrm{d}u}{\mathrm{d}x}v=u\dfrac{\mathrm{d}v}{\mathrm{d}x}\text{（两边同时减去}\dfrac{\mathrm{d}u}{\mathrm{d}x}v\text{）}$$

$$\Leftrightarrow u\dfrac{\mathrm{d}v}{\mathrm{d}x}=\dfrac{\mathrm{d}}{\mathrm{d}x}(uv)-\dfrac{\mathrm{d}u}{\mathrm{d}x}v$$

$$\Rightarrow\int u\dfrac{\mathrm{d}v}{\mathrm{d}x}\mathrm{d}x=uv-\int v\dfrac{\mathrm{d}u}{\mathrm{d}x}\mathrm{d}x\text{（两边同时积分）}.$$

因为我们可以用 $\mathrm{d}u$ 代替 $(\mathrm{d}u/\mathrm{d}x)\mathrm{d}x$，同理我们也可以用 $\mathrm{d}v$ 代替 $(\mathrm{d}v/\mathrm{d}x)\mathrm{d}x$，这样我们可以将上式简化写成：

$$\int u\mathrm{d}v=uv-\int v\mathrm{d}u.$$

在使用分部积分法时，我们要恰当选取 u（需求导以得到 $\mathrm{d}u$）和 $\mathrm{d}v$（需积分以求得 v），同时注意第二项 $\int v\mathrm{d}u$ 必须要较容易积分。

例 5.3.12　求 $\displaystyle\int x\sin x\mathrm{d}x.$

解　设 $u=x$，$\mathrm{d}v=\sin x\mathrm{d}x$，则 $\mathrm{d}u/\mathrm{d}x=1$，$v=\displaystyle\int\sin x\mathrm{d}x=-\cos x$，代入公式 $\displaystyle\int u\mathrm{d}v=uv-\int v\mathrm{d}u$，有：

$$\int x\sin x\mathrm{d}x=-x\cos x-\int-\cos x\mathrm{d}x$$

$$=-x\cos x+\sin x+C.$$

检验：$\dfrac{\mathrm{d}}{\mathrm{d}x}(-x\cos x+\sin x+C)=-\cos x+x\sin x+\cos x=x\sin x.$

检验结果正确，这样我们就用分部积分法解决了开始换元法未能解决的问题。

例 5.3.13 求 $\int \dfrac{x^2}{(x^2+1)^2}\mathrm{d}x$。

解 我们将原式写作 $\int x\,\dfrac{x}{(x^2+1)^2}\mathrm{d}x$，而式中的第二项是可积的。设 $u=x$，则：

$$\mathrm{d}v=\frac{x}{(x^2+1)^2}\mathrm{d}x=x\,(x^2+1)^{-2}\mathrm{d}x,$$

而 $\mathrm{d}u=\mathrm{d}x$，$v=-\dfrac{1}{2}\,(x^2+1)^{-1}\left(\text{对}\int\dfrac{x}{(x^2+1)^2}\mathrm{d}x \text{ 积分可得} -\dfrac{1}{2}\,(x^2+1)^{-1}\right)$，

运用分部积分法公式，$\int u\mathrm{d}v=uv-\int v\mathrm{d}u$，有：

$$\int\frac{x^2}{(x^2+1)^2}\mathrm{d}x=-\frac{x}{2}\,(x^2+1)^{-1}-\int\frac{-(x^2+1)^{-1}}{2}\mathrm{d}x$$

$$=-\frac{x}{2(x^2+1)}+\frac{1}{2}\int\frac{\mathrm{d}x}{(x^2+1)}。$$

注意第二项被积函数是积分公式表 5-3-2 中的标准类型，结果为 $\tan^{-1}(x)$，因此

$$\text{原式}=\int\frac{x^2}{(x^2+1)^2}\mathrm{d}x$$

$$=-\frac{x}{2(x^2+1)}+\frac{1}{2}\tan^{-1}(x)+C。$$

检验：

$$\frac{\mathrm{d}}{\mathrm{d}x}\left[-\frac{x}{2(x^2+1)}+\frac{1}{2}\tan^{-1}(x)+C\right]$$

$$=\frac{\mathrm{d}}{\mathrm{d}x}\left[-\frac{x}{2}\,(x^2+1)^{-1}+\frac{1}{2}\tan^{-1}(x)+C\right]$$

$$=-\frac{1}{2}\,(x^2+1)^{-1}+\frac{x}{2}\cdot(2x)\cdot(x^2+1)^{-2}+\frac{1}{2}\cdot\frac{1}{x^2+1}$$

$$=\frac{x^2}{(x^2+1)^2}。$$

七、运用三角恒等式求积分

对三角函数求积分时，可使用不同变形形式的三角恒等式。下面我们将列举几个例子说明三角函数高次幂求积分问题。求解三角函数偶次幂积分时常会用到倍角公式，而求解奇次幂积分时还需要用换元法才行。常用恒等式：

$$\cos^2 x=1-\sin^2 x \text{ 或者 } \sin^2 x=1-\cos^2 x。$$

例 5.3.14 求 $\int\sin^2 x\mathrm{d}x$。

解 因为 $\cos 2x=1-2\sin^2 x$，即 $\sin^2 x=\dfrac{1-\cos 2x}{2}$，则原式变为

$$\int\sin^2 x\mathrm{d}x=\int\frac{1-\cos 2x}{2}\mathrm{d}x=\frac{1}{2}x-\frac{1}{4}\sin 2x+C。$$

检验：$\dfrac{\mathrm{d}}{\mathrm{d}x}\left(\dfrac{1}{2}x-\dfrac{1}{4}\sin 2x+C\right)=\dfrac{1}{2}-\dfrac{1}{4}\times 2\cos 2x=\dfrac{1}{2}(1-\cos 2x)=\sin^2 x$（根据倍角公式），

得证。

例 5.3.15 求 $\int \cos^3 x \mathrm{d}x$。

解 由 $\cos^2 x + \sin^2 x = 1$,有 $\cos^2 x = 1 - \sin^2 x$,则

$$\int \cos^3 x \mathrm{d}x = \int \cos x \cos^2 x \mathrm{d}x$$

$$= \int \cos x (1 - \sin^2 x) \mathrm{d}x$$

$$= \int (\cos x - \cos x \sin^2 x) \mathrm{d}x$$

$$= \int \cos x \mathrm{d}x - \int \cos x \sin^2 x \mathrm{d}x,$$

第二项积分表达式恰好是 $\int f(u) \dfrac{\mathrm{d}u}{\mathrm{d}x} \mathrm{d}x$ 形式,用换元法,设 $u = \sin x$,则 $\mathrm{d}u = \cos x \mathrm{d}x$,即 $\mathrm{d}x = \dfrac{\mathrm{d}u}{\cos x}$,因此,

$$\int \cos x \sin^2 x \mathrm{d}x = \int \cos x \cdot u^2 \frac{\mathrm{d}u}{\cos x} = \int u^2 \mathrm{d}u = \frac{u^3}{3} + C,$$

再将 $u = \sin x$ 代回上式,有

$$\int \cos x \sin^2 x \mathrm{d}x = \frac{\sin^3 x}{3} + C,$$

故

$$\int \cos^3 x \mathrm{d}x = \int \cos x \mathrm{d}x - \int \cos x \sin^2 x \mathrm{d}x = \sin x - \frac{1}{3} \sin^3 x + C。$$

检验:

$$\frac{\mathrm{d}}{\mathrm{d}x} \left(\sin x - \frac{1}{3} \sin^3 x + C \right) = \cos x - \frac{3}{3} \sin^2 x \cos x$$

$$= \cos x (1 - \sin^2 x)$$

$$= \cos x \cos^2 x = \cos^3 x,$$

得证。

第三节 积 分 的 应 用

在第二章中,我们举出了微分在工程领域应用的一些例子,这里我们再举一些积分的应用例子。

一、力学

$x = \int v \mathrm{d}t$,v 表示速度,x 表示距离,t 表示时间。

$v = \int a \mathrm{d}t$,a 表示加速度,v 表示速度,t 表示时间。

$W = \int F \mathrm{d}x$,F 表示力,W 表示做的功(或消耗的能量),x 表示沿力 F 的方向移动的距离。

$p = \int F \mathrm{d}t$,F 表示力,p 表示动量,t 表示时间。

$W = \int P \mathrm{d}t$,P 表示功率,W 表示做的功(或消耗的能量),t 表示时间。

$p = \int E \mathrm{d}v$，E 表示动能，v 表示速度，p 表示动量。

二、气体

$P = \int W \mathrm{d}v$，P 表示气压，W 表示等温条件下气体膨胀做的功，V 表示气体体积。

三、电路

$Q = \int I \mathrm{d}t$，I 表示电流，Q 表示电荷，t 表示时间。

$I = (1/L) \int V \mathrm{d}t$，$V$ 表示自感电动势，L 表示自感系数，I 表示电流，t 表示时间。

四、静电学

$V = -\int E \mathrm{d}x$，V 表示电势差，E 表示电场强度，x 表示距离。

五、言语科学

言语病理科学中大部分的参数计算均运用到了积分的概念。在此仅举部分例子来说明。

$$NNE = 10 \lg \frac{\sum\limits_n w(n)^2}{\sum\limits_n x(n)^2} + BL,$$

NNE 指声门噪声能量简称噪声能量，是指在发声的过程中，声门漏气所产生的扰动噪声的程度，单位是 dB，正常值小于 10 dB。噪声能量指的是总的能量减去谐波能量。

$w(n)$ 代表噪声成分，$x(n)$ 代表声学信号，BL 是一常数，用于补偿滤波器中的噪声能量。该物理量在区分病理和正常嗓音时很有效，因为它直接反映声带闭合程度。

$$Jitter = \frac{100}{M-k+1} \sum_{n=1}^{M-k+1} \left| 1 - \frac{kx(n+m-1)}{\sum\limits_{j=1}^{k} x(n+j-1)} \right| (\%),$$

$Jitter$ 指基频微扰，是指基音频率的变化率，用于度量制定的一个周期与它相邻前几个周期，或后几个周期的差异量。

该物理量主要反映了嗓音的粗糙声程度，反映的是嗓音信号的瞬时变化情况。它在反映声带麻痹或喉癌时较为敏感。

例 5.3.16 一辆汽车以起始 $12\,\mathrm{ms^{-1}}$ 的速度在 $1\,\mathrm{ms^{-2}}$ 加速度下 10 s 后作匀速运动，求：

(1) 在加速行驶阶段汽车前进的距离；

(2) 行驶 20 m 后汽车的速度；

(3) 汽车行驶 100 m 所用的时间。

解 设从 0 时刻汽车开始加速，从 $t = 0$ 到 $t = 10$ 时段，加速度为 $1\,\mathrm{m \cdot s^{-2}}$，即 $\mathrm{d}v/\mathrm{d}t = 1$，因此 $v = \int 1 \mathrm{d}t = t + C$，对于 $0 \leqslant t \leqslant 10$。欲求常数 C，我们需要利用题目更多的已知信息。已知 $t = 0$ 时，$v = 12\,\mathrm{m \cdot s^{-1}}$，代入 $v = t + C$，得到 $12 = 0 + C$，即 $C = 12$，因此，$v = t + 12$。因为当 $t > 10$ 时，速度为常数，因此 $v = 10 + 12 = 22\,\mathrm{m \cdot s^{-1}}$。因此速度函数可写作：

$$v = \begin{cases} t + 12, & 0 \leqslant t \leqslant 10, \\ 22, & t > 10。 \end{cases}$$

欲求汽车行驶的距离，我们需要再次积分，

$$v = \frac{\mathrm{d}x}{\mathrm{d}t} = t + 12, \ 0 \leqslant t \leqslant 10,$$

$$x = t^2 + 12t + C_1, \ 0 \leqslant t \leqslant 10。$$

要求 C_1 的值，可由条件 $t = 0$ 时，$x = 0$ 得 $C = 0$，因此 $x = t^2 + 12t, \ 0 \leqslant t \leqslant 10$。

当 $t > 10$ 时，我们利用速度的导数表达式有

$$v = \frac{\mathrm{d}x}{\mathrm{d}t} = 22,$$

$$x = 22t + C_2。$$

要求 C_2 的值，可由条件 $t = 10$ 时，利用 $x = t^2 + 12t$ 知 $t = 10$ 时，$x = 100 + 120 = 220$ m。将 $x = 22t + C_2$ 代入得 $220 = 22 \times 10 + C_2$，求出 $C_2 = 0$，即当 $t > 10$ 时，$x = 22t$。这样我们写出 x 的函数表达式

$$x = \begin{cases} t^2 + 12t, & 0 \leqslant t \leqslant 10, \\ 22t, & t > 10。 \end{cases}$$

因为我们已求出了 x 和 v 的函数表达式，这样就可以回答题目的问题了。

(1) 汽车加速行驶了 10 s，所以该阶段汽车前进的距离 $x = 10^2 + 12 \times 10 = 220$ m。

(2) 欲求行驶 20 m 后汽车的速度，首先我们需要求出行驶 20 m 所用的时间，

由 $x = 20$ 可知 $20 = t^2 + 12t$，即 $t^2 + 12t - 20 = 0$。

解这个二次方程式，我们知道 $at^2 + bt + c = 0 \ (a \neq 0)$，有 $t = \dfrac{-b \pm \sqrt{b^2 - 4ac}}{2a}$，则

$$t = \frac{-12 \pm \sqrt{144 + 80}}{2} = \frac{-12 \pm \sqrt{224}}{2},$$

即 $t \approx -13.5$ s 或 $t \approx 1.5$ s。

因为时间不能为负值，所以 $t \approx 1.5$ s，将 t 代入前面速度 v 的表达式，得

$$v = t + 12 = 1.5 + 12 = 13.5 \ \mathrm{m} \cdot \mathrm{s}^{-1},$$

即行驶 20 m 后汽车的速度为 $13.5 \ \mathrm{m} \cdot \mathrm{s}^{-1}$。

(3) 汽车行驶 100 m 表示 $x = 100$，即 $100 = t^2 + 12t$，即 $t^2 + 12t - 100 = 0$。

应用二次方程式公式 $t = \dfrac{-12 \pm \sqrt{144 + 400}}{2} \approx \dfrac{-12 \pm 23.3}{2}$，即

$$t \approx -17.66 \ \mathrm{s} \ \text{或} \ t \approx 5.66 \ \mathrm{s},$$

因此行驶 100 m 汽车所需时间为 5.66 s。

例 5.3.17 电流流经一个 1 uF 的电容，设在 $t = 3$ ms 到 $t = 4$ ms 期间，$I(t) = -2t$。求这段时间电容两端产生的电压，设 $t = 3$ ms 时，$V = -0.1$ V。

解 对于电容有 $V = Q/C$，其中 $Q = \int I \mathrm{d}t$，C 表示电容，V 表示电容两端的电势差，Q 表示电荷，I 表示电流。则

$$V = \frac{1}{1 \times 10^{-6}} \int -2t \mathrm{d}t = 10^6(-t^2) + C。$$

因为 $t = 3$ ms 时，$V = -0.1$ V，即当 $t = 3 \times 10^{-3}$ 时，$V = 0.1$，

即 $0.1 = 10^6 \times (-10^{-6} \times 9) + C$，解得 $C = 0.1 + 9$，即 $C = 9.1$，

所以 $V = -10^6 t^2 + 9.1$。

第四节　定积分及其应用

一、定义

从点 $x=a$ 到 $x=b$ 之间的定积分定义为曲线与这两条直线及 x 轴所围成的图形的面积。如图 5-3-2 所示，曲线 y 与 $x=0$、$x=6$ 两条直线及 x 轴之间包围而成的图形区域可以近似划分成若干个矩形。每个矩形的高度为 y，设每个矩形的长度 δx 都相等，则矩形的面积为 $y\delta x$。

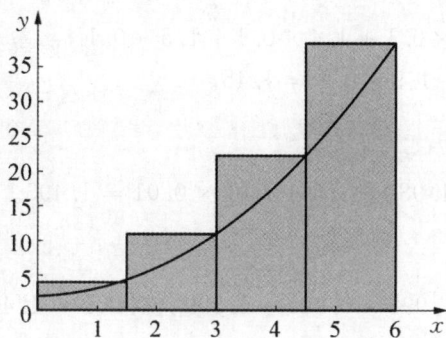
图1

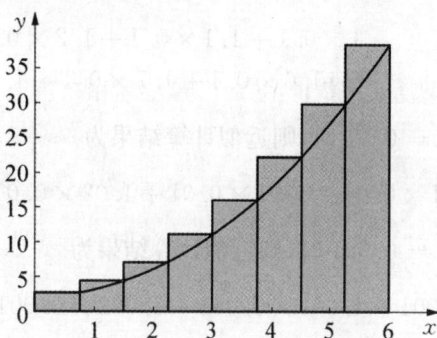
图2

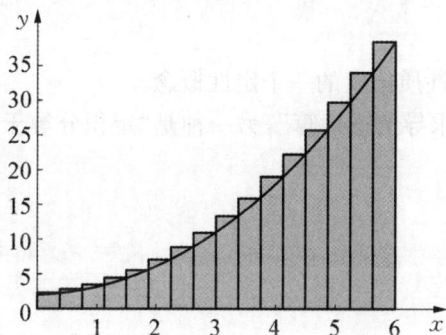
图3

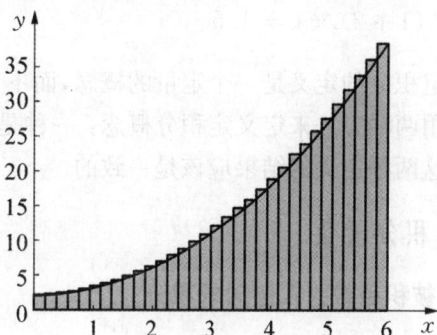
图4

图 5-3-2

如果矩形的长度都非常窄，那么 y 值的变化则很小，所以曲边梯形的面积近似地等于所有窄矩形面积之和。

总和的符号写作 $\sum$（读音同希腊字母 sigma）。曲边梯形区域的面积近似为

$$A = y_1\delta x + y_2\delta x + y_3\delta x + y_4\delta x + \cdots$$
$$= \sum_{x=a}^{x=b-\delta x} y\delta x。$$

如果 δx 取值越小，那么曲边梯形面积计算就越精确。例如图 5-3-3 所示函数 $y=x$ 图形，在 x 值 1 与 2 之间，我们依次缩小矩形长度从 0.1 到 0.01 再到 0.001。(a) 按 0.1 宽度划分图形，得到面积为 1.45；(b) 按 0.01 宽度划分图形，得到面积为 1.495；(c) 按 0.001 宽度划分图形，得到面积为 1.4995。

我们可以看到矩形的宽度越窄则区间的面积越接近 1.5。因此当矩形的宽度越来越小，小到其极限等于 0 时，我们就可以得到曲边梯形的准确面积，我们称为定积分。

函数 $y=f(x)$ 与 $x=a$、$x=b$ 两条直线以及 x 轴包围而成的

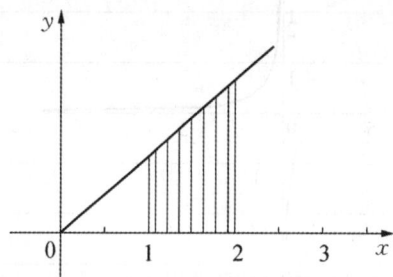
图 5-3-3

曲边梯形面积写作

$$\int_a^b y\mathrm{d}x = \lim_{\delta x \to 0} \sum_{x=a}^{x=b-\delta x} y\delta x。$$

读作：函数 y 从 $x=a$ 到 $x=b$ 的定积分等于当 δx 极限为 0 时，所有 y 与 δx 乘积的和，其中 y 的取值范围对应 x 从 $x=a$ 到 $x=b-\delta x$。

例 5.3.18 函数 $y=x$ 与 $x=1$、$x=2$ 两条直线以及 x 轴包围而成的曲边梯形面积。将图形近似划分为若干个长度为 δx 的矩形。

解 当 $\delta x=0.1$ 时，则近似计算结果为

$$1\times0.1+1.1\times0.1+1.2\times0.1+1.3\times0.1+1.4\times0.1+1.5\times0.1$$
$$+1.6\times0.1+1.7\times0.1+1.8\times0.1+1.9\times0.1=1.45。$$

当 $\delta x=0.01$ 时，则近似计算结果为

$$1\times0.01+1.01\times0.01+1.02\times0.01+\cdots+1.98\times0.01+1.99\times0.01=1.495。$$

当 $\delta x=0.001$ 时，则近似计算结果为

$$1\times0.001+1.001\times0.001+1.002\times0.001+\cdots+1.998\times0.001+1.999\times0.001=1.4995。$$

每一个曲边梯形的面积近似地等于窄矩形的长度乘以高度。本例中，$y_a=1$，$y_b=2$，则我们得到：面积 $=\dfrac{1}{2}\times(1+2)\times1=1.5$。

这个定积分的定义是一个定量的概念，而不是从函数性质出发的一个定性概念。

我们用两种方法来定义定积分概念：一种是"积分是求导的逆运算"，另一种是"定积分等于曲边梯形的面积"，这两种定义的结果应该是一致的。

二、积分函数

1. 当被积函数为正值时求积分

例 5.3.19 面积 A 等于定积分 $\displaystyle\int_a^x y\mathrm{d}x$，面积的增量 $\delta A=y\delta x$。

设函数 y 从起点 a 到 x，对应曲边梯形面积：

$$A=\int_a^x y\mathrm{d}x。$$

注意当终点 x 改变时，A 的面积也随之改变。设仅沿 x 轴移动一段很小的距离 δx，则对应 A 的面积增量为 δA，δA 近似地等于矩形高度 y 和宽度 δx 的乘积。因此我们有 $\delta A \approx y\delta x$，即 $\dfrac{\delta A}{\delta x} \approx y$。

当 δx 的极限为 0 时，有

$$y=\frac{\mathrm{d}A}{\mathrm{d}x}。$$

上式表明曲边梯形的面积是一个关于 x 的函数，它的导数即函数曲线，也即面积函数是一个"导数函数"的反函数。注意面积函数 A 不是唯一的，因为从起点沿着 x 轴移动可得到不同的面积函数，每一段的 $\mathrm{d}A/\mathrm{d}x$ 都是原函数。

如图 5-3-4 所示，函数 $y=\dfrac{1}{2}t$，有两个面积函数，其中一个的起点是 $t=-1$，另一个的起点是 $t=0$。

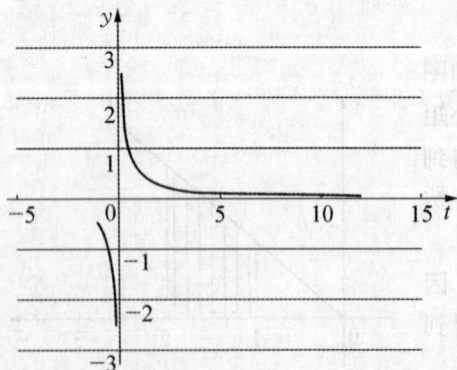

图 5-3-4

222　　　　　第五编　言语科学相关数学基础

第一个面积函数 $A = \dfrac{t^2}{4} - \dfrac{1}{4}$，

第二个面积函数 $A = \dfrac{t^2}{4}$。

实际上，我们求面积时无需担心起始值，因为任何积分常数都是可以约减掉的。

例 5.3.20 求 $\displaystyle\int_2^3 2t\mathrm{d}t$。

解 本题求的是函数曲线 $2t$ 与 $t=2$ 到 $t=3$ 围成的面积，因为 $\displaystyle\int 2t\mathrm{d}t = t^2 + C$，到点 $t=2$ 的面积为 $4+C$，到点 $t=3$ 的面积为 $9+C$，因此 $t=2$ 到 $t=3$ 之间的区域面积为 $9+C-(4+C)=9-4=5$，因此 $\displaystyle\int_2^3 2t\mathrm{d}t = 5$。

定积分计算通常写作

$$\int_2^3 2t\mathrm{d}t = \left[t^2\right]_2^3 = 3^2 - 2^2 = 5。$$

上式方括号内的表示是原函数，计算结果等于以括号的上标减去下标所得之差（本题上标 3，下标是 2）。

例 5.3.21 求 $\displaystyle\int_{-1}^1 (3x^2 + 2x - 1)\mathrm{d}x$。

解 $\displaystyle\int_{-1}^1 (3x^2 + 2x - 1)\mathrm{d}x = \left[x^3 + x^2 - x\right]_{-1}^1 = (1^3 + 1^2 - 1) - \left[(-1)^3 + (-1)^2 - (-1)\right]$

$$= 1 - (-1 + 1 + 1) = 1 - 1 = 0。$$

例 5.3.22 求 $\displaystyle\int_0^{\pi/6} \sin(3x+2)\mathrm{d}x$。

解 $\displaystyle\int_0^{\pi/6} \sin(3x+2)\mathrm{d}x = \left[-\dfrac{1}{3}\cos(3x+2)\right]_0^{\pi/6}$

$$= -\dfrac{1}{3}\cos\left(3 \cdot \dfrac{\pi}{6} + 2\right) - \left(-\dfrac{1}{3}\cos 2\right)$$

$$= -\dfrac{1}{3}\cos\left(\dfrac{\pi}{2} + 2\right) + \dfrac{1}{3}\cos 2 \approx 0.164\,4。$$

例 5.3.23 如图 5-3-5 所示，求阴影部分面积。

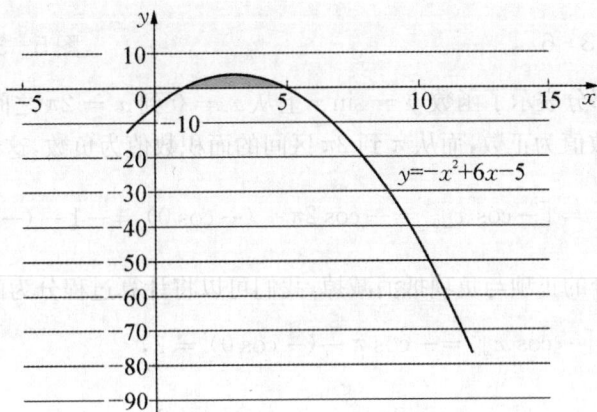

图 5-3-5

解 从图上我们可以看到函数曲线穿过 x 轴，即两端点 $y=0$，即 $0=-x^2+6x-5$，即 $x^2-6x+5=0$，即 $(x-5)(x-1)=0$ 解得 $x=5$ 或 $x=1$。

由于图 5-3-5 阴影部分为函数 $y=-x^2+6x-5$ 与 x 轴所围而得图形，则我们得出了积分上限 5 与下限 1，所以阴影部分面积为

$$\int_1^5 (-x^2 + 6x - 5)\mathrm{d}x = \left[-\frac{x^3}{3} + \frac{6x^2}{2} - 5x\right]_1^5$$

$$= -\frac{5^3}{3} + \frac{6 \times 5^2}{2} - 5 \times 5 - \left(-\frac{1^3}{3} + \frac{6 \times 1^2}{2} - 5 \times 1\right)$$

$$= -\frac{125}{3} + 75 - 25 + \frac{1}{3} - 3 + 5$$

$$= \frac{32}{3} = 10\frac{2}{3},$$

因此求得阴影部分面积为 $10\frac{2}{3}$ 平方单位。

2. 当被积函数为负值时求积分

被积函数有可能为负值,此时函数曲线位于 x 轴之下。例如函数 $y = \sin x$ 上从 $x = \pi$ 到 $x = \frac{3\pi}{2}$ 区间对应 y 的值就小于 0,如图 5-3-6 所示。

$$\int_\pi^{3\pi/2} \sin x \mathrm{d}x = [-\cos x]_\pi^{3\pi/2} = -\cos\frac{3\pi}{2} + \cos\pi = -1。$$

因为图中区域 y 值为负数所以积分结果为负数。虽然曲线位于 x 轴之下,但需乘以一个系数才为阴影部分的面积,所以本例面积 $A = 1$。

这点非常重要,因为正的积分值与负的积分值正好可以抵消,总数为 0。而实际上,积分在函数图象上表示出来的是面积,而非单纯的数值本身,所以我们不能将单纯的数值相加。

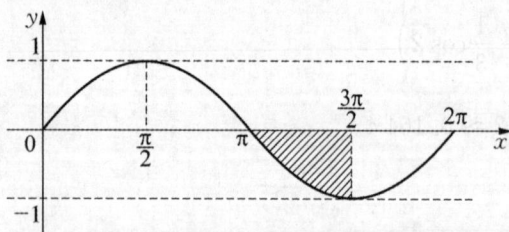

图 5-3-6

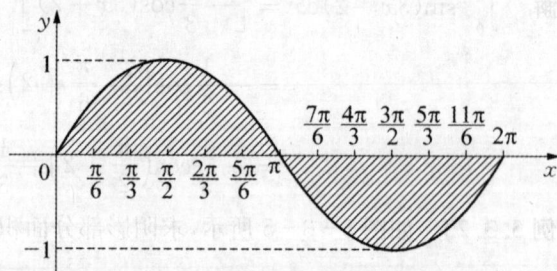

图 5-3-7

如图 5-3-7 中阴影部分表示了函数 $y = \sin x$ 上从 $x = 0$ 到 $x = 2\pi$ 之间的区域面积。

从 0 到 π 区间的面积数值为正数,而从 π 到 2π 区间的面积数值为负数,这样最后总的积分值为 0,即

$$\int_0^{2\pi} \sin x \mathrm{d}x = [-\cos x]_0^{2\pi} = -\cos 2\pi - (-\cos 0) = -1 - (-1) = 0。$$

为了避免上面这种积分的正项与负项抵消减掉,我们可以将计算过程分为两步:

第一步求 $\int_0^\pi \sin x \mathrm{d}x = [-\cos x]_0^\pi = -\cos\pi - (-\cos 0) = 2$,

再求 $\int_\pi^{2\pi} \sin x \mathrm{d}x = [-\cos x]_\pi^{2\pi} = -\cos 2\pi - (-\cos\pi) = -2$,

这样求得面积为 $2 + |-2| = 4$。

从上面的例子可以看到如果我们要求与 x 轴相交的曲线所围成的图形面积,首先我们要求出与 x 轴相交点的横坐标,然后再分步求面积。

例 5.3.24 求函数 $y = x^2 - x$ 与 x 轴、$x = -1$、$x = 1$ 包围而成图形的面积。

解 第一步,先求图形与 x 轴的交点,由 $x^2 - x = 0$ 得 $x(x - 1) = 0$,解得 $x = 0$ 或 $x = 1$。

如图 5-3-8 所示阴影部分面积即题目欲求。

阴影部分面积为 A_1 与 A_2 之和,首先求 A_1,

$$A_1 = \int_{-1}^{0} (x^2 - x)\mathrm{d}x$$

$$= \left[\frac{x^3}{3} - \frac{x^2}{2}\right]_{-1}^{0}$$

$$= 0 - \left[\frac{(-1)^3}{3} - \frac{(-1)^2}{2}\right]$$

$$= \frac{1}{3} + \frac{1}{2} = \frac{5}{6}。$$

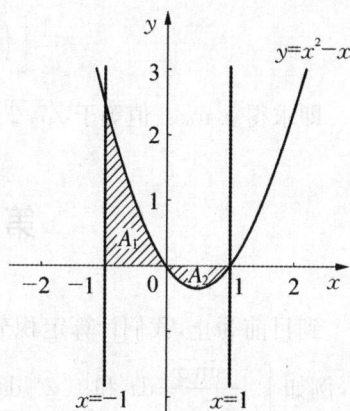

图 5-3-8

再求 A_2,因为图形在 x 轴之下,所以 A_2 面积等于积分值乘以一个系数,而

$$\int_{0}^{1} (x^2 - x)\mathrm{d}x = \left[\frac{x^3}{3} - \frac{x^2}{2}\right]_{0}^{1} = \frac{1}{3} - \frac{1}{2} = -\frac{1}{6},$$

因此,$A_2 = \frac{1}{6}$。

所以求得阴影部分面积为 $A_1 + A_2 = \frac{5}{6} + \frac{1}{6} = 1$。

3. 函数的平均值与均方根

① 函数平均值

函数平均值是指函数曲线面积即定积分的平均值。

平均值计算公式为:

$$M = \frac{1}{b-a}\int_{a}^{b} y\,\mathrm{d}x。$$

例 5.3.25　求 $i(t) = 20 + 2\sin(\pi t)$ 从 $t = 0$ 到 0.5 之间的平均值。

解　使用上述公式,$a = 0$,$b = 0.5$,则

$$M = \frac{1}{0.5 - 0}\int_{0}^{0.5} 20 + 2\sin(\pi t)\mathrm{d}t$$

$$= 2\left[20t - \frac{2}{\pi}\cos(\pi t)\right]_{0}^{0.5}$$

$$= 2\left[10 - 0 - \left(0 - \frac{2}{\pi}\right)\right] \approx 21.27。$$

② 均方根(r. m. s)

均方根(r. m. s)值表示函数 y 的平均值的平方根。函数 y 在区间 $x = a$ 与 $x = b$ 之间的均方根公式为

$$\mathrm{r.\,m.\,s.}\,(y) = \sqrt{\frac{1}{b-a}\int_{a}^{b} y^2\,\mathrm{d}x}。$$

例 5.3.26　求 $y = x^2 - 3$ 在区间 $x = 1$ 与 $x = 3$ 之间的均方根值。

解　$[\mathrm{r.\,m.\,s.}\,(y)]^2 = \frac{1}{3-1}\int_{1}^{3} (x^2 - 3)^2\mathrm{d}x = \frac{1}{2}\int_{1}^{3} (x^4 - 6x^2 + 9)\mathrm{d}x$

$$= \frac{1}{2}\left[\frac{x^5}{5} - \frac{6x^3}{3} + 9x\right]_{1}^{3}$$

$$= \frac{1}{2}\left[\left(\frac{243}{5} - 54 + 27\right) - \left(\frac{1}{5} - 2 + 9\right)\right] = 7.2,$$

即求得 r. m. s. 值等于 $\sqrt{7.2} \approx 2.683$。

第五节　定积分的近似计算方法

到目前为止,我们计算定积分的方法总是先求出被积函数的原函数,但有些问题是很难求出原函数的,例如 $\int_2^3 \frac{\sin x}{x^2 + 1} \mathrm{d}x$ 和 $\int_{-3}^2 2^{x^2} \mathrm{d}x$ 这两个例子根本求不出积分结果,这种情况下我们就需要考虑近似计算方法。

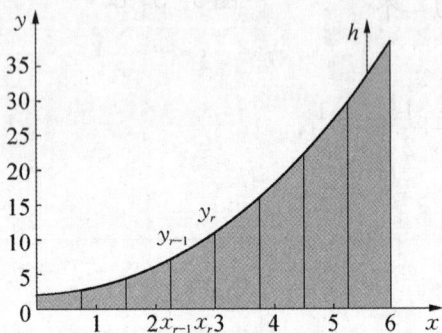

图 5-3-9

我们希望近似地求出定积分 $\int_a^b f(x)\mathrm{d}x$ 的值。

定积分近似计算思想是将函数曲线与 x 轴所围成的曲边梯形分成若个小区间,如图 5-3-9 所示。这些小区间的面积可以用梯形法或辛卜生公式来求得。无论哪种方法我们均假设每个小区间的长度为 h,区间总个数为 N,则 $h = \frac{(b-a)}{N}$。

使用计算机或编程计算器可以很容易算出近似结果。实际上理解了这种算法后对一些简单的问题能很容易地进行验算。

一、梯形法

如图 5-3-9 所示,每个小区间可以看作是以 y_{r-1} 与 y_r 为平行边的梯形,每个梯形的面积为 $(h/2)(y_{r-1}+y_r)$,因此定积分近似计算公式为

$$A = h\left(\frac{1}{2}y_0 + y_1 + y_2 + \cdots + y_{N-1} + \frac{1}{2}y_N\right),$$

其中 $x_r = a + rh$,$y_r = f(x_r)$,$N = \frac{(b-a)}{h}$。

计算机通过编制循环程序能很容易地计算出积分结果。其中 A_r 是 $x = x_r$ 时梯形的面积,$A_r = A_{r-1} + \frac{h}{2}(y_{r-1}+y_r)$,$r$ 取值范围从 1 到 N,$A_0 = 0$。

这个式子说明了总面积等于每次在前面已求出的面积上再加一个窄梯形面积。

例 5.3.27 近似计算 $\int_1^3 x^2 \mathrm{d}x$。

解 本题的积分上限为 3,下限为 1,我们选择每个小区间的长度为 0.5,因此

$$N = \frac{(b-a)}{h} = \frac{(3-1)}{0.5} = 4。$$

因为 $x_r = a + rh$ 以及 $y_r = f(x_r)$,而且本题已知 $y_r = x_r^2$,求得 $x_0 = 1$,$y_0 = 1^2 = 1$;

$x_1 = 1.5$,$y_1 = 1.5^2 = 2.25$;

$x_2 = 2$,$y_2 = 2^2 = 4$,

$x_3 = 2.5$,$y_3 = 2.5^2 = 6.25$,

$x_4 = 3$,$y_4 = 3^2 = 9$。

利用梯形法公式:

$$A = h\left(\frac{1}{2}y_0 + y_1 + y_2 + \cdots + y_{N-1} + \frac{1}{2}y_N\right)$$

得：

$$A = 0.5(0.5 + 2.25 + 4 + 6.25 + 4.5) = 8.75。$$

因此利用梯形法计算公式求得：

$$\int_1^3 x^2 \mathrm{d}x \approx 8.75。$$

二、辛卜生公式

这种方法是将每两个相邻的区间经过曲线上三个点作一条抛物线得到一个曲边梯形，然后求曲边梯形的面积和，因此区间的个数必须是偶数。

这种方法中每个小区间的面积计算不像矩形法那样一目了然。三个相邻的点构成的曲边梯形的面积为：

$$\frac{h}{3}(y_{2n-2} + 4y_{2n-1} + y_{2n})。$$

设 $r = 2n$，则

$$A = \frac{h}{3}(y_0 + 4y_1 + 2y_2 + 4y_3 + 2y_4 + \cdots + 2y_{N-2} + 4y_{N-1} + y_N)。$$

因为 $x_r = a + rh$ 以及 $y_r = f(x_r)$，$N = \dfrac{(b-a)}{h}$，所以

同矩形法一样，计算机可以通过编写循环程序很容易地算出面积：

$$A_{2n} = A_{2(n-1)} + \frac{h}{3}(y_{2n-2} + 4y_{2n-1} + y_{2n})，$$

其中 $r = 1, 2, \cdots, N/2$ 而且 $A_0 = 0$。

例 5.3.28 利用辛卜生公式求 $\int_1^3 x^2 \mathrm{d}x$，设每个区间长度为 0.5。

解 本题的积分上限为 3，下限为 1，

$$N = \frac{(b-a)}{h} = \frac{(3-1)}{0.5} = 4。$$

因为 $x_r = a + rh$ 以及 $y_r = f(x_r)$，而且本题已知 $y_r = x_r^2$，

求得 $x_0 = 1$，$y_0 = 1^2 = 1$；

$x_1 = 1.5$，$y_1 = 1.5^2 = 2.25$；

$x_2 = 2$，$y_2 = 2^2 = 4$；

$x_3 = 2.5$，$y_3 = 2.5^2 = 6.25$；

$x_4 = 3$，$y_4 = 3^2 = 9$。

利用辛卜生公式，得：

$$A = \frac{0.5}{3}(1 + 4 \times 2.25 + 2 \times 4 + 4 \times 6.25 + 9) \approx 8.66667。$$

对比前面矩形法计算结果我们发现，运用抛物线计算的结果更准确（除了舍入误差外）。

第四章 复 数

第一节 简 介

虚数的引入使得任何二次方程式都能够求解。我们提到过方程 $ax^2+bx+c=0(a\neq0)$，当二次方程求根公式尝试对一个负数进行求平方根时，是无解的。数 i 的引入使得对负数求平方根变得可能，并且在这种情况下，方程的解是带有复数根的。一个复数 z 带有一个实根和一个虚根，$z=x+yi$，x、$y\in\mathbf{R}$，这里 x 是实部，y 是虚部。实数可以通过一条数据线上的点来表示，那复数就需要一整个平面来表示它们。

我们知道单一的频率波可以通过相位复数矢量（相量）来描述。我们将通过对线性系统理论做一个简单的回顾来开始这一章。在这种系统中，当输入是一个单一频率波时，产生一个具有相同频率，改变一个比例的振幅来进行相位转移的输出波。使用复数，这个系统可以用一个数字乘以输入相量来描述，这将影响相量的旋转和振幅变化的比例。我们可以定义 i 是这样一个数字，可以使相量在不改变振幅的情况下，做 π/2 个周期的旋转。

一、复数的实部和虚部

一个复数 z 可以由以下实部和虚部的和组成：$z=a+bi$，这里的 a 和 b 都是实数，z 的实部是 a（记作 $\mathrm{Re}(z)=a$），z 的虚部是 b（记作 $\mathrm{Im}(z)=b$）。

二、复平面

当 $z=x+yi$，x、$y\in\mathbf{R}$ 时，复数可以用复平面中的点 (x,y) 表示出来（通常也叫作阿干特图（两垂直轴，一为实数轴，一为虚数轴））。对复数在平面上的表示和加、减点所使用的方法与对二维向量所使用的方法是一样的。

第二节 复 数 的 运 算

一、两个复数的等式

两个复数只有当它们的实部相等并且虚部相等时，才是相等的。

例 5.4.1 若复数 $a-2+bi=6+2i$，这里的 a 和 b 都是实数，求 a 和 b。

解 因为

$$a-2+bi=6+2i,$$

其中 a 和 b 是实数，所以

$$a-2=6（实部必须相等），b=2（虚部必须相等）$$

解得 $a=8$。

将 $a = 8$ 和 $b = 2$ 代入等式 $a - 2 + b\mathrm{i} = 6 + 2\mathrm{i}$ 得 $8 - 2 + 2\mathrm{i} = 6 + 2\mathrm{i}$，即 $6 + 2\mathrm{i} = 6 + 2\mathrm{i}$，答案是正确的。

二、复数的加法

复数的相加是指将两个复数的实部与实部相加，虚部与虚部相加。

例 5.4.2 已知 $z_1 = 3 + 4\mathrm{i}$，$z_2 = 1 - 2\mathrm{i}$，求 $z_1 + z_2$。

解 $$z_1 + z_2 = 3 + 4\mathrm{i} + 1 - 2\mathrm{i} = (3 + 1) + (4 - 2)\mathrm{i} = 4 + 2\mathrm{i}。$$

三、复数的减法

复数的减法是指将两个复数的实部与实部相减，虚部与虚部相减求得。

例 5.4.3 已知 $z_1 = 3 + 4\mathrm{i}$，$z_2 = 1 - 2\mathrm{i}$，求 $z_1 - z_2$。

解 $$z_1 - z_2 = 3 + 4\mathrm{i} - (1 - 2\mathrm{i}) = (3 - 1) + [4 - (-2)]\mathrm{i} = 2 + 6\mathrm{i}。$$

四、复数的乘法

复数的相乘可以按多项式的乘法进行，但是记住 $\mathrm{i}^2 = -1$，同时把所得结果的实部与虚部分别合并。

例 5.4.4 已知 $z_1 = 3 + 4\mathrm{i}$，$z_2 = 1 - 2\mathrm{i}$，求 $z_1 \cdot z_2$。

解
$$
\begin{aligned}
z_1 \cdot z_2 &= (3 + 4\mathrm{i})(1 - 2\mathrm{i}) = 3 + 4\mathrm{i} + 3 \cdot (-2\mathrm{i}) + (4\mathrm{i}) \times (-2\mathrm{i}) \\
&= 3 + 4\mathrm{i} - 6\mathrm{i} - 8\mathrm{i}^2 \\
&= 3 - 2\mathrm{i} + 8 \quad (\text{使用了 } \mathrm{i}^2 = -1) \\
&= 11 - 2\mathrm{i}。
\end{aligned}
$$

五、复数的共轭

复数 $z = x + y\mathrm{i}$，x、$y \in \mathbf{R}$ 的共轭复数是指与它实部相同，虚部相反的复数，用 z^* 来表示：$z^* = x - y\mathrm{i}$。一个复数乘以它的共轭复数所得的积一般都是正实数（或者 0）。

例 5.4.5 求 $z_1 = 3 + 4\mathrm{i}$ 与其共轭复数 $z^* = 3 - 4\mathrm{i}$ 的乘积。

解
$$
\begin{aligned}
z \cdot z^* &= (3 + 4\mathrm{i})(3 - 4\mathrm{i}) = 3 \times 3 + (4\mathrm{i}) \times 3 + 3 \times (-4\mathrm{i}) + (4\mathrm{i}) \times (-4\mathrm{i}) \\
&= 9 + 12\mathrm{i} - 12\mathrm{i} - 16\mathrm{i}^2 \\
&= 9 - 16\mathrm{i}^2 = 9 + 16 = 25。\quad (\text{使用了 } \mathrm{i}^2 = -1)
\end{aligned}
$$

提示：共轭复数的共轭将会回到原始复数，例如 $z = 3 + 4\mathrm{i}$，则
$$z^* = 3 - 4\mathrm{i},$$
$$(z^*)^* = 3 + 4\mathrm{i} = z。$$

六、复数的除法

对于复数的除法，我们的原则是将分母乘以它的共轭复数，转换为实数。如果我们对分母部分乘以它的共轭复数，那么分子部分也必须要乘以相同的数，以保持式子的不变性。

例 5.4.6 已知 $z_1 = 3 + 4\mathrm{i}$，$z_2 = 1 - 2\mathrm{i}$，求 z_1/z_2。

解 $$\frac{z_1}{z_2} = \frac{3 + 4\mathrm{i}}{1 - 2\mathrm{i}} = \frac{(3 + 4\mathrm{i})(1 + 2\mathrm{i})}{(1 - 2\mathrm{i})(1 + 2\mathrm{i})},$$

这里，我们在分子分母都乘以 z_2^*，使得分母成为实数，得：

$$\frac{z_1}{z_2} = \frac{(3+4i+6i+8i^2)}{(1+2^2)} = \frac{-5+10i}{5} = \frac{-5}{5} + \frac{10i}{5} = -1+2i_\circ$$

七、复数的极坐标形式

如果 $z = x+yi$, x、$y \in \mathbf{R}$, 那么 z 的极坐标形式就是 $r\angle\theta$, 其中 $r^2 = x^2 + y^2$, $\tan\theta = \frac{y}{x}$。因此, $r = \sqrt{x^2+y^2}$, $\theta = \tan^{-1}\left(\frac{y}{x}\right)$ (如果 $\frac{y}{x}$ 是负数的话, 那么 $\theta = \tan^{-1}\left(\frac{y}{x}\right)+\pi$), 我们可以将复数写成 $z = r\angle\theta$, 其中 r 是复数 z 的模, 也记成 $|z|$。因为在使用中角度值经常位于 $-\pi$ 和 π 之间, 因此公式中给予的角度可能需要减去 2π。因为 2π 是一个完全旋转, 这将使得复数在图表上的位置不会发生变化。

例 5.4.7 将下列的复数转换成极坐标的形式:

(1) $3+2i$; (2) $-2-5i$。

解 (1) $3+2i$ 的模是 $r = \sqrt{3^2+2^2} \approx 3.61$, 辐角是 $\tan^{-1}(2/3) \approx 0.59$, 所以 $3+2i \approx 3.61\angle 0.59$。

(2) $-2-5i$ 的模是 $r \approx 5.39$, 辐角是 $\tan^{-1}(-5/(-2))+\pi \approx 4.332$, 因为 4.332 大于 3.14, 所以应该减去一个 2π, 所以 $-2-5i \approx 5.39\angle -1.95$。

1. 将极坐标形式转换为笛卡尔式(直角坐标式)

如果一个数字以极坐标 $r\angle\theta$ 的方式给出了它的模和辐角, 那么我们可以使用以下规则将它转换为笛卡尔式(直角坐标式):

$$x = r\cos\theta,$$
$$y = r\sin\theta_\circ$$

2. 极坐标形式下的复数的运算

加减运算:(先将其转换成直角坐标形式, 运算好之后再转换成极坐标形式)。

乘法运算:将模与模相乘, 辐角与辐角相加。

除法运算:将模与模相除, 辐角与辐角相减。

第三节 复数的运用

一、二次方程求解

现在我们来看看虚数在二次方程中的应用。

我们知道二次方程的求根公式为

$$x = \frac{-b \pm \sqrt{b^2-4ac}}{2a}_\circ \tag{5.4.1}$$

可以直接代入方程中已知的 a、b、c 求解。

例 5.4.8 已知 $x \in \mathbf{C}$, 求二次方程 $x^2+3x+5=0$ 的解。

解 利用公式(5.4.1), 这里 $a=1$, $b=3$, $c=5$, 所以

$$x = \frac{-3 \pm \sqrt{3^2-4\times1\times5}}{2\times1} = \frac{-3\pm\sqrt{-11}}{2}_\circ$$

我们把 -11 写成 $(-1)\times11$, 因此

$$\sqrt{-11} = \sqrt{-1} \cdot \sqrt{11} \approx 3.317i,$$

所以原方程的解就是

$$x \approx \frac{-3 \pm 3.317i}{2}, 即 x \approx -1.5 + 1.658i 或 x \approx -1.5 - 1.658i。$$

二、复数在交流线性电路中的运用

一个交流电路通常包括电阻器、电容器和感应器，它们之间的关系一般是：$V = ZI$，这里 V 是电压，Z 是阻抗，I 是电流，并且这里的 V、Z、I 都是用复数形式。电路有两种形式，一种是串联电路，另一种是并联电路，如图 5-4-1 所示：

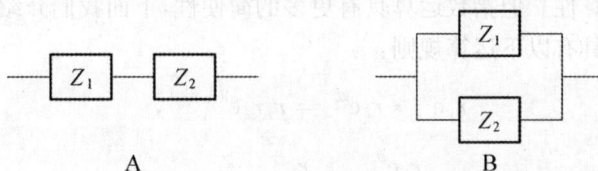

图 5-4-1　A 串联电路；B 并联电路

对应的阻抗值分别为：

串联电路
$$Z_r = Z_1 + Z_2。$$

并联电路
$$\frac{1}{Z_r} = \frac{1}{Z_1} + \frac{1}{Z_2}。$$

在并联电路中，因为倒数的运算不是很方便，为了简便运算，我们令 $Y = 1/Z$，则并联电路的阻抗值原式变成

$$Y_R = Y_1 + Y_2。$$

Z 的复数形式为

$$Z = R + Si,$$

这里，我们把 Z 的实部称为阻抗值，虚部称为感抗值。其中，R 是以欧姆为单位的阻抗值，S 是以欧姆为单位的感抗值。在电路中，电阻、电容及电感与阻抗关系如表 5-4-1。

表 5-4-1　电阻、电容及电感与阻抗关系

电　阻	$Z = R$
电　容	$Z = \dfrac{1}{wCi} = -\dfrac{i}{wC}$
电　感	$Z = wLi$

其中，$w = 2\pi f$，f 是频率，R 指的是电阻，单位是欧姆；C 是电容，单位是法拉；L 是电感，单位是亨。

例 5.4.9　如图 5-4-2 所示，$f = 20\ \text{kHz}$，$L = 2\ \text{mH}$，$C = 100\ \mu\text{F}$，$R = 2\,000\ \Omega$，$V = 300\ \text{V}$，求 I。

解　由图 5-4-2 可知，电路是串联电路，所以

$$w = 2\pi f = 2\pi \times 20 \times 10^3 = 40\pi \times 10^3,$$

$$Z = R + wLi - \frac{i}{wC}$$

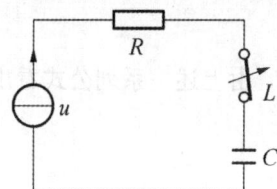

图 5-4-2

$$= 2\,000 + i(40\pi \times 10^3 \times 2 \times 10^{-3}) - \frac{i}{40\pi \times 10^3 \times 100 \times 10^{-6}} \approx 2\,000 + 251.2i,$$

因为 $V = ZI$，所以

$$I = \frac{V}{Z} = \frac{300}{2\,016\angle 7°} \approx 0.149\angle -7°。$$

第四节　复数的指数形式

我们已经知道 $re^{i\theta} = r\cos\theta + ir\sin\theta = r\angle\theta$，这里的 r 是复数的模，θ 是辐角。复数的指数形式和复数的其他形式一样，具有可运算性。但指数运算具有更多的简便性，下面我们介绍它的简便性。

对于复数的指数形式，具有以下运算规则：

$$r_1 e^{i\theta_1} \cdot r_2 e^{i\theta_2} = r_1 r_2 e^{i(\theta_1+\theta_2)},$$

$$\frac{r_1 e^{i\theta_1}}{r_2 e^{i\theta_2}} = \frac{r_1}{r_2} e^{i(\theta_1-\theta_2)},$$

$$(re^{i\theta})^n = r^n e^{in\theta}。 \tag{5.4.2}$$

根据复数的指数形式，我们运用级数的关系将它用正弦函数和余弦函数来表达，并令 $r=1$，则得到如下公式：

$$e^{i\theta} = \cos\theta + i\sin\theta, \tag{5.4.3}$$

$$e^{-i\theta} = \cos\theta - i\sin\theta。$$

将 $e^{i\theta} + e^{-i\theta}$，则得到：

$$e^{i\theta} + e^{-i\theta} = 2\cos\theta \Longleftrightarrow \cos\theta = \frac{1}{2}(e^{i\theta} + e^{-i\theta})。$$

同理可以得到：

$$\sin\theta = \frac{1}{2i}(e^{i\theta} - e^{-i\theta}),$$

$$\tan\theta = \frac{1}{i}\left(\frac{e^{i\theta} - e^{-i\theta}}{e^{i\theta} + e^{-i\theta}}\right),$$

$$\cosh\theta = \frac{1}{2}(e^{\theta} + e^{-\theta}),$$

$$\sinh\theta = \frac{1}{2}(e^{\theta} - e^{-\theta}),$$

$$\tanh\theta = \frac{1}{2}\left(\frac{e^{\theta} - e^{-\theta}}{e^{\theta} + e^{-\theta}}\right)。$$

由上述一系列公式看出

$$\cos(i\theta) = \cosh(\theta),$$

$$\sin(i\theta) = i\sinh(\theta),$$

$$\tan(i\theta) = i\tanh(\theta)。$$

棣莫符定理(De Moivre's theorem)：

由式(5.4.2)以及式(5.4.3)得到：

$$[r(\cos\theta + i\sin\theta)]^n = r^n[\cos(n\theta) + i\sin(n\theta)]。$$

这个公式被称为棣莫符公式,它将被应用于求解复数的三角形式。

例 5.4.10 将 $\sin 3\theta$ 展开成以 $\sin\theta$ 和 $\cos\theta$ 的级数形式。

解
$$\sin 3\theta = \text{Im}(\cos 3\theta + i\sin 3\theta) = \text{Im}[(\cos\theta + i\sin\theta)^3],$$

这里的 Im 表示取展开式的虚部。

$$(\cos\theta + i\sin\theta)^3 = \cos^3\theta + 3i\sin\theta\cos^2\theta - 3\cos\theta\sin^2\theta - i\sin^3\theta$$
$$= \cos^3\theta - 3\cos\theta\sin^2\theta + i(3\sin\theta\cos^2\theta - \sin^3\theta)。$$

因为 $\sin 3\theta$ 取的是 $(\cos\theta + i\sin\theta)^3$ 的虚部,所以

$$\sin 3\theta = 3\sin\theta\cos^2\theta - \sin^3\theta。$$

第五节 复数在言语科学中的应用

一、语音的频域分析

语音的频域分析,就是分析语音的频率特征。广义上来说,语音的频域分析类型包含频谱、功率谱、倒频谱分析等。

1. 傅里叶变换

分析语音频谱的重要手段之一就是傅里叶变换。对第 n 帧语音 $x_n(m)$ 进行傅里叶变换,就有

$$X_n(e^{j\omega}) = \sum_{m=0}^{N-1} x_n(m)e^{-i\omega m}。$$

其中,N 为窗长,m 是每一帧的采样点的序号,ω 是角频率变量。需要注意的是,对语音进行时域、频域以及其他变换域分析的时候,都是针对短时语音(分帧)的情况。因此,这里的傅里叶变换,还有后面的功率谱等概念都是短时的,在本章中为了记忆方便,省去"短时"二字。

2. 功率谱

功率谱是显示信号能量的分布随频率变化的一种曲线图,如图 5 - 4 - 3 所示。

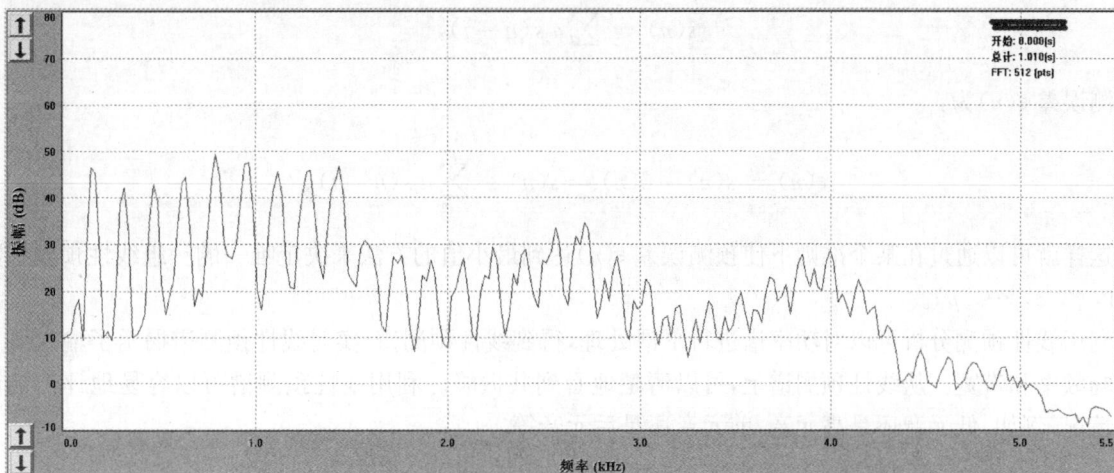

图 5 - 4 - 3 功率谱
(启音博士言语测量仪,Dr. Speech™,泰亿格电子(上海)有限公司授权使用)

实际应用中,功率谱能够更好地反映语音的频率特性。功率谱与短时傅里叶变换之间的关系为:

$$S_n(e^{j\omega}) = X_n(e^{j\omega}) \cdot X_n^*(e^{j\omega}),$$

* 代表复共轭运算。复共轭计算有以下特性:

若 $z = x + yi$,则它的复共轭是 $z^* = x - yi$,两者绝对值相等,即

$$|x + yi| = |x - yi|。$$

如图 5-4-4 所示。

两者相乘,即

$$(x + yi)(x - yi) = x^2 + y^2 = |x + yi|^2 = |x - yi|^2。$$

经过以上推导,功率谱 $S_n(e^{j\omega})$ 是短时自相关函数 $R_n(k)$ 的傅里叶变换:

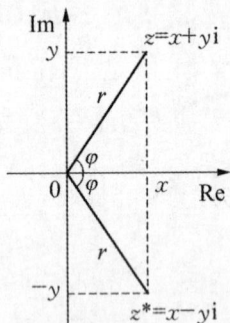

$$S_n(e^{j\omega}) = |X_n(e^{j\omega})|^2 = \sum_{k=-N+1}^{N-1} R_n(k)e^{-j\omega k}。$$

图 5-4-4　功率谱

言语测量软件中,计算出来功率谱是用快速傅里叶变换(FFT)得到的,该算法对常规的傅里叶变换进行了改进,但是得到的结果基本一致。功率谱建立在 FFT 分析上,因此,在实际使用中,需要掌握关于 FFT 的相关参数:

FFT 阶数: 代表了所要分析的频带,值越高,频带越窄。

窗函数类型: 矩形窗、汉明窗、汉宁窗。这里窗函数的类型决定了分析结果的加权程度。加权就是使波形振幅逐渐增加或减少。

二、语音的线性预测分析

1. 线性预测简介

由于语音采样点之间存在相关性,所以可以用过去的采样点值来预测现在或者未来的采样点值,即一个语音的采样点能够用过去若干个语音采样点或它们的线性组合来逼近。通过使实际语音采样和线性预测采样之间的误差在某个准则下达到最小值来决定唯一的一组预测系数,这组系数能够反映语音信号的特性。

将线性预测应用于语音分析,不仅是因为它的预测功能,更重要的是因为它能提供一个非常好的声道模型及模型参数估计方法。

线性预测的基本思想是用过去 p 个采样点值来预测现在或未来的采样点值,即

$$\hat{s}(n) = \sum_{i=1}^{p} a_i s(n-i),$$

其预测误差 $\varepsilon(n)$ 为:

$$\varepsilon(n) = s(n) - \hat{s}(n) = s(n) - \sum_{i=1}^{p} a_i s(n-i)。$$

这样就可以通过在某个准则下使预测误差 $\varepsilon(n)$ 达到最小值的方法来决定唯一的一组线性预测系数 a_i ($i = 1, 2, 3, \cdots, p$)。

利用线性预测分析可以对功率谱进行平滑处理,得到线性预测谱,实时线性预测谱揭示了输入语音的共振峰频率和带宽。从线性预测谱上,可以清楚地看到共振峰。利用线性预测谱可以容易地评估被试的发音情况,例如,低元音还是高元音,前元音还是后元音等。

2. 利用线性预测分析来进行共振峰提取

共振峰的信息包含在语音频谱包络中,因此,共振峰参数提取的关键是估计语音频谱包络,并且谱包

络中的最大值就是共振峰,如图 5-4-5 即为共振峰曲线。

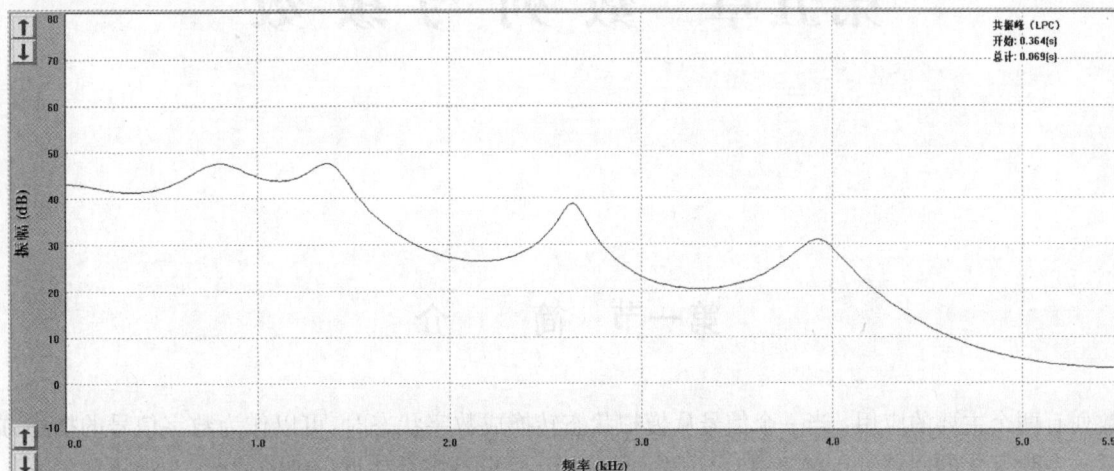

图 5-4-5　共振峰曲线
(启音博士言语测量仪,Dr. Speech™,泰亿格电子(上海)有限公司授权使用)

(1) 精确估计共振峰是存在困难:

虚假峰值。采用线性预测方法时,出现虚假峰值的情况较少。

共振峰合并。相邻共振峰的频率可能会靠得太近难以分辨,而寻找一种理想的能对共振峰合并进行识别的算法有不少实际困难。

高音调语音。高音调语音中,线性预测包络峰值趋向于离开真实位置而朝着最接近的谐波峰值移动。

(2) 实施方法(线性预测器)

根据语音产生的数学模型,线性预测器可视为声门激励模型 E、声道系统模型 V、辐射模型 S 的组合。三者在频域上的关系是:

$$S(\mathrm{e}^{\mathrm{i}\omega}) = E(\mathrm{e}^{\mathrm{i}\omega})V(\mathrm{e}^{\mathrm{i}\omega})。$$

令 $\mathrm{e}^{\mathrm{i}\omega} = z$,利用一个已知的参数模型去估计声道系统模型可得到:

$$V(z) = \frac{S(z)}{E(z)} = \frac{G}{1 - \sum_{i=1}^{p} a_i z^{-i}},$$

其中 p 是线性预测阶数,一般取 10; G 是一个非负实数,控制幅度大小。

将 $V(z)$ 称为声道系统的响应函数。前面提到共振峰曲线上的尖峰值称之为"极点",极点的物理意义其实是使声道系统响应函数取得极大值的点,即

$$1 - \sum_{i=1}^{p} a_i z^{-i} \to 0。$$

这样就转化为求解系数组合 a_i 的问题了。而线性预测分析专门用来求解线性系数组合的问题,这样就可以求解出 a_i 的值。将解出的 a_i 的值,再回代到极点方程中,求解出 z 的值,这样就能够求解出 z 的一系列解。由于 z 是频率值,可以进一步转化为以 Hz 为单位的频率值,即求得一系列共振峰频率值,进而可以判断发音是否准确。

第五章 数列与级数

第一节 简 介

数列有两个主要的应用：当一个信号从模拟状态转换成数字状态时，可以作为数字信号的描述方式，或者对一个数字化的问题进行解答，找出一系列的答案，每个答案都接近正确的情况。

数字通信的优点得益于对存储的或传输过来的数字信号的正确复制的增加。例如，使用压缩光盘播放器对存储式信号的复制要远远优越于使用旧式乙烯基记录的模拟信号的复制。通过计算机或者专用微处理器，对数字信号模式进行滤波处理或者其他进程技术处理，当然也是非常简便的。

数列经常被定义为循环关系的模式，这种特殊的种类，也被称为差分方程。

一个数列是有一定顺序的对象（没有要求必须不同）的一个集合。一些数列的例子：

1. 从 1 到 10 的数字：1，2，3，4，5，6，7，8，9，10；

2. 红色、红色和琥珀色、绿色、琥珀色、红色；

3. 3，6，9，12，15，18。

当一个数列遵循一些"隐含"的规则，我们可以使用（…）来表示"等等"的概念。比如上面第 1 个例子我们就可以写成 1，2，3，…，10。

上面的例子都是有限数列。无限数列是在结尾处使用省略号，意味着后面的对象使用的是相同的规则，比如：

$$2, 4, 6, 8, 10, \cdots$$
$$1, 2, 4, 8, 16, \cdots$$
$$4, 9, 16, 25, 36, \cdots$$
$$1, 1, 2, 3, 5, 8, \cdots$$

这里的省略号预示着这个序列不会有尾值，并且它们遵循的是相同的样式。

一个序列的元素可以使用字母来表示，比如，

$$a_1, a_2, a_3, a_4, \cdots, a_n, \cdots$$

第一项记为 a_1，第二项记为 a_2，等等。（有些时候为了计算的简便记序列的第一项为 a_0）。

如果在一个序列中，在已有的项目中找到了规则，那么我们就可以将这个序列用"公项"来表示，公项通常被称为 a_n 或 a_r。这个规则也可以通过递推关系来表达，即通过 a_n，a_{n-1}，…得出 a_{n+1}。在这种情况下，直接地找出功能性的定义可能有点困难，但这个定义可以用来解决递推关系。

例 5.5.1 找出序列 1 到 10 的公项式。

解 1，2，3，4，5，6，7，8，9，10 的公项式是 $a_n = n$，这里的 n 从 1 到 10。

我们也可以使用标准的格式来书写：

$$a_n = n, \quad n = 1, 2, \cdots, 10.$$

例 5.5.2 找出 1，4，9，16，25，36，…的通项公式，并找出该序列的递推关系。

解 我们可以发现这个序列中的每一项都是一个平方项，第一项是 1^2，第二项是 2^2，等等，所以通项

公式是：$a_n = n^2$，$n = 1 \rightarrow \infty$。

用函数的形式来表示为 $a(n) = n^2$。

定义序列的递推关系，意味着我们必须找到一个方法，使得我们知道第 n 项，就能够推算出第 $n+1$ 项。由这个式子我们可以知道，$a_n = n^2$，$a_{n+1} = (n+1)^2$，那么递推关系为：$a_{n+1} = a_n + 2n + 1$，其中 $a_1 = 1$。

第二节　等差数列和等比数列

一、等差数列

1. 等差数列的定义

一个数列从第二项起，每一项与它的前一项的差都等于同一个常数，这个数列叫做等差数列。这个常数叫做这个等差数列的公差，用 d 来表示。即一个数列满足关系：

$$a_n - a_{n-1} = d \ (n \geqslant 2，且 \ n \in \mathbf{N}，d \ 为常数)，$$

就称这个数列为等差数列（可以用它来判断一个数列是否为等差数列）。

如：数列 1，3，5，7，…是一个以 2 为公差的等差数列。

2. 等差数列的通项公式

（1）如果等差数列 $\{a_n\}$ 的首项为 a_1，公差为 d，则其通项公式为：

$$a_n = a_1 + (n-1)d。$$

它对任意等差数列都适用，决定因素是首项 a_1 和公差 d。

（2）推广公式：

① $a_n = a_m + (n-m)d$。

② 若 $m + n = p + q$，则 $a_m + a_n = a_p + a_q$。

3. 前 n 项和公式

$$S_n = na_1 + \frac{n(n-1)d}{2}，$$

或

$$S_n = \frac{n(a_1 + a_n)}{2}。$$

两组公式应用的条件不同，因此，根据不同的条件选择合适的公式可使计算简化。

例 5.5.3　在等差数列 $\{a_n\}$ 中。

（1）已知 $a_1 = 2$，$d = 3$，$n = 10$，求 a_n；

（2）已知 $a_1 = 3$，$a_n = 21$，$d = 2$，求 n；

（3）已知 $a_1 = 12$，$a_6 = 27$，求 d。

解　（1）$a_{10} = a_1 + 9d = 2 + 9 \times 3 = 29$。

（2）由于 $21 = 3 + (n-1) \times 2$，解得 $n = 10$。

（3）因为 $a_6 = a_1 + 5d$，即 $27 = 12 + 5d$，所以 $d = 3$。

二、等比数列

1. 等比数列的定义

一个数列从第二项起，每一项与它的前一项的比都等于同一个常数，这个数列叫做等比数列。这个常数叫做这个等比数列的公比，用 q 来表示。即一个数列满足关系：

$$\frac{a_n}{a_{n-1}} = q \ (n \geqslant 2, \text{且} \ n \in \mathbf{N}, q \text{为常数}),$$

就称这个数列为等比数列(可以用它来判断一个数列是否为等比数列)。如:数列 2,4,8,16,…是一个以 2 为公比的等比数列。

注意:等比数列的公比 $q \neq 0$,而且等比数列的任意一项 $a_n \neq 0$。

2. 等比数列的通项公式

(1)如果等比数列 $\{a_n\}$ 的首项为 a_1,公比为 q,则其通项公式为:

$$a_n = a_1 q^{n-1} \text{。}$$

它对任意等比数列都适用,决定因素是首项 a_1 和公比 q。

(2)推广公式:

① $a_n = a_m q^{n-m}$。

② 若 $m+n = p+q$,则 $a_m a_n = a_p a_q$。

3. 前 n 项和公式

$$S_n = na_1(q=1),$$

或

$$S_n = \frac{a_1(1-q^n)}{1-q} \ (q \neq 1),$$

或

$$S_n = \frac{a_1 - a_n q}{1-q} \ (q \neq 1)\text{。}$$

三组公式应用的条件不同,因此,根据不同的条件选择合适的公式可使计算简化。

第三节 数列的极限与收敛

一般地,对于数列 x_1,x_2,x_3,…,x_n,…来说,若存在任意给定的正数 ε(不论其多么小),总存在正整数 N,使得对于 $n > N$ 时的一切 x_n,不等式 $|x_n - a| < \varepsilon$ 都成立,则称常数 a 是数列 $\{x_n\}$ 的极限,或者称数列 $\{x_n\}$ 收敛于 a,记作:$\lim\limits_{n \to \infty} x_n = a$ 或 $x_n \to a(n \to \infty)$。

注: 此定义中的正数 ε 只有任意给定,不等式 $|x_n - a| < \varepsilon$ 才能表达出 x_n 与 a 无限接近的意思。并且定义中的正整数 N 与任意给定的正数 ε 是有关的,它是随着 ε 的给定而选定的。

数列 $\{x_n\}$ 极限为 a 的一个**几何解释**:将常数 a 及数列 x_1,x_2,x_3,…,x_n,…在数轴上用它们的对应点表示出来,再在数轴上作点 a 的 ε 邻域即开区间 $(a-\varepsilon, a+\varepsilon)$,如图 5-5-1 所示:

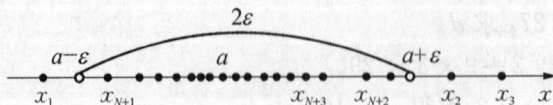

图 5-5-1 数列 $\{x_n\}$ 极限为 a 的一个几何解释

因为不等式 $|x_n - a| < \varepsilon$ 与不等式 $a-\varepsilon < x_n < a+\varepsilon$ 等价,所以,当 $n > N$ 时,所有的点 x_n 都落在开区间 $(a-\varepsilon, a+\varepsilon)$ 内,而只有有限个(至多只有 N 个)在此区间以外。

数列的有界性

对于数列 $\{x_n\}$,若存在正数 M,使得一切的 x_n 都满足不等式 $|x_n| \leqslant M$,则称数列 $\{x_n\}$ 是有界的,若正数 M 不存在,则可说数列 $\{x_n\}$ 是无界的。

定理：若数列$\{x_n\}$收敛，则数列$\{x_n\}$一定有界。

注：有界的数列不一定收敛，即数列有界是数列收敛的必要条件，但不是充分条件。例如数列 1，-1，1，-1，$\cdots$，$(-1)^{n+1}$，$\cdots$是有界的，但它是发散的。

第四节 级 数

一、级数的定义

设数列 a_1，a_2，$\cdots$，a_n，$\cdots$把数列中各项依次用加号连接起来的式子 $a_1+a_2+\cdots+a_n+\cdots$称为无穷级数，简称级数。记作：$\sum\limits_{n=1}^{\infty}a_n$ 或 $\sum a_n$，即 $\sum\limits_{n=1}^{\infty}a_n=a_1+a_2+\cdots+a_n+\cdots$，数列的各项 a_1，a_2，$\cdots$称为级数的项，a_n 称为级数的通项。取级数最前的一项、两项、$\cdots$、n 项相加，得一数列 $S_1=a_1$，$S_2=a_1+a_2$，$\cdots$，$S_n=a_1+a_2+\cdots+a_n$，这个数列的通项 $S_n=a_1+a_2+\cdots+a_n$ 称为级数 $\sum\limits_{n=1}^{\infty}a_n$ 的前 n 项的部分和，该数列称为级数的部分和数列。如果级数的部分和数列收敛，即 $\lim\limits_{n\to\infty}S_n=S$，就称该级数收敛，极限值 S 称为该级数的和。

二、几种级数

1. Pascal's triangle(帕斯卡三角形)

帕斯卡三角形的顶端是 1，视为第 0 行。第 1 行($1\,\&\,1$)两个 1，这两个 1 是由它们上面左右两数之和（不在三角形内的数视为 0）。依次类推，第 2 行：$0+1=1$，$1+1=2$；$1+0=1$；第 3 行：$0+1=1$；$1+2=3$；$2+1=3$；$1+0=1$。循此法可以产生以下诸行，如图 $5-5-2$ 所示。

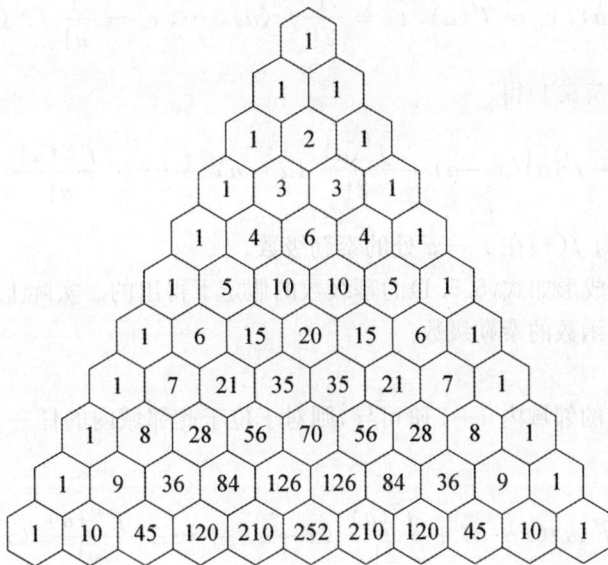

图 $5-5-2$ Pascal's triangle(帕斯卡三角形)

例 5.5.4 将 $\left(1+\dfrac{1}{2}x\right)^3$ 展开。

解 $\left(1+\dfrac{1}{2}x\right)^3=1+3\times\left(\dfrac{1}{2}x\right)+3\times\left(\dfrac{1}{2}x\right)^2+\left(\dfrac{1}{2}x\right)^3=1+\dfrac{3}{2}x+\dfrac{3}{4}x^2+\dfrac{1}{8}x^3$。

2. Binomial theorem 二项式定理

二项式定理是指 $(a+b)^n$ 在 n 为正整数时的展开式，即

$$(a+b)^n = a^n + \binom{n}{1}a^{n-1}b + \binom{n}{2}a^{n-2}b^2 + \binom{n}{3}a^{n-3}b^3 + \cdots + b^n.$$

例 5.5.5 使用 $1.1^3 = (1+0.1)^3$ 求 1.1^3。

解 $\qquad\qquad (1+0.1)^3 = 1 + 3 \times 0.1 + 3 \times 0.1^2 + 0.1^3 = 1.331。$

3. 泰勒级数和麦克劳林的展开式

假定 $f(x)$ 在 a 的邻域内能表示成

$$f(x) = c_0 + c_1(x-a) + c_2(x-a)^2 + \cdots + c_n(x-a)^n + \cdots \qquad (5.5.1)$$

这种形式的幂级数,其中 a 是事先给定的某一常数,我们来看看系数 c_n 与 $f(x)$ 应有怎样的关系。

由于 $f(x)$ 可以表示成幂级数,我们可根据幂级数的性质,在 $x=a$ 的邻区内 $f(x)$ 可任意阶可导,对其幂级数两端逐次求导,得:

$$f'(x) = c_1 + 2c_2(x-a) + 3c_3(x-a)^2 + \cdots,$$
$$f''(x) = 2c_2 + 3!c_3(x-a) + \cdots,$$
$$\cdots$$
$$f^{(n)}(x) = n!c_n + (n+1)!c_{n+1}(x-a) + \cdots,$$
$$\cdots$$

在 $f(x)$ 幂级数式及其各阶导数中,令 $x=a$ 分别得

$$c_0 = f(a),\ c_1 = f'(a),\ c_2 = \frac{1}{2!}f''(a),\ \cdots,\ c_n = \frac{1}{n!}f^{(n)}(a),\ \cdots$$

把这些所求的系数代入式(5.5.1)得

$$f(x) = f(a) + f'(a)(x-a) + \frac{f''(a)}{2!}(x-a)^2 + \cdots + \frac{f^{(n)}(a)}{n!}(x-a)^n + \cdots$$

该式右端的幂级数称为 $f(x)$ 在 $x=a$ 处的泰勒级数。

上式是在 $f(x)$ 可以展成形如式(5.5.1)的幂级数的假定下得出的。实际上,只要 $f(x)$ 在 $x=a$ 处任意阶可导,我们就可以写出函数的泰勒级数。

泰勒定理

设函数 $f(x)$ 在 $x=a$ 的邻域内 $n+1$ 阶可导,则对于位于此邻域内的任一 x,至少存在一点 c,c 在 a 与 x 之间,使得:

$$f(x) = f(a) + f'(a)(x-a) + \frac{f''(a)}{2!}(x-a)^2 + \cdots + \frac{f^{(n)}(a)}{n!}(x-a)^n + r_n(x),$$

其中 $r_n(x) = \frac{f^{(n+1)}(c)}{(n+1)!}(x-a)^{n+1}$。此公式也被称为泰勒公式。(在此不加以证明)

在泰勒公式中,取 $a=0$,此时泰勒公式变成:

$$f(x) = f(0) + f'(0)x + \frac{f''(0)}{2!}x^2 + \cdots + \frac{f^{(n)}(0)}{n!}x^n + \frac{f^{(n)}(c)}{(n+1)!}x^n,$$

其中 c 在 0 与 x 之间,此式子被称为麦克劳林公式。

函数 $f(x)$ 在 $x=0$ 的泰勒级数称为麦克劳林级数。当麦克劳林公式中的余项趋于零时,我们称相应的泰勒展开式为麦克劳林展开式,即:

$$f(x) = f(0) + f'(0)x + \frac{f''(0)}{2!}x^2 + \cdots + \frac{f^{(n)}(0)}{n!}x^n + \cdots。$$

在此列出几种初等函数的麦克劳林的展开式

$$\cos x = 1 - \frac{x^2}{2!} + \frac{x^4}{4!} - \cdots + (-1)^n \frac{x^{2n}}{(2n)!} + \cdots \quad (-\infty < x < +\infty),$$

$$\ln(1+x) = x - \frac{1}{2}x^2 + \frac{1}{3}x^3 - \cdots + (-1)^{n-1} \frac{x^n}{n} + \cdots \quad x \in (-1, 1],$$

$$e^x = 1 + x + \frac{x^2}{2!} + \cdots + \frac{x^n}{n!} + \cdots \quad (-\infty < x < +\infty),$$

$$(1+x)^\alpha = 1 + \alpha x + \frac{\alpha(\alpha-1)}{2!}x^2 + \cdots + \frac{\alpha(\alpha-1)\cdots(\alpha-n+1)}{n!}x^n + \cdots \quad (-1 < x < 1),$$

$$\sin x = x - \frac{x^3}{3!} + \frac{x^5}{5!} - \cdots + (-1)^{n-1} \frac{x^{2n-1}}{(2n-1)!} + \cdots \quad (-\infty < x < +\infty)。$$

4. 洛必达法则

(1) 未定式：如果当 $x \to a$(或 $x \to \infty$)时，两个函数 $f(x)$ 与 $F(x)$ 都趋于零，或者都趋于无穷大，那么极限 $\lim\limits_{\substack{x \to a \\ (x \to \infty)}} \frac{f(x)}{F(x)}$ 可能存在，也可能不存在，这种极限叫做未定式。

(2) 定理：

设函数 $f(x)$ 与 $F(x)$ 满足以下条件：

① 当 $x \to a$ 时，函数 $f(x)$ 及 $F(x)$ 都趋于零；

② 在点 a 的某个去心领域内，$f'(x)$ 及 $F'(x)$ 都存在且 $F'(x) \neq 0$；

③ $\lim\limits_{x \to a} \frac{f'(x)}{F'(x)}$ 存在(或为无穷大)，

那么 $\lim\limits_{x \to a} \frac{f(x)}{F(x)} = \lim\limits_{x \to a} \frac{f'(x)}{F'(x)}$。

这即为洛必达法则。

例 5.5.6 求 $\lim\limits_{x \to 2} \frac{x^2 - x - 2}{4x^3 - 4x^2 - 7x - 2}$。

解 利用洛必达法则得：

$$\lim_{x \to 2} \frac{x^2 - x - 2}{4x^3 - 4x^2 - 7x - 2} = \lim_{x \to 2} \frac{2x - 1}{12x^2 - 8x - 7} = \frac{3}{25}。$$

第五节　数列与级数在言语科学中的应用

一、基频微扰

1. 定义及简介

基频微扰($Jitter$)是指基频的变化率，用于度量指定的一个周期与它相邻的前几个周期，或者后几个周期的差异值，反映声带振动周期性上的频率差异。

基频微扰是用来评价嗓音音调的变异率，它表现了相对的周期间的变化程度。表明声带振动的不规律性，是嗓音产生过程中无意识的行为。基频微扰的单位是％，正常值小于 0.5%。

2. 计算

基频微扰的计算采用中值滤波器对基频序列进行平滑处理,处理前后的数据偏差即为基频扰动序列,将扰动序列值通过截止频率为 15 Hz 的高通滤波器,所获得的即为基频微扰序列,并以基频序列平均值进行归一化处理后计算其样本标准差即为基频微扰指标,或称为基频微扰。

$$Jitter = \frac{100}{M-k+1} \sum_{n=1}^{M-k+1} \left| 1 - \frac{kx(n+m-1)}{\sum_{j=1}^{k} x(n+j-1)} \right| (\%)。$$

其中 K 是平均移动长度($k>1$,整数),$m=(k+1)/2$,M 是周期数。

气息声越严重的嗓音其基频微扰序列的分布约趋向于高斯正态分布。这说明,气息程度与嗓音的送气成分有关,且送气噪声呈现高斯正态分布。

二、振幅微扰

振幅微扰($Shimmer$)是指声波的变化频率,可以从测量的声波的振幅峰—峰值获得,单位也是%,正常值小于 3%。

振幅微扰是衡量幅度扰动序列的离散指标,是声带振动过程中无意识行为所产生的幅度序列的抖动程度,是声带振动扰动在振幅方向上的参数。

振幅微扰的计算公式及方法类似于基频微扰,在此不再赘述。

基频微扰和振幅微扰主要反映嗓音信号的瞬时变化情况。大多数嗓音专家认为这两个参数对声带振动时有意识的变化不敏感,而对声带振动时的突然的无意识的变化则有明显的反应。然而,从临床的角度看,这种无意识的声带变化主要来自声带的各种损伤,或控制声带振动的神经元发生病变等。一般来说,病理嗓音较正常嗓音有更高的微扰值。通过进一步的研究发现,振幅微扰对声带的各种损伤(damage of vocal cords)都比较敏感,而基频微扰在反映声带麻痹(vocal cord paralysis)或喉癌(laryngocarcinoma)时更加敏感。

第六章 傅里叶级数

第一节 概　述

傅里叶分析是关于信号频率分析的理论。本章将关注周期性和分段连续函数的傅里叶分析算法。一个周期性函数可以用一个傅里叶级数来描述。一个非周期性函数也可以用傅里叶级数来表示,但我们在这里将不会展开谈及。离散型函数可以用离散型傅里叶级数来表示,但在本书中,我们也将不展开讲解。

任何一个周期性的信号都是一系列信号频率的总和。这个组成中包括一个基频,基频的倍频,称之为谐波和偏项,斜线将表示平均数偏离 0 的程度。我们可以用三种等值的方法来表示这些信息,例如可以用一系列的正弦函数和余弦函数来表示频率的组成,或者可以考虑各个组成的振幅和相位这些信息,或者我们也可以用一个合成的傅里叶级数来表示频率的信息,其中利用合成的傅里叶级数可以简化我们的计算。

第二节　周期性函数

在前面章节中,我们讨论了周期性三角函数的特性。一个周期性函数是指它的图形可以用一个称为周期的量来使它在数轴上向左或向右平移,但经过移动后的图形和原来图形可以准确无误的重合。周期是使被移动的图形重新覆盖住原图形的最小非零的量。

一个周期为 T 的周期性函数,对于任何值 t 都满足 $f(t+T) = f(t)$。在图 $5 \text{-} 6 \text{-} 1$ 中给出了周期函数的例子。

周期函数的基频是一个间隔单元的长度的数值,即

$$f = 1/T。$$

角频率的基频为

$$\omega_0 = 2\pi f = 2\pi/T。$$

一个周期函数只需要在一个周期中被定义,因为周期的特性可以使它在任何地方得到定义。如图 $5 \text{-} 6 \text{-} 1$ 所示的周期性方波可由式$(5.6.1)$画出。

$$f(t) = \begin{cases} \dfrac{1}{2}, & 0 < t < 1, \\[2mm] -\dfrac{1}{2}, & 1 < t < 2。 \end{cases} \tag{5.6.1}$$

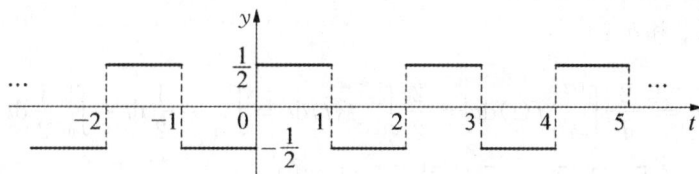

图 $5 \text{-} 6 \text{-} 1$　周期性方波

首先,我们画出图形的定义域,其次,根据周期移动这个区域,再复制这个区域.通过重复性的移动和复制的方法,同时向左和向右两个方向,我们就可以得到所示的图形了。图 5-6-2 画出一些周期性函数的图形。

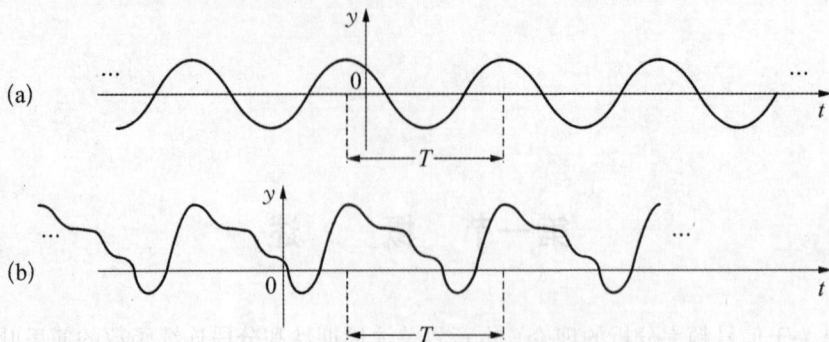

图 5-6-2　一些周期性函数的图形

就如我们在概述中说过的那样,有三种方法表示傅里叶级数,即用正弦和余弦函数或者用振幅和相位或者用合成的方式。

第三节　傅里叶级数的三角形式

一、周期函数傅里叶级数的三角形式

如果函数 $f(t)$ 的周期是 $T = 2\pi/\omega_0$,那么傅里叶级数就可以如下给出来:

$$f(t) = \frac{1}{2}a_0 + \sum_{n=1}^{\infty} a_n\cos(n\omega_0 t) + b_n\sin(n\omega_0 t),$$

其中, $a_0 = \frac{2}{T}\int_{-T/2}^{T/2} f(t)\mathrm{d}t$, $a_n = \frac{2}{T}\int_{-T/2}^{T/2} f(t)\cos(n\omega_0 t)\mathrm{d}t$, $b_n = \frac{2}{T}\int_{-T/2}^{T/2} f(t)\sin(n\omega_0 t)\mathrm{d}t$。

求一个傅里叶级数的步骤如下:

第一步:绘出周期性函数 $f(t)$;

第二步:求得其基本周期 T 和它的基本角频率 $\omega_0 = 2\pi/T$;

第三步:计算上面给出的 a_0、a_n 和 b_n;

第四步:写出傅里叶级数。

例 5.6.1　写出 $f(t) = \begin{cases} \dfrac{1}{2}, & 0 < t < 1, \\ -\dfrac{1}{2}, & 1 < t < 2 \end{cases}$ 的傅里叶级数。

解　第一步:如图 5-6-1 所示,我们已经画出这个周期函数的图形;

第二步:基本周期和角频率分别为: $T = 2$, $\omega_0 = 2\pi/2 = \pi$;

第三步:计算 a_0、a_n 和 b_n:

$$a_0 = \frac{2}{T}\int_{-T/2}^{T/2} f(t)\mathrm{d}t = \frac{2}{2}\int_{-1}^{1} f(t)\mathrm{d}t = \int_{-1}^{0} -\frac{1}{2}\mathrm{d}t + \int_{0}^{1} \frac{1}{2}\mathrm{d}t$$

$$= \left[-\frac{1}{2}t\right]_{-1}^{0} + \left[\frac{1}{2}t\right]_{0}^{1} = -\frac{1}{2} + \frac{1}{2} = 0;$$

$$a_n = \frac{2}{T} \int_{-T/2}^{T/2} f(t)\cos(n\omega_0 t)\mathrm{d}t = \frac{2}{2} \int_{-1}^{1} f(t)\cos(n\pi t)\mathrm{d}t$$

$$= \int_{-1}^{0} -\frac{1}{2}\cos(n\pi t)\mathrm{d}t + \int_{0}^{1} \frac{1}{2}\cos(n\pi t)\mathrm{d}t$$

$$= \left[-\frac{1}{2}\,\frac{\sin(n\pi t)}{n\pi} \right]_{-1}^{0} + \left[\frac{1}{2}\,\frac{\sin(n\pi t)}{n\pi} \right]_{0}^{1}$$

$$= -\frac{1}{2}\,\frac{\sin 0}{n\pi} + \frac{1}{2}\,\frac{\sin(-n\pi)}{n\pi} + \frac{1}{2}\,\frac{\sin(n\pi)}{n\pi} - \frac{1}{2}\,\frac{\sin 0}{n\pi}$$

$$= 0;$$

$$b_n = \frac{2}{T} \int_{-T/2}^{T/2} f(t)\sin(n\omega_0 t)\mathrm{d}t = \frac{2}{2} \int_{-1}^{1} f(t)\sin(n\pi t)\mathrm{d}t$$

$$= \int_{-1}^{0} -\frac{1}{2}\sin(n\pi t)\mathrm{d}t + \int_{0}^{1} \frac{1}{2}\sin(n\pi t)\mathrm{d}t$$

$$= \left[\frac{1}{2}\,\frac{\cos(n\pi t)}{n\pi} \right]_{-1}^{0} + \left[-\frac{1}{2}\,\frac{\cos(n\pi t)}{n\pi} \right]_{0}^{1}$$

$$= \frac{1}{2n\pi}\left[\cos 0 - \cos(-n\pi)\right] + \frac{1}{2n\pi}\left(-\cos n\pi + \cos 0\right)$$

$$= \frac{1}{2n\pi}\left[1 - (-1)^n\right] + \frac{1}{2n\pi}\left[1 - (-1)^n\right]$$

$$= \frac{1}{n\pi}\left[1 - (-1)^n\right]。$$

第四步：写出傅里叶级数

$$f(t) = \frac{1}{2}a_0 + \sum_{n=1}^{\infty} a_n\cos(n\omega_0 t) + b_n\sin(n\omega_0 t) = \frac{1}{\pi}\sum_{n=1}^{\infty} \frac{1-(-1)^n}{n}\sin(n\pi t)。$$

需要提出的是，因为 n 满足 $1-(-1)^n = 0$，所以对所有的 n 取偶数值时，系数为 0；n 取奇数值则系数为 $2/n\pi$。在这个例子中，我们可以通过改变变量来改变总量，令 $n = 2m-1$，这样 n 将一直是奇数，原公式变为：

$$f(t) = \frac{1}{\pi}\sum_{m=1}^{\infty} \frac{2}{2m-1}\sin\left[(2m-1)\pi t\right]。$$

我们将获得这个函数系列，并将它最开始的一小部分和描绘成图形，这是件很有意思的事。在图 $5-6-3$ 中我们分别取 $n=3$、$n=5$ 和 $n=7$ 将图形描绘出来。

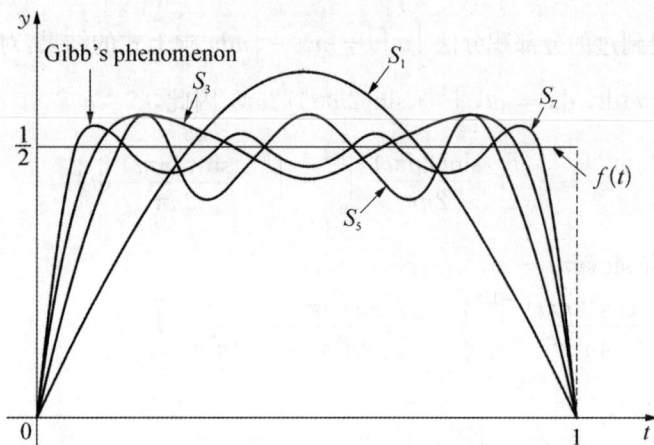

图 $5-6-3$ 方波函数傅里叶级数的部分和

$$S_3 = \frac{2}{\pi}\sin(\pi t) + \frac{2}{3\pi}\sin(3\pi t),$$

$$S_5 = \frac{2}{\pi}\sin(\pi t) + \frac{2}{3\pi}\sin(3\pi t) + \frac{2}{5\pi}\sin(5\pi t),$$

$$S_7 = \frac{2}{\pi}\sin(\pi t) + \frac{2}{3\pi}\sin(3\pi t) + \frac{2}{5\pi}\sin(5\pi t) + \frac{2}{7\pi}\sin(7\pi t).$$

我们可以发现在接近跃点函数的地方有个过冲,这是 GIBB 现象的一个例子。但是很多次我们在部分和中发现过冲仍旧有意义,大约为函数值的 10%。另外一件有意思的事是我们可以看到当傅里叶级数取一些不连续点时,比如 $t=1$,将 $t=1$ 代入到 S_3、S_5,将 0 代入到 $S_7=0$,在点 $t=1$ 的两侧,f 只取到了一半的值。

例 5.6.2 写出周期函数的傅里叶级数:在 $0 < t < 1$ 时,有 $f(t) = \begin{cases} t, & 0 < t < \dfrac{1}{2}, \\ 0, & \dfrac{1}{2} < t < 1. \end{cases}$

解 第一步:如图 5-6-4 所示,画出这个周期函数的图形;

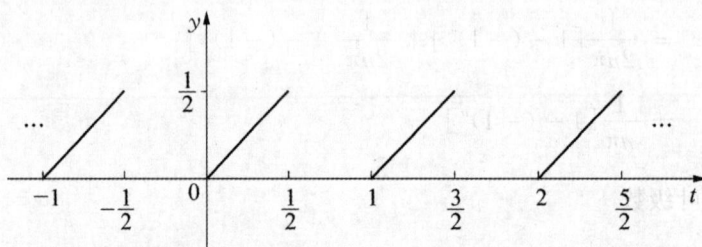

图 5-6-4 周期函数的图形

第二步:基本周期和角频率分别为:$T=1$,$\omega_0 = 2\pi/1 = 2\pi$;

第三步:计算 a_0、a_n 和 b_n:

$$a_0 = \frac{2}{1}\int_{-1/2}^{1/2} f(t)\mathrm{d}t = 2\int_0^{1/2} t\mathrm{d}t = \left[t^2\right]_0^{1/2} = \frac{1}{4} - 0 = 1/4;$$

$$a_n = \frac{2}{T}\int_{-T/2}^{T/2} f(t)\cos(n\omega_0 t)\mathrm{d}t = 2\int_{-1/2}^{1/2} f(t)\cos(2\pi n t)\mathrm{d}t = 2\int_0^{1/2} t\cos(2n\pi t)\mathrm{d}t;$$

我们利用第三章中提到过的分部积分法 $\int u\mathrm{d}v = uv - \int u\mathrm{d}u$ 求上式的结果,对本例有:

$u = t$,$\mathrm{d}v = \cos(2n\pi t)\mathrm{d}t$,$\mathrm{d}u = \mathrm{d}t$,$v = \sin(2n\pi t)/2n\pi$,因此,

$$a_n = 2\left\{\left[t\,\frac{\sin(2n\pi t)}{2n\pi}\right]_0^{1/2} - \int_0^{1/2}\frac{\sin(2n\pi t)}{2n\pi}\mathrm{d}t\right\},$$

因为对所有的 n,均有 $\sin(n\pi) = 0$,

所以 $a_n = 2\left\{0 - \left[-\dfrac{\cos(2n\pi t)}{4n^2\pi^2}\right]_0^{1/2}\right\} = 2\left[\dfrac{\cos(n\pi)}{4n^2\pi^2} - \dfrac{1}{4n^2\pi^2}\right]$,

因为 $\cos(n\pi) = (-1)^n$,

所以 $a_n = 2\,\dfrac{(-1)^n - 1}{4n^2\pi^2} = \dfrac{(-1)^n - 1}{2n^2\pi^2}$;

$$b_n = 2\left\{ \left[t\left(-\frac{\cos(2n\pi t)}{2n\pi} \right) \right]_0^{1/2} + \int_0^{1/2} \frac{\cos(2n\pi t)}{2n\pi} \mathrm{d}t \right\}$$

$$= 2\left\{ -\frac{\cos(n\pi)}{4n\pi} + \left[-\frac{\sin(2n\pi t)}{4n^2\pi^2} \right]_0^{1/2} \right\}$$

$$= \frac{(-1)^{n+1}}{2n\pi};$$

第四步：写出傅里叶级数

$$f(t) = \frac{1}{2}a_0 + \sum_{n=1}^{\infty} a_n \cos(n\omega_0 t) + b_n \sin(n\omega_0 t)$$

$$= \frac{1}{8} + \sum_{n=1}^{\infty} \frac{(-1)^n - 1}{2\pi^2 n^2} \cos(2n\pi t) + \sum_{n=1}^{\infty} \frac{(-1)^{n+1}}{2\pi n} \sin(2n\pi t)_\circ$$

二、信号偏项：直流分量

傅里叶级数展开式中的 $\frac{1}{2}a_0$ 称为偏项，或者称为直流分量（引用自电子信号学），它和超过一个信号周期函数的平均值相匹配。

第四节　对称性周期函数的傅里叶级数

我们在前面章节中了解了偶函数和奇函数的概念。

一、偶函数

偶函数有这样的特性：$f(-t) = f(t)$，在傅里叶级数展开式里，它的 $b_n = 0$，因此它们只可以用余弦函数来表示，这样我们就不用奇怪余弦函数是偶函数，而正弦函数是奇函数。我们希望一个偶函数可以用其他偶函数来表示。另外一个简单的例子如下：

$$a_n = \frac{2}{T} \int_{-T/2}^{T/2} f(t) \cos(n\omega_0 t) \mathrm{d}t$$

$$= \frac{2}{T} \int_{-T/2}^{0} f(t) \cos(n\omega_0 t) \mathrm{d}t + \frac{2}{T} \int_{0}^{T/2} f(t) \cos(n\omega_0 t) \mathrm{d}t$$

$$= \frac{4}{T} \int_{0}^{T/2} f(t) \cos(n\omega_0 t) \mathrm{d}t_\circ \tag{5.6.2}$$

由式(5.6.2)可以看出，只需要求一半的积分就可以了，因此对于偶函数，傅里叶级数的各项展开可以总结为：

对于所有的 n：

$$a_0 = \frac{4}{T} \int_0^{T/2} f(t) \mathrm{d}t;$$

$$a_n = \frac{4}{T} \int_0^{T/2} f(t) \cos(n\omega_0 t) \mathrm{d}t;$$

$$b_n = 0_\circ$$

二、奇函数

奇函数的特性是 $f(-t) = -f(t)$，它的傅里叶级数中所有的 $a_n = 0$，只剩下正弦函数。我们只需要考虑半个周期：

$$b_n = \frac{2}{T}\int_{-T/2}^{T/2} f(t)\sin(n\omega_0 t)\mathrm{d}t$$

$$= \frac{2}{T}\int_{-T/2}^{0} f(t)\sin(n\omega_0 t)\mathrm{d}t + \frac{2}{T}\int_{0}^{T/2} f(t)\sin(n\omega_0 t)\mathrm{d}t$$

$$= \frac{4}{T}\int_{0}^{T/2} f(t)\sin(n\omega_0 t)\mathrm{d}t。$$

对于奇函数，傅里叶级数的各项展开可以总结为：

对于所有的 n：

$$a_n = 0;$$

$$b_n = \frac{4}{T}\int_{0}^{T/2} f(t)\sin(n\omega_0 t)\mathrm{d}t。$$

三、半波对称函数

还有一种对称函数对傅里叶级数的描述有重要的影响，我们称它为半波对称函数。一个半波对称函数具有 $f(t+1/2T) = -f(t)$，这表示该函数的图形从其第二个半周期开始和其第一个半周期重叠。半波对称函数没有一个偶次谐波。我们令 $n = 2m$，代入方程中，就可以了解到这个特性。

$$b_{2m} = \frac{2}{T}\int_{-T/2}^{T/2} f(t)\sin(2m\omega_0 t)\mathrm{d}t$$

$$= \frac{2}{T}\int_{-T/2}^{0} f(t)\sin(2m\omega_0 t)\mathrm{d}t + \frac{2}{T}\int_{0}^{T/2} f(t)\sin(2m\omega_0 t)\mathrm{d}t, \qquad (5.6.3)$$

因为 $t' = t - \frac{1}{2}T$，所以 $t = t' + \frac{1}{2}T$，$\mathrm{d}t' = \mathrm{d}t$，代入式(5.6.3)中第二项，得

$$\frac{2}{T}\int_{0}^{T/2} f(t)\sin(2m\omega_0 t)\mathrm{d}t = \frac{2}{T}\int_{-T/2}^{0} f\left(t' + \frac{T}{2}\right)\sin\left[2m\omega_0\left(t' + \frac{T}{2}\right)\right]\mathrm{d}t',$$

因为 $T = 2\pi/\omega_0$，所以

$$\sin\left[2m\omega_0\left(t' + \frac{T}{2}\right)\right] = \sin\left[2m\omega_0\left(t' + \frac{2\pi}{2\omega_0}\right)\right]$$

$$= \sin(2m\omega_0 t' + 2m\pi)$$

$$= \sin(2m\omega_0 t')。$$

因为 $f\left(t' + \frac{T}{2}\right) = -f(t')$，因此 b_{2m} 中的第二项变为 $\frac{2}{T}\int_{-T/2}^{0} -f(t')\sin(2m\omega_0 t')\mathrm{d}t'$，正好与第一项相抵消，因此 $b_{2m} = 0$。类似地，当 n 为偶数时，余弦函数的值为零。因此这时也只需考虑一半的积分：

$$\frac{2}{T}\int_{-T/2}^{T/2} f(t)\sin(n\omega_0 t)\mathrm{d}t = \frac{4}{T}\int_{0}^{T/2} f(t)\sin(n\omega_0 t)\mathrm{d}t。\quad (n\text{ 为奇数})$$

对于半波对称函数，傅里叶级数的各项展开可以总结为：

$$a_n = \frac{4}{T}\int_{0}^{T/2} f(t)\cos(n\omega_0 t)\mathrm{d}t;\quad (n\text{ 为奇数})$$

$$b_n = \frac{4}{T}\int_{0}^{T/2} f(t)\sin(n\omega_0 t)\mathrm{d}t;\quad (n\text{ 为奇数})$$

$$a_n = b_n = 0。 \quad (n\ 为奇数)$$

奇函数、偶函数和半波对称函数的图形如图 $5-6-5$。

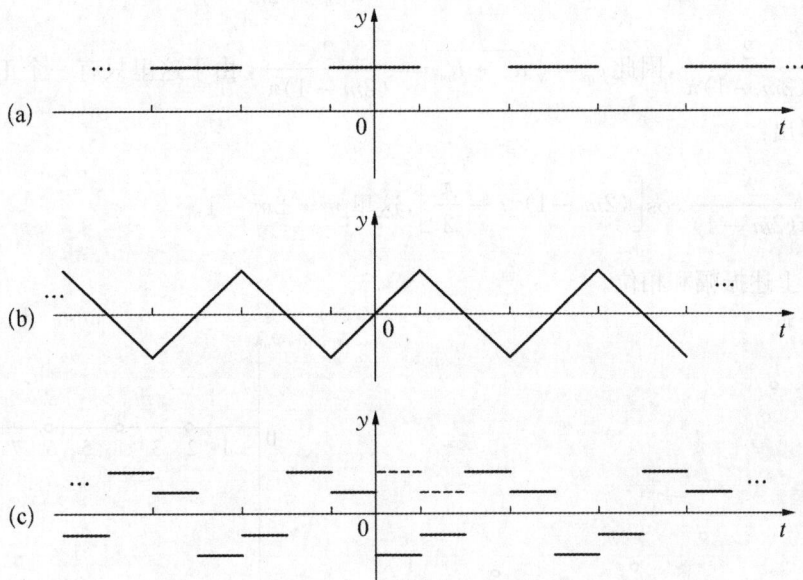

图 $5-6-5$　奇函数、偶函数和半波对称函数的图形
注：(a) 偶函数，图形关于 y 轴对称，傅里叶展开式里只有余弦项；(b) 奇函数，图形关于原点对称，傅里叶展开式里只有正弦项；(c) 半波对称函数，图形的后半周期与前半周期关于 x 轴对称，傅里叶展开式里没有偶谐波。

第五节　傅里叶级数的振幅和相位表示

前面章节中提到，当考虑用矢量来表示信号频率波时，我们说 $c\cos(\omega t) - d\sin(\omega t)$ 可以用一个余弦信号 $A\cos(\omega t + \varphi)$ 来表示，这里的 A 就是振幅，φ 就是相位。A 和 φ 可以在点斜式方程中的矢量 (c, d) 来表示。我们可以将这个方法借鉴过来，用在傅里叶级数中的振幅和相位表示上，这个方法很有用，比如，一个滤波器可能由一个没有确定通带频率的衰减器决定，这个设备的特殊之处在于它的振幅特征，它的相位可以被独立考虑。

这样傅里叶级数就变成：

$$f(t) = \frac{1}{2}a_0 + \sum_{n=1}^{\infty} c_n \cos(n\omega_0 t + \varphi_n),$$

式中，$c_n \cos(n\omega_0 t + \varphi_n) = a_n \cos(n\omega_0 t) + b_n \sin(n\omega_0 t)$。

根据三角函数 $\cos(A+B)$ 的定义，可以将上式展开为：

$$c_n \cos(n\omega_0 t) \cos \varphi_n - c_n \sin(n\omega_0 t) \sin \varphi_n = a_n \cos(n\omega_0 t) + b_n \sin(n\omega_0 t),$$

对应系数项，得出：

$$c_n \cos \varphi_n = a_n, \quad -c_n \sin \varphi_n = b_n,$$

其中 $c_n = \sqrt{a_n^2 + b_n^2}$，$\varphi_n = -\tan^{-1}\left(\dfrac{b_n}{a_n}\right)$。若 a_n 为负数，则 φ_n 为 $-\tan^{-1}\left(\dfrac{b_n}{a_n}\right) \pm \pi$，将 (a_n, b_n) 表示为极点的形式，便可以得出 $c_n \angle \varphi_n$。

如果已知幅度—频率（角频率）谱，那么就可以描出该函数的振幅图形；如果已知相位—频率谱，那么就可以描出该函数的相位图形。振幅图形可以描述在不同频率内的能量分布情况。

如例 5.6.1 中讨论过的无偏方波函数,有:

$$f(t) = \frac{1}{\pi} \sum_{n=1}^{\infty} \frac{1-(-1)^n}{n} \sin(n\pi t) = \frac{1}{\pi} \sum_{m=1}^{\infty} \frac{2}{2m-1} \sin[(2m-1)\pi t],$$

则 $a_m = 0$,$b_m = \frac{2}{(2m-1)\pi}$,因此 $c_m = \sqrt{a_m^2 + b_m^2} = \frac{2}{(2m-1)\pi}$,由于这里只有一个正弦项,所以相位取 $-\pi/2$,从而可以得出:

$$f(t) = \sum_{m=1}^{\infty} \frac{2}{\pi(2m-1)} \cos\left[(2m-1)\pi t - \frac{\pi}{2}\right],\text{这里 } n = 2m-1\text{。}$$

图 5-6-6 为上述振幅和相位。

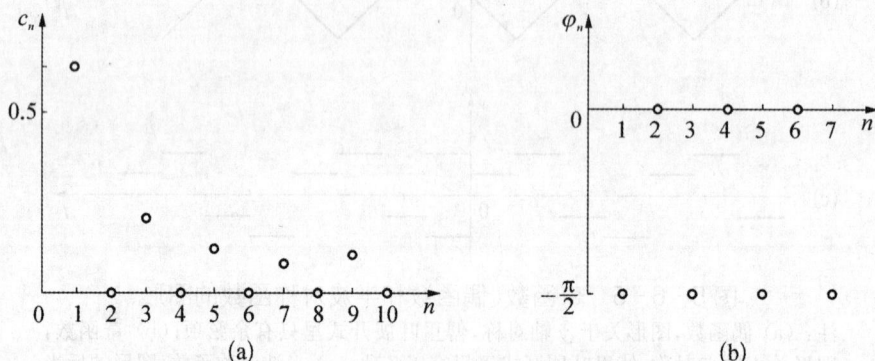

图 5-6-6 例 5.6.1 中方波函数的振幅(a)和相位(b)谱图

第六节 傅里叶级数的复数形式

最有效的傅里叶级数形式是上一章节中提到的振幅和相位表示的复数形式。通过复数的傅里叶级数,c_n 和 φ_n 可以得到更简便的计算。

例 5.6.3 已知 $f(t) = \frac{1}{2} a_0 + \sum_{n=1}^{\infty} c_n \cos(n\omega_0 t + \varphi_n)$,将其余弦表示成复合指数的形式。

解 因为 $c_n \cos(n\omega_0 t + \varphi_n) = \frac{c_n}{2}(e^{i(n\omega_0 t + \varphi_n)} + e^{-i(n\omega_0 t + \varphi_n)}) = \frac{c_n}{2} e^{in\omega_0 t} e^{i\varphi_n} + \frac{c_n}{2} e^{-in\omega_0 t} e^{-i\varphi_n}$,

设 $\alpha_n = \frac{c_n}{2} e^{i\varphi_n}$,$\alpha_{-n} = \frac{c_n}{2} e^{-i\varphi_n}$,则

$$f(t) = \frac{1}{2} a_0 + \sum_{n=1}^{\infty} \alpha_n e^{in\omega_0 t} + \alpha_{-n} e^{-in\omega_0 t},$$

因此,

$$f(t) = \sum_{n=-\infty}^{n=\infty} \alpha_n e^{in\omega_0 t},$$

其中 $\alpha_0 = \frac{1}{2} a_0$,$\alpha_n = \frac{c_n}{2} e^{i\varphi_n}$,$\alpha_{-n} = \frac{c_n}{2} e^{-i\varphi_n}$。因为 c_n 是实数,所以 $|\alpha_n| = |\alpha_{-n}| = \frac{c_n}{2}$,$\alpha_n^* = \alpha_{-n}$。因此,$\alpha_n (n > 0)$ 是傅里叶级数的一个复系数,其振幅为 $\frac{c_n}{2}$,相位为 φ_n。

傅里叶级数的复数形式通常是最简便的,因为它的表达式最简便。傅里叶级数的复数形式表示为:

$$f(t) = \sum_{n=-\infty}^{n=\infty} \alpha_n e^{in\omega_0 t},$$ 其中 α_n 通过一个简单的积分 $\alpha_n = \dfrac{1}{T} \displaystyle\int_{-T/2}^{T/2} f(t) e^{-in\omega_0 t} dt$ 就可以求得。

但是这个傅里叶级数形式有明显的消极频率,对于任意时间任意实函数,消极频率系数有相等的振幅和相反的相位,因此,只有正的频率需要给出整体函数结构。

从傅里叶级数的复数形式中,我们可以很容易地画出振幅和相位谱图,如果系数是 $|a_n| e^{i\theta}$,那么 $c_n = 2|a_n|$,$\varphi_n = \theta_n = \arg(a_n)$,$n \geqslant 0$。

我们也可以通过使用 $a_n = 2|a_n|\cos(\varphi_n) = 2\mathrm{Re}(a_n)$,$b_n = -2|a_n|\sin(\varphi_n) = -2\mathrm{Im}(a_n)$ 很容易地写出傅里叶级数的正弦形式和余弦形式。

例 5.6.4 写出周期函数的傅里叶级数的复数形式:在 $0 < t < 1$ 时,有 $f(t) = \begin{cases} t, & 0 < t < \dfrac{1}{2}, \\ 0, & \dfrac{1}{2} < t < 1. \end{cases}$

解 第一步:如图 $5-6-4$ 所示,我们已经画出这个周期函数的图形;

第二步:基本周期和角频率分别为:$T = 1$,$\omega_0 = 2\pi/1 = 2\pi$;

第三步:计算 α_n:

$$\alpha_n = \frac{1}{T} \int_{-T/2}^{T/2} f(t) e^{-in\omega_0 t} dt = \int_0^{1/2} t e^{-in2\pi t} dt,$$

这里我们利用分部积分法 $\displaystyle\int u dv = uv - \int u du$ 求上式,由 $u = t$,$dv = e^{-i2\pi nt} dt$,$du = dt$,$v = \dfrac{e^{-i2\pi nt}}{-i2\pi n} = i\dfrac{e^{-i2\pi nt}}{2\pi n}$ 得

$$\alpha_n = \int_0^{1/2} t e^{-in2\pi t} dt = \left[i\frac{t e^{-i2\pi nt}}{2\pi n} \right]_0^{1/2} - \int_0^{1/2} \frac{i e^{-i2\pi nt}}{2\pi n} dt$$

$$= i\frac{e^{-i\pi n}}{4\pi n} - \left[i\frac{e^{-i2\pi nt}}{(2\pi n)(-i2\pi n)} \right]_0^{1/2}$$

$$= \frac{i e^{-i\pi n}}{4\pi n} + \frac{e^{-i\pi n} - 1}{4\pi^2 n^2},$$

因为 $e^{-i\pi n} = (-1)^n$,所以

$$\alpha_n = \frac{(-1)^n - 1}{4\pi^2 n^2} + i\frac{(-1)^n}{4\pi n};$$

第四步:写出傅里叶级数的复数形式:

$$f(t) = \sum_{n=-\infty}^{n=\infty} \alpha_n e^{in\omega_0 t} = \sum_{n=-\infty}^{n=\infty} \left[\frac{(-1)^n - 1}{4\pi^2 n^2} + i\frac{(-1)^n}{4\pi n} \right] e^{-in\omega_0 t},$$

为了求得三角形式,可以利用 $a_n = 2\mathrm{Re}(\alpha_n) = \dfrac{(-1)^n - 1}{2\pi^2 n^2}$,$b_n = -2\mathrm{Im}(\alpha_n) = \dfrac{-(-1)^n}{2\pi n}$,这个结果正好与之前例 5.6.2 的结果一样。

第七章 信号与系统

人类在社会活动与日常生活中，无时无刻不涉及信息的获取、存储、传输、处理与再现。可以说从言语的产生、言语的传输、言语的感知、助听器、人工耳蜗、康复设备等都离不开信息科学。尽管在不同的领域有不同的具体问题，然而信息的传输都是其中的主要任务。当然有时为了更好地完成信息传输的任务，需要将信息进行必要的变换和处理。

第一节 概 述

一、信息与信号

信息要用某种物理方式表达出来，通常可以用语言、文字、图画、符号等来表达。也就是说信息通常隐含于一些按一定规则组织起来的、约定的"符号"之中，这种用约定方式组成的"符号"统称为**信息**。由于信息一般不便于高效率、高可靠性地远距离传输，因而往往需要将它们转换成更便于传输和处理的信号，因此可以说信号是信息的载体，是信息的一种表现形式。信号可以是多种多样的，通常表现为随时间变化的某些物理量。例如交通路口的红绿灯是光信号，言语声是声信号，麦克风的输出声音信号、无线电广播和电视发射的电磁波是电信号等。在各种信号中，电信号是最便于存储、传输、处理与再现的，因而也是应用最广泛的。通常电信号表现为随时间变化的电流、电压、电荷或磁通。许多非电信号如：力、温度、压力、阻抗等都可以通过适当的传感器变换成电信号，因而对电信号的研究具有普遍的意义。电信号是本章的主要研究对象。

二、信号的分类

如果信号可以表示为一个或几个自变量的确定函数，那么我们就称该信号是**确知信号**。如果信号不是自变量的确定函数，即给定自变量的某一个值时，信号值并不确定，而只知道此信号取某个数值的概率，那么我们就称该信号是**随机信号**。严格说来，带有信号的信息往往具有不可预知的不确定性。因为对接收者来说，如果传输的是确知信号，那么就不可能由它得到任何新的信息，因而也就失去了信息传输的意义。尽管如此，对确知信号的分析仍然是基本的，也是重要的。这不仅因为有些实际信号与确知信号相近的特性，可以被近似为或理想化为确知信号，使问题的分析大大简化，以便工程上的实际应用，而且对确知信号的分析也是分析随机信号的基础，在信息传输过程中，除了人们所需要的带有信息的信号外，往往还夹杂着干扰和噪声，它们通常有更大的随机性，因而信息传输过程中的信号严格来说都是随机的。作为一门技术基础课程，本章只对确知信号进行分析。

信号按照自变量的取值是否连续分为连续时间信号和离散时间信号。所谓**连续时间信号**，是指自变量的取值范围是连续的，或者说自变量在实数域内取值的信号。这类信号在某一时间隔内，对于一切自变量的取值，除了有若干不连续点以外，信号都有确定的值与之对应，如图 5-7-1 所示。

所谓**离散时间信号**是指自变量只取整数值的信号。通常也将离散时间信号称为序列，因为它们实质上只是一组按顺序排列的数值。离散时间信号的信号值可以在实数域内取值。如果将离散时间信号的信号值加以量化，并用二进制或十六进制的数码来表示，我们就将这种量化后的离散时间信号称为**数字信号**。图 5-7-2 给出了离散时间信号的例子。

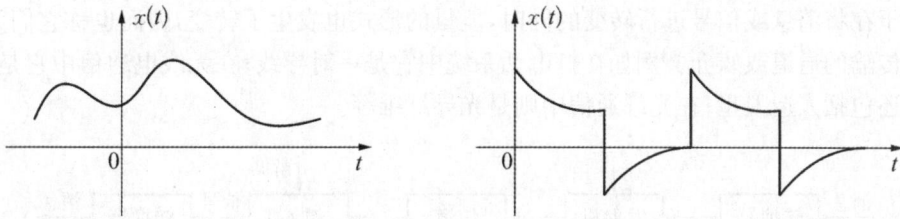

图 5-7-1　连续时间信号

连续时间信号与离散时间信号是现实世界中客观存在的两大类信号。例如记录在录音磁带上的语音信号和在电话线上传输的言语信号都是连续时间信号；记录在激光唱片上的音乐信号是离散时间信号。

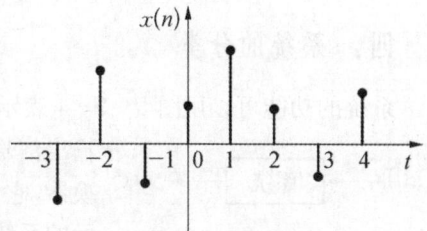

图 5-7-2　离散时间信号

无论是连续时间信号还是离散时间信号，按信号值随时间变量的变化规律都可以分为**周期性信号**与**非周期性信号**。连续时间周期性信号满足 $x(t+T) = x(t)$，其中 T 是信号的周期，它是正实数；离散时间周期信号满足 $x(n+N) = X(n)$，其中周期 N 是正整数。不满足上述关系的信号则称非周期信号。

表示确知信号的时间函数包含了信号的全部信息，因此信号的特性首先表现为它的时间特性。这集中地反映在信号随时间变化的波形上，包含信号持续时间的长短、变化速率的快慢、幅度的大小等。

信号除了具有时间特性外，还具有频率特性。例如男声和女声不同，就是因为它们的频率不一样，前者的频率较低，因而声音低沉浑厚；后者的频率较高，因而听起来高亢洪亮。正如以后我们将要详细讨论的，一个复杂信号可以分解成许多不同频率的正弦分量。将各个正弦分量的幅度和相位分别按频率域表示，它集中反映了信号的频率特性，例如从频谱中可以看出信号包含哪些频率分量，各分量的幅度、相位，以及整个信号所占有的频率范围等。

任何信息传输的过程都必然随着一定能量的传输，这表明信号具有能量特性。

连续时间信号能量定义为

$$W = \int_{-\infty}^{\infty} |x(t)|^2 \mathrm{d}t。$$

离散时间信号的能量定义为

$$W = \sum_{n=-\infty}^{\infty} |x(n)|^2。$$

把信号在一定时间间隔里的能量对时间间隔取平均，就得到此信号在该时间间隔内的平均功率。按照信号的能量特性可以将信号分为能量信号与功率信号。信号总能量为有限值的称为**能量信号**；信号总能量为无限大但平均功率为有限值的信号称为**功率信号**。不难理解，周期信号都是功率信号，求这种信号的平均功率只需要通过一个周期来计算。而非周期信号可能是能量信号也可能是功率信号，这要依据信号是何种函数来确定。本章只讨论确知信号，包括连续时间信号和离散时间信号，也包括周期信号和非周期信号。

三、**系统**

要产生信号，要对信号进行传输、处理、存储和再现都需要一定的物理装置，这种装置通常就称为**系统**。系统是一个非常广泛的概念，从一般意义上讲，系统是由若干相互依赖、相互作用的事物组合而成的具有特定功能的整体。系统可以是物理系统，例如通信系统、自动控制系统、计算机系统、机械系统、生理系统等；也可以是非物理系统，例如生产管理和文化教育等。

图 5-7-3 是一般通信系统的基本组成，图中的转换器是将消息转变成电信号或将电信号还原成消

息的装置。由于在将消息或信号进行转变的同时,能量的形式也发生了转变,因而也称它们为转能器。图中信道是信号传输的通道或媒介。例如在打电话系统中它是一对导线;在无线电通信中它是整个空间;在卫星通信中它还包括人造卫星;在光纤通信中则是光导纤维等。

图 5-7-3 一般通信系统的基本组成

四、系统的分类

系统的功能可以用图 5-7-4 表示,图中的方框代表某种系统,$x(t)$ 是输入信号,也称为激励;$y(t)$ 是输出信号,也称为响应。从更广泛的意义看,系统可以被看成是一个信号变换器,它依据系统的功能将输入信号变换成输出响应。当然图 5-7-4 所示的系统只有一个输入和一个输出,所以称为单输入出系统。复杂的系统也可以有多个输入和多个输出。

图 5-7-4 系统的框图

如果系统的输入和输出都是连续时间信号,那么称这种系统是**连续时间系统**;与之相对应,如果系统的输入和输出都是离散时间信号,那么称这种系统为**离散时间系统**。

按照系统自身的特性可以将系统划分成不同的类型,例如:线性系统与非线性系统;时变系统与时不变系统;因果系统与非因果系统;记忆系统与无记忆系统;稳定系统与不稳定系统;可逆系统与不可逆系统等。本章的研究对象是**线性时不变系统**(Linear Time-Invariant System),通常简称为 LTI 系统,既包括连续时间的,也包括离散时间的。关于系统的特性,将在下一节作进一步的讨论。

五、信号与系统的分析

为了通过系统对信号进行有效的传输和处理,就必须对信号自身的特性以及系统的特性有深入的了解,并且要求系统的特性与信号的特性相匹配,这就产生了信号与系统分析的问题。

1. 信号分析

信号分析的基本目的是揭示信号自身的特性,包括时域特性和频域特性,以及信号发生某些变化时,其特性的相应变化。由于描述物理现象的信号是多种多样的,人们必须建立一套具有广泛适用性的信号分析的理论与方法,其基本思想是研究信号的分解,即将任何信号分解成某种简单信号的线性组合,通过对构成信号的基本单元的分析达到了解信号特性的目的。信号的分解可以在时域进行,也可以在频域或变换域进行,这就导致了信号分析的**时域方法**、**频域方法**、**变换域方法**。

时域分析是将连续时间信号表示为单位冲激信号 $\delta(t)$ 的加权积分,将离散时间信号表示为脉冲信号 $\delta(n)$ 的加权和。频域分析信号是将连续时间(或离散时间)信号表示为复指数信号 $e^{i\Omega t}$(或 $e^{i\omega n}$)的加权积分(或加权和)。这就导致了傅里叶分析的理论与方法,也产生了信号频谱的概念。变换域分析信号是将连续时间(或离散时间)信号表示为复指数信号 e^{st},其中 $s=\sigma+i\Omega$(或 z^n,$z=re^{i\omega}$)的加权积分(或加权和),从而导致了拉普拉斯变换与 Z 变换的理论与方法。

由于连续时间信号与离散时间信号有着密切的关系,对一个连续时间信号只要取离散时间样本就可得到一个相应的离散时间信号。为了揭示它们之间的内在联系,产生了抽样理论。为了适应数字和计算机的广泛应用又产生了对离散时间信号进行数字分析的理论与方法,这就是离散傅里叶变换(DFT)及其快速算法(FFT)。本章将在以后的各节分别介绍有关信号分析的这些基本理论与方法。

2. 系统分析

系统分析的任务,通常是求某一特定系统对于指定的输入或输入范围所产生的响应;或者从已知的系统激励和响应去分析系统应有的特性。一般来说,系统分析包括三个过程:首先需要给待分析的系统建立数学模型;其次运用数字模型进行求解从而得到系统对给定激励所产生的响应;最后对所得到的解给予物理解释,赋予其物理意义。

系统的数字模型通常可以分为两大类:一类是只反映系统输入与输出之间的关系,或者说只反映系统外特性的模型,这种模型称为**输入输出模型**;另一类是不仅反映系统输入与输出之间的关系,而且反映系统内部状态的模型,这种模型称为**状态空间模型**。本书主要研究的是单输入单输出系统,以后各节将只对输入输出法作详细讨论。

由于信号的分解可以在时域、频域和变换域进行,因而线性不变系统的分析也相应的有时域分析法、频域分析法和变换域分析法。在时域分析中,以单位冲激(或单位脉冲)作为构成信号的基本单元,可以将输入信号分解成冲激信号(或脉冲信号)的线性组合。只要求得系统的单位冲激(或单位脉冲)响应,则线性时不变系统的输出响应就可以表示成系统单位冲激(或单位脉冲)响应的线性组合,这就产生了卷积积分(对连续时间系统)和卷积和(对离散时间系统)。在频域分析中,信号分解为 $e^{j\Omega t}$ 或 $e^{j\omega n}$ 的线性组合,实质就是分解为正弦信号的线性组合,只要知道系统的正弦响应(即系统的频域响应),则线性时不变系统的输出就可以表示成正弦响应的线性组合,这就是傅里叶分析的基本思想。在变换域分析中,信号分解成复指数信号 e^{st} 或 z^n 的线性组合,只要得到系统的复指数响应(即系统函数),则线性时不变系统的输出就可以表示为复指数响应的线性组合,这就是拉普拉斯变换和 Z 变换的思想。

3. 信号与系统分析的应用领域

信号与系统分析的理论与方法广泛地应用于很多科学和技术领域中,例如在通信、工程、医学工程、生物工程、图像及语音处理、声学、言语病理学与听力学等方面都起着重要的作用。

第一个应用主要是由于人们关注的是某个特定系统对各种输入信号会产生怎样的响应。例如,对于从事听觉系统的研究就是这方面的一个例子(听力学)。此外,对言语信号进行的声学研究,将有助于言语障碍的评估与矫治(言语病理学,或称言语疾病学);对病理嗓音进行的声学和电声门图测量,将有助于嗓音疾病的治疗(嗓音医学)。在另一些情况里,人们关注的不是对已有的系统进行分析,而且注重于系统的设计。即研究为了使给定信号系统后所产生的输出响应满足预定的要求,系统应具有何种特性,进而设计出该系统的结构和参量。各种滤波器及信号处理器的设计都是这方面的例子。

第二类最常见的应用是信号的恢复,即从受到某种干扰或污损的信号中恢复原来的信号。这种情况在具有背景噪声的语音通信和图像传输中常常遇到。例如无线通信、数据传输,以及从磨损的旧唱片或视盘恢复原来的声音或图像等均是这一应用领域的例子。

第三个应用方面是信号恢复与增强。例如,人造卫星拍摄的图像由于受天气、云层的影响,某些部分会受到污损而导致图像不清晰或完全不能反映真实情况,这就需要以某种信号处理的方式设计相应的系统,使图像得以恢复或增加其清晰度。此外,有时还需要对图像的某些特征予以增强,例如在喉内窥镜图像诊断和分析系统中,就需要对人体声带组织的轮廓边界予以增强,等等。

信号与系统分析的另一类重要应用是改变已知系统的特性。实时言语矫治系统就是这方面有代表性的例子。在言语产生的过程中通过麦克风实时地测出舌的位置,利用视听反馈技术来改变舌的前后和上下运动去调整正在进行的构音过程,以达到正确发音的要求。

以上提到的只是信号与系统分析的理论与方法广泛应用的几个方面。信号与系统的概念、理论与方法的重要性不仅在于它们存在于各种各样的现象和过程之中,而且还由于这一整套概念、理论和方法一直仍在不断地发展着,用来解决牵涉到各种信号与系统的许多问题。正由于这样,作为信号与系统核心的一些基本概念和方法,对所有康复工程、医学工程专业来说都是重要的。随着从事言语病理学和听力学的专业人员面临的需要对许多复杂过程进行分析与综合的新挑战,信号与系统分析方法潜在的和实际的应用领域一直在不断扩大。因此信号与系统课程不仅是工程教育中非常基本的一门课程,而且也是成为医学专业、康复专业及特殊教育专业的学生在大学本科教育阶段所修课程中最有益、最有用处的一门课程。

随着计算机和大规模集成电路技术的不断发展,信号与系统分析也一直在不断地发展和演变着,以适应各种新技术、新问题、新机遇的挑战。可以相信，随着技术的进步，越来越多的复杂系统和信号处理技术的实现将成为可能。这将会加速信号有系统分析的进展，也将使信号与系统分析的概念、理论和方法应用到更加广阔的领域中去。在某些方面的应用甚至会远远超出通常认为是隶属于常规科学和工程技术的领域。因此，掌握寓于这些理论和方法中的思想比记住这些具体方法本身重要得多。从这一角度出发，我们可以认为信号与系统是所有科学家和专业人员都应予以关注的。

第二节　信 号 与 系 统

为了便于讨论信号与系统的分析方法，建立信号与系统的分析体系，本节将引入信号与系统的数字描述和数学表示。并利用这种数学表示来研究信号与系统分析中的一些基本概念和信号与系统分析中的一些基本性质，为以后各节的讨论奠定基础。

一、信号的描述与时域变换

1. 信号的表示

信号是消息的表现形式、是变化的物理量。信号所含有的信息往往存在于某种变化方式之中。从数学上来讲，一个信号可以看作是一个或独立变量的函数。如果它的值只是一个独立变量的函数，那么这种信号称为**一维信号**；如果独立变量有 n 个，则称它为 **n 维信号**。例如，一个言语信号就可以表示为声压随时间变化的函数，是一维信号；一张黑白照片可表示为亮度随位置（二维空间变量）变化的函数，是一个二维信号。本节仅讨论一维信号。一维信号的自变量在大多数情况下是时间，但在某些具体应用中也可以不是时间。为了方便起见，在以后的讨论中一般总将自变量称为时间。

由于确定信号可以表示为函数，因而数学上表示函数的解析式、图形、数据等均可用来描述信号，并把函数的图形称为信号的波形。顺便指出，本书在讨论与信号有关的问题时，"信号"与"函数"两个词常常互相通用。

对连续时间信号通常用函数 $x(t)$ 来表示，其自变量在定义域内是连续可变的，信号在所讨论的时间区间内任意时刻上都有定义，至于信号的取值域可以是连续的，也可以是不连续的。下面给出了几个连续时间信号的例子。

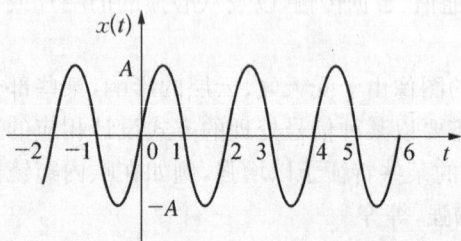

例 5.7.1　正弦信号

$$x(t) = A\sin \pi t,$$

其中，A 是常数，它的自变量 t 在定义域$(-\infty, \infty)$内连续变化，信号在值域$[-A, A]$上连续取值。信号的波形如图 5-7-5 所示。

图 5-7-5　$x(t) = A\sin \pi t$ 的波形

例 5.7.2　单边指数信号

$$x(t) = \begin{cases} Ae^{-at}, & t > 0(a > 0), \\ 0, & t < 0, \end{cases}$$

其中，A 是常数。它的自变量 t 在定义域$(-\infty, \infty)$内连续变化，函数在 0 到 A 之间连续取值，但在 $t=0$ 处，函数有间断点。信号的波形如图 5-7-6 所示。一般可以不定义信号在间断点处的函数值，这并不影响分析结果。

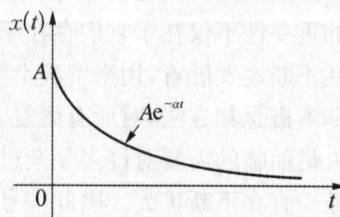

例 5.7.3　单个矩形脉冲信号

$$x(t) = \begin{cases} 1, & -1 < t < 1, \\ 0, & \text{其他}, \end{cases}$$

图 5-7-6　单边指数信号

其定义域为$(-\infty, \infty)$，函数值只取 0 或 1，函数在 $t = \pm 1$ 处有间断点。信号的波形如图 5-7-7 所示。

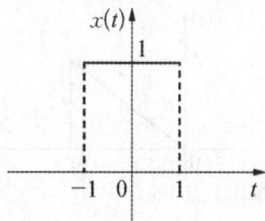

图 5-7-7 单个矩形脉冲信号

离散时间信号是仅定义在离散时刻点上的信号，其自变量只取离散的数值。除了这些离散时刻以外，信号均无定义，至于信号的值域可以是连续的，也可以是不连续的。定义在等间隔离散时间序列，通常用函数 $x(n)$ 表示。下面给出了几个离散时间信号的例子。

例 5.7.4 正弦序列

$$x(n) = A\sin\frac{\pi}{4}n。$$

其波形如图 5-7-8 所示。

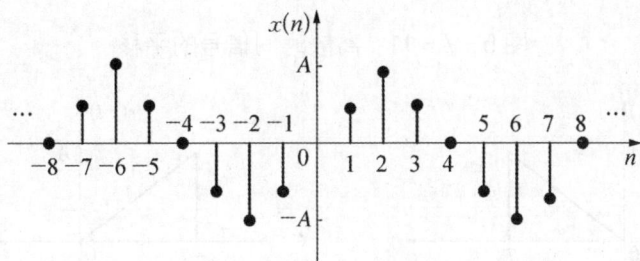

图 5-7-8 正弦序列

例 5.7.5

$$x(n) = \begin{cases} (-1)^n, & n < 0, \\ 2^{-n} + n, & n \geqslant 0。 \end{cases}$$

其波形如图 5-7-9 所示。

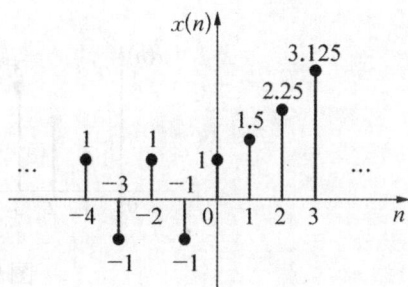

图 5-7-9 波形

一个离散时间信号 $x(n)$ 可以表示一个其自变量本来就是离散的现象。另一方面，一个离散时间信号 $x(n)$ 也可以表示一个连续时间信号 $x(t)$ 在离散时刻点上的样本值，如例 5.7.4 给出的正弦序列就是例 5.7.1 所给的连续时间正弦信号在离散时刻上的样本值；又如，利用数字计算机对连续时间信号（像言语信号、图像信号等）进行处理和利用数字传输系统对连续时间信号进行传输时，都需要先获取这些连续时间信号在离散时刻点上的样本值（即将连续时间信号离散化），再对样本值进行变化、处理和传输。获取样本值的一般方法是对连续时间信号进行抽样。抽样是连续时间信号离散化的重要手段，也是联系连续时间信号与系统和离散时间信号与系统的"桥梁"。关于抽样问题将在以后详细讨论，通过讨论进一步揭示连续时间信号与系统和离散时间信号与系统之间的关系。

2. 信号的自变量变换

(1) 信号的平移

设 $t > 0$，则连续时间信号 $x(t-t_0)$ 就是 $x(t)$ 沿 t 轴正方向平移 t_0；$x(t+t_0)$ 就是把 $x(t)$ 沿 t 轴负方向平移 t_0 的结果，如图 5-7-10 所示。对离散时间信号，若 n_0 为正整数，则 $x(n-n_0)$ 是将 $x(n)$ 沿 n 轴正方向平移 n_0 个序号；$x(n+n_0)$ 是将 $x(n)$ 沿 n 轴负方向平移 n_0 个序号的结果，如图 5-7-11 所示。

(2) 信号的反转

连续时间信号 $x(-t)$ 是 $x(t)$ 以 $t=0$ 为轴的反转，如图 5-7-12 所示；离散时间信号 $x(-n)$ 是 $x(n)$ 以 $n=0$ 为轴的反转，如图 5-7-13 所示。

(3) 信号的尺度变换

若 $a > 1$，则 $x(at)$ 是将 $x(t)$ 在时间轴线性压缩 a 倍；若 $0 < a < 1$，则 $x(at)$ 是将 $x(t)$ 在时间轴线性展宽

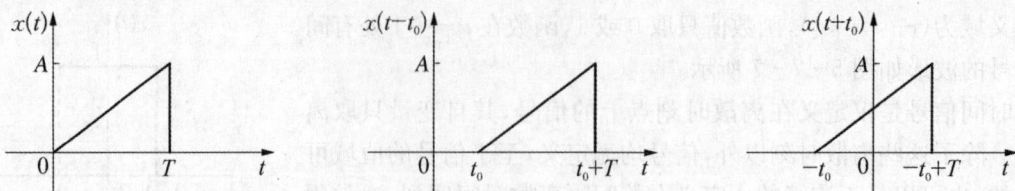

图 5 - 7 - 10　连续时间信号的平移

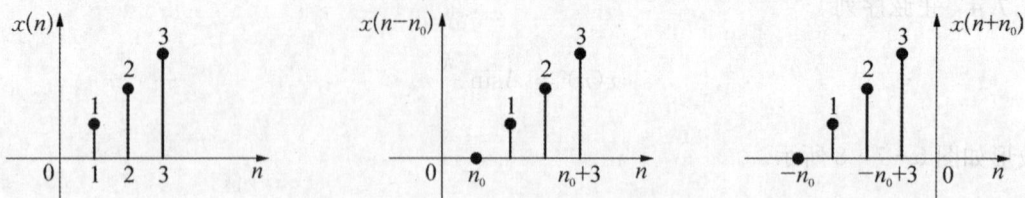

图 5 - 7 - 11　离散时间信号的平移

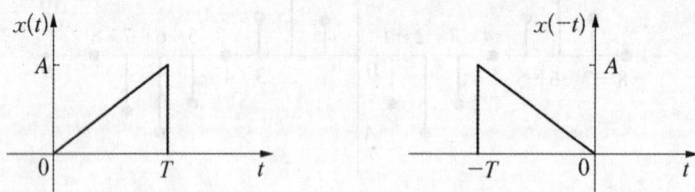

图 5 - 7 - 12　连续时间信号的反转

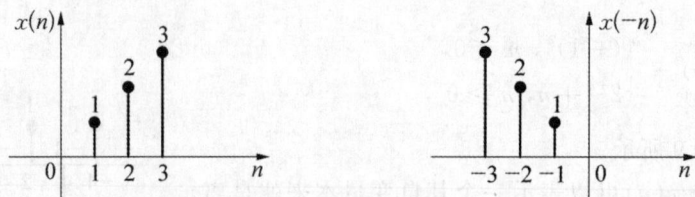

图 5 - 7 - 13　离散时间信号的反转

$1/a$ 倍的结果。这种变换被称为信号的尺度变换或比例尺变换,如图 5 - 7 - 14 所示。

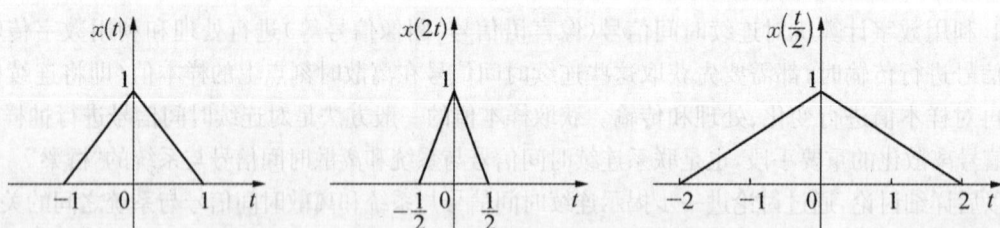

图 5 - 7 - 14　连续时间信号的尺度变换

　　对离散时间序列,由于其自变量只能取值整数,因而严格地说,不能像连续时间信号那样进行尺度变换。如果需要将信号 $x(n)$ 变换为

$$x_1(n) = x(Nn),\ N\ \text{为正整数}。$$

　　那么意味着 $x(n)$ 是以 $N-1$ 个序号为间隔,从 $x(n)$ 中选取相应的序列点,并将所选出的序列点上的信号值重新依次排序构成的信号,这种过程被称为对信号的抽取(decimation)。

　　如果要将序列 $x(n)$ 变换为

$$x_2(n) = \begin{cases} x(n), & n\ \text{为}\ N\ \text{的整数倍}, \\ 0, & \text{其他}, \end{cases}$$

那么意味着 $x(n)$ 是在 $x(n)$ 相邻两序号之间插入 $N-1$ 个零值后所构成的序列,这种过程称为对信号的内插(interpolation)。一般来说,在对信号进行内插时,插入的值是可以按需要定义的,并不一定插入零值。当 $N=2$ 时,图 5-7-15 给出了对 $x(n)$ 进行抽取和内插的例子。只是由于抽取的过程使原序列的长度有所缩短,内插的过程使序列的长度有所加长,仅仅从这个意义上讲,类似于连续时间信号的尺度变换。

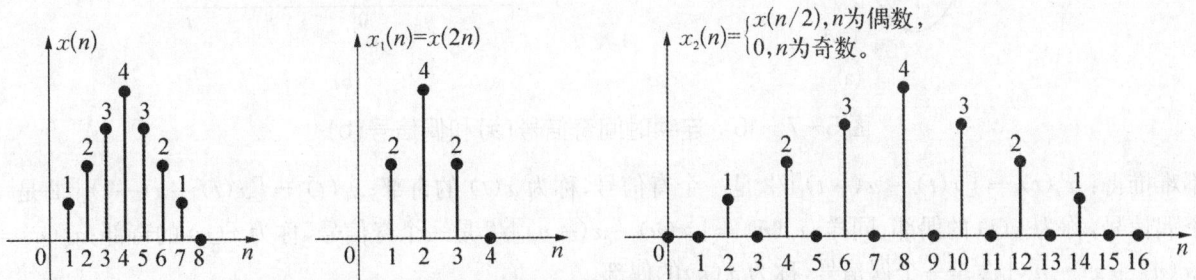

图 5-7-15 离散时间信号的抽取和内插

尺度变换是将信号在时间轴上进行压缩或展宽的一种变换。对连续时间信号,这种变换是可逆的,把一个被压缩(或展宽)了 a 倍的连续时间信号,以同样的尺度展宽(或压缩),即可恢复成原来的信号。而离散时间信号情况则不同,对一个经过内插的信号,可以通过抽样恢复成原信号;但不能从一个经过抽取得到的信号通过内插恢复成原信号,这是因为在对离散时间信号进行抽取时,未被抽到的序列点上的信号值丢掉了,在经过抽取的信号中无法得到反映,这一点是连续时间信号与离散时间信号尺度变化的重大区别。

当已知信号 $x(t)$,求 $x(at+b)$ 时,可以先将 $x(t)$ 平移为 $x(t+b)$,然后用常数 a 进行尺度变化;也可以先将 $x(t)$ 尺度变换为 $x(at)$,然后将 $x(at)$ 平移 b/a。总之,当平移、反转、尺度变换联合使用时,要特别注意准确地确定平移量、反转轴和展缩中心线,注意把握好以下三点:(1)平移量 t_0 是自变量 t 净增减的量,即以 $x(t+t_0)$ 或 $x(t-t_0)$ 为标准形式来确定平移量 t_0;(2)反转时以被变换的宗量 $\lambda=0$ 的直线为轴,即以 $x(-\lambda)$ 为标准形式来确定反转轴;(3)尺度变换应以被变换的宗量 $\lambda=0$ 的直线为展缩中心线,即以 $x(a\lambda)$ 为标准形式确定展缩中心线。

3. 奇信号与偶信号

若信号 $x(t)$ 或 $x(n)$ 反转后不变,即满足

$$x(-t) = x(t),$$

或

$$x(-n) = x(n),$$

则称 $x(t)$ 或 $x(n)$ 为偶信号。偶信号的波形关于纵轴对称。

若信号 $x(t)$ 或 $x(n)$ 满足

$$x(-t) = -x(t),$$

或

$$x(-n) = -x(n),$$

则称 $x(t)$ 或 $x(n)$ 为奇信号。奇信号的波形关于坐标原点对称。奇信号在 $t=0$ 或 $n=0$ 处的值必为零。图 5-7-16 给出了一个连续时间奇信号和偶信号的例子。

任何实信号都可以分解为一个奇信号一个偶信号的和,即

$$x(t) = x_o(t) + x_e(t),$$

或

$$x(n) = x_o(n) + x_e(n)。$$

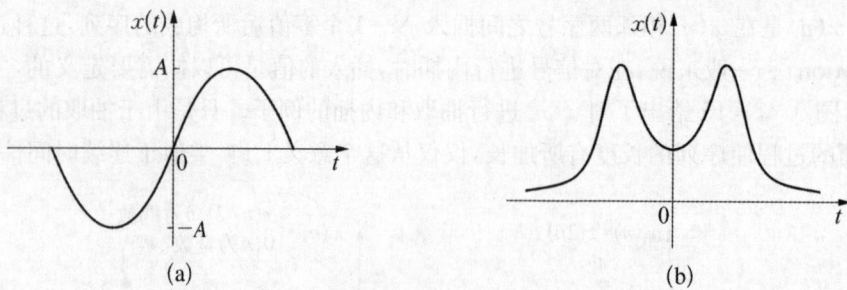

图 5-7-16 连续时间奇信号(a)和偶信号(b)

不难推得：$x_o(t) = [x(t) - x(-t)]/2$ 是一个奇信号，称为 $x(t)$ 的奇部；$x_e(t) = [x(t) + x(-t)]/2$ 是一个偶信号，称为 $x(t)$ 的偶部；同样，$x_o(n) = [x(n) - x(-n)]/2$ 是一个奇信号，称为 $x(n)$ 的奇部；$x_e(n) = [x(n) + x(-n)]/2$ 是一个偶信号，称为 $x(n)$ 的偶部。

例如，对离散时间信号 $x(n)$

$$x(n) = \begin{cases} 1, & n \geqslant 0, \\ 0, & n < 0, \end{cases}$$

有

$$x(-n) = \begin{cases} 1, & n \leqslant 0, \\ 0, & n > 0. \end{cases}$$

其偶部为

$$x_e(n) = \begin{cases} \dfrac{1}{2}, & n < 0, \\ 1, & n = 0, \\ -\dfrac{1}{2}, & n > 0, \end{cases}$$

其奇部为

$$x_o(n) = \begin{cases} -\dfrac{1}{2}, & n < 0, \\ 0, & n = 0, \\ \dfrac{1}{2}, & n > 0. \end{cases}$$

图 5-7-17 给出了一个离散时间信号奇部和偶部分解的例子。

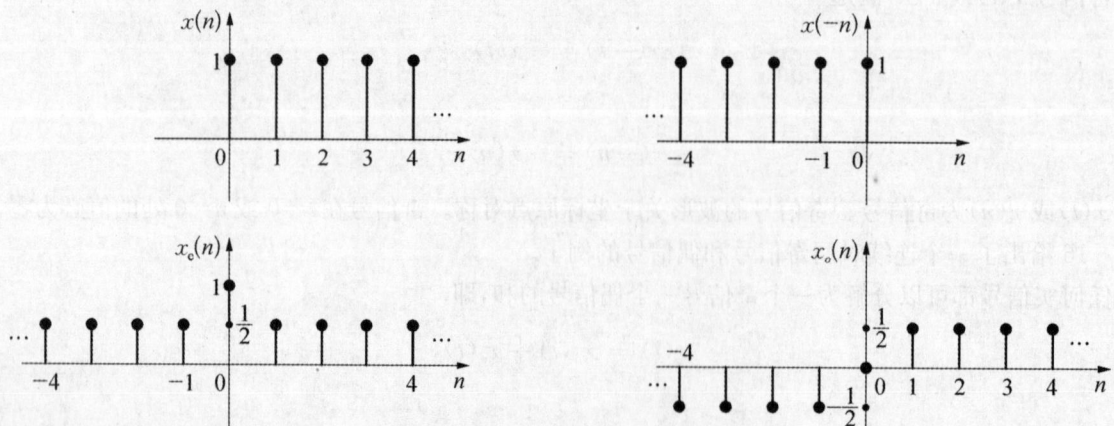

图 5-7-17 离散时间信号的奇部和偶部

4. 周期信号与非周期信号

若存在一个正数 T，使得

$$x(t) = x(t+mT), \quad m = 0, \pm 1, \pm 2, \cdots \tag{5.7.1}$$

对所有 t 都成立，则称 $x(t)$ 为周期信号，T 称为 $x(t)$ 的周期。我们把能使(5.7.1)式成立的最小周期称为 $x(t)$ 的基波周期，记作 T_0。

若存在一个正整数 N，使得

$$x(n) = x(n+mN), \quad m = 0, \pm 1, \pm 2, \cdots \tag{5.7.2}$$

对所有 n 都成立，则称 $x(n)$ 为离散时间周期信号或称为周期序列，N 称为 $x(n)$ 的周期。我们把能使(5.7.2)式成立的最小周期称为 $x(n)$ 的基波周期，记作 N_0。

通常所说的信号的周期，在没有特殊说明的情况下，一般是指基波周期。周期信号具有周而复始的特点，因而只要给出了信号在任一周期内的函数式或波形，便可确定它在任何时刻的数值。不具有周期性的信号称为非周期信号。图 5-7-18 是周期信号的例子。

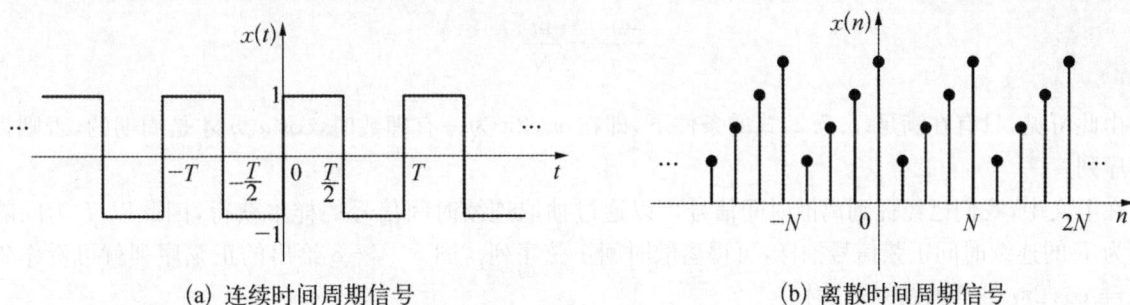

(a) 连续时间周期信号　　　　　　　　　　(b) 离散时间周期信号

图 5-7-18　周期信号

应当指出，$x(t) = c$（常数），可看作是周期信号，但其基波周期无意义；$x(n) = c$，也可看作是周期信号，而其基波周期为 1。

二、常用基本信号

在多种多样的信号中，有几个基本信号不仅经常用到，而且由它们可以构成许多其他信号。因此，不论是对信号与系统基本特性的研究，还是对信号与系统分析方法的讨论都是十分重要的。

1. 正弦信号

正弦信号和余弦信号二者仅在相位上相差 $\pi/2$，所以在本书中统称为正弦信号。

连续时间正弦信号的一般形式为

$$x(t) = A\cos(\Omega_0 t + \varphi),$$

式中 A 为振幅，φ 为初相位，Ω_0 为角频率。

连续时间正弦信号是周期信号，其基波周期 T，基波频率 f 和角频率 Ω 之间的关系为

$$T_0 = \frac{1}{f_0} = \frac{2\pi}{|\Omega_0|}.$$

当基波周期 $T_0 \to \infty$，角频率 $\Omega_0 \to 0$ 时，$x(t) = c$ 称为直流信号。

连续时间正弦信号是应用十分广泛的一种基本信号，它的物理意义是简谐振荡。它是最简单的声波、光波、机械波、电波等物理现象的数学抽象。图 5-7-19 是正弦信号的波形。

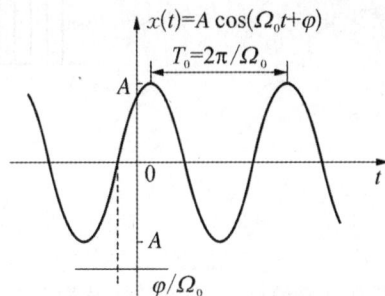

图 5-7-19　正弦信号的波形

离散时间正弦序列的一般形式为

$$x(n) = A\cos(\omega_0 n + \varphi),$$

式中 n 无量纲;ω_0 和 φ 以弧度为单位。

和连续时间正弦信号不同的是,离散时间正弦序列并非都是周期的,这是因为离散时间信号的自变量只能取整数,因而周期序列的周期也不一定是整数。在正弦序列中,并非对任何 ω_0 都能找到满足周期性要求的正整数 N,然而不论正弦序列是否是周期的,我们都称 ω_0 为频率。下面我们来讨论正弦序列为周期序列的条件。

设 $x(n) = \cos\omega_0 n$ 是周期序列,则根据周期信号的定义应有

$$\cos\omega_0 n = \cos\omega_0(n+N),$$

其中,N 为正整数。欲使此式成立,则应有

$$\omega_0 N = 2\pi m,(m \text{ 为整数})$$

或

$$\frac{\omega_0}{2\pi} = \frac{m}{N}。$$

由此可见,只有在满足(5.7.2)式的条件下,即在 $\omega_0/2\pi$ 为一有理数时,$\cos\omega_0 n$ 才是周期的,否则为非周期序列。

在上文中,我们已经提到离散时间信号可以通过抽取连续时间信号的样本获得,因此以 T 为间隔对周期为 T 的连续时间正弦信号抽样,可得离散时间正弦序列。图 5-7-8 给出的正弦序列就可看作是对 $x(t) = \cos2\pi t$ 抽样的结果,此时

$$x(n) = \cos2\pi t\Big|_{t=nT_s} = \cos2\pi nT_s。$$

不难看出:当 $T_s = 1/12$ 时,$x(n) = \cos(2\pi n/12)$,即图 5-7-20(a)所示的序列,其中 $\omega_0 = 2\pi/12$,是一个周期为 12 的周期性正弦序列;当 $T_s = 4/31$ 时,$x(n) = \cos(8\pi n/31)$,即图 5-7-20(b)所示的序列,其中 $\omega_0 = 8\pi/31$,是一个周期为 31 的周期性正弦序列;当 $T_s = 1/12\pi$ 时,$x(n) = \cos(n/6)$,即图 5-7-20(c)所示

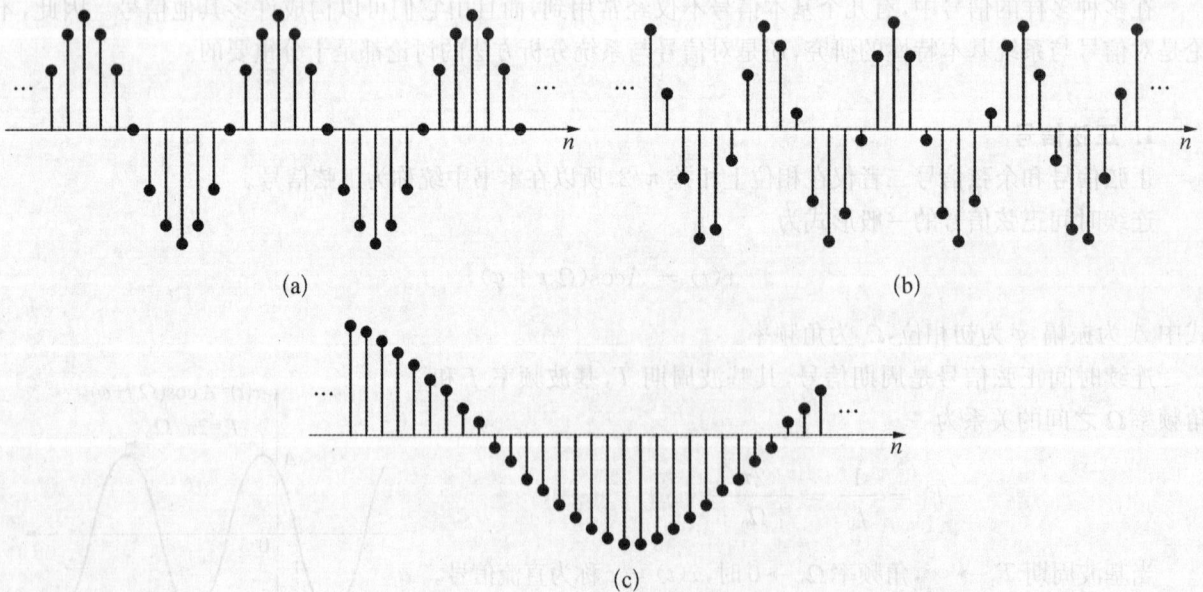

(a)

(b)

(c)

图 5-7-20 正弦系列

注:(a) $x(n) = \cos(2\pi n/12)$,周期正弦序列,周期 $N = 12$;(b) $x(n) = \cos(8\pi n/31)$,周期正弦序列,周期 $N = 31$;(c) $x(n) = \cos(n/6)$,非周期正弦序列。

的序列,其中 $\omega_0 = 1/6$,它是一个非周期正弦序列,值得注意的是此时它的包络 $x(t)$ 仍具有周期性。

一般来说,对以 T_0 为周期的连续时间信号 $x(t)$,以 T_0 为间隔进行抽样,得到的离散时间序列是否有周期性与抽样间隔 T_0 有关。只有当 T_0/T_s 为有理数时,抽样后得到的序列才是周期的,否则为非周期序列。

2. 指数信号

(1) 连续时间指数信号

连续时间指数信号的一般形式为

$$x(t) = ce^{at}, \tag{5.7.3}$$

式中,c 和 a 可以是实常数,也可以是复常数。以下分三种情况讨论。

① $c > 0$ 和 a 均为实常数

$x(t)$ 为**实指数信号**,且当 $a > 0$ 时,$x(t)$ 随时间指数增长;当 $a < 0$ 时,$x(t)$ 随时间指数衰减;当 $a = 0$ 时,$x(t)$ 为一常数,也称为直流。实指数信号的波形如图 5-7-21 所示。在实指数信号中,a 的倒数称为时间常数,记作 T,即 $T = 1/a$。

② $c = 1$,$a = \Omega_0 i$

$x(t)$ 为**周期性复指数信号**,即

$$x(t) = e^{i\Omega_0 t}.$$

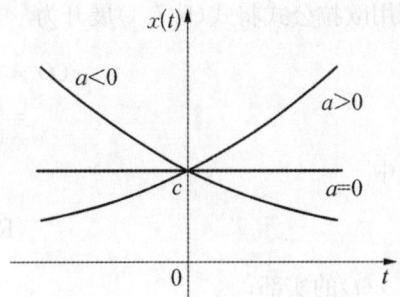

图 5-7-21 实指数信号

不难证明,当 $T = 2K\pi/\Omega_0$(K 为整数)时,有

$$x(t+T) = e^{i\Omega_0(t+T)} = e^{i\Omega_0 t}e^{2K\pi i} = e^{i\Omega_0 t} = x(t),$$

即

$$x(t) = e^{i\Omega_0 t}$$

是周期信号,且其基波周期为

$$T_0 = 2\pi/\,|\,\Omega_0\,|\,。$$

根据欧拉(Euler)公式,周期性复指数信号可以用于其基波周期相同的正弦信号表示,即

$$e^{i\Omega_0 t} = \cos\Omega_0 t + i\sin\Omega_0 t。$$

这表明 $e^{i\Omega_0 t}$ 的实部和虚部分别是正弦振荡。同时,正弦信号也可以用与其基波周期相同的复指数信号表示,即

$$Acos(\Omega_0 t + \varphi) = A[e^{i\Omega_0(t+\varphi)} + e^{-i\Omega_0(t+\varphi)}]/2$$
$$= A\mathrm{Re}\{e^{i\Omega_0(t+\varphi)}\}$$

式中,$\mathrm{Re}\{\,\cdot\,\}$ 表示取实部的意思。

将一组周期性复指数信号组成一个**周期性复指数信号集**,并表示为

$$\varphi_K(t) = e^{iK\Omega_0 t},\ K = 0,\pm 1,\pm 2,\cdots$$

则在这个信号集中,任何一个信号都是周期的,且其基波周期为 $T = 2\pi/\,|\,K\Omega_0\,|$。由于 K 为整数,而对任何 K 值,$\varphi_K(t)$ 都是周期的,所以 $\varphi_K(t)$ 有一个公共周期为 $T_0 = 2\pi/\,|\,\Omega_0\,|$。亦即,在该信号集中,任何一个信号的基波频率都是某一正频率 Ω_0 的整数倍,所以称这组信号成谐波关系,称 $\varphi_K(t)$ 为成谐波关系的复指数信号集。对于复指数信号集 $\varphi_K(t)$:

当 $K = 0$ 时,$\varphi_0(t) = 1$,称为零次谐波(或直流);

当 $K=1$ 时，$\varphi_0(t)=\mathrm{e}^{\mathrm{i}\Omega_0 t}$，称为 1 次谐波（或基波），$\Omega_0$ 为基波频率；

当 $K=2$ 时，$\varphi_0(t)=\mathrm{e}^{\mathrm{i}2\Omega_0 t}$，称为 2 次谐波；

……

当 $K=n$ 时，$\varphi_0(t)=\mathrm{e}^{\mathrm{i}n\Omega_0 t}$，称为 n 次谐波。

③ c 和 a 均为复数

$x(t)$ 为**复指数信号**，这是指数信号的一般形式。

令复指数：$c=|c|\mathrm{e}^{\mathrm{i}\theta}$，$a=\sigma+\Omega_0\mathrm{i}$，则复指数信号可表示为

$$
\begin{aligned}
x(t) &= c\mathrm{e}^{at} \\
&= |c|\mathrm{e}^{\mathrm{i}\theta}\mathrm{e}^{(\sigma+\Omega_0\mathrm{i})t} \\
&= |c|\mathrm{e}^{\sigma t}\mathrm{e}^{\mathrm{i}(\Omega_0 t+\theta)},
\end{aligned} \tag{5.7.4}
$$

利用欧拉公式将式(5.7.4)展开为

$$
\begin{aligned}
x(t) &= |c|\mathrm{e}^{\sigma t}\big[\cos(\Omega_0 t+\theta)+\mathrm{i}\sin(\Omega_0 t+\theta)\big] \\
&= \mathrm{Re}\{x(t)\}+\mathrm{i}\mathrm{Im}\{x(t)\},
\end{aligned}
$$

式中

$$
\mathrm{Re}\{x(t)\}=|c|\mathrm{e}^{\sigma t}\cos(\Omega_0 t+\theta)
$$

为 $x(t)$ 的实部；

$$
\mathrm{Im}\{x(t)\}=|c|\mathrm{e}^{\sigma t}\sin(\Omega_0 t+\theta)
$$

为 $x(t)$ 的虚部。

由此可见，复指数信号 $x(t)$ 的实部和虚部都是振幅按照指数规律变化的正弦振荡。

当 $\sigma>0$ 时，$x(t)$ 的实部和虚部分别是振幅呈指数增长的正弦振荡，如图 5-7-22(a)所示；当 $\sigma<0$ 时，$x(t)$ 的实部和虚部分别是振幅呈指数衰减的正弦振荡，如图 5-7-22(b)所示；当 $\sigma=0$ 时，$x(t)$ 的实部和虚部分别是等幅的正弦振荡，如图 5-7-22(c)所示；振幅呈指示衰减的正弦振荡，RLC 电路和阻尼机械运动中的过渡过程都是这样一种衰减的振荡。

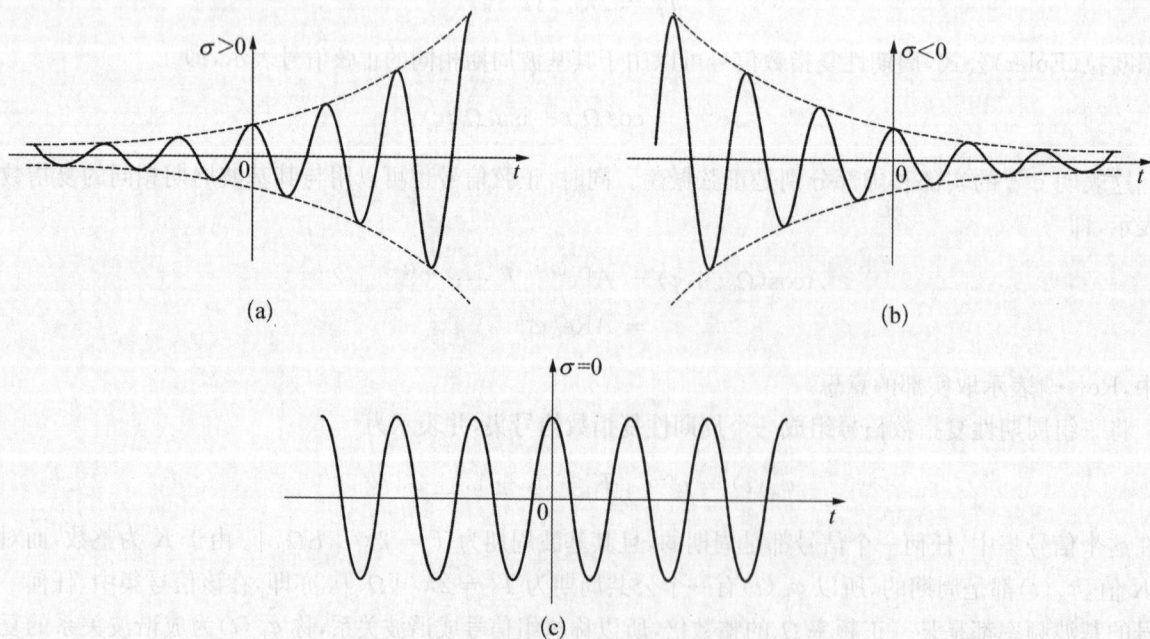

图 5-7-22 复指数信号的实部和虚部

注：(a) $\sigma>0$ 的波形；(b) $\sigma<0$ 的波形；(c) $\sigma=0$ 的波形。

（2）离散时间指数序列

离散时间指数序列的一般形式

$$x(n) = ca^n,$$

式中 c 和 a 可以是实常数，也可以是复常数。若取 $a = e^{\beta}$，则可表示为

$$x(n) = ce^{\beta n}, \qquad\qquad (5.7.5)$$

这与式（5.7.3）表示的连续时间指数信号具有相似的形式。

和连续时间的情况一样，指数序列有以下几种情况：

① $c > 0$ 和 a 均为实数

$x(n) = ca^n$ 为**实指数序列**，当 $a > 1$ 时，$x(n)$ 随 n 单调指数增长；

当 $0 < a < 1$ 时，$x(n)$ 随 n 单调指数衰减；

当 $-1 < a < 0$ 时，$x(n)$ 随 n 按指数规律交替衰减；

当 $a < -1$ 时，$x(n)$ 随 n 按指数规律交替增长；

当 $a = -1$ 时，$x(n)$ 为交替变化的常数序列；

当 $a = 1$ 时，$x(n)$ 为常数序列。

图 5-7-23 给出了几种实指数序列的波形。

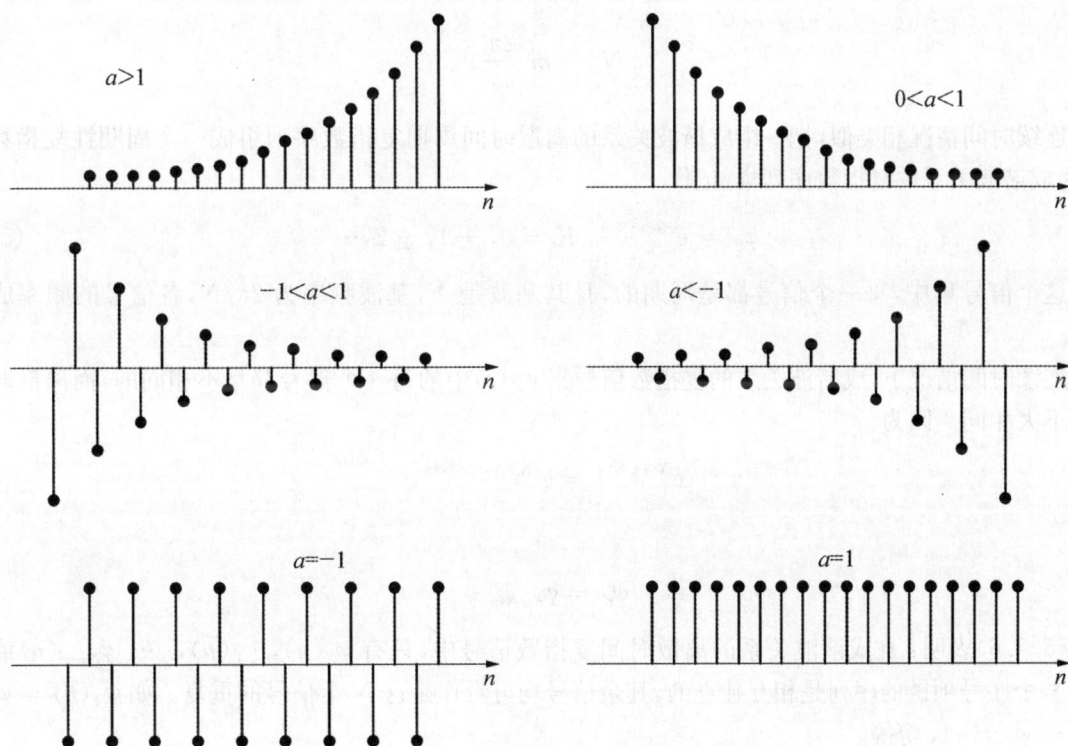

图 5-7-23　实指数序列

② $c = 1,\ a = e^{i\omega_0 n}$（即 β 为纯虚数）

$x(n)$ 为复指数序列

$$x(n) = e^{i\omega_0 n}。$$

由欧拉公式有

$$e^{i\omega_0 n} = \cos \omega_0 n + i\sin \omega_0 n。$$

不难看出，正弦序列与复指数序列的关系为

$$Acos(\omega_0 n + \varphi) = A[e^{i(\omega_0 n + \varphi)} + e^{-i(\omega_0 n + \varphi)}]/2$$
$$= ARe\{e^{i(\omega_0 n + \varphi)}\}.$$

通过前面的讨论,我们已经知道,连续时间复指数信号是周期信号,然而与之不同的是离散时间复指数组列 $e^{i\omega_0 n}$ 不一定是周期序列,而只有在满足一定的条件时才是周期的,否则就是非周期的。由式 (5.7.5)我们看到复指数序列 $e^{i\omega_0 n}$ 的实部与虚部均是正弦序列,当然只有在其实部与虚部均满足周期性条件时,$e^{i\omega_0 n}$ 才是周期的。也就是说,只有当

$$\frac{\omega_0}{2\pi} = \frac{m}{N},$$

或者说当 $\omega_0/2\pi$ 是有理数时,$e^{i\omega_0 n}$ 才具有周期性。

当 $x(n) = e^{i\omega_0 n}$ 是周期序列时,$\omega_0/2\pi = m/N(\omega_0 \neq 0)$ 为有理数,在满足这个条件的参数 m、N 中,必有一组是没有公因子的,即 m/N 是最简分数,我们把这时 N 称为该周期序列的基波周期,记作 N_0。这时,该信号的基波频率可表示为

$$\omega_B = \frac{2\pi}{N_0} = \frac{\omega_0}{m}.$$

基波周期可表示为

$$N_0 = m\frac{2\pi}{\omega_0}.$$

和连续时间情况相类似,把一组成谐波关系的离散时间周期复指数序列组成一个**周期性复指数序列集**,称为成谐波关系的复指数序列集,记作

$$\varphi_K = e^{iK(2\pi/N)n}, \quad K = 0, \pm 1, \pm 2, \cdots \tag{5.7.6}$$

在这个信号集中,每一个信号都是周期的,且其基波是 N,基波频率为 $2\pi/N$,各信号的频率成谐波关系。

在连续时间情况下,成谐波关系的复指数信号集 $\varphi_K(t)$ 中的每一个信号都是不相同的,而离散时间的情况却不大相同。因为

$$e^{iK(2\pi/N)n} = e^{i(K+N)(2\pi/N)n},$$

即

$$\varphi_K = \varphi_{K+N(n)}.$$

式(5.7.6)表明:在成谐波关系的离散时间复指数信号中,只有 $\varphi_0(n)$,$\varphi_1(n)$,…,$\varphi_{N-1}(n)$ 或其他(任意)N 个序号项链的序列是相互独立的,其余信号均可看作是这 N 个信号的重复。如 $\varphi_N(n) = \varphi_0(n)$,$\varphi_{-1}(n) = \varphi_{N-1}(n)$,等等。

③ c 和 a 均为复数

$x(n) = ca^n$ 为一般形式的**复指数序列**。令复数:$c = |c|e^{i\theta}$,$a = re^{i\theta}$,则有

$$x(n) = |c|r^n e^{i(\omega_0 n + \theta)}$$
$$= |c|r^n[\cos(\omega_0 n + \theta) + i\sin(\omega_0 n + \theta)]$$
$$= Re\{x(n)\} + iIm\{x(n)\},$$

式中

$$Re\{x(n)\} = |c|r^n \cos(\omega_0 n + \theta)$$

为 $x(n)$ 的实部;

$$\text{Im}\{x(n)\} = \mid c \mid r^n \sin(\omega_0 n + \theta)$$

为 $x(n)$ 的虚部。

可见，指数序列 $x(n)$ 的实部和虚部分别为幅度按指数规律变化的正弦序列。

当 $r > 1$ 时，$x(n)$ 的实部和虚部分别为指示增长的正弦序列，如图 5-7-24(a)；

当 $r < 1$ 时，$x(n)$ 的实部和虚部分别为指数衰减的正弦序列，如图 5-7-24(b)；

当 $r = 1$ 时，$x(n)$ 的实部和虚部分别为正弦序列，如图 5-7-24(c)。

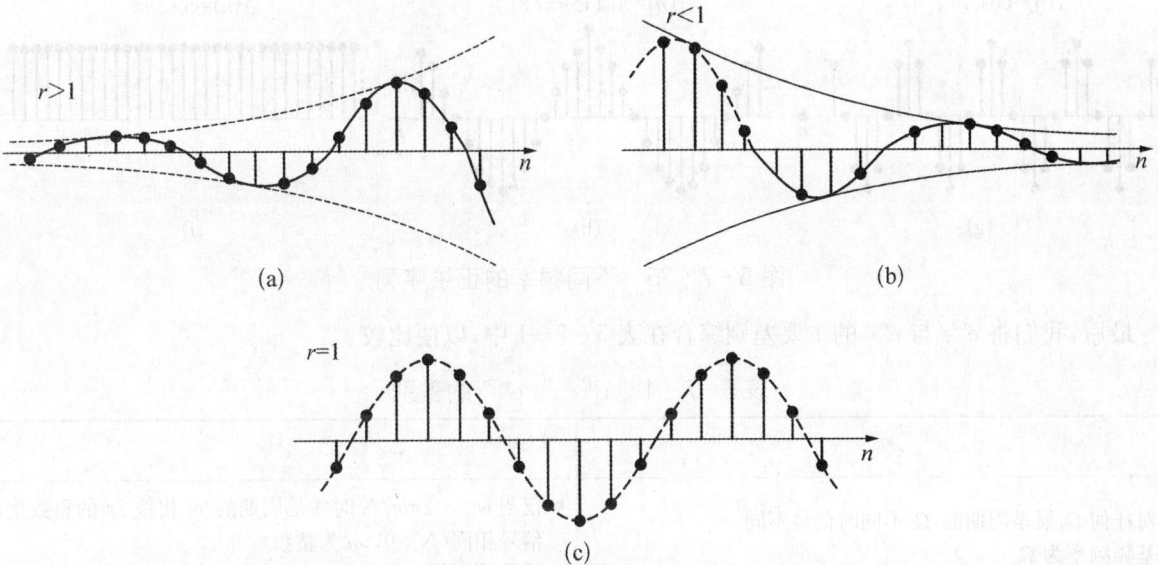

图 5-7-24　复指数序列

(3) $e^{i\Omega_0 t}$ 与 $e^{i\omega_0 n}$ 的差异

通过前面的讨论，我们不难发现，连续时间复指数信号 $e^{i\Omega_0 t}$ 与离散时间复指数序列 $e^{i\omega_0 n}$ 二者之间有许多相似之处，但也存在着本质的区别。弄清它们之间的差异，对进一步学习本章至关重要。

我们已经知道，信号 $x(t) = e^{i\Omega_0 t}$ 是时间 t 的周期函数，Ω_0 反映信号的振荡频率，Ω_0 越大，振荡频率越高；对不同的 Ω_0 值，$e^{i\Omega_0 t}$ 是互不相同的周期信号。然而，序列 $x(n) = e^{i\omega_0 n}$ 并不一定是周期的；对不同的 ω_0，$e^{i\omega_0 n}$ 也并不是互不相同的信号，而以 2π 为周期重复。为了说明这一点，我们讨论频率为 $(\omega_0 + 2k\pi)$ 的复指数序列

$$e^{i(\omega_0 + 2k\pi)n} = e^{i\omega_0 n} e^{i2k\pi n} = e^{i\omega_0 n}。$$

此式表明，频率为 ω_0 的复指数序列与频率为 $(\omega_0 + 2k\pi)$ 的复指数序列是完全一样的，也就是说 ω_0 只有在 2π 间隔内取值时，对应的 ω_0 才是互相独立的。因此，ω_0 通常在 $0 \sim 2\pi$ 或 $-\pi \sim \pi$ 区间内取值，而 $e^{i\omega_0 n}$ 也就不具有 ω_0 越大，振荡频率越高的特点，这一点和 $e^{i\Omega_0 t}$ 完全不同。

图 5-7-25 给出了与 $e^{i\omega_0 n}$ 相对应的正弦序列随 ω_0 变化的情况。从中可以看出，当 ω_0 从 0 增加到 π 时，信号与 $\omega_0 = 0$ 时相同。由此可见，对离散时间信号而言低频对应于 ω 为 0、2π 或其他 π 的偶数倍附近，而高频对应于 π 或其他 π 的奇数倍附近。

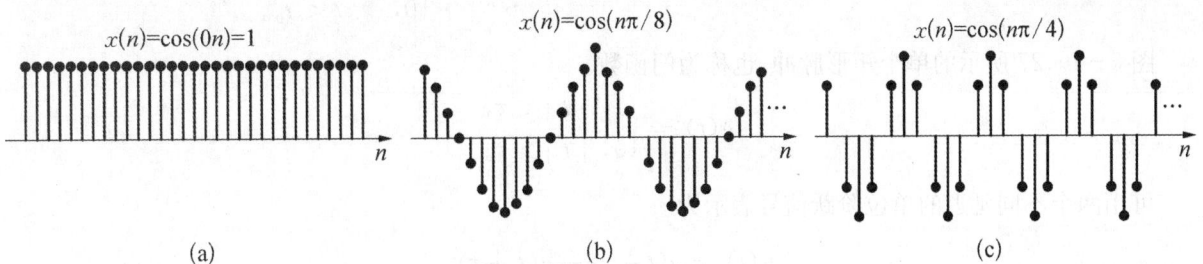

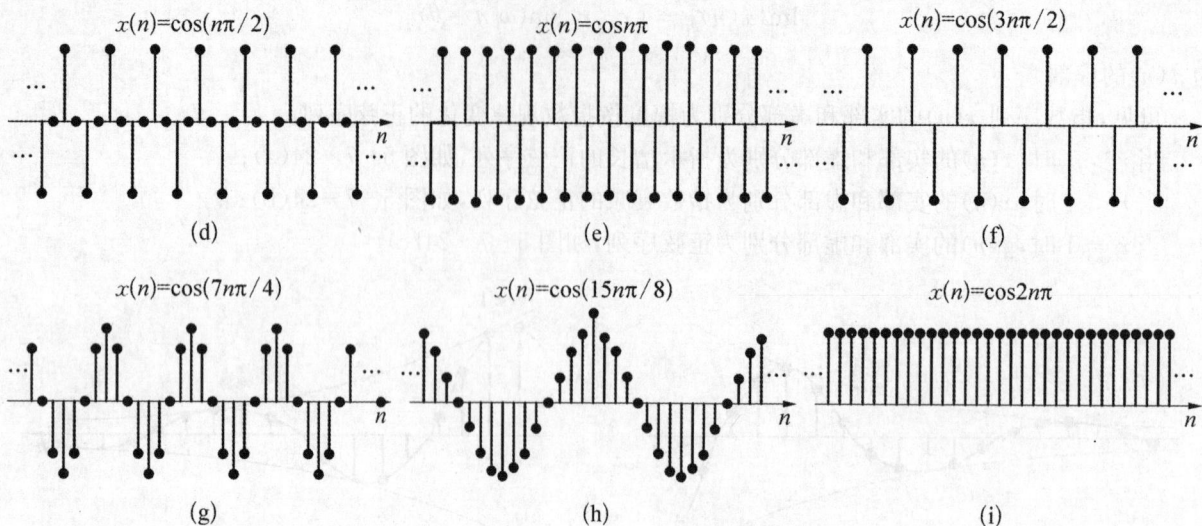

图 5-7-25 不同频率的正弦序列

最后，我们将 $e^{i\Omega_0 t}$ 与 $e^{i\omega_0 n}$ 的主要差别综合在表 5-7-1 中，以便比较。

表 5-7-1 $e^{i\Omega_0 t}$ 与 $e^{i\omega_0 n}$ 的差别

$e^{i\Omega_0 t}$	$e^{i\omega_0 n}$
• 对任何 Ω_0 值是周期的，Ω_0 不同时信号不同 • 基频频率为 Ω_0 • 基波周期为 $2\pi/\Omega_0$	• 仅当 $\omega_0 = 2\pi m/N$ 时才是周期的，ω_0 相差 2π 的整数倍时信号相同（$N>0$, m 为整数） • 基波频率为 ω_0/m • 基波周期为 $2\pi m/\omega_0$

3. 单位阶跃信号

（1）连续时间单位阶跃信号

连续时间单位阶跃信号定义为

$$u(t) = \begin{cases} 1, & t > 0, \\ 0, & t < 0, \end{cases}$$

其波形如图 5-7-26 所示，该信号在 $t=0$ 处是不连续的。

单位阶跃信号不仅在信号与系统分析中有着十分重要的作用，而且在简化信号是时域表示方面也非常有用。如根据单位阶跃信号的特性，双边信号乘以单位阶跃就变成了单边信号：

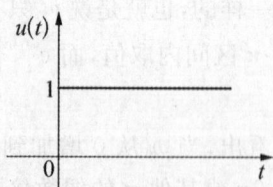

图 5-7-26 单位阶跃

$$x(t)u(t) = \begin{cases} x(t), & t > 0, \\ 0, & t < 0, \end{cases}$$

$$x(t)u(t-t_0) = \begin{cases} x(t), & t > t_0, \\ 0, & t < t_0。\end{cases}$$

图 5-7-27 所示的单个矩形脉冲，也称为门函数。

$$g(t) = \begin{cases} 1, & |t| < \tau, \\ 0, & |t| > \tau。\end{cases}$$

可用两个不同延迟的单位阶跃信号表示为

$$g(t) = u(t+\tau) - u(t-\tau)。$$

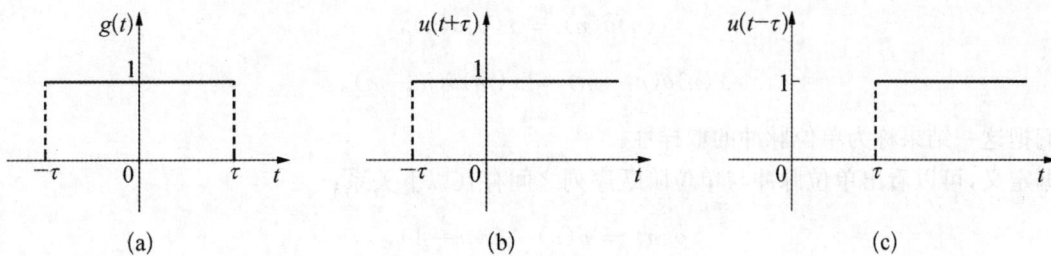

图 5-7-27　门函数的分解

利用不同宽度和不同延迟的门函数,可限定分段表示的信号的分段区间,从而将分段表达式转化为一个不分段的表达式。如图5-7-28所示的信号

$$x(t) = \begin{cases} 1+\dfrac{t}{\tau}, & -\tau < t < 0, \\[2mm] 1-\dfrac{t}{\tau}, & 0 < t < 2\tau, \\[2mm] 0, & \text{其他}, \end{cases}$$

可表示为

$$x(t) = \left(1+\frac{t}{\tau}\right)[u(t+\tau)-u(t)] + \left(1-\frac{t}{\tau}\right)[u(t)-u(t-2\tau)]。$$

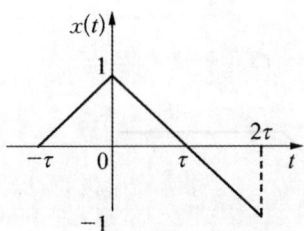

图 5-7-28　分段函数 $x(t)$ 的波形

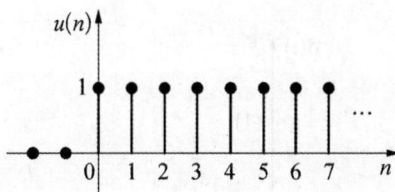

图 5-7-29　单位阶跃序列

(2) 离散时间单位阶跃序列

离散时间单位阶跃序列定义为:

$$u(n) = \begin{cases} 1, & n \geqslant 0, \\ 0, & n \neq 0, \end{cases}$$

其波形如图5-7-29所示。

不难看出,$u(n)$ 与 $u(t)$ 是相对应的,但它们的差异在于 $u(t)$ 在 $t=0$ 处不连续,而 $u(n)$ 在 $n=0$ 处定义为1,至于 $u(n)$ 在离散时间信号与系统分析中的重要性及有关应用均与 $u(t)$ 相类似。

4. 单位脉冲序列与单位冲激信号

(1) 单位脉冲序列

离散时间单位脉冲序列定义为

$$\delta(n) = \begin{cases} 1, & n = 0, \\ 0, & n \neq 0。 \end{cases}$$

因为只有当 $n=0$ 时,$\delta(n)$ 的值为1,而当 $n\neq0$ 时 $\delta(n)$ 的值为0,如图5-7-30所示,所以必有:任一序列 $x(n)$ 与 $\delta(n)$ 相乘,其结果为 $x(n)$ 在 $n=0$ 处的值以 $\delta(n)$,即

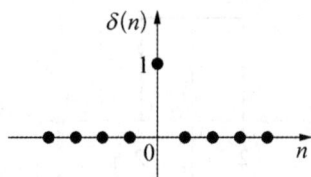

图 5-7-30　单位脉冲序列

$$x(n)\delta(n) = x(0)\delta(n),$$

及
$$x(n)\delta(n-m) = x(m)\delta(n-m)。$$

我们把这一结果称为单位脉冲的取样性。

根据定义,可以看出单位脉冲与单位阶跃序列之间存在以下关系:

$$\delta(n) = u(n) - u(n-1),$$

$$u(n) = \sum_{k=-\infty}^{n} \delta(k) = \sum_{k=0}^{\infty} \delta(n-k),$$

即单位脉冲是单位阶跃序列的一阶差分,而单位阶跃则是单位脉冲序列的求和。

（2）单位冲激函数

连续时间单位冲激函数 $\delta(t)$,也称 δ 函数,是一个不同于普通函数的特殊信号,其定义由式（5.7.7）给出:

$$\int_{-\infty}^{t} \delta(t)\mathrm{d}t = u(t), \tag{5.7.7}$$

即单位冲激函数 $\delta(t)$ 的积分是单位阶跃函数 $u(t)$。图 5-7-31 给出了 $\delta(t)$ 的图形表示。

当 $t \neq 0$ 时,$\delta(t)$ 为零;当 $t = 0$ 时,$\delta(t)$ 为非零值,其值趋于无穷大,但其强度为1,故在图形上用坐标原点处的箭头表示,图中"（1）"表示单位冲激强度。根据 $\delta(t)$ 的这一定义,自然应有

$$\delta(t) = \frac{\mathrm{d}u(t)}{\mathrm{d}t},$$

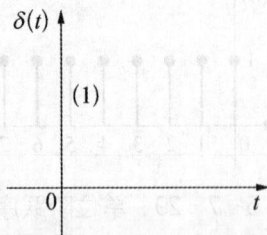

图 5-7-31 单位冲激信号

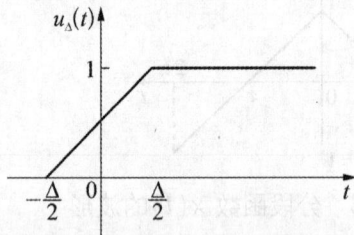

图 5-7-32 $u_{\Delta}(t)$ 的波形

即单位阶跃函数的导数是单位冲激函数。这一点用常规数学的观点来看,是不可能的,因为 $u(t)$ 在 $t=0$ 处不连续,因而也不可导。下面我们从极限的角度对 $u(t)$ 的导数是 $\delta(t)$ 作一直观说明。

设函数 $u_{\Delta}(t)$ 如图 5-7-32 所示,当 $\Delta \to 0$ 时,$u_{\Delta}(t)$ 趋于 $u(t)$,即 δ 函数的另一种定义是

$$\lim_{\Delta \to 0} u_{\Delta}(t) = u(t)。$$

由于 $u_{\Delta}(t)$ 是一个连续函数,故可对其求导,并记为 $\delta_{\Delta}(t)$,即

$$\delta_{\Delta}(t) = \frac{\mathrm{d}u_{\Delta}(t)}{\mathrm{d}t},$$

其波形如图 5-7-33 所示。当 Δ 趋于零时,$\delta_{\Delta}(t)$ 宽度越来越窄,而其幅度越来越大,但其所包围的面积始终为1,这一极限就是 $\delta(t)$,即

$$\delta(t) = \lim_{\Delta \to 0} u_{\Delta}(t)。$$

δ 函数的另一种定义是

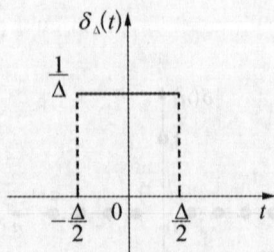

图 5-7-33 $\delta_{\Delta}(t)$ 的波形

$$\begin{cases} \int_{-\infty}^{\infty} \delta(t)\mathrm{d}t = 1, \\ \delta(t) = 0, \ t \neq 0。 \end{cases} \tag{5.7.8}$$

该定义表明 $\delta(t)$ 除原点以外,处处为零,且具有单位面积。

单位冲激函数是一种理想化的信号,它可以用来描述实际中存在的一类能量有限,作用时间极短的物理现象。例如:用理想电压源对理想电容器充电时,电路中的电流只有接通电源的瞬间存在,而此瞬间的电流就可以用冲激函数描述。又如:两个刚体完全弹性碰撞时,由于碰撞时间极短,而冲量有限,因而碰撞时的作用力也需要由冲激函数来描述。在实际中,类似的例子还可以举出许多。

单位冲激信号在信号分析与系统分析中具有特殊的重要性。在以后各节的讨论中,这种重要性会充分显示出来。

5. 奇异函数

按照冲激信号 $\delta(t)$ 的定义,我们会发现有许多完全不同的信号,它们在极限的条件下都表现为单位冲激。如图 5-7-34 所示的几种信号,当 $\Delta \rightarrow 0$ 时,其宽度都趋于零,幅度趋于无穷大,而其面积始终保持为 1,也就是说,它们在极限条件下都满足(5.7.8)式的定义。诸如此类的信号还有许多,这表明关于 δ 函数的定义是不严格的。之所以出现这种情况,是因为 $\delta(t)$ 这样的函数已经超出了常规函数的范畴,对这种函数的定义和运算都不能完全按通常的意义去理解。像 $\delta(t)$ 这样的非常规函数,通常被称为奇异函数或广义函数。需要利用广义函数或分配函数的理论对其作用严格的定义。

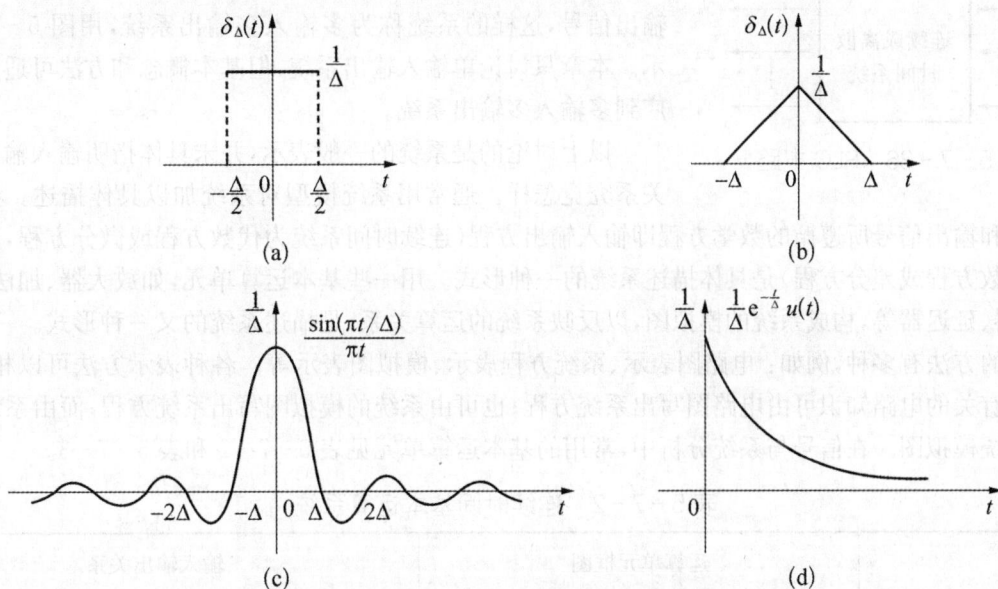

图 5-7-34 几种可逼近为 $\delta(t)$ 的函数波形

按照广义函数或分配函数的理论,$\delta(t)$ 定义为

$$\int_{-\infty}^{\infty} x(t)\delta(t)\mathrm{d}t = x(0), \tag{5.7.9}$$

其中,$x(t)$ 是在 $t=0$ 连续的函数。式(5.7.9)同时也给出了 $\delta(t)$ 的一个重要性质,这一性质称为 δ 函数的抽样性质。

三、系统的描述

1. 系统模型的概念

在概论中,我们已经介绍了系统的基本概念。要分析任何一个物理系统,都必须先建立该系统的模型。所谓系统模型是指系统物理特性的数学表达式或具有理想特性的符号组合图形来表示系统的特性。系统分析过程就是从实际物理问题中抽取出系统模型,用数学的方法对系统模型进行分析、求解,并对所得的结果作出物理解释赋予物理意义的过程。

2. 系统的表示

前面已经提到,在信号与系统分析中,系统是对信号进行变化的实体,对系统进行表示,也就是对其输入、输出信号之间的关系进行表示。连续时间系统将连续输入信号转换成连续时间输出信号,这样的系统可用图 5-7-35(a)来表示,也可直接用一个箭头表示成

$$x(t) \rightarrow y(t)。$$

(a) 连续时间系统   (b) 离散时间系统

图 5-7-35 单输入、单输出系统

其意思是,如果给系统的输入信号是 $x(t)$,那么系统的输出信号就是 $y(t)$。同样,离散时间系统将离散时间输入信号转换为离散时间输出信号,它可以用图 5-7-35(b)来表示,也可以用一个箭头表示成

$$x(n) \rightarrow y(n)。$$

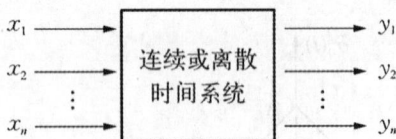

图 5-7-36 RLC 电路

一个系统可以同时接受一个以上的输入信号,产生一个以上的输出信号,这样的系统称为多输入多输出系统,用图 5-7-36 表示。本章只讨论单输入输出系统,但基本概念和方法可适用于或推广到多输入多输出系统。

以上讨论的是系统的一般表示,并未具体指明输入输出之间的关系究竟怎样。通常用系统模型对系统加以具体描述。建立系统输入信号和输出信号所遵循的数学方程即输入输出方程(连续时间系统为代数方程或微分方程,离散时间系统为代数方程或差分方程)是具体描述系统的一种形式。用一些基本运算单元,如放大器、加法器、乘法器、积分器、延迟器等,构成系统的模拟图,以反映系统的运算关系,是描述系统的又一种形式。一般而言,描述系统的方法有多种,例如:电路图表示、系统方程表示、模拟图表示等。各种表示方法可以相互转化,例如应用有关的电路知识可由电路图写出系统方程;也可由系统的模拟图写出系统方程;而由系统方程也可画出系统模拟图。在信号与系统分析中,常用的基本运算单元见表 5-7-2 和表 5-7-3。

表 5-7-2 连续时间基本运算系统

	运算单元框图	输入输出关系
放大器	$x(t) \xrightarrow{\alpha} y(t)$	$y(t) = \alpha x(t)$
积分器	$x(t) \rightarrow \boxed{\int} \rightarrow y(t)$	$y(t) = \int_{-\infty}^{t} x(t) \mathrm{d}t$
延迟器	$x(t) \rightarrow \boxed{T} \rightarrow y(t)$	$y(t) = x(t - T)$
加法器	$\begin{matrix} x_1(t) \searrow \\ \oplus \rightarrow y(t) \\ x_2(t) \nearrow \end{matrix}$	$y(t) = x_1(t) + x_2(t)$
乘法器	$\begin{matrix} x_1(t) \searrow \\ \otimes \rightarrow y(t) \\ x_2(t) \nearrow \end{matrix}$	$y(t) = x_1(t) \times x_2(t)$

表 5-7-3 离散时间基本运算单元

	运算单元框图	输入输出关系
单位移序器	$x(n) \rightarrow \boxed{D} \rightarrow y(n)$	$y(n) = x(n-1)$

	运算单元框图	输入输出关系
加法器	$x_1(n)$ $\oplus \rightarrow y(n)$ $x_2(n)$	$y(n) = x_1(n) + x_2(n)$
乘法器	$x_1(n)$ $\otimes \rightarrow y(n)$ $x_2(n)$	$y(n) = x_1(n) \times x_2(n)$

例 5.7.6　某连续时间系统如图 5-7-37 所示,根据此模拟图写出系统的输入输出方程。

解　由图可见,$y(t)$ 是系统的输出,也是积分器的输出。积分器的输入应该是 $\mathrm{d}y(t)/\mathrm{d}t$,而积分器的输入又是系统输入 $x(t)$ 与输出 $y(t)$ 延迟 T 并放大 a 倍后相加,即

$$\frac{\mathrm{d}y(t)}{\mathrm{d}t} = -\alpha y(t-T) + x(t),$$

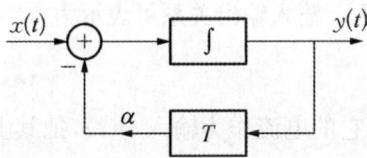

所以该系统的输入输出方程为

$$\frac{\mathrm{d}y(t)}{\mathrm{d}t} + \alpha y(t-T) = x(t)。$$

图 5-7-37　例 5.7.6 系统图　　　　图 5-7-38　例 5.7.7 系统图

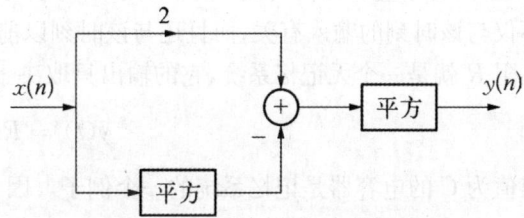

例 5.7.7　某离散时间系统的输入输出方程为

$$y(n) = \left[2x(n) - x^2(n)\right]^2。$$

解　根据方程表示的运算关系,不难画出系统的模拟图,如图 5-7-38 所示。

3. 系统的互联

无论是在实际的物理系统中,还是在信号与系统分析中,都经常遇到几个系统互相联结的问题。通过系统的互联,一方面可以由若干个子系统构成一个新系统;另一方面,也可以将一个较大、较复杂的系统看成某些子系统互联的结果,以便于对系统特性进行分析。系统互联有以下几个基本形式:

(1) 级联

几个子系统首尾依次相接,前一系统的输出便是后一系统的输入,这种互联称为系统的级联,如图 5-7-39(a)所示。

(2) 并联

几个子系统的输入端相接,所有子系统接受同一输入信号,系统的输出是各子系统的输出之和,这种互联称为系统的并联,如图 5-7-39(b)所示。

(3) 反馈联结

系统 1 的输出,经过另一子系统 2 反馈系统的输入端,与外加的输入信号一起组成系统 1 的真正输入,这种联结称为系统的反馈联结,如图 5-7-39(c)所示。

(a)

(b)   (c)

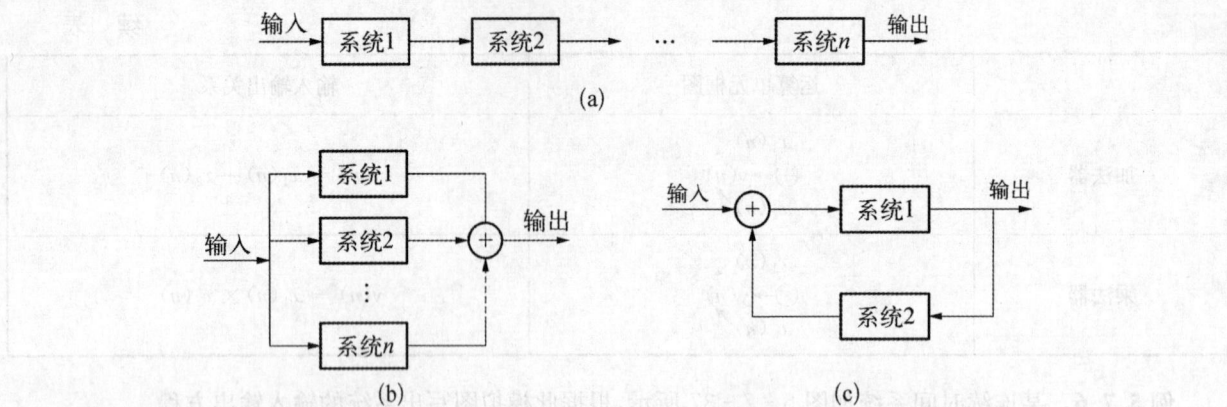

图 5-7-39　系统联结(a. 级联，b. 并联，c. 反馈联结)

四、系统的因果性

在这一节中，我们将介绍连续时间系统和离散时间系统的一些基本性质，这些性质既有数学上的表示，又有其物理含义。通过对这些性质的研究，可以更深入地理解并熟练地运用这些描述信号与系统的数学表示。

1. 即时系统与动态系统

一个系统，如果它在任何时刻 t 的输出都只与该时刻的输入有关，它就是**无记忆系统**；如果它在时刻 t 的输出不仅与该时刻的输入有关，而且还与该时刻以前或以后的输入有关，它就是**记忆系统**。

纯电阻 R 就是一个无记忆系统，它的输出只取决于当时的输入。输入输出关系可表示为

$$y(t) = Rx(t)。$$

电容值为 C 的电容器是记忆系统的一个例子。因为若把流过它的电流作为输入 $x(t)$，把其上的电压作为输出 $y(t)$，则其输入输出关系可表示为

$$y(t) = \frac{1}{C} \int_{-\infty}^{t} x(t)\mathrm{d}t。$$

即系统在 t 时刻的输出是该时刻以前输入的积分。

$$y(n) = \sum_{k=-\infty}^{n} x(k)$$

是一个离散时间记忆系统。因为系统在 n 处的响应是 n 以前所有输入的累加，系统同样具有记忆以前输入的能力。

2. 系统的可逆性与逆系统

如果一个系统对不同的输入产生的输出都不同，与系统的输入成一一对应关系，那么称该系统为可逆系统。

如果一个系统分别对两个以上不同的输入，能产生相同的输出，那么这个系统就是不可逆的。例如，$y(t) = 0$ 是一个不可逆系统的，因为该系统对任何输入产生的输出响应都相同（都为零）。

$y(n) = x^2(n)$ 是一个不可逆的系统，因为该系统对 $x(n)$ 和 $-x(n)$ 这两个不同的输入信号产生的输出都是相同的。

$y(n) = x(n)x(n-1)$ 是一个不可逆系统，因对该系统对 $x(n) = \delta(n)$ 和 $x(n) = \delta(n+1)$ 时，所产生的输出都为零。

$y(t) = \cos[x(t)]$ 也是一个不可逆系统，因为该系统当输入为 $x(t)$ 和 $x(t)+2k\pi$ 时，产生的输出都

相同。

如果一个系统与另一个系统级联后构成一个恒等系统,那么该系统是可逆的,与它级联的系统称为该系统的逆系统,如图 5-7-40 所示。对一个系统,如果能找到它的逆系统,那么该系统一定是可逆系统。例如:

$y(t) = 2x(t)$ 是可逆系统,其逆系统是 $z(t) = y(t)/2$。

$y(t) = x(t - t_0)$ 是可逆系统,其逆系统是 $z(t) = y(t + t_0)$。

$y(t) = \sum_{k=-\infty}^{n} x(k)$ 是可逆系统,其逆系统是 $z(n) = y(n) - y(n-1)$。

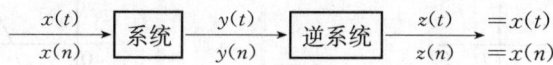

图 5-7-40　系统与逆系统级联

3. 系统的因果性

如果系统的输出在 $t < t_0$ 时为零,相应的输出 $t < t_0$ 时也为零,那么称该系统具有因果性,并称这样的系统为因果系统,否则就是非因果系统。因果系统在任何时刻的输出只与该时刻以及该时刻以前的输入有关,而与该时刻以后的输入无关。因果系统没有预测未来输入的能力,因而也称为不可预测系统。在因果系统中,输出响应是输入激励的结果,输入激励是产生输出响应的原因。先有原因才能有结果,就是因果律。例如:RC、RL、RLC 等实际电路都是因果系统。

$y(t) = \int_{-\infty}^{t} x(t)\mathrm{d}t$ 和 $y(n) = \sum_{k=-\infty}^{n} x(k)$ 表示的系统是因果系统。而 $y(t) = x(t+1)$ 表示的系统是非因果系统,因为 $y(0)$ 取决于 $x(1)$,与以后的输入有关;$y(t) = x(-t)$ 表示的是非因果系统,因为 $y(-1)$ 取决于 $x(1)$,与以后的输入有关;$y(n) = x(n) - x(n+1)$ 也是非因果系统,因为 $y(0)$ 不仅与 $x(0)$ 有关,而且还与 $x(1)$ 有关。

在信号与系统分析中,常以 $t=0$ 作为时间原点,并把从零时刻的信号叫因果信号(把以 t_0 开始的信号叫有始信号)。因此,在因果信号的激励下,因果系统的输出也必然是因果信号。

4. 系统的稳定性

一个系统,如果对任何有界输入产生的输出都是有界的,那么称该系统是稳定系统;如果对有界输入产生的输出不是有界的,那么称该系统为不稳定系统。例如:$y(n) = x(n-1)$ 表示的系统和连续时间阻尼振荡系统都是稳定系统;而方程 $y(n) = \sum_{k=-\infty}^{n} x(k)$ 和 $y(t) = \int_{-\infty}^{t} x(t)\mathrm{d}t$ 表示的系统是不稳定系统。

5. 时变与时不变系统

如果系统的输入信号在时间上有一个平移,相应的输出信号也仅在时间上产生一个同样的平移,而在波形上没有其他改变(如图 5-7-41),那么称该系统为时不变系统。也就是说,若 $x(t) \rightarrow y(t)$,有 $x(t - t_0) \rightarrow y(t - t_0)$,则该连续时间系统是**时不变**的。同理,若 $x(n) \rightarrow y(n)$,有 $x(n - n_0) \rightarrow y(n - n_0)$,则该离散时间系统是**时不变**的。

检验一个系统的时不变性,可令系统的输入为 $x_1(t)$,则其输出为 $y_1(t)$;改变输入为 $x_2(t) = x_1(t - t_0)$,分析相应的输出 $y_2(t)$ 是否为 $y_1(t - t_0)$,若是,则系统为时不变系统;若不是,则系统为时变系统。

例 5.7.8　判断系统 $y(t) = \cos[x(t)]$ 的时不变性。

解　令 $x(t) = x_1(t)$,则 $y_1(t) = \cos[x_1(t)]$;再令 $x_2(t) = x_1(t - t_0)$,则 $y_2(t) = \cos[x_2(t)] = \cos[x_1(t - t_0)]$,显然有 $y_2(t) = y_1(t - t_0)$,所以系统是时不变的。

例 5.7.9　判断系统 $y(n) = nx(n)$ 的时不变性。

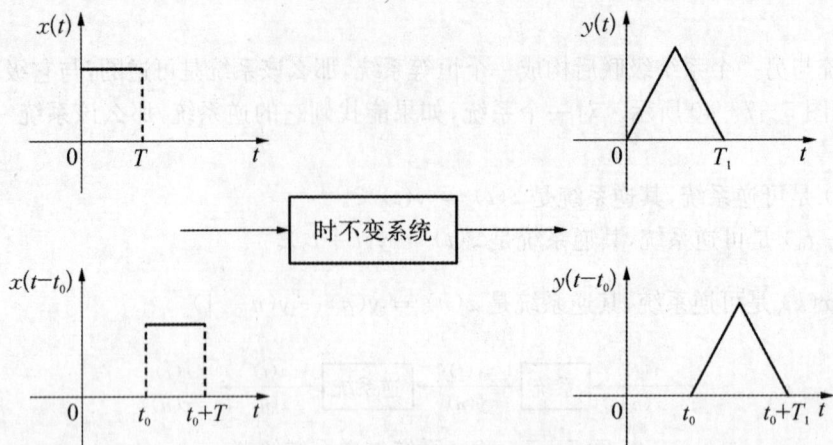

图 5-7-41　时不变系统的响应

解　令系统输入 $x(n) = x_1(n)$，则系统输出 $y_1(n) = nx_1(n)$；再令 $x_2(n) = x_1(n-n_0)$，则 $y_2(n) = nx_2(n) = nx_1(n-n_0)$，而 $y_1(n-n_0) = (n-n_0)x_1(n-n_0) \neq y_2(n)$，所以该系统是时变系统。

对 $y(t) = x_1(-t)$ 表示的系统，因为当输入 $x(t)$ 向右平移 t_0 时，响应的输出 $y(t)$ 则向左平移 t_0，所以这个系统也是时变系统。

6. 线性与非线性系统

如果一个系统既满足叠加性同时又满足齐次性，那么称该系统为**线性系统**，否则为**非线性系统**。

所谓叠加性是指几个激励同时作用一系统时，系统的响应等于每个激励单位作用产生的响应之和，即若 $x_1(t) \to y_1(t)$，$x_2(t) \to y_2(t)$，则 $x_1(t) + x_2(t) \to y_1(t) + y_2(t)$。

所谓齐次性是指若系统的输入乘以常数，则系统的输出也乘以相同的常数，即若 $x(t) \to y(t)$，则 $ax(t) \to ay(t)$。

综上所述，连续信号是线性系统应满足

$$ax_1(t) + bx_2(t) \to ay_1(t) + by_2(t),$$

同理，离散信号是线性系统应满足

$$ax_1(n) + bx_2(n) \to ay_1(n) + by_2(n)。$$

由线性系统的齐次性，可以直接推出线性系统的另一个重要性质，这就是零输入产生零输出，以连续时间系统为例，将输入所乘的常数设为零，则输出所乘的常数也是零，即

$$0 \times x(t) \to 0 \times y(t)。$$

这里需要指出的是，"零"是指系统根本没有接上输入，而不是输入信号在某一时刻或某一时间区间内为零；另外，线性系统必须具有"零输入—零输出"的特性，不具有这一性质的系统就不是线性系统。但仅具有这一特性的系统未必一定是线性系统，因为这一性质仅由齐次性推得，而未考虑叠加性。

例 5.7.10　判断系统 $y(n) = nx(n)$ 是否为线性系统。

解　叠加性判断：

$$x_1(n) + x_2(n) \to n[x_1(n) + x_2(n)] = nx_1(n) + nx_2(n) = y_1(n) + y_2(n),$$

满足叠加法性；
齐次性判定：

$$ax(n) \to nax(n) = ay(n),$$

满足齐次性；

该系统既满足叠加性,又满足齐次性,所以该系统是线性系统。

例 5.7.11 判断系统 $y(t) = x(t)x(t-1)$ 是否为线性系统。

解 叠加性判定:

$$x_1(t) + x_2(t) \rightarrow [x_1(t) + x_2(t)][x_1(t-1) + x_2(t-1)]$$
$$= x_1(t)x_1(t-1) + x_2(t)x_2(t-1) + x_2(t)x_1(t-1) + x_1(t)x_2(t-1)$$
$$= y_1(t) + y_2(t) + x_2(t)x_1(t-1) + x_1(t)x_2(t-1)$$
$$\neq y_1(t) + y_2(t),$$

不满足叠加性,所以该系统为非线性系统。实际上这个系统也不满足齐次性。

7. 增量线性系统

线性系统的数学模型是线性方程,但由线性方程表示的系统并不都是线性系统。如果 $y(t) = x(t) + 2$ 是一个线性方程,但当 $x(t) = 0$ 时,$y(t) = 2 \neq 0$,不满足零输入—零输出的特性,所以这个线性方程表示的系统不是线性系统。事实上,这个系统既不满足叠加性,也不满足齐次性,其原因在输出中的常数项 2 始终与输入没有关系。像这样的系统属于增量线性系统。

增量线性系统的一般定义是:如果一个系统输出的增量与输入的增量满足线性关系,那么称该系统为增量线性系统。也就是说,系统对任何两个输入信号的响应之差是两个输入信号之差的线性函数,即其差满足齐次性和叠加性。例如对前述 $y(t) = x(t) + 2$ 所表示的系统:

$$x_1(t) \rightarrow y_1(t) = x_1(t) + 2; \quad x_2(t) \rightarrow y_2(t) = x_2(t) + 2; \quad y_2(t) - y_1(t) = x_2(t) - x_1(t)$$

是一个线性关系。

任何增量线性系统的输出都可以表示成一个线性系统的输出再加上一个与输入无关的信号,如图 5-7-42 所示。由于线性系统具有零输入—零输出的特性,因而其初始状态必然为零,故 $z(t)$ 只是由输入信号 $x(t)$ 引起的输出响应,通常称这一响应为零输入响应;$y_0(t)$ 与输入信号 $x(t)$ 无关,它完全是由系统的初始状态引起的输出响应,因而也称零输入响应。由此可以认为,增量线性系统也可以说是一个具有一定初始状态的线性系统的系统模型,这种系统的全响应是零输入响应和零状态响应的和。

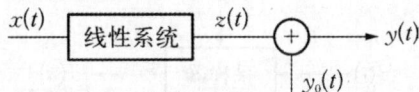

图 5-7-42 增量线性系统的模型

严格地说,增量线性系统不属于线性系统,我们不予专门讨论。今后我们所讨论的线性系统在没有特别说明的情况下均指零状态系统,即系统是松弛的。

本章着重讨论线性、时不变、因果、稳定的即时和动态系统,这种系统的数学模型一般是线性系数的微分或差分方程。

本章讨论了有关信号与系统的一些基本概念和重要性质,介绍了一些常用信号和信号的表示与时域变换。这些都是信号与系统分析的重要基础,也是学习本课程必须掌握的基本知识。

第三节 言语信号的采样与实践应用

大多数离散时间信号是对连续信号(如言语信号和生物信号)采样的结果。把模拟信号转换成数字信号的过程称为模拟—数字(Analog-to-Digital,A/D)转换。其反过程,即从采样后的数字信号重新形成模拟信号的过程称为数字—模拟(Digital-to-Analog,D/A)转换。这里仅讨论关于 A/D 转换和一些实践应用的问题,这一讨论的基础是采样定理,它是对模拟信号进行采样的基本规律。

一、模数转换

A/D转换器的作用是把模拟信号转换成数字信号,它输入的是连续变量 t 的实值函数 $x_a(t)$,对于每个 t 值,函数 $x_a(t)$ 可以为任意实数。A/D转换器输出的是位流(bit stream),它表示离散时间序列 $x(n)$,对于每个 n,其幅值量化为一组可能值中的一个。一个完整的 A/D 转换器是由采样器、量化器和编码器组成,如图5-7-43所示。采样器以固定的周期 T_S 对 $x(t)$ 进行采样,通过采样,连续时间信号 $x_a(t)$ 转换为离散时间信号 $x(n)$。采样后的信号在时间上是离散的,但在振幅上还是连续的。于是,量化器的工作就是把连续的幅值变换为一组离散的幅值。对于均匀量化器,量化过程是由"量化位数 bit"和"量化步长 Δ"来定义的。编码器的工作是将它获得的数字信号 $x_1(n)$ 用一个二进制序列 $x_2(n)$ 表示。

图5-7-43 模数(A/D)转换器的组成

1. 采样器

采样的基本过程是把连续信号转换成一系列的数字信号,以便于计算机的储存。图5-7-44就是采样器转换过程的图解。我们以固定的时间间隔对原有的模拟信号进行采样,相邻采样点间的变化是忽略不计的。这样一来,原来在时间轴上连续的信号就变成离散信号了,这一过程可以用关系式描述为:$x(n)=x_a(nT_S)$,其中 T_S 是采样周期,$f_S=1/T_S$ 是采样频率,用每秒的采样数表示。从表面上看,这一做法会损失掉一部分信息。实际上,根据 Nyquist 采样定理,只要采样频率选取得当,信号就不会失真。也就是说,我们可以在不损失信息的条件下进行模数转换,这是计算机在处理包括言语信号在内的一切模拟信号的基本规律。

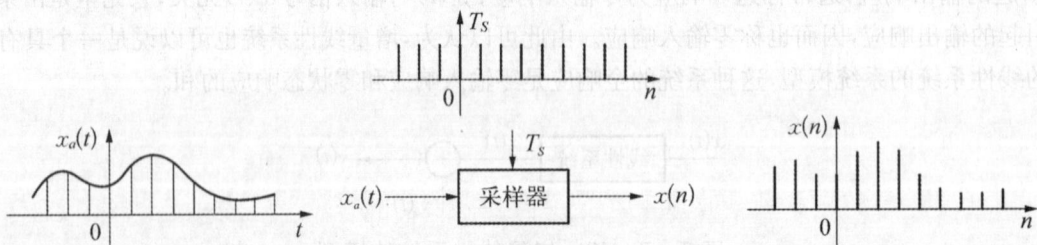

图5-7-44 采样器转换过程的图解

那么,采样频率为多少才能保证信号不失真呢?原则上,采样频率至少是模拟信号最高频率的两倍,我们用 F_n 表示。举个例子,如果模拟信号的最高频率是 10 kHz,那么采样频率至少为 $2\times10=20$ kHz,也就是说,对经过 10 kHz 滤波的模拟信号进行采样的最小频率为 20 kHz。当然,我们也可以用高于 Nyquist 的采样频率进行采样,只是这种做法要求更大的计算机内存空间。

但是,采样频率不能低于 Nyquist 的采样频率,否则在言语信号分析时会出现一系列误差,我们把这种误差称为"混叠(aliasing)"。举个例子,在看电影时你可能会发现,马车在向前走而车轮在向后转,或者车轮在向前走而轮辐在向后转,这不是视觉错觉,而是由于采样频率不当而引起的"混叠"现象。在这个例子中,采样频率是每秒30帧画面,这也是电影工业通常采用的频率。当轮子旋转时,轮辐随之改变位置,由于电影每秒播放的帧数太少,以至于轮辐的变化和轮子的变化不一致,结果就出现了轮子向前走而轮轴向后转的现象。我们可以通过增加每秒播放的帧数,来避免"混叠"现象。然而,大多数画面对每秒播放的帧数要求不高,而轮轴的错误又可以容忍,因此,我们往往不增加每秒播放的帧数。但是,在言语信号采样的过程中,"混叠"现象就不再是小失误了。如果我们选取的采样频率过低而引起"混叠"的话,那么采样后的信号就会与原有的模拟信号严重不符,如图5-7-45所示。

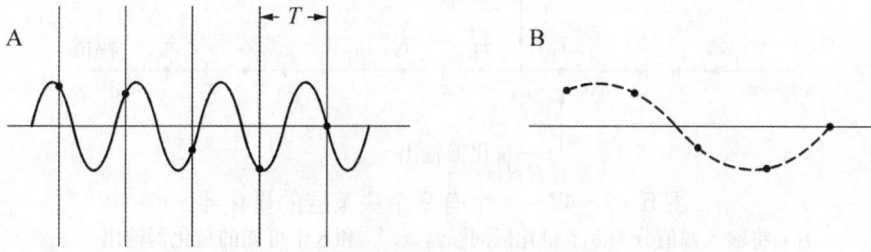

图 5 - 7 - 45　采样频率过低而引起信号失真(A 是模拟信号,以垂线为间隔
进行采样,采样后的数字信号如 B 所示。显然,采样后的数字
信号与原有的模拟信号不符,产生失真)

因此,在采样过程中,我们要尽量避免出现"混叠"现象,一般而言,可以采取以下步骤:

(1) 找出模拟信号的最高频率 F_n;

(2) 过滤掉 F_n 以上的频率成分;

(3) 以 $2F_n$ 以上的频率进行采样。

除了采样过程之外,量化过程中也会出现"混叠"现象,我们称之为"量化噪音",这个问题我们会在下一节做具体介绍。

2. 量化器

在了解量化器之前,让我们对前面的内容做个简单的回顾。为了便于计算机存储,我们把连续的模拟信号转换成离散的数字信号,其具体做法是以固定时间间隔对模拟信号进行采样。间隔的长短取决于采样频率的高低,采样频率越高,采样间隔的时间就越短。举个例子,如果采样频率为 5 kHz,就意味着每 0.2 毫秒采集一个样本。通过采样,信号在时间上变得离散了,但在振幅上或者说在能量上还是连续的,也就是说采样只是模数转换的第一步,接下来要做的是使信号在振幅上也离散化。量化器的基本工作原理是把 $x(n)$ 的连续振幅分成有限个等级,对处于某个振幅等级的 $x(n)$ 赋予一个固定值 $x_1(n)$,也可以将量化过程表示为:$x_1(n) = Q[x(n)]$。当量化等级之间的间隔相等时,两个相邻量化级之间的距离叫做"量化步长"或"量化精度"用 Δ 表示,该量化器称为均匀或线性量化器。一般而言,量化等级越多,量化后的信号就越接近原有信号,如图 5 - 7 - 46 所示。

值得注意的是,"量化位数 bit"每增加一位,量化等级数就会增加一倍。举个例子,8 位的"量化位数"相当于把振幅划分为 256 个等级,9 位的"量化位数"相当于把振幅划分为 512 个等级。当然,量化等级越多,存储数据所需要的内存也就越大。一般而言,我们至少要以 12 位的"量化位数"对言语信号进行量化,也就是把言语信号的连续振幅划分为 4 096 个等级。如果量化的等级太少的话,信号就会被扭曲,我们称之为"量化误差"或者"量化噪音"。

量化器是一个非线性不可逆系统,它把一个具有连续幅值区间的输入序列 $x(n)$ 变换为输出序列 $x_1(n)$,即将每个 $x(n)$ 有限个可能值中的一个数值赋予 $x_1(n)$。量化器有 $L+1$ 个决策层 $x_1, x_2, \cdots, x_{L+1}$,它把 $x(n)$ 的幅值范围分成 L 个区间:$I_k = [x_k, x_{k+1}]$,$(k = 1, 2, \cdots, L)$。对于一个落入区间 I_k 的输入 $x(n)$,量化器把在这个区间中的某个值赋给 $x(n)$。这个过程如图 5 - 7 - 47 所示。

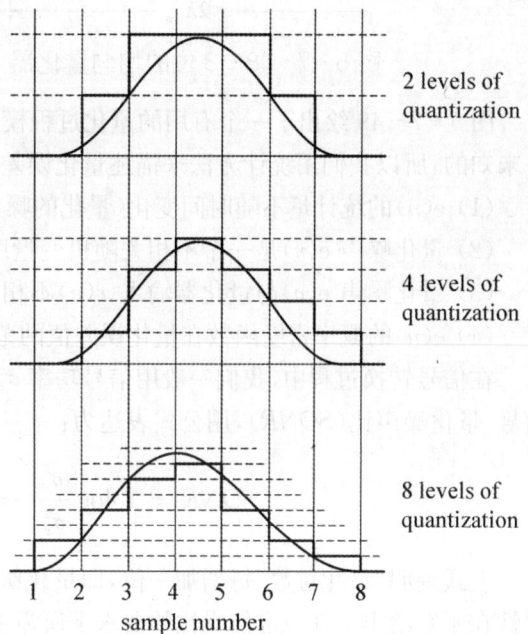

2 levels of quantization

4 levels of quantization

8 levels of quantization

sample number

图 5 - 7 - 46　量化等级越多,量化后的信号
就越接近原有信号

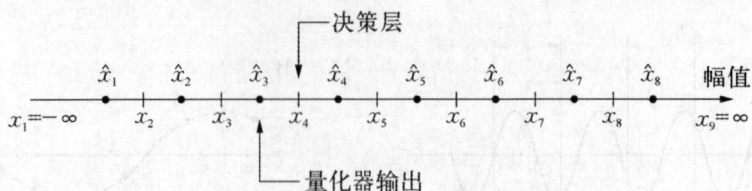

图 5-7-47　一个有 9 个决策层的量化器

注：将输入幅值分为 8 个量化区间 $[x_k, x_{k+1}]$ 和 8 个可能的量化器输出。

量化器有均匀间隔或非均匀间隔的量化层，当这些量化区间为均匀间隔时，这个量化器被称为均匀或线性量化器。量化步长 $\Delta = x_{k+1} - x_k$，为了最大限度地发挥 $B+1$ 位二进制代码的效率，量化器的层数一般取为 $L = 2^{B+1}$。

如图 5-7-48 所示是一个 3 位量化器，其中，量化器的输出被四舍五入到与其最近的量化层。对于有 $L = 2^{B+1}$ 个量化层，步长为 Δ 的量化器的量程是：$R = 2^{B+1}\Delta$。所以，如果量化器的输入是有界的，即 $|x(n)| \leqslant X_{max}$，量化步长 $\Delta = X_{max}/2^B$。取整后的量化误差 $e(n)$ 将是有界的，也就是说 $e(n)$ 位于区间 $[-\Delta/2, \Delta/2]$ 之内。但是，如果 $|x(n)|$ 超出 X_{max} 会被剪切，于是量化误差可能会变得非常大。

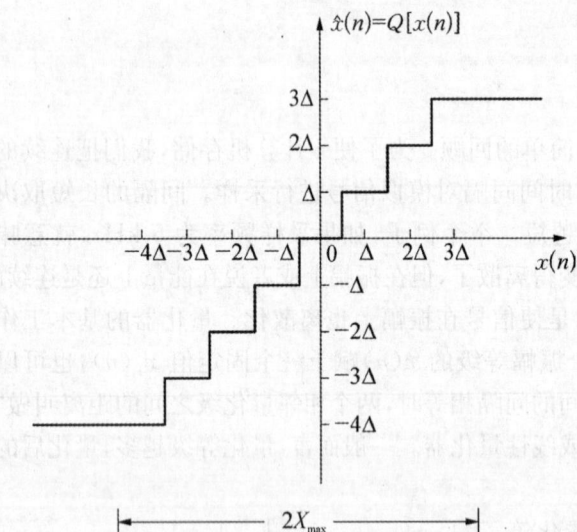

图 5-7-48　3 位的均匀量化器　　　　　图 5-7-49　量化噪声模式

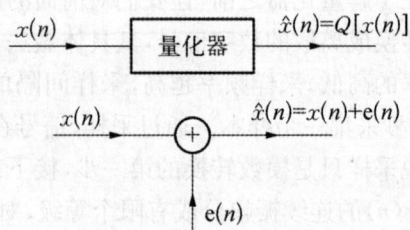

图 5-7-49 绘出了一个有用的量化过程模型。这里假设量化误差为加性噪声源，因为量化误差一般是未知的，所以我们用统计方法来描述量化误差 $e(n)$。一般假设 $e(n)$ 是随机变量序列，它具有以下性质：

（1）$e(n)$ 的统计量不随时间变化（量化的噪声是静态的随机过程）；

（2）量化噪声 $e(n)$ 是一个不相关随机变量序列；

（3）量化噪声 $e(n)$ 与量化器输入 $x(n)$ 不相关；

（4）$e(n)$ 的概率密度函数在量化误差值的范围内均匀分布。

在信号转换过程中，我们一般用信号功率 σ_x^2 和量化噪音功率 σ_e^2 来评价 A/D 转换器的输出质量，称为信号-量化噪声比（$SQNR$），用公式表达为：

$$SQNR = 10\log\frac{\sigma_x^2}{\sigma_e^2} = 6.02B + 10.81 - 20\log\frac{X_{max}}{\sigma_x}。$$

上式说明"量化位数"每增加一位，即量化级数每增加一倍，$SQNR$ 就大约增加 6 dB。这一规律的重要性在于它给出了在一定信噪比的要求下所需要的量化器的位数。

量化的方式不只一种，上面讲到的是最简单的"均匀量化"，即以固定的量化步长对一定能量范围内的信号进行量化。由于言语信号有着广泛的"动态范围"，而且个体在说话时其"动态范围"在不断变化，因此,如果我们使用固定的"量化步长",就只能满足某些能量范围内的信号的量化,而对其他范围内信号的量化而言可能太粗糙了。所以,最好的方式是采用"非均匀量化",就是对低能量范围内的信号采用较小的"量化步长",而对高能量范围内的信号采用较大的"量化步长"。另外,量化的方法也很多,例如,我们能够用对数的形式量化低能量范围内的信号。

3. 编码器

言语信号从量化器输出进入编码器,编码器会赋予每个量化级一个二进制数(代码字)。存在许多编码方案,大多数数字信号处理系统采用二进制补码表示,即如有 L 个量化级,就至少需要 L 个不同的二进制数,用量化位数 $B+1$ 表示的话,就是 2^{B+1} 个二进制数 $X(k_1, k_2, \cdots, k_{B-2}, k_{B-1})$。二进制数 X 与量化位数 $B+1$ 之间的关系可以描述为:

$$X = k_{B-1}2^{B-1} + k_{B-2}2^{B-2} + \cdots + k_12^1 + k_02^0 (k_i = 0 \text{ 或 } 1)。$$

举个例子,当 $B+1 = 3$ 时,量化级 $L = 8$,二进制数 X 如表 5-7-4 所示。

表 5-7-4 编码方案

量化级数 L	0	1	2	3	4	5	6	7
二进制数 X	000	001	010	011	100	101	110	111

到这时,连续的模拟信号已经转化为离散的数字信号,并且能够被计算机所储存,模数转换业已完成。

二、声卡的特点

我们知道,声音是由物体的振动产生的。由振动引起的声波传到人的耳朵里,引起耳膜的振动,从而产生听觉。人们可以通过控制物体的振动而产生所需要的声音,这就是乐器能够产生美妙声音的原理。计算机技术的发展使得人们可以利用计算机对言语进行各种处理,从而产生了计算机言语处理技术。

计算机言语处理技术的发展比计算机的其他技术发展较晚,最初设计者只是用声音信号作为操作者的提示,这种功能至今都保留在各种类型的计算机里。伴随着言语处理技术在计算机领域中的广泛应用,言语合成(speech synthesis)、言语识别(speech recognition)以及言语测量(speech analysis)和言语矫治(speech therapy)也逐步地引入计算机。

1. 言语信号的特点

声音是能通过空气传播的一种连续的波,这种连续性表现在两个方面:时间和振幅。声音有 3 个要素即频率、强度、音质。音调与声音的频率有关,频率快则声音高,频率慢则声音低。标准音乐信号的音调之间满足下述关系,$f = 440 \cdot 2^{k/12}$,其中,$k = 0, \pm 1, \pm 2, \cdots$ 表示距离调 A 的音数目。例如,$k = 1$ 时,$f = 466.2 \text{ Hz}$。

人耳对频率的感觉有一个范围。人耳可以听到的最低频率约为 20 Hz,最高频率约为 20 kHz。正如测量响度时是以 1 kHz 纯音为基准一样,在测量音调时则以 40 dB 音强为基准,并且同样由主观感觉来确定。

响度与声音的强度有关,强度高则声音响,强度低则声音轻。强度用来描述声音的强弱,它体现在声音幅度,亦即振幅的大小。在物理上,客观测量的声音强度用 dyn/cm² 或 w/cm² 来表示。在心理上,主观感觉的声音响度使用呼吸级"方(phone)"或者"宋(sone)"来度量。这两种感知声音强弱的计量单位是完全不同的两种概念,但是它们之间又有一定的联系。当声音弱到人的耳朵刚刚可以听见时,我们称此时的声音强度为"听阈"。例如,1 kHz 纯音的声强达到 10^{-16}(定义成零 dB 声强级)时,人刚能听到,此时的主观响度级定义为零方。实验表明,听阈是随频率变化而变化的。另一种极端的情况是声音强到使人耳感到疼痛。实验表明,如果频率为 1 kHz 的纯音的声强级达到 120 dB 左右时,人的耳朵就会感到疼痛,这个阈值称为"痛阈"。对不同的频率测量,可以得到"痛阈—频率"曲线。在听阈和痛阈之间的区域就是人耳的听觉范围。

音色是音质的主观感觉,音质好则音色好,音质差则音色差。在物理上,音质则是由混入基音的泛音所决定的。每个基音又都有其固有的频率和不同强度的泛音,从而使得每种声音具有特殊的音色效果。

声音信号是连续的模拟信号(时间和幅度)。声波具有普通波所具有的特性:反射(reflection)、折射(refraction)和衍射(diffraction)。声音的这些特性使得人们可以感知到声音信号。生理信号的频率范围很宽,但人的听觉器官能够感知的频率范围为 20—20 000 Hz,能感知的声音幅度范围在 0—120 dB 之间,而人的发音器官能够发出的声音频率范围为 80—3 400 Hz。

声音是一种弹性波,声音信号可以分成周期信号与非周期信号两类。周期信号是单一频率音调的信号,其频谱是线性谱;而非周期信号包含一定频带的所有频率分量,其频谱是连续谱。真正的线性谱仅可从计算机或类似的专门声音设备中才能产生和听到,这种声音听起来十分单调。而其他声音信号或者属于完全的连续谱,如电路中的平滑噪音,听起来完全无音调,或者属于线形谱中混有一段段的连续谱成分,以致使整个声音还是表现出线形谱的特性。也正是这些连续谱成分使声音听起来饱满、生动,自然界的声音大多数都属于这一种。

声音的传播是以声波形式进行的。由于人类的耳朵能够判别出声波到达左右耳的相对时差、声音强度,所以能够判别出声音的来源方向。同时,也由于空间作用使声音来回反射,而造成声音的特殊的空间效果。例如,我们在剧场中聆听到的声音和在公园中聆听到的声音效果是不一样的。

声音的质量与声音的频率范围有关,一般来说,频率范围越宽,声音的质量也就越高。衡量声音的质量有一个标准:对言语来说,常用可懂度、清晰度、自然度来衡量;而对音乐来说,保真度、空间感、音响效果都是重要指标。

2. 声卡的特点

常用于表示声卡性能的两个参数是采样频率和模拟量转换成数字量之后的量化位数。采样频率决定了频率响应范围。对声音进行取样的三种标准为:言语效果(11 kHz)、音乐效果(22.05 kHz)、高保真效果(44.1 kHz)。目前,声卡的最高取样频率为 88.2 kHz。对声波每次采样后存储、记录声音振幅所用的位数称为量化位数,16 位卡的量化位数就是 16。量化位数决定了音乐的动态范围,量化位数有8 位、16 和 24 位三种。8 位声卡的声音从最低音到最高音只有 256 个级别,16 位声卡有 65 536 个高低音级别。

言语信号是连续的模拟信号,为了使计算机能够进行处理,必须采用声卡对声音在时间轴和幅度两个方面进行离散化。通常所讲的音频信号是指离散化后的省略信号。时间轴上的离散化称为采样,根据 Nyquist 采样定律,只要采样频率高于信号最高频率的两倍,就可以完全从采样中恢复原始信号波形。而对幅度的离散化称为量化。对言语波形的量化,就是按采样的频率间隔,不断地获取幅度的量值,使离散的声音波形转变为离散的数字量。当需要时,可以再将这些离散的数字信号转变成连续的波形。如果采样频率足够高,恢复出的声音与原始声音没有什么差别,这就是声卡在实际采样过程中,采用 16 bit,44.1 kHz 作为高质量声音标准的原因。

三、 实际应用中的问题

1. 高频采样

首先,让我们回顾一下 A/D 转换过程中的实际问题。假设我们要分析一个频率范围低于 3 kHz 的言语信号,因为完整的言语信号非常长,所以我们要尽量节约计算机的内存。在此前提下,我们如何选择恰当的采样频率、滤波器和量化器呢?首先,采样频率至少为信号最高频率 F_n 的两倍。在本例中,因为言语信号的最高频率为 3 kHz,所以采样频率不能小于 6 kHz。考虑到,滤波器的设置一般比较粗糙,而且处于拒绝区间的信号不一定能被完全过滤掉,所以我们设置的滤波频率往往略低于信号的最高频率。在本例中,过滤器的频率应该略低于 3 kHz,可以设置为 2.8 kHz。最后,为了保证转换后的信号不失真,我们一般采用 11 位的量化器。

那么,可以"高频采样"吗? 也就是说可以用高于 Nyquist 率的频率进行采样吗? 回答是肯定的。首先,当"抗混叠滤波器"的过渡区比较宽时,我们就应该用较高的频率进行采样。假如滤波器的过渡区比较宽,那么处于过渡区的信号不一定能被完全过滤掉,也就是说过滤后的信号中仍然存在高于 F_n 的频率成分从而导致"混叠现象",我们一般使用"低通过滤器",使它的滤波频率略低于 F_n。其次,当需要做出临时决策时,也可以使用"高频采样"。举个例子,在确定元音基频的问题上,如果采样频率为 10 kHz,那么对于男性而言,若基频为 100 kHz,则误差在正负 0.5%;对于女性而言,若基频为 200 kHz,则误差在正负 1.0%;对于幼儿来说,若基频为 500 kHz,则误差在正负 2.5%。这一结论有利于对"微扰"的嗓音信号做出决策。嗓音信号的"微扰"主要体现在两方面。一方面称之为"频率微扰",即嗓音信号的周期性在声门波形的基线上下变化。另一方面称之为"幅度微扰",即嗓音信号的周期性在声门波形的峰值上下变化。为了测量言语的这种"微扰"性,我们一般进行"高频采样"和更为精确的量化,以保证转换后的信号不失真。另外,在录制音乐时也会使用"高频采样",以获得令人满意的声音效果。

2. 信号放大

在这里我们将简单地讲一讲 A/D 转换过程中的其他问题。当信号的振幅大约为一个"量化步长"时,量化后的信号为直流信号或者是方波。方波里包含了大量的突变声,这些突变声的频率可能远大于信号的最高频率。在这种情况下,即使使用过滤器也不能避免"混叠"现象,从而使声音粗糙化,我们称之为"粗糙音"。值得注意的是,振幅低的信号容易被噪音所干扰。因此,在处理能量较弱的信号时,应该慎重地选择量化级数,并且首先要将微弱信号放大。另外,在选择量化级数时,要确保量化级数分布在整个动态区间内。在一些特殊用途中,我们还必须知道 A/D 转换器的输入范围。例如,有些转换器的输入范围是:-1 到+1 Volt,而另一些转换器的输入范围是:-7 到+7 Volt。

为了充分利用转换器的量化级数,我们应该调整信号的强度,使它符合转换器的输入要求。因为假如信号的强度为-2 到+2 Volt,而转换器的输入范围是-10 到+10 Volt,那么在信号转换过程中就有许多潜在的量化级数没有利用。通常,声源设备例如录音机输出的模拟信号和转换器所要求的信号强度不一致,因此信号在进入转换器之前必须放大。举个例子,某台录音机输出的信号强度为-1 到+1 Volt,而转换器要求的信号强度为-10 到+10 Volt,那么,信号在进入转换器之前就应该放大 10 倍。

放大信号的方法一般有两种:使用外置的或者内置的放大器。内置放大器(放大器置于声卡内部)的主要优点是可以根据数据处理的需要改变放大的倍率。外置放大器的主要优点是它的独立性,并且放大倍数较大。考虑到大多数多媒体声卡的内置放大器的放大倍数太小,特别是携带式电脑,因此我们一般使用外置放大器。在信号转换过程中,设备之间应该尽可能地靠近,尤其是处理微弱的信号。当微弱的信号通过长电缆传输时,它很容易受到噪音的干扰,并且被电缆自身的电阻所削弱。在信号传输过程中之所以会有噪音,是因为电缆就像一根天线,它会从电源处携带 60 Hz 的"交流声"。由于电缆自带的电阻与电缆的长度成正比,因此在信号转换过程中,设备之间应该尽可能地靠近。

3. 电缆

设备之间的连接似乎是个琐碎的工作,但其实是非常重要的一个步骤,需要仔细考虑。如果电缆选择不当或者操作不当的话会严重地影响言语信号的分析。我们要考虑的问题之一是选择哪种类型的电缆。比较常见的有单个导线和扁平电缆,扁平电缆是由多个独立导线构成。一般而言,扁平电缆优于单个导线。但是,在传输高频信号或者低信噪比的信号时,单个导线或者扁平电缆都不合适,我们一般使用的是:螺旋电缆、同轴电缆或者三轴电缆。使用这些电缆的目的是保护信号避免环境噪音的干扰。最后,要使设备之间尽可能地靠近以缩短电缆的长度。

信号传输过程中的另一个问题是电缆的连接。连接是指设备之间交换信号的模式,一般有两种:串行和并行。电缆的连接涉及很多问题,在这里我们不作详细介绍,如果想更深入了解的话,可以参考有关电子学的或者是计算机系统的参考书目。

4. 音频文件的存储格式

音频数据必须以一定的数据格式存储在磁盘或其他介质上。音频文件的格式很多,但目前比较流行的是以 wav 为扩展名的波形文件格式(WAVE File Format)。波形文件格式在多媒体编程接口和数据规范版本 1.0(Multimedia Programming Interface and Data Specifications 1.0)中有详细的描述。该文档是由 IBM 和微软公司于 1991 年 8 月联合开发的,它是一种为交换多媒体资源而开发的资源交换文件格式(Resource Interchange File Format,RIFF)。它的简化结构如表 5-7-5 所示,其中最前面的两个字段用以标识文件类型。

表 5-7-5　RIFF 格式的组成

19. ID：RIFF
20. RIFF 类型：WAVE
21. 文件格式块
22. 音频数据块

波形文件由许多不同类型的文件块组成,其中最主要的两个文件块是文件格式块(Format Chunk)和音频数据块(Sound Data Chunk)。文件格式块是描述波形的重要参数,如采样频率和量化位数等,波形文件格式支持存储各种采样频率和样本精度的声音数据,并支持音频数据的压缩;音频数据块则包含实际的波形声音数据。

第八章 拉普拉斯变换和 Z 变换

第一节 概　述

　　本章简要回顾用于分析连续、分段连续系统的拉普拉斯变换法，以及用于分析离散系统的 Z 变换法。这些方法的广泛应用意味着工程师们可以在越来越多方面运用这些技术。

　　拉普拉斯变换（以下简称拉氏变换）用于将一个微分方程简化为 S 域内的简单方程，将以微分方程表示的系统简化为线性方程表示的系统。我们发现，在零状态的条件下，可以用输入函数乘上系统的传递函数来求解该系统。此外，如果我们只关注其中的稳态响应，并且输入函数呈周期性，那么将输入信号的每个频率成分都加上相应的响应，就可以得到最后的响应函数。

　　类似地，Z 变换法是应用于以差分方程表示的离散系统。

　　系统的传递函数是该系统的冲激响应函数的拉氏变换。冲激响应是指输入为冲激函数（也叫 δ 函数）时，系统的响应函数。输入冲激信号也可以看作是以一个短暂的信号作用于系统，然后看其结果。冲激函数是一个理想的冲激，它的持续时间是无限短的，并且总能量为 1。由于这些条件的限制，参考第一章介绍的函数的定义，δ 函数并不可以称为一个严格意义上的函数。冲激函数是一个典型的无显著特点的函数。

第二节　拉普拉斯变换的定义

　　定义　在 $t>0$ 时，函数 $f(t)$ 的拉氏变换函数 $F(s)$ 为：

$$F(s) = \int_0^\infty \mathrm{e}^{-st} f(t) \mathrm{d}t,$$

其中 $f(t)$ 称为原函数，$F(s)$ 称为象函数。拉氏变换是一个关于 s 的函数，其中 s 为复变量，因为拉氏变换的积分定义牵扯到一个趋近于无穷大的积分式，因此需要限制 s 的取值，使得上述积分式收敛（不趋近于无穷大），这个值的范围就称之为收敛域。另外，许多函数的拉氏变换不存在。$L\{\}$ 是表示进行拉氏变换的符号：$L\{f(t)\} = F(s)$。

　　例 5.8.1　用定义式求 $L\{\mathrm{e}^{3t}\}$。

　　解　$L\{\mathrm{e}^{3t}\} = \int_0^\infty \mathrm{e}^{3t} \mathrm{e}^{-st} \mathrm{d}t = \int_0^\infty \mathrm{e}^{(3-s)t} \mathrm{d}t = \left[\dfrac{\mathrm{e}^{(3-s)t}}{3-s}\right]_0^\infty$。

如果 $(3-s)$ 的实部为负，即 $\mathrm{Re}(s) > 3$，则当 $t \to \infty$ 时，$\mathrm{e}^{(3-s)t} \to 0$，积分式上限的结果为 0，

因此 $L\{\mathrm{e}^{3t}\} = \dfrac{1}{s-3}$，$\mathrm{Re}(s) > 3$。

　　例 5.8.2　用定义式求 $L\{\cos at\}$。

　　解　根据定义，有：

$$I = \int_0^\infty \mathrm{e}^{-st} \cos at \, \mathrm{d}t。$$

可以通过两次分部积分法,求出包含原始的表达式 I,然后就可以用含 a 和 s 的表达式来表示 I 了。分部积分法的公式是:

$$\int u \mathrm{d}v = uv - \int v \mathrm{d}u。$$

本例中,取 $u = \cos at$,$\mathrm{d}v = \mathrm{e}^{-st} \mathrm{d}t$,$\mathrm{d}u = -a\sin at \mathrm{d}t$,$v = \mathrm{e}^{-st}/-s$,因此:

$$I = \left[\frac{-\mathrm{e}^{-st}}{s}\cos at\right]_0^\infty - \int_0^\infty \frac{\mathrm{e}^{-st}}{s}a\sin at \mathrm{d}t。$$

若 $\mathrm{Re}(s) > 0$,当 $t \to \infty$,$\mathrm{e}^{-st} \to 0$ 时,$\left[\frac{-\mathrm{e}^{-st}}{s}\cos at\right]_0^\infty$ 存在极限值。由于这个条件限制,得出

$$I = \frac{1}{s} - \frac{a}{s}\int_0^\infty \mathrm{e}^{-st}\sin at \mathrm{d}t。$$

利用分部积分法求解上式右侧的积分,取 $u = \sin at$,$\mathrm{d}v = \mathrm{e}^{-st}\mathrm{d}t$,$\mathrm{d}u = a\cos at \mathrm{d}t$,$v = \mathrm{e}^{-st}/-s$,因此:

$$I = \frac{1}{s} - \left[\frac{-a}{s^2}\mathrm{e}^{-st}\sin at\right]_0^\infty - \frac{a^2}{s^2}\int_0^\infty \mathrm{e}^{-st}\cos at \mathrm{d}t$$

$$= \frac{1}{s} - \frac{a^2}{s^2}\int_0^\infty \mathrm{e}^{-st}\cos at \mathrm{d}t。$$

可以看出,上述积分结果的右侧就是最开始的表达式 I,因此:

$$I = \frac{1}{s} - \frac{a^2}{s^2}I。$$

进一步求解 I,得 $I\left(1 + \frac{a^2}{s^2}\right) = \frac{1}{s}$,解得 $I = \frac{s}{s^2 + a^2}$,因此,$L\{\cos at\} = \frac{s}{s^2 + a^2}$,$\mathrm{Re}(s) > 0$。

第三节　阶跃函数和冲激函数（δ 函数）

单位阶跃函数和冲激函数是系统理论中十分重要的概念。

一、单位阶跃函数 $u(t)$

单位阶跃函数定义为(如图 5-8-1):

$$u(t) = \begin{cases} 1, & t \geqslant 0, \\ 0, & t < 0。 \end{cases}$$

单位阶跃函数可以用来表示一个理想的转换开关。当 $t=0$ 时,开关打开。如果单位阶跃函数与其他任意函数相乘,那么当 $t=0$ 时,转换开关将打开另外的那个函数。这种情况可以表示为以下的函数:

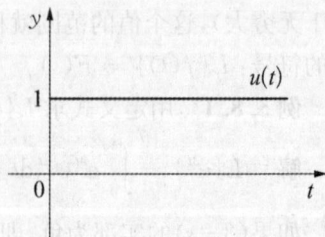

图 5-8-1　单位阶跃函数

$$\begin{cases} f(t)u(t) = 0, & t < 0, \\ f(t), & t \geqslant 0。 \end{cases}$$

例如,当 $f(t) = t^2$ 时,图形如图 5-8-2 所示。

由于拉普拉斯变换只包括从 $t=0$ 时刻开始的积分,因为只要当 $t > 0$ 时,$f(t) = f(t)u(t)$,因此所有的函数都可以看作是与单位阶跃函数的乘积。

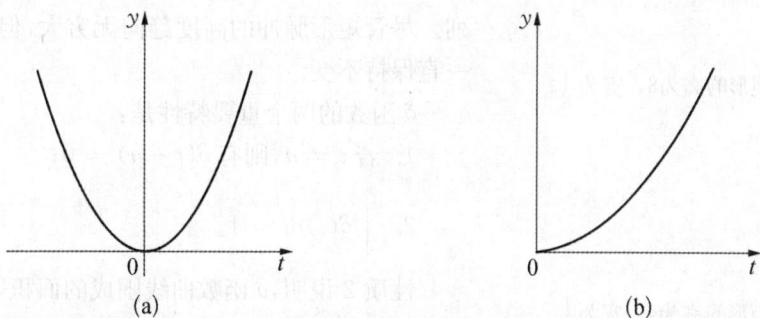

图 5-8-2 任意函数与单位阶跃函数相乘时,在 $t=0$ 的时刻被打开

注: (a) 表示函数 $y=t^2$; (b) 表示函数 $y=t^2u(t)$。

二、 单位阶跃函数的平移

在第二章中曾经讲到,要想得到函数 $f(t-a)$ 的图形,只要将函数 $f(t)$ 的函数向右平移 a 个单位即可。图 5-8-3 是将单位阶跃函数平移的示例图。

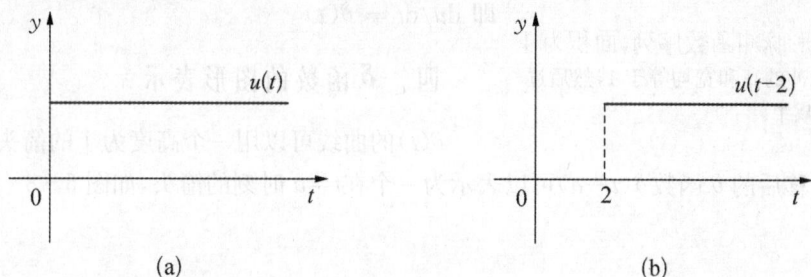

图 5-8-3

注: (a) 函数 $y=u(t)$ (b) 函数 $y=u(t-2)$,由 $y=u(t)$ 的图形向右平移两个单位得到。

需要注意的是,当 u 的自变量等于零时,单位阶跃函数被打开。任意函数与平移后的单位阶跃函数相乘,函数值将在转换开关打开的时候发生变化,也就是说,

$$\begin{cases} f(t)u(t-a)=0, \ t<a, \\ f(t), \qquad\qquad t \geqslant a. \end{cases}$$

例如,当 $f(t)=\sin \omega t$ 时,图形如图 5-8-4 所示。

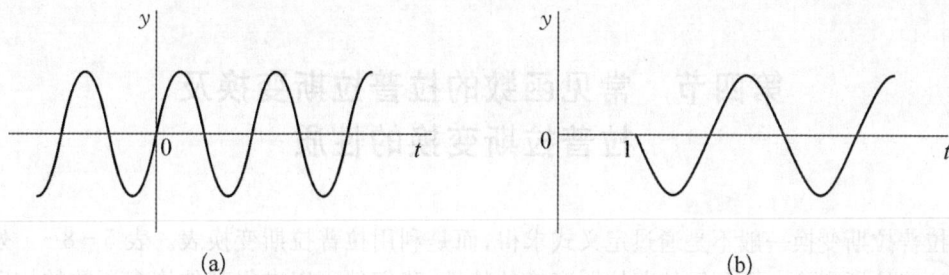

图 5-8-4

注: (a) 函数 $\sin \omega t$ (b) 函数 $u(t-1)\sin \omega t$,注意当 $t<1$ 时,函数值等于 0;当 $t>1$ 时,函数值等于 $\sin \omega t$ 的值。

三、 冲激函数 (δ 函数)

冲激函数,也称 δ 函数,是一个突然的冲力的数学表示。理想的冲激的持续时间为 0,其能量等于 1。

δ 函数是一个归纳函数,归纳函数可以用函数序列的方式来定义。一种定义 δ 函数的方法是,当脉冲序列的高度加倍,宽度减半时,δ 函数是这些面积为 1 的矩形脉冲的极限,图 5-8-5 表示出这样的脉冲序

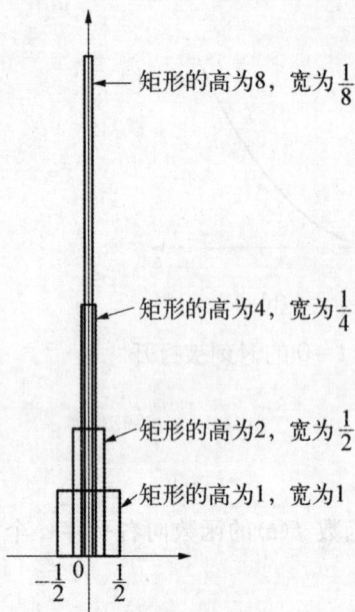

图 5-8-5　矩形脉冲函数序列,面积为 1
注:第一个矩形脉冲的高和宽均等于 1,然后逐级高度加倍,宽度减半。

列。尽管矩形脉冲的高度趋向无穷大,但是其面积(等于 1)一直保持不变。

δ 函数的两个重要特性是:

1. 若 $t \neq a$,则有 $\delta(t-a) = 0$;

2. $\int_{-\infty}^{\infty} \delta(t) \mathrm{d}t = 1$。

性质 2 说明,δ 函数曲线围成的面积等于 1。

单位阶跃函数 $u(t)$ 的曲线具有尖锐的边缘和不连续性,因此在 $t=0$ 处,很难定义一个正切值,所以 $u(t)$ 在 $t=0$ 时不可导。尽管如此,如果我们将单位阶跃函数也看成是一个归纳函数(用一些形状接近单位阶跃函数的连续平滑的曲线的极限来表示),就可以定义 $u(t)$ 的导数了,单位阶跃函数的导数就是 δ 函数,这是单位阶跃函数的性质之一,也是 δ 函数的另外一种定义方法,即 $\mathrm{d}u/\mathrm{d}t = \delta(t)$。

四、δ 函数的图形表示

$\delta(t)$ 的曲线可以用一个高度为 1 的箭头表示。高度表示 δ 函数的能量。平移后的 δ 函数 $\delta(t-a)$ 可以表示为一个在 $t=a$ 时刻的箭头,如图 5-8-6 所示。

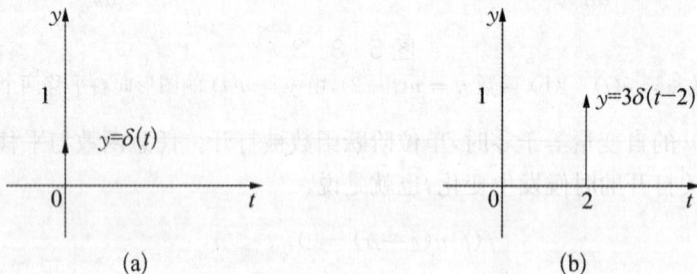

(a)　　　　　　　　　(b)

图 5-8-6　δ 函数的图形表示
注:(a) 函数 $\delta(t)$; (b) 函数 $3\delta(t-2)$。

第四节　常见函数的拉普拉斯变换及拉普拉斯变换的性质

函数的拉普拉斯变换一般不是通过定义式求得,而是利用拉普拉斯变换表。表 5-8-1 列出了一些常见函数的拉普拉斯变换。再利用拉普拉斯变换的特性,我们就可以求得其他许多函数的拉氏变换。如果需要求得逆变换,也就是 $L^{-1}\{\}$ 的值,也可以利用表 5-8-1 进行反向运算,也就是根据右侧列中的拉氏变换形式,找出左侧列中对应的函数。

一、拉普拉斯变换的性质

1. 线性特征

$$L\{af_1(t) + bf_2(t)\} = aF_1(s) + bF_2(s),a 和 b 均为常数。$$

2. 第一类平移特性(频域位移特性)

$$L\{e^{at}f(t)\} = F(s-a)。$$

3. 第二类平移特性(时域位移特性)

$$L\{f(t-a)u(t-a)\} = e^{-as}F(s)。$$

4. 标尺特性

$$L\{f(at)\} = 1/aF(s/a)。$$

5. 微分特性

$$L\{f'(t)\} = sF(s) - f(0)。$$
$$L\{f''(t)\} = s^2F(s) - sf(0) - f'(0)。$$
$$L\{f^{(n)}(t)\} = s^nF(s) - s^{(n-1)}f(0) - \cdots - sf^{(n-2)}(0) - f^{(n-1)}(0)。$$

6. 积分特性

$$L\left\{\int_0^t f(\tau)\mathrm{d}\tau\right\} = F(s)/s。$$

7. 卷积特性

$$L\{f * g\} = L\left\{\int_0^t f(\tau)g(t-\tau)\mathrm{d}\tau\right\} = F(s)G(s)。$$

8. 变换的微分特性

$$L\{t^nf(t)\} = (-1)^nF^{(n)}(s),其中 F^{(n)}(s) = \frac{\mathrm{d}^nF(s)}{\mathrm{d}s^n}。$$

表 5-8-1　常见函数的拉普拉斯变换

原函数 $f(t)$	象函数 $F(s)$	收　敛　域
$u(t)$	$1/s$	$\mathrm{Re}(s) > 0$
$\delta(t)$	1	$\mathrm{Re}(s) > 0$
$\dfrac{t^{n-1}}{(n-1)!}$	$1/s^n$	$\mathrm{Re}(s) > 0$
e^{-at}	$1/(s+a)$	$\mathrm{Re}(s) > -a$
$\sin at$	$a/(s^2+a^2)$	$\mathrm{Re}(s) > 0$
$\cos at$	$s/(s^2+a^2)$	$\mathrm{Re}(s) > 0$
$\sinh at$	$a/(s^2-a^2)$	$\mathrm{Re}(s) > \mid a \mid$
$\cosh at$	$s/(s^2-a^2)$	$\mathrm{Re}(s) > \mid a \mid$

例 5.8.3　求解 $L\{3t^2 + \sin 2t\}$。(线性特征)
解　根据表 5-8-1,可以得出:

$$L\left\{\frac{t^2}{2}\right\} = \frac{1}{s^3},$$

并且:

$$L\{\sin 2t\} = \frac{2}{s^2 + 4} .$$

因此,

$$L\{3t^2 + \sin 2t\} = 6L\left\{\frac{t^2}{2}\right\} + L\{\sin 2t\} = \frac{6}{s^3} + \frac{2}{s^2 + 4} .$$

例 5.8.4 求解 $L^{-1}\left\{\frac{2}{s+4} + \frac{4s}{s^2 + 9}\right\}$。(线性特征,逆变换)

解 根据表 5−8−1,可以得出: $L^{-1}\left\{\frac{1}{s+4}\right\} = e^{-4t}$, $L^{-1}\left\{\frac{s}{s^2 + 9}\right\} = \cos 3t$,

因此 $L^{-1}\left\{\frac{2}{s+4} + \frac{4s}{s^2 + 9}\right\} = 2e^{-4t} + 4\cos 3t$。

例 5.8.5 求解 $L\{t^2 e^{-3t}\}$。(频域位移特性)

解 因为 $L\{t^2\} = \frac{2}{s^3}$,根据 $L\{e^{at}f(t)\} = F(s-a)$,在 t 域内乘以 e^{-3t},相当于将 $F(s)$ 平移三个单位,

因此 $L\{t^2 e^{-3t}\} = \frac{2}{(s+3)^2}$。

例 5.8.6 求解 $L^{-1}\left\{\frac{s+2}{(s+2)^2 + 9}\right\}$。(频域位移特性,逆变换)

解 因为 $L^{-1}\left\{\frac{s}{s^2 + 9}\right\} = \cos 3t$,将式中的 s 替换为 $s+2$,利用频域位移特性,相当于在 t 域内乘以 e^{-2t},因此 $L^{-1}\left\{\frac{s+2}{(s+2)^2 + 9}\right\} = e^{-2t}\cos 3t$。

例 5.8.7 求解拉氏变换 $f(t) = \begin{cases} 0, & t < 2/3, \\ \sin(st-2), & t \geqslant 2/3. \end{cases}$(时域位移特性)

解 $f(t)$ 可以用单位阶跃函数的形式表示为

$$f(t) = \sin(3t-2)u(t-2/3) = \sin[3(t-2/3)]u(t-2/3) .$$

根据 $L\{f(t-a)u(t-a)\} = e^{-as}F(s)$,并且 $L\{\sin 3t\} = \frac{3}{s^2 + 9}$,可以得出

$$L^{-1}\{\sin[3(t-2/3)]u(t-2/3)\} = \frac{3e^{-2s/3}}{s^2 + 9} .$$

例 5.8.8 求解 $L^{-1}\left\{\frac{e^{-s}}{(s+2)^2}\right\}$。(时域平移特性,逆变换)

解 因为 $L^{-1}\left\{\frac{1}{(s+2)^2}\right\} = te^{-2t}$,根据频域位移特性,因子 e^{-s} 说明在 t 域内的变换为 $t \to t-1$。所以,根据时域位移特性,即有: $L^{-1}\left\{\frac{e^{-s}}{(s+2)^2}\right\} = (t-1)e^{-2(t-1)}u(t-1)$。

例 5.8.9 已知 $L\{\cos t\} = \frac{s}{s^2 + 1} = F(s)$,使用拉普拉斯变换的标尺特性求出 $L\{\cos 3t\}$。

解 因为 $L\{f(at)\} = \frac{1}{a}F\left(\frac{s}{a}\right)$,为了求出 $\cos 3t$ 的拉氏变换,根据标尺特性,令 $a=3$,因此可得出

$$L\{\cos 3t\} = \frac{1}{3} \frac{s/3}{(s/3)^2 + 1} = \frac{s}{s^2 + 9}。$$

例 5.8.10 已知 $L\{\cos 2t\} = \dfrac{s}{s^2 + 4}$，根据拉普拉斯变换的微分特性求出 $L\{\sin 2t\}$。

解 如果 $f(t) = \cos 2t$，则 $f'(t) = -2\sin 2t$，已知 $L\{\cos 2t\} = \dfrac{s}{s^2 + 4}$，并且 $f(0) = \cos 0 = 1$，根据微分特性 $L\{f'(t)\} = sF(s) - f(0)$，可以得出

$$L\{-2\sin 2t\} = s\left(\frac{s}{s^2 + 4}\right) - 1 = \frac{s^2}{s^2 + 4} - 1 = \frac{-4}{s^2 + 4},$$

再根据线性特征求得 $L\{\sin 2t\} = -\dfrac{1}{2} \cdot \dfrac{-4}{s^2 + 4} = \dfrac{2}{s^2 + 4}$。

例 5.8.11 已知 $L\{t^2\} = \dfrac{2}{s^3}$，利用积分特性 $L\left\{\int_0^t f(\tau)\mathrm{d}\tau\right\} = F(s)/s$，求出 $L\left\{\dfrac{t^2}{3}\right\}$。

解 因为 $\int_0^t \tau^2 \mathrm{d}\tau = \left[\dfrac{\tau^3}{3}\right]_0^t = \dfrac{t^3}{3}$，并且已知 $L\{t^2\} = \dfrac{2}{s^3}$，可以得到 $L\left\{\int_0^t \tau^2 \mathrm{d}\tau\right\} = \dfrac{2}{s^4}$，

则 $L\left\{\dfrac{t^3}{3}\right\} = \dfrac{1}{s}\left(\dfrac{2}{s^3}\right) = \dfrac{2}{s^4}$。

例 5.8.12 根据卷积特性 $L\{f * g\} = L\left\{\int_0^t f(\tau)g(t-\tau)\mathrm{d}\tau\right\} = F(s)G(s)$，求出 $L^{-1}\left\{\dfrac{1}{(s-2)(s-3)}\right\}$。

解 令 $F(s) = \dfrac{1}{s-2}$，$G(s) = \dfrac{1}{s-3}$，则 $f(t) = \mathrm{e}^{2t}$，$g(t) = \mathrm{e}^{3t}$，根据卷积特性，有 $L^{-1}\left\{\dfrac{1}{(s-2)(s-3)}\right\} = \int_0^t \mathrm{e}^{2t}\mathrm{e}^{3(t-\tau)}\mathrm{d}\tau$，这个积分的积分变量是 τ，而在积分过程中，t 是一个常数，因此可以根据性质分离出 τ 和 t 部分表达式，得出：$L^{-1}\left\{\dfrac{1}{(s-2)(s-3)}\right\} = \mathrm{e}^{3t}\int_0^t \mathrm{e}^{-\tau}\mathrm{d}\tau = \mathrm{e}^{3t}\left[\dfrac{\mathrm{e}^{-\tau}}{-1}\right]_0^t = \mathrm{e}^{3t}(-\mathrm{e}^{-t} + 1) = -\mathrm{e}^{2t} + \mathrm{e}^{3t}$。

例 5.8.13 利用变换的微分特性求解 $L\{t\sin 3t\}$。

解 根据表 $5-8-1$，有 $F(s) = L\{\sin 3t\} = \dfrac{3}{s^2 + 9}$，因为 $\sin 3t$ 被 t 乘，因此根据变换的微分特性 $L\{t^n f(t)\} = (-1)^n F^{(n)}(s)$，有 $n = 1$，即有 $L\{t^1 f(t)\} = (-1)^1 F^{(1)}(s) = -F'(s)$，最后求得 $L\{t\sin 3t\} = -\dfrac{\mathrm{d}}{\mathrm{d}s}\left(\dfrac{3}{s^2 + 9}\right) = \dfrac{6s}{(s^2 + 9)^2}$。

例 5.8.14 求解 $L^{-1}\left\{\dfrac{s}{(s^2 + 4)^2}\right\}$。（变换的微分特性，逆变换）

解 因为 $\dfrac{s}{(s^2 + 4)^2} = -\dfrac{1}{2} \cdot \dfrac{\mathrm{d}}{\mathrm{d}s}\left(\dfrac{1}{s^2 + 4}\right)$，因此利用变换的微分特性 $L\{t^n f(t)\} = (-1)^n F^{(n)}(s)$，并且 $n = 1$，可以得出 $L^{-1}\{(-1)\mathrm{d}F/\mathrm{d}s\} = tf(t)$，且 $L^{-1}\left\{\dfrac{1}{s^2 + 4}\right\} = \dfrac{1}{2}\sin 2t$，可以求得 $L^{-1}\left\{\dfrac{s}{(s^2 + 4)^2}\right\} = \dfrac{1}{2}t\left(\dfrac{1}{2}\sin 2t\right) = \dfrac{t}{4}\sin 2t$。

二、用部分分式法求拉普拉斯逆变换

部分分式法可以用来求类似于表达式 $\dfrac{11s + 7}{s^2 - 1}$ 的拉普拉斯逆变换，方法是用几个分母带有简单因子系数的部分分式的和来表示 $F(s)$。

例 5.8.15 求 $\dfrac{11s+7}{s^2-1}$ 的拉氏逆变换。

解 将分母进行因式分解,这就相当于找到使分母等于 0 的 s 的值,因为若分母有 s_1 和 s_2 两个解,可以将分母写为 $c(s-s_1)(s-s_2)$(其中 c 为常数),便可以求解方程 $s^2-1=0$,很简单的,$s^2-1=(s-1)(s+1)$,使分母等于 0 的 s 的值成为函数的极点,即

$$\frac{11s+7}{s^2-1} = \frac{11s+7}{(s-1)(s+1)}。$$

假设一个恒等式

$$\frac{11s+7}{s^2-1} = \frac{A}{s-1} + \frac{B}{s+1},$$

将方程两边同时乘以 $(s-1)(s+1)$ 得 $11s+7=A(s+1)+B(s-1)$,
代入 $s=1$,有 $11+7=2A$,所以 $A=9$。
代入 $s=-1$,有 $-11+7=-2B$,所以 $B=2$。
因此:

$$L^{-1}\left\{\frac{11s+7}{s^2-1}\right\} = L^{-1}\left\{\frac{9}{s-1} + \frac{2}{s+1}\right\} = 9e^t + 2e^{-t}。$$

三、 快速求解部分分式的公式——Cover Up 定律

有一个可以快速展开部分分式的方法,称为"Cover Up"定律,用于当 $F(s)$ 分母没有重复解的时候。若 $F(s)=P(s)/Q(s)$,将 $Q(s)$ 展开为:$Q(s)=c(s-s_1)(s-s_2)(s-s_3)\cdots(s-s_r)\cdots(s-s_n)$,其中 s_1、s_2、$\cdots$、s_r、$\cdots$、s_n 都是 $Q(s)$ 的非重复解,得到:

$$F(s) = \frac{P(s)}{c(s-s_1)(s-s_2)(s-s_3)\cdots(s-s_r)\cdots(s-s_n)}$$

$$= \frac{A_1}{(s-s_1)} + \frac{A_2}{(s-s_2)} + \cdots + \frac{A_r}{(s-s_r)} + \cdots + \frac{A_n}{(s-s_n)},$$

然后在式子两端乘以 $(s-s_r)$,得到

$$(s-s_r)F(s) = \frac{A_1(s-s_r)}{(s-s_1)} + \frac{A_2(s-s_r)}{(s-s_2)} + \cdots + A_r + \cdots + \frac{A_n(s-s_r)}{(s-s_n)},$$

然后代入 $s=s_r$,就可以求得 $Q(s)$ 各个展开式的常系数 A_r:

$$A_r = (s-s_r)F(s)\mid s=s_r。$$

对于例 5.8.15 中的 $\dfrac{11s+7}{s^2-1} = \dfrac{11s+7}{(s-1)(s+1)} = \dfrac{A}{s-1} + \dfrac{B}{s+1}$,代入 $s=1$,$s=-1$,分别求出 A 和 B:

$$A = \frac{11s+7}{s+1}\bigg|_{s=1} = \frac{11+7}{1+1} = 9, \quad B = \frac{11s+7}{s-1}\bigg|_{s=-1} = \frac{-11+7}{-1-1} = 2。$$

这样就可以得出部分分式的展开式,和前面一样:

$$F(s) = \frac{9}{s+1} + \frac{2}{s-1}。$$

这个定律也可以用于复数极点的求解,例如:

$$\frac{1}{(s^2+4)(s+3)} = \frac{1}{(s+3)(s-2i)(s+2i)},$$

分母的三个解为-3、$2i$和$-2i$,因此可以得到:

$$\frac{1}{(s^2+4)(s+3)} = \frac{1}{13(s+3)} + \frac{1}{(-8+12i)(s-2i)} + \frac{1}{(-8-12i)(s+2i)},$$

将后面两个分式合并,可以直接得到逆变换的表达式:

$$\frac{1}{(s^2+4)(s+3)} = \frac{1}{13(s+3)} + \frac{-16s+48}{208(s^2+4)} = \frac{1}{13(s+3)} + \frac{3-s}{13(s^2+4)}。$$

重复极点:

若分母有重复的因子,例如:$\dfrac{4}{(s+1)^2(s-2)}$,那么部分分式的展开形式为:

$$\frac{4}{(s+1)^2(s-2)} = \frac{A}{(s+1)^2} + \frac{B}{s+1} + \frac{C}{s-2}。$$

这个时候,不能用"Cover Up"定律求解系数A和B。

第五节　求解线性常微分方程

求解常微分方程的方法如图$5-8-7$所示。拉普拉斯变换将微分方程转换为带有常系数的变量s的代数方程,解出此代数方程后,再求出逆变换就是原始微分方程的解。

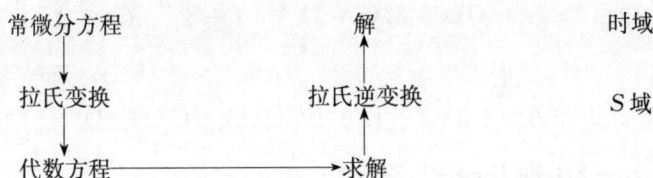

图$5-8-7$

例5.8.16　一个3伏特的直流电压作用于RC回路,其中$R=2\,000\,\Omega$, $C=0.001\,\mathrm{F}$, $q(0)=0$,求通过电容的电压。

解　根据吉尔霍夫电压定律,得到微分方程:

$$2\,000\frac{\mathrm{d}q}{\mathrm{d}t} + \frac{q}{0.001} = 3, 即\frac{\mathrm{d}q}{\mathrm{d}t} + 0.5q = 0.001\,5,$$

两边进行拉氏变换,其中$Q(s) = L\{q(t)\}$,得

$$sQ(s) - q(0) + 0.5Q(s) = \frac{0.001\,5}{s},$$

这里利用拉氏变换的变换的微分特性求$q'(t) = sQ(s) - q(0)$,解代数方程:

$$(s+0.5)Q(s) = \frac{0.001\,5}{s},$$

解得$Q(s) = \dfrac{0.001\,5}{s(s+0.5)}$,然后用部分分式法求得这个函数的逆拉氏变换为:

$$Q(s) = \frac{0.003}{s} - \frac{0.003}{s+0.5}, \text{所以} \ q = L^{-1}\left\{\frac{0.003}{s} - \frac{0.003}{s+0.5}\right\} = 0.003 - 0.003e^{-0.5t},$$

因此电容两端的电压为：$\dfrac{q(t)}{C} = \dfrac{0.003 - 0.003e^{-0.5t}}{0.001} = 3(1 - e^{-0.5t})$。

例 5.8.17 用拉氏逆变换求解微分方程：

$$\frac{\mathrm{d}^2 x}{\mathrm{d}t^2} + 4\frac{\mathrm{d}x}{\mathrm{d}t} + 3x = e^{-3t},$$

已知 $x(0) = 0.5$, $\mathrm{d}x(0)/\mathrm{d}t = -2$。

解 两边进行拉氏变换，利用 $L\left\{\dfrac{\mathrm{d}^2 x}{\mathrm{d}t^2}\right\} = s^2 X(s) - sx(0) - \dfrac{\mathrm{d}x}{\mathrm{d}t}(0)$，

$$L\left\{\frac{\mathrm{d}x}{\mathrm{d}t}\right\} = sX(s) - x(0),$$

得出：

$$\left[s^2 X(s) - sx(0) - \frac{\mathrm{d}x(0)}{\mathrm{d}t}\right] + 4[sX(s) - x(0)] + 3X(s) = \frac{1}{s+3},$$

代入 $x(0) = 0.5$, $\mathrm{d}x(0)/\mathrm{d}t = -2$ 得到

$$X(s)(s^2 + 4s + 3) = \frac{1}{s+3} + \frac{1}{2}s,$$

即 $X(s) = \dfrac{1}{(s+3)(s^2+4s+3)} + \dfrac{s}{2(s^2+4s+3)}$。

而 $\dfrac{1}{(s+3)(s^2+4s+3)} = \dfrac{1}{(s+3)(s+3)(s+1)} = \dfrac{A}{s+3} + \dfrac{B}{(s+3)^2} + \dfrac{C}{s+1}$，

因此，

$$1 = A(s+3)(s+1) + B(s+1) + C(s+3)^2,$$

代入 $s = -3$, 求得 $1 = -2B$, 即 $B = -1/2$;

代入 $s = -1$, 求得 $1 = 4C$, 即 $C = 1/4$;

代入 $s = 0$, 求得 $1 = 3A + B + 9C$, 即 $A = -1/4$,

因此：

$$\frac{1}{(s+3)(s^2+4s+3)} = -\frac{1}{4(s+3)} - \frac{1}{2(s+3)^2} + \frac{1}{4(s+1)}。$$

用"Cover Up"定律求得：$\dfrac{s}{2(s+3)(s+1)} = \dfrac{3}{4(s+3)} - \dfrac{1}{4(s+1)}$，

因此

$$X(s) = -\frac{1}{4(s+3)} - \frac{1}{2(s+3)^2} + \frac{1}{4(s+1)} + \frac{3}{4(s+3)} - \frac{1}{4(s+1)}$$

$$= -\frac{1}{2(s+3)^2} + \frac{1}{2(s+3)}。$$

再求逆变换，可得：

$$x(t) = -\frac{1}{2}te^{-3t} + \frac{1}{2}e^{-3t} = \frac{e^{-3t}}{2}(1-t)。$$

第六节　拉普拉斯变换与系统理论

一、传递函数和冲激响应函数

冲激响应函数是系统理论中一个重要的概念,它的拉氏变换称为传递函数或者系统函数。一个线性时不变系统可以用一个线性常微分方程表示。下面以二次方程进行讲述,结果适用于任何阶次的方程。

线性时不变系统 LTI 可以用微分方程

$$a\frac{\mathrm{d}^2 y}{\mathrm{d}t^2} + b\frac{\mathrm{d}y}{\mathrm{d}t} + cy = f(t)$$

表示。

如果输入信号 $f(t)$ 为冲激函数(δ 函数)$\delta(t)$。考虑到冲激函数的定义,将所有初始情况均设为 0。

两边进行拉氏变换得到:

$$as^2 Y(s) + bs Y(s) + c Y(s) = 1,$$

即

$$Y(s)(as^2 + bs + c) = 1,$$

即

$$Y(s) = \frac{1}{as^2 + bs + c}。$$

通过求解特征方程 $as^2 + bs + c = 0$,可以解出上面函数的极点。这个函数的拉氏变换称为传递函数,通常用 $H(s)$ 表示,$h(t)$ 就是冲激响应函数:

$$H(s) = \frac{1}{as^2 + bs + c},$$

$$L\{H(s)\} = h(t)。$$

冲激响应函数描述了给系统输入一个理想的冲激后,系统的响应行为。

例 5.8.18　求出系统 $3\dfrac{\mathrm{d}y}{\mathrm{d}t} + 4y = f(t)$ 的传递函数和冲激响应函数。

解　将 $f(t)$ 代为 $\delta(t)$,然后进行拉氏变换,就可以求出传递函数,假设初始状态为 0,则

$$\begin{cases} 3\dfrac{\mathrm{d}y}{\mathrm{d}t} + 4y = \delta(t), \\ y(0) = 0, \end{cases}$$

即

$$3[s Y(s) - y(0) + 4Y(s)] = 1,$$

解得

$$Y(s) = \frac{1}{3s+4} = H(s)。$$

对传递函数求拉氏逆变换就能求出冲激响应函数

$$h(t) = L^{-1}\left\{\frac{1}{3s+4}\right\} = \frac{1}{3}\mathrm{e}^{-\frac{4}{3}t}。$$

根据传递函数,就可以求得,在零初始状态下,系统对于任何输入信号 $f(t)$ 的响应。

二、零初始状态下任意输入信号的系统响应

假设所有的初始条件均为零,也就是 $y'(0) = 0$,$y(0) = 0$ 时,对微分方程 $a\dfrac{\mathrm{d}^2 y}{\mathrm{d}t^2} + b\dfrac{\mathrm{d}y}{\mathrm{d}t} + cy = f(t)$

进行拉式变换,得到

$$(as^2 + bs + c)Y(s) = F(s),$$

即

$$Y(s) = \frac{F(s)}{(as^2 + bs + c)}。$$

上面讲到传递函数的表达式为

$$H(s) = \frac{1}{(as^2 + bs + c)},$$

因此可以得出

$$Y(s) = F(s)H(s)。$$

为了求出任意输入 $f(t)$ 的系统响应函数,利用拉氏变换的卷积特性对上式进行拉式逆变换,其中卷积特性为

$$L\{f * g\} = L\left\{\int_0^t f(\tau)g(t-\tau)\mathrm{d}\tau\right\} = F(s)G(s) \quad \text{或} \quad L^{-1}\{F(s)G(s)\} = \int_0^t f(\tau)g(t-\tau)\mathrm{d}\tau。$$

积分式 $\int_0^t f(\tau)g(t-\tau)\mathrm{d}\tau$ 称为 f 和 g 的卷积,记为 $f(t) * g(t)$。通过这个方法,可以求出零初始条件下,任意输入函数的系统响应函数:

$$y(t) = L^{-1}\{F(s)G(s)\} = f(t) * g(t)。$$

若给定了零初始条件,我们可以利用上式解决两类问题。第一,如果已知系统的冲激响应函数 $h(t)$,那么求得任意输入函数的系统响应有两种方法,一是在时域内进行卷积直接求得,即 $y(t) = f(t) * h(t)$;或者是分别求得输入函数的拉式变换表达式和系统的传递函数,然后相乘,再求逆变换得到,即 $y(t) = L^{-1}\{H(s)F(s)\}$。这类问题我们称之为卷积问题。第二类可以解决的问题是,给出系统的响应函数 $y(t)$ 和任意一个输入函数 $f(t)$,可以计算出系统的冲激响应函数,即 $h(t) = L^{-1}\{Y(s)/F(s)\}$。

例 5.8.19 已知系统冲激响应函数 $h(t) = \mathrm{e}^{3t}$,输入函数 $f(t) = 6\cos 2t$,求系统的零初始状态下的响应函数 $y(t)$。

解 已知 $h(t) = \mathrm{e}^{3t}$,则 $H(s) = L\{h(t)\} = L\{\mathrm{e}^{3t}\} = \dfrac{1}{s-3}$。

因为 $f(t) = 6\cos 2t$,则 $F(s) = L\{f(t)\} = L\{6\cos 2t\} = \dfrac{6s}{s^2+4}$。

因此 $Y(s) = H(s)F(s) = \dfrac{6s}{(s^2+4)(s-3)}$,利用部分分式法:

$$\frac{6s}{(s^2+4)(s-3)} = \frac{6s}{(s-3)(s+2\mathrm{i})(s-2\mathrm{i})}$$

$$= \frac{18}{13(s-3)} - \frac{3}{(s-2\mathrm{i})(3-2\mathrm{i})} - \frac{3}{(s+2\mathrm{i})(3+2\mathrm{i})}。$$

根据"Cover Up"定律:

$$\text{上式} = \frac{18}{13(s-3)} - \frac{3(6s-8)}{13(s^2+4)} = \frac{18}{13(s-3)} - \frac{18s}{13(s^2+4)} + \frac{24}{13(s^2+4)},$$

最后对上式进行拉氏逆变换,即可求得系统的响应函数:

$$y(t) = L^{-1} \left\{ \frac{18}{13(s-3)} - \frac{18s}{13(s^2+4)} + \frac{24}{13(s^2+4)} \right\}$$

$$= \frac{18}{13} e^{3t} - \frac{18}{13} \cos 2t + \frac{12}{13} \sin 2t。$$

当然,还有一种方法可以同样求得 $y(t)$,就是通过卷积的方法:

$$y(t) = f(t) * h(t) = \{6\cos 2t * e^{3t}\} = \int_0^t 6\cos 2\tau e^{3(t-\tau)} d\tau,$$

这是一个整数积分,因此可以改写为 $\cos 2\tau = \mathrm{Re}(e^{i2\tau})$,因此:

$$I = \int_0^t 6e^{i2\tau} e^{3(t-\tau)} d\tau = 6e^{3t} \int_0^t e^{\tau(2i-3)} d\tau = 6e^{3t} \left[\frac{e^{(2i-3)\tau}}{2i-3} \right]_0^t$$

$$= 6e^{3t} \left(\frac{e^{(2i-3)t}}{2i-3} - \frac{1}{2i-3} \right)$$

$$= \frac{6e^{3t}(-2i-3)[e^{-3t}(\cos 2t + i\sin 2t) - 1]}{4+9}。$$

取上述结果的实部,则可得出系统响应函数:

$$\int_0^t 6\cos 2\tau e^{3(t-\tau)} d\tau = \frac{6}{13}(-3\cos 2t + 2\sin 2t) + \frac{18}{13} e^{3t}$$

$$= -\frac{18}{13} \cos 2t + \frac{12}{13} \sin 2t + \frac{18}{13} e^{3t},$$

与第一种方法的结果相等。

例 5.8.20 一个系统在零初始状态下施加一个输入信号 $f(t) = 3$,系统的响应函数为 $y(t) = u(t)\left(\frac{3}{2} - \frac{3}{2} e^{-2t}\right)$,求系统的冲激响应函数。

解 已知 $y(t) = u(t)\left(\frac{3}{2} - \frac{3}{2} e^{-2t}\right)$,则 $Y(s) = \frac{3}{2s} - \frac{3}{2(s+2)} = \frac{3}{s(s+2)}$。

由于 $f(t) = 3$,则 $F(s) = \frac{3}{s}$,所以 $H(s) = \frac{Y(s)}{F(s)} = \frac{3/[s(s+2)]}{3/s} = \frac{1}{s+2}$,因此

$$h(t) = L^{-1} \left\{ \frac{1}{s+2} \right\} = e^{-2t}。$$

三、频率响应

下面讨论当输入为单一正弦波信号时,系统的稳态响应及传递函数与系统响应的关系。如系统的响应用以下方程式表达:$\ddot{y} + 3\dot{y} + 2y = f(t)$。单一正弦函数 $e^{i\omega t} = \cos \omega t + i\sin \omega t$,且 $y(0) = 2$,$\dot{y}(0) = 1$。进行拉氏变换,求得:

$$s^2 Y(s) - 2s - 1 + 3[sY(s) - 2] + 2Y(s) = \frac{1}{s - \omega i},$$

即

$$Y(s)(s^2 + 3s + 2) = 2s + 7 + \frac{1}{s - \omega i},$$

解得

$$Y(s) = \frac{2s+7}{s^2+3s+2} + \frac{1}{(s-\omega i)(s^2+3s+2)},$$

由于 $H(s) = \frac{1}{s^2+3s+2} = \frac{1}{(s+2)(s+1)}$,则 $Y(s) = \frac{2s+7}{(s+2)(s+1)} + \frac{1}{(s-\omega i)(s+2)(s+1)}$。

上述式子的第一项就是由前面讲到的零初始状态条件下的系统响应造成的,这里主要讨论第二项,可以看作 $H(s)/(s-\omega i)$,根据"Cover Up"定律将上式改写为

$$Y(s) = \frac{5}{(s+1)} - \frac{3}{(s+2)} + \frac{1}{(-1-\omega i)(s+1)} + \frac{1}{(2+\omega i)(s+2)} + \frac{H(\omega i)}{s-\omega i},$$

然后取拉氏逆变换,得到:

$$y(t) = 5e^{-t} - 3e^{-2t} + \frac{1}{-1-\omega i}e^{-t} + \frac{1}{2+\omega i}e^{-2t} + H(\omega i)e^{i\omega t}。$$

上式的前两项由于零初始条件造成,并且呈指数衰减趋势,后面两项也随着时间的增加而衰减,并且成为在 $t=0$ 时刻,输入信号开始作用时,系统的响应结果。因此,对于一个稳定的系统,前面四项都是随着时间 t 的增加,系统响应的瞬态解的部分,最后一项则是输入的正弦函数与 $H(\omega i)$ 相乘,$H(\omega i)$ 是一个复杂的恒定值,这一项就是当一个正弦信号输入时,系统的稳态响应,表示为 $Y(t) = H(\omega i)e^{i\omega t}$。前面曾经讲过 $Y(s) = F(s)H(s)$,将式子中传递函数的 s 替换为 ωi,然后与正弦输入信号相乘,便可以得到上面的稳态响应的表达式。简而言之,系统的稳态响应就是输入信号的尺度和相位平移的结果。要想求出正弦或者余弦信号的响应,可以通过下式:

当 $f(t) = \cos\omega t$ 时,$y(t) = \mathrm{Re}[H(\omega i)e^{i\omega t}]$。

当 $f(t) = \sin\omega t$ 时,$y(t) = \mathrm{Im}[H(\omega i)e^{i\omega t}]$。

另外,因为 $\cos\omega t = \frac{1}{2}(e^{i\omega t} + e^{-i\omega t})$,$\sin\omega t = \frac{1}{2i}(e^{i\omega t} - e^{-i\omega t})$,所以可以先求 $e^{i\omega t}$ 和 $e^{-i\omega t}$ 为输入信号时的系统响应,同样可以求出上述响应函数,即:

当 $f(t) = \cos\omega t$ 时,$y(t) = \frac{1}{2}[H(\omega i)e^{i\omega t} + H(-\omega i)e^{-i\omega t}]$。

当 $f(t) = \sin\omega t$ 时,$y(t) = \frac{1}{2i}[H(\omega i)e^{i\omega t} - H(-\omega i)e^{-i\omega t}]$。

上述两种方法得出的结果都可以用于求解线形系统的响应函数。上述式中的 ω 是输入信号的角频率,函数 $H(\omega i)$ 称为系统的频率响应函数。这个结果是傅里叶分析的基础,它提示人们将所有的信号都写成若干个正弦或者余弦信号的叠加形式。

例 5.8.21 已知系统的传递函数为 $H(s) = \dfrac{1}{3s+1}$,求出当输入为下述两种情况时,系统的稳态响应。(1) $f(t) = e^{i2t}$;(2) $f(t) = 3\cos 2t$。

解 (1) 输入信号 $e^{i\omega t}$ 的稳态响应为 $H(\omega i)e^{i\omega t}$,此处 $f(t) = e^{i2t}$,从而 $\omega = 2$,从而可以得出稳态响应函数为 $H(2i)e^{i2t} = \dfrac{1}{3(2i)+1}e^{i2t} = \dfrac{e^{i2t}}{1+6i} = \dfrac{(1-6i)e^{i2t}}{37}$。

(2) 使用 $\dfrac{1}{2}[H(\omega i)e^{i\omega t} + H(-\omega i)e^{-i\omega t}]$ 作为 $\cos\omega t$ 的稳态响应,将 s 替换,并且 $\omega = 2$,得到:

$$\frac{1}{2}\left(\frac{(1-6i)e^{i2t}}{37} + \frac{(1+6i)e^{i(-2t)}}{37}\right)$$

$$= \frac{1}{74}(1-6i)(\cos 2t + i\sin 2t) + (1+6i)(\cos 2t - i\sin 2t)$$

$$= \frac{1}{37}(\cos 2t + i\sin 2t),$$

因此,当 $f(t) = 3\cos 2t$ 时,系统的稳态响应为 $Y(t) = \dfrac{3}{37}(\cos 2t + i\sin 2t)$。

第七节　Z 变换的定义及性质

Z 变换的方法与拉氏变换十分相似,不同的是,Z 变换适用于离散系统,Z 变换是以序列的形式呈现的。假设序列由 0 开始,并且均为正数 n,f_1,f_2,f_3,$\cdots$,f_n,$\cdots$为一个系统的输入序列。考虑到初始状态的微分方程只描述了系统大于等于零时刻的状态,因此为了方便写出 y_{-j},$\cdots$,y_{-2},y_{-1},y_0,$\cdots$,应当允许序列的元素为负值,输出序列为 y_{-j},$\cdots$,y_{-2},y_{-1},y_0,y_1,$\cdots$,y_n。

一、Z 变换的定义

离散序列 f_0,f_1,f_2,$\cdots$,f_n,$\cdots$的 Z 变换定义为:

$$F(z) = \sum_{n=0}^{\infty} f_n z^{-n}。$$

Z 变换的定义是一个无限求和的公式,并不是所有的 n 都可以计算出 Z 值,若上式存在的一系列 Z 值,则称为收敛域。f_n 是一个整数函数,而它经过 Z 变换后则是一个复函数。Z 变换可以表示为 $Z\{f_n\} = F(z)$。

例 5.8.22　求有限序列 1、0、0.5、3 的 Z 变换。

解　将无穷序列中各项与 z^{-n} 相乘,得到:

$$F(z) = 1 + 0 \cdot z^{-1} + 0.5z^{-2} + 3z^{-3} = 1 + \frac{0.5}{z^2} + \frac{3}{z^3}。$$

例 5.8.23　求序列几何 $a_0 r^n$ 的 Z 变换,其中 $n = 0$,1,2,$\cdots$。

解　$F(z) = \sum_{n=0}^{\infty} a_0 r^n z^{-n} = \sum_{n=0}^{\infty} a_0 \left(\frac{r}{z}\right)^n$,将此式按 n 展开,得到:

$$F(z) = a_0 + a_0 \left(\frac{r}{z}\right) + a_0 \left(\frac{r}{z}\right)^2 + a_0 \left(\frac{r}{z}\right)^3 + \cdots$$

可以看出,通过 Z 变换,得到了另外一个几何序列,包含一个常数项 a_0 和一个比例项 $\frac{r}{z}$,因此当 $\left|\frac{r}{z}\right| < 1$ 时,可以求出上式右边无穷序列的和,即 $F(z) = \dfrac{a_0}{1 - \left(\frac{r}{z}\right)} = \dfrac{a_0 z}{z - r}$,$\left|\frac{r}{z}\right| < 1$ 或 $|z| > |r|$。

可见,无穷序列的 Z 变换是存在收敛域的。

二、离散系统中的冲激函数和阶跃函数

离散系统的冲激函数(δ 函数)定义为序列

$$\delta(n) = \begin{cases} 1, n = 0, \\ 0, n \neq 0。 \end{cases}$$

单位阶跃函数定义为 $u(n) = \begin{cases} 1, & n \geqslant 0, \\ 0, & n < 0。 \end{cases}$

平移后的阶跃函数定义为 $u(n-j) = \begin{cases} 1, & n \geqslant j, \\ 0, & n < j。 \end{cases}$

因为我们只关注 $n \geqslant 0$ 时的正整数序列,所以可以将所有的序列都看成是与单位阶跃函数 u_n 的乘积,也就是说,所有的序列都是以 $n = 0$ 作为起始点的。

通常并不是使用定义式来求各个离散序列的 Z 变换值,而是利用常用 Z 变换表和 Z 变换的性质进行

求解,如表 5-8-2。

表 5-8-2　常见函数的 Z 变换

原函数 $f(n)$	象函数 $F(z)$	收 敛 域
$u(n)$	$\dfrac{z}{z-1}$	$\lvert z\rvert>1$
$\delta(n)$	1	
n	$\dfrac{z}{(z-1)^2}$	$\lvert z\rvert>1$
r^n	$\dfrac{z}{z-r}$	$\lvert z\rvert>\lvert r\rvert$
$\cos\theta n$	$\dfrac{z(z-\cos\theta)}{z^2-2z\cos\theta+1}$	$\lvert z\rvert>1$
$\sin\theta n$	$\dfrac{z\sin\theta}{z^2-2z\cos\theta+1}$	$\lvert z\rvert>1$
$\mathrm{e}^{i\theta n}$	$\dfrac{z}{z-\mathrm{e}^{i\theta}}$	$\lvert z\rvert>1$

三、Z 变换的性质

已知 $Z\{f_n\}=\displaystyle\sum_{n=0}^{\infty}f_n z^{-n}=F(z)$，$Z\{g_n\}=\displaystyle\sum_{n=0}^{\infty}g_n z^{-n}=G(z)$，$Z$ 变换有如下几条性质：

1. 线性特征

$$Z\{af_n+bg_n\}=aF(z)+bG(z)。$$

2. 左移特性

$$Z\{f_{n+k}\}=z^k F(z)-\sum_{i=0}^{k}z^{k-i}f_i。$$

3. 右移特性

尽管上面讲过,一般假设当 $n<0$ 时,$f_n=0$,但是用 Z 变换的方法求解差分方程时,可以用 f_{-1},f_{-2} 等来表示离散系统的初始条件。于是有：

$$Z\{f_{n-1}\}=z^{-1}F(z)+f_{-1},$$
$$Z\{f_{n-2}\}=z^{-2}F(z)+f_{-2}+z^{-1}f_{-1},$$
$$\cdots$$
$$Z\{f_{n-k}\}=z^{-k}F(z)+\sum_{i=0}^{k-1}f_{i-k}z^{-i}。$$

4. 标尺特性

$$Z\{a^n f_n\}=F\left(\frac{z}{a}\right),a\text{ 是常数}。$$

5. 卷积特性

序列 f_n 和 $g_n(n\geqslant0)$ 的卷积可以写为 $g*f=\displaystyle\sum_{k=0}^{n}g_k f_{n-k}$,有卷积特性

$$Z\left\{\sum_{k=0}^{n} g_k f_{n-k}\right\} = G(z)F(z)。$$

6. 变换的微分特性

$$Z\{nf_n\} = -z\frac{\mathrm{d}F}{\mathrm{d}z}(z)。$$

例 5.8.24 利用线性特征，求 $3n+2\times3^n$ 的 Z 变换。

解 根据线性特征，$Z\{3n+2\times3^n\} = 3Z\{n\}+2Z\{3^n\}$，查表 5-8-2，得 $Z\{n\} = \dfrac{z}{(z-1)^2}$，并且 $Z\{3^n\} = \dfrac{z}{z-3}$，因此，

$$Z\{3n+2\times3^n\} = \frac{3z}{(z-1)^2}+\frac{2z}{z-3}。$$

例 5.8.25 利用线性特征，求出 Z 变换 $\dfrac{2z}{z-1}+\dfrac{3z}{z-2}$ 的逆变换。

解 根据表 5-8-2，$Z^{-1}\left\{\dfrac{z}{z-1}\right\} = u(n)$，$Z^{-1}\left\{\dfrac{z}{z-2}\right\} = 2^n(r=2)$，因此

$$Z^{-1}\left\{\frac{2z}{z-1}+\frac{3z}{z-2}\right\} = 2u(n)+3\times2^n。$$

例 5.8.26 利用标尺特性，求 $\dfrac{z}{(z-2)^2}$ 的逆变换。

解 由于 $\dfrac{z}{(z-2)^2} = \dfrac{\frac{1}{2}(z/2)}{[(z/2)-1]^2}$，根据表 5-8-2，$Z^{-1}\left\{\dfrac{z}{(z-1)^2}\right\} = n$，再根据标尺特性和线性特征，得出：

$$Z^{-1}\left\{\frac{\frac{1}{2}(z/2)}{[(z/2)-1]^2}\right\} = \frac{1}{2}n\cdot2^n = n\cdot2^{n-1}。$$

例 5.8.27 利用卷积特性，求 $\dfrac{z}{z-1}\cdot\dfrac{z}{z-4}$ 的逆变换。

解 因为 $Z^{-1}\left\{\dfrac{z}{z-1}\right\} = u(n)$，$Z^{-1}\left\{\dfrac{z}{z-4}\right\} = 4^n$，因此使用卷积特性，有：

$$Z^{-1}\left\{\frac{z}{z-1}\cdot\frac{z}{z-4}\right\} = u(n)*4^n = \sum_{k=0}^{n}u(k)4^{n-k},$$

将上面的序列依次展开为：

$$1(n=0)，(1+4)(n=1)，(1+4+16)(n=2)，(1+4+16+64)(n=3)，\cdots。$$

可以看出，这个序列是两个项目的和，第一项为1，后面为一个等比值为 4 的序列，因此对序列 n 求和，有 $S_n = a(r^n-1)/(r-1)$，这里的 a 是第一项常数项，r 是等比例，n 是序数，因此得到：

$$\frac{4^{n+1}-1}{4-1} = \frac{4^{n+1}-1}{3}，即 Z^{-1}\left\{\frac{z}{z-1}\cdot\frac{z}{z-4}\right\} = \frac{4^{n+1}-1}{3}。$$

例 5.8.28 已知 $Z\{n\} = \dfrac{z}{(z-1)^2}$，利用变换的微分特性，求 $Z\{n^2\}$。

解 因为 $Z\{n^2\} = Z\{nn\} = -z\dfrac{\mathrm{d}}{\mathrm{d}z}Z\{n\} = -z\dfrac{\mathrm{d}}{\mathrm{d}z}\left(\dfrac{z}{(z-1)^2}\right)$，而

$$\frac{\mathrm{d}}{\mathrm{d}z}\left(\frac{z}{(z-1)^2}\right) = \frac{(z-1)^2 - 2z(z-1)}{(z-1)^4} = \frac{z-1-2z}{(z-1)^3} = \frac{-z-1}{(z-1)^3},$$

所以，$Z\{n^2\} = -z\left(\dfrac{-z-1}{(z-1)^3}\right) = \dfrac{z(z+1)}{(z-1)^3}$。

四、用部分分式法求拉普拉斯逆变换

例 5.8.29 求 $Z^{-1}\left\{\dfrac{z^2}{(z-1)(z-0.5)}\right\}$。

解 注意到表 5-8-2 中，大部分分式的分子都包含因子 z，因此

$$\frac{z^2}{(z-1)(z-0.5)} = z\left(\frac{z}{(z-1)(z-0.5)}\right),$$

根据"Cover Up"定律，有

$$\frac{z}{(z-1)(z-0.5)} = \frac{1}{0.5(z-1)} - \frac{1}{z-0.5} = \frac{2}{z-1} - \frac{1}{z-0.5},$$

因此 $\dfrac{z^2}{(z-1)(z-0.5)} = \dfrac{2z}{z-1} - \dfrac{z}{z-0.5}$，根据表 5-8-2，有 $Z^{-1}\left\{\dfrac{z^2}{(z-1)(z-0.5)}\right\} = 2u(n) - (0.5)^n$。

第八节　利用 Z 变换求解常系数线性差分方程

利用 Z 变换求解线形差分方程的过程和方法与利用拉氏变换求解微分方程十分相似，如图 5-8-8 所示，Z 变换将差分方程转换为带有常系数的变量 z 的代数方程，解出此代数方程后，再求出逆变换就是原始差分方程的解。

图 5-8-8

例 5.8.30 已知 $n \geqslant 0$，且 $y_{-1} = 1$，求解差分方程 $y_n + 2y_{n-1} = 2u(n)$。

解 对差分方程的两边进行 Z 变换，利用右移特性，得到 $Z\{y_{n-1}\} = z^{-1}Y(z) + y_{-1}$，因此，

$$Y(z) + 2[z^{-1}Y(z) + y_{-1}] = \frac{2z}{z-1},$$

因为 $y_{-1} = 1$，所以，$Y(z)(1 + 2z^{-1}) = \dfrac{2z}{z-1} - 2$，即 $Y(z) = \dfrac{2z^2}{(z-1)(z+2)} - \dfrac{2z}{(z+2)}$，将式中的

第一项利用"Cover Up"定律写出部分分式：

$$\frac{2z}{(z-1)(z+2)} = \frac{2}{3(z-1)} + \frac{4}{3(z+2)},$$

因此

$$Y(z) = \frac{2z}{3(z-1)} + \frac{4z}{3(z+2)} - \frac{2z}{z+2} = \frac{2z}{3(z-1)} - \frac{2z}{3(z+2)}。$$

求逆变换，得 $y_n = \frac{2}{3}u(n) - \frac{2}{3}(-2)^n$。

为了检查这个结果是否正确，可以代入几个 n 的值，看其得出的结果是否与原始的方程一样。

当 $n=0$ 时，$y_0 = \frac{2}{3}u(0) - \frac{2}{3}(-2)^0 = \frac{2}{3} - \frac{2}{3} = 0$。而根据原始的差分方程 $y_n + 2y_{n-1} = 2u(n)$，$y_{-1} = 1$，$n=0$，有 $y_0 + 2y_{-1} = 2u(0)$，即 $y_0 + 2 = 2u(0)$，即 $y_0 = 0$，与上面的结果一样。

当 $n=1$ 时，$y_1 = \frac{2}{3}u(1) - \frac{2}{3}(-2)^1 = \frac{2}{3} + \frac{4}{3} = 2$。而根据原始的差分方程 $y_1 + 2y_0 = 2u(1)$，$y_0 = 0$，有 $y_1 + 0 = 2$，即 $y_1 = 2$ 也同样和上面的结果一样。

例 5.8.31 求解差分方程 $6y_n - 5y_{n-1} + y_{n-2} = (0.25)^n$，$n \geqslant 0$，$y_{-1} = 1$，$y_{-2} = 0$。

解 对差分方程的两边进行 Z 变换，利用右移特性，得到：

$$Z\{y_{n-1}\} = z^{-1}Y(z) + y_{-1},$$
$$Z\{y_{n-2}\} = z^{-2}Y(z) + y_{-2} + z^{-1}y_{-1},$$

则 $6Y(z) - 5[z^{-1}Y(z) + y_{-1}] + z^{-2}Y(z) + y_{-2} + z^{-1}y_{-1} = \dfrac{z}{z-0.25}$，

代入 $y_{-1} = 1$，$y_{-2} = 0$ 并整理，得到：

$$Y(z)(6 - 5z^{-1} + z^{-2}) - 5 + z^{-1} = \frac{z}{z-0.25},$$

即 $Y(z) = \dfrac{z}{(z-0.25)(6-5z^{-1}+z^{-2})} + \dfrac{5}{6-5z^{-1}+z^{-2}} - \dfrac{z^{-1}}{6-5z^{-1}+z^{-2}}$，

即 $Y(z) = z\left[\dfrac{z^2}{(z-0.25)(6z^2-5z+1)}\right] + z\left[\dfrac{5z}{(3z-1)(2z-1)}\right] - z\left[\dfrac{1}{(3z-1)(2z-1)}\right]$。

利用"Cover Up"定律写出部分分式：

$$\frac{z^2}{(z-0.25)(3z-1)(2z-1)} = \frac{z^2}{6\left(z-\frac{1}{4}\right)\left(z-\frac{1}{3}\right)\left(z-\frac{1}{2}\right)}$$

$$= \frac{1}{2\left(z-\frac{1}{4}\right)} - \frac{4}{3} \cdot \frac{1}{z-\frac{1}{3}} + \frac{1}{z-\frac{1}{2}},$$

$$\frac{5z}{6\left(z-\frac{1}{3}\right)\left(z-\frac{1}{2}\right)} = \frac{-5}{3\left(z-\frac{1}{3}\right)} + \frac{5}{2\left(z-\frac{1}{2}\right)},$$

$$\frac{1}{(3z-1)(2z-1)} = \frac{1}{6\left(z-\frac{1}{3}\right)\left(z-\frac{1}{2}\right)} = \frac{-1}{z-\frac{1}{3}} + \frac{1}{z-\frac{1}{2}},$$

所以，

$$Y(z) = \frac{z}{2\left(z - \frac{1}{4}\right)} - \frac{4z}{3\left(z - \frac{1}{3}\right)} + \frac{z}{z - \frac{1}{2}} - \frac{5z}{3\left(z - \frac{1}{3}\right)} + \frac{5z}{2\left(z - \frac{1}{2}\right)} + \frac{z}{z - \frac{1}{3}} - \frac{z}{z - \frac{1}{2}}$$

$$= \frac{z}{2\left(z - \frac{1}{4}\right)} - \frac{2z}{z - \frac{1}{3}} + \frac{5z}{2\left(z - \frac{1}{2}\right)},$$

再求逆变换,得:

$$y_n = \frac{1}{2}\left(\frac{1}{4}\right)^n - 2\left(\frac{1}{3}\right)^n + \frac{5}{2}\left(\frac{1}{2}\right)^n。$$

第九节　Z 变换与系统理论

一、传递函数和冲激响应函数

前面讨论拉普拉斯变换时,我们发现,冲激响应函数在系统中占有十分重要的地位,如果现在变为离散的序列 $\{h_n\}$,那么它的 Z 变换也称为系统的传递函数(或系统函数),一个线性时不变系统可以用一个常系数线性差分方程表示,如 $ay_n + by_{n-1} + cy_{n-2} = f_n$,如果输入函数是 $\delta(n)$,即 $ay_n + by_{n-1} + cy_{n-2} = \delta(n)$,根据冲激函数的定义,可以知道所有的初始条件都为 0,即 $y_{-1} = 0$,$y_{-2} = 0$,两边求 Z 变换,得:

$$aY(z) + bz^{-1}Y(z) + cz^{-2}Y(z) = 1,$$

即

$$Y(z)(a + bz^{-1} + cz^{-2}) = 1,$$

即

$$Y(z) = \frac{1}{a + bz^{-1} + cz^{-2}} = \frac{z^2}{az^2 + bz + c},$$

通过求解 $az^2 + bz + c = 0$,可以求得这个函数的极点。

上面这个冲激响应函数的 Z 变换称为系统的传递函数,记为 $H(z)$。

$$H(z) = \frac{z^2}{az^2 + bz + c},$$

$$Z^{-1}\{H(z)\} = h_n,$$

也就是冲激响应函数。

例 5.8.32　求解 $4y_n + 3y_{n-1} = \delta(n)$ 的冲激响应函数系统,假设所有初始状态都为 0。

解　由于 $4y_n + 3y_{n-1} = \delta(n)$,两边求 Z 变换,得 $4Y(z) + 3(z^{-1}Y(z) + y_{-1}) = 1$,因为 $y_{-1} = 0$,所以

$$Y(z) = \frac{z}{4z + 3} = H(z) = \frac{z/4}{z + (3/4)},$$

求逆变换,得

$$h_n = Z^{-1}\left\{\frac{z/4}{z + (3/4)}\right\} = \frac{1}{4}\left(-\frac{3}{4}\right)^n。$$

可以看出,在数字滤波器的设计中,这是一个无限冲激响应滤波器。这个冲激响应函数在任何 n 值下都不为 0,因此它代表了一个无限冲激响应系统。

下面我们用传递函数的概念,考虑如何求解在零初始条件下,任何输入序列 $\{f_n\}$ 下的系统响应函数。

二、零初始状态下任意输入信号的系统响应

假设所有的初始条件都为 0,也就是 $y_{-1} = 0$,$y_{-2} = 0$,差分方程 $ay_n + by_{n-1} + cy_{n-2} = f_n$ 的 Z 变换

表示为：$aY(z) + bz^{-1}Y(z) + cz^{-2}Y(z) = F(z)$，即 $Y(z) = \dfrac{F(z)z^2}{az^2 + bz + c}$，前面提到传递函数 $H(z) = \dfrac{z^2}{az^2 + bz + c}$，因此 $Y(z) = F(z)H(z)$，将这个式子两边求逆变换，可以获得任意输入函数 f_n 的系统响应函数，根据卷积特性 $Z\left\{\sum_{k=0}^{n} f_k g_{n-k}\right\} = F(z)G(z)$ 或者记为 $Z^{-1}\{F(z)G(z)\} = \sum_{k=0}^{n} f_k g_{n-k}$，也就是说，在零初始状态下，任意输入函数 f_n 对应的系统响应函数可以表示为冲激响应函数和输入函数的卷积：

$$y_n = \sum_{k=0}^{n} f_k g_{n-k} = f_n * h_n。$$

用这个结论，我们可以解决两个问题：第一类问题是已知冲激响应函数，求系统在任意输入函数下的响应函数，方法一是用卷积的办法求得，方法二是求得冲激响应函数 h_n 和输入函数的 Z 变换 $H(z)$ 和 $F(z)$，然后通过 $Y(z) = F(z)H(z)$ 和逆变换求得 y_n。这类问题称为卷积问题。

另一类问题是，已知系统的输出函数 y_n，输入函数 f_n，可以求出系统的响应函数，因为 $H(z) = Y(z)/F(z)$，再求逆变换，就可以求得冲激响应函数 $h_n = Z^{-1}\{H(z)\}$。

例 5.8.33 已知一个系统的冲激响应函数 $h_n = 3\,(0.5)^n$，求输入函数为 $f_n = 2u(n)$ 时，系统零状态的响应函数。

解 方法 1：首先求得冲激响应函数和输入函数的 Z 变换：

$$H(z) = Z\{3\,(0.5)^n\} = \frac{3z}{z - 0.5},\ F(z) = Z\{2u(n)\} = \frac{2z}{z - 1},$$

因此：

$$Y(z) = F(z)H(z) = \frac{6z^2}{(z - 0.5)(z - 1)},$$

利用部分分式法"Cover Up"定律，有

$$\frac{6z^2}{(z - 0.5)(z - 1)} = \frac{-6z}{z - 0.5} + \frac{12z}{z - 1},$$

因此

$$y_n = Z^{-1}\{Y(z)\} = Z^{-1}\left\{\frac{-6z}{z - 0.5} + \frac{12z}{z - 1}\right\} = -6\,(0.5)^n + 12u(n)。$$

方法 2：通过卷积的方法求得系统的响应函数

$$y_n = f_n * h_n = [2u(n)] * [3\,(0.5)^n] = \sum_{k=0}^{n} 2u(k)[3\,(0.5)^{n-k}] = \sum_{k=0}^{n} 6\,(0.5)^{n-k}。$$

写出这个序列的几项：$6(n = 0)$，$6(0.5 + 1)(n = 1)$，$6[(0.5)^2 + 0.5 + 1](n = 2)$，$6[(0.5)^3 + 0.5^2 + 0.5 + 1](n = 3)$。

可以看出，序列的常数项是 6，等比序列的比例为 0.5，因此

$$y_n = \frac{6\,(1 - 0.5)^{n+1}}{1 - 0.5} = 12[1 - (0.5)^{n+1}] = 12 - 12(0.5)(0.5)^n = 12 - 6\,(0.5)^n，$$

与第一种方法的结果一样。

三、频率响应

在讲述连续系统和拉普拉斯变换的内容时，我们建立单一正弦输入函数时，传递函数和稳态响应函数之间的关系。输入为正弦函数 $e^{i\omega n}$ 时，离散系统的稳态响应函数为 $Y(z) = H(e^{i\omega})e^{i\omega n}$。可以看出，将系统传递函数中的 z 替换为 $e^{i\omega}$，然后再乘上正弦函数的复常数，就可以求得系统的稳态响应。简而言之，系统的

稳态响应就是输入信号的尺度和相位平移结果。函数 $H(e^{i\omega})$ 是离散系统的频率响应函数。

例 5.8.34 已知系统的传递函数为 $H(z) = \dfrac{z}{z+0.2}$，分别求出输入函数为 e^{i2n} 和 $3\cos 2n$ 时，系统的稳态响应函数。

解 输入为正弦函数 $e^{i\omega n}$ 时，系统的稳态响应函数为 $H(e^{i\omega})e^{i\omega n}$，已知 $f_n = e^{i2n}$，即 $\omega = 2$，已知 $H(z) = \dfrac{z}{z+0.2}$，所以稳态响应为 $\dfrac{e^{i2}}{e^{i2}+0.2}e^{i2n}$。

$\cos 2n$ 的响应函数可以表示为 $\dfrac{1}{2}H(e^{i\omega})e^{i\omega n} + H(e^{-i\omega})e^{-i\omega n}$，代入 $\omega = 2$ 和 $H(z)$，得到：

$$y_n = \frac{1}{2}\left(\frac{e^{i2}e^{i2n}}{e^{i2}+0.2} + \frac{e^{-i2}}{e^{-i2}+0.2}e^{-i2n} \right)，\text{将分母转化为实数，得到：}$$

$$y_n = \frac{\cos 2n(1+0.2\cos 2) - 0.2\sin 2 \sin 2n}{1.4+0.4\cos 2},$$

因此输入为 $3\cos 2n$ 时，系统的稳态响应为

$$y_n = \frac{3\cos 2n(1+0.2\cos 2) - 0.6\sin 2 \sin 2n}{1.4+0.4\cos 2}。$$

第十节　拉普拉斯变换与 Z 变换的应用

言语科学中，对连续性的嗓音信号进行分析时，通常先通过模—数转换，将模拟言语声音转换成数字信号然后再进行处理。对数字信号进行处理时常用到的技术是快速傅里叶变换和 Z 变换。通过傅里叶变换可以获得嗓音信号的频谱图。尽管傅里叶变换是言语声音研究的基础，但它并不是获得频谱图的唯一方法，也不是适用于所有研究目的的最好方法。最近发展迅速的一种分析方法是线性预测编码（linear predictive coding，LPC），和傅里叶分析一样，线性预测谱的图形同样显示了从时域到频域的表示形式。不同的是，傅里叶变换的频谱图显示了基频的谐波，而线性预测谱则显示了共振峰和振幅。对于线性预测谱中共振峰的计算便运用到了 Z 变换，通过 Z 变换中极点和零点的运算提取共振峰曲线，极点所在位置即是共振峰对应的频率。

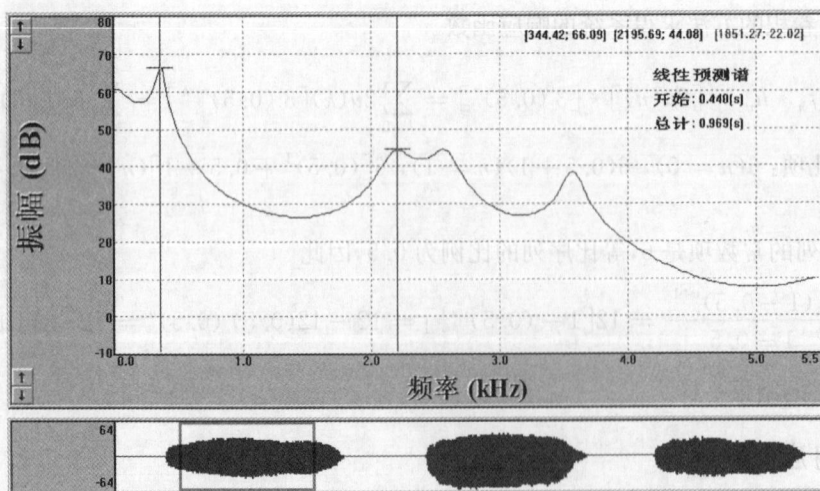

图 5-8-9　/i/ 的波形图和线性预测谱
注：指针指向第一共振峰（344.42 Hz）和第二共振峰（2 195.69 Hz）。

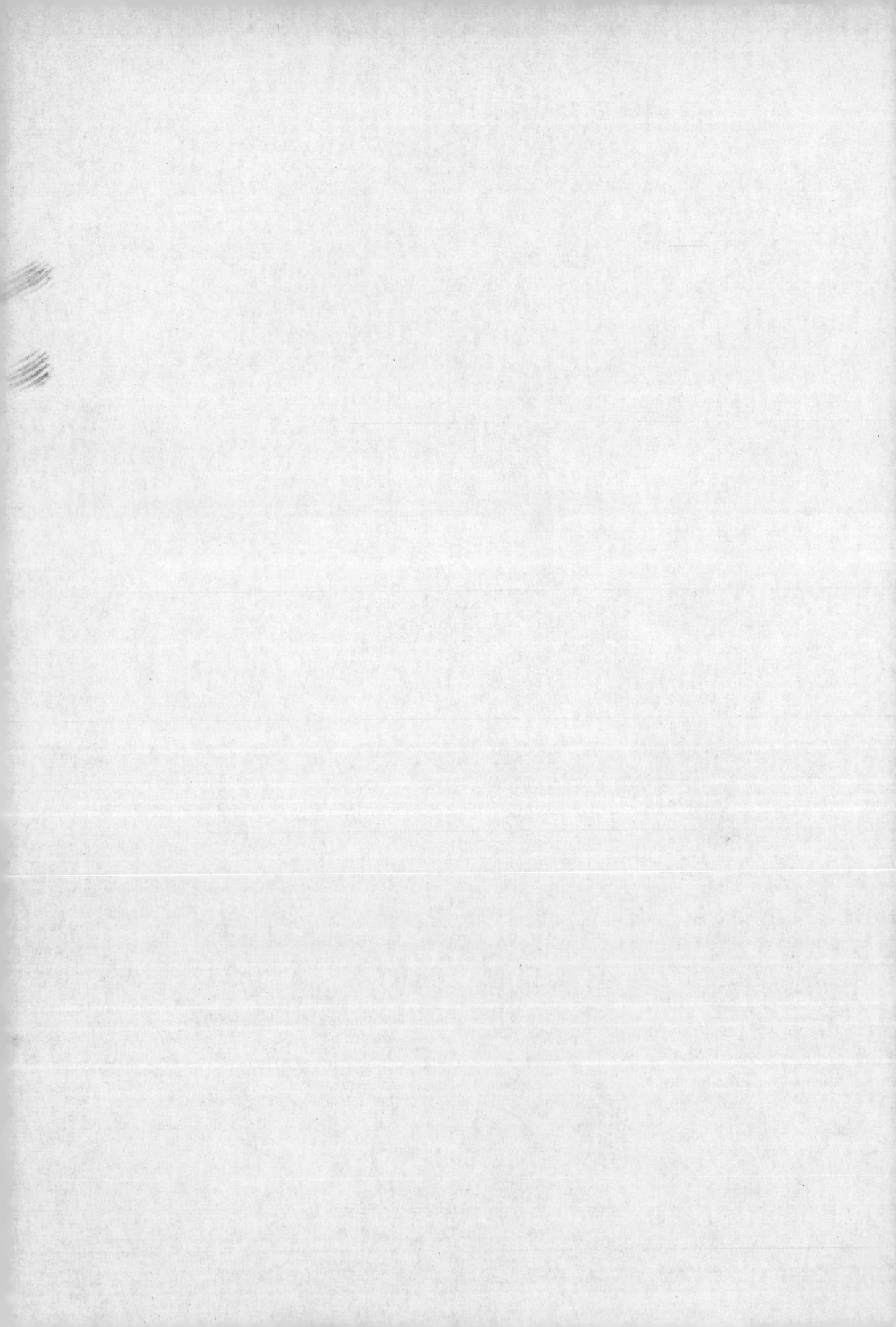